Mulheres e Justiça

Os Direitos Fundamentais escritos por elas

Coordenação

ALESSANDRA GOTTI

INÊS VIRGINIA P. SOARES

SANDRA CUREAU

Mulheres e Justiça

Os Direitos Fundamentais escritos por elas

2021

EDITORA *Jus*PODIVM

www.editorajuspodivm.com.br

EDITORA *Jus*PODIVM
www.editorajuspodivm.com.br

Rua Território Rio Branco, 87 – Pituba – CEP: 41830-530 – Salvador – Bahia
Tel: (71) 3045.9051
• Contato: https://www.editorajuspodivm.com.br/sac

Capa e Diagramação: Maitê Coelho e Cendi Coelho *(cendicoelho@gmail.com)*

Ilustração: Viviane Fecher.

M956 Mulheres e Justiça: os Direitos Fundamentais Escritos por Elas / organizadoras Alessandra Gotti, Inês Virginia P. Soares, Sandra Cureau – Salvador: Editora JusPodivm, 2021.
768 p.

Vários autores.
Bibliografia.
ISBN 978-65-5680-278-7.

1. Direitos Fundamentais. 2. Direito da mulher. I. Gotti, Alessandra. II. Soares, Inês Virginia. III. Cureau, Sandra. IV. Título.

CDD 341.27

APRESENTAÇÃO

"Escrever é um desvio favorável ao esconderijo."

Patrícia Galvão[1]

O livro *Mulheres e Justiça: os Direitos Fundamentais escritos por elas* tem por objetivo contribuir para a consolidação de uma cultura jurídica sensível à temática da equidade de gênero. Nosso intuito é o de lançar luzes sobre a importância de valorizar o papel da mulher no cenário jurídico – da mulher escritora, pesquisadora, profissional, titular de direitos e usuária do sistema de justiça. Desse modo, esta coletânea é escrita somente por mulheres, com textos sobre os direitos das mulheres ou com reflexões desenvolvidas a partir de uma perspectiva feminina.

A proposta de discutir e descortinar os desafios para a proteção e promoção dos direitos fundamentais das mulheres foi aceita, pela maioria das coautoras, com um misto de entusiasmo e provocação, um convite a deslocar o olhar do lugar comum, assentado na equivocada ideia de que já atingimos a igualdade material entre gêneros. Percebemos um inusitado contentamento das escritoras. De cada sim que recebemos, extraímos o teor da frase de Patrícia Galvão, mais conhecida como Pagu: "No fundo, talvez sentisse alegria com o sofrimento que era proporcionado por minha luta".[2]

A provocação não soou às convidadas como algo inédito, já que o exercício de imaginar um mundo mais justo e a tarefa de acompanhar e

1. GALVÃO, Patrícia. *Paixão Pagu: a autobiografia precoce de Patrícia Galvão*. Rio de Janeiro: Agir, 2005, p.52.

2. *Ibid.*, p.91.

defender a concretização dos direitos fundamentais já integram o cotidiano das escritoras desta coletânea. No entanto, a exclusividade do recorte do feminino nas abordagens dos textos e, mesmo, a companhia unicamente de mulheres como coautoras despertaram aquela "força que não é bruta" e acordaram a Pagu que nos habita, aquela "indignada no palanque", homenageada por Zélia Ducan e Rita Lee, em conhecida e irreverente canção.

As inquietudes, reflexões e perspectivas que marcam esta publicação convergem na emergência de um novo paradigma em matéria de justiça e equidade de gênero. O resultado dessa reunião de dilemas e abordagens é um livro coeso, forte, harmônico, uma obra que ambiciona oferecer uma contribuição qualificada ao debate público vocacionado à compreensão da proteção dos direitos das mulheres e também de uma justiça voltada às especificidades e necessidades do mundo feminino, ainda muito distante de uma plena igualdade com seu correspondente masculino.

As coautoras revelam o anseio por um mundo em que as palavras e os direitos sobre equidade de gênero, que integram Constituições, leis e políticas públicas, sejam realidade. Para isso, fornecem subsídios e inspirações para efetividade de direitos e para estabelecimento de novos paradigmas.

Há, nos capítulos desta coletânea, um "quê" de Pagu; um ar das lutas que ela e tantas outras mulheres travaram ao longo do século XX, cujos frutos ainda estão por aí, para serem colhidos. Patrícia Rehder Galvão, Zazá para seus familiares, mas que ficou conhecida pelo apelido de Pagu, viveu de 1910-1962. Morreu cedo, viveu intensamente, levantou bandeiras feministas. Foi militante política, jornalista, desenhista, poeta e escritora. Não seguia os padrões esperados para as mulheres do período. Aliás, nem mesmo seguia padrões: casou-se em um cemitério (com Oswald de Andrade); é considerada a primeira mulher presa política do Brasil, pela sua oposição ao governo Vargas, razão pela qual foi presa e detida por mais de vinte vezes; falou abertamente de sua primeira tentativa de suicídio, em 1949, e de seus nervos abalados. Sobre a experiência de não morrer quando tentou, disse: "Transformara-me nesta rocha vincada de golpes e de amarguras, destroçada e machucada, mas irredutível". [3]

3. CAMPOS, Augusto de. (Org.). *Pagu: vida-obra.* [1982]. São Paulo: Companhia das Letras, 2014, p.264.

A sonoridade (e também na sororidade) da música homônima traduziu com poesia a vida real de Pagu: ela era rainha do seu tanque, mas, como sua força não era bruta, nem sempre Deus dava asas à sua cobra. Em 1950, tentou uma vaga como deputada estadual, mas não teve êxito. Sabendo que seria presa, enterrou parte de um romance seu em um terreno baldio. Quando voltou para buscar seu manuscrito, um prédio havia sido construído no terreno. Ah... tinha dias em que Pagu só queria "rolar na areia e esquecer".[4]

A coletânea está estruturada em quatro partes, que intitulamos sob inspiração da música *Pagu*: Parte I – Minha mãe é Maria Ninguém; Parte II – Sou rainha do meu tanque; Parte III – Eu sou pau pra toda obra; e Parte IV – Só quem já morreu na fogueira sabe o que é ser carvão.

Na Parte I, apresentamos capítulos que permitem uma compreensão dos conceitos e temas mais amplos sobre equidade de gênero, proteção dos direitos das mulheres no cenário global e das relações das mulheres nas ciências, no meio ambiente e nas migrações. Na segunda parte, os textos celebram a vida e a trajetória de mulheres inspiradoras que certamente mudaram o mundo, foram "rainhas dos seus tanques", possivelmente tanques de guerra, já que suas batalhas abriram caminhos para tantos outros reinados. Na Parte III, trazemos os direitos fundamentais em espécie sob a perspectiva das mulheres, como elas lutam, vivenciam e transformam suas vidas ao tornarem seus direitos mais efetivos. Por fim, a última parte traz as violações aos direitos das mulheres. Violência, desrespeito, estupro, desigualdade são palavras sentidas na carne e na alma de muitas mulheres. Queimar na fogueira ainda é experiência de muitas Pagus.

Por tudo isso, às mulheres que abraçaram com entusiasmo este projeto e escreveram os capítulos deste livro, expressamos aqui nossa profunda gratidão, por compartilharem suas instigantes reflexões, que, reunidas em um mosaico de refinadas e qualificadas contribuições, revelam a expansão e o fortalecimento dos direitos das mulheres no Brasil. Um agradecimento especial a Vivi Fecher, que faz a ilustração do livro e transmite, com sua arte,

4. GALVÃO, Patrícia. *Paixão Pagu: a autobiografia precoce de Patrícia Galvão.* Rio de Janeiro: Agir, 2005, p.51.

a riqueza, a beleza e a aridez do assunto. Como já disse Pagu, em sua autobiografia: "Tudo para mim era maravilhoso, até os espinhos".[5]

Às leitoras e aos leitores, nossos sinceros votos de que esta obra contribua, de algum modo, para relações mais justas, iguais e harmônicas, especialmente para uma atuação criativa e consistente na proteção dos direitos fundamentais das mulheres no Brasil.

Alessandra Gotti

Inês Virginia Soares

Sandra Cureau

Coordenadoras

5. *Op. cit*, p. 100.

SUMÁRIO

PARTE I

Minha mãe é Maria Ninguém

1

Qual igualdade? 19

Márcia Hoffmann do Amaral e Silva Turri

2

A construção do conceito de gênero e os direitos fundamentais das mulheres 35

Ana Clara Toscano Aranha Pereira

3

Proteção dos direitos humanos das mulheres no sistema interamericano 59

Flávia Piovesan

4

Mulheres e o Sistema Interamericano de Proteção aos Direitos Humanos – Direitos Políticos, Violência Doméstica e Pandemia 77

Lucia Elena Arantes Ferreira Bastos

5

Gestão da precariedade na garantia de direitos das mulheres que não são reconhecidas como mulheres 103

Bruna Benevides

6

Mulheres (antes meninas) na Ciência e Tecnologia: Aspectos sociais do ontem, do hoje e para o amanhã 131

Michelle Asato Junqueira

Ana Cláudia Pompeu Torezan Andreucci

7

Mulher: Conexão das águas e do meio ambiente 153

Claudia Regina Bega

Sandra Akemi Shimada Kishi

Sandra Lestinge

Thalita Veronica Gonçalves e Silva

8

Um olhar sobre migrantes, refugiados e refugiadas: Um país "hospitaleiro" e suas ignorâncias estimuladas 179

Elizabeth Harkot de La Taille

Luciana Carvalho Fonseca

Ana Carolina L. Chiovatto

PARTE II

Sou rainha do meu tanque

9

Direito com literatura: Sentir o feminino para pensar o feminino a partir do conto *Gertrudes pede um conselho* de Clarice Lispector 207

Míriam Coutinho de Faria Alves

10

Leveza e força na defesa do patrimônio cultural: Tributo à arquiteta Briane Bicca 217

Ana Maria Moreira Marchesan

Ana Lucia Goelzer Meira

11

O papel das mulheres na construção do desenvolvimento sustentável 241

Márcia Dieguez Leuzinger

Solange Teles da Silva

12

Liberdade de expressão e as mulheres artistas: reflexões sobre o caso Margaret Keane 259

Cecilia Nunes Rabêlo

Daniela Lima de Almeida

13

Ela lembrava do que ninguém devia esquecer: o valor jurídico da denúncia de Inês Etienne sobre a Casa da Morte 277

Inês Virginia Prado Soares

Caroline Murta Lemos

14

Cultura, tradição, direitos fundamentais no Sertão nordestino: Uma leitura da peça "festa do rosário" de Lourdes Ramalho 307

Ezilda Melo

PARTE III

Eu sou pau pra toda obra

15

Ajuste fiscal por meio de retrocessos federativos em Saúde e Educação 325

Élida Graziane Pinto

16

O direito à Educação e seu papel na superação da desigualdade de gênero 345

Alessandra Gotti

17

As mulheres e a conquista dos direitos políticos: Uma luta histórica pela igualdade 369

Sandra Cureau

18

Compliance e liderança feminina 395

Natascha Trennepohl

Fernanda Martorelli

19

Advocacia: uma profissão tão feminizada quanto desigual.. 409

Patrícia Tuma Martins Bertolin

20

O lugar das catadoras de material reciclável no município de Porto Alegre: algumas reflexões a respeito dos direitos fundamentais ao trabalho, à moradia e à saúde das mulheres..... 427

Annelise Monteiro Steigleder

Lívia Salomão Piccinini

21

A mulher do campo em juízo: discricionariedade e estereótipos de gênero no âmbito da judicialização da previdência rural 453

Clara da Mota S. Pimenta Alves

22

Injustiça ambiental e gênero: Reflexões sobre o deslocamento compulsório de mulheres ribeirinhas em decorrência da implantação da usina hidrelétrica de Belo Monte....... 477

Bianca Monteiro Porto da Cunha Ferreira

Eliane Cristina Pinto Moreira

23

Violações de direitos dos povos indígenas: Crianças e mulheres kaiowá e guarani entre proteção e genocídio 497

Juliana Grasiéli Bueno Mota

Liana Amin Lima da Silva

Silvana Jesus do Nascimento

PARTE IV

Só quem já morreu na fogueira sabe o que é ser carvão

24

Mulheres e Meio Ambiente: a desigualdade que flagela o feminino 537

Patrícia Bianchi

25

Os direitos fundamentais das mulheres à autodeterminação e à proteção contra violência 555

Soraia da Rosa Mendes

26

Reconhecimento judicial do direito à interrupção voluntária da gravidez: Entre o direito que pune e o direito que emancipa 577

Melina Girardi Fachin
Ketline Lu

27

Nem bodes expiatórios, nem complacência: Em busca da Responsabilização efetiva em casos de assédio sexual 605

Mayra Cotta

28

Não é não: O crime de importunação sexual 621

Renata Andrade Lotufo

29

Papéis de gênero na sociedade patriarcal e criminalidade feminina 651

Louise Vilela Leite Filgueiras Borer

30

A invisibilidade e o controle do corpo como marcas do aprisionamento feminino 677

Tani Maria Wurster

31

Mulheres presas e extraditadas: Violação de Direitos Humanos 707

Clarita Costa Maia

32

Violência sexual contra mulheres e crianças em conflitos armados 739

Sylvia Helena Steiner

PARTE I

Minha mãe é Maria Ninguém

1

QUAL IGUALDADE?

Márcia Hoffmann do Amaral e Silva Turri

Juíza Federal, Mestre e Doutora em Ética e Filosofia Política pela Faculdade de Filosofia, Letras e Ciências Humanas da Universidade de São Paulo. E-mail: mhaturri@trf3.jus.br

INTRODUÇÃO

O homem criou a mulher – mas de quê? De uma costela de seu Deus – de seu "ideal"... (NIETZSCHE, 2017, nota 13). Há muito que as mulheres reivindicam a igualdade em direitos, argumentando que a diferença de sexo não faz diferença. Ao mesmo tempo, ao avançarem igual aos homens, o fazem precisamente como mulheres, ou seja, pessoas marcadas por sua diferença sexual.

Há mais de dois séculos Olympe de Gouges[1] declarou, sob a proteção do Ser Supremo, que a mulher nasce livre e permanece igual ao homem em direitos. Ao final, conclamou: "Mulher, desperta. A força da razão se faz escutar em todo o Universo. Reconhece teus direitos" (1791). Pretendo

1. Pseudônimo de Marie Gouze, dramaturga, ativista política, feminista e abolicionista francesa.

percorrer uma trilha que articula igualdade e diferenças, passando pelo medo, desejo, agressividade, ódio, liberdade, sedução, tragédia e amor. Começo e termino com Nietzsche, com tudo que é humano, demasiado humano.

Aviso, desde já, que meu trajeto não é o do cartógrafo, que mapeia seus objetos por medições acuradas das distâncias, ângulos, direções etc. Não é meu estilo. Meu caminhar não é o do especialista. Ele é mais semelhante ao do *flâneur*, cujo olhar distraído talvez seja mais apropriado à observação das fantasmagorias da modernidade, como assinala Walter Benjamin (2006).

A partir da metade do meu percurso, aproximadamente, valho-me da ópera *Carmen*, de Bizet, como fio condutor. Por que *Carmen*? Primeiramente, por uma questão de gosto: como toda meio-soprano que se preza, só podia ser minha obra favorita. Guarda uma relação intrínseca, ademais, com o tema ora tratado. Porque Carmen é fundamental: nada do que é humano lhe é estranho. Como destaca Joel Birman (1999), a cigana é ruído por excelência, é liberdade, desejo, desmesura, sofreguidão. "Se eu te amo, cuide-se"[2] (ibid.).

1. "MINHA MÃE PARIU GÊMEOS, EU E O MEDO"

"Minha mãe pariu gêmeos, eu e o medo",[3] dirá Thomas Hobbes em sua autobiografia. Não custa recordar que, quando ele nasceu, em 1588, a Inglaterra protestante governada por Elizabeth I aguardava o ataque da invencível armada comandada pela Espanha católica de Filipe II.

Renato Janine Ribeiro (2004) lembra que a imagem do filósofo medroso tem uma tradição na história da filosofia moderna: Espinosa e Malebranche foram vítimas de homicídio; Berkeley foi um homicida; Descartes foi ameaçado de morte e Locke, segundo o irreverente comentário de

2. Título do capítulo 3º da supramencionada obra de Joel Birman.
3. *"...metum tantum concepit tunc mea mater, Ut paretet geminos, méque metúmque simul". Thomae Hobbesii Malmesburiensis Vita authore seipso*, 1679, p. 2.

Thomas de Quincey (1985), era tão desinteressante que ninguém cogitou matá-lo.

O medo é a chave para a obra de Hobbes. É o medo da morte violenta que inclina os homens à paz (HOBBES, 1983). "É para homens que não querem morrer (como Hobbes, como a grande maioria de nós), é para que nós homens não queiramos morrer, que se constrói o Estado hobbesiano" (JANINE RIBEIRO, 2004).

Ao comentar a frase "Minha mãe pariu gêmeos, eu e o medo", Marcia Neder acrescenta: *dela*. Medo dela. Que mãe não teria medo? Hobbes alude aos "homens de coragem feminina" (1983). Esses homens femininos hobbesianos podem parecer, à primeira vista, covardes desprezíveis, mas não é nada disso.

O modo de ser do homem em seu estado natural é intolerável, porquanto não lhe assegura a própria vida. Hobbes nos convida à introspecção e conduz cada leitor a uma jornada dentro de si mesmo. Há homens que não querem matar, que sentem repugnância pelo derramamento de sangue. É para esses homens de compleição feminina, homens que querem viver em paz, sem medo da morte violenta, que se constrói o Estado.

Não queremos um Estado qualquer. A contemporaneidade exige que o Estado seja de Direito e também Democrático, tal como aquele instituído pela Constituição da República Federativa do Brasil de 1988. Ansiamos por um Estado que assegure, ainda, a igualdade e a justiça como valores supremos de uma sociedade fraterna, pluralista e sem preconceitos.

Apesar de várias críticas (reclamam, por exemplo, que é demasiado extensa e detalhista), nossa Carta Política, como disse Ulisses Guimarães, é uma Constituição cidadã. A igualdade, especificamente, consta do rol dos valores constitucionais básicos. O texto de 1988, pelo conjunto de normas que proíbem qualquer tipo de discriminação, conforme o preâmbulo e o *caput* do artigo 5º - "todos são iguais perante a lei, sem distinção de qualquer natureza" -, garante (entre outros) o direito à igualdade, mas também abrange as desigualdades de fato ao exigir a uniformização de oportunidades.

O artigo 5º, inciso I, estabelece que "homens e mulheres são iguais em direitos e obrigações, nos termos desta Constituição". Lanço uma provocação: são mesmo? Pelas regras introduzidas pela Emenda Constitucional nº 102/2019, por exemplo, as mulheres se aposentam antes dos homens. Já era assim no regime anterior. A rigor, igualdade, *na lei*, não há. A hermenêutica resolve o problema apelando ao princípio da isonomia, entendendo por igualdade, desde Aristóteles, tratar igualmente os iguais e desigualmente os desiguais na medida de suas desigualdades.

Ao prescrever a isonomia, o comando constitucional pressupõe a desigualdade dos sexos no mundo fenomênico. O legislador racional, afinal de contas, é operativo: não há normas nem palavras inúteis. É por isso que a Lei Maior não traz enunciados do gênero "o céu é azul" ou "a grama é verde".

Ainda que não ignore as diferenças sexuais, o princípio aponta para a igualdade nos pontos de partida, enquanto "equalização de possibilidade, de oportunidade e de participação econômica e social" (FERRAZ JUNIOR, 1997). Nessa perspectiva, a igualdade é um valor social o qual prevê que, de fato, os seres humanos podem e devem ser menos diferentes.

Posta a questão nesses termos, parece relativamente simples. Discussões envolvendo igualdade, diferença, gênero, identidade, masculinidade, feminilidade e contingência histórica (para ficar apenas nessas) são muito polêmicas. Sobretudo, diria, quando se trata da igualdade entre homens e mulheres, luta que se intensificou em meados do século XX, impulsionada, principalmente, pelo movimento feminista.

Liberdade, igualdade e fraternidade são valores fundantes de nossa civilização. A divisa revolucionária "liberdade, igualdade e fraternidade" inspirou o reconhecimento de valores que, apesar de historicamente situados, acabaram por ser considerados universais.

Num mundo onde a liberdade individual for ilimitada, o mais fraco perecerá e não haverá reais chances para a igualdade social. Num mundo onde a desigualdade social for soberana, a liberdade individual nunca será verdadeira. O terceiro termo da tríade revolucionária permanece o mais impreciso, como salienta Norberto Bobbio. Para Moacir Camargo Baggio (2010), num mundo sem fraternidade, "(...) não existirão condições para que a liberdade e a igualdade alcancem sua verdadeira essência e se realizem na amplitude que garanta uma sociedade justa e, por isso, pacífica".

A igualdade apresenta-se, ao mesmo tempo, como princípio abstrato e prática social concreta, historicamente contingente, como afirma Joan W.

Scott (2002). E continua a autora: não é "a ausência ou a eliminação da diferença, mas sim o reconhecimento da diferença e a decisão de ignorá-la ou de levá-la em consideração" (ibid.). Verdade seja dita, o debate sobre igualdade e diferença nas relações de gênero é histórico.

Os movimentos de direita do final do final do século XVIII e primeiras décadas do século XIX foram os primeiros a proclamar que os seres humanos não são iguais porque não nascem iguais. Logo, não podem ser tratados como iguais. O argumento da diferença e do consequente tratamento desigual veio como reação da ultradireita aos ideais de igualdade e fraternidade acolhidos pela Revolução Francesa.

Apesar da proclamação da *Declaração dos Direitos do Homem e do Cidadão* de 1789 e de importantes alterações na legislação civil favoráveis às mulheres, ser uma cidadã (*citoyenne*) não era o mesmo que ser cidadão (*citoyen*). Como destacou Marta Rios Alves Nunes da Costa (2019), "as mulheres permaneceram membros de segunda-classe da nação, privadas de direitos políticos fundamentais".

Atualmente, a bandeira em defesa das diferenças é empunhada pela esquerda, principalmente por movimentos sociais como os das mulheres, pretos, pardos, indígenas, homoafetivos etc. Ao sistematizar o direito à diferença, tais movimentos, segundo Maria de Fátima Araújo (2005), "propõem novos imperativos categóricos para o 'respeito às diferenças', a 'preservação das particularidades culturais', a 'irredutibilidade das experiências de gênero' e assim por diante".

Antônio Flávio Pierucci (1990) observa que colocar em foco tais diferenças rouba a cena da igualdade de maneira perigosa. Por sua ambiguidade, essas reivindicações do direito à diferença podem conduzir a uma enorme cilada: reconhecer um número cada vez maior de diferenças dentro das diferenças até parar, por necessidade lógica, no átomo, ou, em outras palavras, na "afirmação de que todo indivíduo é único e diferente" (PIERUCCI, 1990, p. 21).

Deve-se também lembrar que o amor à diferença foi disseminado pelos ultraconservadores por mais de duzentos anos. À medida que relações entre gêneros, raças, etnias etc. se tornam conflituosas, é possível, a qualquer momento, que a corda arrebente do lado mais fraco.

O desejo é capaz de tudo, inclusive de rejeitar e destruir o que ele mesmo, nos dias de amor, ajudou a erguer. Quem pode garantir que, em meio à celebração das diferenças, a agressividade não se sinta autorizada a aflorar? *Homo homini lupus*: o homem é o lobo do homem.[4] Exclusão é apenas profilaxia.

Esmiuçemos o tema da agressividade um pouco melhor. A partir de 1920, Freud (2018) concebe uma segunda teoria das pulsões. O funcionamento da vida psíquica é regido, segundo Freud, pelas pulsões sexuais, de autoconservação, e as pulsões agressivas, cujo escopo é a destruição.

A expressão da agressividade varia de acordo com a maneira pela qual as estruturas simbólicas do grupo são capazes de pacificá-la, integrá-la, mascará-la, recobri-la. Para Freud, a função da civilização é permitir que a dimensão do amor domine a do ódio.

O ódio é um sentimento complexo. A cota de agressividade que os seres humanos têm à disposição, para começar, é praticamente inesgotável. A história da humanidade está repleta de atos violentos, narrados até mesmo na mitologia e na Bíblia.

Investigar aspectos agressivos da psique humana por meio de relatos bíblicos não exclui o rigor exigido pela análise filosófica. Crentes ou não, vários filósofos já se inspiraram na Bíblia, sem que isso subvertesse a racionalidade herdada dos gregos (RICOEUR, 1997, p. 25).

"Onde está teu irmão Abel?" (Gn 4.9) pergunta Iahweh a Caim, o qual responde: "Não sei. Acaso sou guarda do meu irmão?" (ibid.). A primeira trama entre irmãos talvez sugira que a boa relação entre os seres humanos não seja algo dado, mas construído. A *fratria* surge com o nascimento do segundo filho de Adão e Eva, Abel. A situação é imposta a Caim, o primogênito, provocando a inveja, o ciúme e a violência.

É bem verdade que Iahweh ainda intervém junto a Caim,[5] quiçá dando a entender que o sofrimento causado pelo ciúme poderia ser superado

4. Citado de Plauto, *Assinaria*, II, iv, 88 (FREUD, 1996b).

5. "Por que estás irritado e por que teu rosto está abatido? Se estivesses bem disposto, não levantarias a cabeça? Mas se não estás bem disposto, não jaz o pecado à porta, como animal acuado que te espreita; podes acaso dominá-lo?" (Gn 4.6-7).

sem recorrer à crueldade e que o fato que suscitou a inveja poderia evoluir para um relacionamento mais saudável entre irmãos. Caim não consegue dominar, contudo, "o animal acuado que o espreita", inaugurando, assim, o fratricídio, que funda a violência e o ódio ao outro.

Ainda no livro do Gênesis, não dá para esquecer os conflitos entre Ismael e Isaac (que funda, ao menos no registro mítico, toda uma rivalidade secular entre judeus e árabes) ou entre Esaú e Jacó. Há momentos em que os antagonistas não são indivíduos, mas lados rivais, como, por exemplo, no caso de todos os outros irmãos contra José. Nem mesmo as mulheres escapam à hostilidade: se irmãos brigam pelo direito à primogenitura, as irmãs o fazem porque querem gerar a descendência para perpetuar a aliança com o divino, como ocorre com Lia e Raquel.

Por outro lado, como já sabia Shakespeare,[6] séculos antes de Freud, amor e ódio estão profundamente ligados. Para Freud (2012), o ódio é mais antigo que o amor. Quando se refere à ambivalência do amor e ódio, observa que ambos coexistem com relação à mesma pessoa. Por sinal, é no amor intenso que Freud (2013) descobre o ódio recalcado: "Eu respondo que justamente esse amor intenso é condição para o ódio reprimido".[7] Finalmente, o amor pode se transformar em ódio.

2. AMO PORQUE TE AMO

É notório que a mulher foi historicamente reprimida. Dos movimentos sufragistas para cá,[8] houve avanços significativos em matéria de direitos em benefício das mulheres, destacando-se, por exemplo, após as duas guerras mundiais, o acesso às profissões antes destinadas exclusivamente aos

6. "Meu único amor, nascido de meu único ódio! Cedo demais o vi, ignorando-lhe o nome, e tarde demais fiquei sabendo quem é." (Julieta, ao descobrir a identidade de Romeu. In: SHAKESPEARE, 2019, p. 47).

7. Não entrarei, aqui, na diferença entre os conceitos *recalque* e *repressão* no contexto psicanalítico.

8. O primeiro país que garantiu o sufrágio feminino foi a Nova Zelândia em 1893. No Reino Unido, o movimento sufragista começou em 1897, mas o voto feminino só foi introduzido em 1918 com a aprovação do *Representation of the People Act*. No Brasil, o sufrágio feminino foi garantido pelo Decreto nº. 21.076, de 24 de fevereiro de 1932.

homens. O feminismo dos anos sessenta deu mais um salto: além da igualdade no trabalho, na vida pública e na academia, reivindicou novas formas de relacionamento em que as mulheres tivessem autonomia para decidir sobre seu corpo e sua vida.

Há uma ou duas questões interessantes defendidas por alguns movimentos feministas contemporâneos que merecem ser examinadas com cuidado. Ocupar os espaços masculinos comportando-se como homens (ainda que de maneira inconsciente) traz uma série de ambiguidades às mulheres, "denotando um forte sentimento de inferioridade internalizado" (ARAÚJO, 2020).

Após séculos de opressão, misoginia e violência contra as mulheres, ninguém ficaria surpreso se fôssemos possuídas por Nêmesis, a deusa grega da justa vingança. O problema é que a vingança é tida por intolerável pelo sujeito ético moderno. Entra em ação, nesses momentos, o mecanismo do recalque, mantendo fora do consciente tudo aquilo que o ego percebe como inaceitável.

Mas o preço do bem-estar (momentâneo) do aparelho psicológico é alto. Os conteúdos que foram expulsos da consciência tendem a reaparecer de modo distorcido. É o que a psicanálise denomina de retorno do recalcado. Para levar a hipótese ao extremo, há sempre o risco de projeção da intolerância reprimida: o outro desprezível, uma vez despojado da sua humanidade, pode ser combatido com a mesma fúria com que as Erínias[9] vingavam o sangue derramado.

Projetamos, no outro, o insuportável em nós. Como salienta Neder (1983), por meio desses "mecanismos inconscientes, 'ele' (qualquer que seja esse outro ser) torna-se tudo o que não aceitamos como 'eu' e, dessa maneira o transformamos em inimigo a exterminar".

Passo a um caso concreto para explicar melhor o argumento. Em janeiro de 2018, uma nova versão da ópera *Carmen*, de Bizet, estreou no teatro Maggio Musicale de Florença. O desfecho nunca havia sido modificado

9. Personagens essenciais ao sistema de vingança privada da Grécia Antiga, ocupavam uma posição horizontal frente aos mortais como executoras finais em certas cadeias de revanches sucessivas.

desde que a obra foi apresentada pela primeira vez, em março de 1875. Nessa montagem, o último ato foi alterado. Em vez de Don José esfaquear Carmen, é a protagonista quem o mata com um tiro.

Antes de falar sobre o motivo da mudança, vale a pena recordar que se trata de obra ficcional. Como bons libretistas, Henri Meilhac e Ludovic Halévy[10] descrevem as personagens e os acontecimentos *como se* fossem reais. Afinal, para que a narrativa funcione, como observa Aristóteles (2000, p. 49), os escritores devem tornar o impossível plausível.[11] "Última ópera trágica", *Carmen* é uma das mais amadas pelos admiradores do gênero. A música (*perfeita*, *ligeira* e *divina*) causou tanto impacto em Nietzsche que o filósofo comenta:

> De Mérimée ainda possui a lógica da paixão, a linha mais curta, a dura necessidade: tem sobretudo o que é da zona quente, a secura do ar, a *limpidezza* no ar. Em todo aspecto o clima muda, aqui fala uma outra sensualidade, uma outra sensibilidade, uma outra serena alegria. Essa música é alegre, mas não é de uma alegria francesa ou alemã. Sua alegria é africana; ela tem a fatalidade sobre si, sua felicidade é curta, repentina, sem perdão. Invejo Bizet por isso, por haver tido a coragem para esta sensibilidade, que até agora não teve idioma na música mais cultivada da Europa – esta sensibilidade mais meridional, mais morena, mais queimada... Como nos fazem bem as tardes brônzeas de sua felicidade! (2016, p.12).

Plausível, impactante, emocionante, narrativa simbólica que dá o que pensar, como diria Paul Ricoeur. Mas *Carmen* não é, nem nunca teve, a pretensão de ser uma reconstrução verdadeira de fatos ocorridos em Sevilha. Tal questão ainda remete a outra que lhe é anterior: o estatuto da verdade é problemático não só na filosofia como também na história, na literatura e no direito, para ficar apenas nessas três disciplinas.

Insisto nessa aparente obviedade de que a ópera não é uma imitação da realidade, mas uma simulação, um objeto fictício, para desenvolver raciocínio posterior. Quem nunca confundiu seus sentimentos por uma

10. Baseados no romance homônimo de Prosper Mérimée.

11. E, se isso não for possível, não deve ser essencial à história. Como em *Electra*, de Sófocles, quando um mensageiro diz que Orestes havia morrido nos Jogos Píticos, que não existiam naquela época (exemplo do próprio Aristóteles).

personagem qualquer, projetando-os no ator ou na atriz, que atire a primeira pedra. Alguns atores, aliás, se colocam na pele da personagem com tamanha intensidade que se esquecem de tirá-la quando vão para casa.[12]

Cito apenas dois exemplos para não me alongar demais. Richard Burton e Elizabeth Taylor se beijaram em frente às câmeras, como Marco Antônio e Cleópatra, e não pararam mais de se beijar.[13] Brad Pitt e Angelina Jolie se apaixonaram durante as filmagens de *Sr. & Sra. Smith*, no qual protagonizaram um casal de assassinos profissionais, e viveram felizes para sempre até 2016. *C'est la vie.*

Carmen é uma heroína trágica, a cigana que nasceu livre e não será de ninguém por mais que o ame. *Don* José a idolatra e quer fazê-la feliz possuindo-a, ainda que ela não o ame mais. Nada de novo sob o sol. Termina como comumente terminam as tragédias:[14] com paixão e sofrimento.

Não por acaso, o roteiro segue a lógica do amor-paixão, desejado (e como!), mas sob a condição de jamais admitir o fato inconfessável de que tal amor está ligado à morte. Quem confessaria que deseja o aniquilamento do ser amado? Ora, *don* José, justamente porque não é pessoa, mas personagem, mito, símbolo: "Sim! Eu a matei! Eu – minha adorada Carmen!".

Na versão florentina de 2018, morre o amante rejeitado, e não a cigana que o abandonou. O motivo, segundo os responsáveis pelo teatro, foi denunciar a violência contra as mulheres. "Após mais de 140 anos sendo morta a facadas no palco, a heroína cigana da ópera 'Carmen' recebe sua própria vingança em uma produção italiana, atirando em seu frustrado amante como alternativa", escreve Varsha Saraogi (2018).

---

12. Não que isso seja desejável nem mesmo esperado. O fenômeno essencial do teatro é a metamorfose do ator em personagem. Logo, não deveria ultrapassar os limites da representação. Como salienta Anatol Rosenfeld (2009, p. 26), "o gesto e a voz são reais, são dos atores, mas o que revelam é irreal. O desempenho é real, a ação desempenhada é irreal".

13. Mesmo depois que o diretor Joseph L. Mankiewicz pediu para cortarem a cena, quando se casaram em 1964 e quando voltaram a se casar em 1975 depois do primeiro divórcio em 1974.

14. Entendida como um dos três gêneros clássicos da dramaturgia, a saber: comédia, drama e tragédia.

Algumas coisas deram errado na estreia. O punhal originalmente usado por *don* José para matar Carmen foi substituído por uma pistola (como resistir à associação com o símbolo fálico?). Mas a pistola nega fogo no primeiro dia (prosseguindo com a metáfora psicanalítica, mostrou-se impotente), conferindo um toque histriônico ao final alterado. Outra surpresa foram as vaias de parte do público e as vozes críticas à mudança.

O cerne do debate público não foi a transformação da cigana sedutora e libertária numa homicida vingativa nem o assumido propósito[15] de chamar a atenção para a questão dos feminicídios. Inseriu-se na discussão maior sobre a modificação de obras de arte para atender a reivindicações de movimentos sociais ou para denunciar problemas contemporâneos. "E se fizermos uma *Moby Dick* em que a baleia não morre, apenas é anestesiada?" perguntava-se o periódico *La Repubblica*.[16]

Minha perquirição segue outro caminho: vale a pena entrar no mesmo jogo daquele que é apontado como opressor? É isso mesmo que queremos? Deixemos de lado, apenas para dar continuidade ao raciocínio, a polêmica se a arte pode ou não pode ser reescrita. Nas palavras de Neder (2018), "que espécie de mudança ética, moral, política, psicológica teria ocorrido quando a nova montagem se limita a fazer a violência contra o outro sexo mudar de mãos?"

Lei de talião, lei da retaliação. De volta ao Código de Hamurábi. A regra também foi absorvida pela Lei Mosaica, determinando o nexo corporal do violador perante o ofendido. "Que teu olho não tenha piedade. Vida por vida, olho por olho, dente por dente, mão por mão, pé por pé" (Dt 19.21). E ainda: "Se um homem ferir um compatriota, desfigurando-o, como ele fez, assim se lhe fará: fratura por fratura, olho por olho, dente por dente (Lv 24.19-20).

O tema da retaliação também aparece na trilogia *Oresteia*, de Ésquilo. Os crimes de sangue cometidos dentro do guénos[17] eram punidos pelas

15. Como asseverou o diretor de cena Leo Muscato: "Eu nunca falei de *feminicídios*, mas gosto que seja visto assim" (VERDÚ, 2018).

16. Ibid.

17. Pessoas ligadas por laços de sangue.

Erínias, personificações da vingança. Passo por cima de toda a trama que foge ao propósito deste texto para chegar ao julgamento de Orestes. Palas Athena institui o tribunal, composto por doze cidadãos atenienses e presidido pela própria deusa. As Erínias atuam como acusadoras. Apolo vem em defesa de Orestes.

Colhidos os votos, verifica-se que houve um empate. Athena desempata,[18] decidindo em favor de Orestes: "Ele foi absolvido de um crime de morte! Os votos dividiram-se em somas iguais" (ÉSQUILO, 2016). Chega ao fim o sistema de resolução de conflitos pela vingança, dando lugar ao julgamento democrático. Ésquilo chama de passagem das trevas para a luz. As Erínias abandonam a natureza vingativa e se convertem nas Eumênides, representações do novo ordenamento jurídico promulgado por Athena.

Minha hipótese é a de que nossa Carmen do século XXI perdeu sua grandeza trágica ao se transformar em homicida apoteótica: olho por olho, dente por dente. Se a mulher foi historicamente reprimida, isso não significa que a situação não possa mudar. O solo histórico é móvel, vida em movimento, e não aquele monólito de *2001 - Uma odisseia no espaço*.

O mais problemático, contudo, diz respeito à divisão do mundo entre "nós" e "eles", subjacente à nova versão. Quando a clivagem entre grandes grupos se torna muito acentuada, segundo Vamik D. Volkan (2006), o "outro", o inimigo, passa a ser alvo de desumanização. Para além da comédia de endividamento histórico que colhe ambos os sexos, como anota Camille Paglia (1992), a satisfação desse prazer agressivo e a consequente idealização "nos distanciam ainda mais de nós mesmos e do outro" (NEDER, 1983).

A desumanização do outro afeta valores nucleares da nossa civilização. Joga com o sentido ou com o não sentido. Ninguém consegue sobreviver num mundo em que o sentido dos nossos valores morais foi destruído, pois, como salienta Tercio Sampaio Ferraz Junior (2003, p. 352), "a carência de sentido torna a vida insuportável".

Para Emmanuel Lévinas, o sentido do humano estaria justamente na responsabilidade irrecusável para com o outro. Apesar do Holocausto, ou

18. Daí a expressão "voto de Minerva".

talvez justamente por causa da memória dos seis milhões de judeus assassinados pelo regime nazista, sem contar os horrores do stalinismo, Hiroshima e Cambodja, é importante insistir na santidade de toda vida, na necessidade de não ceder ao desumano e, especialmente, de não justificar o sofrimento do outro.

Marcia Neder (2018) conclui de maneira impecável:

> "Transformando a cigana sedutora, alegre e libertária na assassina vingativa, a montagem florentina talvez tenha reforçado o imaginário cultural de mais de dois mil anos sobre o qual se sustenta a violência contra a mulher que, justamente, pretendemos repudiar. E talvez daí tenha vindo o agudo incômodo que a notícia provocou: uma abordagem equivocada de um problema tão complexo poderia alimentar efeito inverso, como o acirramento dessas violências."

A nova versão converteu a vítima em juíza e executora da sentença. Implicitamente, também mandou um recado: é proibido aplaudir o homicídio de uma mulher, mas é liberado aplaudir o homicídio do homem (NEDER, 1983). Na secular guerra dos sexos, a nova tática seria a de inverter os papéis? "Minha mãe pariu gêmeos, eu e o medo". Voltemos a Hobbes. Não queremos morrer. Em princípio, ninguém quer morrer.

Os homens (e mulheres), no estado de natureza, encontram-se numa situação caótica, caracterizada pelo inesgotável desejo de poder de seres igualmente aptos a se prejudicarem. Disso resulta um estado permanente de guerra, ou de uma "(...) condição a que se chama de guerra (...), que é de todos os homens contra todos os homens (....)", ainda mais perturbadora porque sua natureza "(...) não consiste na luta real, mas na conhecida disposição para tal, durante todo o tempo em que não há garantia do contrário" (HOBBES, 1983, p. 75-76).

A ficção teórica do estado de natureza hobbesiano consiste em perguntar: o que ocorreria aos seres humanos "se subtraíssemos de seu convívio tudo o que resulta da presença organizada da sociedade e se extraíssemos deles todas as marcas dessa presença" (SOARES, 1995, p. 214)? O que aconteceria, em suma, nas hipóteses nada fictícias de uma crise política, ruptura institucional, guerra civil e tantas outras?

Mais de três séculos depois de Hobbes ter ponderado que, sem o Estado – e, por consequência, sem o Direito –, haveria o caos, a guerra de todos contra todos continua na ordem do dia, mesmo havendo Estado e Direito. Como disse Talleyrand sobre os Bourbons, "não aprenderam nada e não esqueceram nada". Retorno aos livros sagrados das tradições judaica e cristã, cuja força estética é difícil ignorar. São, no mínimo, narrativas extraordinárias acerca do humano. "O que foi, será, o que se fez, se tornará a fazer: nada há de novo debaixo do sol!" (Ecl 1.9).

Meu intuito, ao trazer a montagem florentina, foi usar o exemplo às avessas para chamar a atenção para este ponto: há outras maneiras de lidar com a igualdade que não resultem na velha dicotomia feminismo *versus* masculino. A contemporaneidade nos desafia a abordar as diferenças sem aprisioná-las em categorias rígidas e estereotipadas. Uma pessoa, afinal, pode ter várias identidades simultaneamente. É empobrecedor reduzir o indivíduo a somente uma de suas almas.[19] Como bem observa Maria de Fátima Araújo (2020):

> Muitas das características atribuídas ao masculino e ao feminino não são determinadas apenas pelo gênero, são influenciadas também pela classe social, pela cultura, pela educação, bem como por características individuais de personalidade – nem todos os homens são agressivos, objetivos, seguros de si etc, da mesma forma que nem todas mulheres são inseguras, pouco agressivas e sem objetividade.

Não tenho respostas prontas. Para mim, não existem soluções simples para os complexos problemas, calorosamente debatidos, que envolvem igualdade, diferença, direitos fundamentais e identidades de grupo. Tomá-los como conceitos opostos, todavia, significa perder suas interconexões. Helena Lúcia Augusto Chaves e Vitória Régia Fernandes Gehlen (2019) defendem:

> O reconhecimento e a manutenção de uma tensão necessária sobre a igualdade e a diferença entre o indivíduo e as identidades grupais podem descortinar a possibilidade de se encontrar resultados melhores e mais democráticos para a emancipação das mulheres em uma sociedade socialmente justa.

19. V. RISÉRIO, 2019, p. 75.

Quando reflito sobre a relação homem-mulher, para além da atribuição de culpas recíprocas, das posturas intransigentes, da "lógica binária na qual só existem o bom e o mau, o inocente e o culpado, a vítima e o algoz" (LEVY; GOMES, 2011), penso no amor. O amor tende a abolir distâncias, trazendo o diferente para junto de si. O amor iguala ou, no mínimo, é uma promessa de semelhança: como forma de conhecimento de si, o amante busca assemelhar-se à pessoa amada.

O que ele encontra de semelhante é o amor. Como assinala Hannah Arendt (1998b, p. 117), "neste amor ao próximo, não é exatamente o próximo que é amado, mas o próprio amor". Na percepção de Santo Agostinho (2001, IV, 11), encontramos, fora, o amor que sempre esteve em nós: "eu era outro ele". Quem se define pelo amor busca a indiferença às diferenças. Para Arendt, o amor é entidade apolítica, dada sua natural inclinação a excluir a diversidade, que a filósofa considera ser essencial à política. No espaço privado do amor, ainda é possível dizer "nós".

Nossa época tem muita dificuldade com o amor, tanto que ele foi parar no divã do psicanalista. "Todo tratamento psicanalítico é uma tentativa para libertar o amor recalcado" (FREUD, 1996). O amor tornou-se prisioneiro de nossas misérias neuróticas. Queremos ser imensamente amados, mas nossa disposição para amar é mínima. Amar perdeu a graça, o charme e nos faz perder tempo. Nosso precioso tempo.

Algo se perdeu na formação das identidades pessoais no mundo contemporâneo, regido pela cultura do espetáculo. O consumismo e o culto ao corpo inscreveram o encontro amoroso num "registro secundário da existência, pois interessa apenas ao indivíduo a maximização do seu gozo, materializado como couraça na escultura pétrea do eu" (BIRMAN, 1997). A nova moral sexual estimula a hegemonia de uma função superegoica que *exige* o gozo. O resto é o resto.

Paro e me lembro da primeira estrofe do belíssimo poema *As sem razões do amor*, de Carlos Drummond de Andrade:

> Eu te amo porque te amo.
> Não precisas ser amante,
> e nem sempre sabes sê-lo.
>
> Eu te amo porque te amo.
> Amor é estado de graça
> e com amor não se paga.

Amo porque te amo. Simples assim. O amor não requer justificação. O amor não rotula, não acusa, não agride, não diz que o outro precisa repensar seus comportamentos e atitudes. O amor, pelo contrário, faz com que o apaixonado reconheça suas falhas, percebendo como pode ser desagradável para um homem ler algo do gênero:

> Se você é homem, entenda que você deve fazer mais do que respeitar as mulheres. Você precisa reconhecer o valor que cada uma delas tem, apoiar os trabalhos e os posicionamentos delas, refletir sobre os comportamentos negativos que elas já apontaram em você e repreender seus amigos quando eles fazem algo que pode ser ofensivo para as mulheres (EU SEM FRONTEIRAS, 2020).

As recomendações acima poderiam ser proferidas por uma versão militante da Carmen florentina. Alguma coisa como: "Entenda, homem, de uma vez por todas, que você precisa fazer isso, isso e aquilo!" Mais uma inversão de papéis. Ora, Nietzsche relaciona a ópera de Bizet com o sentimento de liberdade que respira em Turim. O tema da liberdade, com efeito, é nuclear em Carmen, que Mariano Rodríguez González trata (corretamente) como mito.

Entenda-se por liberdade, aqui, a "aceitação da necessidade que respiram e até desfrutam os ciganos e bandidos na obra, o livre jogo do destino todo poderoso do qual ninguém escapa, mas ao qual eles sabem se entregar sem reservas e com alegria" (GONZÁLEZ, 2017). *Carmen* é digna dos espíritos livres porque vê as coisas como elas são, e não como gostaríamos de que fossem. Não por acaso, a história da cigana fascinou Nietzsche.

O amor-paixão, magnificamente representado pelas figuras de Carmen e *Don* José, quando não correspondido, é impiedoso[20]. Para além do bem e do mal, o que importa, para Nietzsche, é que seja real. O amor-paixão nos eleva ao céu e nos faz descer ao inferno. Na ausência de reciprocidade, esse amor propicia a guerra e a crueldade, como em tudo que é humano, demasiado humano.

---

20. "O amor é, de todos os sentimentos, o mais egoísta, e, em consequência, o menos generoso quando é ferido" (B. Constant). Na tradução de Paulo César de Souza de *O caso Wagner*.

2

A CONSTRUÇÃO DO CONCEITO DE GÊNERO E OS DIREITOS FUNDAMENTAIS DAS MULHERES

Ana Clara Toscano Aranha Pereira

Advogada, Mestra em Direito Constitucional pela PUC-SP. Especialista em Políticas Públicas e Justiça de Gênero pela CLACSO. Integrante do Grupo de Pesquisa em Direito, Discriminação de Gênero e igualdade da PUC-SP e Profa. Assistente na disciplina optativa "Direito, Gênero e Igualdade" da graduação na Faculdade de Direito da PUC-SP, ministrada pela da Profa. Dra. Silvia Pimentel.

1. INTRODUÇÃO

O presente trabalho desenvolve uma reflexão crítica acerca da relação entre a construção do conceito de gênero e a estruturação e garantia de direitos fundamentais de todas as mulheres, dentro de suas especificidades.

Inicialmente, importa trabalhar a construção do conceito de gênero, esse que não é livre de divergência, encontrando diversas concepções e dimensões e, ainda, encontra-se em constante alteração, existindo grandes disputas políticas e teóricas acerca do tema. Além de análises apenas teóricas, trata-se de tema que é construído também a partir de uma perspectiva extremamente pessoal e individual de cada pessoa sobre si mesmo, assim o conceito encontra dificuldades em ser uníssono e estável, demonstrando a sua constante mudança e inovação[1].

Em seguida, será analisada a formação e desenvolvimento dos direitos e garantias fundamentais das mulheres e como se relacionam com o conceito de gênero e com a evolução deste.

2. CONCEITUANDO GÊNERO

Gênero, gramaticalmente falando, diz respeito à uma categoria que se subdivide em outras categorias, essas que possuem características em comum que foram estabelecidas convencionalmente[2]. No presente trabalho, trabalharemos com o conceito de gênero referente a um conjunto de pessoas. De maneira a procurar romper com a abordagem essencialista de masculino e feminino, ligada ao determinismo biológico, que sustenta a desigualdade e consequentemente, a violência de gênero na sociedade, a análise da construção do conceito de gênero se mostra essencial para a estruturação dos direitos fundamentais.

Nessa perspectiva, Silvia Pimentel nos ensina que a origem do conceito de gênero e, sua consequente distinção do conceito de sexo biológico[3], advém inicialmente de pesquisas realizadas no campo da medicina, como em

1. SILVA, Beatriz Pereira da. A efetividade da proteção da identidade de gênero e do nome da pessoa transexual: análise de constitucionalidade e de convencionalidade. 2016. 168 f. Dissertação (Mestrado em Direito) – Programa de Estudos Pós-Graduados em Direito, Pontifícia Universidade Católica de São Paulo, São Paulo, 2016. Disponível em: <https://tede2.pucsp.br/handle/handle/19511> acesso em: 22/01/2020.

2. PIMENTEL, Silvia. Direito e Gênero. In: PIMENTEL, Silvia. PEREIRA, Beatriz e MELO, Mônica de. Direito, discriminação de gênero e igualdade. Rio de Janeiro: Lumen Juris, 2017. p. 1 a 38.

3. De modo geral, sem a menor pretensão de esgotar o tema e a sua discussão teórica, opomos sexo como aquele entendido como biológico, termo descritivo de genitália, ao gênero, que é uma construção social, utilizada como um dos argumentos para explicar a desigualdade entre homens e mulheres. (HIRATA, Helena et al (Org.). Dicionário crítico do feminismo. São Paulo: Unesp, 2009 e Silva, Beatriz Pereira da. A efetividade da proteção da identidade de gênero e do nome da pessoa transexual: análise de constitucionalidade e de convencionalidade. 2016. 168 f. Dissertação (Mestrado em Direito) – Programa de Estudos Pós-Graduados em Direito, Pontifícia Universidade Católica de São Paulo, São Paulo, 2016. Disponível em: <https://tede2.pucsp.br/handle/handle/19511> acesso em: 22/01/2020.

trabalhos realizados por John Money (1952) e Robert Stoller (1968) com pessoas intersexuais. Ambos os autores seguem linhas semelhantes e constataram que gênero se refere à condutas e experiências humanas, essas que ainda que possuam relação com os sexos, não possuem bases biológicas, de forma que pouco importam as características anatômicas dos indivíduos para definir tais condutas e experiências[4].

Por sua vez, a área das ciências sociais possui imensurável importância no estudo de gênero. Margareth Mead, conforme apontam Mariana Felippe e Shislani Oliveira-Macedo[5], em sua obra "Sexo e Temperamento", publicada em 1934, ainda não utiliza a expressão 'gênero', que será posteriormente introduzida nas teorias das Ciências Sociais, mas em sua abordagem busca estabelecer como são construídas as relações sociais diante das diferenças sexuais. Mead possui como objeto de estudo as relações entre os sexos em três sociedades da Nova Guiné, analisando o corpo pelo modo como esse é conduzido, as expressões de temperamentos e os papéis sociais associados às categorias homem/mulher nessas sociedades. Em sua pesquisa, a antropóloga concluiu que as características psicológicas femininas e masculinas não são inatas, mas sim, qualidades culturais, repassadas de uma geração a outra. Dessa forma, sustenta a concepção de uma construção social do comportamento e diferenças entre os sexos, argumento que irá desenvolver mais profundamente, em obra posterior intitulada "Male and Female" de 1949[6].

No mesmo ano, Simone de Beauvoir, em sua emblemática obra "O segundo sexo", afasta determinações naturais da concepção do que é ser mulher, sem tampouco adentrar na definição específica de um conceito de gênero. Para a autora, a mulher é construída a partir de seus atos concretos, de forma a refletir a sociedade em que está inserida, suas estruturas sociais, econômicas, éticas e morais[7], conforme coloca:

---

4. PIMENTEL, Silvia. Direito e Gênero. In: PIMENTEL, Silvia. PEREIRA, Beatriz e MELO, Mônica de. Direito, discriminação de gênero e igualdade. Rio de Janeiro: Lumen Juris, 2017. p. 1 a 38.

5. FELIPPE, Mariana Boujikian & OLIVEIRA-MACEDO, Shisleni de. 2018. Sexo e Temperamento em Três Sociedades Primitivas. In: Enciclopédia de Antropologia. São Paulo: Universidade de São Paulo, Departamento de Antropologia. Disponível em: <http://ea.fflch.usp.br/obra/sexo-e-temperamento-em-tr%C3%AAs-sociedades-primitivas> acesso em: 22/01/2020.

6. *Idem.*

7. BEAUVOIR, Simone de. O Segundo Sexo. Box. 1 ed. São Paulo: Nova Fronteira, 2016. Vol. I, p. 55 e 73.

> Ninguém nasce mulher: torna-se mulher. Nenhum destino biológico, psíquico, econômico define a forma que a fêmea humana assume no seio da sociedade; é o conjunto da civilização que elabora esse produto intermediário entre o macho e o castrado que qualificam de feminino[8].

A partir da década de 1970, diante dos estudos e debates acerca da temática, como os acima citados, as ciências sociais passam a utilizar o termo gênero para denominar a construção sociocultural que vai além da diferença biológica entre os sexos e posteriormente, inclusive transcendendo a binariedade do masculino e feminino[9]. Grande expoente teórico da introdução do debate de gênero nas ciências sociais é a antropóloga e militante feminista estadunidense Gayle Rubin, que apresentou, em 1975, a teoria da existência do que denomina como "sistema sexo-gênero". A autora define tal sistema como "os arranjos por meio dos quais uma sociedade transforma a sexualidade biológica em produto da atividade humana"[10].

Rubin apresenta tal conceito em seu ensaio intitulado "O tráfico de mulheres, notas sobre a economia política do sexo", considerado um dos trabalhos precursores dos estudos sobre gênero e sexualidade e, no qual o termo gênero é empregado pela primeira vez, em um texto de teoria antropológica[11]. Em sua obra, que posteriormente seria repensada, a autora utiliza como marcadores teóricos as obras de Karl Marx (1818-1883), Claude Lévi-Strauss (1908-2009) e Sigmund Freud (1856-1939) para construir sua teoria.

Assim, Rubin, a partir da teoria de Lévi-Strauss intitulada de "troca de mulheres" – que compreende que a opressão das mulheres teria fundamento em sistemas sociais e não biológicos, esses que seriam inatos e,

---

8. *Idem*, vol. II, p. 9.

9. PIMENTEL, Silvia. Direito e Gênero. In: PIMENTEL, Silvia. PEREIRA, Beatriz e MELO, Mônica de. Direito, discriminação de gênero e igualdade. Rio de Janeiro: Lumen Juris, 2017. p. 1 a 38.

10. RUBIN, Gayle, "The traffic in women: notes on the political economy of sex" In: Rayna Reiter (org), Toward an anthropology of women. New York, Monthly View Press, 1975 (Trad. Bras. Jamille Pinheiro Dias. In: Políticas do sexo, São Paulo, Ubu, 2017).

11. MONCAU, Gabriela. 2018. Sistema sexo-gênero – Gayle Rubin. In: Enciclopédia de Antropologia. São Paulo: Universidade de São Paulo, Departamento de Antropologia. Disponível em: <http://ea.fflch.usp.br/conceito/sistema-sexo-g%C3%AAnero-gayle-rubin> acesso em: 22/01/2020.

ainda, que existe um sistema instituído no qual as mulheres não possuem plenos direitos sobre si mesmas – desenvolve o argumento de que aos homens é conferido o poder de constituir o laço social por meio da estrutura do parentesco, esse que é apresentado por Lévi-Strauss como organização que confere poder aos homens e, por sua vez, a troca de mulheres cria uma rede de relacionamentos que constitui a estrutura de parentesco. Ademais, afirma que para que o sistema instituído permaneça em pleno funcionamento, é necessário que a sexualidade feminina não corresponda aos desejos das próprias mulheres, mas sim ao dos homens. Mais adiante em sua obra, Rubin, utilizando como premissa a ideia de que o gênero é a divisão de sexos imposta socialmente e, desenvolvendo a dicotomia desse com a concepção de sexo, entendido como fundamento biológico, dialoga novamente com Lévi-Strauss e apresenta noção de que a divisão sexual do trabalho advém de aparato para instituir um estado recíproco de dependência entre homens e mulheres. Na obra em questão, conclui a autora que a organização social do sexo se baseia em determinados pilares, sendo eles: gênero, heterossexualidade compulsória e imposição de restrições à sexualidade feminina[12].

No entanto, quase uma década depois da publicação de tal obra, a autora repensa o sistema sexo-gênero proposto. Em "Pensando o sexo" de 1984, Rubin problematiza categorias hierárquicas de estratificação sexual, apontando as dimensões políticas da sexualidade, explicando que ao escrever sua obra anterior, nos anos 1970, gênero e desejo/orientação sexual eram concebidos como características do mesmo processo social, o que não mais é verdade. Assim, Rubin passa a advogar pela necessidade e importância de separar analiticamente gênero e sexualidade, repensando sua teoria anteriormente proposta. Nesse sentido, insatisfeita com a forma com a qual o feminismo lidava com as práticas sexuais, partindo de um contexto histórico legislativo de repressão a homossexualidade e, inspirada por Michel Foucault e sua obra "A história da sexualidade" de 1976, a autora

12. RUBIN, Gayle, "The traffic in women: notes on the political economy of sex" In: Rayna Reiter (org), Toward an anthropology of women. New York, Monthly View Press, 1975 (Trad. Bras. Jamille Pinheiro Dias. In: Políticas do sexo, São Paulo, Ubu, 2017) e PIMENTEL, Silvia. Direito e Gênero. In: PIMENTEL, Silvia. PEREIRA, Beatriz e MELO, Mônica de. Direito, discriminação de gênero e igualdade. Rio de Janeiro: Lumen Juris, 2017. p. 1 a 38.

propõe uma crítica feminista à hierarquia de gênero e uma teoria radical do sexo[13].

Diante de tal cenário, Rubin entende o sexo como um vetor de opressão que atravessa outros marcadores de desigualdade social, de forma interseccional, tais como classe, raça, etnicidade e gênero. Assim, o objetivo da autora nesta obra foi a defesa política da diversidade sexual, assim como a criação de ferramentas analíticas para o estudo e reflexão destas. Sua proposta, portanto, foi a de oferecer um marco teórico para aprofundar o pensamento sobre sexo e sua política, buscando contribuir para criação de um pensamento libertador sobre a sexualidade e, dentro da análise aqui proposta, estabelece diferenças entre sexualidade e gênero, afirmando também a importância das sexualidades não reprodutivas no domínio da sexualidade, do desejo e da compreensão de gênero[14].

No contexto brasileiro, Silvia Pimentel aponta que o marco histórico da luta das mulheres, em meados de 1970, encabeçada tanto por mulheres engajadas na luta contra a ditadura como pelo movimento feminista, se mostrou significativo para a introdução do conceito de gênero na academia do país. Ainda, cabe ressaltar que a influência da literatura estrangeira sobre os direitos e emancipação das mulheres estava cada vez mais emergente e presente no Brasil e entre suas estudiosas[15-16]. Diante disso, pioneiramente

13. RUBIN, Gayle, "Thinking sex: notes for a radical theory of the politics of sexuality" In: Carole S. Vance (org), Pleasure and danger: exploring female sexuality, Boston, Routledge & Kegan Paul, 1984 (Trad. Bras. Jamille Pinheiro Dias. In: Políticas do sexo. São Paulo, Ubu, 2017).

14. RUBIN, Gayle, "Thinking sex: notes for a radical theory of the politics of sexuality" In: Carole S. Vance (org), Pleasure and danger: exploring female sexuality, Boston, Routledge & Kegan Paul, 1984 (Trad. Bras. Jamille Pinheiro Dias. In: Políticas do sexo. São Paulo, Ubu, 2017) e

    RUBIN, Gayle & BUTLER, Judith, "Sexual traffic", Differences: A Journal of Feminist Culture Studies, vol. 6, nº 2-3, 1994, p. 62-99 (Trad. Bras. Cadernos Pagu, n º 21, Campinas, 2003, p.157-209). Disponível em: < http://www.scielo.br/pdf/cpa/n21/n21a08.pdf> acesso em: 21/05/2019.

15. PIMENTEL, Silvia. Direito e Gênero. In: PIMENTEL, Silvia. PEREIRA, Beatriz e MELO, Mônica de. Direito, discriminação de gênero e igualdade. Rio de Janeiro: Lumen Juris, 2017. p. 1 a 38.

16. bell hooks (é opção da autora escrever com letra minúscula) apresenta, de forma extremamente acessível, em sua obra "O feminismo é para todo mundo: políticas arrebatadoras", o caminho, construção e dificuldades da luta de mulheres, do feminismo

com as obras de Heleieth Saffioti e, posteriormente, em trabalhos conjuntos de Saffioti com Suely Almeida, a academia brasileira passa a teorizar e produzir conteúdo sobre a temática de gênero. Para as autoras, gênero é uma relação social, que categoriza os indivíduos em categorias previamente constituídas e os situa perante outros indivíduos de outras categorias[17]. Por sua vez, Saffioti passa a se preocupar com as limitações do conceito de gênero, pois, conforme entende a autora, o elemento central da desigualdade – o patriarcado – estaria ausente de tal análise, pois tiraria o foco do poder do patriarca, nas palavras da socióloga, "'neutralizando' a exploração-dominação masculina"[18].

Na década de 1980, a distinção entre sexo (como fator biológico) e gênero (como fator sociocultural) se mostrava amplamente aceita e incorporada nas pesquisas e análises das diferentes áreas do conhecimento. Assim, um novo marco teórico é apresentado, demonstrando que o âmbito universal no qual as questões de gênero estavam situadas era insuficiente e deveria ser superado, de forma a situar gênero enquanto categoria de análise relacional e dinâmica. Nesse sentido, trabalhos antropológicos como o de Carol MacComack passaram a analisar os processos sociais que estabelecem a assimetria entre os gêneros, lançando crítica epistemológica às respostas transculturais oferecidas para enfrentar a suposta subordinação da mulher. A autora, em sua obra "Nature, culture and gender: a critique", de 1980, evidencia que a oposição entre natureza e cultura é reflexo de uma concepção cultural específica e não pode ser considerada como característica universal, sendo assim, necessário relativizar o conceito de dominação. A autora também demonstra a existência da dominação intelectual do ocidente perante o resto do mundo. Nesse sentido, MacComack entende que existe uma arbitrariedade de significação nos termos macho e fêmea, assim

---

e dos Estudos de Mulheres como disciplina acadêmica nos Estados Unidos a partir da década de 1970, esse que possui grande influência para o estudo de gênero ao redor do mundo, inclusive no Brasil.

17. PIMENTEL, Silvia. Direito e Gênero. In: PIMENTEL, Silvia. PEREIRA, Beatriz e MELO, Mônica de. Direito, discriminação de gênero e igualdade. Rio de Janeiro: Lumen Juris, 2017. p. 1 a 38.

18. SAFFIOTI, Heleieth I. B. Gênero, Patriarcado e Violência. São Paulo: Expressão Popular, 2015 e SAFFIOTI, Heleieth. A Mulher na Sociedade de Classes. 3 ed. São Paulo: Expressão Popular, 2013.

como nas noções de natureza e cultura. Sob lógica semelhante, Marilyn Strathern evidencia em seu trabalho intitulado "No nature, no culture: the Hagen case", também de 1980, a partir de pesquisa etnográfica realizada no monte Hagen, da Melanésia, não serem os conceitos ocidentais aplicáveis a outras culturas, uma vez que podem ser identificadas e observadas relações diferentes daquelas encontradas no ocidente, entre natureza e cultura, homens e mulheres, como a autora constatou com os Hagen, e como ainda em 1934, Margareth Mead, pôde observar na Nova Guiné[19].

No mesmo período, Joan Scott apresenta tese que levaria tal dicotomia para análises mais profundas, estabelecendo a teoria de que gênero é categoria de análise histórica e, para além disso, é instrumento metodológico a ser utilizado para a compreensão das identidades de gênero, com suas constantes construções, desconstruções e mudanças[20]. A historiadora, buscando desconstruir vícios do pensamento ocidental, aponta ser insustentável a oposição tida como universal e atemporal entre homem e mulher. Scott, assim, passa a definir gênero, a partir de influência de Michel Foucault, como elemento baseado nas diferenças entre os sexos que constitui as relações sociais e, existindo uma relação inseparável entre saber e poder. Gênero, por sua vez, estaria imbricado nas relações de poder, sendo assim, forma primária de dar sentido a estas relações[21]. Nesse sentido, Scott constata que a partir do momento em que as diferenças existentes entres os corpos sexuados são hierarquizadas, é necessário investigar e entender a forma de construção dos significados culturais de tais diferenças e hierarquizações. Para isso, a autora utiliza método analítico de observar as relações sociais e, mais precisamente, as relações entre homens e mulheres. Compreendendo que a analítica de gênero possibilita o aprofundamento nos sentidos que foram construídos sobre gênero, transformando "homens" e "mulheres" em

---

19. MAZZARIELLO, Carolina Cordeiro & FERREIRA, Lucas Bulgarelli. 2015. "Gênero". In: Enciclopédia de Antropologia. São Paulo: Universidade de São Paulo, Departamento de Antropologia. Disponível em: <http://ea.fflch.usp.br/conceito/gênero> acesso em: 05/02/2020.

20. PIMENTEL, Silvia. Direito e Gênero. In: PIMENTEL, Silvia. PEREIRA, Beatriz e MELO, Mônica de. Direito, discriminação de gênero e igualdade. Rio de Janeiro: Lumen Juris, 2017. p. 1 a 38.

21. SCOTT, Joan. Gender: a useful category of historical analyses. Gender and the politics of history. New York, Columbia University Press. 1989.

conceitos em constante construção e, não em categorias fixas, previamente estabelecidas[22].

Ainda em permanente estudo, críticas aos conceitos de gênero e sexo, assim como a dicotomia entre eles, surgem a partir dos anos 1990, e esses passam a ser reanalisados enquanto discursos normativos, que podem representar recurso para o controle social e hierarquização dos indivíduos. O sistema binário de gênero passa a ser questionado e, afirmações de novas identidades emergem cada vez com mais força, iniciando-se inclusive o debate acerca da desconstrução de gênero, com a ideia da fluidez e performances de gênero[23].

Nessa perspectiva, Judith Butler, a partir da abordagem de "Problemas de Gênero" em 1990, compreende que gênero não é apenas a significação cultural que foi atribuída à um sexo, também devendo indicar o aparato de produção pelo qual os sexos são estabelecidos, ou seja, todos os corpos são percebidos como sexuados, atribuídos de gênero e racializados através da repetição de discursos. Para autora, referência base para a teoria *queer*, gênero deve ser compreendido inicialmente como *ato de fazer* e não o *ato de ser* de cada indivíduo. Butler ressalta que tal ato é intencional e performático, não sendo, portanto, o sexo biológico suficiente para, por si só, existir sem o gênero[24]. A partir de tal construção quanto ao conceito de gênero, para Butler, o sistema binário de gênero é apenas um mito, que presume relação intrínseca entre sexo e gênero, sendo um reflexo do outro e, ainda, sendo gênero limitado pelo sexo. O binarismo, portanto, não seria capaz de atender a potencialidade, essa extremamente plural e fluida, da identidade de todos os seres humanos[25].

Assim, a emergência das teorias aqui analisadas e o desenvolvimento histórico do conceito de gênero, logrou na mobilização não apenas em prol

---

22. *Idem.*

23. PIMENTEL, Silvia. Direito e Gênero. In: PIMENTEL, Silvia. PEREIRA, Beatriz e MELO, Mônica de. Direito, discriminação de gênero e igualdade. Rio de Janeiro: Lumen Juris, 2017. p. 1 a 38.

24. BUTLER, Judith P. Problemas de gênero: feminismo e subversão da identidade. 13 ed. Rio de Janeiro: Civilização Brasileira, 2017.

25. BUTLER, Judith P. Problemas de gênero: feminismo e subversão da identidade. 13 ed. Rio de Janeiro: Civilização Brasileira, 2017.

da garantia de direitos e emancipação das mulheres, mas também de outros grupos marginalizados, como é o caso da população LGBTTIQ+[26], possibilitando a mudança de paradigmas nas ciências sociais como a antropologia, filosofia, sociologia e linguística, como também ciências biológicas e da natureza e, como será analisado adiante, na ciência do direito.

3. GÊNERO E DIREITO

Através da construção plural e contínua evolução do conceito de gênero aqui conjecturado, assim como do pressuposto de uma análise interseccional, as mais diversas áreas do conhecimento foram impactadas, não sendo diferente com a ciência jurídica. No entanto, mesmo com os avanços conceituais, históricos e sociais, o Direito permanece eivado de manto ainda conservador, que por vezes demora a adequar-se às necessidades do tempo e dos indivíduos, gerando graves consequências para o reconhecimento, a realização e a garantia dos direitos fundamentais[27].

O estudo, criação e aplicação do direito foi e permanece eivado de diversos estereótipos e discriminações. Exemplos disso, conforme aponta Silvia Pimentel[28], são o Brocardo 121, das Ordenações Filipinas, extraído da legislação brasileira de 1869, demonstra tal problemática: "[m]ulher – tem fraqueza de entendimento"[29], e o comentário de Clóvis Beviláqua, em 1916, ao então vigente Código Civil (CC): "[e]m tudo aquilo que exigir mais larga e mais intensa manifestação de energia intelectual, moral e física, o homem será mais apto do que a mulher"[30].

26. Lésbicas, Gays, Bissexuais, Travestis, Transexuais, Intersex, Queer e demais identidades e orientações.

27. PIMENTEL, Silvia. Direito e Gênero. In: PIMENTEL, Silvia. PEREIRA, Beatriz e MELO, Mônica de. Direito, discriminação de gênero e igualdade. Rio de Janeiro: Lumen Juris, 2017. p. 1 a 38.

28. *Idem.*

29. ORDENAÇÕES FILIPINAS apud PIMENTEL, Silvia. Evolução dos direitos da mulher: norma, fato, valor, p. 29.

30. BEVILÁQUA, Clóvis. Código Civil comentado, vol. 1, 1916, p. 183, apud PIMENTEL, Silvia. Op. cit., p. 29.

Mesmo que separados por séculos, são de extrema similaridade e, ainda, tais compreensões acerca das mulheres e de seu papel na sociedade são encontradas mesmo hoje na jurisprudência e legislação brasileira[31]. Não obstante os avanços quanto à igualdade entre homens e mulheres, tanto no direito internacional como no direito interno, principalmente com o advento da Constituição Federal de 1988 e a introdução de importantes direitos fundamentais na ordem constitucional do país, a aplicação do direito permanece repleta de estereótipos, reproduzindo discriminações de gênero.

Isto posto, o direito não pode e não deve ser encarado como uma ciência neutra, uma vez que foi construído, como aduz Alda Facio, de forma androcêntrica e, sendo ele, também, mecanismo de manutenção do *status quo*. Diante disso, a autora propõe a ressignificação do Direito para que este passe a ser instrumento de transformação social[32]. Com a proposta de Alda Facio em mente, passamos a analisar a incorporação do conceito de gênero na teoria e na prática jurídica brasileira e internacional e, os efeitos e consequências disso na concretização dos direitos fundamentais das mulheres, assim como da população LGBTTIQ+.

3.1. Gênero no direito internacional

3.1.1. Âmbito do Sistema Onusiano

Com o fim da Segunda Guerra Mundial e a partir da Declaração Universal dos Direitos Humanos, de 1948, o sistema global de proteção aos direitos humanos passa a ser construído, inicialmente no âmbito da Organização das Nações Unidas (ONU). Tal sistema, é integrado por instrumentos normativos de alcance geral e por instrumentos de alcance específico[33]. Nessa seara, da proteção e especificação do sujeito e de seus direitos no direito internacional dos direitos humanos, que está inserida a proteção aos direitos humanos das mulheres e demais grupos específicos.

---

31. PIMENTEL, Silvia. PEREIRA, Beatriz e MELO, Mônica de. Direito, discriminação de gênero e igualdade. Rio de Janeiro: Lumen Juris, 2017.
32. FACIO, Alda; FRIES, Lorena. Género y derecho. Santiago de Chile: La Morada, 1999.
33. PIOVESAN, Flavia. Temas de direitos humanos. 8. ed. São Paulo: Saraiva, 2015. P. 363.

À vista disso, passam a existir, de forma coexistente e complementares entre si, os sistemas geral e especial de proteção dos direitos humanos. Em ambos, o processo de especificação dos sujeitos de direito percebe e busca proteger os indivíduos em suas particularidades, especificidades e vulnerabilidades. Merecendo destaque conferências internacionais, declarações e programas de ação adotadas, de forma a implicar compromissos para os Estados, assim como a importância da jurisprudência dos organismos de proteção.

Especificamente sobre o tema de gênero e direitos das mulheres, será analisado o sistema especial de proteção. Nesse sentido, a Conferência Mundial sobre a Mulher, realizada no México, em 1975 (ano que foi proclamado como Ano Internacional da Mulher), impulsionou a posterior aprovação, da Convenção Sobre a Eliminação de todas as formas de Discriminação contra a Mulher (CEDAW) em 1979, ratificada pelo Brasil em 1984[34]. A Convenção traz a dupla missão de eliminar todas as formas de discriminação e de garantir a igualdade.

Por sua vez, a II Conferência Mundial de Direitos Humanos, realizada em Viena, em 1993, foi palco para o primeiro momento em que os direitos das mulheres e meninas são mencionados expressamente como parte inalienável, integral e indivisível dos direitos humanos universais, sendo, consequentemente, a violência de gênero incompatível com a dignidade da pessoa humana. Em razão do compromisso firmado pelos Estados, na referida Conferência, foi aprovada pela ONU, no final do mesmo ano, a Declaração sobre a Eliminação da Violência contra as Mulheres[35]. A Declaração de Viena foi estruturada na perspectiva do sistema de proteção geral, com base na igualdade formal, sendo apenas mais tarde redigidos documentos para o sistema de proteção especial com o enfoque específico nos direitos das mulheres[36].

---

34. Disponível em: <http://www.planalto.gov.br/ccivil_03/decreto/2002/d4377.htm> acesso em 05/02/2020.

35. PIOVESAN, Flavia. Temas de direitos humanos. 8. ed. São Paulo: Saraiva, 2015. p. 368 e PIMENTEL, Silvia. Direito e Gênero. In: PIMENTEL, Silvia. PEREIRA, Beatriz e MELO, Mônica de. Direito, discriminação de gênero e igualdade. Rio de Janeiro: Lumen Juris, 2017. p. 18 e 19.

36. *Idem*.

A Conferência Internacional sobre População e Desenvolvimento, de 1994 no Cairo e, na IV Conferência Mundial sobre a Mulher, realizada em Pequim, em 1995, abordou o tema dos direitos sexuais e direitos reprodutivos das mulheres, sendo esses reconhecidos como direitos humanos, sendo declarado que a violência de gênero se apresenta como obstáculo para a saúde, os direitos sexuais e reprodutivos, para a educação e para a participação das mulheres no desenvolvimento mundial[37].

Demonstrando a necessidade da interseccionalidade, a Declaração formulada na III Conferência Mundial de Combate ao Racismo, Discriminação Racial, Xenofobia e Intolerância Correlata, de 2001 em Durban, prevê de forma expressa o dever dos Estados em reconhecer as discriminações múltiplas sob uma perspectiva de gênero, e que tais discriminações afetam o gozo dos direitos pelas mulheres, direitos esses que são essenciais para o desenvolvimento mundial[38].

Cumpre destacar, a importância do mecanismo de monitoramento da CEDAW, no qual é exercida intensa atividade de interpretação dos direitos humanos das mulheres previstos na Convenção. Assim, além do rol de direitos protegidos, os tratados preveem órgãos de supervisão e controle do cumprimento, pelos Estados, das obrigações previstas, como é caso do Comitê para a Eliminação de Todas as Formas de Discriminação contra a Mulher (órgão da Convenção, previsto em seu artigo 21). Ou seja, é um colegiado composto de especialistas independentes, que possuem, inicialmente, a competência de examinar relatórios dos Estados e da sociedade civil organizada sobre a situação dos direitos protegidos, podendo, após a análise, emitir recomendações. Para mais, podem elaborar comentários (observações) gerais sobre a interpretação dos direitos previstos, que constituem repertório de extrema importância sobre o alcance e interpretação das normas de direitos humanos, assim como a sua evolução ao longo do tempo. Tal função se mostra extremamente importante, diante do mencionado contínuo desenvolvimento do entendimento sobre o debate de gênero. Exemplo disso é a Recomendação Geral n. 35 do Comitê, que atualiza a

37. PIMENTEL, Silvia. Direito e Gênero. In: PIMENTEL, Silvia. PEREIRA, Beatriz e MELO, Mônica de. Direito, discriminação de gênero e igualdade. Rio de Janeiro: Lumen Juris, 2017. p. 19.

38. *Idem.*

Recomendação Geral n. 19, a recomendação em questão atualiza as expressões utilizadas na anterior em referência a atual compreensão do conceito de "violência contra as mulheres"[39].

Ainda, há a função de análise de petições de vítimas de violações de direitos humanos contra os Estados, contudo para exercer tal função, é necessário ratificação de cláusulas facultativas previstas nos tratados ou em protocolos adicionais, pelo Estado. Como é o aso do Protocolo adicional à CEDAW, o qual em 2002, foi aderido pelo Brasil[40]. Nesse sentido, é exemplar a decisão do Comitê CEDAW, em 2010, no caso de Karen Tayag Vertido, ao concluir que, ao não obstar a utilização de estereótipos de gênero discriminatórios no processo legal, o Estado das Filipinas violou previsões da CEDAW, diante de argumentos estereotipados contra Karen para justificar a absolvição do chefe da vítima, que lhe havia estuprado. Por sua vez, em 2011, o Comitê CEDAW, decidiu que o Brasil violou os direitos de Alyne da Silva Pimentel Teixeira, que faleceu pela ausência de tratamento adequado à mulher grávida. Como emblemático primeiro caso de morte materna tratado pelo Comitê, assim como primeiro caso contra o Brasil em sede de mecanismos de monitoramento do sistema ONU, foi recomendado ao Estado brasileiro a indenização da família da vítima, assim como que seja assegurado o direito à maternidade segura e o acesso à assistência médica emergencial adequada[41].

Assim, em todas as suas funções os Comitês de monitoramento exercem importante função interpretativa dos direitos humanos, garantindo--lhe a correta aplicação e interpretação conforme o momento histórico e à evolução dos conceitos e direitos.

---

39. CNJ. Recomendação geral n. 35 sobre violência de gênero contra as mulheres do comitê para eliminação de todas as formas de discriminação contra a mulher (cedaw). Disponível em: <https://www.cnj.jus.br/wp-content/uploads/2019/09/769f84bb4f9230f283050b7673aeb063.pdf> acesso em: 05/02/2020.

40. PIOVESAN, Flavia. Temas de direitos humanos. 8. ed. São Paulo: Saraiva, 2015.P. 368 e RAMOS, André de Carvalho. Curso de direitos humanos. 5. ed. São Paulo: Saraiva, 2018. p. 171 a 173.

41. PIMENTEL, Silvia. Direito e Gênero. In: PIMENTEL, Silvia. PEREIRA, Beatriz e MELO, Mônica de. Direito, discriminação de gênero e igualdade. Rio de Janeiro: Lumen Juris, 2017. p. 19 e 20.

3.1.2. Âmbito do Sistema Interamericano

No âmbito do Sistema Interamericano de proteção aos direitos humanos, grande avanço, no que concerne direitos humanos das mulheres, adveio com a Convenção Interamericana para Prevenir, Punir e Erradicar a Violência Contra a Mulher, conhecida como "Convenção de Belém do Pará", aprovada em 1994, no âmbito da Organização dos Estados Americanos (OEA) e, ratificada pelo Brasil em 1995[42].

A Convenção de Belém do Pará, é de extrema importância para a garantia e defesa dos direitos das mulheres latino-americanas e caribenhas, sendo o primeiro tratado internacional de proteção dos direitos humanos que reconhece a violência contra a mulher como fenômeno generalizado e interseccional[43]. Em especial, ao estabelecer que na adoção das medidas para seu cumprimento devem ser consideradas com atenção especial a situação da mulher vulnerável à violência por distintos fatores, destacando-se a raça, origem étnica, situação socioeconômica desfavorável, religião e idade, entre outros mencionados[44]. Ademais, introduziu de forma pioneira e expressamente, a palavra gênero em seu texto[45]. Ainda, coerentemente com a construção do conceito de gênero abordada anteriormente, afirma que a violência contra a mulher constitui violação grave dos direitos humanos, ofensa à dignidade da pessoa humana e é manifestação das relações de poder historicamente desiguais entre os gêneros, sendo possível manifestar-se tanto na esfera pública como na privada[46].

Com a Convenção de Belém do Pará, importantes estratégias para proteção internacional dos direitos humanos das mulheres são criadas, havendo um desenvolvimento de *standards* no sistema interamericano

---

42. Disponível em: <http://www.planalto.gov.br/ccivil_03/decreto/1996/D1973.htm> acesso em: 05/02/2020.
43. PIOVESAN, Flavia. Temas de direitos humanos. 8. ed. São Paulo: Saraiva, 2015. p. 371.
44. *Idem.*
45. PIMENTEL, Silvia. Direito e Gênero. In: PIMENTEL, Silvia. PEREIRA, Beatriz e MELO, Mônica de. Direito, discriminação de gênero e igualdade. Rio de Janeiro: Lumen Juris, 2017. p. 19 e 20.
46. Disponível em: <http://www.planalto.gov.br/ccivil_03/decreto/1996/D1973.htm> acesso em: 04/06/2019.

relacionados à igualdade de gênero e a proteção direitos das mulheres. Entre elas destacam-se as decisões de mérito de casos submetidos tanto à Comissão Interamericana de Direitos Humanos como à Corte Interamericana de Direitos Humanos, os relatórios temáticos e/ou sobre países, bem como as opiniões consultivas da Corte[47].

A jurisprudência interamericana de direitos humanos traz diversos precedentes marcantes e importantes para a temática de gênero e para os direitos das mulheres, esses que também servem como parâmetro de interpretação e aplicação no direito interno dos países signatários, como é o caso do Brasil. No âmbito da Corte Interamericana destacamos alguns casos emblemáticos:

1. Caso González e outras ("Campo Algodoeiro") vs. México[48]

O caso Campo Algodoneiro vs. México é notável por ser a primeira vez que a Corte IDH analisa, e reconhece como tal, caso envolvendo situação de violência estrutural de gênero. Ademais, também é o pioneiro entre todos os tribunais internacionais, ao reconhecer a existência do crime específico de feminicídio. Por fim, no caso em tela, a Corte assevera que possui competência para analisar violações de outros tratados que compõem o sistema interamericano, e não apenas a Convenção Americana de Direitos Humanos (CADH), a exemplo da Convenção de Belém do Pará.

2. Caso Atala Riffo e crianças vs. Chile[49]

No caso envolvendo Karen Atala Riffo e o processo de guarda de seus filhos interposto perante os tribunais chilenos pelo seu ex-marido e pai das meninas, sob os argumentos de que a orientação sexual de Karen e convivência dos menores com uma parceira produziam danos a essas, fazendo com que Karen perdesse a guarda das meninas. Demonstrando clara discriminação por lesbofobia, que conforme mencionado anteriormente,

---

47. PIMENTEL, Silvia. Direito e Gênero. In: PIMENTEL, Silvia. PEREIRA, Beatriz e MELO, Mônica de. Direito, discriminação de gênero e igualdade. Rio de Janeiro: Lumen Juris, 2017. p. 21 e 22.

48. PAIVA, Caio e HEEMANN, Thimotie Aragon. Jurisprudência Internacional de Direitos Humanos. 2 ed. Campinas: CEI, 2017.

49. *Idem.*

é a conjugação da discriminação de gênero com a homofobia. Trata-se do primeiro caso julgado pela Corte sobre a proteção do direito à diversidade sexual, sendo reconhecida que a orientação sexual dos pais das crianças não pode ser invocada para decidir processo judicial de guarda. Ainda, declarou a corte que a CADH não acolheu um conceito fechado de família, sendo de acordo com os preceitos da Convenção as mais diversas formas de família, independentemente da orientação sexual.

3. Caso Gonzales Lluy e outros vs. Equador[50]

De forma precursora e inédita, a Corte IDH reconheceu expressamente o fenômeno da interseccionalidade na seara dos direitos humanos, identificando a incidência dos mais diversos fatores de discriminação em um caso concreto. No caso, foi reconhecido que em situações de extrema vulnerabilidade, é possível equiparar uma pessoa portadora do vírus HIV à condição de pessoa com deficiência, nos termos da Convenção da ONU sobre Pessoa Com Deficiência, demonstrando também a possibilidade de aplicação de documentos internacionais que não só os pertencentes ao sistema interamericano na aplicação e proteção dos direitos humanos no âmbito da Corte.

4. Caso Velásquez Paiz e outros vs. Guatemala[51]

Sob a perspectiva de gênero e diante de crime violento cometido contra mulher, a Corte declarou que as autoridades Estatais possuem a obrigação de investigar de ofício as possíveis conotações discriminatórias por razão de gênero, especialmente quando existirem indícios concretos da existência de violência sexual. Por fim, foi reconhecido que a forma de se vestir de cada indivíduo é meio legítimo para exercer o direito à liberdade de expressão.

5. Caso Duque vs. Colômbia e Caso Flor Freire vs. Equador[52]

Lidando com a temática da orientação sexual, a Corte IDH, no caso Duque vs. Colômbia, decidiu que esta não pode impedir a obtenção de

---

50. PAIVA, Caio e HEEMANN, Thimotie Aragon. Jurisprudência Internacional de Direitos Humanos. 2 ed. Campinas: CEI, 2017.
51. *Idem*.
52. *Idem*.

benefício de pensão por morte. Ademais, no caso Flor Fleire vs. Equador declarou que a orientação sexual não pode ser fator determinante na seleção de membros das Forças Armadas.

Cumpre destacar também casos perante à Comissão Interamericana de Direitos Humanos (CIDH):

1. Caso Maria da Penha Maia Fernandes vs. Brasil[53]

Trata-se de caso extremamente emblemático para toda a comunidade internacional e em especial para o Brasil, do qual adveio a legislação interna que trata da violência doméstica e familiar contra as mulheres. Destaca-se por ser a primeira vez que a CIDH aplicou a Convenção de Belém do Pará.

2. Caso Luiza Melinho vs. Brasil[54]

Admitido por meio de petição individual sobre violação dos direitos humanos da vítima à identidade de gênero, por parte do Estado Brasileiro, diante da negação realização de cirurgia de adequação genital para mulher transexual por meio do sistema público e universal de acesso à saúde e, tampouco, autorizando e custeando o procedimento em hospital particular. O caso ainda não foi concluído.

Nessa lógica, importante analisar a recente Opinião Consultiva nº 24 da Corte IDH, que trata do tema identidade de gênero e da não discriminação de casais do mesmo gênero. A partir de solicitação feita pelo Estado da Costa Rica, na qual questionou a interpretação da Corte em relação às garantias estabelecidas pela CADH quanto ao reconhecimento da alteração do nome em conformidade com a identidade de gênero e sobre o reconhecimento dos direitos econômicos derivados de uniões homoafetivas. A Corte IDH destacou que, a jurisprudência interamericana é reiterada na garantia da proteção do direito à orientação sexual e a identidade de gênero pelo Pacto de San José da Costa Rica, sendo tais direitos de vital importância para o pleno gozo dos direitos humanos. Assim, é garantida a proteção

---

53. *Idem.*

54. PIMENTEL, Silvia. Direito e Gênero. In: PIMENTEL, Silvia. PEREIRA, Beatriz e MELO, Mônica de. Direito, discriminação de gênero e igualdade. Rio de Janeiro: Lumen Juris, 2017. p. 21 e 28.

contra todas as formas de violência, tortura e maus-tratos e o direito ao acesso à saúde, à educação, ao emprego, à moradia, à seguridade social e à liberdade de expressão e associação de tal população. A Corte ressalta, ainda, que a ausência de normas internas especificas sobre o tema não permite que os Estados violem ou restrinjam direitos humanos desses grupos[55].

Destaca-se ainda o papel dos Princípios de Yogyakarta, publicados em 2006 e elaborados por um grupo especialistas de diferentes países, como parâmetro de interpretação e aplicação das normas internacionais e internas envolvendo questões relativas à orientação sexual e identidade de gênero[56]. Tais Princípios são considerados um conjunto de normas *soft law,* ou seja, não possuindo força vinculante aos Estados. No entanto, assim como outros institutos de *soft law* do direito internacional dos direitos humanos, servem como importantíssimo vetor interpretativo de normas com caráter vinculante, tanto nacionais como internacionais. Ademais, possuem função de posterior orientação de normativa sobre o tema[57].

3.1.3. Gênero no direito brasileiro

A Constituição da República Federativa do Brasil, de 1988, não menciona gênero de maneira expressa. No entanto, a sua essência, advinda do contexto histórico em que foi promulgada e da marcante e significativa participação do movimento de mulheres na constituinte[58], demonstra o anseio pela igualdade de gênero e a garantia dos direitos das mulheres. Ademais, consagra em seu art. 1º, como um de seus fundamentos, a dignidade da pessoa humana e, no art. 3º, como um de seus objetivos fundamentais,

55. Disponível em: <http://www.corteidh.or.cr/docs/opiniones/seriea_24_esp.pdf> acesso em: 07/02/2020.

56. Disponível em: <http://www.clam.org.br/uploads/conteudo/principios_de_yogyakarta.pdf> acesso em: 07/02/2020.

57. Ramos, André de Carvalho. Curso de direitos humanos. 5. ed. São Paulo: Saraiva, 2018. p. 294.

58. Ver mais em: <https://www2.camara.leg.br/atividade-legislativa/legislacao/Constituicoes_Brasileiras/constituicao-cidada/a-constituinte-e-as-mulheres/arquivos/Constituinte%201987-1988-Carta%20das%20Mulheres%20aos%20Constituintes.pdf> acesso em: 07/02/2020 e TELES, Maria Amélia de Almeida. Breve história do feminismo no Brasil e outros ensaios. São Paulo: Alameda, 2017.

a promoção do bem de todos, sem preconceitos de origem, raça, sexo, cor, idade e quaisquer outras formas de discriminação, além da consagração do princípio da igualdade formal, entre homens e mulheres, explicito no art. 5º, *caput* e inciso I, que determina que todos são iguais perante a lei, sem distinção de qualquer natureza, sendo homens e mulheres iguais em direitos e obrigações[59]. Nesse sentido, possível concluir que existe vedação constitucional de toda e qualquer discriminação e violência por motivo de gênero[60], também em razão de disposição expressa do art. 226, § 8º da Constituição, que determina o dever do Estado de criar mecanismos para coibir a violência no âmbito das relações familiares.

Conforme foi possível observar da construção histórica do conceito de gênero, abordada anteriormente, é compreensível a utilização do termo "sexo" e não "gênero" no texto constitucional. Mas, retirara-se de uma interpretação conforme o espírito constitucional, que a igualdade de gênero – como este é entendido hoje, encontra-se prevista e garantida pela Constituição Federal brasileira, sendo ela um direito fundamental.

Contudo, ainda existem dificuldades na garantia dos direitos relacionados à gênero, destacando-se a dificuldade em traduzir a igualdade formal, prevista na Constituição, em igualdade material. Ademais, persiste o antagonismo a avanços por parcela cada vez maior dos membros do Estado, sejam eles de qualquer dos três poderes e, o constante risco de retrocessos em direitos e políticas públicas.

Não obstante, sendo uma referência mundial e de importância ímpar para as mulheres brasileiras, a Lei nº 11.340/2006, batizada como "Lei Maria da Penha", em razão do já mencionado caso submetido à CIDH, no qual, Maria da Penha foi vítima de violência não só de seu ex-marido, mas também, da negligência e violação de direitos por parte do Estado brasileiro. Gerando recomendações por parte da CIDH ao Brasil, estas que resultaram

59. Disponível em: <http://www.planalto.gov.br/ccivil_03/constituicao/constituicao.htm> acesso em: 07/02/2020.

60. PIMENTEL, Silvia. Direito e Gênero. In: PIMENTEL, Silvia. PEREIRA, Beatriz e MELO, Mônica de. Direito, discriminação de gênero e igualdade. Rio de Janeiro: Lumen Juris, 2017. p. 28 e 29.

na necessária, mesmo que tardia, edição da lei em análise[61]. A Lei Maria da Penha, além de criar mecanismos para conter a violência doméstica e familiar contra as mulheres, define o que configura tal violência, isto é, qualquer ação ou omissão com fundamento no gênero que cause morte, lesão, sofrimento físico, sexual ou psicológico e dano moral ou patrimonial contra a vítima. Destacando-se a utilização do termo gênero em sua redação. Ainda, explicita que as relações pessoais enunciadas na lei independem de orientação sexual[62], buscando incluir em suas previsões as mais diversas mulheres, demonstrando o espírito e a abordagem interseccional da norma.

Nesse sentido, compreendendo o momento histórico e as limitações legislativas à época da edição da Lei Maria da Penha, ela foi elaborada em um contexto que tomava a violência doméstica e familiar na perspectiva da mulher cisgênera, ainda que em relação homoafetiva. No entanto, cumpre anotar que, a Lei Maria da Penha, também deve ser aplicada à violência cometida contra mulheres transexuais e travestis, conforme recente e acertada jurisprudência[63].

Outro marco legislativo é a Lei nº 13.104/15, que alterou o art. 121 do CP para nele incluir a qualificadora do feminicídio, ou seja, o assassinato de mulheres motivados por razões gênero. Por razões políticas reacionárias, que buscavam coibir o emprego do termo "gênero" e a aplicação da qualificadora para vítimas transexuais e travestis, a redação do projeto originalmente proposto (que definia feminicídio como forma extrema de violência de gênero que resulta na morte da mulher), sofreu alterações ao tramitar na Câmara dos Deputados e no Senado, sendo aprovado com redação que utiliza os termos: "contra a mulher por razões da condição de sexo feminino"[64]. No entanto, mesmo tendo sido retirada do texto de lei

61. Disponível em: <https://www.cidh.oas.org/annualrep/2000port/12051.htm> acesso em: 07/02/2020.

62. BIANCHINI, Alice Lei Maria da Penha: Lei n. 11.340/2006: Aspectos assistenciais, protetivos e criminais da violência de gênero / Alice Bianchini. – 4. ed. – São Paulo: Saraiva Educação, 2018.

63. PIMENTEL, Silvia. Direito e Gênero. In: PIMENTEL, Silvia. PEREIRA, Beatriz e MELO, Mônica de. Direito, discriminação de gênero e igualdade. Rio de Janeiro: Lumen Juris, 2017. p. 29 e 30.

64. PRADO, Débora e SANEMATSU, Marisa (Org.). Feminicídio: #InvisibildiadeMata. São Paulo: Instituto Patrícia Galvão, 2017.

a palavra em si, a perspectiva de gênero é essencial para a compreensão e correta aplicação da qualificadora do feminicídio[65-66].

O Brasil tem apresentado dados alarmantes de violações aos direitos humanos da população LGBTTIQ+[67] e, sem dúvida, ainda é carente de legislação e políticas públicas nesse campo, mesmo que existam exemplos esparsos de leis e políticas municipais ou estaduais que cuidem da temática. Emblemática e importante decisão foi dada pelo Supremo Tribunal Federal (STF), em 2018, em sede de controle concentrado de constitucionalidade e, posteriormente consolidada, com repercussão geral, em recurso extraordinário, para autorizar a alteração do registro civil de pessoa transgênero, diretamente pela via administrativa, independentemente da realização de procedimento cirúrgico de redesignação sexual ou de laudo médico[68]. Ademais, no bastante discutido e controverso, julgamento concluído em junho de 2019 no STF (ADO 26 e MI 4733), por uma votação de oito a três, foi reconhecida a mora legislativa na criminalização da LGBTfobia. Diante de tal omissão, este tipo de conduta deverá ser abarcado pela Lei nº 7716-89, que trata do crime de racismo e injúria racial, até que o Congresso Nacional edite lei específica. Ademais, no caso de homicídio doloso contra tal população, constitui-se circunstância que o qualifica, por configurar motivo torpe. Ainda, a decisão expressamente reconheceu que tal entendimento não alcança e nem restringe, o exercício da liberdade religiosa, desde que tais manifestações não configurem discurso de ódio. Por fim, a tese estabeleceu que o conceito de racismo, no entendimento do STF, ultrapassa aspectos

---

65. PRADO, Débora e SANEMATSU, Marisa (Org.). Feminicídio: #InvisibilidadeMata. São Paulo: Instituto Patrícia Galvão, 2017.

66. Ver mais em: IPEA, Atlas da Violência 2018. Disponível em: <https://assets-dossies-ipg-v2.nyc3.digitaloceanspaces.com/sites/3/2018/06/IPEA_FBSP_AtlasdaViolencia2018 Relatorio.pdf> e <https://assets-dossies-ipg-v2.nyc3.digitaloceanspaces.com/sites/3/2018/06/IPEA_FBSP_AtlasdaViolencia2018Infografico.pdf> acesso em 10/02/2020 e Peres, Milena Cristina Carneiro. Dossiê sobre lesbocídio no Brasil: de 2014 até 2017. Rio de Janeiro: Livros Ilimitados, 2018. Disponível em: <https://assets-dossies-ipg-v2.nyc3.digitaloceanspaces.com/sites/3/2018/04/Dossi%C3%AA-sobre-lesboc%C3%ADdio-no-Brasil.pdf> acesso em: 10/02/2020.

67. Ver mais em: <http://www.dedihc.pr.gov.br/arquivos/File/2018/ManualLGBTDIGITALmdh.pdf> acesso em: 10/02/2020.

68. RE 670422 e ADI 4275, com inteiro teor do acórdão disponível em: <https://portal.stf.jus.br/processos/downloadPeca.asp?id=15339649246&ext=.pdf> acesso em: 10/02/2020.

estritamente biológicos ou fenotípicos e alcança a negação da dignidade e da humanidade de grupos vulneráveis[69].

Nesse sentido, a perspectiva de gênero e a proteção de direitos (a ele relacionados) ainda precisam caminhar dentro da normativa e jurisprudência brasileira. No entanto, já existem significativos avanços, como os aqui aludidos.

4. CONCLUSÃO

O estudo da construção histórica do conceito de gênero e da relação deste conceito com o direito internacional dos direitos humanos e com o direito brasileiro demonstra a importância de uma análise interseccional, quanto ao desenvolvimento dos e pautada nos direitos humanos e fundamentais.

Nesse sentido, as relações de poder entre os gêneros podem variar conforme outros fatores envolvidos, como a classe e raça, sendo irresponsável e irrefletido considerar a busca pela igualdade como algo homogêneo para todas as mulheres. Nessa perspectiva, é fundamental a busca por equidade, reconhecendo e respeitando as especificidades e diferentes necessidades das diferentes mulheres. Ainda, ao reconhecermos que certos problemas e desafios são partilhados por grande parte das mulheres, mas tendo a consciência da existência de problemas específicos a certos grupos, é, portanto, necessário combater a universalidade, aplicando, elaborando e garantindo direitos fundamentais para todas as mulheres.

Ainda que possam ser observados avanços na criação, aplicação e interpretação de direitos fundamentais relativos a gênero, no Brasil e no mundo, os entraves e resistências persistes. O advento de legislações e políticas de gênero é positivo, mas, ainda é possível observar ainda lacunas existentes sobre a temática na normativa e jurisprudência internacional e pátria, assim como no uma dificuldade no acesso à justiça pelas vítimas de discriminação e violência de gênero.

---

69. Disponível em: <http://www.stf.jus.br/arquivo/cms/noticiaNoticiaStf/anexo/tesesADO26.pdf> acesso em: 10/02/2020.

Assim, é preciso que mudanças estruturais sejam realizadas na sociedade e, consequentemente na ciência jurídica, em seu modo de agir e pensar. Enquanto as desigualdades, tanto sociais como econômicas e os preconceitos e estigmas persistirem, a discriminação e a violência de gênero existirá e os direitos fundamentais das mulheres não serão garantidos. Dessa forma, é evidente a importância e necessidade da busca pelo fortalecimento social e pela equidade, respeitando a diversidade e as diferenças, de todas as realidades.

3

PROTEÇÃO DOS DIREITOS HUMANOS DAS MULHERES NO SISTEMA INTERAMERICANO

Flávia Piovesan

Professora doutora em Direito Constitucional e Direitos Humanos da Pontifícia Universidade Católica de São Paulo, Professora de Direitos Humanos do Programa de Pós Graduação da Pontifícia Universidade Católica de São Paulo; visiting fellow do Human Rights Program da Harvard Law School (1995 e 2000), visiting fellow do Centre for Brazilian Studies da University of Oxford (2005), visiting fellow do Max Planck Institute for Comparative Public Law and International Law (Heidelberg – 2007; 2008; 2015; 2016; 2017; 2018; e 2019; Humboldt Foundation Georg Forster Research Fellow no Max Planck Institute (Heidelberg – 2009-2014), Visiting Scholar no David Rockefeller Center for Latin American Studies da Harvard University (2018). Foi membro da UN High Level Task Force on the implementation of the right to development e é membro do OAS Working Group para o monitoramento do Protocolo de San Salvador em matéria de direitos econômicos, sociais e culturais. Membro da Comissão Interamericana de Direitos Humanos (2018 a 2021).

1. INTRODUÇÃO

Objetiva este artigo enfocar o alcance da proteção dos direitos humanos das mulheres no sistema interamericano, com destaque a casos emblemáticos decididos pela Corte Interamericana e pela Comissão Interamericana, envolvendo o combate à violência contra a mulher. Ambiciona o artigo estudar o *"corpus juris interamericano"* no que se refere aos direitos humanos das mulheres – sobretudo o direito a uma vida livre de violência – identificando os direitos protegidos, os deveres estatais e o impacto no âmbito brasileiro.

Atente-se que a arquitetura protetiva internacional de proteção dos direitos humanos é capaz de refletir, ao longo de seu desenvolvimento, as diversas feições e vertentes do movimento feminista[1]. Reivindicações feministas, como o direito à igualdade formal (como pretendia o movimento feminista liberal), a liberdade sexual e reprodutiva (como pleiteava o movimento feminista libertário radical), o fomento da igualdade econômica (bandeira do movimento feminista socialista), a redefinição de papéis sociais (lema do movimento feminista existencialista) e o direito à diversidade sob as perspectivas de raça, etnia, dentre outras (como pretende o movimento feminista crítico e multicultural) foram, cada qual ao seu modo, incorporados pelos tratados internacionais de proteção dos direitos humanos.

Enquanto um construído histórico, os direitos humanos das mulheres não traduzem uma história linear, não compõem uma marcha triunfal, nem tampouco uma causa perdida. Mas refletem, a todo tempo, a história de um combate[2], mediante processos que abrem e consolidam espaços de luta pela dignidade humana[3], como invoca, em sua complexidade e dinâmica, o movimento feminista, em sua trajetória plural.

---

1. Sobre as diferentes fases do movimento feminista, ver Rosemarie Putnam Tong. *Feminist Thought – a more comprehensive introduction.* Oxford: Westview press, 1998.
2. Daniele Lochak, *Les Droits de l'homme*, nouv. edit., Paris, La Découverte, 2005, p.116, Apud, Celso Lafer, prefácio ao livro *Direitos Humanos e Justiça Internacional*, Flávia Piovesan, São Paulo, ed. Saraiva, 2006, p. XXII.
3. Joaquín Herrera Flores, *Direitos Humanos, Interculturalidade e Racionalidade de Resistência*, mimeo, p. 7.

Considerando a historicidade dos direitos humanos, destaca-se a chamada concepção contemporânea de direitos humanos, que veio a ser introduzida pela Declaração Universal de 1948 e reiterada pela Declaração de Direitos Humanos de Viena de 1993.

Esta concepção é fruto do movimento de internacionalização dos direitos humanos, que surge, no pós-guerra, como resposta às atrocidades e aos horrores cometidos durante o nazismo. É neste cenário que se vislumbra o esforço de reconstrução dos direitos humanos, como paradigma e referencial ético a orientar a ordem internacional. A barbárie do totalitarismo significou a ruptura do paradigma dos direitos humanos, por meio da negação do valor da pessoa humana como valor fonte do Direito. Se a Segunda Guerra significou a ruptura com os direitos humanos, o Pós-Guerra deveria significar a sua reconstrução. O sistema internacional de proteção dos direitos humanos constitui o legado maior da chamada "Era dos Direitos", que tem permitido a internacionalização dos direitos humanos e a humanização do Direito Internacional contemporâneo[4].

Fortalece-se a ideia de que a proteção dos direitos humanos não deve se reduzir ao domínio reservado do Estado, porque revela tema de legítimo interesse internacional. Prenuncia-se, deste modo, o fim da era em que a forma pela qual o Estado tratava seus nacionais era concebida como um problema de jurisdição doméstica, decorrência de sua soberania. Para Andrew Hurrell: "O aumento significativo das ambições normativas da sociedade internacional é particularmente visível no campo dos direitos humanos e da democracia, com base na ideia de que as relações entre governantes e governados, Estados e cidadãos, passam a ser suscetíveis de legítima preocupação da comunidade internacional; de que os maus-tratos a cidadãos e a inexistência de regimes democráticos devem demandar ação internacional; e que a legitimidade internacional de um Estado passa

4. Thomas Buergenthal, prólogo do livro de Antônio Augusto Cançado Trindade, *A Proteção Internacional dos Direitos Humanos: fundamentos jurídicos e instrumentos básicos*, São Paulo, Saraiva, 1991, p. XXXI. No mesmo sentido, afirma Louis Henkin: "O Direito Internacional pode ser classificado como o Direito anterior à 2a Guerra Mundial e o Direito posterior a ela. Em 1945, a vitória dos aliados introduziu uma nova ordem com importantes transformações no Direito Internacional." (Louis Henkin et al, *International Law: Cases and materials*, 3a edição, Minnesota, West Publishing, 1993, p. 3)

crescentemente a depender do modo pelo qual as sociedades domésticas são politicamente ordenadas"[5].

Neste contexto, a Declaração de 1948 vem a inovar a gramática dos direitos humanos, ao introduzir a chamada concepção contemporânea de direitos humanos, marcada pela universalidade e indivisibilidade destes direitos. Universalidade porque clama pela extensão universal dos direitos humanos, sob a crença de que a condição de pessoa é o requisito único para a titularidade de direitos, considerando o ser humano como um ser essencialmente moral, dotado de unicidade existencial e dignidade, esta como valor intrínseco à condição humana. Indivisibilidade porque a garantia dos direitos civis e políticos é condição para a observância dos direitos sociais, econômicos e culturais e vice-versa. Quando um deles é violado, os demais também o são. Os direitos humanos compõem, assim, uma unidade indivisível, interdependente e inter-relacionada, capaz de conjugar o catálogo de direitos civis e políticos com o catálogo de direitos sociais, econômicos e culturais.

A partir da Declaração de 1948, começa a se desenvolver o Direito Internacional dos Direitos Humanos, mediante a adoção de inúmeros instrumentos internacionais de proteção. Sob este prisma, a ética dos direitos humanos é a ética que vê no outro um ser merecedor de igual consideração e profundo respeito, dotado do direito de desenvolver as potencialidades humanas, de forma livre, autônoma e plena. É a ética orientada pela afirmação da dignidade e pela prevenção ao sofrimento humano.

Ao longo da história as mais graves violações aos direitos humanos tiveram como fundamento a dicotomia do "eu *versus* o outro", em que a diversidade era captada como elemento para aniquilar direitos. Vale dizer, a diferença era visibilizada para conceber o "outro" como um ser menor em dignidade e direitos, ou, em situações limites, um ser esvaziado mesmo de qualquer dignidade, um ser descartável e supérfluo. Nesta direção, merecem destaque as violações da escravidão, do nazismo, do sexismo, do racismo, da homofobia, da xenofobia e de outras práticas de intolerância. Como

5. Andrew Hurrell, Power, principles and prudence: protecting human rights in a deeply divided world, In: Tim Dunne e Nicholas J. Wheeler, *Human Rights in Global Politics*, Cambridge, Cambridge University Press, 1999, p. 277.

leciona Amartya Sen, "identity can be a source of richness and warmth as well as of violence and terror"[6]. O autor ainda tece aguda crítica ao que denomina como *"serious miniaturization of human beings"*, quando é negado o reconhecimento da pluralidade de identidades humanas, na medida em que as pessoas são *"diversily different"*[7].

O temor à diferença é fator que permite compreender a primeira fase de proteção dos direitos humanos, marcada pela tônica da proteção geral e abstrata, com base na igualdade formal.

Torna-se, contudo, insuficiente tratar o indivíduo de forma genérica, geral e abstrata. Faz-se necessária a especificação do sujeito de direito, que passa a ser visto em sua peculiaridade e particularidade. Nesta ótica, determinados sujeitos de direitos, ou determinadas violações de direitos, exigem uma resposta específica e diferenciada. Neste cenário as mulheres, as crianças, as populações afrodescendentes, os migrantes, as pessoas com deficiência, dentre outras categorias vulneráveis, devem ser vistas nas especificidades e peculiaridades de sua condição social. Ao lado do direito à igualdade, surge, também como direito fundamental, o direito à diferença. Importa o respeito à diferença e à diversidade, o que lhes assegura um tratamento especial.

Destacam-se, assim, três vertentes no que tange à concepção da igualdade: a) a igualdade formal, reduzida à fórmula "todos são iguais perante a lei" (que, ao seu tempo, foi crucial para a abolição de privilégios); b) a igualdade material, correspondente ao ideal de justiça social e distributiva (igualdade orientada pelo critério socioeconômico); e c) a igualdade material, correspondente ao ideal de justiça enquanto reconhecimento de identidades (igualdade orientada pelos critérios de gênero, orientação sexual, idade, raça, etnia e demais critérios).

Para Nancy Fraser, a justiça exige, simultaneamente, redistribuição e reconhecimento de identidades. Como atenta a autora: "O reconhecimento não pode se reduzir à distribuição, porque o status na sociedade não

6. Amartya Sen, *Identity and Violence: The illusion of destiny*, New York/London, W.W.Norton & Company, 2006, p. 4.

7. Amartya Sen, op. cit. p. XIII e XIV.

decorre simplesmente em função da classe. (...) Reciprocamente, a distribuição não pode se reduzir ao reconhecimento, porque o acesso aos recursos não decorre simplesmente em função de status."[8] Há, assim, o caráter bidimensional da justiça: redistribuição somada ao reconhecimento. No mesmo sentido, Boaventura de Souza Santos afirma que apenas a exigência do reconhecimento e da redistribuição permite a realização da igualdade[9]. Atente-se que esta feição bidimensional da justiça mantém uma relação dinâmica e dialética, ou seja, os dois termos relacionam-se e interagem mutuamente, na medida em que a discriminação implica pobreza e a pobreza implica discriminação.

Ainda Boaventura acrescenta: "temos o direito a ser iguais quando a nossa diferença nos inferioriza; e temos o direito a ser diferentes quando a nossa igualdade nos descaracteriza. Daí a necessidade de uma igualdade

---

8. Afirma Nancy Fraser: "O reconhecimento não pode se reduzir à distribuição, porque o status na sociedade não decorre simplesmente em função da classe. Tomemos o exemplo de um banqueiro afro-americano de Wall Street, que não consegue tomar um taxi. Neste caso, a injustiça da falta de reconhecimento tem pouco a ver com a má distribuição. (...) Reciprocamente, a distribuição não pode se reduzir ao reconhecimento, porque o acesso aos recursos não decorre simplesmente da função de status. Tomemos, como exemplo, um trabalhador industrial especializado, que fica desempregado em virtude do fechamento da fábrica em que trabalha, em vista de uma fusão corporativa especulativa. Neste caso, a injustiça da má distribuição tem pouco a ver com a falta de reconhecimento. (...) Proponho desenvolver o que chamo concepção bidimensional da justiça. Esta concepção trata da redistribuição e do reconhecimento como perspectivas e dimensões distintas da justiça. Sem reduzir uma à outra, abarca ambas em um marco mais amplo". (Nancy Fraser, Redistribución, reconocimiento y participación: hacia un concepto integrado de la justicia, In: Unesco, *Informe Mundial sobre la Cultura*, 2000-2001, p. 55-56). Ver ainda da mesma autora o artigo From Redistribution to Recognition? Dilemmas of Justice in a Postsocialist age em seu livro *Justice Interruptus. Critical reflections on the "Postsocialist" condition*, NY/London, Routledge, 1997. Sobre a matéria, consultar Axel Honneth, *The Struggle for Recognition: The moral grammar of social conflicts*, Cambridge/Massachussets, MIT Press, 1996; Nancy Fraser e Axel Honneth, *Redistribution or Recognition? A political-philosophical exchange*, London/NY, verso, 2003; Charles Taylor, The politics of recognition, in: Charles Taylor et. al., *Multiculturalism – Examining the politics of recognition*, Princeton, Princeton University Press, 1994; Iris Young, *Justice and the politics of difference*, Princenton, Princenton University Press, 1990; Amy Gutmann, *Multiculturalism: examining the politics of recognition*, Princenton, Princenton University Press, 1994.

9. A respeito, ver Boaventura de Souza Santos, Introdução: para ampliar o cânone do reconhecimento, da diferença e da igualdade. In: *Reconhecer para Libertar: Os caminhos do cosmopolitanismo multicultural,* Rio de Janeiro, Civilização Brasileira, 2003, p.56. Ver ainda do mesmo autor Por uma Concepção Multicultural de Direitos Humanos, op. cit. p.429-461.

que reconheça as diferenças e de uma diferença que não produza, alimente ou reproduza as desigualdades"[10].

Se, para a concepção formal de igualdade, esta é tomada como pressuposto, como um dado e um ponto de partida abstrato, para a concepção material de igualdade, esta é tomada como um resultado ao qual se pretende chegar, tendo como ponto de partida a visibilidade às diferenças. Isto é, essencial mostra-se distinguir a diferença e a desigualdade. A ótica material objetiva construir e afirmar a igualdade com respeito à diversidade. O reconhecimento de identidades e o direito à diferença é que conduzirão a uma plataforma emancipatória e igualitária. A emergência conceitual do direito à diferença e do reconhecimento de identidades é capaz de refletir a crescente voz do movimento feminista, sobretudo de sua vertente crítica e multiculturalista.

Isto é, em sua fase inicial, o sistema internacional de proteção dos direitos humanos guiou-se pelo lema da igualdade formal, geral e abstrata -- lema do movimento feminista liberal. O binômio da igualdade perante a lei e da proibição da discriminação, sob a ótica formal, vê-se consagrado em todos os instrumentos internacionais de direitos humanos. Sua proteção é requisito, condição e pressuposto para o pleno e livre exercício de direitos.

No entanto, gradativamente, surgem instrumentos internacionais a delinear a concepção material da igualdade, concebendo a igualdade formal e a igualdade material como conceitos distintos, mas inter-relacionados. Transita-se da igualdade abstrata e geral para um conceito plural de dignidades concretas. Daí a contribuição das demais vertentes feministas – como a libertária radical; a socialista; a existencialista; e a multiculturalista – para o processo de construção histórica dos direitos humanos das mulheres.

À luz da internacionalização dos direitos humanos, foi a Declaração de Direitos Humanos de Viena de 1993 que, de forma explícita, afirmou, em seu parágrafo 18, que os direitos humanos das mulheres e das meninas são parte inalienável, integral e indivisível dos direitos humanos universais. Esta concepção foi reiterada pela Plataforma de Ação de Pequim, de 1995.

10. Ver Boaventura de Souza Santos, op. cit.

O legado de Viena é duplo: não apenas endossa a universalidade e a indivisibilidade dos direitos humanos invocada pela Declaração Universal de 1948, mas também confere visibilidade aos direitos humanos das mulheres e das meninas, em expressa alusão ao processo de especificação do sujeito de direito e à justiça enquanto reconhecimento de identidades. Neste cenário as mulheres devem ser vistas nas especificidades e peculiaridades de sua condição social. O direito à diferença implica o direito ao reconhecimento de identidades próprias, o que propicia a incorporação da perspectiva de gênero[11], isto é, repensar, revisitar e reconceptualizar os direitos humanos a partir da relação entre os gêneros, como um tema transversal.

O balanço das últimas três décadas permite apontar que o movimento internacional de proteção dos direitos humanos das mulheres centrou seu foco em três questões centrais: a) a discriminação contra a mulher; b) a violência contra a mulher; e c) os direitos sexuais e reprodutivos. Este artigo será concentrado na proteção dos direitos humanos das mulheres

11. Afirma Alda Facio: "(...) *Gender* ou gênero sexual corresponde a uma dicotomia sexual que é imposta socialmente através de papéis e estereótipos". (*Cuando el genero suena cambios trae.* San José da Costa Rica: ILANUD – Proyecto Mujer y Justicia Penal, 1992, p. 54). Gênero é, assim, concebido como uma relação entre sujeitos socialmente construídos em determinados contextos históricos, atravessando e construindo a identidade de homens e mulheres. Para Encarna Carmona Cuenca: "En el ámbito de los derechos humanos, un análisis con perspectiva de género supone tener en cuenta las diferencias entre mujeres y hombres en el disfrute de los derechos. Se trata de poner de manifiesto que los derechos de las mujeres pueden ser violados de forma diferente a los de los hombres y que determinadas violaciones tienen lugar contra las mujeres por el hecho de serlo. Estas formas específicas de violación de derechos vienen determinadas por la situación real de subordinación de las mujeres vigente en casi todas las sociedades y por el dominio de unos estereotipos de género que asignan diferentes roles a hombres y mujeres en la vida social, política, económica, cultural y familiar". Encarna Carmona Cuenca, "La Perspectiva de Género em la Jurisprudencia de la Corte Interamericana de Derechos Humanos", In: Armin von Bogdandy, Mariela Morales Antoniazzi e Flávia Piovesan, *Ius Constitutioonale Commune na América Latina – Pluralismo e inclusão*, vol II, Curitiba, ed. Juruá, 2016, p. 190).

Sobre a matéria, ver ainda BUNCH, Charlotte. Transforming human rights from a feminist perspective. In: *Women's rights human rights*. Routledge: 1995, p. 11-17; BARTLETT, Katharine T. *Gender and law.* Boston: Litle, Brown, 1993. p. 633-636; SCALES, Ann. The emergence of feminist jurisprudence: an essay. In: SMITH, Patricia (Editor). *Feminist jurisprudence*. New York: Oxford University Press, 1993, p. 94-109; WEST, Robin. Jurisprudence and gender. In: SMITH, Patricia (Editor). *Feminist jurisprudence.* New York: Oxford University Press, 1993, p. 493-530; MACKINNON, Catharine. Toward feminist jurisprudence. In: SMITH, Patricia (Editor). *Feminist jurisprudence.* New York: Oxford University Press, 1993, p. 610-619.

no sistema interamericano, com destaque à temática da violência contra a mulher à luz de casos emblemáticos decididos pela Corte e Comissão Interamericana.

2. PROTEÇÃO DOS DIREITOS HUMANOS DAS MULHERES NO SISTEMA INTERAMERICANO: O COMBATE À VIOLÊNCIA CONTRA A MULHER

Em 1979, foi adotada a Convenção sobre a Eliminação de todas as formas de Discriminação contra a Mulher, ratificada por 189 Estados (2016). Apresenta, assim, um amplo grau de adesão, apenas perdendo para a Convenção sobre os Direitos da Criança, que, por sua vez, conta com 196 Estados-partes (2016). A Convenção foi resultado de reivindicação do movimento de mulheres, a partir da primeira Conferência Mundial sobre a Mulher, realizada no México, em 1975. No plano dos direitos humanos, contudo, esta foi a Convenção que mais recebeu reservas por parte dos Estados signatários[12], especialmente no que tange à igualdade entre homens e mulheres na família. Tais reservas foram justificadas com base em argumentos de ordem religiosa, cultural ou mesmo legal, havendo países (como Bangladesh e Egito) que acusaram o Comitê sobre a Eliminação da Discriminação contra a Mulher de praticar "imperialismo cultural e intolerância religiosa", ao impor-lhes a visão de igualdade entre homens e mulheres, inclusive na família[13]. Isto reforça o quanto a implementação dos direitos humanos das mulheres

12. Trata-se do instrumento internacional que mais fortemente recebeu reservas, dentre as Convenções internacionais de Direitos Humanos, considerando que ao menos 23 dos mais de 100 Estados-partes fizeram, no total, 88 reservas substanciais. A Convenção sobre a Eliminação de todas as formas de Discriminação da Mulher pode enfrentar o paradoxo de ter maximizado sua aplicação universal ao custo de ter comprometido sua integridade. Por vezes, a questão legal acerca das reservas feitas à Convenção atinge a essência dos valores da universalidade e integridade. A título de exemplo, quando da ratificação da Convenção, em 1984, o Estado brasileiro apresentou reservas ao artigo 15, parágrafo 4º e ao artigo 16, parágrafo 1º (a), (c), (g), e (h), da Convenção. O artigo 15 assegura a homens e mulheres o direito de, livremente, escolher seu domicílio e residência. Já o artigo 16 estabelece a igualdade de direitos entre homens e mulheres, no âmbito do casamento e das relações familiares. Em 20 de dezembro de 1994, o Governo brasileiro notificou o Secretário Geral das Nações Unidas acerca da eliminação das aludidas reservas.

13. Henkin, Louis e outros. *Human Rights.* New York, New York Foundation Press, 1999, p. 364.

está condicionada à dicotomia entre os espaços público e privado, que, em muitas sociedades, confina a mulher ao espaço exclusivamente doméstico da casa e da família. Vale dizer, ainda que se constate, crescentemente, a democratização do espaço público, com a participação ativa de mulheres nas mais diversas arenas sociais, resta o desafio de democratização do espaço privado – cabendo ponderar que tal democratização é fundamental para a própria democratização do espaço público.

Embora a Convenção não explicite a temática da violência contra a mulher, o Comitê da ONU sobre a Eliminação de Todas as Formas de Discriminação contra a Mulher (Comitê CEDAW) adotou relevante Recomendação Geral sobre a matéria, realçando que[14]: "A violência doméstica é uma das mais insidiosas formas de violência contra mulher. Prevalece em todas as sociedades. No âmbito das relações familiares, mulheres de todas as idades são vítimas de violência de todas as formas, incluindo o espancamento, o estupro e outras formas de abuso sexual, violência psíquica e outras, que se perpetuam por meio da tradição. A falta de independência econômica faz com que muitas mulheres permaneçam em relações violentas. (...) Estas formas de violência submetem mulheres a riscos de saúde e impedem a sua participação na vida familiar e na vida pública com base na igualdade." Ainda nos termos da Recomendação Geral n.19 (1992): "*Gender-based violence is a form of discrimination that seriously inhibits women's ability to enjoy rights and freedoms on a basis of equality with men. (...) The full implementation of the Convention required States to take positive measures to eliminate all forms of violence against women*"[15]. Segundo a ONU, a

---

14. Comitê pela Eliminação de Todas as Formas de Discriminação contra a Mulher. *Violence against women*. CEDAW General recommendation n.19, A/47/38. (General Comments), 29/01/92.

15. Para a prevenção e a erradicação da violência contra a mulher, o Comitê CEDAW recomenda, dentre outras medidas: "(a) States parties should take appropriate and effective measures to overcome all forms of gender-based violence, whether by public or private act; (b) States parties should ensure that laws against family violence and abuse, rape, sexual assault and other gender-based violence give adequate protection to all women, and respect their integrity and dignity. Appropriate protective and support services should be provided for victims. Gender-sensitive training of judicial and law enforcement officers and other public officials is essential for the effective implementation of the Convention;(c) States parties should encourage the compilation of statistics and research on the extent, causes and effects of violence, and on the effectiveness of measures to prevent and deal with violence; (d) Effective measures should be taken to

violência doméstica é a principal causa de lesões em mulheres entre 15 e 44 anos no mundo, manifestando-se não apenas em classes socialmente mais desfavorecidas e em países em desenvolvimento, mas em diferentes classes e culturas.

No âmbito da ONU, merecem ainda destaque as Resoluções do Conselho de Direitos Humanos n. 11/2 de 2009 e n. 14/12 de 2010 sobre *"Accelerating efforts to eliminate all forms of violence against women"*. A Resolução n. 14/12 expressamente demanda dos Estados que estabeleçam ou fortaleçam planos de ação de combate à violência contra mulheres e meninas contemplando mecanismos de *accountability* para a prevenção da violência[16], considerando a adoção de estratégias de alcance universal e de alcance específico endereçada a grupos vulneráveis (por exemplo, mulheres afrodescendentes e indígenas). A Relatora Especial sobre a Violência contra a Mulher, de igual modo, tem realçado a necessidade de fortalecer *due diligence standards*, envolvendo tanto a prevenção, como a repressão à violência no campo da responsabilidade do Estado[17].

ensure that the media respect and promote respect for women; (e) States parties in their report should identify the nature and extent of attitudes, customs and practices that perpetuate violence against women, and the kinds of violence that result. They should report the measures that they have undertaken to overcome violence, and the effect of those measures; (f) Effective measures should be taken to overcome these attitudes and practices. States should introduce education and public information programmes to help eliminate prejudices which hinder women's equality; (g) Measures that are necessary to overcome family violence should include: Criminal penalties where necessary and civil remedies in case of domestic violence; Legislation to remove the defence of honour in regard to the assault or murder of a female family member; Services to ensure the safety and security of victims of family violence, including refuges, counselling and rehabilitation programmes; Rehabilitation programmes for perpetrators of domestic violence; Support services for families where incest or sexual abuse has occurred; (h) States parties should report on the extent of domestic violence and sexual abuse, and on the preventive, punitive and remedial measures that have been taken; (i) That States parties should take all legal and other measures that are necessary to provide effective protection of women against gender-based violence". (Comitê pela Eliminação de Todas as Formas de Discriminação contra a Mulher. *Violence against women*. CEDAW General recommendation n.19, A/47/38. (General Comments), 29/01/92).

16. Observe-se que a Austrália destaca-se por apresentar um exemplar plano de prevenção à violência contra a mulher – *Time for Action: The National Council's Plan for Australia to Reduce Violence against Women and their Children*, 2009-2011.

17. Consultar *15 years of The United Nations Special Rapporteur on Violence against Women, its Causes and Consequences*. Sobre o tema, realça a Recomendação Geral n.19 do Comitê CEDAW: "Under general international law and specific human rights covenants, States

A Declaração sobre a Eliminação da Violência contra a Mulher, aprovada pela ONU, em 1993, bem como a Convenção Interamericana para Prevenir, Punir e Erradicar a Violência contra a Mulher ("Convenção de Belém do Pará"), aprovada pela OEA, em 1994, reconhecem que a violência contra a mulher, no âmbito público ou privado, constitui grave violação aos direitos humanos e limita total ou parcialmente o exercício dos demais direitos fundamentais. Definem a violência contra a mulher como "qualquer ação ou conduta, baseada no gênero, que cause morte, dano ou sofrimento físico, sexual ou psicológico à mulher, tanto na esfera pública, como na privada" (artigo 1o). Vale dizer, a violência baseada no gênero ocorre quando um ato é dirigido contra uma mulher, porque é mulher, ou quando atos afetam as mulheres de forma desproporcional. Adicionam que a violência baseada no gênero reflete relações de poder historicamente desiguais e assimétricas entre homens e mulheres.

A Convenção de "Belém do Pará" elenca um importante catálogo de direitos a serem assegurados às mulheres, para que tenham uma vida livre de violência, tanto na esfera pública, como na esfera privada. Consagra ainda a Convenção deveres aos Estados-partes, para que adotem políticas destinadas a prevenir, punir e erradicar a violência contra a mulher. É o primeiro tratado internacional de proteção dos direitos humanos a reconhecer, de forma enfática, a violência contra as mulheres como um fenômeno generalizado, que alcança, sem distinção de raça, classe, religião, idade ou qualquer outra condição, um elevado número de mulheres.

Com relação aos direitos das mulheres, emblemático é o caso González e outras contra o México (caso "Campo Algodonero"), em que a Corte Interamericana condenou o México em virtude do desaparecimento e morte de mulheres em Ciudad Juarez, sob o argumento de que a omissão estatal estava a contribuir para a cultura da violência e da discriminação contra a mulher. No período de 1993 a 2003, estima-se que de 260 a 370 mulheres tenham sido vítimas de assassinatos, em Ciudad Juarez. A sentença da

---

may also be responsible for private acts if they fail to act with due diligence to prevent violations of rights or to investigate and punish acts of violence, and for providing compensation". (Comitê pela Eliminação de Todas as Formas de Discriminação contra a Mulher. *Violence against women*. CEDAW General recommendation n.19, A/47/38. (General Comments), 29/01/92).

Corte condenou o Estado do México ao dever de investigar, sob a perspectiva de gênero, as graves violações ocorridas, garantindo direitos e adotando medidas preventivas necessárias de forma a combater a discriminação contra a mulher[18].

Para Encarna Carmona Cuenca: "en el Caso Campo Algodonero, de 2009, la Corte IDH se enfrentó a la realidad del feminicidio, al que calificó de "homicidio de mujer por razón de género". A partir de esta Sentencia, la doctrina ha establecido una serie de requisitos para poder hablar de feminicidio, fundamentalmente, que se trate de asesinatos de mujeres por el hecho de serlo; con un alto grado de violencia, incluida la violencia sexual; que se dé en un contexto de discriminación contra las mujeres y que las respuestas de las autoridades sean ineficientes, lo que provoca una situación de impunidad de los asesinos. En general, la Corte IDH ha considerado que, en los casos de violencia contra las mujeres, se estaban violando sus derechos a la integridad física, psíquica y moral, a la dignidad y, en su caso, a la vida (arts. 4, 5 y 11 CADH)". (...) En este mismo Caso, la Corte IDH afirmó también que la obligación de investigar debe adoptar una perspectiva de género: debe ser realizada por funcionarios/as altamente capacitados/as en casos de discriminación y violencia contra las mujeres y debe abarcar el desarrollo de líneas de investigación específicas respecto de la violencia sexual, la utilización de protocolos y manuales específicos y la consideración del impacto diferenciado que pudieron haber sufrido las mujeres y niñas en su integridad" [19]. Observa, ainda, a autora que: "En algunas sentencias, la Corte IDH ha advertido sobre la presencia, en casos de violencia contra las mujeres, de la denominada "discriminación interseccional" (o discriminación múltiple), cuando a la condición de mujer se une la pertenencia a un grupo vulnerable, como sucede con las mujeres indígenas, las niñas y las mujeres con discapacidad. En estos casos las obligaciones de protección del Estado quedan reforzadas (Caso Fernández Ortega y otros

18. Ver sentença de 16 de novembro de 2009. Disponível em: www.corteidh.or.cr/docs/casos/articulos/seriec_205_esp.pdf

19. Consultar Encarna Carmona Cuenca, "La Perspectiva de Género em la Jurisprudencia de la Corte Interamericana de Derechos Humanos", In: Armin von Bogdandy, Mariela Morales Antoniazzi e Flávia Piovesan, *Ius Constitutioonale Commune na América Latina – Pluralismo e inclusão*, vol. II, Curitiba, ed. Juruá, 2016, p. 196.

c. México, de 30 de agosto de 2010 y Caso Rosendo Cantú y otra c. México, de 31 de agosto de 2010, entre otros)."[20]

Note-se que o caso Campo Algodonero e os parâmetros protetivos interamericanos nele desenvolvidos fomentaram a adoção da lei que tipifica o feminicídio no Brasil (Lei n. 13.104/2015, que prevê o feminicídio como circunstância qualificadora do crime de homicídio).

Outro caso emblemático refere-se ao caso Maria da Penha Fernandes contra o Brasil, decidido pela Comissão Interamericana de Direitos Humanos.

"Sobrevivi, posso contar". É este o título do livro autobiográfico de Maria da Penha, vítima de duas tentativas de homicídio cometidas por seu então companheiro, em seu próprio domicílio, em Fortaleza, em 1983. Os tiros contra ela disparados (enquanto dormia), a tentativa de eletrocutá-la, as agressões sofridas ao longo de sua relação matrimonial culminaram por deixá-la paraplégica aos 38 anos. Apesar de condenado pela Justiça local, após quinze anos o réu ainda permanecia em liberdade, valendo-se de sucessivos recursos processuais contra decisão condenatória do Tribunal do Júri. A impunidade e a inefetividade do sistema judicial frente à violência doméstica contra as mulheres no Brasil motivaram, em 1998, a apresentação do caso à Comissão Interamericana de Direitos Humanos (OEA), por meio de petição conjunta das entidades CEJIL-Brasil (Centro para a Justiça e o Direito Internacional) e CLADEM-Brasil (Comitê Latino-Americano e do Caribe para a Defesa dos Direitos da Mulher). Em 2001, após 18 anos da prática do crime, em decisão inédita, a Comissão Interamericana condenou o Estado brasileiro por negligência e omissão em relação à violência doméstica.[21] Recomendou ao Estado, dentre outras medidas, "prosseguir e intensificar o processo de reforma, a fim de romper com a tolerância estatal e o tratamento discriminatório com respeito à violência doméstica

---

20. Consultar Encarna Carmona Cuenca, "La Perspectiva de Género em la Jurisprudencia de la Corte Interamericana de Derechos Humanos", In: Armin von Bogdandy, Mariela Morales Antoniazzi e Flávia Piovesan, *Ius Constitutioonale Commune na América Latina – Pluralismo e inclusão*, vol II, Curitiba, ed. Juruá, 2016, p. 196.

21. Flávia Piovesan e Silvia Pimentel, Conspiração contra a Impunidade, *Folha de São Paulo*, p. A3, 25.11.02.

contra as mulheres no Brasil".[22] Adicionou a Comissão Interamericana que "essa tolerância por parte dos órgãos do Estado não é exclusiva deste caso, mas é sistemática. Trata-se de uma tolerância de todo o sistema, que não faz senão perpetuar as raízes e fatores psicológicos, sociais e históricos que mantêm e alimentam a violência contra a mulher".[23]

A decisão fundamentou-se na violação, pelo Estado, dos deveres assumidos em virtude da ratificação da Convenção Americana de Direitos Humanos e da Convenção Interamericana para Prevenir, Punir e Erradicar a Violência contra a Mulher ("Convenção do Belém do Pará"), que consagram parâmetros protetivos mínimos concernentes à proteção dos direitos humanos. A Comissão ressaltou que: "O Estado está (...) obrigado a investigar toda situação em que tenham sido violados os direitos humanos protegidos pela Convenção. Se o aparato do Estado age de maneira que tal violação fique impune e não seja restabelecida, na medida do possível, a vítima na plenitude de seus direitos, pode-se afirmar que não cumpriu o dever de garantir às pessoas sujeitas à sua jurisdição o exercício livre e pleno de seus direitos. Isso também é válido quando se tolere que particulares ou grupos de particulares atuem livre ou impunemente em detrimento dos direitos reconhecidos na Convenção. (...) A segunda obrigação dos Estados Partes é "garantir" o livre e pleno exercício dos direitos reconhecidos na Convenção a toda pessoa sujeita à sua jurisdição. Essa obrigação implica o dever dos Estados Partes de organizar todo o aparato governamental e, em geral, todas as estruturas mediante as quais se manifesta o exercício do poder público, de maneira que sejam capazes de assegurar juridicamente o livre e pleno exercício dos direitos humanos. Em consequência dessa obrigação, os Estados devem prevenir, investigar e punir toda violação dos direitos reconhecidos pela Convenção e, ademais, procurar o restabelecimento, na medida do possível, do direito violado e, quando for o caso, a

22. Comissão Interamericana de Direitos Humanos – OEA, *Informe 54/01, caso 12.051*, Maria da Penha Fernandes v. Brasil, 16/04/01, parágrafos 54 e 55. http://www.cidh.oas.org/annualrep/2000port/12051.htm.

23. Comissão Interamericana de Direitos Humanos – OEA, *Informe 54/01, caso 12.051*, Maria da Penha Fernandes v. Brasil, 16/04/01, parágrafos 54 e 55. http://www.cidh.oas.org/annualrep/2000port/12051.htm.

reparação dos danos produzidos pela violação dos direitos humanos".[24] Ao final, recomendou ao Estado brasileiro que: a) concluísse rápida e efetivamente o processo penal envolvendo o responsável pela agressão; b) investigasse séria e imparcialmente irregularidades e atrasos injustificados do processo penal; c) pagasse à vítima uma reparação simbólica, decorrente da demora na prestação jurisdicional, sem prejuízo da ação de compensação contra o agressor; d) promovesse a capacitação de funcionários da justiça em direitos humanos, especialmente no que toca aos direitos previstos na Convenção de Belém do Pará.[25]

Em 31 de outubro de 2002, finalmente, houve a prisão do réu, no Estado da Paraíba[26]. O ciclo de impunidade se encerrava, após dezenove anos. As demais medidas recomendadas pela Comissão Interamericana (como, por exemplo, medidas reparatórias; campanhas de prevenção; programas de capacitação e sensibilização dos agentes da justiça, dentre outras) foram objeto de um termo de compromisso firmado entre as entidades peticionárias e o Estado Brasileiro[27]. Em 24 de novembro de 2003, foi adotada a Lei 10.778, que determina a notificação compulsória, no território nacional, de casos de violência contra a mulher que for atendida em serviços de saúde públicos ou privados. Em 31 de março de 2004, por meio do Decreto 5.030, foi instituído um Grupo de Trabalho Interministerial, que contou com a participação da sociedade civil e do Governo, para elaborar proposta de medida legislativa e outros instrumentos para coibir a violência doméstica contra a mulher. O Grupo elaborou uma proposta legislativa, encaminhada pelo Poder Executivo

---

24. Comissão Interamericana de Direitos Humanos - OEA, *Informe 54/01, caso 12.051,* Maria da Penha Fernandes v. Brasil, 16/04/01, parágrafos 42 a 44. http://www.cidh.oas.org/annualrep/2000port/12051.htm.

25. Comissão Interamericana de Direitos Humanos - OEA, *Informe 54/01, caso 12.051,* Maria da Penha Fernandes v. Brasil, 16/04/01, Recomendações. http://www.cidh.oas.org/annualrep/2000port/12051.htm, [19/12/02].

26. Economista é preso 19 anos após balear a mulher, *Folha de São Paulo*, 31 de outubro de 2002.

27. No Relatório Anual da Comissão Interamericana de Direitos Humanos 2003, no capítulo sobre Situação Referente ao Cumprimento de Recomendações da CIDH (disponível em: http://www.cidh.org/annualrep/2003port/cap.3c.htm - acesso em 25/02/2005) verifica-se que o Estado Brasileiro informou à Comissão sobre o andamento do processo penal em trâmite contra o responsável pelas agressões e tentativa de homicídio a que se refere a recomendação nº. 1. Posteriormente, a Comissão teve conhecimento de que a sentença que condenou à pena de prisão do responsável havia sido executada.

ao Congresso Nacional, no final de 2004. Na exposição de motivos do aludido projeto de lei, há enfática referência ao caso Maria da Penha, em especial às recomendações formuladas pela Comissão Interamericana. Finalmente, em 07 de agosto de 2006, foi adotada a Lei 11.340 (também denominada Lei "Maria da Penha"), que, de forma inédita, cria mecanismos para coibir a violência doméstica e familiar contra a mulher, estabelecendo medidas para a prevenção, assistência e proteção às mulheres em situação de violência.

3. CONCLUSÕES

O sistema interamericano irradia extraordinário impacto na proteção dos direitos humanos das mulheres, seja ao estabelecer e difundir parâmetros protetivos mínimos, compondo o *"corpus juris interamericano"*; seja ao permitir a compensação de déficits nacionais; seja, ainda, ao fomentar uma nova dinâmica de poder relativamente aos atores sociais.

No que tange à fixação de "standards" protetivos, a título exemplificativo, no caso Campo Algodonero, foram estabelecidos requisitos para a definição de "feminicídio", qualificado como homicídio em face de mulheres por razão de gênero. Também foi imposto ao Estado do México o dever de investigar, sob a perspectiva de gênero, as graves violações ocorridas – uma vez mais, a Corte vem a aclarar o alcance deste dever estatal. No caso Maria da Penha, foi delineado o conceito de violência contra a mulher e sua relação com a discriminação estrutural fundada nas relações de gênero, com destaque à obrigação dos Estados de atuar com a devida diligência para prevenir, investigar e punir a violência contra as mulheres, cometida tanto por atores estatais, como atores não estatais. A Comissão endossou o dever do Estado de atuar com a devida diligência para prevenir, investigar, processar, punir e reparar a violência contra a mulher, assegurando às mulheres recursos idôneos e efetivos[28].

Observe-se que, na experiência brasileira, ambos os casos apresentaram relevante impacto, compreendendo a adoção da Lei "Maria da Penha" (Lei n. 11.340/2006, que cria mecanismos para coibir a violência doméstica e familiar contra a mulher, estabelecendo medidas para a prevenção,

28. Ver Comissão Interamericana de Direitos Humanos, Acceso a la Justicia para las Mujeres víctimas de violência em las Américas, OEA/Ser L./V/II Doc.68, 20/01/2007.

assistência e proteção às mulheres em situação de violência) e da Lei do Feminicídio (Lei n. 13.104/2015, que prevê o feminicídio como circunstância qualificadora do crime de homicídio), dentre outros.

Como demonstram os dois casos destacados, a marca singular do sistema interamericano é o instituto da chamada reparação integral. No campo dos direitos humanos das mulheres, em especial do direito a uma vida livre de violência tanto nas esferas pública como privada, as decisões do sistema interamericano invocam uma extraordinária força invasiva. Não apenas se limitam a fixar indenização ou compensação pecuniária às vítimas, mas avançam na imposição de medidas preventivas, garantias de não repetição, bem como medidas atinentes ao combate à impunidade. Por exemplo, no caso Maria da Penha, não apenas a Comissão Interamericana determinou o pagamento de indenização à vítima, como ainda determinou ao Estado o combate à impunidade, a fim de que concluísse de forma rápida e efetiva o processo penal envolvendo o responsável pela agressão. Impôs ao Estado, ademais, o dever de promover a capacitação de funcionários da justiça em direitos humanos e combater os padrões estereotipados e discriminatórios em face das mulheres.

Sob a perspectiva de gênero, o sistema interamericano tem tido a força catalizadora de propiciar avanços no âmbito doméstico, seja no campo normativo, seja no campo das políticas públicas, fortalecendo a proteção dos direitos humanos das mulheres e o seu mais essencial direito ao respeito e à dignidade.

4

MULHERES E O SISTEMA INTERAMERICANO DE PROTEÇÃO AOS DIREITOS HUMANOS – DIREITOS POLÍTICOS, VIOLÊNCIA DOMÉSTICA E PANDEMIA

Lucia Elena Arantes Ferreira Bastos

Advogada, Doutora em Direito Internacional pela Faculdade de Direito da USP, Pós-Doutora pelo Núcleo de Estudos da Violência – NEV/USP. O presente capítulo expressa as opiniões pessoais da autora.

INTRODUÇÃO

A disseminação do coronavírus, no início de 2020, vem modificando quase todos os aspectos do cotidiano; tanto que, desde 11 de março de 2020, diante da velocidade e escala do contágio, a Organização Mundial da Saúde (OMS) declarou a Covid-19 como sendo uma pandemia. E, ao mesmo tempo em que essa pandemia vem revirando o mundo, os seus possíveis efeitos secundários também não devem ser esquecidos e merecem ponderação, bastando para isso se destacar que muitas fronteiras foram sendo fechadas, alterando a circulação não só de pessoas como de bens e serviços; e igualmente a adoção de regimes de quarentena ou de restrições impostas às interações sociais acaba por interferir nos aspectos econômicos dos países.

O certo é que os efeitos secundários da pandemia colocam desafios fundamentais às regras que organizam nossas vidas sociais, políticas e econômicas e, já tem sido dito[1] que a pandemia da Covid-19, além de ser um assunto da área médica, da saúde pública e da economia, envolve também os aspectos da segurança pública e dos direitos humanos. Diante deste cenário, há que se ressaltar as contribuições de organizações internacionais como a OMS, bem como, cabe dedicar atenção ao trabalho que vem sendo desenvolvido no âmbito dos sistemas regionais de proteção aos direitos humanos. E, tendo em vista este cenário global, a proposta deste capítulo é analisar os esforços da Comissão Interamericana de Direitos Humanos (CIDH) que, em 10 de abril de 2020, divulgou a Resolução "Pandemia e Direitos Humanos nas Américas" (Resolução n. 01/2020) e, em 27 de julho de 2020, apresentou também a Resolução n. 4/2020 denominada de "Diretrizes Interamericanas sobre os Direitos Humanos do Pessoas com Covid-19", especialmente, quanto às recomendações que foram feitas a respeito dos direitos das mulheres, às políticas de enfrentamento da violência doméstica e, ao reconhecimento de que as mulheres ocupam de maneira desproporcional os papéis de linha de frente na luta mundial para tratar pessoas infectadas, inclusive, na realização de tarefas de assistência doméstica, sob os auspícios das medidas de distanciamento social.

Sendo nítido que, além dos riscos de infecção e da carga mental de seu trabalho profissional, as mulheres também têm enfrentado um trabalho de assistência e suporte familiar demasiado, se comparado a situações de normalidade. Ficar em casa para muitas mulheres significou não apenas colocar a vida e integridade física em risco, significou um risco para aquelas

1. Ventura, Deisy & Aith, Fernando, "Covid-19: combate à pandemia deve respeitar direitos humanos", *Jornal da USP*, 13 Abril 2020, https://jornal.usp.br/artigos/covid-19-combate-a-pandemia-deve-respeitar-direitos- humanos/ (último acesso em: 03 Maio 2020). Wintour, Patrick, "Coronavirus Pandemic is Becoming a Human Rights Crisis, UN warns", *The Guardian*, 23 Abril 2020, https://www.theguardian.com/world/2020/apr/23/coronavirus- pandemic-is -becoming-a-human-rights-crisis-un-warns (último acesso em: 03 Maio 2020).

que, como chefes de família, não podem ficar em casa, e precisar sair a fim de garantir a segurança alimentar da família, ou arriscar-se nas linhas de frente do combate à Covid-19, seja por pertencerem ao setor saúde, ou por pertencerem aos setores econômicos que não fecharam suas portas no marco da quarentena.

Assim, considerando que, conforme elencado acima, todos os direitos humanos sejam impactados pelas diferentes situações causadas pela pandemia, qual seja o direito à vida, saúde e segurança pessoal, direito ao trabalho, previdência social, educação, alimentação, água e moradia, entre outros aspectos econômicos, sociais, culturais e ambientais, o presente artigo visa explorar uma parcela destes direitos, quais sejam aqueles relacionados às mulheres e como a experiência do Sistema Interamericano de Proteção aos Direitos Humanos (SIPDH) pode auxiliar nesse momento de enfrentamento da pandemia.

Com relação a esta temática, vale ressaltar que o SIPDH, cuja pedra angular é a Convenção Americana sobre Direitos Humanos de 1969 (CADH ou Pacto de San José da Costa Rica), enfrentou muitas situações complexas nos últimos cinquenta anos, bastando lembrar os períodos autoritários vividos por vários Estados localizados nas Américas, e tem uma vasta experiência no que diz respeito aos direitos das mulheres. No entanto, é imperioso reconhecer que os desafios que surgem com a pandemia do coronavírus são inéditos[2], dado que ela acaba por impactar as liberdades cívicas, bem como os direitos econômicos e sociais em toda a região. Tanto que, esses impactos já podem ser identificados quando observamos que, a partir de março 2020, vários Estados que ratificaram a CADH passaram a derrogar[3], unilateralmente,

2. Antoniazzi, Mariela Morales & Steininger, Silvia, "How to Protect Human Rights in Times of Corona? Lessons from the Inter-American Human Rights System, *EJIL: Talk – the Blog of European Journal of International Law*, 1 Maio 2020, https://www.ejiltalk.org/how-to-protect-human-rights-in-times-of-corona-lessons-from-the-inter-american-human-rights-system/ (último acesso: 03 Maio 2020).

3. Essa suspensão encontra-se prevista no art. 27 da CADH da seguinte forma: "Suspensão de Garantias. 1. Em caso de guerra, de perigo público, ou de outra emergência que ameace a independência ou segurança do Estado-Parte, este poderá adotar disposições que, na medida e pelo tempo estritamente limitados às exigências da situação, suspendam as obrigações contraídas em virtude desta Convenção, desde que tais disposições não sejam incompatíveis com as demais obrigações que lhe impõe o Direito Internacional e não encerrem discriminação alguma fundada em motivos de raça, cor, sexo, idioma, religião ou origem social. 2. A disposição precedente não autoriza a

algumas de suas obrigações perante a Convenção Americana, como no caso da Argentina, Bolívia, Chile, Colômbia, República Dominicana, Equador, Guatemala, Honduras, Panamá, Peru e El Salvador[4]. Ademais, sabe-se que a pandemia tem afetado desproporcionalmente grupos vulneráveis, incluindo os pobres, migrantes, mulheres e crianças, bem como os povos indígenas[5], motivo pelo qual acreditamos ser oportuna uma análise crítica e com enfoque nos direitos humanos a respeito destes últimos acontecimentos.

1. OS ANTECEDENTES DO SISTEMA INTERAMERICANO DE PROTEÇÃO AOS DIREITOS HUMANOS E SEUS APORTES QUANTO AOS DIREITOS DA MULHERES

Antes de observarmos as contribuições do SIPDH no contexto da pandemia e dos direitos das mulheres, mister se faz lembrar de alguns aspectos relevantes que, inclusive, demonstram que essa atuação tem fontes longínquas. O SIPDH é composto pela Comissão Interamericana de Direitos Humanos (CIDH), sediada em Washington (Estados Unidos), a qual foi criada pela Organização dos Estados Americanos (OEA), em 1959, e cuja

---

suspensão dos direitos determinados nos seguintes artigos: 3 (Direito ao Reconhecimento da Personalidade Jurídica), 4 (Direito à vida), 5 (Direito à Integridade Pessoal), 6 (Proibição da Escravidão e Servidão), 9 (Princípio da Legalidade e da Retroatividade), 12 (Liberdade de Consciência e de Religião), 17 (Proteção da Família), 18 (Direito ao Nome), 18 (Direitos da Criança), 20 (Direito à Nacionalidade) e 23 (Direitos Políticos), nem das garantias indispensáveis para a proteção de tais direitos. 3. Todo Estado-Parte que fizer uso do direito de suspensão deverá informar imediatamente os outros Estados-Partes na presente Convenção, por intermédio do Secretário-Geral da Organização dos Estados Americanos, das disposições cuja aplicação haja suspendido, dos motivos determinantes da suspensão e da data em que haja dado por terminado tal suspensão.

4. Para verificar o status da suspensão de direitos no âmbito do Sistema Interamericanao de Proteção dos Direitos Humanos, acessar: http://www.oas.org/en/sla/dil/inter_ american_treaties_recent_actions.asp (último acesso em: 15 agosto 2020).

5. Vale mencionar que, no que diz respeito à disseminação da Covid-19 entre a população indígena, Curtice & Choo (2020) observaram que os serviços de saúde para populações indígenas contam com poucos recursos, e enfrentam barreiras como a questão do idioma e cultura relacionada à forma dos cuidados de saúde. Além disso, forças estruturais, como o racismo e a discriminação contra indígenas, limitam o acesso aos cuidados de saúde. De tal forma que, as bases da colonização impactam negativamente as vidas indígenas e contribuem para a propagação de doenças transmissíveis, especialmente, em reservas e em áreas rurais aonde há falta de acesso a serviços preventivos e medidas simples como água limpa, sabão e desinfetante. Ver: Curtice, Kaitlin & Choo, Esther, "The Penumbra. Indigenous populations: left behind in the COVID-19 response", *The Lancet*, vol. 395, 06 de Junho 2020.

atuação é voltada ao monitoramento da situação dos direitos humanos nos Estados-membros da OEA e ao peticionamento de causas perante o segundo órgão deste mesmo sistema, ou seja, a Corte Interamericana de Direitos Humanos (Corte), instalada em 1979 na Costa Rica. E, no que tange à relação do Brasil com o SIPDH, sempre é bom recordar que, foi somente após o retorno à democracia que o país se posicionou face à proteção dos direitos humanos no contexto do continente americano, ocasião em que ratificou a Convenção Americana de Direitos Humanos, em 1992[6], e passou a aceitar a jurisdição da Corte, em 1998[7].

Especialmente quanto ao direito das mulheres e a atuação do SIPDH, ressalta-se a existência da Comissão Interamericana de Mulheres (CIM)[8], que é um organismo especializado criado, em 1928, durante a 6ª Conferência Internacional Americana, ainda sob a égide da extinta União Pan-Americana. Como organismo de caráter permanente, a CIM deve ser reconhecida como uma iniciativa pioneira no mundo dado que, desde a sua criação, tem como missão assegurar o reconhecimento dos direitos humanos das mulheres, e se converteu num importante fórum de debate e formulação de políticas sobre os direitos das mulheres e a igualdade de gênero nas Américas. Ainda mais se observamos que, quando da sua criação, o direito de voto às mulheres somente era concedido em alguns países do continente americano[9], pois na América Latina, o sufrágio feminino foi sendo concedido principalmente após a eclosão da Segunda Guerra Mundial[10].

---

6. A Convenção Americana de Direitos Humanos foi referendada pelo Congresso Nacional através do Decreto Legislativo n. 27/92, e, posteriormente, promulgada através do Decreto n. 678, de 6 de novembro de 1992.

7. O Congresso Nacional aprovou, pelo Decreto Legislativo n. 89, de 3 de dezembro de 1998, a solicitação de reconhecimento da competência obrigatória da Corte Interamericana de Direitos Humanos.

8. *Inter-American Commission of Women*, https://www.oas.org/en/cim/about.asp (último acesso em: 15 agosto 2020).

9. Cumpre destacar a existência de debates sobre o voto feminino que ocorreram no Brasil em 1931, Argentina, Peru e Uruguai em 1932, Colômbia em 1933 e Chile em 1934. Sendo que esses debates resultaram na aprovação do sufrágio nacional feminino em apenas três casos: Uruguai (1932), Brasil (1932) e Cuba (1934). Ver: Towns, Ann, "The Inter-American Commission of Women and Women's Suffrage, 1920–1945", *Journal of Latin American Studies*, vol 42, 2010, pp. 779–807.

10. Com o final da Segunda Guerra Mundial, houve outra fase de mudanças na América Latina, que gerou a perspectiva de reforma eleitoral, de forma que as novas constituições que se seguiram garantiram o sufrágio feminino no Panamá (1941), Guatemala

Entretanto, naquela época, a União Pan-Americana (UPA) já apoiava o sufrágio feminino por duas décadas, dado que, no decorrer das Conferências dos Estados Americanos, comumente conhecidas como Conferências Pan-Americanas, no período entre 1933 e 1945, já existiam declarações e resoluções intergovernamentais que defendiam a emancipação política das mulheres; além disso, essas mesmas Conferências também produziram o primeiro tratado internacional sobre os direitos políticos das mulheres[11], adotado em 1948, e que entrou em vigor em 1954. Paralelamente, em 1948, é assinada a Convenção Interamericana sobre a Concessão dos Direitos Civis às Mulheres, pela qual os Estados americanos concordaram em conceder às mulheres os mesmos direitos civis dos homens.

Para além do debate sobre o sufrágio feminino, em 1933, a CIM propôs a Convenção sobre a Nacionalidade da Mulher[12], que garantia que não haveria distinção com base no sexo em questões de nacionalidade; e, em 1938, a CIM aprovou a Declaração de Lima a favor dos Direitos da Mulher, a qual afirma que as mulheres têm o direito ao tratamento igual ao homem; de gozar de igualdade na ordem civil; de ter as mesmas oportunidades e proteção no campo do direito do trabalho e a ampla proteção à maternidade.

E, com relação aos instrumentos do SIPDH mais comumente estudados e aplicados, como a Convenção Americana sobre Direitos Humanos (CADH)[13], no que tange aos direitos das mulheres importa destacar os princípios de não discriminação e proteção igualitária perante a lei. Dessa forma, temos que o artigo 1° da CADH estabelece que cada Estado Parte se

---

(1945), Argentina (1947), Venezuela (1947), Chile (1949) e Costa Rica (1949). Ver: Molyneux, Maxime, "Twentieth-Century State Formation in Latin America", in Dore, Elizabeth and Molyneux, Maxime (eds.), *Hidden Histories of Gender and the State in Latin America*, Durham, 2000, pp. 33–81.

11. A *Inter-American Convention on the Granting of Political Rights to Women* foi adotada em Bogotá (Colômbia), em 1948, e entrou em vigor em 29 dezembro 1954. Ver: http://www.oas.org/juridico/english/treaties/a-44.html (último acesso em: 15 agosto 2020).

12. No Brasil a Convenção sobre a Nacionalidade da Mulher, de 1933, foi promulgada por meio do Decreto n. 2.411, de 23 de fevereiro de 1938. Ver: https://www2.camara.leg.br/legin/fed/decret/1930-1939/ decreto-2411-23-fevereiro-1938-345944-publicacaooriginal-1-pe.html (último acesso em: 15.08.2020).

13. Ver o Decreto n. 678/1992 de 6 de novembro de 1992, que promulga a Convenção Americana sobre Direitos Humanos (Pacto de São José da Costa Rica), de 22 de novembro de 1969.

compromete a respeitar e garantir os direitos e liberdades estabelecidos e a garantir a todas as pessoas sujeitas à sua jurisdição o livre e pleno exercício desses direitos e liberdades, sem qualquer discriminação por motivos de *inter alia*, sexo. E, a partir desta fundamentação inicial, decorrem uma série de outros direitos previstos neste tratado internacional que guardam relação com os direitos das mulheres, tal como o direito a ser reconhecido como pessoa perante a lei (artigo 3°); o direito à igual proteção perante a lei (artigo 24) e, mais especificamente no artigo 17, relativo aos direitos da família, encontra-se a definição de que os Estados Partes devem tomar as medidas adequadas para garantir a igualdade de direitos e o equilíbrio adequado das responsabilidades dos cônjuges quanto ao casamento. Além do que, embora a CADH permita a suspensão de certos direitos durante situações de emergência que atendam aos critérios estipulados no seu artigo 27, tais medidas não podem estar calcadas em discriminação com base em sexo, dentre outras.

E, igualmente, a Declaração Americana dos Direitos e Deveres do Homem[14] – que estabelece os direitos que os Estados não signatários da CADH se comprometem a defender pelo fato de serem membros da OEA – reconhece o direito de cada pessoa a ser igual perante a lei e a ter os direitos e deveres estabelecidos na Declaração, sem distinção de raça, sexo, idioma, credo ou qualquer outro fator. E, em especial, ressaltam-se o direito à igualdade perante a lei (estabelecido no artigo II), e o direito ao reconhecimento da personalidade jurídica e dos direitos civis de uma pessoa (determinado no artigo XVII).

Por outro lado, no campo da violência contra a mulher, a CIM também tem uma atuação marcante. Tanto que foi a partir de seu desempenho estratégico, mormente, objetivando propor políticas públicas, bem como, legislação sobre essa temática que a CIM convocou uma reunião para organizar a convenção interamericana sobre mulher e violência, como parte

14. A Declaração Americana dos Direitos e Deveres do Homem foi aprovada, em 1948, na IX Conferência Internacional Americana realizada em Bogotá, tratando-se da mesma conferência que criou a Organização dos Estados Americanos (OEA). Simbólica e historicamente, este foi o primeiro instrumento internacional que declara direitos humanos, antecipando-se, inclusive, à própria Declaração Universal dos Direitos Humanos, a qual foi aprovada seis meses depois. A Declaração Americana encontra-se disponível em: https://www.cidh.oas.org/basicos/portugues/b.Declaracao _Americana.htm (último acesso em: 22.08.2020).

de sua missão de estudar as formas e os meios para prevenir e enfrentar a violência contra a mulher. E, foi exatamente a partir dessa iniciativa que se chegou ao anteprojeto de texto para uma convenção, em 1991, e durante a realização da 6° Assembleia Extraordinária de Delegadas da CIM, em abril de 1994, o projeto foi finalmente aprovado. Consequentemente, em junho daquele mesmo ano, durante o 24° período ordinário de sessões da Assembleia Geral da OEA, ocorrido em Belém do Pará, a CIM apresentou o projeto para a Convenção Interamericana para Prevenir, Punir e Erradicar a Violência Contra a Mulher (Convenção de Belém do Pará) que, no Brasil foi promulgada por meio do Decreto Legislativo n. 107/1995 e ratificada em 27 de novembro de 1995[15].

Há que se ater para o fato de que a referida Convenção representou um avanço significativo para a compreensão e a visibilidade acerca da questão da violência contra a mulher, ao estabelecer o direito das mulheres viverem uma vida livre de violência, e com ela chegou-se a um novo paradigma em prol do reconhecimento desse direito ao se considerar que as situações vivenciadas no âmbito da vida privada da mulher também atraem a responsabilidade do Estado e de seus agentes[16]. Tanto que, se considera que o mérito da Convenção de Belém do Pará foi o de ter apresentado um remédio complexo para revisitar o enfrentamento da violência contra a mulher. Ou seja, um remédio que combina medidas jurídicas com medidas culturais, com implicações psicológicas, e que seja capaz de produzir mudanças no nível da percepção coletiva sobre gênero e sublinhe o caráter extensivo dessa violência. É dizer, que a violência física não produz consequências exclusivamente físicas, mas também afeta o segmento psicológico ou social da vítima, e observando-se esses múltiplos, a Convenção de Belém do Pará reconhece a abordagem integral (jurídica e cultural) da questão e comprova a sua complexidade[17].

---

15. Bandeira, Lourdes Maria & Almeida, Tânia Mara Campos de. "Vinte Anos da Convenção de Belém do Pará e a Lei Maria da Penha", *Estudos Feministas*, vol. 23, 2015, pp. 501-517.

16. Guerrero, Luz Patricia Mejía, "La Comisión Interamericana de Mujeres y la Convención de Belém do Pará. Impacto en el Sistema Interamericano de Derechos Humanos", *Revista IIDH*, vol. 56, 2006, pp. 189-213.

17. Berna, Maria Beatrice, "Gender Violence Within the Interamerican System of Human Rights Protection. The Resurgence of Gender Cultural Construct", *Logos Universality*

Ainda sobre o direito das mulheres no contexto do SIPDH, destacamos que, em 1998, a CIDH recebeu uma denúncia apresentada pela brasileira Maria da Penha Maia Fernandes, o chamado Caso Maria da Penha[18], o qual encontrava-se baseado na tolerância do Estado Brasileiro em relação à violência cometida pelo então esposo da peticionária durante os anos de convivência matrimonial, sendo que tal violência teria culminado numa tentativa de homicídio e em novas agressões em maio e junho de 1983, as quais tornaram Maria da Penha paraplégica. Havia o entendimento de que a tolerância do Estado se configurava pelo fato de que, apesar das inúmeras denúncias, o Brasil não havia efetivamente tomado, ao longo de 15 anos, as medidas necessárias para processar e punir o agressor. De certa forma, a denúncia do caso de Maria da Penha serviu para evidenciar a existência de um padrão sistemático de omissão e negligência em relação à violência doméstica e intrafamiliar passível de ocorrer contra muitas das mulheres brasileiras[19].

Considera-se que o Caso Maria da Penha foi emblemático também por ter sido o primeiro em que se aplicaram as disposições da Convenção de Belém do Pará[20]; por ter indicado que a violência praticada contra Maria da Penha deveria ser percebida como crime de gênero pelo Estado brasileiro; uma vez que se entendeu que havia um reflexo da ineficácia do Judiciário, e que culminou com a recomendação para que o Brasil adotasse medidas de caráter nacional para coibir a violência contra a mulher; o que acabou por fomentar a atuação do Estado Brasileiro em prol da aprovação da Lei n. 11.340/06 (a Lei Maria da Penha), a qual trata de maneira específica a violência doméstica e familiar contra as mulheres.

Mentality Education Novelty, Section: Political Sciences and European Studies, vol III (1), 2015, pp. 49-65.

18. *Comissão Interamericana de Direitos Humanos*, Caso n. 12.051. Disponível em: http://www.cidh.oas.org/annualrep/2000port/12051.htm (último acesso em: 22.08.2020).

19. Ver: http://www.compromissoeatitude.org.br/ o-caso-maria-da-penha-na-oea/ (último acesso em: 22.08.2020).

20. Ventura, Deusy & Cetra, Raísa Ortiz, "O Brasil e o Sistema Interamericano de Direitos Humanos: de Maria da Penha à Belo Monte", in Silva Filho, José Carlos Moreira & Torelly, Marcelo (orgs.), *Justiça de Transição nas Américas: Olhares Interdisciplinares, Fundamentos e Padrões de Efetivação*, Belo Horizonte, Fórum, 2013.

Entretanto, o caso Maria da Penha não deve ser analisado isoladamente, dado que há uma série de temas que foram sendo analisados, no contexto do SIPDH, e que guardam relação com questões de gênero[21], conforme serão discutidos a seguir. Nesse sentido, a primeira análise do Sistema Interamericano envolvendo expressamente o preconceito de gênero ocorreu, em 1984, no contexto de um Parecer Consultivo, no qual a Costa Rica solicitou à Corte que examinasse a compatibilidade de várias propostas de emendas à Constituição relativas à nacionalidade e à naturalização[22].

Naquele caso, uma das emendas dava consideração especial para a obtenção de cidadania à mulher estrangeira que se casasse com um costarriquenho, mas não proporcionava o mesmo tratamento para um homem estrangeiro que se casasse com uma mulher costarriquenha. E, em sua opinião, a Corte ponderou que tal distinção de tratamento viria a ser discriminatória se não tivesse uma justificativa objetiva e razoável. Ademais, a Corte mencionou que a preferência pela extensão da nacionalidade do marido à esposa baseava-se na prática histórica de conferir autoridade dentro do matrimônio e da família ao marido/pai, e era, portanto, uma consequência da desigualdade conjugal. Consequentemente, determinou-se que a medida proposta não poderia ser justificada, dado que seria incompatível com o direito à igualdade perante a lei (prevista no artigo 24 da CADH), e recomendou-se que o Estado da Costa Rica tomasse as medidas apropriadas para assegurar a igualdade de direitos e o equilíbrio adequado de responsabilidades no casamento (nos termos do artigo 17 da CADH).

De igual forma, o relatório da CIDH sobre o caso de Raquel Martín de Mejía[23], de 1996, tratou da questão do estupro cometido por agente das forças de segurança do governo Peruano como sendo uma forma de tortura, consoante a CADH (artigo 5). Em sua análise, a CIDH levou em

---

21. Para uma abordagem mais detalhada, ver: *The Inter-American Human Rights System and the Rights of Women*, disponível em: http://www.cidh.org/countryrep/ Mujeres98-en/ Chapter%201.htm (último acesso em: 22.08.2020).

22. Corte Interamericana de Direitos Humanos, Opinião Consultiva sobre propostas de emendas aos dispositivos constitucionais que regem a naturalização na Costa Rica, Opinião nº 4/84. Parecer de 19 de janeiro de 1984.

23. Comissão Interamericana de Direitos Humanos, Relatório n. 5/1996, *Caso n. 10.970 versus Peru*, disponível em: http:// cidh.org/annualrep/95eng/ Peru10970.htm (último acesso em: 22.08.2020).

consideração que o estupro causa o sofrimento físico e psicológico, e que traz consequências de curto e longo prazo para a vítima, bem como ocasiona a relutância de muitas vítimas em denunciar esta violação. Além de determinar que os estupros foram infligidos à Raquel Mejía como forma de tortura, a CIDH considerou que havia também a violação ao seu direito à honra e dignidade (artigo 11 da CADH), de tal forma que a Comissão caracterizou o abuso sexual, em geral, como sendo um ultraje deliberado à dignidade das mulheres.

Ressalta-se, igualmente, que a Corte já julgou violações relacionadas aos direitos das mulheres, tal como no caso Presídio Miguel Castro Castro vs. Peru[24], considerado o primeiro julgado em que se analisou a violência de gênero e a aplicação da Convenção de Belém do Pará, relativo ao episódio, ocorrido entre os dias 6 e 9 de maio de 1992, no qual ao realizar o traslado de detentos, dentre os quais existiam aproximadamente de 90 (noventa) mulheres, os policias teriam utilizado forte armamento bélico, explosivos e bombas de gás lacrimogênio contra os detentos, sendo que essa operação teria resultado na morte de dezenas de presos. O fato é que, a despeito da violação dos direitos humanos de homens e mulheres do estabelecimento prisional, a Corte considerou que as mulheres vítimas dos atos de brutalidade foram afetadas de maneira diferenciada dos homens, haja vista alguns atos terem sido dirigidos especialmente contra elas e em maiores proporções.

Em complemento, o Caso González e outras ("Campo Algodoeiro") vs. México[25] foi reconhecido como sendo o primeiro julgamento da Corte em que se analisou a violência de gênero como uma violação estrutural dos direitos humanos das mulheres. Esse caso diz respeito ao desaparecimento de três mulheres e à indiferença dos agentes estatais em relação às denúncias, chegando, inclusive, a fazerem comentários de que as vítimas poderiam estar com seus parceiros; muito embora, posteriormente, os corpos das vítimas tenham sido encontrados em uma plantação de algodão, com sinais de violência sexual. Além de ser pioneiro na análise da violência estrutural

24. *Corte Interamericana de Direitos Humanos*, série C, Caso 160, sentença de 25 novembro 2006.

25. *Corte Interamericana de Direitos Humanos*, série C, Caso 205, sentença de 16 de novembro de 2009.

de gênero, o caso González e outras vs. México também foi o primeiro a reconhecer o feminicídio como crime.

Apresentado o contexto e a experiência do SIPDH no que tange aos mais variados aspectos dos direitos das mulheres, passamos a seguir a abordar os esforços desempenhados por este mesmo sistema diante dos acontecimentos e transformações recentes ocasionados pela disseminação da Covid-19.

2. O ENFRENTAMENTO DA PANDEMIA E O DIREITO DAS MULHERES NO CONTEXTO DO SISTEMA INTERAMERICANO DE DIREITOS HUMANOS

Em 18 de março de 2020, ou seja, logo após a declaração da Organização Mundial da Saúde (OMS) confirmando que a disseminação da Covid-19 havia se transformado numa pandemia[26], o Mecanismo de Seguimento da Convenção de Belém do Pará (MESECVI)[27] manifestou aos Estados Partes da Convenção sua preocupação com relação as medidas que estariam sendo tomadas para mitigar as consequências da Covid-19, em razão da impactos que ela poderia ter sobre as mulheres[28]. Conforme se pode apurar, a preocupação externada tanto pelo MESECVI quanto pela CIM[29] reside no fato de que o confinamento e restrições de movimento geram limitações a alguns serviços essenciais prestados às mulheres que

26. *BBC News Brasil*, "Coronavírus: OMS declara pandemia", 11.03.2020, disponível em: https://www.bbc.com/portuguese/ geral-51842518 (último acesso em: 23.08.2020).

27. Dentre os denominados mecanismos de acompanhamento instituídos pela OEA, encontra-se o MESECVI, que tem como objetivo tanto promover quanto dar seguimento e analisar como a Convenção de Belém do Pará passa a ser implementada, além de facilitar a cooperação entre os Estados Partes da Convenção e o conjunto de Estados Membros da OEA. Ver: http://www.oas.org/ en/iachr/women/default.asp (último acesso em: 23.08.2020).

28. *MESECVI*, Comité de Expertas solicita la incorporación de la perspectiva de género en las medidas que se tomen para la mitigación del COVID-19 y el reforzamiento de acciones para la prevención y atención de la violencia de género. Disponível em: https://mailchi.mp/dist/comunicado-covid-19-y-el-reforzamiento-de-acciones-para-la-prevencin-y-atencin-de-la-violencia-de-gnero? e=148d9c4077 (último acesso em: 22.08.2020).

29. *OEA/CIM/MESECVI*, "Violence Against Women and the Measures to Contain the Spread of COVID-19". Disponível em: http://www.oas.org/es/CIM/ COVID-19.asp (último acesso em: 23.08.2020).

são vítimas de violência, bem como, impactam nas decisões a respeito da concessão de liberdade condicional em muitos centros de detenção, entre outros, podem ter um efeito desproporcional em mulheres e meninas e, em alguns casos, pode estar aumentando a violência contra elas.

Inclusive, a esse respeito, a CIM destacou algumas constatações e recomendações necessárias para se dimensionar que o impacto da pandemia em relação às mulheres deve ser diferenciado[30] e, dentre eles, citamos:

(a) a importância da participação igualitária das mulheres na tomada de decisões é essencial para uma resposta eficaz e adequada à crise;

(b) não se pode aceitar nenhum retrocesso em termos dos direitos conquistados pelas mulheres, mesmo durante uma crise;

(c) os serviços de atendimento e proteção da violência contra as mulheres não estão adaptados para responder à emergência da Covid-19, logo, estes devem ser repensados para garantir o acesso para mulheres vítimas de violência em todo o território nacional, inclusive, para se superar as dificuldades em alcançar áreas rurais e regiões remotas;

(d) é preciso reconhecer que o confinamento aumenta a carga de trabalho global das mulheres, que usualmente já é algo em torno do triplo das horas trabalhadas pelos homens[31], e que esse desequilíbrio só tende a piorar, principalmente, em famílias com filhos em idade de pré-escolar ou que ainda não possam assumir de forma autônoma a educação à distância, ou em famílias que incluem idosos dependentes, ou onde um dos membros sofre de doença

30. *OEA/CIM*, "COVID-19 en la vida de las mujeres: razones para reconocer los impactos diferenciados". Disponível em: http://www.oas.org/es/CIM/COVID-19.asp (último acesso em: 23.08.2020).

31. Segundo a Organização Internacional do Trabalho (OIT), as mulheres são responsáveis por 76,2% de todas as horas de trabalho não remunerado. Ver: Relatório da OIT (2018), "Care work and care jobs for the future of decent work". Disponível em: https://www.ilo.org/global/publications/books/ WCMS_633135/lang--en/index.htm (último acesso: 23.08.2020).

crônica, dado que nesses dois últimos casos essas pessoas se enquadram nos chamados grupos de risco para o coronavírus;

(e) as medidas de alívio econômico imediato que forem sendo implementadas pelos Estados devem garantir o princípio da não discriminação e incluir ações afirmativas para garantir que as mulheres não sejam deixadas para trás; e

(f) é preciso superar o acesso desigual à tecnologia pois, globalmente existem 200 milhões de homens a mais do que mulheres com acesso à Internet, e as mulheres são 21% menos propensas a ter um telefone celular[32], ao passo em que tais ferramentas podem vir a ser uma chave recursos em países em desenvolvimento, onde os telefones fornecem acesso à segurança, sistemas de alerta precoce, assistência médica móvel e transferências bancárias.

Por outro lado, conforme apontado pela Resolução n. 1/2020 da CIDH, de 10 de abril de 2020[33], a pandemia da Covid-19 tem levado o mundo a enfrentar uma emergência de saúde global sem precedentes na história. Entretanto, se mostra fundamental que as medidas adotadas pelos Estados para tratar e conter o vírus considerem e respeitem os direitos humanos, dado que essa crise pode afetar seriamente o exercício pleno dos direitos humanos das pessoas face aos graves riscos à vida, saúde e segurança pessoal que a atuação venha a ocasionar. Mormente, no caso das Américas, há que se considerar que se trata de uma região marcada por uma grande desigualdade social; onde há extrema pobreza combinada com falta ou acesso precário à água potável e saneamento básico; fome e desnutrição; poluição ambiental e falta de moradias adequadas e de planejamento urbano. Além disso, a CIDH acrescentou que a região é marcada por altas taxas de emprego informal e/ou de baixa renda; altos índices de violência generalizada e particularmente violência com base em gênero, raça ou etnia, e pela persistência de flagelos como corrupção e impunidade; e os sistemas de saúde

32. Informações disponíveis no "Global Fund for Women's Technology Initiative", ver: https://www.globalfundforwomen.org/our-approach/initiatives/ technologyinitiative (último acesso em: 23.08.2020).

33. *Comissão Interamericana de Direitos Humanos*, Resolução n. 1/20, disponível em: http://www.oas.org/en/iachr/decisions/ resolutions.asp (último acesso em: 23.08.2020).

dos países da região podem se tornar ainda mais pressionados com a magnitude da pandemia, particularmente, porque grande parte da população não têm cobertura médica privada se precisar de cuidados médicos ou hospitalização. De forma que, esses fatores tornam o impacto socioeconômico da COVID-19 ainda mais preocupante para a região.

A Resolução n. 1/2020 da CIDH também lembra que, muito embora diversos países tenham introduzido medidas de contenção que incluem quarentena, distanciamento social ou isolamento, fechamento de escolas e empresas, restrições nacionais e internacionais às viagens e orientação sobre higiene pessoal e comunitária preventiva; esses diferentes tipos de medidas podem guardar relação com restrição de direitos liberdade de expressão, acesso à informação pública, liberdade individual, inviolabilidade do domicílio, direito à propriedade privada, tal como tem sido o caso do uso de tecnologia de vigilância para rastrear a propagação do coronavírus e armazenar dados em grande escala[34].

Levando em conta essa particularidade, a Resolução n. 1/2020 da CIDH destaca que, no contexto da pandemia da Covid-19, o atendimento de pessoas doentes ou cuidados especiais geralmente têm recaído para as mulheres, inclusive, muitas vezes às custas de seus próprios desenvolvimentos ou questões relacionadas ao seus respectivos empregos, uma vez que há escassez de instituições de assistência e suporte (i.e. creches e escolas estão fechadas) e, historicamente, há uma falta de reconhecimento econômico em relação à de cuidados domésticos e familiares, mesmo que nessa fase, esses tipos de atendimento e suporte se tornem ainda mais necessários e prementes.

Assim, com base nessas premissas, a CIDH, nos itens 49 a 53 da Resolução n. 1/2020, tem proposto que:

(a) Nas respostas governamentais para conter a pandemia seja incluída uma perspectiva de gênero, baseada em uma abordagem intersetorial, levando em consideração os diferentes contextos e

34. *BBC News Brasil*, "Coronavírus: governo brasileiro vai monitorar celulares para conter pandemia", 3 de abril de 2020. Disponível em: https://www.bbc.com/portuguese/brasil-52154128 (último acesso em: 23.08.2020).

condições que podem aumentar a vulnerabilidade à qual as mulheres são expostas, como, dentre outras, as dificuldades econômicas; a idade; o status de migrante ou de pessoa deslocada; as condições de encarceramento, de origem étnica ou racial, de orientação sexual, e de identidade e /ou expressão de gênero;

(b) Haja a garantia de que as mulheres possam ocupar cargos de tomada de decisão em comitês e grupos de trabalho criados em resposta à crise de saúde gerada pela Covid-19 e, que nos projetos de implementação, execução e monitoramento das medidas e políticas adotadas em relação a esta crise da saúde seja incluída uma perspectiva de gênero. Em particular, a CIDH urge para que seja incorporada uma perspectiva transversal de gênero, à luz do contexto e condições que acabam por ampliar os efeitos da crise para as mulheres, como dificuldades econômicas, status como migrante ou deslocada, encarcerada e sujeita às vicissitudes de sua origem étnica ou racial, entre outras condicionantes;

(c) Que exista uma melhoria na qualidade dos serviços que fornecem respostas à violência de gênero, particularmente, a violência dentro da família e violência sexual durante o período do confinamento. Sendo importante a reformulação dos mecanismos tradicionais de acolhimento, adotando-se canais alternativos para a comunicação e fortalecimento de redes comunitárias, a fim de que mecanismos de reclamações e ordens de proteção durante o período de confinamento possam ser expandidos. Além disso, é preciso que sejam desenvolvidos protocolos de atendimento e capacitação dos agentes de segurança e do pessoal do Poder Judiciário que estejam engajados na investigação e punição de atos de violência dentro da família, durante este período de isolamento social;

(d) Que seja oferecido atendimento diferenciado a profissionais da área da saúde que trabalham na linha de frente para o enfrentamento da crise de saúde advinda com a proliferação da COVID-19. Em particular, que lhes sejam oferecidos os recursos para ajudá-los a realizar seu trabalho, bem como cuidados de saúde mental e meios de reduzir a sua dupla carga de trabalho como profissionais e como donas de casa;

(e) E, por último, que seja garantida a disponibilidade e continuidade de serviços relacionados à saúde sexual e reprodutiva durante a crise da pandemia e, particularmente, que as medidas de educação sexual sejam intensificadas através de meios acessíveis de informação e em linguagem facilmente compreensível e capaz de alcançar a ampla diversidade de mulheres.

Acrescenta-se que, por ocasião da Resolução n. 4/2020 da CIDH, datada de 27 de julho de 2020, e que visa estabelecer as "Diretrizes Interamericanas sobre os Direitos Humanos do Pessoas com Covid-19"[35], dentre os seus diversos itens, nota-se uma preocupação quanto à não discriminação e que tem impacto no que diz respeito aos direitos das mulheres. Isso porque, nesta Resolução n. 04/2020 (itens 23 e 24), a CIDH aponta a necessidade de que sejam tomadas decisões sobre a saúde e os cuidados de pessoas com Covid-19 sem discriminação arbitrária com base em qualquer dos motivos reconhecidos nas normas internacionais de direitos humanos. E, nesse sentido, a CIDH entende que tal arbitrariedade pode se dar, por exemplo, quando se aplica um tratamento médico sem finalidade legítima ou sem proporcionalidade entre os meios escolhidos e o fim perseguido. Além disso, a referida Resolução recomenda que, para se superar o estigma social associado ao Covid-19 e possíveis comportamentos discriminatórios em relação às pessoas que tenham adquirido a doença, os Estados devem tomar medidas que levem em consideração as perspectivas de igualdade de gênero e interseccionalidade, bem como abordagens diferenciadas, que tornam riscos agravados de direitos humanos contra indivíduos, grupos e comunidades em situação especial de vulnerabilidade e exclusão histórica no hemisfério[36], como meninas e mulheres, especialmente levando em conta aquelas que estejam grávidas ou sejam vítimas de violência de gênero.

De forma geral, o que se pode observar é que muitas das recomendações feitas pela CIDH/CIM/MESECIV acima relatadas estão em consonância

35. *Comissão Interamericana de Direitos Humanos*, Resolução n. 4/20, disponível em: http://www.oas.org/en/iachr/decisions/resolutions.asp (último acesso em: 23.08.2020).

36. Além da situação específica das mulheres, a Resolução n. 4/2020, em seu item 24, também menciona as pessoas que vivem na pobreza ou nas ruas, idosos, pessoas privadas de liberdade, povos indígenas, comunidades tribais, afrodescendentes, pessoas com deficiência, migrantes, refugiados, pessoas LGBTI, crianças e adolescentes.

com o que os estudos teóricos a respeito da prevenção à violência doméstica defendem[37], tanto que, as seguintes medidas preventivas para o período de isolamento durante a Covid-19 têm sido sugeridas no contexto de políticas públicas e de saúde[38]: (a) implementação de comitês de enfrentamento à violência contra mulheres durante a pandemia nos Estados, Distrito Federal e municípios; (b) intensificação da presença policial nas ruas; (c) estabelecimento de canais de comunicação e denúncia; e (d) realização de campanhas midiáticas sobre a importância de se denunciar a violência doméstica e familiar contra as mulheres com divulgação dos canais de denúncia.

Sendo que, na nota de imprensa em que foi divulgada a Resolução n. 01/2020, a própria CIDH mencionou que estava profundamente alarmada com os relatórios que mostravam um aumento da violência doméstica após o estabelecimento das medidas de confinamento e isolamento social, adotados pelas autoridades para conter a disseminação da Covid-19 nos países da região. Nesse sentido, a Comissão tomou conhecimento, através de seu monitoramento permanente, do aumento significativo desses números em países como o Brasil e os Estados Unidos, tanto que constou expressamente na nota de imprensa que, no Brasil, o Ministério da Mulher, Família e Direitos Humanos já registrava, em 11 de abril de 2020, um aumento de 17% nos relatos de violência de gênero após a implementação das medidas para a contenção da epidemia[39].

Inclusive, temos que pesquisas anteriores já apontavam que a violência doméstica e a agressão sexual costumam aumentar seja após o período de graves conflitos[40], seja em momentos posteriores à desastres[41]; e, igual-

37. DAHLBER L. L.; KRUG, E. G., "Violence - a Global Public Health Problem", in Krug E.G, Dahlber L.L, Mercy J.A, ZWI AB, Lozano R., *World Report on Violence and Health*, Genebra, World Health Organization, 2002, pp. 1-22.

38. MARANHÃO, Romero de Albuquerque, "A Violência Doméstica durante a Quarentena da COVID-19: entre Romances, Feminicídios e Prevenção", *Brazilian Journal of Health Review*, vol. 3, n. 2, 2020, pp. 3197-3211.

39. *Comissão Interamericana de Direitos Humanos*, http://www.oas.org/en/iachr/ media_center/PReleases/2020/074.asp (último acesso em 09.05.2020).

40. BOESTEN, Jelke and WILDING, Polly, "Transformative Gender Justice: Setting an Agenda", *Women's Studies International Forum*, vol. 51, 2015, pp. 75-80.

41. QUERNA, Katie & DOLCI, Natalie, "Many Will Die From This Pandemic - Some From Domestic Violence", *The Gender Policy Report*, University of Minnesota, 28 abril 2020,

mente, existem estudos demonstrando um aumento de até 20% dos casos de violência doméstica no mundo todo, durante este período de quarentena[42]. Isto porque, os serviços sociais e as redes de apoio informal estarão naturalmente enfraquecidos, os programas de prevenção costumam ser suspensos e as respostas do policiamento diminuem. Assim, esses dados nos levam à conclusão de que, no atual cenário da pandemia, os indivíduos que usam violência contra seus parceiros estão operando nos vácuos deixados pelo isolamento social[43] e, as oportunidades para que as sobreviventes dessas violações procurem serviços públicos de atendimento e de acolhimento são severamente restringidas. Além disso, antes da pandemia, as vítimas e sobreviventes de violência doméstica frequentemente recebiam apoio em locais de trabalho, comunidades religiosas e atividades sociais, porém, agora muitas dessas assistências estão fechadas e, em acréscimo, outros fatores passaram a ser associados à perpetração da violência doméstica como o aumento do estresse econômico e a sobrecarga da convivência em estado de confinamento[44].

Se nos propormos a verificar as recomendações e constatações sejam da CIDH, da CIM e da MESECIV à luz do caso brasileiro, é possível destacar que, em pesquisa divulgada pelo Fórum Brasileiro de Segurança Pública já foi observado que, com exceção de poucos Estados da Federação, o serviço "Ligue 180 – Central de Atendimento à Mulher em Situação de Violência" – oferecido pelo Ministério da Mulher, da Família e dos Direitos Humanos (MMFDH), cujo objetivo é receber denúncias de violência contra a mulher, além de fornecer orientação às mulheres sobre seus direitos

https://genderpolicyreport. umn.edu/many-will-die-from-this-pandemic/ (ultimo acesso 03.05.2020).

42. *Reuters*, "Coronavirus to Have Catastrophic impact on women with domestic abuse up 20%", 28 abril 2020, https://br.reuters.com/article/BigStory10/idUSKCN22A2BP (último acesso 09.05.2020).

43. NOVAES, Tereza, "Agredida e em Cárcere Privado, Mulher é Salva por Gerente de Banco em SC", *Universa*, 28.04.2020, https://www.uol.com.br/universa/noticias/ redacao/2020/04/28/agredida-e-em-carcere-privado-mulher-e-salva-por-gerente-de-banco-em-sc.htm (último acesso 09.05.2020).

44. *The Guardian*, "I'm broken: how anxiety and stress hit millions in UK Covid-19 lockdown", 21 de junho de 2020. Disponível em: https://www.theguardian.com/global/2020 /jun/21 /im-broken-how-anxiety-a nd-stress-hit-millions-in-uk-covid-19-lockdown (último acesso em: 23.08.2020).

e sobre a rede de atendimento à mulher – teve redução no número de denúncias de violência contra a mulher na comparação entre março de 2019 e março de 2020. Sendo que, essa redução seria justificada face à dificuldade que as vítimas encontram para fazer denúncias de violência por conta do próprio cenário imposto pelo isolamento social[45].

Essa dificuldade no acesso aos métodos usuais de proteção contra a violência doméstica não tem passado desapercebida, tanto que, foi anunciado lançamento de um aplicativo (denominado de "Direitos Humanos Brasil"), cuja plataforma digital recebe denúncias, solicitações e pedidos de informação sobre temas relacionados a direitos humanos e família, e onde também é possível anexar fotos de machucados decorrentes de possíveis agressões[46]. E, importa destacar também que outras iniciativas têm sido implementadas pela sociedade civil, tal como o "Mapa do Acolhimento"[47], plataforma que conecta mulheres que sofreram violência a advogadas e psicólogas voluntárias, que lançou o *#TôComElas*, ou seja, uma iniciativa para reunir voluntárias dispostas a apoiar ainda mais o contato com os serviços que já são usualmente oferecidos.

Igualmente, os Institutos "Justiça de Saia", "Bem Querer Mulher" e "Nelson Willians" lançaram a força-tarefa denominada "Justiceiras"[48], que congrega voluntárias para oferecer, via aplicativo e telefone, serviços de orientação jurídica, psicológica e assistência social gratuitas às vítimas de violência doméstica. O Instituto Avon lançou a *hashtag* #IsoladasSimSozinhasNão[49], a fim de expandir a prevenção à violência doméstica. A OAB Nacional aderiu ao movimento "Sinal Vermelho contra

45. *Fórum Brasileiro de Segurança Pública*, "Violência Doméstica Durante a Pandemia de COVID-19", 16 abril 2020.

46. *Universa*, "Como os Países Estão Combatendo a Violência contra a Mulher na Pandemia?", 28 abril 2020, https://www.uol.com.br/universa/noticias/redacao/2020/04/28/como-os-paises-estao -combatendo-a-violencia-contra-a-mulher-na-pandemia.htm (último acesso em: 09.05.2020).

47. *Mapa do Acolhimento*, https://www.mapadoacolhimento.org/ (último acesso em: 22.08.2020).

48. *Instituto Bem Querer Mulher*, http://www.bemquerermulher.org. br/site/justiceiras/ (último acesso em: 22.08.2020).

49. *Instituto Avon*, https://www.avon.com.br/instituto-avon/isoladassimsozinhasnao?gclid=EAIaIQobChMIu-mGwZCq6QIVhIiRCh3IGgwFEAAYASAAEgLnVvD_BwE&gclsrc=aw.ds.

a violência doméstica"[50], promovido pelo Conselho Nacional de Justiça (CNJ) e pela Associação dos Magistrados Brasileiros (AMB), cuja campanha orienta que mulheres que enfrentem ou vivenciem uma situação de violência doméstica desenhem um "X" vermelho na palma mão, e procurem farmácias que aderiram à campanha para solicitar ajuda, dado que os atendentes dos estabelecimentos estão sendo treinados e orientados para receber as vítimas, colher dados e entrar em contato com a polícia.

Iniciativas como essas[51], tanto na forma de políticas públicas como de rede de apoios privados, estão se multiplicando ao redor do mundo, por exemplo, na Itália o governo determinou que vítimas de violência domiciliar sejam levadas para quartos de hotéis para que possam cumprir o isolamento e se proteger de futuras violências; na Argentina, além de uma *hotline* pela qual a mulher pode avisar se estiver em perigo, foi lançada uma campanha em que, ao ligar para a farmácia, a mulher vítima de violência doméstica pode pedir por uma "máscara vermelha", ou seja, trata-se de um código que significa que ela está em perigo e a farmácia deverá repassar a chamada para o número da polícia; na Espanha, as mulheres podem solicitar em farmácias alertas de emergência também através da palavra "máscara 19" para que as autoridades sejam avisadas[52].

Por outro lado, os argumentos trazidos pela CIDH/CIM/MESECIV no contexto da pandemia e do direito das mulheres tem correlação com o fato, já observado por Alon, Doepke, Olmstead-Rumsey e Tertilt (2020), de que em todo o mundo mais de 1,5 bilhões de crianças estão fora da escola neste período, o que aumenta drasticamente a necessidade de cuidados infantis no ambiente doméstico. Além disso, a possível assistência infantil fornecida pelos avós ou membros mais idosos do núcleo familiar agora vem sendo desencorajada, devido à maior taxa de mortalidade de idosos e,

---

50. *OAB Nacional*, OAB adere à campanha "Sinal Vermelho contra a violência doméstica", disponível em: https://www.oab.org.br/noticia/58289/oab-adere-a- campanha-sinal--vermelho -contra-a-violencia-domestica (último acesso em: 22.08.2020).

51. Lembrando que o rol apresentado acima é meramente ilustrativo e não visa esgotar todos as possibilidades de atuação da sociedade civil no presente caso da pandemia.

52. *Universa*, "Como os Países Estão Combatendo a Violência contra a Mulher na Pandemia?", 28 abril 2020, https://www.uol.com.br/universa/noticias/redacao/2020/04/28/como-os-paises-estao-combatendo-a-violencia-contra-a-mulher-na-pandemia.htm (último acesso 09.05.2020).

devido ao distanciamento social, outras medidas como a de compartilhar cuidados infantis com vizinhos e amigos também tem se mostrado muito limitadas. Assim, a maioria das famílias não tem escolha a não ser cuidar de seus filhos, e essa é uma realidade que não pode ser afastada ou posta de lado quando se trata da análise de políticas públicas e de iniciativas de empregadores diante da contenção da crise de saúde e econômica que tem sido provocada pelo avanço do Coronavírus[53]. E, nesse sentido, em manifestações sobre como as famílias gerenciam os trabalhos domésticos aplicado aos casos de mulheres acadêmicas e profissionais, no contexto da pandemia, já sinalizam que existiria uma verdadeira muralha (uma espécie de *maternal wall*), no que diz respeito aos obstáculos que vêm limitando e segregando as mães que trabalham e que acarretarão em desvantagens em termos de volume de publicações e de pesquisas científicas[54].

Igualmente, resta claro que, a pandemia da Covid-19 não é apenas uma emergência de saúde global, mas também está gerando uma grande crise econômica global[55] e, consequentemente, é preciso se reconhecer que tal crise afetará mulheres e homens de maneira diferente[56]. Tanto que estudos[57] já fornecem evidências de que os efeitos da atual crise nas mulheres serão

53. ALON, Titan M., DOEPKE, Matthias, OLMSTEAD_RUMSEY, Jane, and TERTILT, Michèle, "The Impact of COVID-19 on Gender Equality", NBER Working Paper No. 26947, abril de 2020, https://www.nber.org/ papers/w26947 (último acesso em 09.05.2020).

54. Minello, Alessandra, "The pandemic and the female academic", *Nature*, 17 de abril de 2010. Disponível em: https://www.nature.com/articles/d41586-020-01135-9?fbclid=IwAR3WkJeWVzLVm1NFtyWFmysK-bOB9kRK6ZVCrHQsYpnuRCI31qKiSzmPxSY (último acesso em: 23.08.2020).

55. ROGOFF, Kenneth, "The 2008 financial crisis will be seen as a dry run for Covid-19 cataclysm", The Guardian, 8 abril 2020, https:// www.theguardian.com /business/2020/apr/08/the-2008-financial -crisis-will-be-seen-as-a-dry-run-for-covid-19-cataclysm (último acesso 09.05.2020). OZILI, Peterson & ARUN, Thankom, "Spillover of COVID-19: impact on the Global Economy", https://www.researchgate.net/ publication/340236487_Spillover_of_COVID-19_ impact_on_the_Global_Economy, abril de 2020, (ultimo acesso em 09.05.2020).

56. Henriques, Martha, "Why Covid-19 is Different for Men and Women", *BBC Future*, 13 abril 2020, https://www.bbc.com/future/article/20200409 -why-covid-19-is-different--for-men-and-women (último acesso 09.05.2020).

57. *Fuller Project for International Reporting*, "Coronavirus Shutdowns Make Women the Majority of Unemployment Seekers in States Across U.S.", 22 abril 2020, https://fullerproject.org/story/coronavirus-shutdowns-make-women-the-majority-of-unemployment-seekers-in-states-across-u-s/ (último acesso: 09.05.2020).

nitidamente distintos dos que ocorreram, por exemplo, em recessões recentes como a de 2008[58], onde a perda de empregos para homens foi muito maior do que para as mulheres[59]. A análise da conjectura atual tem levado à observações de que o emprego das mulheres está concentrado em setores como as áreas de saúde, de cuidados domésticos e de limpeza, de serviços (como de restaurantes, de beleza e de turismo) e de educação e, inevitavelmente, a desaceleração da economia começou nesses respectivos setores pois, com medidas como a quarentena, muitos restaurantes foram fechados e as pessoas passaram a contratar em menor quantidade os serviços de faxina ou de cuidados com a beleza e bem estar (como salões de cabeleireiro), onde as mulheres ocupam a maior parte dos postos[60].

CONCLUSÕES

A trajetória desempenhada pelo SIDH, desde os primórdios da luta pelo sufrágio feminino no contexto interamericano, passando pelo engajamento e pioneirismo na temática da violência doméstica e, chegando às análises e recomendações relacionadas à pandemia da Covid-19, nos transmite uma mensagem clara de que os direitos das mulheres fazem parte de algo ainda em construção e que devem seguir sendo defendidos, de maneira que, no momento atual, o retorno à esfera privada representado pelas medidas de isolamento social não deve significar retrocesso e não deve expor à risco a vida e integridade física de mulheres e meninas, e não deve colocar em perigo toda a liberdade e igualdade que já foram alcançadas.

58. Tooze, Adam, "Is the Coronavirus Crash Worse than the 2008 Financial Crisis?", *Foreign Policy*, 18 março 2020, https://foreignpolicy.com/2020/03/18/coronavirus-economic-crash-2008-financial-crisis-worse/ (último acesso 09.05.2020).

59. ALON, Titan M., DOEPKE, Matthias, OLMSTEAD_RUMSEY, Jane, and TERTILT, Michèle, "The Impact of COVID-19 on Gender Equality", NBER Working Paper No. 26947, abril de 2020, https://www.nber.org/papers/w26947 (último acesso em 09.05.2020).

60. *Universa*, "Mulheres são mais afetadas pelos impactos econômicos da COVID-19 nos EUA", 13.abril 2020, https://www.uol.com.br/universa/noticias/redacao/2020/04/13/impacto-economico-da-covid-19-esta-afetando-particularmente-as-mulheres.htm (último acesso 09.05.2020).

Reconhece-se que a pandemia da Covid-19 fez surgir uma mudança de paradigma[61]; entretanto, o retorno ou não à normalidade não pode colocar a vida das mulheres em risco, e não deveria sobrecarregá-las com o excesso de trabalhos e de cuidados na esfera doméstica. Sendo preciso que estejamos alertas para refletirmos sobre qual nível de "normalidade" que almejamos retornar, já que todo esse contexto nos obriga a pensar de forma diferente sobre as políticas públicas voltadas à violência contra as mulheres, mas também nos obriga a buscar articulações complementares com organizações da sociedade civil e com organizações internacionais, de escopo global como a OMS, e regional, como os esforços que vem sendo desempenhados no Sistema Interamericano.

Apesar de tantas perspectivas sombrias, é preciso acreditar que, no longo prazo, a crise provocada pela Covid-19 pode trazer mudanças capazes de colaborar com a redução da desigualdade de gênero, por exemplo, no mercado de trabalho. Isso porque, atualmente a grande parte dessa desigualdade de gênero está relacionada a uma divisão desigual do trabalho em casa[62]. Ou seja, muito embora a participação da mulher na força de trabalho esteja agora próxima ou igual a dos homens, na maioria dos países industrializados, as mulheres continuam a desempenhar uma parcela desproporcional de tarefas domésticas[63] e, especificamente no caso Brasileiro, em 2016, as mulheres já dedicavam aos cuidados de pessoas e/ou afazeres domésticos cerca de 73% a mais de horas do que os homens, é dizer que, a cada 18,1 horas de cuidados domésticos desempenhados pelas mulheres, a parcela dos homens correspondia à 10,5 horas[64]. Assim, espera-se que a imposição do isolamento social possa ser um gatilho para fomentar

---

61. *MIT Technology Review*, "Beyond Covid-19 lies a new normal – and new opportunities, disponível em: https://www.technologyreview.com/2020/06/30/ 1004575/beyond-covid-19-lies-a-new-normal-and-new-opportunities/ (ultimo acesso em: 22.08.2020).

62. Agénor, Pierre-Richard & Canuto, Otaviano, "Gender Equality and Economic Growth in Brazil. A Long-Run Analysis", Policy Research Working Paper 6348, *The World Bank*, 2013.

63. *Organização Internacional do Trabalho* (2018), "Care work and care jobs for the future of decent work". Disponível em: https://www.ilo.org/global/publications/books/WCMS_633135/lang--en/index.htm (último acesso: 23.08.2020).

64. *IBGE*, Coordenação de População e Indicadores Sociais, "Estatísticas de gênero: indicadores sociais das mulheres no Brasil", Rio de Janeiro, n. 38, 2018. Disponível em: https://biblioteca.ibge.gov .br/index.php/biblioteca-catalogo?view=detalhes&id=2101551 (último acesso em: 23.08.2020).

uma divisão mais igualitária do trabalho dentro de casa. E, seguindo-se essa perspectiva, temos que a ONU Mulheres, ao lançar a campanha *#HeForSheAtHome*[65], tem reiterado o papel ativo de homens e meninos nos cuidados com a família e a casa durante a pandemia, além de reforçar a defesa da transformação definitiva das relações de gênero dentro de casa.

É provável também que a pandemia acabe por acelerar as mudanças nas normas e expectativas laborais, pois muitas empresas agora estão tendo mais consciência a respeito das necessidades de seus funcionários em função dos cuidados com seus filhos num momento em que as escolas e creches estão fechadas e, em resposta, acabaram adotando rapidamente horários de trabalho flexíveis e opções de teletrabalho e, como resultado, em muitos lugares mães e pais ganharam possibilidades reais e incentivos para atender as demandas combinadas de ter uma carreira profissional e administrar uma família[66]. E há a expectativa de que muitas dessas normas persistam mesmo após o fim da quarentena[67].

Um outro aprendizado diz respeito ao fato de que muitos modelos familiares poderão ser revisitados num cenário pós pandemia, dado que muitos médicos que estão na linha de frente do combate da COVID-19 são mulheres, assim como a maioria das enfermeiras[68] e, muitos comércios críticos que continuam operando durante a crise, incluindo-se supermercados e farmácias, são espaços que empregam grande quantidade de mulheres.

---

65. *ONU Mulheres*, "#ElesPorElasEmCasa incentiva homens brasileiros a mostrar tarefas domésticas assumidas na quarentena da Covid-19", disponível em: http://www.onumulheres.org.br/noticias/elesporelasemcasa-incentiva-homens-brasileiros-a-mostrar-tarefas-domesticas-assumidas-na-quarentena-da-covid-19/ (último acesso em: 22.08.2020).

66. *Forbes*, "Sete iniciativas de empresas para apoiar os colaboradores em meio à pandemia", 30 de abril de 2020, disponível em: https://forbes.com.br/colunas/2020/04/7-iniciativas-de-empresas-para-apoiar-os-colaboradores-em-meio-a-pandemia-do-coronavirus/ (último acesso em: 23.08.2020).

67. *Correio Braziliense*, "Home office deve ser tendência entre empresas após a pandemia", 05 de julho de 2020, disponível em: https://forbes.com.br/colunas/2020/04/7-iniciativas-de-empresas-para-apoiar-os-colaboradores-em-meio-a-pandemia-do-coronavirus/ (último acesso em: 23.08.2020).

68. *ONU Mulheres*, "As Enfermeiras são as Verdadeiras Heroínas, diz Médica Albanesa na Linha de Frente da Resposta à COVID-19", 17 abril 2020, http://www.onumulheres.org.br/noticias/as-enfermeiras-sao-as-verdadeiras-heroinas-diz-medica-albanesa-na-linha-de-frente-da-resposta -a-covid-19/ (último acesso 09.05.2020).

E, consequentemente, uma fração considerável de mulheres que trabalham nessas áreas, são casadas com homens que perderão o emprego durante a crise ou que poderão exercer o teletrabalho. Logo, em tais modelos familiares, inevitavelmente, muitos homens se tornarão os principais prestadores de cuidados infantis e domésticos enquanto suas companheiras e esposas estarão desempenhado suas funções fora do lar. Essas mudanças podem sugerir que tal realocação de deveres familiares tenha efeitos persistentes nos papéis de gênero e na divisão do trabalho no futuro[69].

69. ALON, Titan M., DOEPKE, Matthias, OLMSTEAD_RUMSEY, Jane, and TERTILT, Michèle, "The Impact of COVID-19 on Gender Equality", NBER Working Paper No. 26947, abril de 2020, https://www.nber.org/papers/w26947 (último acesso em 09.05.2020).

5

GESTÃO DA PRECARIEDADE NA GARANTIA DE DIREITOS DAS MULHERES QUE NÃO SÃO RECONHECIDAS COMO MULHERES

Bruna Benevides

Travesti, Sargenta da Marinha do Brasil, Feminista, TransAtivista, Pesquisadora do Projeto Transformação (FIOCRUZ/2019), consultora de Gênero e Diversidade, Autora da Pesquisa anual "Dossiê dos assassinatos e da violência contra pessoas Travestis e Transexuais brasileiras", Autora da Cartilha "O que fazer em casos de LGBTIfobia" (2020) e Cartilha de segurança publica para a população LGBTI+ (2018) e compõe a Rede Nacional de operadores de Segurança Publica LGBTI+. Secretária de articulação política da Associação Nacional de Travestis e Transexuais (ANTRA), membro da Diretoria da Associação Brasileira LGBTI+ (ABGLT) e membro fundadora do Fórum estadual de Travestis e Transexuais do Rio de Janeiro (FORUMTTRJ). Recebeu o Diploma Mulher Cidadã Leolinda Daltro na ALERJ (2016) pelos relevantes serviços prestados aos direitos humanos e defesa dos direitos das mulheres pela igualdade de gênero e o Prêmio Inês Etienne Romeu na Câmara Municipal de Niterói (2017) pela atuação na defesa dos direitos da Mulheres. Vencedora do Prêmio Faz Diferença do Jornal O GLOBO (2019). Contato: bruna-marx@hotmail.com

1. INTRODUÇÃO

Viver e resistir como pessoa transgênero, em um mundo que ainda insiste em desumanizar nossas experiências e negar a possibilidade de termos acesso integral a direitos e garantias fundamentais, é um grande desafio, especialmente no Brasil, um país que vem recuando para uma agenda de costumes arcaica, responsável por diversas tentativas, em várias frentes distintas, de aniquilar as existências não hegemônicas.

Neste texto pretendo refletir sobre os processos de vulnerabilização e precarização da população trans, com foco nas travestis e mulheres trans que se expressam, se reconhecem e são reconhecidas enquanto pertencentes ao gênero feminino. Não seria possível trazer esta discussão sem observar atentamente as questões de gênero, classe, raça e outros marcadores sociais, que dificultam o reconhecimento da pluralidade que compõe a diversidade do que é ser mulher em nossa sociedade, confrontando regras rígidas (previamente estabelecidas) de gênero, que atravessam o reconhecimento da cidadania e que impacta não apenas o acesso, mas também o tratamento destinado à população *trans* brasileira.

Cabe destacar, logo de início, a dificuldade de encontrarmos construções nos campos doutrinários que reconheçam a legitimidade dessas outras expressões de "mulheridade" e as reconheçam, como tal, para a garantia do acesso a direitos, sociais e políticos, além do pleno exercício da cidadania. Não uma cidadania tutelada, precarizada pela falta de ações do estado ou por ações que violem seus direitos, mas uma cidadania plena, capaz de enxergar a complexidade e a integralidade que compõem essas pessoas na busca pelo reconhecimento da humanidade desses corpos ainda objetificados e abjetos[1].

De acordo com a Associação Nacional de Travestis e Transexuais (ANTRA), em 2019, o Brasil manteve-se como o país que mais assassina pessoas *trans* no mundo, pelo décimo ano consecutivo,[2] e que, em 2020,

---

1. Porto, Tiago da Silva. *A incômoda performatividade de corpos abjetos.* Disponível em: http://pepsic.bvsalud.org/scielo.php?script=sci_arttext&pid=S0101-31062016000200012&lng=pt&nrm=iso – Acessado em 18/10/2020.

2. Dados do Dossiê da violência e do assassinato contra pessoas trans brasileiras em 2019. Disponível em antrabrasil.org/assassinatos – Acessado em 08/10/2020.

enfrentou um aumento de 70% no número de assassinatos – todos de pessoas do gênero feminino – entre os meses de janeiro e agosto, em relação ao mesmo período do ano anterior. Que tem altos índices de violações de direitos humanos, tratamentos degradantes, humilhações públicas, exclusões sociais, familiares e escolares, além de diversas formas de violências institucionais, psicológicas e simbólicas, que continuam sendo aceitas devido à omissão do estado brasileiro em enfrentar o transfeminicídio, que é o assassinato de travestis e mulheres *trans* devido ao ódio à sua identidade de gênero (ANTRA,2019) e à negação do reconhecimento de uma violência especifica, motivada pelo gênero que expressam publicamente – o gênero feminino.

Nesse sentido, pretendo trazer alguns elementos fundamentais para compreender como as travestis e as mulheres trans enfrentam um processo constante de tentativas de tutela das suas subjetividades e de como esse processo tem violado *sistematicamente* direitos, violentado corpos e negado o acesso ao seu processo de cidadanização[3].

A escritora e feminista negra Chimamanda Ngozi nos chama a atenção sobre os perigos de uma história única e sobre como, ao ver o mundo através das lentes da teoria, corremos o risco de ser forçadas a ignorar essas áreas da experiência humana que não se encaixam naquela, alertando que não é descartando a teoria que conseguimos ver as coisas, senão de maneira incompleta: "Devemos aprender a maneira como as pessoas contam e criam histórias e como suas políticas vão afetar essas pessoas."[4]

2. GÊNERO, DIVERSIDADE DE GÊNERO E AUTODECLARAÇÃO DE GÊNERO – PRIMEIROS PASSOS NO PROCESSO DE CIDADANIA

Talvez uma questão central enfrentada no dia a dia, sendo uma travesti ou mulher trans, seja a discussão recorrente sobre serem ou não

3. Lima, Francielle Elisabet Nogueira. *A tutela jurídica das pessoas trans*. Rio de Janeiro: Lumen Juris, 2018.

4. Trecho da entrevista de Chimamanda para o El País. Disponível em: https://brasil.elpais.com/brasil/2017/10/01/cultura/1506882356_458023.html?fbclid=IwAR0Ry-y9gbzca3bjfTDlGGH5oa6xhu1lpAlgpp9GriTF6iwb9KL6K5wlXP4 Acessado em 19/10/2020.

reconhecidas enquanto mulheres. E é preciso analisar sobre qual mulher estamos falando, quando observamos o padrão em torno do "ser mulher" e todas as regras sociais que envolvem a hierarquia de gênero em torno de todas as mulheres em uma estrutura racista, machista e dominada pelos homens.

"O que é ser mulher?" ou quem tem o direito de "tornar-se mulher?" são as questões mais complexas a serem respondidas. Até o momento, nenhuma pesquisadora, filósofa ou feminista foi capaz de respondê-las. Aliás, a quem importa uma possível resposta a essas perguntas e quais as intenções reais por trás delas, se não cristalizar as experiências e subjetividades das mulheres. Especialmente, porque diversos estudos e pesquisas demonstram não ser possível teorizar a respeito, sem incorrer em uma reprodução artificial de estereótipos e/ou possibilidades que os corpos das mulheres cisgenêras[5] carregam, eliminando assim as discussões sobre gênero e identidade de gênero.

Normalmente, engravidar ou ter capacidade de gerar filhos, ter uma vagina, cromossomos XX, ser dócil, meiga, são alguns dos principais elementos que aparecem quando as pessoas tentam de alguma forma definir a mulher. Mesmo algum *essencialismo* de gênero poderia acabar reduzindo a mulher a aspectos que estariam distantes da sua realidade. Ou, ainda, reduzir uma mulher ao seu genital seria algo completamente violento e sexista – somos mais do que os nossos corpos ou gênero possam expressar.

Eu, particularmente, costumo dizer que não é possível usar uma teoria, estereótipo, característica física ou biológica para representar, de fato, a complexidade do ser mulher e de toda a construção que temos tido a partir das discussões de gênero e sexualidade, especialmente quando aspectos como a cultura e o contexto social impactam a forma e o olhar da sociedade, que sofre influência direta das ideologias religiosas dominantes, na forma com que as mulheres são tratadas nas diversas culturas.

E aqui me chama a atenção, exatamente, a análise do sentido oposto: dizer quem não é mulher. A maior parte das pessoas – cultas ou não – tem

5. Cisgêneras: São as pessoas que se identificam com o gênero atribuído no nascimento. Ou seja, todas aquelas que não são transgêneras.

diversas respostas prontas, muitas embasadas exatamente nos estereótipos. Dizer quem não é mulher ou o que não é ser mulher se torna algo completamente banalizado por terceiros, no pior sentido do gerenciamento do outro, quando o poder, como destacado por Michel Foucault[6], é exercido nas minúcias e com o objetivo último de gerenciar e controlar a vida, em seus aspectos individuais e gerais. E isso, dito de diversas formas, tem a intenção de delimitar quem realmente pode ser considerada ou não mulher e, por consequência, ter acesso aos direitos a ela assegurados, como o próprio reconhecimento enquanto mulher.

Essas noções enviesadas, seja por ignorância, resistência ao tema, preconceito ou, ainda, a partir do movimento que chamam de "ideologia de gênero", levam a diversas formas de violações, violências e negações de direitos às pessoas trans, a maior parte delas relacionadas à negação do gênero e/ou da identidade de gênero.

Ao identificar que há não consenso em dizer o que é ser mulher, porque se torna tão fácil e aceitável dizer quem não é? Para as travestis e mulheres trans, é urgente o entendimento de que elas são mulheres e que precisam ser reconhecidas, acolhidas e tratadas como tal, sem que haja nenhuma hierarquia entre as identidades ou que conceitos atribuídos anteriormente determinem quem são essas mulheres e o que elas representam, em detrimento de suas próprias existências.

De acordo com a Associação Nacional de Travestis e Transexuais (ANTRA[7]), cerca de 75% da população não conhece uma pessoa trans. Não convive ou teve contato com nenhuma de nós. E isso diz muito sobre os mitos e tabus, mas principalmente sobre a transfobia ser tão aceita na sociedade.

Nomear, antes de mais nada, é o ato de reconhecer aquela existência como legítima, possível. Respeitar as nuances, o ponto de confluência das identidades e, principalmente, saber quem é o sujeito do direito, suas necessidades e limitações, não como um estatuto da realidade, mas como uma ferramenta de mediação da realidade, através do qual acessamos as

6. FOUCAULT, M.. História da sexualidade I: a vontade de saber (M. T. C. Albuquerque, J. A. G. Albuquerque, trad.). Rio de Janeiro, RJ: Graal, 2010 (Trabalho original publicado em 1976).

7. Para saber mais ver em: https://antrabrasil.org/

percepções, sensações e sentimentos do analisante, acerca da sua própria realidade.

A transfobia, por sua vez, é a discriminação motivada por sentimentos negativos e reações, muitas vezes desproporcionais e violentas, em relação à identidade de gênero percebida e não necessariamente pela declarada. Muitas vezes não conseguimos declarar. As pessoas já veem nossas identidades marcadas em nossos corpos e/ou na nossa expressão de gênero.

Faz anos que estamos discutindo a importância de termos um entendimento sobre o que é e quem seria uma travesti (sujeito político), por exemplo. Não apenas para desenhar sua diferença, mas para entender seu corpo político como um corpo demandante de cuidados. E é a partir disso que saberemos quem ela é, que iremos identificar os processos que vivencia no seu dia a dia e como poderemos enfrentar as violações e violências a que está submetida.

Uma pergunta recorrente seria, então, a diferença entre uma travesti e uma mulher trans. E, mais uma vez, vemos a armadilha de teorizar sobre identidades que são, acima de tudo, autopercebidas e autodeclaradas por quem assim se identifica. Existem diversas tentativas de definições, contraditórias entre si. O próprio dicionário da língua portuguesa traça uma similaridade entre a identidade travesti e o ato de travestir-se, este ultimo como uma tentativa de disfarce, que contribui para a ideia de que essas não seriam "mulheres de verdade", mas homens disfarçados de estereótipos femininos(sic) – novamente o gênero e a negação do mesmo operando e inferiorizando essas experiências.

> Muitas vezes são os marcadores de classe e raça que vão definir o lugar daquelas que se identificam e que, consequentemente, são identificadas enquanto travestis. A forma de tratamento e o olhar do outro é quem vai dizer do acesso e das violências que ambas serão ou não submetidas, e em quais espaços poderão estar/compartilhar. No imaginário social, as travestis seriam as prostitutas, negras e pobres, sem leitura social cisgênera, enquanto aquelas que são lidas enquanto mulheres transexuais, tidas como hierarquicamente mais mulheres e, portanto, são mais aceitas, seriam brancas, dentro de um padrão eurocentrado, modelos, atrizes e que não oferecem riscos à sociedade. Sendo a travesti a marginal, violenta e que precisam ser aniquiladas e a mulher

> trans, aquela que seria frágil, que sofre de disforia de gênero com seu corpo, e que após os procedimentos médicos *cisgenerizantes*, poderiam vir a ser aceitas. (...) Neste sentido, é impossível diferenciar uma mulher transexual ou uma travesti apenas olhando para suas expressões de gênero ou as alterações que por ventura tenham realizado ou não. Inclusive as cirurgias de redesignação sexual não são capazes de marcar quem é uma mulher trans ou uma travesti. É necessário ter cautela ao tentar estabelecer características que separariam uma identidade da outra. A diferença real, é a forma com que você identifica seus preconceitos a partir de como você se relaciona com ambos os termos, sem que uma esteja em um lugar diferente da outra.[8]

E eu, não sou uma mulher?[9], indaga Bell Hooks. Nesse questionamento, eu identifico a mesma noção do sentido inferiorizante imposto sobre o corpo de mulheres *cis* negras, que as coloca como mulheres de segunda ou terceira categoria em relação às mulheres brancas. A situação se repete ao ser negada às travestis e mulheres trans a mulheridade, uma vez que não são reconhecidas como mulheres frente às mulheres cisgêneras. Cria-se um mito, cercado por tabus e estigmas, que as vão retirando do convívio social e, por consequência, precarizando suas existências, marginalizando seus corpos e negando sua humanidade.

Desde 2018, a partir do julgamento da ADI 4275 pelo STF, após um longo caminho trilhado, travestis e mulheres trans passaram a ter o direito a um nome e a realizarem retificação registral, popularmente conhecida como mudança de nome (sic), sem a necessidade de comprovação ou qualquer tipo de alteração corporal, laudo médico ou atestado de sua condição. Foi reconhecido o direito à autodeclaração e proteção da identidade de gênero como um direito das pessoas trans, ou seja, basta unicamente sua autodeclaração de gênero para que tenha o reconhecimento civil de sua identidade de gênero, assim como passe a ser vista pelo estado brasileiro como uma mulher do sexo (registral) feminino – caso deseje.

---

8. BENEVIDES, Bruna G. *Travesti ou Transexual, tem diferença?* Disponível em https://medium.com/@brunagbenevides/travesti-ou-transexual-tem-diferen%C3%A7a-f8166e67e1bc Acessado em 15/11/2020.

9. HOOKS, Bell. *E eu não sou uma mulher? Mulheres negras e feminismo*. Rio de Janeiro: Rosa dos Tempos, 2019.

Esse reconhecimento não pode estar limitado ou tutelado a retificação, mas deve ser pleno e expresso unicamente no desejo pessoal de cada travesti ou mulher trans, independentemente do que conste em seus documentos, visto que são mulheres muito antes e a despeito dos seus assentos registrais. Assim, a retificação se torna uma possibilidade ou mera formalidade para aquelas que identificam a importância do ato de mudança para suas vidas. Sem que seja limitante para o acesso a direitos ou a um tratamento de acordo com o gênero que se reconhece.

Infelizmente a retificação ainda não é acessível a todas as travestis e mulheres trans, visto que a maioria vive em situação de precariedade econômica e social. E, além das custas, que em geral são altas, há estados que negam a isenção pela falta de regulamentação desse direito. Muitas vezes, no cartório, os funcionários não sabem lidar com a situação, seja por preconceito ou por não terem conhecimento desse direito. Consequentemente, negam o atendimento ou encaminham para a judicialização do caso. Alguns ainda solicitam que sejam apresentados laudos médicos ou psicológicos, o que não faz parte do procedimento e é considerado prática abusiva. As dificuldades criadas fazem com que muitas pessoas não busquem a retificação, gerando uma dificuldade na efetivação dessa importante e avançada conquista.

Se alguém levou a vida inteira sendo reconhecida socialmente como mulher, mas a retificação não lhe foi possível por qualquer motivo, terá sua identidade negada e passará a ser tratada como um homem. Vale ressaltar que não nos tornamos mulheres ao mudarmos nossos corpos ou mesmos nossos documentos. Assim, não são as alterações corporais que possam ou não realizar, tratamentos médicos e estéticos, ou mesmo a retificação registral que irão determinar o que é ser mulher.

O direito de retificar o registro civil e seus documentos e o de ser reconhecida como mulher devem ser garantidos integralmente, sem nenhuma ressalva. E, no campo do direito, civil, criminal e de outras áreas do direito, essas mulheres devem ser reconhecidas (e tratadas) como tal, exatamente da mesma forma que as demais mulheres, sob o risco de continuarmos sendo vistas como se não fôssemos mulheres, fraudes ou como se não fossemos mulheres de verdade (sic). Autoriza-se, assim, não apenas a negação das identidades, mas um tratamento diferenciado e desproporcional que tira a humanidade, e viola o direito conquistado e reconhecido de termos nossa identidade de gênero legitimada e gozarmos de todos os direitos – e deveres – de todas as mulheres.

A autodeclaração de gênero deve ser reconhecida como um direito fundamental às travestis e mulheres trans, a fim de que sigamos rumo ao enfrentamento das violências, omissões, precarizações, violações dos direitos humanos e para a garantia do acesso a direitos sociais e políticos.

Nesse sentido, é fundamental a garantia e respeito à utilização de banheiros públicos femininos por travestis e mulheres trans, devido sua identidade de gênero feminina, assim como é inaceitável que sejam propostos banheiros específicos para pessoa trans.

Há quem diga que a utilização de banheiros por pessoas trans femininas coloca em risco a segurança das demais usuárias. Esse medo, à primeira vista aceitável, não encontra substrato na realidade, nem é capaz de justificar tratamento impeditivo. Isso porque não há qualquer dado concreto que ampare o temor de que pessoas trans sejam ameaças ou cometam violência contra usuárias de banheiros femininos, o que faz juridicamente ilegítima tal restrição, fundada em suposições preconceituosas, desprovidas de qualquer elemento material. Ao contrário, o que se relata são episódios de violência moral e física contra travestis e mulheres trans quando são obrigadas a usar o banheiro feminino.

São de conhecimento público os episódios de violência desferida contra pessoas trans em banheiros masculinos, como também é evidente o prejuízo à saúde, que abarca o direito de realizar necessidades fisiológicas não apenas em ambientes apropriados, como também livres de discriminação.

3. GENITALIZAÇÃO DOS CORPOS TRANS

Outro ponto importante para entender como se constroem as vidas precarizadas das travestis e mulheres trans é a constante discussão: sexo *versus* genital *versus* gênero *versus* identidade de gênero *versus* orientação sexual, como uma ideia estanque e engessada. E, após diversas leituras e analises, identificamos que é a genitalização dos corpos que leva a essa confusão, que na maioria dos casos se transforma em violência.

Genitalização seria então, a ideia *cisgenerificante*[10] de que nossa identidade de gênero e gênero decorrem do genital que se formou durante a gestação, e que, por consequência, a associação sexo *versus* gênero seria, exclusivamente, possível nos arranjos binários macho e fêmea, pênis *versus* homem e vagina *versus* mulher, ignorando por exemplo as pessoas que apresentam genitália ambígua ou variações biológicas que vão além daquelas instituídas para indivíduos XX ou XY, inclusive submetendo essas pessoas – conhecidas como intersexos –, à mutilação genital ainda na infância.

O contraditório é que vemos crianças trans sendo impedidas de ter acesso a cuidados com a saúde, devido ao que fundamentalistas têm chamado de "ideologia de gênero", enquanto há uma regra imposta pelo Conselho Federal de Medicina de que crianças intersexos com genital ambíguo devem ser operadas o mais breve possível, e ainda na infância. O mais grave é a imposição de um sexo/genital, definido cirurgicamente por critérios que não se preocupam com a identidade de gênero, de um ser que ainda não está totalmente constituído, reduzindo as pessoas a seus genitais e atribuindo (ou negando) direitos a partir deles.

Logo, um homem com pênis, portanto cisgênero, é o topo da cadeia da estrutura social, enquanto a mulher – com vagina e cisgênera – é o ser imediatamente inferior, visto que a falsa ideia de uma essência feminina (por ter uma vagina) a coloca em desvantagem frente à hierarquia de gênero. Portanto, as pessoas são entendidas a partir de seus genitais, e não necessariamente dentro da estrutura de gênero que controla seus corpos e ações.

Tornando o genital o ponto mais importante na engenharia social, o falo é enaltecido e cultuado como a representação máxima do homem macho – e para as relações afetivas ou sexuais –, assim como para dizer quem é homem ou mulher. Nesse caso, o genital informa o gênero e este o sexo que será atribuído, excluindo a existência de pessoas que nasceram com determinado genital, mas que têm identidade de gênero diversa, e corpos de mulheres, com identidade de gênero feminina e com pênis.

10. Ideia que temos construído, no transfeminismo, sobre a construção de uma cisgeneridade, a partir da compulsoriedade de atribuir um gênero a uma pessoa em decorrência do seu genital no momento do nascimento.

Identidade de gênero é a forma com que as pessoas se relacionam com seus gêneros e os expressam a partir de marcadores sociais, a fim de que sejam reconhecidas no meio social. Pode estar ou não de acordo com o gênero previamente marcado, que foi atribuído no nascimento em decorrência dos órgãos genitais.

No caso das pessoas trans, além da negação da identidade de gênero, a genitalização é constantemente usada para dizer que, devido aos seus genitais, homens e mulheres teriam, de modo compulsório, o sexo do nascimento, independente do gênero que expressam ou reivindicam socialmente.

4. QUEM TEM MEDO DE TRAVESTI?

O mito da travesti violenta é uma constante nas experiências dessas mulheridades. Constantemente, são tidas como agressivas ou ainda como aquelas que oferecem riscos às demais mulheres ao dividirem espaços comuns. A estrutura social, que não consegue dar conta dessas existências, acaba por instituir um plano de aniquilação desses corpos, que não são apenas descartáveis, mas também matáveis[11].

Desde muito cedo, a sociedade naturaliza os processos de exclusão contra pessoas trans e ensina a ter medo das travestis: não devemos nos relacionar com essas pessoas e transitar pelas ruas onde trabalham, evitando os ambientes em que estejam ou qualquer tipo de relação com essas pessoas.

O argumento é o de que elas representam um alto risco às *"pessoas de bem"*. Sua existência, marginal e marginalizada, desperta ódio e desejo daqueles que se curvam diante da subversão que estes corpos representam. Em uma pesquisa rápida no Google, 9 em cada 10 notícias utilizando o termo travesti dizem respeito a crimes e as matérias sempre se transformam em entretenimento sensacionalista, com a intenção de manter o arquétipo violento criado.

11. CICONELLO, Alexandre. *Os corpos matáveis de uma sociedade. Entrevista especial com Alexandre Ciconello.* Disponível em: *https://racismoambiental.net.br/2016/02/18/os-corpos-mataveis-de-uma-sociedade-entrevista-especial-com-alexandre-ciconello/.* Acesso em 15/11/20.

> Será que estaria no DNA das travestis o crime? Ou será que a mídia brasileira quer a todo custo nos fazer acreditar que ser travesti é a mesma coisa que ser criminosa, e logo, devem ser afastadas da sociedade? Eu lembro que há muitos anos eu dizia nos eventos que participava que a mídia brasileira era uma das produtoras e indutoras dos crimes transfóbicos no Brasil, criando por regra a narrativa de que as identidades trans são perigosas, as pessoas trans são criminosas, doentes mentais, desviantes, pecaminosas, sujas, delinquentes. Vamos virar a década e me perguntam o que melhorou. (Daniela Andrade, ativista trans, em post no Facebook).

É comum observamos uma tentativa constante de associação entre travestis e atividades ilícitas, para justificar a violência e/ou os assassinatos dos quais são vítimas, o que põe o Brasil no topo do ranking da violência contra pessoas trans no mundo, reforçando velhos estigmas sobre o mito da travesti violenta, que aprendemos a temer desde muito cedo. As associações recorrentes são o uso de drogas, disputa de território, tentativa de extorsão e roubo.

Em recente matéria publicada no portal da Folha de São Paulo, escreve sobre o livro "Pessoa Afeita ao Crime: criminalização de travestis e os discursos do Tribunal de Justiça de São Paulo", de Victor Siqueira Serra:

> "É um texto de denúncia sobre o modo como os operadores da Justiça se deixam levar por seus preconceitos e ideologias quando da criminalização de parcelas da sociedade que não se enquadram nas expectativas sociais. O jovem autor do trabalho mostra como, para além da vulnerabilidade e da violência cotidiana a que estão expostas as travestis no Brasil (truculência policial, discriminação e humilhação nos serviços de saúde, dificuldade de acesso a emprego, educação etc.), são desacreditadas pela Justiça, que trata essas pessoas a partir da imagem social que as estigmatiza como "perigosas e frequentemente criminosas". Explica que, menos importante do que compreender cada caso isoladamente, dentre a centena de acórdãos consultados, pretendeu entender o funcionamento do sistema de Justiça criminal como um todo, de que formas este contribui para a produção e reprodução de desigualdades, e como poderia operar em outros sentidos. Segundo o autor, são centrais na análise discursiva das decisões do TJSP: o discurso, as condições de produção do discurso, o desenrolar do processo penal, a forma como se constroem os textos e as

relações de poder que os atravessam, bem como os sujeitos de enunciação, desembargadores e desembargadoras e suas representações sobre travestis.[12]

5. A VIOLÊNCIA NO PAÍS QUE MAIS ASSASSINA PESSOAS TRANS DO MUNDO

Existe um processo histórico de hipersexualização e fetichização em relação aos corpos trans, lidos como fantasia, sem subjetividade, vontade ou desejo, mas sempre à disposição para quem os procura. Muitas vezes objetos de desejo, eles causam simultaneamente repulsa em quem se vê compelido a buscá-los ou a cogitar de envolvimento, afetivo ou sexual. Em especial, as travestis e mulheres trans que, não por acaso, são as mais buscadas nos sites pornográficos e, também, a maioria de 97% entre as assassinadas, de acordo com dados da ANTRA.

Muitas vezes nos perguntamos sobre o fato de os homens não estarem se relacionando afetiva ou sexualmente com travestis e mulheres trans, porque teriam a sua (frágil) heteronormatividade contestada e seriam vistos como "gays" pelo resto da sociedade. A questão relativa ao fato de que homens que ficam com travestis não são heterossexuais é comum e recorrente.

Dc certa forma, esse julgamento acaba por reprimir sentimentos e desejos, transformando-os em algo repulsivo ou errado. Esses homens então retrocedem ao ódio pelo objeto de cobiça, com coragem suficiente apenas para consumi-los em larga escala na internet, onde lhes é garantido o anonimato e a segurança de não serem julgados por ideologias religiosas, sociais ou políticas.

De acordo com dados levantados pela ANTRA, 90% da população de travestis e transexuais utilizam a prostituição como fonte de renda e possibilidade de subsistência, devido à dificuldade de inserção no mercado

---

12. Felinto, Marilene. *Justiça criminaliza travestis com base no estigma de 'perigosas' e 'infratoras'*. Publicado na Folha de São Paulo, em 28/12/2019.

formal de trabalho e à deficiência na qualificação profissional, causada pela exclusão social, familiar e escolar.

Isso faz com que muitas deixem suas cidades, seus estados e até mesmo o país, em busca de alguma forma de sobrevivência. São comuns os casos de travestis e mulheres trans que deixam suas casas, pelo ambiente violento e tóxico, e se lançam em uma busca por oportunidades. Tornam-se migrantes em seu próprio país ou enfrentam o que tenho chamado de Êxodo Travesti.

> O *Êxodo Travesti* é o processo migratório enfrentado, majoritariamente por aquelas pessoas trans que se reivindicam enquanto pertencentes ao gênero feminino, normalmente para grandes centros e muitas vezes de forma indesejada, em busca de autoconhecimento, liberdade, construção de suas identidades e de oportunidades, seja no mercado do sexo ou não. Há, ainda, aquelas pessoas que se mudam para fora do país em busca de sua autonomia, dignidade e sobrevivência. Esse êxodo se dá pela percepção do quanto uma pessoa trans enfrenta violentos processos de exclusão social em todos os níveis, que lhe resta apenas sair de onde vive/viveu, para tentar sobreviver longe de seus locais de origem – normalmente onde se iniciam os processos de maior violência, muitas vezes ainda precocemente dentro de seus lares ou no ambiente escolar, e onde estariam mais expostas a serem vítimas de violações de direitos humanos.[13]

Estima-se que 13 anos é a média de idade em que travestis e transexuais são expulsas de casa pelos pais e se iniciam no trabalho sexual (ANTRA). E que cerca de 0,02% estão na universidade, 72% não possuem o ensino médio e 56% o ensino fundamental[14].

E é exatamente dentro deste cenário que se encontra a maioria esmagadora das pessoas trans, vítimas da violência, que foram empurradas para a prostituição, se encontram em situação de alta vulnerabilidade social e expostas aos maiores índices de violência. Expostas a toda sorte de agressões

---

13. BENEVIDES, Bruna G. *Travesti ou Transexual, tem diferença?* Disponível em: https://medium.com/@brunagbenevides/travesti-ou-transexual-tem-diferen%C3%A7a--f8166e67e1bc. Acessado em 15/11/2020.

14. Dados do Projeto Além do Arco-íris/AfroReggae.

físicas e psicológicas, muitas vezes tendo que aceitar ser exploradas por redes de comércio sexual para terem garantida a sua sobrevivência.

Quando observamos as mortes de pessoas trans, especialmente os 64% de assassinatos específicos contra profissionais do sexo, elas geralmente acontecem em um cenário onde 80% das vítimas não conheciam intimamente o suspeito, isso porque muitos seriam potenciais clientes ou trans-admiradores casuais. Também é preciso salientar os requintes de crueldade e violência com que esses casos ocorrem, dando vasão, assim, ao ódio transfóbico por meio do envolvimento sexual, que normalmente antecede o assassinato.

A maioria dos suspeitos são homens cisgenêros, que buscam sexo pago pelo sigilo que a transação oferece, enquanto as vítimas geralmente vivem em isolamento social compulsório e são presas fáceis de envolvimentos casuais. Os ambientes, ao mesmo tempo que favorecem o possível assassino, expõem as pessoas trans a maior risco. Em muitos casos, o crime não satisfaz apenas a vontade sexual, com atos que eu não ousaria mencionar aqui, mas também gera uma necessidade quase imediata de aniquilar qualquer possibilidade de associação com aquela prática e os sentimentos que ela revela pós-coito em pessoas que seguem tendo sua sexualidade preterida pelas convenções cissexuais.

São comuns os relatos de pessoas trans que contam sobre homens que, depois do gozo, mudam completamente a forma de tratamento àquela com quem acabaram de se relacionar, muitas vezes adotando posturas agressivas, repulsivas e violentas. Isso está diretamente relacionado ao avanço do pensamento fundamentalista cristão junto ao Estado e seu impacto no controle do corpo, do desejo e das relações afetivas e sexuais, que seguem normatizando a função do homem de casar e ter filhos como um destino natural.

Ao mesmo tempo, o ódio contra travestis e mulheres trans, especialmente negras, que são em média de 80% dos casos de assassinatos, não é apenas incentivado, mas passado de geração para geração. Como consequência, o Brasil se torna esse universo paradoxal, como o país que mais consome pornografia trans e mais assassina pessoas trans no mundo, quase como uma tentativa de apagar o rastro de seus desejos perversos, abjetos e antinaturais(sic).

É cada vez mais urgente resgatarmos a discussão sobre diversidade sexual e de gênero nas escolas e nos demais espaços sociais, nos movimentos feminista, negro e LGBTI+, para que as relações afetivas e sexuais entre pessoas cis e trans não sejam vistas como um ato de "coragem" ou um "erro". Só com o combate ao pensamento que perpetua a criação de pessoas sexualmente frustradas seremos livres para vivermos a experiência de nossos desejos e relacionamentos, não mais às escondidas, mas livres.

O Brasil se acostumou com a violência e com a morte. O país naturalizou um processo de marginalização e precarização para a aniquilação das pessoas trans. De certa forma, é um processo similar à desumanização que a escravidão impôs às pessoas negras ou que Hitler impôs aos judeus.

Diariamente, ouvimos falar que o Brasil é o país que mais mata pessoas trans no mundo. A vergonhosa liderança brasileira no assassinato de pessoas trans consta do Boletim da Transgender Europe de 2020, que apontou aumento nas mortes nesse grupo vulnerável, indicando que o nosso país é responsável por 42% dos casos mundiais registrados.[15]

E o que temos feito em relação a isso? Onde estão a indignação e o comprometimento com a vida dessas pessoas que são assassinadas diariamente pelo fato de (re)existirem fora dos padrões impostos pela sociedade?

Muitas vezes, o primeiro contato de uma travesti ou transexual com a sociedade é através da violência. Algumas no próprio seio familiar e de forma muito precoce, momento em que conhecem a exclusão, que as coloca fora da possibilidade de disputa nos espaços sociais, que vêm sendo historicamente negados. Sempre que há reivindicação por direitos para acessar esses mesmos espaços, ouvimos que a população trans quer privilégios. E torna-se cada vez mais difícil lutar por qualquer direito, se o principal, que é o direito à vida, está sendo negado. Atualmente, a maior luta dessa população é pela sobrevivência.

O Estado, ao ignorar a existência da população trans, os males impostos a ela, se omitindo diante dos números da violência, não implementando políticas públicas para essa população, está – de certa forma – chancelando

---

15. Disponível em https://revistahibrida.com.br/2020/11/17/em-2020-brasil-continua-lider-mundial-em-assassinatos-de-pessoas-trans/. Acesso em 17.11.2020.

a continuidade das violações e assassinatos. O problema se agrava quando, muitas vezes, a mídia, ao publicar o nome de registro da vítima ou desrespeitar sua identidade de gênero, comete um duplo assassinato. Isso para não citar as famílias que optam por ser intolerantes, que apagam de vez a sua existência, ao enterrá-las com nomes e roupas que não as representam.

Quando discutimos formas de enfrentar essa violência, vemos que o direito penal ainda não cumpriu seu principal objetivo: um levantamento real dos dados da violência transfóbica. Em sua maioria absoluta, esses crimes acabam passando impunes ou tratados como delitos comuns, por motivação torpe. Ignorando o contexto e as violências específicas a que está exposta a população trans, a negligência do Estado é tamanha que não há dados governamentais sobre os assassinatos.

O modo como essas mortes ocorrem é sempre muito violento. O assassinato por tiros encabeça a lista de mortes: não são um ou dois tiros, é quase sempre uma execução sumária. Há casos em torno de 20, 30 tiros, como se o assassino quisesse matar também a alma da vítima e expurgar de vez a sua existência. Muitas vezes acontecem associações cruzadas de diversas formas de se cometer o assassinato.

Muitos desses assassinatos são cometidos por pessoas sem relação direta com a vítima, o que demonstra a transfobia presente em todos os casos, que muitas vezes são acompanhados por traços cruéis e extremamente violentos. E são as travestis e mulheres trans, em geral as profissionais do sexo negras e em situação de vulnerabilidade social, as mais expostas.

O transfeminicídio vem se reproduzindo entre todas as faixas etárias. Uma pessoa trans apresenta mais chances de ser assassinada do que pessoas cisgêneras. Assim como são as negras, que têm menor escolaridade, menor acesso ao mercado formal de trabalho e a políticas públicas, as maiores vítimas. De acordo com a ONG Transgender Europe, em publicação de 2017, o risco de uma pessoa trans ser assassinada é 14 vezes maior do que um homem gay cis[16]. Também, se compararmos os dados dos Estados Unidos, em que 144 travestis brasileiras foram assassinadas em 2016 e somente 21

16. Maiores informações em https://tgeu.org/

trans americanas, constataremos que as brasileiras têm 9 vezes mais chance de morte violenta do que as trans norte-americanas.

Quando ouvimos falar de travestis e mulheres trans, é sempre algo relacionado à violência. Todo dia ouvimos as mesmas histórias, com personagens diferentes. E, infelizmente, é a vida real dessas pessoas.

É fato que a juventude trans está diretamente exposta à violência que enfrenta no dia a dia, sendo submetida a diversas formas de violação, seja psicológica, simbólica, física ou mesmo ao assassinato. Nota-se que os índices mais altos de assassinato da população trans estão diretamente relacionados à questão etária. Quanto mais jovem, mais suscetível à violência. Ao contrário daquelas pessoas que ultrapassaram a expectativa de vida, as mulheres trans vêm a possibilidade de serem assassinadas diminuir ao longo dos anos.

As travestis e mulheres trans constituem um grupo de alta vulnerabilidade à morte violenta e prematura no Brasil. Apesar de não haver estudos sistemáticos sobre a expectativa de vida das travestis e transexuais femininas, Antunes (2013) afirma que a expectativa de vida dessa população seja de 35 anos de idade, enquanto a da população brasileira em geral é de 74,9 anos (IBGE 2013)[17].

6. DEMONIZAÇÃO, CRIMINALIZAÇÃO E PATOLOGIZAÇÃO DAS IDENTIDADES TRANS COMO MECANISMOS DE CONTROLE

Durante diversos períodos da luta das pessoas trans, as identidades subversivas à cisgeneridade compulsória enfrentaram processos de criminalização, demonização e patologização, às vezes de forma cruzada e outras em processos cíclicos, que se alternam de acordo com períodos específicos, ligados a como as sociedades estavam discutindo a respeito desses outros corpos que passavam a reivindicar um lugar cidadão.

Xica Manicongo foi uma travesti negra, que viveu na Baixa do Sapateiro, em Salvador e consta que era autorizada por seu dono a usar trajes que

17. Antunes, Pedro Paulo Sammarco. *Travestis envelhecem?* São Paulo: Annablume, 2013.

escravas mulheres usavam. Era conhecida de todas as pessoas do entorno e era livre para expressar um gênero não conforme com o que se esperava de um escravo(sic), até quando a Inquisição soube de sua existência, a perseguiu e a acusou de sodomia. Correndo risco de morte, ela foi obrigada a abrir mão de sua identidade, sendo vitima de um assassinato simbólico, e passou a viver como se fosse um homem(sic). Não foi assassinada fisicamente, mas na sua subjetividade e possibilidade de existir integralmente como pessoa, até sua morte em 1591. Reconhecida atualmente como a primeira travesti da História do Brasil, considerando os registros de sua existência, derivados os arquivos da Primeira Visitação da Inquisição ao Brasil.[18]

Este é um dos exemplos que mostram como opera a influência religiosa no Estado e nos valores sociais constituídos, especialmente no controle dos corpos, dos valores morais e na forma com que nos relacionamos com a diferença, inclusive autorizando violências, violações dos direitos humanos e a perseguição contra a população trans em nome de uma ideologia religiosa que se coloca em um campo negacionista e anticientífico, o que ameaça não apenas o estado laico, mas a própria democracia.

Pessoas que representam movimentos contra discussões de gênero[19] e contra direitos das pessoas trans, assim como as que defendem terapias de reorientação sexual e/ou de gênero, estão à frente de pastas importantes como a de direitos humanos e outras, fazendo retroceder a garantia de acesso aos direitos e às políticas públicas pró-trans.

Hoje vemos uma constante luta de fundamentalistas religiosos, que se dizem a favor da família e pela proteção das crianças cisgêneras, avançando na política a fim de garantir a manutenção da hegemonia de um poder organizado em torno de *milícias religiosas*, para o controle do estado e dos corpos subalternizados, além da manutenção da cisgeneridade compulsória.

18. JESUS, *Jaqueline Gomes de. Xica Manicango, a Transgeneridade toma a palavra*. Disponível em: https://www.e-publicacoes.uerj.br/index.php/re-doc/article/view/41817/0– acessado em 20/10/2020.

19. Sobre o que chamam "ideologia de gênero", disponível em: https://www.geledes.org.br/sobre-o-que-chamam-ideologia-de-genero/?gclid=Cj0KCQjw59n8BRD2ARIsAAmgPmliFTUm7iPLobBecOE9GxNxpZ1bJPdYmZVk4VQerismvLr-UxCni4kaAhJnEALw_wcB – Acessado em 23/10/2020.

Assim como o processo de demonização, a criminalização das travestis, que teve inicio na ditadura militar, denuncia a forma como Estado instituiu esse processo de violência com operações específicas[20] para a caça de pessoas nos períodos mais violentos do regime que dominou o país e que se perpetua no imaginário das instituições policiais em torno do mito das travestis violentas, como mencionado anteriormente.

A população trans, privada de liberdade, reflete esse cenário de pessoas e corpos subalternizados, que são hierarquicamente inferiores na cadeia de poder e que, por isso, enfrentam ainda mais violência, abandono, negação do acesso à saúde, assim como à própria educação e outros direitos básicos. O Conselho Nacional de Justiça baixou uma normativa sobre como o sistema prisional deve acolher e lidar com as pessoas LGBTI+[21]. Sem dúvida, levaremos um tempo até que consigamos efetivamente melhorar a vida daquelas que hoje se encontram cumprindo pena.

Vemos, ainda, um processo de patologização das identidades trans operando como uma estratégia de negação da sua autonomia e a garantia do controle médico em torno dessas identidades que foram mantidas como doentes mentais (sic) até 2018, quando a Organização Mundial da Saúde (OMS) reviu essa condição e retirou a transgeneridade do capítulo de transtornos mentais[22]. Retirou, assim, o poder do médico de dizer quem era uma pessoa trans verdadeira(sic) e devolvendo – em certa medida – ao individuo o reconhecimento de sua autonomia para declarar quem de fato era, sem necessidade de longos processos de terapias obrigatórias ou de uma tutela médica.

---

20. Marcos Históricos do Movimento LGBTI+. Disponível em: https://medium.com/@brunagbenevides/marcos-hist%C3%B3ricos-do-movimento-lgbti-brasileiro-ad84dd691f41 – Acessado em 20/10/2020.

21. LGBTI+ pode decidir onde cumprir pena de acordo com a sua identidade de gênero. Disponível em: https://ponte.org/lgbts-podem-escolher-em-qual-presidio-cumprir-pena-de-acordo-com-sua-identidade-de-genero-decide-cnj/ – Acessado em 23/10/2020.

22. OMS deixa de classificar a transexualidade como transtorno mental. Disponível em: https://www.huffpostbrasil.com/2018/06/18/apos-28-anos-transexualidade-deixa-de-ser-classificada-como-doenca-pela-oms_a_23462157/ – Acessado em 23/10/2020.

7. CISSEXISMO E O IMPACTO NA SAÚDE MENTAL DAS PESSOAS TRANS

Existe um mito relacionado às questões de saúde mental das pessoas trans, sustentando que a travestilidade ou transexualidade, em si, seriam fatores que causariam ideações suicidas, depressão, ansiedade ou outras questões de saúde mental. São ideias sob um viés estigmatizante e patologizante, que ignoram os resultados positivos de uma transição em ambientes acolhedores, com apoio dos pais, amigos e familiares, acesso a tratamentos de saúde e acompanhamento nas questões de transição para quem deseja ou precisa, garantia de atendimento humanizado, respeito e uso de nome social e banheiro de acordo com a identidade de gênero nos espaços sociais. Esses são alguns fatores que podem vir a garantir a qualidade e melhora da saúde mental, mesmo que, entre a população trans, ainda haja carência de dados, debates e pesquisas.

Tenho refletido no sentido de que, caso a cisgeneridade fosse algo natural, não precisaria de uma defesa tão ferrenha de seus mecanismos de controle, pois não haveria dúvidas sobre a sua materialidade enquanto processo nato nas pessoas. E esta defesa, em parte, surge da necessidade da manutenção de um CIStema muito bem arquitetado para garantir privilégios àquelas pessoas submissas à hierarquia de gênero, enquanto gera precarização daquelas vidas subversivas, não conformes ou vistas como incongruentes(sic).

As pessoas trans, comumente, são excluídas de vários grupos e instituições sociais, pelos próprios pais e famílias ou pela sociedade, tendo constantemente sua orientação e/ou identidade questionadas e sua existência invalidada em todos os aspectos.

A violência transfóbica começa desde muito cedo e está relacionada a uma reação à quebra dos padrões sociais de (cis)gênero. Se uma criança tem pênis, é esperado um comportamento social normatizado como masculino e vice-versa. Caso fuja disso, ele/a vira motivo de chacota e pode ser agredido/a de diversas formas. A discriminação, notavelmente, gera uma série de efeitos negativos sobre a saúde mental do indivíduo e contribui mais tarde para o seu adoecimento.

Recusar a marcação imposta por determinado (cis)gênero nos coloca em um processo de patrulhamento constante, que visa assegurar o funcionamento do CIStema e cria processos estruturais de violações, como a criminalização, abominação, abjeção e patologização de nossas vidas, que se retroalimentam a fim de manter o controle daquilo que vem sendo considerado errado ou "quebrado" e que precisa ser corrigido, de alguma forma, para cumprir determinado papel. Isso, mesmo que a solução seja a violência, direta ou indireta.

E todo esse processo vem causando uma epidemia silenciosa na comunidade trans: pessoas que se suicidam por não cumprirem as expectativas sociais para as quais foram, antes mesmo de nascer, designadas. O suicídio é a segunda maior causa de morte entre jovens no mundo e, no caso de pessoas trans, ele tem se revelado como um assassinato social. Que vai limando as pessoas de conviver em sociedade e, muitas vezes, se inicia antes mesmo de sermos alcançadas pelas mortes violentas intencionais.

A morte das pessoas trans não é apenas física e se inicia muito antes de ser apertado o gatilho. Inicia no xingamento, nas expulsões de casa, na falta de oportunidades de emprego, na escola que não discute gênero, na expulsão do banheiro e no desrespeito ao nome social, na piada transfóbica, etc.

Vejam como um exemplo simples pode mudar a vida das pessoas:

Respeitar o nome social de uma pessoa melhora em até 75% os sintomas da depressão, diminui em até 65% as tentativas de suicídio e reduz em 38% as ideações suicidas[23].

Viver em uma sociedade que não respeita nossos corpos e corporalidades, que ataca diariamente nossa identidade de gênero, rechaça qualquer possibilidade de afeto com/para pessoas trans, apresenta projetos de lei para negar ou cassar direitos, dá espaço para discussões de grupos feministas cissexistas que promovem o adoecimento e amolam a faca contra nós. Aceitar a ideia de uma "ideologia de gênero" não-cisgênera, que xinga, invisibiliza, expulsa, achincalha e fetichiza nossas experiências, tem nos custado muito caro.

23. Disponível em: https://nyuscholars.nyu.edu/en/publications/chosen-name-use-is-linked-to-reduced-depressive-symptoms-suicidal – acessado em 22/10/2020.

Essa é uma questão sensível para a população LGBTI+ em geral, em especial para as pessoas trans e deve ser vista, inicialmente, pelo viés da saúde pública que, paralelamente às questões de transfobia, deve ser prevenido de forma contínua e eficaz. Cumpre observar que há vários fatores que podem levar ao suicídio de pessoas trans como, por exemplo, o contexto social, econômico, disfunções químicas e as próprias questões de saúde mental.

> E no caso das pessoas Trans – especialmente crianças e adolescentes, os argumentos são ainda mais baixos, pois criam um pânico moral sobre as questões de diversidade de gênero, fake news sobre terapia hormonal ou cirurgias em crianças, e tentam criminalizar a existência de pessoas como eu, que não se enquadram na lógica – compulsória – cisgênera. Não podemos ignorar os efeitos nefastos nas vidas das pessoas que são submetidas a esta violência que se concentra em uma tentativa de silenciamento e aniquilamento de uma existência livre. Não faltam relatos de pessoas que passaram por terapias de reversão sexual e viveram momentos de terror, pânico, violência física, mental, sexual e patrimonial. Vale lembrar que a comunidade dos psicólogos brasileiros sérios é radicalmente contra a esse projeto, já que ele se baseia em religião, e não na psicologia em si, para considerar que uma pessoa precisa de tratamento para deixar de ter um comportamento homo ou bissexual, ou ainda Transexual. Ser gay deixou de ser doença em 1990, e em junho de 2018 a OMS anunciou a retirada da Transexualidade da categoria de transtornos mentais, logo, não há que se ter uma cura para o que não é doença. Se você comemorou a decisão do STF sobre a proibição da cura gay, você deveria igualmente se inteirar sobre como a mídia está divulgando estudos sobre "disforia de gênero de início rápido" e "contágio social". Se você se preocupa com a questão de terapias de reversão de gênero e sexualidade você deve se preocupar com estudos mal feitos que buscam enfraquecer as abordagens sobre identidade de gênero, quando estamos falando especificamente das identidades trans.[24]

24. BENEVIDES, Bruna G. *Existem realmente Ex Gays ou Ex Trans?* Disponível em: https://medium.com/@brunagbenevides/existem-realmente-ex-gays-ou-ex-trans-309c50dac3e1. Acesso em 15/11/2020.

O tema é tabu, mas revela a necessidade de discutir e promover políticas públicas afirmativas voltadas para a população, além de abordar a questão de saúde mental para a população de travestis, mulheres e homens trans.

Apenas com um diálogo qualificado e aprofundado, com estudos e levantamentos feitos por pessoas da área da saúde, diretamente envolvidas nas questões de saúde mental, poderemos pensar em estratégias para minimizar os índices que são alarmantes em nossa população.

8. HOMENS TRANS IDEALIZAM MAIS, EFETIVAM MENOS AS TENTATIVAS DE SUICÍDIO

Ainda de acordo com a ANTRA, no primeiro semestre de 2019, encontramos 12 registros de suicídios. Já no mesmo período de 2020, tivemos 16 suicídios mapeados – representando um aumento de 34% em relação ao mesmo período do ano passado, sendo 6 homens trans/transmasculines e 10 travestis/mulheres trans. No ano inteiro de 2019 conseguimos encontrar 17 casos, sendo 6 homens trans/transmasculines e 11 travestis/mulheres trans, que representam 65% dos casos de suicídio em 2019.

Suicídios são muito difíceis de mapear, porque não são publicados. Então, esses são alguns dados que conseguimos alcançar. E há um número de subnotificações inestimável de pessoas que recorrem a esse ato extremo sem ter revelado a motivação, além da possibilidade da mudança da *causa mortis* a pedido dos familiares – caso muito comum nos atestados de óbito, devido a um processo de vergonha social(sic) de ter alguém que se suicidou em sua família e o que o caso revelaria.

A maioria dos homens trans no Brasil, por exemplo, já passou por violência verbal, institucional e física. Grande parte do sofrimento psíquico vem da discriminação que existe nos equipamentos de saúde, na educação e na própria família.

O relatório "Transexualidades e Saúde Pública no Brasil: entre a invisibilidade e a demanda por políticas públicas para homens trans/transmasculinos"[25], produzido pelo Núcleo de Direitos Humanos e Cidadania

25. Disponível em http://www.nuhufmg.com.br/homens-trans-relatorio2.pdf, acesso em 22.10.2020.

LGBT (Nuh) e pelo Departamento de Antropologia e Arqueologia (DAA) da Universidade Federal de Minas Gerais (UFMG), sob coordenação da Profª. Érica Renata de Souza, revelou que 85,7% dos homens trans já pensaram em suicídio ou tentaram cometer o ato. Mas não houve aprofundamento sobre as motivações e outros dados sobre o tema.

A ONG Internacional National Gay and Lesbian Task Force aponta que 41% das pessoas trans já tentaram suicídio nos EUA em algum momento, contra 1,2% da população cisgênero (aquela que não é trans). Uma pesquisa do Instituto Williams de Los Angeles, publicada em 2014, estimou que 40% das pessoas trans já tentou cometer suicídio.

9. MITOS SOBRE ARREPENDIMENTO PÓS CIRURGIAS DE REDESIGNAÇÃO SEXUAL QUE LEVAM AO SUICÍDIO

É comum vermos pessoas apresentando índices de arrependimento de pessoas que passaram pela cirurgia de redesignação sexual (CRS), para negar o acesso às CRS, elegendo supostos arrependimentos, enquanto a ciência demonstra que esse tipo de arrependimento é quase inexistente.

O arrependimento de se fazer cirurgias, na verdade, é muito raro. Literalmente, todos os estudos modernos estimam que o nível de arrependimento está abaixo de 4%, e a maioria estima que esteja entre 1 e 2% (Cohen-Kettenis & Pfafflin 2003, Kuiper & Cohen-Kettenis 1998, Pfafflin & Junge 1998, Smith 2005, Dhejne 2014). Em alguns outros estudos longitudinais recentes, nenhum dos participantes demonstrou arrependimento por ter feito a transição médica (Krege et al. 2001, De Cuypere et al., 2006).

À medida que as técnicas cirúrgicas se aprimoraram, o risco de complicações de longo prazo caiu para menos de 1% em pacientes designados homens ao nascer (Perovic 2000, Jarolím 2009, Wu 2009)[26].

Essas descobertas fazem sentido dadas as informações consistentes de que o acesso a cuidados médicos melhora a qualidade de vida em vários

---

26. Para saber mais sobre os pesquisadores citados, ver seus estudos https://pubmed.ncbi.nlm.nih.gov/11069412/, https://pubmed.ncbi.nlm.nih.gov/19473463/, https://pubmed.ncbi.nlm.nih.gov/19665118/

eixos, inclusive o funcionamento sexual, autoestima, imagem corporal, ajuste socioeconômico, vida familiar, relacionamentos, *status* psicológico e satisfação de vida em geral. Isso é endossado por vários estudos (Murad 2010, De Cuypere 2006, Kuiper 1988, Gorton 2011, Clements-Nolle 2006) que também demonstram, consistentemente, que o acesso à CCS reduz a taxa de suicídio por um fator de 3 a 6 (entre 67% e 84%).

Considerando-se o nível de dano possível, quando se nega atenção médica, e considerando-se como é raro o arrependimento, negar atenção médica a todos por causa das exceções não faz qualquer sentido lógico ou ético. Em outras palavras, causaria mais danos a mais pessoas negar o acesso a todos do que ao manter o sistema que existe hoje, ou mesmo expandir esse acesso. Todas as principais organizações médicas apoiam o acesso aos cuidados relacionados à transição e consideram que isso é medicamente necessário por uma razão: os indícios fornecidos pela comunidade científica confirmam isso.

10. A MUDANÇA ESTÁ ACONTECENDO DE DIVERSAS FORMAS, MAS AINDA É INSUFICIENTE

Obviamente que as discussões aqui apresentadas, em um livro escrito por mulheres para abordar exclusivamente os direitos das mulheres, são muito mais amplas. No entanto, minha tentativa foi de traçar um panorama sobre os principais pontos de reflexão e enfrentamento que as travestis e mulheres trans têm pautado em termos de direito.

É um processo longo e ainda lento, que enfrenta diversos desafios para o enfrentamento efetivo dos processos da violência que hoje estão naturalizados e aceitos contra travestis e mulheres trans. Por isso, este convite se torna tão importante: pelo potencial que essa "discussão-manifesto" tem de chegar aonde seja necessária, cumprindo o papel de enfrentar mitos e tabus, além de indicar um caminho possível, necessário e justo rumo à humanização das existências trans.

Precisamos romper com a subalternização das pessoas trans e/ou com a naturalização do lugar da desgraça, como único destino. Humanizar, resgatar a autoestima, atribuir autonomia, fortalecer essas pessoas para podermos construir uma perspectiva menos idealista e mais real, palpável, que transforme a morte em vida e não que comemore a morte, tampouco a compartilhe ou a explore.

Precisamos pensar em prevenção e educação, em campanhas, ostensivas e periódicas, contra o preconceito, contra o ódio, contra o discurso religioso que nos demoniza, contra aquela "liberdade de expressão" que nos desumaniza. Desumanizando-nos, podem fazer conosco o que quiserem, até matar e, ainda, contam com a certeza da impunidade.

Precisamos de ações educativas nos espaços públicos e nas famílias, debates nas escolas e universidades, nas unidades de saúde, nos órgãos de segurança pública e em toda a esfera do estado e da sociedade. É violência, também, não respeitar o nosso nome social e a nossa identidade de gênero. É violência nos impedir ou causar constrangimento ao usarmos o banheiro de acordo com a nossa identidade de gênero.

Precisamos aprender juntas a construir uma sociedade em que as pessoas queiram viver, na qual não sejamos responsáveis por violências contra outras mulheres, mesmo aquelas que não são reconhecidas enquanto mulheres e nos ouvir, a fim de assegurar que não façamos mais uma gestão da precariedade, mas que possamos fazer uma gestão das potencialidades.

A luta das pessoas trans não é apenas pelo direito de ser quem somos, mas de vivermos livres e com direitos assegurados. De constituirmos uma cidadania não-precarizada, de desenvolvermos afetos e construirmos alianças em prol de uma sociedade justa, digna e igualitária.

6

MULHERES (ANTES MENINAS) NA CIÊNCIA E TECNOLOGIA: ASPECTOS SOCIAIS DO ONTEM, DO HOJE E PARA O AMANHÃ

Michelle Asato Junqueira

Doutora e Mestre em Direito Político e Econômico pela Universidade Presbiteriana Mackenzie- UPM. Especialista em Direito Constitucional com Extensão em Didática do Ensino Superior. Vice-líder dos Grupos de Pesquisa "Políticas Públicas como Instrumento de Efetivação da Cidadania" e "Direitos das Crianças e dos Adolescentes no século XXI". Pesquisadora do grupo de pesquisa CNPq "Estado e Economia no Brasil". Coordenadora de Pesquisa e TCC da Faculdade de Direito da UPM.

Ana Cláudia Pompeu Torezan Andreucci

Pós-Doutor em Direitos Humanos e Trabalho pelo Centro de Estudos Avançados da Universidade Nacional de Córdoba, Argentina; em Novas Narrativas na Escola de Comunicações e Artes da Universidade de São Paulo (ECA/USP) e em Direitos Humanos e Democracia pelo Instituto *Ius Gentium*, Universidade de Coimbra, Portugal. Doutora e Mestre pela PUC-SP. Professora do Curso de Graduação da Faculdade de Direito da UPM.

"Na vida, não existe nada a temer, mas a entender."

(Marie Curie)

INTRODUÇÃO

A Contemporaneidade nos traz muitos desafios. Não maiores do que aqueles enfrentados na Antiguidade ou no Estado Moderno, mas diferentes e peculiares.

Se no Estado Moderno, berço do Constitucionalismo, a busca da liberdade e da igualdade formal era a métrica para o fim da opressão imposta pela classe dominante, a busca da igualdade material, desde o Constitucionalismo Social do século XX, compreende a incessante luta pela igualdade de gênero. Se o constitucionalismo moderno primava pelo império da lei que a todos atingiria, a igualdade material almeja a mudança do pensar e do proceder.

A ciência também possui uma longa caminhada, mas ainda não é um território natural para as mulheres, porém para que essas estruturas sejam alteradas e essas estruturas são externas à ciência, a educação deve ser o norte. Uma educação libertadora e não sexista capaz de construir essa igualdade que se presta ao progresso da humanidade. A ciência por um olhar mais feminino e inclusivo pode se apresentar em uma lógica de mais cuidado, delicadeza a visão comunitária.

O presente capítulo visita a história da mulher na ciência sob o viés também feminino de Michelle Perrot, para em seguida analisar as estruturas até então presentes que ordenam a visão mais solidária da necessidade de criação de políticas públicas de inclusão. Para finalizar a análise da teoria de Thomas Kunh dá vez e voz à ciência, de forma que poderemos visar a necessária e ainda incipiente nova revolução imposta à ciência atual.

Estaremos no caminho correto para essa nova estrutura, para a criação de um novo paradigma na ciência? Um paradigma feminino, inclusivo e guiado pelo cuidado e pela visão comunitária?

O presente artigo contribui para a discussão, sob o método de abordagem dedutivo, com a utilização de bibliografia, artigos científicos e dados estatísticos de forma qualitativa.

1. ONTEM: A MULHER COMO UM DOS EXCLUÍDOS DA HISTÓRIA

A ciência e a tecnologia estão permeadas de nomes masculinos de relevância, às mulheres não se pode chegar à mesma conclusão.

A primeira mulher a aparecer na história da ciência é Hypátia[1] (370-415 d.C.), que palestrava sobre matemática, física, filosofia e astronomia. Filha do último Diretor da Biblioteca de Alexandria, há relatos de que suas afinidades com a ciência eram perceptíveis desde a infância. Hypátia ajudou a aperfeiçoar o astrolábio, era conferencista e foi professora de diversos líderes locais. Em razão de suas aptidões foi perseguida por cristãos que a julgaram bruxa e sua morte deu-se de forma cruel[2].

Em decorrência do Iluminismo, a partir do século XVIII, apesar da predominância masculina, algumas mulheres apareceram no cenário científico e contribuíram para construção do conhecimento. Dentre elas podemos citar: Maria Cuntiz (1610 – 1664, Física); Maria Agnesi (1718 – 1799, Matemática); Caroline Lucrécia Herschel (1750 – 1848, Astronomia); Sophie Germain (1776 – 1831, Matemática); Maria Mitchel (1818 – 1889, Astronomia); Sonya Kovalevsky (1850 –1891, Matemática); Willimina Fleminig (1857 -1911, Astronomia); Mary Evershed (1867 – 1949, Astronomia); Emmy Noether (1882 – 1935, Matemática) (Chassot, 2011)[3].

Mais tarde, Clara Immerwahr, por exemplo, foi a primeira mulher a receber o título de doutora na Alemanha, em 1900. De 1901 a 2013 apenas 16 (dezesseis) mulheres foram agraciadas com o Prêmio Nobel nas áreas de ciências.

---

1. O cinema retratou a vida de Hypátia, em 2009, no filme Alexandria (Disponível em: http://valkirias.com.br/hypatia-de-alexandria-filosofa-matematica-e-silenciada/. Acesso em 28 dez.2019).
2. Disponível em: https://www.bbc.com/portuguese/geral-46501897. Acesso em 27 dez.2019.
3. CUNHA, Marcia Borinda, PERES, Olga Maria Ritter, GIORDAN, Marcelo, BERTOLDO, Raquel Roberta, MARQUES, Glessyan de Quadros e DUNCKE, Angela Camila. As mulheres na ciência: o interesse das estudantes brasileiras pela carreira científica. In: Educ. quím., 25(4), 407–417, 2014. Universidad Nacional Autónoma de México, ISSN 0187-893-X. Publicado en línea el 19 de agosto de 2014, ISSNE 1870-8404.

Marie Curie é sem dúvida o nome de destaque feminino na inserção das mulheres na ciência. Contudo, seu trabalho sobre a radioatividade foi ignorado até que seu marido assumisse a coautoria, anteriormente ao seu prêmio solo em 1911, ela já havia recebido, em 1903, um prêmio em conjunto com o seu marido.

O ano de 2011, em comemoração ao centenário do Nobel de Química recebido por Marie Curie, foi nomeado como o "Ano Internacional da Química", servindo de celebração, ainda, para a contribuição das mulheres na ciência.

Marie Sklodowska Curie, a única mulher até então a ganhar dois prêmios Nobel, um de física e outro de química, nasceu em Varsóvia, na Polônia, em 1867.E, 1883 graduou-se bacharel em Física e Matemática, sendo a primeira mulher a lecionar na Universidade de Sorbonne, na França. Casou-se com Pierre Curie, com quem também estudou as radiações descobertas por Antoine Henri Becquerel. As pesquisas desenvolvidas por Marie Curie resultaram na descoberta de dois novos elementos químicos: o polônio e o rádio. Faleceu em 1934 em razão de uma leucemia decorrente da longa exposição aos elementos radioativos de suas pesquisas. Sua filha, Irene Joliot-Curie, inspirada pela mãe, trabalhou em pesquisas que resultaram na descoberta da radioatividade artificial, o que também lhe rendeu o Prêmio Nobel de Química, em 1935[4].

Há justificativas históricas, de natureza biológica e social para o afastamento das mulheres das ciências?

Biologicamente, os estudos de neurociência já mostraram que a maturação cerebral das mulheres é maior que a dos homens, de forma que elas aprendem primeiro um maior número de palavras. O desempenho nas disciplinas e atividades ligadas às ciências são bem semelhantes até os doze anos de idade e, após isso, os meninos em geral apresentam melhor destaque. Contudo, haveria explicação biológica plausível para essas diferenças ou as próprias imposições sociais as justificariam?

4. Disponível em: http://www.canalciencia.ibict.br/nossas-informacoes/ciencioteca/personalidades/item/325-marie-curie. Acesso em 28 dez. 2019.

Socialmente, é fato que foram criados estereótipos quanto ao agir feminino e masculino[5]. Aos homens caberia os espaços públicos e a produção da riqueza, enquanto às mulheres, as atividades privadas e a procriação. Nas mulheres latino-americanas os estereótipos são altamente cultuados, reforçados pela religião, inclusive. Há de lembrar, ademais, que foi só com o acesso das mulheres à leitura e à escrita, a partir do século XVII que elas foram mudando o seu lugar na sociedade, sem antes se passar pela discussão acerca da conveniência e adequação da educação formal para as mulheres[6].

A dicotomia público e privado[7] nem sempre esteve presente, é a partir do século XIX que a questão começa a ganhar relevância com a criação de um espaço político, inseparável do público, que opera uma dupla exclusão: proletários e mulheres[8].

Os proletários lutam para sua afirmação na história e os homens proletários contribuem para a reafirmação da exclusão das mulheres.

Princípios de organização política são enunciados por importantes filósofos a fim de justificar o afastamento feminino da política:

> Fichte: "Sua feminilidade proporciona preferencialmente uma aptidão prática à mulher, mas em caso alguma uma aptidão especulativa". Por conseguinte, "as mulheres não podem ocupar cargos públicos". Hegel fala da "vocação natural" dos dois sexos. "O homem tem sua vida real e substancial no Estado, na ciência ou em qualquer outra atividade do mesmo tipo. Digamos de modo

---

5. Michelle Perrot acrescenta que o discurso naturalista criou duas espécies de indivíduos, com qualidades e aptidões particulares. Aos homens, o cérebro, a inteligência, a razão lúcida e a capacidade de decisão. Às mulheres, o coração, a sensibilidade, os sentimentos. (PERROT, Michelle. Os excluídos da história: operários, mulheres e prisioneiros. 2ª edição. Rio de Janeiro: Paz e Terra, 1992, p. 177)

6. CABRAL, Carla Giovana e BAZZO, Walter Antonio. As mulheres nas escolas de engenharia brasileiras: história, educação e futuro. In: Revista do Ensino de Engenharia, v. 24, n. 1, pp 3-9, 2005.

7. A exemplo do que trabalha na obra "Os excluídos da história", Michelle Perrot analisa os quartos das mulheres e operários e argumenta que os quartos expõem as diferenças dos papeis sociais desenvolvidos, das funções no público e no privado, bem como as formas diversas de manifestação do poder disciplinar que se evidenciam. (PERROT, Michelle. História dos quartos. Rio de Janeiro: Paz e Terra, 2011).

8. PERROT, Michelle. Os excluídos da história: operários, mulheres e prisioneiros. 2ª edição. Rio de Janeiro: Paz e Terra, 1992, p. 177.

> geral no combate e no trabalho que o opõem ao mundo exterior e a si mesmo." A mulher, pelo contrário, é feita para a piedade e o interior. "Se se colocam mulheres à frente do governo, o Estado se encontra em perigo. Pois elas não agem conforme as exigências da coletividade, mas segundo os caprichos de sua inclinação e seus pensamentos". Auguste Comte vai ainda mais longe, já que fala em inaptidão radical do sexo feminino para o governo, mesmo da simples família", em virtude da espécie de estado infantil contínuo" que caracteriza o sexo feminino. O doméstico não lhe poderia ser entregue sem controle; mas concorda-se em confiar às mulheres – dentro de certos limites – a família, a casa, núcleos da esfera privada.
>
> O século XIX acentua a racionalidade harmoniosa dessa divisão sexual. Cada sexo tem sua função, seus papeis, suas tarefas, seus espaços, seu lugar quase predeterminados, até em seus detalhes. Paralelamente, existe um discurso dos ofícios que faz a linguagem do trabalho uma das mais sexuadas possíveis. "Ao homem, a madeira e os metais. À mulher, a família e os tecidos", declara um delegado dos operários da exposição mundial de 1867[9].

Sendo assim, os fatores sociais se mostram como raízes da diferença, da exclusão do afastamento das mulheres da esfera pública, da não participação, da construção de uma democracia irreal. Contudo, não se ignora que a mulher, seja no campo ou no proletariado industrial terá uma importância fundamental na formação estrutural da sociedade contemporânea, cabendo também a elas a luta pelo gozo dos direitos individuais, especialmente os políticos e, assim, poder transformar os espaços que trafega, tarefa incansável e necessária em prol da igualdade.

Importante mencionar que Michelle Perrot traz uma perspectiva interessante para reflexão: "a inscrição na história das relações entre os sexos; elas não se radicam numa ordem natural fixa; são produto de uma evolução; a subordinação das mulheres é resultado de um processo que se poderia imaginar reversível"[10].

---

9. PERROT, Michelle. Os excluídos da história: operários, mulheres e prisioneiros. 2ª edição. Rio de Janeiro: Paz e Terra, 1992, p. 177-178.

10. *Ibidem*, p. 176.

Não é, portanto, uma estrutura imutável. Não se justifica, inclusive, diante do novo quadro de evolução participativa e democrática, que impõe a participação de todos na construção de um Estado pautado na Justiça e na solidariedade.

A história expõe que as mulheres ajudaram a construir o mito do poder masculino e a sua consequente submissão, de forma que as estruturas de poder assim se desenvolveram, mas é preciso mudar a história, mantendo apenas aquilo que signifique elemento de inovação.

Nesta linha, ainda que sejam proporcionalmente escassos os exemplos das mulheres na ciência, é imprescindível que as cientistas do passado sejam cultuadas como exemplos de determinação e construção de bases sólidas para a uma nova estrutura feminina e pautada, por não, no cuidado comunitário e na sensibilidade, que podem ser elementos para uma nova e melhor ciência.

> A tentativa de inscrição destas mulheres na história, para além de uma questão de justiça, tem um importante desdobramento simbólico, pois ressalta que a produção científica também tem sido uma realização das mulheres. Criar modelos a serem seguidos e contar histórias de vida que motivem é uma das estratégias adotadas para atrair meninas e jovens para a carreira científica, em especial para áreas em que estão sub-representadas[11].

Ademais, se a mudança se dá a partir da educação, que se configura o elemento de perpetuação da cultura e possui objetivos definidos: a formação para a cidadania e a qualificação para o trabalho (descritas, inclusive, no artigo 205 da Constituição da República de 1988), é preciso que a educação promova essa mudança, seja no modo de ensinar, seja no modo de cultuar os exemplos.

> Uma das causas prováveis para essa diferença entre homens e mulheres na carreira científica pode estar associada ao processo de educação, pois, enquanto os meninos recebem mais estímulos

11. LIMA, Betina Stefanello, BRAGA, Maria Lucia de Santana e TAVARES, Isabel. Participação das mulheres nas ciências e tecnologias: entre espaços ocupados e lacunas. In: Revista Gênero, v. 16, n.1, p. 11-31, Niterói, 2º semestre de 2015. Disponível em: http://periodicos.uff.br/revistagenero/article/view/31222/18311. Acesso em 20 dez. 2019.

> para lidar com instrumentos associados ao mundo masculino, como ferramentas, carros, máquinas, computadores e outros, as meninas passam por um processo de socialização diferenciado e são estimuladas a lidarem com assuntos que envolvem mais as áreas de saúde, educação e bem-estar, que acabam fazendo parte dos seus interesses futuros. Toda essa formação acontece por meio da educação informal estabelecida pela família, mídia e relações sociais[12].

A educação de meninas, não sexista e emancipatória, será tratada nos itens que se seguem na construção do presente capítulo.

2. HOJE: A EXPANSÃO DA PARTICIPAÇÃO FEMININA, MAS COM A EFETIVIDADE AINDA PRECÁRIA. A CONSTRUÇÃO NECESSÁRIA DE POLÍTICAS PÚBLICAS DE IGUALDADE

A desigualdade da participação de homens e mulheres nas ciências já está posta, justificada especialmente por questões sociais fomentadas no decorrer da história mundial e refletidas também na história do Brasil.

Chassot, já anteriormente citado, responde à pergunta formulada no título de sua obra: "A ciência é masculina?". Na primeira página pronuncia: É, sim senhora! Comprova a prevalência dos homens na ciência e na produção intelectual. Esclarece que foi um processo cultural que inibiu a liberdade de expressão feminina[13].

A análise da participação feminina na ciência tem sido uma preocupação constante e se justifica no âmbito jurídico pelas imposições trazidas pela Constituição de 1988 e também pelos instrumentos internacionais com os quais o Brasil se comprometeu.

A questão é a promoção da igualdade tanto no aspecto formal quanto no material, incluindo a produção científica.

> O foco no desempenho das mulheres na ciência introduz aspectos complexos. Evidências internacionais sugerem que há

---

12. CHASSOT, A. A ciência é masculina? 5. ed. São Leopoldo: Editora Unisinos, 2011, p. 13.
13. CHASSOT, A. A ciência é masculina? É, sim senhora! In: Rev. Contexto e Educação, ano 19, n. 71/72, jan/dez 2004, pp. 9-28.

> diferenças de produtividade favorecendo os homens. Entretanto, essas diferenças tendem a se concentrar na fase inicial da carreira científica. As mulheres passam a mostrar mais vigor profissional que os homens em fase posterior, quando a carreira dos homens tende a se estabilizar e a delas adquire mais fôlego e tende a crescer. No que se refere ao impacto do trabalho acadêmico, através de medidas como a citação, as diferenças entre os gêneros tendem a desaparecer (LONG, 1992; PRPIC, 1996; UNESCO, 2007).Mediante estudo feito para o Brasil com grandes bases de dados recuperando quase 200 mil publicações de autores nacionais, observou-se pequena vantagem para as mulheres (número médio de publicações pouco inferior) e mesmo assim apenas entre a baixa percentagem de autores com mais de 50 publicações (BATISTA, LETA, 2009). Esse resultado remete a uma característica das diferenças de gênero na produção científica também observada na literatura: os homens tendem a publicar mais rapidamente com trabalhos mais curtos, o que certamente não é um indicador da qualidade do trabalho (SONNERT, 1995)[14].

Importante mencionar que a igualdade de gênero continua estava entre os objetivos do milênio da Organização das Nações Unidas, bem como se encontra na Agenda 2030 para o desenvolvimento sustentável[15]. Assim, é uma preocupação do presente para o futuro.

Se não bastasse a questão social e de recuperação histórica da opressão a que as mulheres foram submetidas, o argumento econômico para tratar as questões de gênero também é evidente. No mais, os indicadores de desenvolvimento também se filiam ao desenvolvimento do conhecimento, em especial da ciência, tecnologia e inovação. Desta forma, quanto mais pessoas, independentemente do gênero tivermos na produção do conhecimento melhor será o desenvolvimento nacional.

Por outro lado, a erradicação da pobreza, outro objetivo a ser alcançado, sempre foi influenciado pelo papel feminino, na medida em que se relacionam às tarefas básicas associadas à sobrevivência, à reprodução, à

---

14. OLINTO, Gilda. A inclusão das mulheres nas carreiras de ciência e tecnologia no Brasil. In: Rev. Inc. Soc., Brasília/DF, v. 5, n. 1, p. 68-77, jul/dez. 2011.

15. Para saber mais: Disponível em http://www.agenda2030.org.br/sobre/. Acesso em 28 dez. 2019.

alimentação e à educação dos filhos. As mulheres também são melhor informadas sobre as necessidades ambientais e da comunidade, de forma que a sua maior participação na ciência só contribuirá nesta questão[16].

Como já mencionado no item anterior, a representatividade das mulheres ainda possui um longo caminho a percorrer. Só a partir dos anos 60/70 é que a participação das mulheres na Ciência e na Tecnologia tornou-se mais frequente. A participação relaciona-se ao aumento proporcional, seja no número de mulheres nos cursos universitários como nos processos científicos.

Embora a primeira Conferência sobre Ciência e Tecnologia tenha ocorrido em 1985, muito questionou-se sobre os necessários avanços na área, mas nada foi dito sobre a participação feminina. O mesmo aconteceu na segunda, terceira e quarta Conferências, respectivamente realizadas nos anos de 2001, 2005 e 2010[17].

Outra importante análise é a da sub-representação das mulheres na coordenação de projetos aprovados nas chamadas do INCT em 2008 e 2010 examinadas Betina Stefanello[18] – dos 125 (cento e vinte e cinco) projetos aprovados, somente 18 são coordenados por mulheres, aproximadamente 14,4%. A sub-representatividade também se observa nos comitês de assessoramento do CNPq, nos prêmios, como o Álvaro Alberto, também do CNPq.

A discussão da temática também é relevante em programas de fomento internacionais como: 1) Programa Advance da National Science Foundation (NSF) dos Estados Unidos; 2) Plano de Igualdade de Gênero na carreira científica do Consejo Superior de Investigaciones Científicas (CSIC)

---

16. OLINTO, Gilda. A inclusão das mulheres nas carreiras de ciência e tecnologia no Brasil. In: Rev. Inc. Soc., Brasília/DF, v. 5, n. 1, p. 68-77, jul/dez. 2011.

17. LIMA, Betina Stefanello; LOPES, Maria Margaret e COSTA, Maria Conceição da. Programa Mulher e Ciência: breve análise sobre a política de equidade de gênero nas ciências, no Brasil. Disponível em: https://www.researchgate.net/publication/306963956_Programa_Mulher_e_Ciencia_breve_analise_sobre_a_politica_de_equidade_de_genero_nas_ciencias_no_Brasil. Acesso em 21 dez. 2019.

18. LIMA, Betina Stefanello, BRAGA, Maria Lucia de Santana e TAVARES, Isabel. Participação das mulheres nas ciências e tecnologias: entre espaços ocupados e lacunas. In: Revista Gênero, v. 16, n.1, p. 11-31, Niterói, 2º semestre de 2015. Disponível em: http://periodicos.uff.br/revistagenero/article/view/31222/18311. Acesso em 20 dez. 2019.

da Espanha; 3) Política de Equidade de Gênero da Comision Nacional de Investigación Científica y Tecnológica (CONICYT) do Chile[19].

A atitude diante do cenário excludente da mulher tem início, de forma mais afirmativa, nas questões educacionais. É a partir de 2001 que se verifica uma preocupação governamental com o tema "mulheres e gênero na educação", a exemplo:

- Criação da Secretaria Especial de Políticas para as Mulheres;
- Secretaria de Educação Continuada, Alfabetização de diversidade do Ministério da Educação;
- 1ª Conferência Nacional de Políticas para as Mulheres (CNPM);
- I Plano Nacional de Políticas para as Mulheres;
- II Plano Nacional de Políticas para as Mulheres;
- Plano Nacional da Educação 2011-2020 na CONAE[20].

O Plano Nacional da Educação (Lei nº 13.005/2014) lançou diretrizes para erradicar discriminações históricas de gênero desde a infância. Já nas diretrizes, art. 2º expressamente prevê: "III – superação das desigualdades educacionais, com ênfase na promoção da cidadania e na erradicação de todas as formas de discriminação".

Em 31 de agosto de 2004, a Secretaria de Políticas para as Mulheres e o Ministério da Ciência e Tecnologia instituíram um grupo de trabalho interministerial para "realizar estudos e elaborar propostas de estruturação e definição de temáticas com vistas à realização de seminário nacional com núcleos e grupos de pesquisa sobre a questão de gênero das universidades". Durante o ano de 2005 realizou várias reuniões coordenadas pela Secretaria Especial de Políticas para as Mulheres, contando com a colaboração do MCTI, CNPq, MEC e ONU Mulheres, além da CAPES, ANDIFES e FINEP

19. LIMA, Betina Stefanello; LOPES, Maria Margaret e COSTA, Maria Conceição da. Programa Mulher e Ciência: breve análise sobre a política de equidade de gênero nas ciências, no Brasil. Disponível em: https://www.researchgate.net/publication/306963956_Programa_Mulher_e_Ciencia_breve_analise_sobre_a_politica_de_equidade_de_genero_nas_ciencias_no_Brasil. Acesso em 21 dez. 2019.

20. O Plano somente foi aprovado no ano de 2014, como prevê a vigência decenal terá validade para os anos 2014-2024.

que culminaram na criação do Programa Mulher e Ciência, ainda em 2005, com o objetivo de estimular a produção científica e a reflexão acerca das relações de gênero, mulheres e feminismos no País e promover a participação das mulheres no campo das ciências e carreiras acadêmicas[21].

Foram apresentados três eixos principais: (i) Edital bianual de pesquisas na temática Relações de Gênero, Mulheres e Feminismos, operacionalizado na DEHS, (ii) Prêmio para estudantes de Ensino Médio, Graduação, Pós-Gradução e Escolas da Educação Básica denominado Construindo a Igualdade de Gênero, operacionalizado na DCOI/ Serviço de Prêmios, constitui-se em um concurso de redações e de artigos científicos que tratam das questões de gênero, mulheres e feminismos; (iii) Encontro trianual Pensando Gênero e Ciências, com núcleos de pesquisa de Gênero das Universidades, operacionalizado na SPM. Ao longo desse tempo foram incorporados novos parceiros: a Secretaria de Educação Continuada, Alfabetização e Diversidade (SECAD) e o Departamento de Políticas do Ensino Médio/Secretaria de Educação Básica do MEC, e o Departamento de Ciência e Tecnologia (DECIT), do Ministério da Saúde. No âmbito das representações internacionais, o Fundo de Desenvolvimento das Nações Unidas para a Mulher (UNIFEM), atualmente ONU Mulheres[22].

O programa foi chamado de "Mulher e Ciência"[23] e é o início da inserção dessas questões no âmbito da política nacional. A discussão sobre a representatividade feminina na ciência abrange tanto a análise horizontal (ou seja, a inserção das mulheres em determinadas áreas do conhecimento) quanto a análise vertical (a situação das mulheres já inseridas nas posições de prestígio da carreira – a existência ao não do chamado teto de vidro[24])[25].

---

21. Disponível em: http://memoria.cnpq.br/historico1. Acesso em 29 dez. 2019.

22. Disponível em: http://memoria.cnpq.br/historico1. Acesso em 29 dez. 2019.

23. Para saber mais: Disponível em: http://cnpq.br/apresentacao-mulher-e-ciencia. Acesso em: 18 dez. 2019.

24. A expressão "teto de vidro" tem sido utilizada para designar as barreiras invisíveis que impedem a ascensão de mulheres na carreira profissional, seja no mundo corporativo ou científico. Sobre o tema: BERTOLIN, Patricia Tuma Martins. Mulheres na advocacia: padrões masculinos de carreira ou teto de vidro. São Paulo: Lumen Juris, 2017.

25. LIMA, Betina Stefanello; LOPES, Maria Margaret e COSTA, Maria Conceição da. Programa Mulher e Ciência: breve análise sobre a política de equidade de gênero nas ciências, no Brasil. Disponível em: https://www.researchgate.net/publication/306963956_Programa_

Sendo assim, é imprescindível que se possa estruturar políticas públicas articuladas e que tenham sido planejadas, observados os seus ciclos de forma consciente e com objetivos bem definidos. A área das políticas públicas é inegavelmente multidisciplinar[26], de forma que é preciso que diversas áreas de mobilizem com a finalidade de promover o ingresso das mulheres nas ciências, especialmente nas áreas das exatas e da tecnologia em prol do desenvolvimento.

> Deixar as mulheres para trás significa não somente desprezar as importantes contribuições que as mulheres trazem para a economia, mas também desperdiçar anos de investimento em educação de meninas e jovens mulheres (OECD, 2012a, p.2)[27].

A seguir alguns exemplos de medidas formuladas e em andamento que constituem um embrião das medidas de integração das mulheres na ciência.

Pensar em atividades dentro do Programa "Mulher e Ciência", como o prêmio "Construindo a igualdade de gênero"[28], que envolve estudantes de diversos níveis de ensino para repensar a questão da mulher na escola e na universidade são de extrema relevância no alavancar da questão. A promoção da igualdade de gênero é uma dimensão estratégica a ser considerada no processo de construção das políticas públicas. No campo educacional, marcos normativos constitucionais e infraconstitucionais brasileiros – como a Lei de Diretrizes e Bases da Educação, o III Programa Nacional de Direitos Humanos, o Plano Nacional de Educação em Direitos Humanos, o II Plano Nacional de Politicas para as Mulheres – sinalizam para a construção de uma educação inclusiva, não sexista, não racista, não homofóbica e não lesbofóbica.

Mulher_e_Ciencia_breve_analise_sobre_a_politica_de_equidade_de_genero_nas_ciencias_no_Brasil. Acesso em 21 dez. 2019.

26. BUCCI, Maria Paula Dallari. Método e aplicações da abordagem Direito e Políticas Públicas. In: Revista Estudos Institucionais, v. 5, n. 03, 2019, pp. 791-832.

27. OLINTO, Gilda. A inclusão das mulheres nas carreiras de ciência e tecnologia no Brasil. In: Rev. Inc. Soc., Brasília/DF, v. 5, n. 1, p. 68-77, jul/dez. 2011.

28. Para saber mais: http://www.igualdadedegenero.cnpq.br/igualdade.html. Acesso em 30 dez. 2019.

Painel Jovens Pesquisadoras, sob o bordão: "Ciência também é coisa de mulher", o CNPq divulga o trabalho de jovens cientistas brasileiras, pesquisadoras de reconhecido mérito acadêmico, que se destacaram desde o período estudantil, construindo uma vida acadêmica de reconhecimento nacional e internacional, com larga produção científica e importante atuação na formação de recursos humanos. Foram utilizamos dois critérios para selecionar as jovens pesquisadoras: 1) o de ter menos de quarenta anos; 2) o de estar com bolsa de Produtividade em Pesquisa, nível 1, vigente (dados consultados em fevereiro de 2014). O critério de ser bolsista de Produtividade em Pesquisa foi escolhido por representar um diferencial na carreira. Assim, foram selecionadas vinte e duas pesquisadoras com menos de quarenta anos e bolsistas de Produtividade em Pesquisa, nível 1, que representam 0,2% do total de bolsas PQ femininas. No total de bolsas-ano concedidas em 2013 na modalidade PQ, o percentual feminino corresponde a 36%[29].

Projeto "Tem menina no circuito", idealização conjunta da Sociedade Brasileira para o Progresso da Ciência – SBPC, do Instituto de Física da UFRJ e do CNPq, no ano de 2018, oferecem bolsas para o incentivo de meninas nas carreiras de ciência exatas.

> Segundo a diretora de Engenharias, Ciências Exatas, Humanas e Sociais do CNPq, Adriana Tonini, apesar do número de mulheres com bolsas de iniciação científica, mestrado e doutorado ser superior ao de homens, elas representam apenas 33% do total de bolsistas de Produtividade em Pesquisa, a mais prestigiada modalidade do CNPq. Além disso, há desigualdades mais acentuadas em áreas específicas, como é o caso das ciências exatas, engenharias e computação. Publicações de áreas como Computação e Matemática têm mais do que 75% de homens na autoria dos trabalhos, para citar outro exemplo. Ela afirma ainda que a proporção de mulheres que publicam artigos científicos cresceu 11% no Brasil nos últimos 20 anos e elas publicam quase a mesma quantidade que os pesquisadores homens (49%). Os números são do relatório Gender in the Global Research Landscape, Elsevier, de março de 2017[30].

29. Disponível em: http://www.cnpq.br/web/guest/jovens-pesquisadoras. Acesso em 20 dez. 2019.

30. Disponível em http://portal.sbpcnet.org.br/noticias/cnpq-publica-edital-para-incentivar-meninas-na-carreira-de-ciencias-exatas/. Acesso em 20 dez. 2019.

No âmbito internacional, a UNESCO, em conjunto com a ONU Mulheres e com colaboração de instituições e parceiros da sociedade civil, aprovou em 22 de dezembro de 2015, por meio da Resolução A/RES/70/212 o Dia Internacional de Mulheres e Meninas na Ciência, celebrado em 11 de fevereiro a cada ano, com o objetivo de promover o acesso integral e igualitário da participação de mulheres e meninas na ciência. Esse dia é um lembrete de que as mulheres e as meninas desempenham um papel fundamental nas comunidades da ciência e tecnologia e que a sua participação deve ser fortalecida.

> Nos próximos anos, a pesquisa científica vai desempenhar um papel fundamental no monitoramento de tendências relevantes em áreas como segurança alimentar, saúde, água e saneamento, energia, gerenciamento de ecossistemas oceânicos e terrestres e alterações atmosféricas. As mulheres vão desempenhar um papel essencial na implementação dos Objetivos de Desenvolvimento Sustentável, ao ajudar a identificar problemas globais e encontrar soluções.
>
> Apesar dos ganhos notáveis que as mulheres conquistaram na educação e na força de trabalho nas últimas décadas, o progresso foi desigual. De acordo com o Instituto de Estatísticas da UNESCO (UNESCO-UIS), apenas 28% dos pesquisadores do mundo são mulheres. As mulheres continuam sub-representadas nos campos da ciência, tecnologia, engenharia e matemáticas (STEM), tanto no âmbito da graduação quanto no âmbito das pesquisas. Mesmo nos campos científicos onde as mulheres estão presentes, elas são sub-representadas nas decisões políticas tomadas nos mais altos níveis da pesquisa científica.
>
> O número de mulheres que foram reconhecidas como líderes por sociedades de alto prestígio ou por meio de premiação permanece baixo, apesar de algumas exceções de personalidades de expressão. A falta de reconhecimento das conquistas das mulheres contribui para o equívoco de que as mulheres não podem atuar na ciência ou, pelo menos, não tão bem como os homens.
>
> Promover a igualdade da participação de mulheres na ciência requer uma mudança de atitudes: as meninas precisam acreditar nelas mesmas como cientistas, exploradoras, inovadoras, engenheiras e inventoras[31].

---

31. Disponível em: http://www.unesco.org/new/pt/brasilia/natural-sciences/science-technology-and-innovation/women-and-girls-in-science/. Acesso em 19 dez. 2019.

É interessante salientar que os números da representação feminina na ciência estão crescendo, como se observa das estatísticas divulgadas especialmente pelo CNPq[32], o que nos leva a crer que a inclusão horizontal já é uma realidade, mas como em toda políticas de inclusão, o primeiro passo é o acesso para depois se discutir as questões materiais, assim, preciso impor uma reestruturação na metodologia científica, para que a forma de ver a ciência seja mais feminina e que elas possam alcançar os postos de comando. A forma participativa das mulheres na ciência está firmada, a luta agora é pela efetividade da igualdade.

3. PARA O AMANHÃ: A EDUCAÇÃO NÃO SEXISTA, O OLHAR DAS MENINAS PARA A CIÊNCIA EM UMA NOVA REVOLUÇÃO CIENTÍFICA

Em resposta à pergunta: como a sociedade interfere na construção da ciência e tecnologia? É imprescindível que a análise da questão seja observada por meio a três temáticas: a) universalidade; b) políticas de localização e c) políticas de mudança[33].

A tradição modernista impõe a racionalidade única, atemporal, de forma que a análise da universalidade passa a ser pressuposto. Todavia, desde Thomas Kuhn, na década de 60, é preciso que se tenha em conta que a ciência não pode ser vista como um agente autônomo. Isto significa que sofre influências gerais de tudo o que ocorre na sociedade, ou seja, na estrutura social.

> A continuidade entre o que é científico e o que é político e social produz um saber que incorpora uma cultura de gênero conde as mulheres são concebidas como subordinadas.
>
> (...) a construção do saber científico, entendido como objetivo e universal impõe a sua visão do que é natureza humana e até mesmo do que é natureza e natural. Assim, não se pode falar

32. A exemplo do número de bolsista de pesquisa no exterior: http://cnpq.br/documents/10157/28e1ffdc-048d-4d83-8243-ee87cf1edf34. Acesso em 20 dez. 2019.

33. SILVA, Elizabeth Bortolaia. Des-Construindo Gênero em Ciência e Tecnologia. Cadernos Pagu (10). 1998, pp. 7-20.

> do universal sem examinar o que esse termo revela, exclui ou esconde[34].

O mesmo se aplica à racionalidade e objetividade. O que se chama universal é produto de um contexto social e histórico específico.

Quanto às políticas de localização, a criação do saber e do fazer enquanto construções sociais implica na possibilidade de reconstrução. "Ciência se refere a descobrir e explicar. É baseada em observação, razão, em experimentação estruturada e na revisão dos resultados. Tecnologia se refere a desenhar e fazer"[35].

E as políticas de mudança pressupõem o reconhecimento de que existe uma subordinação de gênero e que é imprescindível o desenvolvimento de uma visão de mundo que admita esta mudança[36].

Isto significa que observado o contexto social de cada nação, dentro do seu conteúdo histórico e das características de seu desenvolvimento, é preciso promover mudanças estruturais dentro do cenário da ciência e da tecnologia, observadas as peculiaridades.

> Se com nossos esforços pudermos vencer aquela que se colocou como a primeira das explicações – a histórica –, aonde teremos que suplantar resquícios de uma latente misoginia, mesmo que esta ainda esteja fortemente entranhada em nosso imaginário masculino, e a segunda das implicações – a biológica –, pela cada vez mais continuada valorização da maternidade, poderemos deixar de fazer dela um ônus à medida que, como homens, exercermos uma paternidade cada vez mais responsável. São utopias não impossíveis de se transformarem em realidades, por isso sempre e cada mais devem ser recordadas olhando a história que tecemos[37].

34. SILVA, Elizabeth Bortolaia. Des-Construindo Gênero em Ciência e Tecnologia. Cadernos Pagu (10). 1998, pp. 7-20.

35. *Ibidem.*

36. *Ibidem.*

37. CHASSOT, A. A ciência é masculina? É, sim senhora! In: Rev. Contexto e Educação, ano 19, n. 71/72, jan/dez 2004, pp. 9-28.

A questão, como já foi dito, não é sobre a mera inclusão das mulheres na ciência e tecnologia. Em 2009, a UNESCO indicou que 29% dos pesquisadores do mundo são mulheres. Na América Latina são 46% e no Brasil, cerca de 50%[38]. Assim, a preocupação está na quebra de estereótipos, na inclusão efetiva e na transformação de uma ciência de fato inclusiva para o modelo feminino.

A perspectiva feminista pode ajudar na criação de um futuro tecnológico aprazível, forjado com valores como a harmonia com a natureza e a não-exploração. Sem dissociar, todavia, as diferenças biológicas e cultura. Harmonia, prevenção, eliminação de riscos, conservação, solidariedade, compreensão, cuidado não precisam se opor a controle, disciplina, eficiência, ordem, certeza, mas podem se complementar. Teríamos, então, um novo conceito de tecnologia?

> Cabe aqui o conceito de prática tecnológica (PACEY, 1990), a partir do qual se leva em conta que artefatos e sistemas tecnológicos não são apenas produtos técnicos, mas estão ligados a aspectos organizacionais e enredados numa cultura. Um entendimento mais restrito da tecnologia reduzirá dimensões sociais e humanas e seus problemas ao aspecto organizacional da tecnologia apenas. Esse entendimento solapa o conteúdo humano no fazer tecnológico, ignora a existência de valores nessa atividade. Uma compreensão mais abrangente, como dito, considerará todos esses aspectos e suas inter-relações, inclusive a do gênero[39].

A comunidade científica é pautada por valores e códigos masculinos – explícitos ou não – o que se apresenta como um obstáculo à participação feminina[40].

---

38. GROSSI, Márcia, BORJA, Shirley, LOPES, Aline Morais e ANDARLÉCIO, Aleixina Maria Lopes. As mulheres praticando ciência no Brasil. Estudos Feministas. n. 24, Florianópolis, jan/abr 2016, pp. 11-30.

39. CABRAL, Carla Giovana e BAZZO, Walter Antonio. As mulheres nas escolas de engenharia brasileiras: história, educação e futuro. In: Revista do Ensino de Engenharia, v. 24, n. 1, pp 3-9, 2005.

40. LIMA, Betina Stefanello; LOPES, Maria Margaret e COSTA, Maria Conceição da. Programa Mulher e Ciência: breve análise sobre a política de equidade de gênero nas ciências, no Brasil. Disponível em: https://www.researchgate.net/publication/306963956_Programa_Mulher_e_Ciencia_breve_analise_sobre_a_politica_de_equidade_de_genero_nas_ciencias_no_Brasil. Acesso em 21 dez. 2019.

Thomas Kuhn[41] é pioneiro ao trazer uma nova visão sobre a ciência, muito mais que acumulação de conhecimento, a ciência passaria por revoluções em sua estrutura. É certo que a revolução importa na destruição do antigo com a substituição por um novo jeito de agir, pensar, perceber e proceder.

Para Kuhn o progresso da ciência não é um processo acumulativo de novos dados, mas no processo contraditório marcado pelas revoluções do pensamento científico. Essas revoluções representam um momento de desintegração, forçando a comunidade a reformular o conjunto de compromissos que se baseia a prática dessa ciência. O elemento significativo a ensejar esses momentos de crise e transformação são exteriores à ciência.

Assim, é possível que se encare a participação feminina na ciência e tecnologia apenas como uma forma de aperfeiçoamento do modelo já existente, mas a verdadeira transformação somente poderá se dar com uma nova revolução nas estruturas científicas, com a criação de um novo paradigma, esse sim feminino e faseado no afeto, no acolhimento, na visão do todo e do desejo comunitário. Para tanto, todavia, a mudança necessita vir do seio da sociedade, com a mudança na estrutura política e social.

> Medidas administrativas e ações afirmativas foram sugeridas na Universidade de Harvard (LAMONT et al., 2004) para evitar a "atribuição tendenciosa" de menor produtividade às mulheres acadêmicas; para promover a participação das mulheres na liderança da pesquisa e no exercício de cargos de chefia. Enfrentar a questão da menor produtividade das mulheres com filhos pequenos com diversos tipos de políticas institucionais, inclusive a de dar mais atenção a baixas temporárias na sua produtividade, assim como olhar com mais atenção a sua produtividade em período posterior da carreira são algumas das medidas propostas que visam à redução das diferenças de gênero na ciência[42].

Contudo, a Educação deve ser o elemento de mudança das estruturas. A infância é o campo fértil para que essas mudanças possam ser iniciadas.

41. KUHN. Thomas S. A estrutura das revoluções científicas. Trad. Beatriz Vianna Boeira e Nelson Boeira. 12ª ed., São Paulo: Perspectiva, 2013.

42. OLINTO, Gilda. A inclusão das mulheres nas carreiras de ciência e tecnologia no Brasil. In: Rev. Inc. Soc., Brasília/DF, v. 5, n. 1, p. 68-77, jul/dez. 2011.

É certo que a educação pode ser dar pela educação formal, por meio das instituições de ensino e também, como um processo constante e que não se encerra em si mesmo, ocorre em colaboração com o Estado, Família e Sociedade, na interpretação sistêmica dos artigos que prescrevem o direito à educação e que também consagram o princípio da prioridade absoluta para os direitos de crianças e adolescentes no seio da Constituição Federal de 1988.

A educação se dá por todos os meios e em todos os lugares: na escola, na família, na rua, nos meios de comunicação. Assim, todos juntos devem refletir as novas estruturas que se pretende, de um mundo não sexista, que inclua mulheres de forma naturalizada e que elas sejam livres para manifestar as mesmas características que durante séculos foi utilizado como elementos de exclusão.

> Não há que se falar em naturalização de papéis. Não há que se falar em conceitos advindos do mundo natural. É sabido e consabido que as definições de homem e mulher pertencem ao mundo da cultura, do construído, do como deve ser. Esse *modus operandi*, o *como* definido estrategicamente como estrutura de poder. Quem está no poder decide quem é e como deve ser, e assim caminha a humanidade androcentricamente. Marcada historicamente pelas relações de poder, os conceitos de homem e mulher são arquitetonicamente construídos. Partindo desses alicerces, tudo passa a ser solidificado, povoando a crença coletiva e se apresentando como metas apropriadas a cada tempo, cingindo o espaço do homem e o espaço da mulher[43].

A utilização, por exemplo, de "cores de meninos e cores de meninas", brinquedos de meninos e brinquedos de meninas, nada contribuem para mudança de estereótipos. Sim, é cultural. Sim, cultura se alimenta pelo agir da sociedade e sua reprodução. Sim, é necessária a quebra desses paradigmas.

---

43. ANDREUCCI, Ana Claudia Pompeu Torezan e JUNQUEIRA, Michelle Asato. Igualdade também se aprende na escola: por uma educação libertadora, emancipatória e não sexista à luz das máximas de Paulo Freire. Revista Liberdades. Ed. n. 21. Jan/abr 2016, pp. 162-174.

Enquanto meninos forem presenteados com telescópios e meninas com bonecas, nada mudará. Não se prega aqui a mudança de papeis sociais pela simples troca de papeis sociais, mas a construção de um novo parâmetro, onde meninos e meninas possam escolher livremente seus brinquedos e fazer brotar livremente as suas escolhas, sem imposições.

É atribuída a Santo Agostinho a frase: "Ninguém ama aquilo que não conhece". Assim, que meninas e meninos possam ter conhecimentos iguais para que a igualdade de fato aconteça.

CONSIDERAÇÕES FINAIS

O presente capítulo não possui, nem de longe, a pretensão de encerrar uma discussão que remonta há séculos. A visão de que a ciência, especialmente as das ciências duras e exatas é masculina, exige uma reconfiguração estrutural da sociedade para que seja alterada.

Todavia, não é uma visão pessimista ou mesmo conformista da situação. As mudanças estruturais merecem papel de destaque. A visão do problema ontem, hoje e para o amanhã nos traz o panorama geral e sua evolução lenta e gradual para a busca da igualdade.

É certo que muito se evoluiu e que as mulheres alcançam a cada dia maior papel de destaque e representatividade, mas outras questões evidenciam que há um "teto de vidro" na análise vertical desta igualdade, enquanto a eficácia horizontal aparenta ser atingida.

No mais, a construção de políticas públicas de igualdade ainda é frágil, de forma descontinuada e desarticulada, o que prejudica a eficácia da solução do problema complexa que se apresenta.

Alicerçado sob um Estado Social e Democrático de Direito, a República Federativa do Brasil clama por atitudes articuladas e por uma transformação real das bases consagradas.

Não é um problema apenas brasileiro, mas é sobre ele que é preciso nos debruçar, pois é alterando a sua própria casa que se alteram os paradigmas e que se cria o exemplo.

Outrossim, não se desconhece as iniciativas cada vez mais presentes da própria iniciativa de privada para fomentar a presença feminina na ciência[44]. Isso se dá, especialmente, pois o desenvolvimento deve ser garantido, nos termos dos objetivos do artigo 3º da Constituição Federal, mas não se faz sozinho, é preciso que a solidariedade entre Estado e iniciativa privada esteja sempre presente.

Ademais, não se mudam estruturas sem que se invista em uma educação também transformadora e não sexista, para que desde a idade primeira, meninas entendam que "Lugar de Mulher é onde ela quiser!". O mito das questões biológicas que tornam as mulheres inferiores para as ciências exatas não pode ser um obstáculo para o seu real desenvolvimento.

44. A exemplo do programa Mulheres na Ciência, desenvolvido pela empresa Loreal. Disponível em: https://www.paramulheresnaciencia.com.br/o-premio/programa-nacional/. Acesso em 24 dez. 2019.

7

MULHER: CONEXÃO DAS ÁGUAS E DO MEIO AMBIENTE

Claudia Regina Bega

Advogada, especialista em Direito Constitucional e Administrativo pela Escola Paulista de Direito, colaboradora e Pregoeira no Departamento de Licitações de Serviços da Companhia de Saneamento Básico do Estado de São Paulo – SABESP, voluntária do Projeto Conexão Água na 4ª CCR/MPF e voluntária em hospitais públicos pela ONG Canto Cidadão.

Sandra Akemi Shimada Kishi

Procuradora Regional da República do Ministério Público Federal, Coordenadora do Projeto Conexão Água/MPF. Mestre em direito ambiental pela UNIMEP. Vice-Presidente da Associação Brasileira dos membros do Ministério Público do Meio Ambiente – ABRAMPA, Coordenadora SG Mineração de Valoração do Dano Ambiental do Conselho Nacional do Ministério Público.

Sandra Lestinge

Zootecnista, Doutora em Recursos Florestais/ESALQ-USP. Profa. Adjunta IV da UFPI/CPCE desde 2009. Educadora socioambiental. Requisitada pelo Ministério Público Federal, é colaboradora do Projeto Conexão Água, da 4ª CCR/MPF.

Thalita Veronica Gonçalves e Silva

Defensora pública do Estado de São Paulo. Bacharel em direito pela USP e especialista em direitos humanos e acesso à justiça pelo programa de pós-graduação "lato sensu" da FGV DIREITO SP (FGVLAW). Colaboradora voluntária do Projeto Conexão Água da 4a. CCR/MPF.

1. INTRODUÇÃO

A desigualdade de gênero é alvo de estudos e questionamentos desde o século XVIII, mas somente no século seguinte surgem organizações de mulheres e movimentos exigindo direitos, igualdade e a presença no cenário público, econômico e político. Das reivindicações pelo direito ao voto à libertação sexual e igualdade no trabalho, as mulheres avançam na construção de políticas públicas e normativas relacionadas à gestão do meio ambiente.

A importância da liderança feminina no debate ambiental, seja por meio de iniciativas científicas ou de organizações da sociedade civil, insere-se no contexto de resistência e de revolução, entrelaçando a luta por um mundo mais sustentável, justo e democrático com a luta da sua própria história.

Em situações de seca, inundações e outros desastres relacionados às mudanças climáticas, as mulheres têm menos acesso aos direitos humanos básicos e enfrentam violência sistemática que aumenta durante os períodos de instabilidade. Dados da Organização das Nações Unidas (ONU) indicam que 80% das pessoas deslocadas pelas mudanças climáticas são mulheres[1].

Contra esse cenário, a participação ativa das mulheres nas políticas públicas relacionadas à gestão da água integrada à do meio ambiente tem sido tema de constante discussão em âmbito nacional e internacional. Todavia,

1. HALTON, Mary. *Climate change 'impacts women more than men. BBC news, London, 6 ago. 2018. Science & Environment*. Disponível em: https://www.bbc.com/news/science-environment-43294221. Acesso em: 06 ago. 2020.

ainda persistem as desigualdades e lacunas de gênero, dada a alta dependência aos recursos naturais locais, a distribuição desigual de terras e ativos econômicos e a sub-representação nos espaços de tomada de decisões.

É inegável como, mesmo em momentos de violações de direitos, as mulheres – que mais sofreram a dor da perda – não deixam de lutar. Elas avançam continuamente nos debates sociais, políticos, econômicos, culturais e ambientais, demonstrando que o empoderamento feminino está intrinsecamente ligado ao desenvolvimento sustentável.

O olhar feminino sobre a temática ambiental difere-se por sua capacidade de resiliência, na medida em que percebe mudanças e busca a manutenção da integridade do ecossistema. A abordagem autônoma e integrada entre água e meio ambiente fortalece a relação com os direitos humanos, democracia e desenvolvimento, pautando-se na primazia da norma mais favorável à dignidade da pessoa humana para reforçar a tutela das comunidades vulneráveis dentro do sistema internacional de proteção dos direitos humanos.

A importância da mulher na gestão e preservação das águas no cenário político, econômico e social é um dos desafios enfrentados no presente trabalho. Como ponto de partida, o artigo traz exemplos de mulheres paradigmas pela visão holística da relação dos seres vivos com o meio ambiente, explorando, na sequência, o necessário diálogo entre a desigualdade de gênero e as questões ambientais. Diante do reconhecimento em âmbito internacional da equidade de gênero, enfocam-se, dentre outros aspectos, os instrumentos jurídicos que elevam a participação feminina nos processos decisórios e o reconhecimento à autodeterminação dos povos tradicionais e de seus saberes. A partir da percepção feminina singular da natureza de ser e permanecer em si mesma, este esforço coletivo pretende contribuir, de algum modo, para muitas outras reflexões sobre a luta pela igualdade de direitos e pelas formas de convivência na natureza em prol da sadia qualidade de vida no planeta Terra.

2. MULHERES PARADIGMÁTICAS

A luta das mulheres pela igualdade dos direitos fortaleceu-se após a urbanização e industrialização do século XIX a partir do movimento sufragista. As reivindicações feministas, que começaram com o reconhecimento das liberdades, avançam contra a construção histórica de divisão sexual do trabalho e buscam encontrar soluções para um mundo mais resiliente, igualitário, inclusivo e sustentável.

Três mulheres, em resumidíssimas biografias, são inegáveis referências de ruptura do pensamento hegemônico, pois no discurso e na prática fizeram a diferença no modo de fazer ciência, olhar, perceber e pensar a questão ambiental e a sustentabilidade, com reflexos nos campos político, econômico e jurídico: da proteção em diferentes "níveis" dos ambientes dos mares, por Rachel Carson (1907-1964); dos solos, por Ana Primavesi (1920-2020); e das florestas, por Vandana Shiva (1952).

Nascida na Pensilvânia, Rachel Carson estudou zoologia e genética na Universidade Johns Hopkins. Os títulos de suas obras[2] falam por si, pois fazem direta alusão à natureza. Na sua aclamada obra prima "Primavera Silenciosa", marco do movimento ambientalista, discorreu sobre os impactos nocivos ao homem e ao meio ambiente pela utilização dos fertilizantes químicos e agrotóxicos, principalmente o DDT[3].

Mesmo com a forte oposição das indústrias químicas, Carson testemunhou perante a comissão do senado americano sobre pesticidas, cujo relatório apoiou as afirmações do livro "Primavera Silenciosa" (1963). O legado de Carson foi fundamental para a ascensão dos valores ecológicos na sociedade e política norte-americanas, inspirando, na década de 70, a criação do "Dia da Terra" (celebrado em 22 de abril), da Agência de Proteção Ambiental Norte-Americana (EPA) e da lei da Política Nacional do Meio Ambiente (*National Environmental Policy Act* – NEPA).

2. Os livros escritos por Rachel Carson e ano de publicação original: Sob o mar-vento (1941); O mar a nossa volta (1951); Beira-mar (1955); Primavera silenciosa (1962); O sentido de maravilhamento (1965) e Madeiras perdidas (1998), uma coletânea autobiográfica publicado *post mortem*.

3. O DDT (diclorodifeniltricloroetano) é o primeiro pesticida moderno, largamente usado desde a Segunda Guerra Mundial para o combate aos mosquitos vetores de doenças. Acumula-se no tecido adiposo do organismo e tem fácil solubilidade em água; é muito prejudicial aos seres humanos que se alimentam de produtos já contaminados (cadeia trófica) chegando até o leite materno, já largamente comprovado em várias pesquisas (denúncias) científicas.

O uso dos agrotóxicos foi também tema dos estudos de Ana Primavesi, engenheira agrônoma brasileira de origem austríaca. Primavesi tinha plena percepção de que a agricultura convencional afeta seriamente os solos, a água, o ar, a saúde vegetal e humana, uma vez que os seres vivos fazem parte de sistemas complexos e rompê-los com o uso de pesticidas e praguicidas significa muito mais ônus do que bônus ao ser humano.

Criticava o modo de ensino agrícola no Brasil, baseado na monocultura da Revolução Verde, com a utilização e dependência de insumos agrícolas (fertilizantes químicos, agrotóxicos, mecanização intensiva), pois se tratava de técnica aplicada em países de clima temperado, mas completamente desconectada com o solo de clima tropical.

Seu pensamento converge com a terceira mulher de destaque: Vandana Shiva[4]. Nascida na Índia, Shiva é graduada em física, mestre em filosofia da ciência e PhD em teoria quântica. É ecofeminista[5], ativista ambiental e ganhadora, dentre vários outros, do Prêmio Nobel Alternativo da Paz e o Prêmio do "Dia da Terra". Denuncia a ditadura dos alimentos transgênicos controlados pelas grandes corporações e se manifesta contrária à globalização.

Para Shiva[6], a destruição da diversidade pela criação de monoculturas nos leva à perda dos meios de subsistência, de conhecimento, de cultura, de saberes. Prega pelo consumo de produtos mais saudáveis e de melhor qualidade por meio da agricultura familiar, veiculando campanhas pelas

---

4. Para saber mais acesse o site http://www.vandanashiva.com/ e http://www.navdanya.org/site/. Acesso em: 14 fev. 2020.

5. O ecofeminismo – nexo entre a Ecologia, o feminino e a proteção ao meio ambiente – tem origem na França, na década de 1970, propondo a reconstrução dos sistemas hierárquicos e de poder ainda hoje fundamentados pelo patriarcado. Valoriza a visão holística de interrelação entre os entes da Terra. Utilizado por Françoise d'Eaubonne, em sua obra "Le Feminism ou la Mort" (Feminismo ou a Morte), que o definia como "a capacidade das mulheres, como impulsoras de uma revolução ecológica, de ocasionar e desenvolver uma nova estrutura relacional de gênero entre os sexos, bem como entre a humanidade e o meio ambiente." ALENCAR, Ana Alves; PEDRO, Antonio Fernando Pinheiro. Ecofeminismo. AICA, São Paulo. Disponível em: http://www.ambientelegal.com.br/ecofeminismo/. Acesso em: 31 ago. 2020.

6. SHIVA, Vandana. Monoculturas da mente. São Paulo: Gaia, 2003.

"sementes livres" ou *seed freedom*[7], que não considera apenas a fonte de futuras plantas ou alimentos, mas o armazenamento da cultura e da história.

As três mulheres são símbolos da construção de um pensamento científico e filosófico de ruptura com o *status quo* predominante masculino, que impõe a crença da supremacia humana ante o ambiente natural. Gaia[8], *Pacha Mama*[9], Mãe Terra, Divina Mãe são nomes para a mesma simbologia universal, para a encarnação da complexidade e graça da vida e a evocação do feminino ao planeta que nos acolhe, alimenta e faz a vida possível.

3. VULNERABILIDADE, RESILIÊNCIA E EMPODERAMENTO DA MULHER NAS QUESTÕES AMBIENTAIS

As principais causas das crises na gestão hídrica e ambiental no Brasil são provenientes da atividade humana e da insustentabilidade evidente nos modos de exploração praticados sobre os recursos naturais; provém, dentre outras razões, da falta de planejamento e de gestão de riscos, desigualdade social e insuficiência de políticas públicas e programas estruturantes para uma eficiente, eficaz e efetiva governança para a sustentabilidade.

Urge integrar a gestão hídrica com a ambiental, conforme preleção de Paulo Affonso Leme Machado[10], de forma eficiente e articulada, baseada na resiliência e sustentabilidade, sem prescindir de outros indicadores como a saúde, as tecnologias, o clima, a economia, os investimentos responsáveis, o uso adequado do solo, a defesa civil e o planejamento urbano.

---

7. Movimento sementes livres. Disponível em: https://seedfreedom.info/ e http://www.navdanya.org/site/. Acesso em: 14 fev. 2020.

8. Referência à hipótese de Gaia, elaborada pelos estudos transdisciplinares de James Lovelock, representando a Terra, seus habitantes e componentes como partes de um único organismo.

9. É compreendida como uma divindade relacionada à terra, à fertilidade, à mãe primordial, ao feminino.

10. "A gestão dos recursos hídricos deve ser feita de forma sistemática, abarcando quantidade e qualidade. Essa gestão deve levar em conta as diferenças físicas, bióticas, demográficas, econômicas, sociais e culturais das diversas regiões do País". MACHADO, Paulo Affonso Leme. Direito de Acesso à água. São Paulo: Malheiros, 2018, p. 40.

De acordo com o relatório do Fundo das Nações Unidas para a Infância (UNICEF) e da Organização Mundial da Saúde (OMS), cerca de 2,2 bilhões de pessoas em todo o mundo não têm serviços de água tratada, 4,2 bilhões de pessoas não têm serviços de saneamento adequado e 3 bilhões não possuem instalações básicas para a higienização das mãos[11].

No Brasil, aproximadamente 61% de crianças e adolescentes vivem na pobreza e quase 27 milhões de crianças e adolescentes (49% do total) têm um ou mais direitos negados, dentre eles educação, informação, proteção contra o trabalho infantil, moradia, água e saneamento, conforme o relatório "Pobreza na Infância e na Adolescência", elaborado pelo UNICEF, baseado em dados da Pesquisa Nacional por Amostra de Domicílios – PNAD 2015[12].

A privação de saneamento é o que afeta o maior número de crianças e adolescentes (13,3 milhões) e a causa de doenças de veiculação hídrica, seguido por educação (8,8 milhões), água (7,6 milhões), informação (6,8 milhões), moradia (5,9 milhões) e proteção contra o trabalho infantil (2,5 milhões). Esses números representam 14,3% das crianças e dos adolescentes sem acesso garantido à água, e 24,8% sem acesso a saneamento (3,1% não têm sanitário em casa e 21,9% possuem apenas fossas rudimentares, uma vala ou esgoto sem tratamento). Das crianças e adolescentes privados de saneamento, 70% são negros e se concentram em maior parte nas regiões Norte, Nordeste e na zona rural[13].

A vulnerabilidade social também se reflete na desigualdade de gênero e de raça na área urbana, uma vez que o número de mulheres responsáveis

---

11. UNICEF. 1 em cada 3 pessoas no mundo não tem acesso a água potável, dizem o UNICEF e a OMS. Brasília, 18 jun. 2019. Disponível em: https://www.unicef.org/brazil/comunicados-de-imprensa/1-em-cada-3-pessoas-no-mundo-nao-tem-acesso-agua-potavel-dizem-unicef-oms. Acesso em: 19 jan. 2020.

12. UNICEF. Pobreza na Infância e na Adolescência. Brasília, 13 ago. 2018. Disponível em: https://www.unicef.org/brazil/media/156/file/Pobreza_na_Infancia_e_na_Adolescencia.pdf. Acesso em: 19 jan. 2020.

13. INSTITUTO TRATA BRASIL. Crianças e adolescentes são os que mais sofrem com privações básicas. Blog sobre saneamento básico, São Paulo, 4 set. 2018. Disponível em: http://www.tratabrasil.org.br/blog/2018/09/04/criancas-adolescentes-sofrem-privacoes-saneamento/. Acesso em: 6 set. 2020.

pelo sustento de suas famílias saltou de 23% em 1995 para 45% em 2018[14], cuja maior parte é composta de mulheres negras que estão nas classes mais baixas da população. Apesar da crescente inserção feminina no mercado de trabalho, permanece uma série histórica que privilegia homens e mulheres brancas em detrimento dos homens e mulheres negras na escala de remuneração[15].

Além disso, as mulheres inseridas no mercado de trabalho geralmente sofrem uma sobrecarga maior, pois acumulam as tarefas domésticas. Estudos mostram que, em 2015, a jornada total média das mulheres era de 53,6 horas, enquanto a dos homens era de 46,1 horas; ademais, no intervalo de 20 anos a proporção de mulheres que fazem trabalho doméstico permaneceu por volta de 90%[16].

Por outro lado, a representatividade das mulheres no campo ainda é baixa[17]. Embora esteja prevista na Constituição de 1988, a titulação conjunta de terra tornou-se efetivamente obrigatória apenas em 2003 e, em 2007 determinou-se a priorização das mulheres chefes de família como beneficiárias da reforma agrária, ocasionando nas duas últimas décadas o crescimento de titulação de mulheres nos assentamentos[18].

---

14. BARBOSA, Marina e FELIPE, André. Quase metade dos lares brasileiros são sustentados por mulheres. Estado de Minas, Economia. Belo Horizonte, 16 fev. 2020. Disponível em: https://www.em.com.br/app/noticia/economia/2020/02/16/internas_economia,1122167/quase-metade-dos-lares-brasileiros-sao-sustentados-por-mulheres.shtml. Acesso em: 6 set. 2020.

15. IPEA. Retrato das Desigualdades de Gênero e Raça. Brasília, 6 mar. 2017. Documento eletrônico disponível em: https://www.ipea.gov.br/retrato/index.html. Acesso em: 6 set. 2020.

16. *Ibidem.*

17. Dados do Instituto Brasileiro de Geografia e Estatística (IBGE), divulgados em 2017, mostram que o total de estabelecimentos agrícolas nos quais o produtor é do sexo feminino subiu de 12,7% em 2006 para 18,6%. AGÊNCIA BRASIL. IBGE: Participação de mulheres no campo aumentou nos últimos anos. Economia, Brasília, 26 jul. 2018. Disponível em https://agenciabrasil.ebc.com.br/economia/noticia/2018-07/ibge-participacao-de-mulheres-no-campo-aumentou-nos-ultimos-anos. Acesso em: 6 fev. 2020.

18. A lei nº 11.326, de 24 de julho de 2006 estabelece diretrizes para a formulação da Política Nacional da Agricultura Familiar, afirmando como um dos princípios, no artigo 4º, inciso III, "equidade na aplicação das políticas, respeitando os aspectos de gênero, geração e etnia".

Nesse cenário, as trabalhadoras rurais, por meio de organizações coletivas como as cooperativas, lutam contra uma estrutura fundiária extremamente concentrada no agronegócio, cujo acesso ainda é marcado por violência[19] e dificuldades no acesso ao crédito agrícola ou mesmo ao Programa Nacional de Fortalecimento da Agricultura Familiar – PRONAF.

As mulheres, na sua essência, visam ao cuidado e ao compartilhamento, estabelecendo uma relação íntima com a natureza pela preferência de técnicas sustentáveis orientadas pelos princípios da agroecologia, que privilegiam a segurança alimentar e nutricional.

A singular relação feminina com a natureza torna-se essencial para compreensão da resiliência, aqui entendida como a capacidade de um sistema em voltar ao estado original (ou o mais próximo a ele) mesmo em meio às mudanças e incertezas. Para o desenvolvimento sustentável, é exigido esse pensamento interdisciplinar, com relação às necessidades de adaptação e transformação[20].

Diante do quadro imposto pela degradação ecológica, a resiliência adaptativa torna-se um dos conceitos-chave para cumprir as metas dos Objetivos de Desenvolvimento Sustentável (ODS) a serem implementadas em todos os países do mundo até 2030, de acordo com a nova agenda da ONU.

Mesmo diante de vultosas dificuldades, muitas mulheres tornaram-se líderes em suas comunidades em diversos lugares do mundo, viabilizando a apresentação de soluções concretas, tangíveis e inovadoras para a integração da gestão hídrica com a ambiental, sem prescindir da preocupação com outros fatores, como a saúde, os investimentos responsáveis, o uso do solo

---

19. CESIT. Cadernos de formação. Mulheres: mundo do trabalho e autonomia econômica. Caderno 5. As mulheres nas políticas públicas. Documento eletrônico disponível em: http://www.cesit.net.br/wp-content/uploads/2017/11/Caderno-5-web.pdf, p. 59. Acesso em: 6 fev. 2020.

20. O'CONNEL, Deborah; WALKER, Brian; ABEL, Nicky; *et.al. The Resilience, Adaptation and Transformation Assessment Framework: from theory to application*. CSIRO, Austrália, jun. 2015. Disponível em: https://www.stapgef.org/sites/default/files/documents/Summary_RAPTA.pdf.-July-16.pdf. Acesso em: 8 set. 2020. O estudo, encomendado pelo Painel Consultivo Científico e Técnico (STAP) do Fundo para o Meio Ambiente Global (GEF), trata dos desafios da ODS relacionados à segurança alimentar, neutralidade da degradação da terra e adaptação às mudanças climáticas.

de modo tradicional, e, acima de tudo, a ameaça existencial das mudanças climáticas.

As mulheres indígenas, exemplos de resistência, têm lutado por uma maior independência, empoderamento e auto-representatividade para defender suas terras, suas tradições, os interesses de seu povo e para que seus saberes tradicionais não caiam no esquecimento. Em algumas etnias, lideranças femininas têm se destacado cada vez mais, cientes de que para se tornar uma cacica devem revelar apreço e preocupação com a sua comunidade, estar atenta às demandas de seu povo e saber defender os interesses coletivos que trarão mais benefícios a todos.

O conhecimento tradicional de povos tradicionais, indígenas, ribeirinhos, quilombolas e agricultores familiares sobre o modo de cultivo e interações ecologicamente sustentáveis promovem a conservação da biodiversidade, o combate às mudanças climáticas e a segurança alimentar. Para Sônia Guajajara, importante liderança indígena,

> [...] as pessoas têm que repensar as suas formas de consumo, tem que entender que o individualismo precisa acabar, que temos que adotar formas coletivas de fazer as coisas, fortalecer os trabalhos em redes. (...) Para isso as lutas têm que ser mais coletivas, a conscientização mais política e ecológica, entendendo que é preciso fazer outra conexão, ou uma reconexão com a mãe terra, e entender exatamente que é a mãe terra que garante o sustento e a vida no planeta[21].

O conhecimento tradicional contribuiu para a ascensão da teoria da personalidade jurídica dos bens ambientais[22], valorizado nas experiências de diversos países, como Equador, Bolívia, Colômbia, Nova Zelândia e Índia. Com base no paradigma jurídico ecocêntrico, "os direitos da Natureza"

---

21. REINHOLZ, Fabiana; MARKO, Katia. Sônia Guajajara comemora a liderança das mulheres indígenas na luta por direitos. Brasil de Fato, Porto Alegre, 9 jun. 2020. Disponível em: https://www.brasildefato.com.br/2020/06/09/povos-indigenas-vivem-momento-traumatico-afirma-sonia-guajajara. Acesso em: 6 set. 2020.

22. Essa natureza jurídica vem do provérbio maori "Ko au te awa, ko te awa ko au", que significa "eu sou o rio, o rio sou eu", Cf. TOZZI, Rodrigo Henrique Branquinho Barboza. Eu sou o rio, o rio sou eu: a atribuição de personalidade jurídica aos bens naturais ambientais. Porto Alegre: Lex Magister. Disponível em: http://www.editoramagister.com/doutrina_27613750_EU_SOU_O_RIO_O_RIO_SOU_EU_A_ATRIBUICAO_DE_PERSONALIDADE_JURIDICA_AOS_BENS_NATURAIS_AMBIENTAIS.aspx. Acesso em: 6 set. 2020.

– em contraponto às premissas antropocêntricas do direito ambiental clássico – "invertem o princípio da dominação humana sobre a natureza" para o enfrentamento da atual crise ecológica de dimensão global, sob o enfoque do "ecocentrismo, do holismo e da justiça intrageracional, intergeracional e interespécies"[23].

Os importantes avanços da jurisprudência da Corte Interamericana de Direitos Humanos (CIDH) no desenvolvimento do direito à propriedade em relação aos territórios indígenas estiveram orientados por uma compreensão do território como base material e espiritual dos direitos dos povos indígenas. No caso *Saramaka vs. Suriname*[24] discutiu-se o direito ao veto no procedimento de consentimento prévio informado, sobre projetos que provoquem perda de território ou seu grave comprometimento no que diz respeito ao acesso, uso e gozo dos recursos fundamentais à existência física e cultural do grupo, sem distinção de gênero.

Os desastres do rompimento da barragem do Fundão, em Mariana (em novembro de 2015) e do córrego do Feijão, em Brumadinho (em fevereiro de 2019) servem de paradigma de empoderamento da mulher para minimizar os impactos da mineração e garantir a participação efetiva da comunidade na tomada de decisões em matéria ambiental. As tragédias revelaram que os riscos eram cada vez mais previsíveis e a constante avaliação dos impactos sociais e ambientais deveriam ser considerados nas tomadas de decisão das empresas. Em suma, as empresas visavam reduzir custos operacionais e maximizar lucro em detrimento de risco de desastres ecológicos e da participação das comunidades[25].

---

23. FENSTERSEIFER, Tiago; SARLET, Ingo Wolfgang. O Direito Ambiental no limiar de um novo paradigma jurídico ecocêntrico no Antropoceno. Gen jurídico. São Paulo, 18 mai. 2020. Disponível em: http://genjuridico.com.br/2020/05/18/antropoceno-paradigma-ecocentrico/#_ftn37. Acesso em: 12 set. 2020.

24. Corte Interamericana de Direitos Humanos, Caso do Povo *Saramaka Vs. Suriname*, Sentença de 28 de novembro de 2007 (Exceções Preliminares, Mérito, Reparações e Custas), parágrafo 83). Disponível em: http://www.cnj.jus.br/files/conteudo/arquivo/2016/04/cc1a1e511769096f84fb5effe768fe8c.pdf. Acesso em: 05 set. 2020.

25. GONCALVES E SILVA, Thalita Veronica. *The Mariana dam disaster in Brazil: open issues about corporate accountability under international human rights law.* Educamazônia – Educação, Sociedade e Meio Ambiente, Volume 22. Número 1, p. 35-53. 29 jun. 2019. Disponível em: http://www.periodicos.ufam.edu.br/educamazonia/article/view/5755. Acesso em: 05 set. 2020.

As mulheres, que somam um grande número de viúvas[26], levantaram-se pela defesa de todos os direitos e interesses dos atingidos pelos desastres. Transformando o luto em resistência e revolução, o empoderamento feminino ganhou destaque por meio do surgimento de diversas organizações da sociedade civil, a exemplo da fundação da Associação dos Familiares de Vítimas e Atingidos do Rompimento da Barragem em Brumadinho (AVABRUM)[27] e do movimento Arpilleras[28], em que as mulheres, por meio de seus bordados, denunciam os direitos violados em decorrência da construção de grandes empreendimentos.

Em suma, justamente as mulheres, que são as mais afetadas pelas adversidades ambientais, encontram-se na vanguarda das estratégias de consumo e produção sustentáveis. Vê-se que a mobilização feminina para a elaboração de políticas públicas de meio ambiente e acesso a cargos decisórios no planejamento e gestão ambiental entrelaça-se com a própria luta por espaços de discussão política e de cidadania. Dessa forma, a superação das desigualdades de gênero na implementação da gestão integrada dos recursos hídricos e do meio ambiente também contribui para assegurar a proteção dos ecossistemas e da paz social, garantindo o acesso equitativo dos recursos naturais, pelas gerações presentes e futuras.

---

26. Especialmente em Brumadinho onde, das 270 pessoas perderam a vida, vítimas do rompimento da barragem de rejeitos, além das 11 que estão desaparecidas, 206 eram homens. Assim é grande o número de viúvas que tiveram suas vidas drasticamente modificadas. Disponível em: https://www.mpmg.mp.br/areas-de-atuacao/defesa-do-cidadao/violencia-domestica-contra-a-mulher/noticias/agentes-de-transformacao-e-guardias-da-memoria-a-atuacao-incansavel-das-mulheres-nos-casos-mariana-e-brumadinho.htm. Acesso em: 6 set. 2020.

27. Criada formalmente em meados de 2019 para reunir e organizar os familiares das vítimas e atingidos pela tragédia crime de Brumadinho, a AVABRUM referência às 11 vítimas ainda desaparecidas como "nossas joias", em alusão a uma frase do CEO da empresa, Fabio Schvartsman. PRAZERES, Leandro. Vale é uma joia e não pode ser condenada por Brumadinho, diz CEO da empresa. UOL, Cotidiano, 14 fev. 2019. Disponível em: https://noticias.uol.com.br/cotidiano/ultimas-noticias/2019/02/14/vale-e-joia-nao-pode-ser-condenada-por-brumadinho-diz-presidente-da-empresa.htm. Acesso em: 05 set. 2020.

28. Mais informações sobre o "Arpilleras" podem ser obtidas no documentário "Arpilleras: atingidas por barragens bordando a resistência", com acervo e apoio do MAB – Movimento dos Atingidos por Barragens. A técnica dos bordados foi usada pelas chilenas no período da ditadura militar e utilizada novamente nas denúncias das barragens e construção de hidrelétricas no Brasil. Disponível em: https://www.youtube.com/watch?v=PEu-AATb3TU. Acesso em: 06 set. 2020.

4. ÁGUA E GÊNERO: AVANÇOS E DESAFIOS EM NÍVEL INTERNACIONAL

Um marco importante para o reconhecimento em âmbito internacional do papel da mulher na conservação e gestão da água foi a Conferência Internacional de Água e Meio Ambiente (Dublin, 1992). De seus princípios norteadores, o princípio nº 3 delibera que "as mulheres desempenham um papel central no fornecimento, gestão e proteção da água".

Desde então, a importância das mulheres no gerenciamento da água para a saúde (água potável e saneamento), em programas de combate à desertificação e mitigação dos efeitos das secas, preocupação com a alimentação e o equilíbrio ambiental dos ecossistemas está presente, dentre outros, nos seguintes instrumentos: Convenção das Nações Unidas para o Combate à Desertificação (1994), Cúpula Mundial sobre o Desenvolvimento Social (Copenhague, 1995), Declaração Política e Plano de Implementação de Johanesburgo (2002), Declaração Ministerial sobre a Segurança da Água no Século 21 (Haia, 2002), Declaração do Milênio (2000), e Agenda 2030 da Organização das Nações Unidas, com a definição de dezessete Objetivos de Desenvolvimento Sustentável e suas 169 metas.

Dentre os importantes tratados internacionais que reconhecem a integração das mulheres na gestão ambiental, destaca-se a Convenção sobre a Diversidade Biológica (CDB), estabelecida durante a ECO-92 – a Conferência das Nações Unidas sobre Meio Ambiente e Desenvolvimento (CNUMAD).

A CDB foi incorporada ao ordenamento jurídico brasileiro pelo decreto presidencial nº 2.519/98, que estabelece em seu preâmbulo o papel fundamental da mulher na conservação e na utilização sustentável da diversidade biológica, acrescentando a necessidade da plena participação da mulher em todos os níveis de formulação e execução de políticas para a conservação da diversidade biológica[29].

29. BRASIL. Decreto nº 2.519, de 16 de março de 1998. Convenção sobre a Diversidade Biológica. Disponível em: http://www.planalto.gov.br/ccivil_03/decreto/D2519.htm. Acesso em: 19 dez. 2019.

Dos Objetivos de Desenvolvimento do Milênio (2000-2015), estabelecidos após a Cúpula do Milênio das Nações Unidas em 2000 para erradicação da pobreza, quase todos trazem aspectos relativos às mulheres. O objetivo nº 3 determina a promoção da igualdade de gênero e valorização das mulheres, desde o acesso ao ensino à participação feminina no mercado de trabalho e representação política.

A nova agenda da ONU aponta para Objetivos de Desenvolvimento Sustentável (ODS) a serem implementados em todos os países do mundo até 2030. Reforça a igualdade de gênero no quinto objetivo, destacando, dentre as suas metas: "garantir a participação plena e efetiva das mulheres e a igualdade de oportunidades para a liderança em todos os níveis de tomada de decisão na vida política, econômica e pública"; e "adotar e fortalecer políticas sólidas e legislação aplicável para a promoção da igualdade de gênero e o empoderamento de todas as mulheres e meninas em todos os níveis".

O sexto objetivo, com foco central na água potável e saneamento, no item 6.2 prescreve o "acesso a saneamento e higiene adequados e equitativos para todos, (...), com especial atenção para as necessidades das mulheres e meninas e daqueles em situação de vulnerabilidade". Por sua vez, o item 6.5 prevê como meta "implementar a gestão integrada dos recursos hídricos em todos os níveis, (...)", relembrando o conceito implícito do 3º Princípio da Declaração de Dublin (1992).

O décimo terceiro objetivo, com foco nas mudanças climáticas, estabelece, dentre outros propósitos, "o compromisso de promover mecanismos para a criação de capacidades para o planejamento relacionado à mudança do clima e à gestão eficaz, nos países menos desenvolvidos, inclusive com foco em mulheres, jovens, comunidades locais e marginalizadas" (meta 13.b).

Percebe-se que, ao longo dos anos, o quadro normativo foi sendo aperfeiçoado, para compreender a importância da água como garantia dos demais direitos humanos e sua relação com o princípio máximo da dignidade da pessoa humana. Nesse sentido, a Assembleia Geral das Nações Unidas, por meio de sua Resolução A/RES/64/292, de 28 de julho de 2010[30],

30. *UNITED NATIONS*. 64/292. *The human right to water and sanitation. Resolution adopted by the General Assembly on 28 July 2010*. Disponível em: https://undocs.org/A/RES/64/292. Acesso em: 8 set. 2020.

declarou o acesso seguro à água potável e ao saneamento como um direito humano fundamental para o pleno aproveitamento da vida.

De todos os outros direitos humanos, a resolução destacou que o direito à água potável e ao saneamento é um direito humano essencial para o pleno exercício da vida e de todos os direitos humanos. Exortou os Estados e as organizações internacionais a fornecerem recursos financeiros e a incentivarem a capacitação e a transferência de tecnologia por meio da assistência e cooperação internacional, em particular para os países em desenvolvimento, a fim de intensificar os esforços para fornecer à população inteira acesso econômico e universal, com a devida modicidade, potabilidade e saneamento[31].

O 8º Fórum Mundial da Água (*World Water Forum*), realizado em março de 2018 em Brasília, destacou o tema "Água e Gênero", expondo os desafios da participação feminina na governança da água, na gestão de políticas públicas que tratam do uso dos recursos hídricos e no ativismo para preservação hídrica, como peça-chave que é a mulher na coleta e uso equitativo da água[32].

No entanto, chama a atenção o fato de que, dentre os doze chefes de Estado que participaram da abertura do aludido fórum, **não havia nenhuma mulher**, evidenciando a falta de **ações efetivas que assegurem a participação** feminina em grandes conferências e a representatividade em altos cargos com poder decisório.

A recente pandemia da COVID-19 evidenciou a necessidade do reconhecimento do acesso à água e saneamento como direito humano autônomo, nos termos da citada resolução da ONU, com a imposição de

31. BRASIL. Conselho Nacional do Ministério Público. Revista do CNMP: água, vida e direitos humanos n. 7. Brasília, 2018. Disponível em: https://www.cnmp.mp.br/portal/images/ revista_final.pdf. Acesso em: 19 jan. 2020.

32. As coautoras integram o projeto Conexão Água do MPF, que participou de 20 painéis no WWF8 e que constrói estratégias coletivas, com controle do risco e controle social, numa governança colaborativa por grupo multidisciplinar e multisetorial de colaboradores (membros do Ministério Público brasileiro, do Poder Judiciário, CGU; TCU; BACEN, CVM, da Academia, do setor empresarial, ONGs, gestores públicos e privados das áreas de meio ambiente, águas, saúde, saneamento e outros) que se articula e interage em boas práticas para objetivos comuns. Disponível em: www.conexaoagua.mpf.mp.br. Acesso em 12 set. 2020.

obrigações legais ao Estado brasileiro[33]. Em meio à crise sanitária sem precedentes, o advento da lei no 14.026, de 15 de julho de 2020, conhecida como novo marco legal do saneamento, amplia a participação da iniciativa privada para melhorar a qualidade e universalização dos serviços, estabelecendo metas de 99% de cobertura para abastecimento de água e 90% de cobertura e tratamento de esgoto até 31 de dezembro de 2033.

A universalização do saneamento pressupõe que o fator ambiental deve estar inserido na avaliação do equilíbrio econômico-financeiro dos contratos. O novo marco regulatório reforça a universalização do serviço que envolve atividades de riscos ambientais, além dos riscos jurídicos, socioambientais, de mercado, de imagem, à saúde e à vida.

Somente uma governança interfederativa e intersetorial, que promova o controle de risco e o controle social em cada unidade regionalizada de gestão, desde o processo regulatório até o monitoramento da eficiência da gestão, será capaz de aferir o devido equilíbrio econômico-financeiro que agregue o fator ambiental.

Tal governança deverá ser pautada em princípios do desenvolvimento sustentável, da dignidade da pessoa humana, da ética, da publicidade, da eficiência, da moralidade, da precaução, do controle do risco e do controle social, que não são meras exortações, mas verdadeiros comandos constitucionais com força cogente[34].

33. HELLER, Léo; MONTENEGRO, Marcos; SILVA, Edson Aparecido. A nova lei de saneamento: atiraram no público e acertaram o privado. UOL, Economia, 23 ago. 2020. Disponível em: https://economia.uol.com.br/colunas/2020/08/23/a-nova-lei-de-saneamento-atiraram-no-publico-e-acertaram-o-privado.htm. Acesso em: 12 set. 2020. Os autores criticam a nova lei, acentuando, dentre outras razões, que "a crise epidêmica que vivenciamos, em que lavar as mãos e manter a higiene são fundamentais, trouxe à tona a injustiça da política de cortes de abastecimentos por inadimplência, e deixou clara a necessidade de suspender a cobrança de tarifas para as populações de renda baixa".

34. KISHI, Sandra A. Saneamento e o novo (a)normal: controle social e controle de risco. **Le Monde Diplomatique Brasil**. Série especial "Novo marco regulatório do saneamento". 08 agosto 2020. Disponível em: https://diplomatique.org.br/saneamento-e-o-novo-a-normal-controle-social-e-controle-de-risco/. Acesso em: 12 set. 2020.

5. DESENVOLVIMENTO SUSTENTÁVEL, SOLIDARIEDADE INTERGERACIONAL E COOPERAÇÃO

O desenvolvimento sustentável, por força do princípio da proibição do retrocesso[35], exige uma progressividade na criação de melhores condições de vida, que propague a dignidade em diferentes planos, reconheça e promova os direitos e a realização das liberdades humanas de modo contínuo e evolutivo.

Logo, para garantir que "ninguém será deixado para trás"[36] no caminho ao desenvolvimento sustentável, é fundamental uma real capacidade das comunidades para lidarem com situações críticas ou crônicas de crise[37]. O controle de riscos é a chave para reduzir os desequilíbrios nas vulnerabilidades locais maximizados por mecanismos globais de governanças.

Isso adquire especial relevância em situações de crise globais, como as mudanças climáticas e a pandemia de COVID-19, porque regiões específicas e situações locais peculiares requerem diferentes decisões e respostas. Nessa linha, o Supremo Tribunal Federal (STF) decidiu recentemente que medidas restritivas podem ser tomadas em nível local ou regional para enfrentar a COVID-19.

Com base no federalismo cooperativo, o STF deixou claro que, na pandemia, o governo federal não pode impedir que os estados tomem medidas mais rígidas de proteção, reconhecendo a competência concorrente

---

35. Como princípio filosófico e social, desenvolvido por Michel Prieur, a proibição do retrocesso significa que a regulamentação pública protetora não deve ser repelida pela política ou por empresas de curto prazo com fins lucrativos. Os tribunais superiores (Supremo Tribunal Federal e Superior Tribunal de Justiça) usam esse princípio com base no art. 225, da CF.

36. A abrangência universal da Agenda 2030 para o Desenvolvimento Sustentável é um imperativo ético, sustentado pelos princípios fundamentais de interdependência, universalidade e solidariedade. "Ninguém deve ser deixado para trás. Aquelas pessoas, mais difíceis de alcançar, devem ter prioridade", disse o vice-secretário-geral das Nações Unidas Secretário-Geral, Jan Eliasson, em um fórum para os Estados-membros da ONU sobre ética para o desenvolvimento. Disponível em: https://nacoesunidas.org/ninguem-sera-deixado-para-tras-e-um-imperativo-etico-na-agenda-2030-afirma-representante-da-onu/. Acesso em: 06 set. 2020.

37. PLATER, Zygmunt. *Resilient models of governance in times of human and planetary stress* (Palestra), Boston College Law School. 14 ago. 2020.

dos entes federativos no combate ao coronavírus (ADI no 6341, Relator Ministro Marco Aurélio, julgado em 16 de abril de 2020) e a autonomia dos Municípios para requisitar bens e serviços na pandemia (ADI no 6362, Relator Ministro Ricardo Lewandowski, julgado em 2 de setembro de 2020)[38].

Nesse contexto, são necessárias políticas públicas destinadas a melhorar as condições de vulnerabilidade, pobreza e poluição, o crescimento demográfico, controle de natalidade, a educação, a ciência e a tecnologia, investimentos que transformam a cultura social para a busca de bem-estar social.

Gerd Winter reconhece o valor preponderante da natureza no conceito de desenvolvimento sustentável, em que a biosfera é o pilar que suporta os pilares da sociedade e da economia, como uma base que sustenta as paredes de uma casa. Para o eminente mestre teuto, o conceito de interação e harmonia dos três pilares do desenvolvimento sustentável "é imprudente e descompromissado, ele leva facilmente a compromissos simulados"[39].

Tal releitura converge com os ideais de solidariedade intergeracional e de cooperação, que reforçam o ônus da presente geração em transmitir às gerações futuras condições mínimas e sustentáveis de vida. Conforme o líder indígena Ailton Krenak, a nova realidade da era da COVID-19 nos leva a refletir sobre o divórcio das integrações com a natureza, pois:

> "Esse vírus está discriminando a humanidade. Basta olhar em volta. O melão-de-são-caetano continua a crescer aqui do lado de casa. A natureza segue. O vírus não mata pássaros, ursos, nenhum outro ser, apenas humanos. Quem está em pânico são os

38. O entendimento que prevaleceu em ambas as ações diretas de inconstitucionalidade (ADI) é de uma cooperação necessária entre os entes federativos e responsabilidade comum. A subsidiariedade aproxima-se do federalismo cooperativo, na medida em que "permite o acesso do cidadão ao governante mais próximo e, nesse sentido, os municípios são os primeiros a reagir numa situação de pandemia" (ADI 6362, rel. Min. Ricardo Lewandowski, j. em 2 set. 2020).

39. "É verdade que o conceito dos três pilares desafiou ambientalmente políticas e setores legais indolentes a levarem em conta as implicações ambientais. Contudo, se faz necessário adotar uma conotação existencial de sustentabilidade, que ainda está distante, "para adicionar cor, textura e sombra à nossa interpretação" da lei.", em MACHADO, Paulo Affonso Leme e Kishi, Sandra A. (Org), "Desenvolvimento Sustentável, OGM e responsabilidade civil na União Européia", Campinas-SP: Millennium Editora, 2009, p. 4.

povos humanos e seu mundo artificial, seu modo de funcionamento que entrou em crise. É terrível o que está acontecendo, mas a sociedade precisa entender que não somos o sal da terra" [40].

A ética ecológica vinculante tem como base a solidariedade intergeracional e repousa no *caput* do artigo 225 da Constituição Federal. Para efetiva concretização do ideal de desenvolvimento sustentável deve ser considerado o essencial papel da mulher – tal como invocado no preâmbulo da Convenção da Diversidade Biológica – naturalmente protagonista incansável nos desafios ambientais e demandas por planejamento hidrológico para uma adequada gestão integrada hídrica e ambiental.

A hidroética consiste em um conjunto de regras de condutas conforme princípios e regras relacionadas à adequada governança e gestão da água, protegendo-a das "práticas que coloquem em risco sua função ecológica" [41], com controle de risco e controle social. Isto porquanto contínuas as ações antrópicas ou as atividades humanas cumulativas e modificadoras do ambiente, numa crescente crise civilizatória que tem exigido grau máximo de resiliência, em especial das mulheres, quanto aos deveres de cuidado e de solidariedade intergeracional, voltados a garantir o acesso digno, universal e justo de todos à água potável e ao saneamento, numa democracia hídrica.

A integração de todos os atores para considerar a dimensão dos recursos naturais de cada uma de suas decisões é um dos propósitos mais importantes da sustentabilidade[42]. Nesse contexto, para fazer cumprir tais ações, combinadas com uma agenda de desenvolvimento sustentável, deve-se dar voz aos grupos e pessoas em situações de maior vulnerabilidade que, muitas vezes, sequer possuem condições de buscar a tutela de seus direitos[43].

---

40. KRENAK, Ailton (2020, *apud.* RIBEIRO, Djamila. Somos piores que a COVID-19, escreve o pensador Ailton Krenak. Folha de São Paulo, Colunas e blogs. 24 abr. 2020. Disponível em https://www1.folha.uol.com.br/colunas/djamila-ribeiro/2020/04/somos-piores-do-que-a-covid-19-escreve-ailton-krenak.shtml. Acesso em: 14 set. 2020).

41. Consoante trecho transcrito do artigo 225, parágrafo 1°, inciso VII, da Constituição da República Federativa do Brasil.

42. WINTER, Gerd. Desenvolvimento Sustentável, OGM e responsabilidade civil na União Européia, *in* MACHADO, Paulo Affonso Leme Machado e KISHI, Sandra Akemi Shimada (Org.), Campinas, SP: Millennium Editora, 2009. Tradução: Carol Manzoli Palma. p. 21.

43. A identificação das comunidades vulneráveis deve compreender todos os grupos sociais sem poder suficiente para ser ouvidos ou reconhecidos. Esse conceito está

O controle social, baseado em um conjunto normativo[44] de mecanismos e procedimentos democráticos de participação social, conta com chances reais de influenciar um processo de planejamento, decisório, de execução e de avaliação das políticas públicas ambientais, possuindo relevância fundamental para a redução efetiva das vulnerabilidades socioambientais.

O empoderamento das vulnerabilidades deve ir além da escuta, avançando para que as vozes da sociedade influenciem efetivamente nos processos de planejamento e decisórios ambientais, à luz do Acordo Regional de Escazú, de 2018, assinado pelo Brasil[45].

Nesse sentido, a coautora Sandra Kishi tem sustentado[46] que o princípio do controle de risco pode ser expresso na equação: "hipervulnerabilidade + riscos – governança = novas salvaguardas mais rigorosas", com valorização do fator ESG (*environmental, social, governance*) para investimentos responsáveis, claramente direcionados à redução de impactos ambientais e sociais.

Por meio do multilateralismo ativo e democrático, pautado na ética, cooperação e solidariedade intergeracional, a regulação é voltada ao desenvolvimento do direito das águas internacional, garantindo segurança hídrica, alimentar, saúde, paz e estabilidade do mundo.

Torna-se essencial a presença da mulher nesse cenário de planificação hidrológica para a realização de uma política de cuidados e segurança integrada:

---

presente em instrumentos legais, como a Convenção da Organização Internacional do Trabalho nº 169 (OIT, 1989); a Convenção sobre Diversidade Biológica (CDB, 1992, artigos 8 (j), 15 e 19); Protocolo de Londres sobre Água e Saúde (OMS, 1999, art. 5º, I trata do direito à água de qualidade às comunidades vulneráveis/excluídas).

44. Artigo 216, § 1º, X, CF/88; artigo 3º, IV, da lei nº 11.445/07; artigo 3º, VI, da lei nº 12.305/10.

45. Conforme parágrafo 7º do artigo 7º do Acordo Regional de Escazú, "a autoridade pública levará devidamente em conta o resultado do processo de participação".

46. O gerenciamento de risco contínuo, com avaliações de desempenho da governança e da gestão para a sustentabilidade constitui o pilar essencial da concepção do direito dos desastres. KISH, Sandra. EMERJ – Escola de Magistrados do Estado do Rio de Janeiro, RJ, 9 abr. 2018. Disponível em: http://www.sisctm.com.br/wp-content/uploads/2018/05/Palestra-Sandra-Kishi.pdf. Acesso em: 05 set. 2020.

> À mulher não incumbe apenas o papel de quem organiza, administra e dá suporte técnico e operacional para que as coisas aconteçam, mas também o papel de agente decisório, com poder para inserir, no centro das discussões e decisões, questões relevantes para as mulheres que são a maioria dos usuários e principais consumidoras com poder de influenciar quanto à qualidade, disponibilidade e regulamentação de seu fornecimento[47].

Para transformar esse cenário ou estado da arte, são necessárias ações de educação, capacitação, conscientização, articulação e mobilização, em todos os níveis[48], que envolvem um significativo processo de democratização da cultura para a consolidação do relevante papel da mulher na sociedade e na gestão integrada da água e do meio ambiente.

6. ACORDO REGIONAL DE ESCAZÚ

Com o objetivo de lutar contra a desigualdade e a discriminação, os países da América Latina e do Caribe adotaram o Acordo Regional sobre Acesso à Informação, Participação Pública e Acesso à Justiça em Assuntos Ambientais na América Latina e no Caribe, na cidade de Escazú, em 4 de março de 2018. Fundamentado no Princípio 10 da Declaração do Rio sobre Meio Ambiente e Desenvolvimento de 1992, o acordo visa a garantir a realização plena e efetiva dos direitos de acesso à informação ambiental e participação pública nos processos de tomada de decisões ambientais, bem como a criação e o fortalecimento de capacidades e cooperação, contribuindo para a proteção das gerações presentes e futuras, a viverem com sadia qualidade de vida, num meio ambiente ecologicamente equilibrado (art. 1º)[49].

---

47. CAMARGO, Ethel Martinez de Azevedo; YASSUDA, Margarida e KISHI, *Sandra Akemi Shimada. Artigo* Mulheres: perspectivas e desafios em relação à água. Campinas: Labor & Engenho, v.12, n.2, p.156-165, abr./jun. 2018, p. 158. Disponível em: DOI: https://doi.org/10.20396/labore.v12i2.8652779.

48. Artigo 225, parágrafo 1, VI, da Constituição da República Federativa do Brasil.

49. Comissão econômica para a América Latina e o Caribe – CEPAL. Acordo Regional sobre Acesso à Informação, Participação Pública e Acesso à Justiça em Assuntos Ambientais na América Latina e no Caribe. Texto da versão em português. Publicação das Nações Unidas, Santiago, LC/PUB 2018/8, p.14. Disponível em: https://repositorio.cepal.org/bitstream/handle/11362/43611/S1800493_pt.pdf. Acesso em: 11 fev. 2020.

Com base no princípio da igualdade e da não discriminação, o acordo estabelece em seu artigo 5º, itens 3 e 4 que cada país facilitará o acesso das pessoas ou grupos em situação de vulnerabilidade, inclusive os povos indígenas e grupos étnicos, à informação ambiental.

O acesso à informação ambiental consiste em transmissão de conhecimento capacitando o indivíduo a exercer a liberdade individual e a solidariedade social. Nas palavras de Paulo Affonso Leme Machado: "Não informar, quando se deve informar, é exercer um tipo de dominação indevida sobre alguém, é submetê-lo a uma nova forma de escravidão" [50].

O Acordo Regional de Escazú, em respeito à diversidade, incentiva a criação de espaços para consultas em questões ambientais, possibilitando a participação de diversos grupos e setores, valorizando o conhecimento local, o diálogo e a interação das várias visões e dos diferentes saberes (artigo 7º, item 13).

Com efeito, a eficácia do sistema de *accountability* ou de prestação de contas para a conservação de bens de natureza difusa ou coletiva somente se concretiza por meio da democratização dos processos decisórios com participação e controle social:

> O direito à participação pública nos processos de tomada de decisão ambientais é um dos três direitos basilares do Acordo de Escazú/2018. O direito à participação pública é um desenvolvimento do princípio democrático, em que se procura, segundo marcos normativos internos e internacionais", realizar a democracia participativa[51].

50. MACHADO, Paulo Affonso Leme. Estudos de Direito Ambiental 3. São Paulo: Malheiros, 2019, p. 29. A propósito, conferir o artigo 216-A, parágrafo 1º, X da CF/88, a lei de Acesso à Informação Ambiental (Lei nº 10.650/2003) e a lei de Acesso à Informação (Lei nº 12.527/2011).
51. *Idem*, p. 36.

7. O DECRETO DE DIREITOS HUMANOS E EMPRESAS, A LEI ANTICORRUPÇÃO E A LEI DE LIBERDADE ECONÔMICA

Além do dever dos Estados, as empresas também têm a responsabilidade de proteger os direitos humanos para não causar danos. Em um mundo onde as empresas transnacionais aumentaram seu poder e influência sobre as economias, a arquitetura protetora dos direitos humanos avança para estruturas mais complexas, que polariza de um lado as empresas e, de outro, as comunidades vulneráveis[52].

O decreto nº 9.571/18 visa a promover e efetivar a presença da mulher nos espaços decisórios empresariais, seja como destinatária de direitos humanos fundamentais, seja para a efetividade da proteção do meio ambiente.

No que se refere à proteção dos direitos humanos em atividades empresariais, o artigo 3º estabelece diretrizes, relacionadas à garantia de condições de trabalho dignas, com valorização da diversidade e a criação de programas de incentivos para contratação de grupos vulneráveis.

Como medidas para combater a discriminação nas relações de trabalho, promover a valorização e o respeito da diversidade em suas áreas e hierarquias, o decreto nº 9.571/18 estabelece no artigo 8º responsabilidades das empresas voltadas à promoção dos direitos das pessoas idosas, das pessoas com deficiência e das mulheres.

No entanto, é fundamental entender as causas dessas desigualdades e quantificá-las para realização de ações apropriadas. Uma das ferramentas mais importantes para evidenciar a desigualdade de gênero é a coleta e análise de dados desagregados por sexo[53]. Atualmente, cerca de um terço dos países do mundo coleta dados desagregados por sexo para o gerenciamento

52. Os Princípios Orientadores sobre Negócios e Direitos Humanos das Nações Unidas, conhecidos como "Princípios Orientadores" (*Guiding Principles* on *Business and Human Rights* – GPs), desenvolvidos pelo Professor John Ruggie, são a principal referência. Os GPs correspondem a um conjunto de diretrizes para todos os estados e para todas as empresas, ambas transnacionais e outros, sendo fomentados em três pilares: proteger, respeitar e remediar. V. PIOVESAN, Flavia. Empresas e direitos humanos. Coordenadores Flavia Piovesan, Inês Virginia P. Soares, Marcelo Torelly – Salvador: Ed. Juspodivm, 2018.

53. UNESCO. Água e gênero – rumo à igualdade de gênero no mundo da água! c2017. Disponível em: http://www.unesco.org/new/en/natural-sciences/environment/water/wwap/ water-and-gender. Acesso em: 10 fev. 2020.

da água. Esses dados permitem observar as relações de poder, geralmente desiguais, entre homens e mulheres no setor da água e produzir evidências científicas para informar a formulação de políticas[54].

Como instrumento de controle da efetivação da participação da mulher nas políticas públicas e gestão das águas, também podemos citar a lei nº 12.846/2013 (lei anticorrupção) que instituiu a responsabilidade da pessoa jurídica pela prática de atos lesivos à administração pública, nacional ou estrangeira[55].

A definição do bem jurídico tutelado na responsabilidade anticorrupção pode ser ainda mais ampliada, tendo em vista a eticidade ínsita no conceito. O financiamento, custeio, patrocínio ou qualquer subvenção à prática de atos contra os princípios da administração pública ou contra os compromissos internacionais assumidos pelo Brasil, tais como as convenções, os tratados, acordos, protocolos e atos que prescrevem a efetividade de políticas públicas de promoção da igualdade de gênero e que dispõem sobre a participação de mulheres em todos os níveis de tomada de decisão na vida política, econômica e pública, considerando o artigo 1º, *caput*, c.c. o artigo 5º, II, da lei nº 12.846/2013 podem configurar, em tese, ato de corrupção.

A lei de Liberdade Econômica – lei nº 13.874, de 20 de setembro de 2019, por sua vez, acaba por propiciar com o disposto no inciso XII do art. 3º sobre a impossibilidade de exigência de certidão sem previsão expressa em lei, a desarticulação da gestão do meio ambiente integrada à de águas, a exemplo de condicionante usualmente veiculados por Resoluções do CONAMA.

Em direito ambiental, é inconteste que as resoluções CONAMA operam como verdadeiras normas gerais com força cogente de lei. Nesse sentido, é a jurisprudência do Egrégio Tribunal Regional Federal da 3a Região[56],

54. *Ibidem*.

55. A propósito, o artigo 5º, *caput* estabelece: "Constituem atos lesivos à administração pública, nacional ou estrangeira, para os fins desta lei, todos aqueles praticados pelas pessoas jurídicas mencionadas no parágrafo único do art. 1º, que atentem contra o patrimônio público nacional ou estrangeiro, contra princípios da administração pública ou contra os compromissos internacionais assumidos pelo Brasil".

56. TRF3, 3ª. Turma, Apelação/Remessa necessária n. 0000104-36.2016.4.03.6135, Relator Desembargador Federal Antonio Cedenho, j. em 19.08.2020.

com base em julgado do E. Superior Tribunal de Justiça[57], pois concorre com outras normas dirigidas à proteção do meio ambiente, superando-as hierarquicamente, cujo sistema prevê a participação de todos os entes federativos, segundo o art. 23, inciso VI art. 24, inciso II, e art. 30, incisos I e II, da Carta Maior.

A CDB e o Acordo de Escazú (art. 7º) ressoam no artigo 5º, *caput,* da lei no 12.846/2013, por valorizarem o papel fundamental da mulher na conservação e uso sustentável da natureza, assegurando a sua plena participação e considerações sobre o eco de suas vozes desde o planejamento à execução e prestação de contas, ou seja, todas as fases de decisão ambiental.

Portanto, ambas as normas e os princípios da administração pública devem ser implementadas obrigatoriamente com força normativa cogente, para um real *due diligence*, com diagnóstico e avaliação de riscos para o efetivo *compliance* e governanças voltadas à sustentabilidade ou à integração da gestão do meio ambiente com as demais políticas socioambientais e de gestão de recursos hídricos ou de outras gestões da área ambiental, a fim de se evitar a responsabilização por atos lesivos previstos na Lei Anticorrupção[58].

8. CONCLUSÃO

A gestão da água integrada com a do meio ambiente deve ser organizada de forma conjunta e universal, pautada em princípios do desenvolvimento sustentável, da solidariedade intergeracional e da cooperação interciências e intersetorial. A percepção da conexão das águas com o meio ambiente fortalece a interrelação com os direitos humanos, democracia e desenvolvimento.

Os desastres ambientais, as mudanças climáticas, o consumo desenfreado, a obsolescência programada e a elevada produção de resíduos vêm

---

57. STJ, Recurso Especial no 1.462208/SC, Relator Ministro Humberto Martins, 2ª Turma, julgado em 11/11/2014, DJe 06/04/2015.

58. Nessa linha de raciocínio, discorremos mais detalhadamente em CAMARGO, Ethel Martinez de Azevedo, CASTANHEIRO, Ivan Carneiro, KISHI, Sandra Akemi Shimada e MELLO, Guilherme Gorga, Responsabilidade Objetiva, Financiamentos e Meio Ambiente na Lei Anticorrupção, *in* KISHI, S. A. S, YOSHIDA, C. M., VIANNA, M. D. B. e PIAZZON, R. S., Finanças Sustentáveis e a Responsabilidade Socioambiental das Instituições Financeiras. Belo Horizonte: Fórum, 2017, p. 105-123.

causando perdas irreparáveis pela excessiva e predatória exploração dos recursos naturais. Pelas desigualdades históricas, as mulheres em condições de pobreza extrema são as mais vulneráveis às adversidades ambientais e à resiliência.

Com base na singular clareza feminina é possível revigorar a consciência para melhor cuidar, conviver e utilizar os recursos naturais: rios, oceanos, solo, ar, flora e fauna. É imprescindível avançar na produção de alimentos diversificados, que não agridam ao meio ambiente e sustentem também a biodiversidade, assim como investir em ciência e tecnologias que aperfeiçoem recursos e produzam energia de modo eficiente, para que todos tenham acesso equitativo aos recursos naturais, atingindo melhores condições de vida e bem-estar social.

Contra as mudanças climáticas e a degradação ecológica, deve-se reconhecer a importância do empoderamento feminino e da sua presença nas instâncias decisórias. A mobilização feminina para o esforço de conservação e construção de resiliências entrelaça-se com a própria luta das mulheres por espaços de discussão política e de cidadania. O avanço da agenda internacional reflete uma significativa mudança histórico-cultural sobre o papel da mulher na gestão integrada do meio ambiente.

Sociedades diversas e sustentáveis devem ser construídas a partir de modos de vida orientados pelo respeito e solidariedade entre os diferentes povos e culturas, nas interações agregadas e possíveis de valor entre natureza e sociedade, no enlaçamento de identidades, conhecimentos científicos e sabedorias populares para benefício comum e coletivo. É urgente saber compreender, aprender e unir as resistências femininas, pois são forças que, por meio de diálogos colaborativos e diversificados, por exemplo, revisitam culturas dos povos originários com respeito às diversidades, para alcançar a qualidade de vida e o desenvolvimento sustentável das sociedades.

Nesse cenário, a mulher é a provedora natural da vida e zeladora ancestral dos bens naturais, movida pelo espírito da solidariedade e do bem comum. Colaborativa, integradora e ética em sua essência, ela é precursora da democratização de experiências construídas a partir de corajosas lutas pela igualdade de direitos e pelo respeito aos valores e às formas de convivência na natureza, em busca da sadia qualidade de vida no planeta Terra para as gerações presentes e futuras.

8

UM OLHAR SOBRE MIGRANTES, REFUGIADOS E REFUGIADAS: UM PAÍS "HOSPITALEIRO" E SUAS IGNORÂNCIAS ESTIMULADAS[1]

Elizabeth Harkot de La Taille

(Doutoranda FFLCH-USP)

Luciana Carvalho Fonseca

(Doutoranda FFLCH-USP)

Ana Carolina L. Chiovatto

(Doutoranda FFLCH-USP)

1. PALAVRAS INICIAIS: O BRASIL "HOSPITALEIRO"

Em 30 de janeiro de 2019, o Mato Grosso do Sul foi eleito "o estado mais hospitaleiro do Brasil", com nada menos do que 99,6% das respostas de visitantes estrangeiros à pesquisa do Ministério do Turismo do Brasil, secundado por Santa Catarina (99,2%), Rio Grande do Sul (98,9%) e

1. As autoras agradecem a Renato Razzino Ernica pela revisão e por seus comentários e sugestões.

Paraná (98,5%), sendo a hospitalidade apontada como o "principal item entre os 19 pesquisados no estudo da demanda internacional do Mtur"[2].

Esse Brasil hospitaleiro é há muito difundido, como mostra Kelen Cristina Teles[3] (2006), em pesquisa intitulada "Brasil *versus Brazil*: imagens do país no exterior", baseada na análise de campanhas publicitárias brasileiras e relatos de viagem de turistas, veiculados pela Internet em língua inglesa. Todo o *corpus* coletado, inclusive os diários e relatos de viagem, notabilizava-se pela grande consonância com a octogenária e amplamente propagada imagem do brasileiro segundo Zweig[4]:

> Todo estrangeiro é recebido do modo mais acolhedor e tudo lhe facilitam da maneira mais obsequiosa; desconfiados como, infelizmente, nós europeus nos tornamos ante tudo o que é naturalmente humano, perguntamos a amigos e a indivíduos recém-imigrados se essa patente cordialidade não é apenas formalidade, se essa convivência boa, amistosa, sem visível ódio e inveja entre raças e classes não é uma mera ilusão ótica de uma primeira impressão superficial. Mas todos são unânimes em elogiosamente declarar que a primeira e a mais essencial qualidade do povo brasileiro é ser de boa índole. Todo indivíduo a quem perguntamos repete as palavras dos primeiros que chegaram a essa terra: "É a mais gentil gente".

O ensaio de Zweig, traduzido em várias línguas, rodou o mundo e contribuiu para a difusão da ideia de um Brasil hospitaleiro e gentil[5] no

2. AGRAER (30 de janeiro de 2019). Mato Grosso do Sul é eleito o estado mais hospitaleiro do Brasil, segundo pesquisa do Ministério do Turismo. Disponível em http://www.agraer.ms.gov.br/mato-grosso-do-sul-e-eleito-o-estado-mais-hospitaleiro-do-brasil-segundo-pesquisa-do-ministerio-do-turismo/

3. Teles, K. C (2006). *Brasil versus* Brazil*: imagens do país no exterior*. Relatório de Pesquisa de Iniciação Científica, circulação restrita. (Graduanda em Turismo) – Pontifícia Universidade Católica de São Paulo, Conselho Nacional de Desenvolvimento Científico e Tecnológico. Orientador: Elizabeth Harkot-de-La-Taille.

4. ZWEIG, Stefan. *Brasil, País do Futuro*. Trad. Odilon Gallotti. São Paulo: Ridendo Castigat Mores, 1941. Disponível em http://www.ebooksbrasil.org/eLibris/paisdofuturo.html#7 Acesso em 01/02/2020.

5. A presença de "gentil" no discurso oficial, como na letra do hino nacional ("Dos filhos deste solo és mãe gentil") ecoa em inúmeras canções que, por sua vez, confrontam este imaginário com a mesma expressão. Entre elas: *Nossa pátria mãe gentil* de Vaguinho e Boneco, mais conhecida na voz de Beth Carvalho, e *O Bêbado e a Equilibrista* de João Bosco e Aldir Blanc, consagrada na interpretação de Elis Regina.

imaginário ocidental do século XX, em parte até mesmo do século XXI, inclusive para muitos brasileiros.

Relativizando a "boa índole" do povo, em meados da década de 1970 os redatores do então programa televisivo "Praça da Alegria" criaram um quadro humorístico que, não sem ironia, cristalizou o bordão "Brasileiro é tão bonzinho!". O quadro trazia a atriz Kate Lyra no papel de uma americana ingênua e *sexy* que acolhia como simpática cortesia as várias troças pregadas por seus interlocutores. Nele, personagens brasileiros ("malandros no bom sentido", diriam na época), ensinavam-lhe palavras chulas como se significassem outra coisa e a faziam repeti-las. Semelhanças com o comportamento abominável de alguns brasileiros com mulheres na copa da Rússia não são mera coincidência[6]. A "mais gentil gente", obviamente, não é "gentil" com todo tipo de estrangeiro.

Vale aqui perguntar com quais estrangeiros o povo brasileiro "eh a mais gentil gente", juízo primeiramente proferido a respeito dos habitantes autóctones pelo relator da expedição de Martim Afonso de Sousa, seu irmão, *Pero Lopes de Sousa, no* "Diário da Navegação da Armada que foi à terra do Brasil em 1530", e generalizado por Zweig a toda a população.

A partir da divisão do território brasileiro em Capitanias Hereditárias, em 1534, o projeto de colonização do Brasil fomentou a vinda de portugueses e o deslocamento forçado de africanos escravizados. Outros povos eram proibidos. Durante a união das coroas de Portugal e Espanha, entre 1580 e 1640, acrescentaram-se espanhóis à população, cuja entrada somente foi permitida enquanto as coroas perfaziam um único reino. O Brasil colônia foi concebido como um domínio mormente de imigrantes portugueses. Africanos e indígenas contavam como mão de obra escravizada ou selvagens a serem expulsos, mas não como população nacional, embora compusessem a maioria numérica em solo nacional nos primeiros séculos[7],

---

6. O comportamento de alguns torcedores brasileiros em relação a mulheres russas foi, na verdade, bastante semelhante, com o agravante de que eles as gravaram em vídeo repetindo, inadvertidamente, frases de explícito cunho sexual. IG Esportes. Brasileiros gravam vídeo com ofensas a mulher russa na Copa (19 de junho de 2008). Disponível em https://esporte.ig.com.br/futebol/copa-do-mundo-2018/2018-06-19/brasileiros-ofendem-russa.html Acesso em 02/02/2020.

7. Mattoso, K. de Q. (2003). *Ser Escravo no Brasil*. Trad. James Amado. São Paulo: Brasiliense.

avançando o século XIX até o início do XX. Até o século XVIII o influxo de europeus era majoritariamente de homens. Mulheres passaram a vir da Europa em maior número a partir do ciclo do ouro e o número se intensificou no início do século XIX. Pois, Portugal, em consequência do Bloqueio Continental imposto por Napoleão, das invasões francesas sofridas e da ocupação de 1807, assistiu à partida da corte de D. João VI para o Brasil. Foi com a abertura dos portos "às nações amigas" – Inglaterra e aliados contra o Império Francês –, em 1808, que não-lusitanos(as) tiveram autorização para entrar no território brasileiro: suíços, alemães e, numa tentativa frustrada, irlandeses.

A Abolição da escravidão, promulgada sem uma correlativa reforma agrária, como compensação por mais de três séculos de trabalho sem remuneração, e nem mesmo um projeto de empregabilidade dos libertos, lançou à própria sorte um enorme contingente de homens e mulheres afrodescendentes, desde sempre impedidos de ter acesso à educação. Consequentemente "abriram-se" postos de trabalho para um acentuado e diversificado fluxo migratório vindo da Europa. Entre 1890 e 1900, mais de 1,4 milhão de imigrantes entraram no Brasil, o dobro da somatória dos 80 anos anteriores[8].

Entre o final do século XIX e a primeira metade do século XX, imigraram para o Brasil pessoas oriundas da Itália, Japão, Polônia (católicos e judeus), Armênia, Ucrânia, Rússia, China, Líbano, Síria, entre outros. As duas guerras mundiais e fatores internos contribuíram para instabilidades e a consequente variedade das correntes migratórias. No Estado Novo, ainda que a imigração tenha declinado, o governo criou mecanismos para regulamentá-la, isto é, privilegiar alguns grupos de imigrantes em detrimento de outros:

> Diante da difusão de ideias contrárias à imigração, diante da necessidade de defender o trabalhador nacional, diante do perigo de se construírem Estados dentro do Estado brasileiro, a partir dos núcleos estrangeiros de italianos, alemães, japoneses, judeus, polacos e outros, o governo Vargas e a coalizão de forças políticas

8. Brasil Escola (sem data). Imigração no Brasil. Disponível em https://brasilescola.uol.com.br/brasil/imigracao-no-brasil.htm. Acesso em 15/10/2019.

> aprovaram medidas restritivas à entrada de imigrantes. Numa conjuntura de relativa liberdade democrática política e eleitoral, a Assembleia Nacional Constituinte em 1933 debateu os limites à imigração no Brasil. A Constituição de 1934 estabeleceu um sistema anual de cotas de 2% sobre o total das respectivas nacionalidades fixadas no Brasil nos últimos 50 anos e proibiu sua concentração em áreas coloniais (Constituição de 1934, Artigo 121, parágrafos 6º e 7º). Segundo o texto constitucional, as restrições eram necessárias para garantir a integração étnica dos imigrantes aos nacionais. (OLIVEIRA, 2013, p.4)

A Constituição de 1946 (Artigos 5º e 162) confirmou as políticas relativas à imigração e aos estrangeiros como competência da União e os critérios para a seleção de imigrantes segundo "o interesse nacional", num forte movimento de evitação de grupos **étnicos e religiosos** tidos por indesejáveis. Nesse contexto, estrangeiros, preferencialmente católicos, majoritariamente brancos, eram admitidos após avaliação prévia que indicasse sua capacidade de contribuir com o desenvolvimento econômico brasileiro, desde que não se configurassem como adeptos ou simpatizantes do socialismo comunista. O Artigo 162, ao determinar que "[a] seleção, entrada, distribuição e fixação de imigrantes ficarão sujeitas, na forma da lei, às exigências do interesse nacional", reafirmou o Decreto-lei nº 7.967[9] de 27 de agosto de 1945, revogado pela Lei no 6.815, de 1980, que considerava:

> [...] necessário, cessada a guerra mundial, imprimir á política imigratória do Brasil uma orientação racional e definitiva, que atenda à dupla finalidade de proteger os interêsses do trabalhador nacional e de desenvolver a imigração que fôr fator de progresso para o país [...]

O Decreto-lei discriminava características precisas dos imigrantes preferivelmente aceitos:

> Artigo 2º: Atender-se-á, na admissão dos imigrantes, à necessidade de preservar e desenvolver, na composição étnica da população, as características mais convenientes da sua ascendência européia, assim como a defesa do trabalhador nacional.

9. Disponível em https://presrepublica.jusbrasil.com.br/legislacao/129420/decreto-lei-7967-45. Acesso em 10/03/2020.

Além disso, listava as características dos estrangeiros não acolhidos:

> Art. 11. Não se concederá visto ao estrangeiro:
>
> I. menor de 14 anos de idade, salvo se viajar em companhia de seus pais, ou responsáveis, ou vier para a sua companhia;
>
> *II. indigente ou vagabundo;*
>
> *III. que não satisfaça as exigências de saúde prefixadas;*
>
> *IV. nocivo à ordem pública, á segurança nacional ou à estrutura das instituições;*
>
> V. anteriormente expulso do país, salvo se a expulsão tiver sido revogada;
>
> VI. condenado em outro pais por crime de natureza que, segundo a lei brasileira, permita sua extradição (*grifos nossos*).

Importa destacar que o Decreto-lei nº 7.967 substitui na lei, porém não nos costumes das pessoas ocupando instâncias decisórias, o Decreto-lei nº 406[10], de 4 de maio de 1938, que dispõe sobre a entrada de estrangeiros em território nacional, em termos ainda mais brutais (cf. decretos da Primeira República, adiante, em "Sistema jurídico..."):

> Art. 1º Não será permitida a entrada de estrangeiros, de um ou outro sexo:
>
> I – aleijados ou mutilados, inválidos, cégos, surdos-mudos;
>
> II – indigentes, vagabundos, ciganos e congêneres;
>
> III – que apresentem afecção nervosa ou mental de qualquer natureza, verificada na forma do regulamento, alcoolistas ou toxicomanos;
>
> IV – doentes de moléstias infecto-contagiosas graves, especialmente tuberculose, tracoma, infecção venérea, lepra e outras referidas nos regulamentos de saúde pública;
>
> V – que apresentem lesões orgânicas com insuficiência funcional;
>
> (...)

10. Disponível em https://www2.camara.leg.br/legin/fed/declei/1930-1939/decreto-lei-406-4-maio-1938-348724-publicacaooriginal-1-pe.html. Acesso em 12/03/2020.

> VIII – de conduta manifestamente nociva à ordem pública, è segurança nacional ou à estrutura das instituições;
>
> (...)
>
> XI – que se entreguem à prostituição ou a explorem, ou tenham costumes manifestamente imorais.

Os decretos, de cunho indubitavelmente eugenista, sequer cogitavam o acolhimento de outras religiões ou etnias não majoritárias na Europa. Havia então e continua a haver na memória nacional, portanto, bons e maus imigrantes.

Essa breve retrospectiva da sequência de legislações da era Vargas sobre a imigração encontra um ponto em comum para responder à pergunta "Com quais estrangeiros o povo brasileiro "eh a mais gentil gente"?", motivada pela a citação otimista de Zweig no início deste texto. Com europeus, sem sombra de dúvida sim, principalmente católicos e não simpatizantes de ideologias socialistas ou comunistas. Zweig era judeu, o que pode parecer inconsistente com o discorrido, mas também um escritor célebre, ao desembarcar aqui. Tratado por muitos como "hóspede", seu aguçado senso crítico logo acusaria: "[a]inda ontem eu era um hóspede estrangeiro, um gentleman, que despende aqui suas rendas auferidas no exterior e paga seus impostos. Agora me tornei um emigrante, um 'refugee'!"[11]

2. DE IMIGRANTES A MIGRANTES FORÇADOS(AS) OU REFUGIADOS(AS)

Os problemas políticos e jurídicos enfrentados por imigrantes remanescentes oriundos da Europa, não aceitos no Brasil ou em outras partes do mundo, levaram a Assembleia Geral da ONU, em 1946, a propor a criação da Organização Internacional para os Refugiados (IRO – *International Refugee Organization*), na qual o Brasil se absteve de votar. Em 1948, a mesma organização elabora a Declaração Universal dos Direitos Humanos, da qual o Brasil é signatário desde o primeiro momento.

11. Zweig s/d *apud* Kestler 2006, p.7.

Meio século após a IRO, seguida pela Convenção Relativa ao Estatuto do Refugiado, de 1951, e o Protocolo de 1967, o governo FHC sanciona a Lei nº 9.474, que reconhece como refugiada toda pessoa que se encontre fora de seu país de nacionalidade "devido a fundados temores de perseguição por motivos de raça, religião, nacionalidade, grupo social ou opiniões políticas (...) e não possa ou não queira acolher-se à proteção de tal país (...), não possa ou não queira regressar a ele", ou tenha sido obrigada a deixar seu país de nacionalidade "devido a grave e generalizada violação de direitos humanos". Foram necessários 30 anos desde o Protocolo de 1967 para o Brasil promulgar a lei que "define mecanismos para a implementação do Estatuto dos Refugiados de 1951, e determina outras providências", alinhando o Brasil com os demais países que defendem a promoção do respeito ao ser humano. Até o presente momento, a situação referente à Lei nº 9.474 registra a mensagem "não consta revogação expressa"[12].

Tem sido cada vez mais frequente o emprego das palavras "migrante", "migrante forçado(a)" e "refugiado(a)" pelos meios de comunicação como intercambiáveis, embora correspondam a situações jurídicas distintas. Os primeiros não têm estatuto jurídico, remetem a pessoas em deslocamento buscando proteger seus direitos humanos, enquanto os segundos, definidos pelo Estatuto de Refugiados de 1951, "são pessoas que estão fora de seus países de origem por fundados temores de perseguição, conflito, violência ou outras circunstâncias que perturbam seriamente a ordem pública e que, como resultado, necessitam de 'proteção internacional'"[13].

O que esses grupos têm em comum é sua situação de grande vulnerabilidade. Internamente a eles, porém, as mulheres e crianças, principalmente meninas, "[n]a longa jornada em busca de segurança, sofrem com a indiferença oficial, a perseguição e, não raro, com abusos sexuais e a consequente estigmatização por sua condição de mulher refugiada".[14] "Uma em cada cinco refugiadas é vítima de violência sexual no mundo" é o título de

---

12. Disponível em http://legislacao.planalto.gov.br/legisla/legislacao.nsf/Viw_Identificacao/lei%209.474-1997?OpenDocument. Acesso em 14/03/2020.

13. ACNUR (22 de março de 2016). *"Refugiados" e "Migrantes": perguntas frequentes*. Disponível em https://www.acnur.org/portugues/2016/03/22/refugiados-e-migrantes-perguntas-frequentes/. Acesso em 15/03/2020.

14. Schwinn, S. A.; Costa, M. M. M. (2016) *Mulheres refugiadas e vulnerabilidade: a dimensão da violência de gênero em situações de refúgio e as estratégias do ACNUR no combate a essa*

uma matéria da ACNUR[15], da qual o Brasil integra as estatísticas. Esse tipo de violência, contudo, não é o único. Como as mulheres são, na maioria dos casos, as principais cuidadoras de crianças e idosos da família, têm maiores necessidades de proteção, não correspondidas por ações políticas. Veem-se obrigadas a se sujeitar a ocupações precárias e informais, não raro pessimamente remuneradas.

Acerca dessa precariedade e da agravação do estado vulnerável dessa população, Gasman aponta:

> Precisamos garantir que as mulheres migrantes e refugiadas conheçam seus direitos, incluindo o direito a viver uma vida livre de violência. Que a Lei Maria da Penha seja cumprida para todas as mulheres, com atenção redobrada para aquelas em situação vulnerável como migrantes e refugiadas que estão chegando ao país ou que aqui já vivem há anos. As instituições têm que estar preparadas para providenciar serviços de qualidade. É fundamental que haja orçamento suficiente e pessoal qualificado para a atenção das mulheres e que a saúde, a segurança pública, o Judiciário e a educação trabalhem em parceria para processar, julgar e punir casos de violência de gênero, mas também para prevenir e interromper ciclos tão recorrentes de violência dos quais as mulheres são as principais vítimas.[16]

No que tange ao despreparo das instituições da saúde, por exemplo, merece especial atenção o contexto do parto e nascimento, pois o número de mulheres dando à luz em país estrangeiro sem nenhum apoio linguístico só tem crescido no mundo inteiro. Estima-se que entre 15 e 30% das mulheres que dão à luz têm seus filhos em país de cujas língua e cultura não compartilham, estando sujeitas a uma pior experiência de parto e nascimento.[17] Uma dimensão cruel da hospitalidade.

---

violência. Signos, Lajeado, ano 37, n. 2, p. 216-234, 2016. ISSN 1983-0378. DOI: http://dx.doi.org/10.22410/issn.1983-0378.v37i2a2016.1100

15. ACNUR (23 de junho de 2017). Uma em cada cinco refugiadas é vítima de violência sexual no mundo. Disponível em https://www.acnur.org/portugues/2017/06/23/uma-em-cada-cinco-refugiadas-e-vitima-de-violencia-sexual-no-mundo/. Acesso em 15/03/2020.

16. Apud ACNUR, 2017.

17. Susam-Saraeva, Ş.; Fonseca, L.C. (no prelo) *Translation in maternal and neonatal health.* In Şebnem Susam-Saraeva and Eva Spišiaková (eds) *Routledge Handbook of Translation and Health.* London & New York: Routledge.

No Brasil, por exemplo, pessoas de origem boliviana formam o maior grupo de imigrantes que chegam ao país em condições precárias para trabalhar em oficinas de costura na região metropolitana de São Paulo. O número significativo de mulheres em idade reprodutiva carrega consigo suas tradições culturais e expectativas em relação ao nascimento. Em um estudo etnográfico da experiência de parto de mulheres bolivianas no Brasil, Avellaneda Yajahuanca[18] observou enfermarias obstétricas em São Paulo e entrevistou mulheres durante o pré-natal, parto e pós-natal em hospitais e em casa. Segundo a autora, a cultura intervencionista do nascimento no Brasil – com suas altas taxas de episiotomia, cesárea, fórceps e manobra de Kristeller – vivenciada pelas bolivianas difere muito dos procedimentos adotados em seu país de origem. Essa diferença não se limita ao parto, mas também se estende aos cuidados pós-natal, nutrição e autocuidado. As diferenças culturais são amplamente ignoradas pelos profissionais de parto brasileiros, e, portanto, as parturientes não compreendem totalmente as informações sobre os procedimentos e o desenvolvimento do bebê. As diferenças culturais e linguísticas funcionam como barreiras ao acesso à saúde. Como resultado, apesar do direito constitucional ao acesso universal à saúde no Brasil, as mulheres bolivianas enfrentam muitas dificuldades no acesso à atenção pré-natal, parto e pós-natal, e experimentam medo e desconfiança. Além disso, não são raros a falta de consciência linguístico-cultural e o preconceito dos profissionais da saúde que chegam a hostilizar mulheres migrantes e refugiadas com falas como: "[as mulheres] bolivianas não entendem nada"[19].

No contexto de precariedade decorrente da desigualdade social, torna-se gritante o quanto estamos distantes dos quase 100% de escolha da "hospitalidade" como característica brasileira mais marcante, segundo turistas entrevistados pelo Ministério do Turismo. Seis meses antes, a Agência da ONU para Refugiados (ACNUR) publicou que, segundo um levantamento realizado por universidades parceiras, feito com pessoas refugiadas vivendo em São Paulo, Rio de Janeiro, Paraná, Rio Grande do Sul,

18. Avellaneda Yajahuanca, R. del S. (2015) *A experiência de gravidez, parto e pós-parto das imigrantes bolivianas e seus desencontros na cidade de São Paulo – Brasil* (Tese de Doutorado). São Paulo: Universidade de São Paulo.

19. Avellaneda Yajahuanca, op. cit, p. 140.

Santa Catarina, Minas Gerais, Amazonas e Distrito Federal, 41% dos respondentes alegaram ter sofrido algum tipo de discriminação, considerando-os independentemente de gênero.

3. SISTEMA EDUCACIONAL: A VALORIZAÇÃO DE UMA MULTICULTURALIDADE POR UMA LÍNGUA B(F)RANCA E A DESVALORIZAÇÃO DAS CULTURAS AFRICANA E INDÍGENA

No Brasil – assim como em qualquer outro país do mundo –, a ignorância sobre determinadas culturas é estimulada pelos sistemas educacional, jurídico, e político, além do midiático. Tendo em vista que a falta de conhecimento sobre outras culturas é uma das bases da opressão[20], é possível afirmar que quando uma sociedade escolhe se abrir (ou deixar-se colonizar) educacional, jurídica, política e midiaticamente a (por) determinadas culturas, ela direta ou indiretamente se fecha a outras.

Assim, ao ingressar no país, comunidades imigrantes e refugiadas tendem a ser pegas de surpresa[21] pela quantidade de informações de conhecimento geral que os brasileiros estruturalmente foram levados a desconhecer e pelas ideias nas quais acreditam por causa desses mesmos sistemas. Com isso, esses grupos de estrangeiros sentem os efeitos dessa ignorância transpostos em forma de preconceito, intolerância, violência, desamparo etc. A imagem do Brasil como país multiétnico e multicultural não se materializa para refugiados latino-americanos, caribenhos e africanos. O mito da Democracia Racial se desintegra para a parcela vulnerável daqueles que chegam ao Brasil como imigrantes ou refugiados, mas não para aqueles que imigram como expatriados, especialmente brancos. A construída tradição de país 'acolhedor' por centenas de anos tem valido apenas para aqueles "dotados das características mais convenientes da sua ascendência europeia", conforme Art. 2º do Decreto-lei nº 7.967 de 1945.

20. Moschkovich, J. (1983). *"-But I know you, American Woman."* In C. Moraga & G. Anzaldua (Eds.), *This Bridge Called my Back* (2nd ed., pp. 79–84). New York: Kitchen Table: Woman of Color Press.

21. Felix, D. (19 de novembro de 2019). *Refugiados africanos falam sobre experiências de racismo no Brasil: "Dói muito." PARES Caristas.Rj*. Disponível em http://www.caritas-rj.org.br/refugiados-africanos-falam-sobre-experiencias-de-racismo-no-brasil.html

Além disso, se entendemos a cultura também como um campo de conflito entre opressores e oprimidos, a língua pode ser considerada um instrumento de opressão[22]. Quando a Base Nacional Comum Curricular (BNCC) legitima o inglês como meio para acessar o mundo globalizado e alcançar cidadania, tratando-o como *língua franca*, ainda que dentro de uma perspectiva autodenominada crítica e emancipadora, sinaliza outra mensagem. Na prática, toda referência a multilinguismo ou multiculturalidade necessariamente ocorre dentro do contexto e da mediação da língua inglesa[23]. Nesse sentido, a BNCC oferece um exemplo recente de quais culturas devem ser valorizadas, ganhando visibilidade dentro do ensino, e quais não. Muito mais adequada seria uma política para uma didática do plurilinguismo em que professores e professoras fossem capazes de reconhecer - e valorizar - as paisagens linguísticas em torno do alunado e tivessem consciência de como determinas línguas, pessoas e culturas são representadas dentro das relações e estruturas de poder existentes.

O sistema educacional brasileiro tem historicamente elegido culturas brancas como referência positiva. Durante o estabelecimento do ensino público, no Rio de Janeiro em 1917, ideologias eugenistas permitiam a segregação de alunos por grau de inteligência e estado de saúde. "As crianças de baixa capacidade não aprendiam a ler no primeiro ano, mas aprendiam a 'adaptar-se à vida escolar' com instruções sobre higiene pessoal"[24]. Em 1958, a reforma eugenista do sistema público de ensino foi positivada através da Lei de Diretrizes e Bases da Educação e conservada com pequenas alterações pelo legislativo em 1996. Hernández ressalta que a medida era uma cilada para os estudantes afro-brasileiros na primeira série, pois a falta de aulas em prol da "higiene pessoal" fazia muitos repetirem de ano ou abandonarem a escola.

---

22. Ballestrin, L. M. de A. (2017) *'Feminismos subalternos (Subaltern Feminisms)', Rev. Estud. Fem.*, 25, pp. 1035-1054. DOI:10.1590/1806-9584.2017v25n3p1035

23. Ministério da Educação. (2018). *Base Nacional Comum Curricular*. Brasília: MEC. Disponível em http://basenacionalcomum.mec.gov.br/images/BNCC_EI_EF_110518_versaofinal_site.pdf

24. Hernández, T. K. (2013). *Racial Subordination in Latin America: The Role of the State, Customary Law, and the New Civil Rights Response*. Cambridge, New York, Melbourne, Madrid, Cape Town, Singapore, São Paulo, Delhi, Mexico City: Cambridge University Press.

Os conteúdos curriculares em si apenas passaram a incluir obrigatoriamente o Ensino de História e Cultura Afro-Brasileira nas escolas – Lei nº 10.639 de 2003 e Lei nº 11.645 de 2008[25] – na última década, "atendendo a demanda da comunidade afro-brasileira por reconhecimento, valorização e afirmação de direitos, no que diz respeito à educação"[26]. Essa lei veio com cruel atraso: até 1964 havia livro didático adotado na rede pública contendo a seguinte afirmativa: "de todas as raças a negra é muito mais atrasada que as outras"[27].

Ainda mais tarde foi aprovada a Lei 12.711[28], responsável por determinar cotas para o ingresso nas universidades e instituições federais de ensino, estipulando a reserva de 50% das vagas a estudantes que tenham cursado integralmente o ensino médio ou o fundamental em escolas públicas. Idealizada para reparar a histórica falta de acesso dos afrodescendentes e indígenas ao ensino superior no país, e passível de representar uma importante oportunidade para imigrantes e refugiados no acesso à educação, a lei sofreu um direto ataque antidemocrático do governo atual: "Não vou falar que vou acabar [com as cotas], porque depende do Congresso. Quem sabe a diminuição do percentual. Não só para a universidade, mas para concurso público. Pelo amor de Deus, vamos acabar com essa divisão no Brasil"[29], prometeu Bolsonaro durante sua campanha, igualando a tardia reparação histórica aos afrodescendentes à "divisão do país".

---

25. BRASIL. Lei nº 11.645, de 10 de março de 2008. Inclui no currículo oficial da rede de ensino a obrigatoriedade da temática "História e Cultura Afro-brasileira e Indígena". Diário Oficial da União, Brasília, 11 de março de 2008. Disponível em: http://www.planalto.gov.br/ccivil_03/_Ato2007-2010/2008/Lei/L11645.htm, acesso em 14/03/2020.

26. BRASIL. Conselho Nacional de Educação/Conselho Pleno. Parecer nº 3, de 10 de março de 2004. Estabelece Diretrizes Curriculares Nacionais para a Educação das Relações Étnico-Raciais e para o Ensino de História e Cultura Afro-Brasileira e Africana. Diário Oficial da União, Brasília, 19 de maio de 2004. Disponível em: http://portal.mec.gov.br/dmdocuments/cnecp_003.pdf

27. HENTSCHKE, 2007, p. 142, *apud* HERNÁNDEZ, 2013, p. 65.

28. República Federativa do Brasil. Lei no 12.711 (2012). Brasil: Diário Oficial da União – Seção 1 – 30/8/2012, Página 1. Disponível em https://www2.camara.leg.br/legin/fed/lei/2012/lei-12711-29-agosto-2012-774113-norma-pl.html Acesso em 15/03/2020.

29. Antunes, L. (24 de agosto de 2018). Bolsonaro promete reduzir cotas para universidades e concursos. Disponível em https://noticias.uol.com.br/confere/ultimas-noticias/eder-content/2018/08/24/bolsonaro-promete-reduzir-cotas-para universidades-e-concursos.htm Acesso em 15/03/2020.

Mas não é em um contexto de acolhimento que, imigrantes e refugiados africanos, latino-americanos e caribenhos são recebidos no sistema educacional no Brasil. E se "o primeiro passo na direção de uma nação em que pessoas de trajetórias diferentes se enxergam como verdadeiros compatriotas é educá-las juntas"[30], os limitados exemplos acima denotam como o Brasil tem se empenhado em não conferir as mesmas oportunidades[31] e o devido reconhecimento a alunos(as) de diferentes culturas, promovendo a discriminação e reforçando obstáculos estruturais com base na cor da pele.

4. SISTEMA JURÍDICO: CRIMINALIZAÇÃO DAS CULTURAS DE MATRIZ AFRICANA, APAGAMENTO DAS CULTURAS INDÍGENAS E IMIGRAÇÃO PARA BRANQUEAR O BRASIL

No sistema jurídico, há também diversos exemplos de fortalecimento de cultura branca em detrimento da cultura negra e indígena, dessa forma generalizadora, como se as estruturas socioculturais ocidentais conforme determinadas por uma hegemonia branca e eurocêntrica fossem um conjunto uniforme, e as diversas culturas de origem africana e indígena forçadas a coexistir e se sincretizar para sobreviver fossem um todo igualmente homogêneo. Esse comportamento classista traduz-se em intolerância religiosa de culturas de matriz africana e indígena e em políticas de imigração branqueadoras.

A regulação de práticas religiosas de matriz africana se deu pelo Código Penal de 1890, pela Lei nº 173 de 1893 sobre o acesso a associações religiosas, pelo Decreto-lei nº 3.688 de 1941, conhecido como Lei da Vadiagem, entre outras, que tratavam essas religiões como "magia ilegal e efetivamente não abrangidas pelo conceito de religião, fazendo com que a prática religiosa oficial brasileira e a identidade nacional fossem brancas"[32].

---

30. Mounk, Y. *O povo contra a democracia: porque nossa liberdade corre perigo e como salvá-la. Trad.* Cassio de Arantes Leite e Débora Landsberg. São Paulo: Companhia das Letras, 2018.

31. Este não é só o caso do Brasil. Na Alemanha, o sistema educacional em três níveis não promove a pluralidade étnica e dificulta que os filhos de imigrantes frequentem a universidade. (Mounk, 2018, p. 252)

32. Hernández, op. cit., p. 67.

Apesar das transformações na legislação, a exemplo da Lei Caó, Lei nº 7.716 de 1989, que prevê penas para crimes de discriminação ou preconceito de raça, cor, etnia, religião ou procedência nacional, considerados inafiançáveis e imprescritíveis, a perseguição e a falta de proteção persistem, fazendo com que entre quase mil denúncias recebidas pelo governo federal entre 2011 e 2018, 59%[33] sejam referentes a religiões de matriz africana[34]. Os dados estarrecedores citados, estranhamente, não mencionam religiões de matriz indígena, embora sejam também vítimas de ataques.

Em relação à regulação, Hernández ressalta que, no período pós abolição, a imigração para o Brasil[35] foi regulada por um direito de ideologia racista, voltado "explicitamente para o branqueamento da população e a proibição da imigração de pessoas de ascendência africana. Através das leis de imigração, afrodescendentes foram recolocados no lugar que ocupavam no período anterior à abolição, o de pessoas marginalizadas", fazendo com que houvesse um "uso racializado do direito legislado".

O Brasil passou a tomar medidas para estimular a imigração de europeus em 1850. Após a abolição em 1888, "a preferência legal por imigrantes brancos se tornaria ainda mais explícita, pois às elites desagradava a visão de descendentes de africanos como trabalhadores remunerados"[36]. Uma narrativa construída em defesa da imigração europeia é a de que a mão de obra dos europeus seria qualificada, porém a maior parte dos postos de trabalho assalariado disponíveis era para trabalhadores pouco qualificados, sem educação ou formação profissional, que poderia ter sido facilmente preenchida pelos brasileiros recém-emancipados, se não fossem vistos como "racialmente inadequados para o trabalho remunerado"[37].

---

33. Os outros 41% estão distribuídos entre outras quatro categorias.

34. Gênero e Número. (05 de junho de 2019). Terreiros na mira. Disponível em http://www.generonumero.media/terreiros-na-mira/

35. Assim como para os Estados Unidos, Argentina, Venezuela, Uruguai, Colômbia, Peru, Cuba, Santo Domingo, República Dominicana, Chile, Paraguai, Costa Rica, entre outros países que ofereciam terras e incentivos para imigrantes europeus e muitas vezes negavam direitos de cidadania a imigrantes negros (HERNANDEZ, 2013).

36. HERNÁNDEZ, p. 54.

37. Kowarick, L. (1987). *Trabalho e vadiagem: a origem do trabalho livre no Brasil*. São Paulo: Paz e Terra, p. 118.

Até o século XX, a legislação proibia a imigração de diversas populações ao Brasil, ora com linguagem explícita contra africanos e asiáticos, por exemplo, ora com linguagem vaga permitindo interpretação extensiva por parte das autoridades. Entre normas do gênero, além das anteriormente citadas (Cf. decretos do Estado Novo, em "Palavras iniciais..."), estão o Decreto de Imigração nº 528 de 1890[38] e o Decreto nº 4.247 de 1921[39].

Ao mesmo tempo em que se dificultava a entrada de imigrantes asiáticos e africanos, a imigração europeia era encorajada por meio de pagamento de custos de transporte de europeus para o Brasil, tendo o estado de São Paulo financiado essa política entre 1881 a 1927. O Regulamento para o Serviço de Imigração da Província de São Paulo de 1877 estipulava os incentivos[40] para a imigração europeia. Segundo Domingues[41], se:

---

38. "Art. 1º E' inteiramente livre a entrada, nos portos da Republica, dos individuos válidos e aptos para o trabalho, que não se acharem sujeitos á acção criminal do seu paiz, exceptuados os indigenas da Asia, ou da Africa que sómente mediante autorização do Congresso Nacional poderão ser admittidos de accordo com as condições que forem então estipuladas. Art. 2º Os agentes diplomaticos e consulares dos Estados Unidos do Brazil obstarão pelos meios a seu alcance a vinda dos immigrantes daquelles continentes, communicando immediatamente ao Governo Federal pelo telegrapho quando não o puderem evitar". (Republica dos Estados Unidos do Brazil, 1890)

39. "Art. 1º É licito ao Poder Executivo impedir a entrada no territorio nacional: 1º, de todo estrangeiro nas condições do art. 2º desta lei; 2º, de todo estrangeiro mutilado, aleijado, cego, louco, mendigo, portador de molestia incuravel ou de molestia contagiosa grave; 3º, de toda estrangeira, que procure o paiz para entregar-se á prostituição; 4º, de todo estrangeiro de mais de 60 annos. [...] Art. 2º. Poderá ser expulso do territorio nacional, dentro de cinco annos, a contar de sua entrada no paiz, o estrangeiro a respeito de quem se provar: 1º, que foi expulso de outro paiz; 2º, que a policia de outro paiz o tem como elemento pernicioso á ordem publica; 3º, que, dentro do prazo acima referido, provocou actos de violencia para, por meio de factos criminosos, impôr qualquer seita religiosa ou politica; 4º, que, pela sua conducta, se considera nocivo á ordem publica ou á segurança nacional; 5º, que se evadiu de outro paiz por ter sido condemnado por crime de homicidio, furto, roubo, bancarrota, falsidade, contrabando, estellionato, moeda falsa ou lenocinio; 6º, que foi condemnado por juiz brasileiro, pelos mesmos crimes." (Republica dos Estados Unidos do Brasil, 1921)

40. "Art. 16. Os imigrantes chegados a esta capital que vierem residir na província terão hospedagem na hospedaria provincial, onde se lhes dará cama e mesa e tratamento médico. Art. 17. Os imigrantes terão passagem e fretes pagos por conta do governo provincial nas ferrovias e transportes de navegação até o ponto de seu definitivo estabelecimento na província. Art. 18. Os europeus que espontaneamente vierem para província, além da hospedagem e mais favores dos artigos antecedentes, perceberão ainda como indenização de passagens o seguinte auxílio pecuniário: 70$000 por maiores de 12 anos; 35$000 por maiores de 7 até 12 anos; 17$500 por maiores de 3 até 7 anos."

> [...] de um lado, o estado paulista implementou políticas públicas de 'ação afirmativa' a favor dos trabalhadores brancos imigrantes europeus, em contrapartida, insistimos, não se cogitou conceder as mesmas regalias para os negros, tampouco avaliou-se a possibilidade de aplicar políticas reparatórias ao ex-escravo e seus descendentes.

As normas jurídicas configuram retrato da sociedade e do pensamento "científico" da época. Sendo outro o direito atual, depois de tantos anos, o Brasil vem buscando afinar-se com a promoção do respeito ao ser humano, por sua condição de ser humano (cf. Convenções Internacionais, Constituição de 1988, Lei de Migração), na tentativa de reduzir o impacto de séculos da desvalorização racializada de culturas inteiras, com respaldo dos direitos penal e administrativo, mencionado nos exemplos acima. Apesar disso, até hoje imigrantes e refugiados(as) de ascendência africana e indígena latino-americana, que chegam ao Brasil desconhecendo a tradição jurídica do país, sentem os ecos dessa história.

Esse desconhecimento das bases racistas do nosso sistema jurídico tem consequências diretas nas oportunidades oferecidas a pessoas nessas situações: fazendo presunções compatíveis com a representação estrutural da ilegalidade de estrangeiros não-brancos "muitos empresários pensam que o processo de contratação é mais complexo, burocrático e demorado do que o processo de um brasileiro. Outros supõem que seja ilegal admitir refugiados e que, fazendo isso, serão multados por auditores do Ministério do Trabalho ou até presos pela Polícia Federal"[42]. Embora nada disso seja verdade e a contratação de refugiados seja perfeitamente legal[43], seguindo as mesmas normas, o preconceito subjacente a nosso sistema jurídico torna empregadores[44] em potencial responsáveis pelo fato de esse segmento da

---

(SÃO PAULO [ESTADO)], 1887) 41. Domingues, P. (2004). *Uma história não contada: negro, racismo e branqueamento em São Paulo pós-abolição.* São Paulo: Paz e Terra, p. 69.

42. Westin, R. (14 de outubro de 2019). Por preconceito e desinformação, empresas evitam contratar refugiados. *Agência Senado*. Disponível em https://www12.senado.leg.br/noticias/especiais/especial-cidadania/por-preconceito-e-desinformacao-empresas-evitam-contratar-refugiados?utm_medium=share-button&utm_source=facebook.

43. Como demonstra a "Cartilha de Direitos Trabalhistas e Previdenciários para Imigrantes e Refugiados" (Caritas & GEMDIT, 2018).

44. "Os empregadores pensam assim: se você é africano, se é negro, você é muito forte. O trabalho pesado é você que tem que fazer. Eles pensam que não estudamos. Pensam

população sustentar o dobro da taxa nacional de desemprego[45], apesar de possuir nível educacional superior à média da população do país[46]. Aceitar condições precárias de trabalho é ainda mais comum na população de mulheres refugiadas e migrantes, pois elas desempenham um papel subalterno dentro de suas próprias famílias[47] e encontram trabalho em atividades ligadas ao cuidado (empregadas domésticas, babás, serviços de limpeza, cuidadoras) e nas oficinas de costura, símbolos da exploração capitalista.

5. SISTEMA POLÍTICO: O PAPEL DO GOVERNO E A CULPABILIZAÇÃO DE IMIGRANTES E REFUGIADOS

Em agosto de 2018, durante o governo Temer, a pretexto de vingar uma agressão a um comerciante local, a população de Pacaraima, Roraima, principal porta de entrada a venezuelanos no Brasil, testemunhou a organização de cidadãos pelas redes sociais para expulsá-los do país, ateando fogo e destruindo acampamentos. O ataque dos brasileiros levou 1,2 mil venezuelanos a cruzar a fronteira de volta. Um venezuelano declarou preferir "morrer de fome na Venezuela do que agredido aqui"[48].

---

que as pessoas não têm profissão, não sabem nada. Só podem fazer faxina, serviços gerais. Isso é muito triste. Eu fico muito indignada com isso", reclama a congolesa, que é formada em Relações Internacionais." (Felix, 2019)

45. "Uma pesquisa feita neste ano pelo Alto Comissariado das Nações Unidas para Refugiados (ACNUR) mostra que 20% dos estrangeiros refugiados no Brasil vêm procurando trabalho, mas sem sucesso. Trata-se praticamente do dobro da taxa nacional de desemprego, que, segundo o IBGE, é de 12% da população economicamente ativa" (Westin, 2019).

46. Bond, L. (02 de junho de 2019). *Unprecedented survey on refugees in Brazil reveals good education. Agência Brasil2*. Disponível em http://agenciabrasil.ebc.com.br/en/direitos-humanos/noticia/2019 05/unprecedented-survey-refugees-brazil-reveals-good-education Acesso em 15/03/2020.

47. Lisboa, T.K. (2007) *Fluxos migratórios de mulheres para o trabalho reprodutivo: a globalização da assistência*. Revista Estudos Feministas 3: 805-818.

48. Brandão, I., & Oliveira, V. (18 de agosto de 2018). *"Prefiro morrer de fome na Venezuela do que agredido aqui", diz imigrante atacado por brasileiros na fronteira em RR*. G1. Disponível em https://g1.globo.com/rr/roraima/noticia/2018/08/18/prefiro-morrer-de-fome-na-venezuela-do-que-agredido-aqui-diz-imigrante-atacado-por-brasileiros-na-fronteira-em-rr.ghtml. Acesso em 15/03/2020.

Em dezembro do mesmo ano, 152 países, dentre os quais o Brasil, ratificaram o Pacto Global para a Migração, na Assembleia Geral da ONU[49]. Entretanto, após sua posse em 2019, Jair Bolsonaro retirou o país do Pacto, assinado pelo Brasil cerca de um mês antes[50]. Disse o presidente[51] pelo Twitter, como se ratificando[52] o que sucedera em Roraima alguns meses antes:

> "Quem porventura vier para cá deverá estar sujeito às nossas leis, regras e costumes, bem como deverá cantar nosso hino e respeitar nossa cultura. Não é qualquer um que entra em nossa casa, nem será qualquer um que entrará no Brasil via pacto adotado por terceiros."[53]

Desconheceria ele o decreto-lei 9.474[54]? Ignoraria que a participação no pacto contribuiria para proteger brasileiros no exterior? Saberia que o montante de imigrantes e refugiados não passa de 0,05% da população? É impossível precisar e, no entanto, parece haver nesse discurso e outros afins certa intencionalidade de induzir a erro eleitores que desconheçam esses fatores.

Vale lembrar que, durante sua campanha, proliferaram pseudonotícias sobre perigos alarmantes relacionados à entrada de deslocados sírios, haitianos ou outros. Uma das *fake news* anunciava em tom de alarme a chegada iminente, em julho-agosto de 2018, de 13 navios ora com 2 milhões, ora com 1,8 milhão, de sírios muçulmanos fugindo de seu país, organizada

---

49. Três se abstiveram e quinze expressaram reservas ou anunciaram não o firmar.

50. Fellet, J. (09 de janeiro de 2019). *Em comunicado a diplomatas, governo Bolsonaro confirma saída de pacto de migração da ONU. BBC Nes Brasil.* Disponível em https://www.bbc.com/portuguese/brasil-46802258

51. "A forma como falamos dela [da nação] tem o poder de afetar sua natureza" (Mounk, 2018, p. 250).

52. "Os populistas são muito hábeis em transformar esses tipos de rancor em armas: sua retórica procura, ao mesmo tempo, voltar contra a elite dominante a indignação crescente com as pessoas abastadas e contra os imigrantes e minorias étnicas e religiosas o foco crescente na identidade atribuída" (Mounk, 2018, p. 277).

53. Gonçalves, C. (09 de janeiro de 2019). Bolsonaro confirma revogação da adesão ao Pacto Global para Migração. *Agência Brasil*. Disponível em http://agenciabrasil.ebc.com.br/politica/noticia/2019-01/bolsonaro-confirma-revogacao-da-adesao-ao-pacto-global-para-migracao

54. República Federativa do Brasil. Decreto-lei no 9.474 (1997). Brasil: DOU de 23.7.1997. Disponível em https://www.jusbrasil.com.br/diarios/DOU/1997/07/23. Acesso em 15/03/2020.

por um partido político rival. Apesar da inverossimilhança de haver navios capazes, cada um, de transportar cerca de 150 mil pessoas, o "escândalo" proliferou amplamente, mesmo desmentido[55].

Os países que não ratificam o pacto, entre eles os Estados Unidos, retirados do acordo pelo presidente Trump em 2017, alegam temer a perda de soberania do país. A pretexto de defendê-la, o governo Trump, desde 2018, vem endurecendo a política de imigração por meio da separação de famílias na fronteira com México[56]. Ambos os governos, brasileiro e estadunidense, valem-se do discurso de que os imigrantes são uma ameaça para a soberania e um ônus para o país, abusando daquilo que a opinião pública desconhece e reforçando ignorâncias "estratégicas" para suas ideologias racistas de governo[57]. Dessa maneira, apostam numa percepção dos refugiados como causa da escassez dos recursos públicos, ao mesmo tempo não demonstrando intenção de lidar com problemas estruturais antigos: a desigualdade na distribuição de renda e a má gestão desses recursos[58].

Dentro do contexto das "ignorâncias estimuladas", a população comparece, atacando aquilo que ignora (os direitos dos imigrantes; a má distribuição de renda e a má gestão dos recursos públicos), ao mesmo tempo alimentando os discursos xenófobos dos políticos. Como se depreende da fala de uma brasileira de Pacaraima, Kátia Souza da Silva: "Foi um ato de

55. Domingos, R. (15 de junho de 2017). *Brasil vai receber 13 navios com refugiados muçulmanos e está criando cidade para abrigá-los? Não é verdade.* Globo. Disponível em https://g1.globo.com/e-ou-nao-e/noticia/brasil-vai-receber-13-navios-com-refugiados-muculmanos-e-esta-criando-cidade-para-abriga-los-nao-e-verdade.ghtml

56. RFI. (18 de novembro de 2019). Mais de 100 mil crianças estão retidas pela imigração dos Estados Unidos. *RFI*. Disponível em http://www.rfi.fr/br/américas/20191118-mais-de-100-mil-crianç-estão-retidas-pela-imigração-dos-estados-unidos Acesso em 15/03/2020.

57. No caso da comunicação corrente de membros do governo Bolsonaro, aliás, a palavra "ideologia" tem sido ressignificada como identificável apenas com ideologias de esquerda, lidas segundo um eixo disforizado. Dentro desse discurso, aliás, trata-se a questão como se pudesse existir qualquer coisa livre de uma ideologia dominante, qualquer que seja, na qual o governo põe-se como neutro.

58. A perspectiva ruim em relação às práticas ant*idem*ocráticas do atual governo provoca a saída de brasileiros do país. Segundo a "prestigiosa entidade IMD, na Suíça, constata: a fuga de cérebros no Brasil é uma realidade que se agrava a cada ano. Entre as 63 maiores economias do mundo, o país aparece na 52ª colocação, entre os locais com maior saída de mão de obra qualificada. Nas Américas, só um local vive uma situação pior, a Venezuela". (Chade, 2019)

vandalismo, mas foi preciso que acontecesse. Várias vezes pedimos ajuda às autoridades, mas não nos ouviram. Aqui não tem segurança. A população chegou ao seu limite e fez isso para que alguma atitude fosse tomada"[59]. Segundo ela, foi "preciso" uma violência contra um grupo vulnerável para desafogar um sistema de saúde sucateado[60]. A falta de coerência entre a causa e o efeito evidenciou-se no retorno forçado dos venezuelanos, muitos "levados de ônibus até o lado venezuelano pela Política Militar e pela Política Rodoviária Federal". Raciocínios como o de Kátia são fruto direto das ignorâncias estimuladas[61] pelos sistemas abordados neste artigo.

6. MÍDIA: IMIGRAÇÃO E REFÚGIO EM IMAGENS

A mesma mídia que desmente *fake news* sobre os fluxos migratórios em busca de asilo ou refúgio é a que nos inunda com notícias privilegiando cenas de migrantes e deslocados em grandes números, anonimizados – mortos ou doentes maltrapilhos e famintos, apinhados em algum barco ou campo de refugiados, ou numa caminhada sem fim. Tais cenas dolorosas, mediante tamanha recorrência, vão perdendo o impacto e o poder de sensibilização. No Brasil, legal e explicitamente aberto a pessoas nessas condições, a partir de 1997, funda-se um novo contexto, dessensibilizado, dessemantizado, em que as pessoas deslocadas são representadas despidas de qualquer traço de dignidade.

Não só as imagens visuais como também a linguagem empregada pela mídia global para se referir aos imigrantes compõem-se de discursos favorecendo a criação de uma "constelação de sentidos repetidos" que, ao serem reproduzidos intensamente, "incorporam determinados valores sociais e

59. Félix, J., & Costa, E. (19 de agosto de 2018). Após ataques de brasileiros, 1,2 mil venezuelanos deixaram o país, diz Exército. *G1*. Disponível em https://g1.globo.com/rr/roraima/noticia/2018/08/19/pacaraima-tem-ruas-desertas-apos-confronto-entre-brasileiros-e-venezuelanos.ghtml

60. Dificultar ou impedir que venezuelanos acessem o sistema de saúde é inconstitucional.

61. "As pessoas têm de entender que o ódio não é uma opinião. É uma emoção construída social e historicamente", "Assim como a empatia, que não é um sentimento, mas uma construção" (Farah, 2019).

visões de mundo"[62]. Em um artigo sobre a construção discursiva da mídia inglesa[63] a respeito de refugiados, Baker e Gabrielatos[64] revelaram que prevalecem categorias de representação negativa dessa população, por meio do uso de vocabulário depreciativo. Sentidos negativos são construídos a partir do emprego de termos como "refugiados", "imigrantes" e "exilados" justapostos a palavras que fazem alusão a grandes quantidades (exemplos: *flood, swarm* e *gang*), empregados em construções como: *immigrants are flooding the country* (p. 15). Além disso, a mídia inglesa cria oximoros como "*illegal refugees*" (refugiado ilegal) ou "*illegal asylum seekers*" (exilados ilegais), expressões juridicamente vazias, mas carregadas de uma conotação negativa que desloca a população para a marginalização.

O termo *flood* [enchente, inundação] também evoca um desastre natural de grande potencial destrutivo e alto impacto social entre camadas da população local mais empobrecida, portanto vulnerável. Existe certo traço de inevitabilidade na semantização dessa palavra, que raramente terá uma aplicação euforizada. O mesmo se dá para *swarm* [enxame], com sua remissão a insetos, grupo animal comumente associado à transmissão de doenças, à sujeira e à miséria. Na melhor das hipóteses, tido como desagradável a ambientes urbanos, mesmo se necessário ao meio ambiente (por exemplo, se atrelado à imagem mais positiva das abelhas). Já *gang* não tem acepção positiva possível nesse contexto; alude a "bandidos", quadrilha, pessoas de má índole.

Por múltiplos recursos discursivos, linguageiros e imagéticos, constrói-se, solidifica-se e dissemina-se o estereótipo do solicitante de asilo ou refúgio como igual ao imigrante não desejado. Santos[65] relata fala do ex-deputado

---

62. Stubbs, M. (1996). *Text and Corpus Analysis: Computer-Assisted Studies of Language and Culture*. Oxford: Blackwell Publishing.

63. O Reino Unido é o sexto país em recebimento de pedidos de asilo na União Europeia, tendo recebido 38.800 pedidos em 2015 (European Parliament, 2018). No mesmo ano, o Brasil recebeu 14.681 (Migration Policy Institute, 2018).

64. Gabrielatos, C., & Baker, P. (2008). *Fleeing, Sneaking, Flooding: A Corpus Analysis of Discursive Constructions of Refugees and Asylum Seekers in the UK Press*, 1996-2005. Journal of English Linguistics, *36*(1), 5–38. https://doi.org/https://doi.org/10.1177/0075424207311247.

65. Santos, M. R. G. (02 de outubro de 2015). *A verdadeira escória da sociedade. Justificando.* Disponível em http://www.justificando.com/2015/10/02/a-verdadeira-escoria-da-sociedade/ Acesso em 14/02/2020.

federal e atual presidente da República, defendendo a saída de Dilma Rousseff da presidência com repúdio aos imigrantes que chegavam ao Brasil:

> Caso venham reduzir o efetivo, é menos gente nas ruas para fazer frente aos marginais do MST, dos haitianos, senegaleses, bolivianos e tudo que é escória do mundo que, agora, está chegando [sic] os sírios também. A escória do mundo está chegando ao Brasil como se nós não tivéssemos problemas demais para resolver.

O racismo e a xenofobia não se tentam disfarçar na estrutura discursiva. A "escória do mundo" é definida por nacionalidades de terceiro mundo, das quais o Brasil é muito mais próximo do que os países desenvolvidos aos quais esse discurso deseja se filiar. Além disso, os vocábulos empregados obtêm o efeito de instigar atitudes opressoras e repressoras às populações mencionadas. Como precisamente coloca Toni Morrison[66] ao receber o Nobel de Literatura:

> A linguagem opressora faz mais do que representar a violência, ela é a violência; mais do que representar os limites do conhecimento; ela limita o conhecimento. [...] Ela precisa ser rejeitada, alterada e exposta. É a linguagem sanguessuga, que ignora vulnerabilidades e esconde suas botas fascistas debaixo das saias da decência e do patriotismo" (tradução nossa).

7. CONSIDERAÇÕES FINAIS: CONHECER POR MEIO DA ARTE

Este texto apresentou um panorama das ignorâncias estimuladas estruturalmente no país em relação a determinadas culturas, ancoradas no imaginário "hospitaleiro" deficiente e parcial. É urgente desconstruir esse estado das coisas.

O projeto *The vulnerability series*[67], do pintor e cineasta sírio Abdalla Al Omari almeja esse tipo de desconstrução. Ao inovar retratando de modo

66. Morrison, T. (1993). Nobel Lecture December 7, 1993. Stockolm: Nobelprize.org. Disponível em https://www.nobelprize.org/prizes/literature/1993/morrison/lecture/

67. Disponível em http://www.abdallaomari.com/thevulnerabilityseries, acesso em 15/03/2020.

pungente e mordaz líderes mundiais no papel de refugiados, o artista, no anseio de transformar o olhar que o mundo dedica às pessoas em vulnerabilidade, surpreende e provoca sensibilidades adormecidas a despertarem e, idealmente, converterem-se na empatia necessária para sobrepujar nossos hábitos opressores.

Importa sublinhar que dentre as pessoas de origens não europeias que buscam no Brasil uma nova vida, as mulheres sofrem mais intensamente os preconceitos, as discriminações e as consequências em geral dessas ignorâncias, amplamente disseminadas também nos serviços de saúde e nas oportunidades de trabalho remunerado precário oferecido. Devido à condição subalterna dentro de suas próprias famílias, são frequentemente as únicas responsáveis por cuidar dos enfermos, dos mais jovens e dos mais velhos. Muitas também se encontram grávidas, devendo cuidar de si próprias enquanto atendem às necessidades de outros, ao mesmo tempo em que trabalham em troca de ganhos injustos e insuficientes.

Ainda que não sejamos individualmente responsáveis pela história de opressão aos imigrantes no Brasil, somos todos responsáveis pela transformação de nossa ignorância[68]. O panorama apresentado, em princípio geral, contribui para a compreensão das situações ainda mais árduas enfrentadas pelas mulheres migrantes ou refugiadas.

Essas mesmas mulheres, diante de tantas vicissitudes, encontram modos de resistir, com potencial de se fazer ver e ouvir. Muitas são artesãs obstinadas, produtoras de ricas peças artísticas, portadoras potenciais de sua emancipação e libertação. Sua produção artística permite irromperem sua invisibilidade e amplificarem sua voz; pela arte afirmam a diferença e o valor de serem vistas e respeitadas. Mostram-nos como nos unir, já que o que separa é o estímulo em recusa de reconhecer as diferenças, ou a "ignorância estimulada".

Aproximar-se da arte[69] é uma forma de mobilizar a transformação de nossa ignorância em conhecimento. Compreendemos as coisas do mundo

68. Moschkovich, op. cit.

69. Todos temos o dever de transformar essa ignorância. Ainda que não seja dever do oprimido educar o opressor, ao dar-se a conhecer o oprimido oferece uma porta de entrada

a partir de uma estrutura narrativa e a arte representativa convida à narratividade, um estímulo à capacidade empática. Ler, assistir ou simplesmente admirar as diversas formas de expressão artística convoca o abrir dos olhos e ouvidos. Além da conscientização e do aprendizado possibilitados, há ainda outro fator interessante a se considerar como vantagem do acolhimento das artes de diversas origens: a novidade. Consumimos em grande quantidade literaturas anglófonas (ou anglófilas), e, se incluirmos aqui o audiovisual, estas alçam níveis quase unânimes para a maior parte da população. Com isso, vem-nos a sensação do repetitivo, do "já vi essa história antes", do "não existe nada novo, só reciclagem".

Finalmente, e à guisa de exemplo, toda pessoa pode conhecer ao menos virtualmente e, quando possível, fazer-se presente na programação da Associação Cultural Folclórica Bolívia Brasil – ACFBB[70], do Centro Cultural Coreano no Brasil[71], do Espaço cultural Al Janiah[72], do Centro Cultural Swami Vivekananda[73], do Centro Cultural China-Brasil Yuan Aiping[74], dos Centros Culturais da Aliança Cultural Brasil-Japão[75], da Japan House[76], do Memorial dos Povos Indígenas[77], do Instituto da Cultura Árabe[78], do Centro Cultural Pequena África[79], do Museu do Índio[80], entre tantos outros dedicados à divulgação da cultura de povos integrantes da população

àqueles capazes de transformar sua ignorância. No que nossa ignorância é transformada, passamos a esperar/exigir que nossos pares também transformem a sua.

70. Disponível em https://www.facebook.com/pages/category/Organization/Associação-Cultural-Folclórica-Bolívia-Brasil -ACFBB-1641267486194350/, acesso em 15/03/2020.
71. Disponível em https://www.facebook.com/kccbrazil/, acesso em 15/03/2020.
72. Disponível em https://www.aljaniah.com.br/, acesso em 15/03/2020.
73. Disponível em https://www.facebook.com/IndianCulturalCentreSaoPauloBrazil/, acesso em 15/03/2020.
74. Disponível em https://www.chinabrasil.com/, acesso em 15/03/2020.
75. Disponível em https://site.aliancacultural.org.br/, acesso em 15/03/2020.
76. Disponível em https://www.japanhouse.jp/saopaulo/, acesso em 15/03/2020.
77. Disponível em http://www.cultura.df.gov.br/memorial-dos-povos-indigenas/, acesso em 15/03/2020.
78. Disponível em https://icarabe.org/, acesso em 15/03/2020.
79. Disponível em http://visit.rio/que_fazer/centroculturalpequenaafrica/, acesso em 15/03/2020.
80. Disponível em http://www.museudoindio.gov.br/, acesso em 15/03/2020.

brasileira, além dos clássicos Memorial da América Latina[81] e Museu da Imigração[82].

São muitas as oportunidades oferecidas para serem conhecidas, para conhecermos a nós mesmos e nossos antepassados, para nos autoexaminar e escapar às "ignorâncias estimuladas".

---

81. Disponível em https://www.facebook.com/memorialamericalatina/, acesso em 15/03/2020.
82. Disponível em http://museudaimigracao.org.br/, acesso em 15/03/2020.

PARTE II

Sou rainha do meu tanque

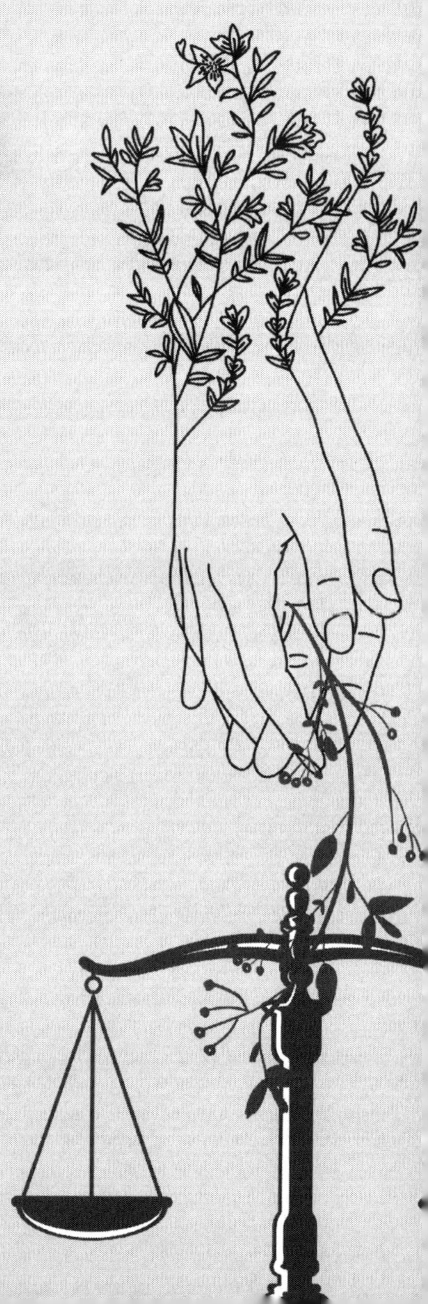

9

DIREITO COM LITERATURA: SENTIR O FEMININO PARA PENSAR O FEMININO A PARTIR DO CONTO *GERTRUDES PEDE UM CONSELHO* DE CLARICE LISPECTOR

Míriam Coutinho de Faria Alves

Professora Adjunta do Departamento de Direito da Universidade Federal de Sergipe (UFS). Pesquisadora Líder do Grupo de Pesquisa Direito, Arte e Literatura (CNPq/UFS). Membro honorária da Rede Brasileira de Direito e Literatura.

1. CONSIDERAÇÕES INICIAIS

No conto *Gertrudes pede um conselho (1941)* – da escritora Clarice Lispector – a adolescente Tuda (Gertrudes), dotada de um pensar incessante, escreve cartas e pede conselhos para obter respostas às suas inquietudes existenciais. Gertrudes "ora sentia uma inquietação sem nome, ora uma calma exagerada e repentina."[1]. Assim, a inquietude oscila entre a solidão

1. LISPECTOR, Clarice. Gertrude pede um conselho. In: *Todos os contos*. Organização de Benjamin Moser. 1. ed. Rio de Janeiro: Rocco, 2016, p. 114.

e a alegria percorrendo a adolescência da personagem, atuando como formas de existir inscritas nos direitos da infância e juventude.

Tuda (Gertrudes) vivencia o pensar como forma de elaborar percepções sobre a vida. Nesse questionar-se, intenso, observamos os desafios da mulher (desde o período da adolescência) em comunicar suas potencialidades de onde deriva todo o complexo de direitos considerados fundamentais ao modelo de Estado Constitucional Democrático.

Gertrudes tem vida emocional transbordante, que se exalta e vai em busca de respostas, na procura da coisa pensante. E como que por impulso, percebe a distância que está das coisas que procura na vida.

Nesse sentido, a estética Clariciana projeta relações jurídicas existenciais, pertinentes para a reflexão dos direitos fundamentais da mulher. De modo que os textos ficcionais claricianos enfrentam os significados da alteridade construída sobre a estrutura de sensações que questionam através do fazer literário maneiras diversas de pensar o mundo e viver nele as relações da ecocidadania feminina.

Dialogar a partir da estética literária, os direitos fundamentais da mulher exigem ingressar na singularidade cultural, dando continuidade ao denso processo hermenêutico que se afina com a crítica feminista dos direitos fundamentais. A percepção dos problemas estéticos sociais femininos trazidos ao leitor e as profundas questões existenciais da experiência feminina manifestadas na linguagem literária permitem reflexões teórico-metodológicas sobre os paradigmas de gênero na ciência jurídica.

Modos de ver, perceber um mundo literariamente habitado por personagens femininos em desafios comunicacionais com a realidade exterior, conduz o jurista ao exercício hermenêutico de repensar situações jurídicas vivenciadas pelas mulheres. Assim, a literatura contemporânea de autoria feminina gera a possibilidade de revisitar as condições universalistas do pensamento jurídico inseridas na historicidade dos direitos humanos e dos direitos fundamentais.

A epistemologia jurídica desenvolveu paradigmas historicamente pautados pela via patriarcal. Desse modo, enfrentar a circularidade patriarcal e sexista do imaginário cultural sobre a mulher continua sendo tarefa que requer dos atores jurídicos um processo de desconstrução de paradigmas sexistas, estabelecendo novas relações repensando, portanto, as cientificidades e práticas jurídicas desiguais, descentrando a vocação universalista da teoria do direito.

O desvelamento do espaço textual clariciano se entrelaça com as condições imaginárias femininas que ajudam a percorrer novos horizontes de sentidos, aproximando o texto literário da hermenêutica jurídica contemporânea. Conduz, portanto, a pensar a singularidade dos padrões culturais a partir das relações entre os direitos fundamentais e literatura, permeadas pelas relações de gênero. A exemplo da leitura ativa sobre diversas personagens claricianas tais como: Virgínia, em *O Lustre (1946);* Macabéa, *em A hora da estrela (1977);* e G.H., *em A paixão segundo G.H. (1964)* espaço frutífero para a intertextualidade abrindo caminho para novos saberes.

Esses imaginários literários são modos de percepção da condição feminina. Safrinsky (2000)[2], em instigante biografia sobre Heiddeger (1889-1976), aponta a questão primordial da solidão e do vazio na construção da experiência humana, disposições que levam a pensar a partir de um olhar fenomenológico. Trazendo esta perspectiva para a literatura de autoria feminina, compreende-se a literatura como geradora de um texto-mundo, que enfrenta – através da reflexão sobre o cotidiano – as estruturas simbólicas repressivas do feminino e o *entre-lugar* em que o pensamento se situa, em especial, no processo da adolescência.

2. GERTRUDES QUERIA A LIBERDADE: O IMAGINÁRIO JUS-LITERÁRIO INFANTOJUVENIL

É interessante observar que a narrativa literária de Clarice Lispector vai gradualmente provocando reflexões sobre temas jurídicos fundamentais. Elementos presentes para essa percepção encontram-se revelados ao longo deste conto quando Gertrudes mergulha em "misticismo ardente" por pensar na eternidade, na criação e no vazio do mundo[3] ao tempo em que questiona sua capacidade de compreensão da vida.

2. SAFRANSKY, Rudiger. Heidegger, um mestre da Alemanha entre o bem e o mal. Trad. De Lya Luft. São Paulo: Geração Editorial, 2000.
3. LISPECTOR, ob. Cit, 2016, p. 115.

Por outro lado, a personagem se imagina em situações práticas, como exercer a tarefa de auxiliar os menos favorecidos, ajudando assim na concretização dos direitos à saúde e à vida. Desejo extraído de um pensar vinculado ao exercício de poder realizar atividades que tenham um valor prático na vida coletiva. Torna-se perceptível o desejo da adolescente de fazer algo que a faça crescer. No entanto, a personagem sente ser "impossível ser grande num ambiente como o seu" [4].

A condição imaginária de direitos e deveres se espraia da experiência social, do viver com o outro e das amarras culturais impostas a mulher. Assim, pensar claricianamente o direito é tarefa que se coloca ao jurista/leitor, como convite para atravessar o denso processo de humanização, indo através da ficção literária de encontro a outra ficção (que é o Direito).

No pensamento constitucional brasileiro, Bonavides já alertava no exemplar *Curso de Direito fundamentais,* que o direito à democracia, à informação e ao pluralismo se conecta com as dimensões de direitos de uma "sociedade aberta para o futuro"[5]. Clarice Lispector, por sua vez, abraça "na sua obra o direito de cada homem de ser profundamente o que se é, para além do mundo civilizado, para além do civilizado, para além do fazer sentido, para além, até mesmo, de sua existência individual", como relata Lícia Manzo sobre A *não-ficção na obra de Clarice Lispector*[6].

Gotlib[7], em magistral biografia da autora, ao falar das histórias infantis que marcaram presença na vida da jovem Clarice Lispector ressalta a importância da leitura como exercício do pensar. De fato, na crônica intitulada *O primeiro livro de cada uma de minhas vidas* (1992), Lispector revela que o conto do *Aladim* e *O patinho feio* foram as primeiras narrativas ficcionais que lhe causaram impacto, pois lhe enriqueceram com a percepção das diferenças e lhe trouxeram a capacidade investigativa das tensões sociais.

4. LISPECTOR, ob. Cit, 2016, p. 116.
5. BONAVIDES, Paulo. Curso de Direito Constitucional. 29. ed. São Paulo: Malheiros, 2014, p.586.
6. MANZO, Lícia. Era uma vez: Eu a não-ficção na obra de Clarice Lispector. Curitiba: secretaria de Estado da Cultura. Xerox do Brasil,1977, p.77.
7. GOTLIB, Nádia Battella. Clarice. Uma vida que se conta. 3. ed. São Paulo: Ática, 1995.

Na obra O lustre[8], escrita em 1946, observa-se como pano de fundo a memória familiar. A escrita literária é povoada de memórias da infância e, através da personagem Virgínia, tematiza-se a função da memória afetiva vinculada ao direito à infância digna.

O afeto como fundamento à vida digna mais uma vez se interliga ao imaginário dos direitos fundamentais da infância. Esses caminhos indicam a "existência da pluralidade de centros produtores de sentido"[9], na reflexão literária contemporânea. Assim, as disciplinas literárias aprofundam e atualizam o olhar sobre as mulheres nos distintos estágios da vida.

O denso sistema de relações culturais na formação da identidade juvenil e o dilema de ajustamento de comportamentos, frequentemente, ocorrem no âmbito da adolescência. Não é à toa que Gertrudes fala do "olhar das pessoas de casa"[10], que são alheios ao que se passa no interior de sua personalidade desejante. Em *A hora da estrela,* Macabéa sentia um vazio de fome e de gente.

3. "TENHO DEZESSETE ANOS E ACHO QUE JÁ POSSO VIVER": INQUIETUDE, SOLIDÃO E GRAÇA

O sentimento de inquietude frente a uma cultura repressora e desafiadora do feminino conduz à reflexão sobre os liames da estrutura patriarcal e o pensar como forma de libertação feminina. E se antes Tuda dizia: "vim perguntar o que faço de mim"[11], ao final do conto exclamava: "Eu lá preciso de ninguém" "com feroz alegria."[12]

Na crônica *Pertencer* (1968), Clarice contextualiza que, "pertencer é viver". Assim, a literatura feminina vai compondo dimensões que manifestam a dignidade da vida e indicam de forma primordial que as questões

8. LISPECTOR, Clarice. O lustre. Rio de Janeiro: Rocco, 1999.
9. WARAT, Luiz Alberto. Introdução geral ao direito, II. A epistemologia jurídica da modernidade. Porto Alegre: Sergio Fabris, 1995, p.247.
10. LISPECTOR, ob. Cit, 2016, p.116.
11. LISPECTOR, ob. Cit, 2016, p.119.
12. LISPECTOR, ob. Cit, 2016, p.119.

sobre o imaginário jurídico[13] estabelecem conexões com a teoria crítica do Direito, caracterizada por condições filosóficas nas quais o elemento simbólico está sempre presente como ponto central para redefinição dos conflitos sociais e jurídicos.

Desse modo, podemos observar elementos da cidadania feminina imersos no artefato cultural e literário. As possibilidades interpretativas oriundas do discurso literário aprofundam as matrizes teóricas do conhecimento imaginário do direito, nutrindo argumentos para uma jurisprudência concretizadora dos direitos fundamentais da mulher.

A literatura faz parte de um processo cultural necessário à formação jurídica. O que se diz dogmático, normativo, está imerso em diversas fontes que transpassam o sistema psicossocial. Nesse sentido, as formas de pensar os direitos da mulher fazem parte de uma interação cultural dialética que se encontra com o discurso ficcional.

São as nuances e as passagens de um estado emocional a outro entre o transitar dos sentidos que situam a condição feminina em permanente busca pela atitude de dignificar-se. Nas narrativas ficcionais, a reflexão sobre a dignidade como anseio fundamental e o desejo de pertencer ao mundo como a si mesma, pertencimento como direito existencial provocam no leitor uma abertura ao processo de amplitude na compreensão dos direitos da mulher.

Ao explorar as sensações da feminilidade e as vivências do pensamento feminino, a literatura de Clarice pode bem-dispor caminhos para uma ecoliteratura, no sentido de inspirar formas de pensar a liberdade feminina, uma vez que se encontra em conexão visceral com o ambiente orgânico e espiritual da vida feminina. Uma literatura de autoria feminina de caráter bioético. Sob esse ponto de vista, o pensar se estabelece como movimento entre o pensar, o vivenciar e o ambiente, formando uma circulação compreensiva entre sensações e ações.

O sentir é alimentado pelo conjunto de sensações que nutrem o próprio pensar. Ao encontrar-se com a teoria dos direitos fundamentais, essa

13. WARAT, Luiz Alberto. Introdução Geral ao Direito. Interpretação da Lei. Porto Alegre: Sérgio Antônio Fabris Editor,1994.

perspectiva de análise sobre a qual se centra uma biofilosofia estabelece uma necessidade de revisitar os paradigmas pós-positivistas, exercendo uma postura criativa de interpretação do direito, revisitando artefatos simbólicos e imaginários universalistas.

A dialética fenomenológica da intersubjetividade é guiada pela dinâmica das relações humanas e institucionais. Estas, na esteira do pensamento de Castoriades[14], coexistem enquanto instituições imaginárias da sociedade.

Desse modo, os direitos fundamentais são circundados por uma perspectiva simbólica, atuando como numa rede de circulação discursiva[15] e que, ao buscar uma correlação investigativa numa abordagem de gênero e literatura, apontam para os diferentes graus de significados, mantendo necessariamente o núcleo fundamental da dignidade ao partir da ética constitucional como pressuposto da cidadania feminina.

O conceito de liberdade é plurívoco e as relações de dependência e autossuficiência relativa aos processos da liberdade de pensamento tornam evidente o papel do intérprete. Assim, os conteúdos reais na dimensão literária estão ditos sob formas de alegorias para conduzir o leitor a um outro momento, levá-lo a um lugar fragmentado, inacabado e feminino, reavaliando as relações de gênero na estrutura do real.

A partir dessa postura hermenêutica, transita-se pelo viés da estética jusliterária que nos leva a repensar a concretude dos direitos, por vezes, situa-se entre o dizer do direito material e o fazer do direito processual. Assim, o caminho da concretização dos direitos fundamentais da mulher envolve uma condição bionarrativa voltada para uma postura mediadora entre o real e a expressividade simbólico-normativa dos direitos fundamentais.

Também aqui no conto clariciano entre as duas personagens-mulheres (Tuda e Doutora) existe uma distância marcada pelas experiências de vida. Os argumentos da doutora sobre a adolescente é dada pela percepção até

14. CASTORIADIS, Cornelius. A instituição imaginária da sociedade. São Paulo: Paz e Terra, 1987, p. 42.

15. CORREAS, Óscar. Crítica da ideologia jurídica: ensaio sócio-semiológico. Porto Alegre: Sergio Antonio Fabris Editor, 1995.

acontecer uma certa integração, entre a imediatez da adolescência e a experiência da vida adulta.

Nesse panorama, as formas de apreensão dos direitos fundamentais na construção clariciana conferem sentido, promovendo uma ética da alteridade e inserindo-se no contexto da transmodernidade. Clarice nos leva para o pensar, a graça e o mistério. Não visa reduzir os graus de incerteza e ambiguidades tentando criar expectativas seguras para os leitores e atores sociais. O direito está enraizado na voz de cada um, faz parte da inquietude humana, atravessa a concretude das angústias.

Esse pensar o direito na via da pós-modernidade, caráter vital do direito contemporâneo, comunga das inseguranças, mazelas e inquietudes que afligem a realidade feminina. De fato, as relações entre bioética e estética literária constituem-se em um processo de comunicação no qual estão sediados os laços culturais entre direito e alteridade feminina.

Essa potencialidade poética clariciana implica um agir feminino que tenha capacidade de se recriar. Assim, as protagonistas claricianas exercem através da narrativa literária um espaço de questionamentos a partir de um quadro de percepções sobre a identidade feminina. Lima[16] indica que os estudos claricianos da década de oitenta no ambiente anglo-saxônico enfatizam o contexto do real nas construções das narrativas. Desse modo, Clarice traz a possibilidade de reinterpretar a racionalidade opressora, instaurando um processo de desentranhamento da ordem habitual das coisas.

Clarice desenvolve uma intenção profunda de dissolver via imaginação literária situações em que a personagem se encontra aprisionada em si mesma, ansiando pelo movimento de liberdade. Gertrudes "enchia-se de força. Seu olhar tornava-se duro como aço, áspero como espinhos. Sentia que podia. Fora feita para libertar."[17]

Desse modo, Clarice leva a uma conjuntura de aprendizagens, influências e arquiteturas na qual o feminino em meio aos seus inúmeros

16. LIMA, Bernadete Grob. O percurso das personagens de Clarice Lispector. Rio de Janeiro: Garamond, 2009, p.71.

17. LISPECTOR, ob. Cit, 2016, p. 115.

vivenciamentos reorganiza o sentir/pensar/narrar [18] possibilidade libertadora da violência simbólica.

4. CONSIDERAÇÕES FINAIS: "ERA UMA MULHER. O PODER OCULTO DESTA PALAVRA. PORQUE AFINAL, PENSOU, ELA... ELA EXISTIA!"

Ao ler Clarice, vivencia-se o *instante-já*[19] da escrita feminina, escritura feita de tempos sensoriais, espaços amplos da existência, desdobramento de vazios, distrações[20], entrelinhas, olhar extenso e aguçado sobre a vida que lança palavras em ritmos e deixa fluir sentimentos e sensações, por isso, conecta-se com um bionarrativismo dos direitos da mulher.

A leitura Clariciana requer do leitor estar desperto para experienciar essa vivência. Tornar-se consciente dos entre-lugares do feminino numa sociedade sexista para poder recriar um lugar (de direitos) inserido na ordem cotidiana da vida das mulheres. Assim, a literatura não nos distancia do mundo real, mas incorpora, adentra em realidade interiores que manejam percepções do pensar/sentir presentes nas redes simbólicas que tecem o fazer da ciência e das práticas jurídicas.

A leitura apresenta-se como um fenômeno que transita entre a universalidade do imaginário jurídico dos direitos fundamentais e a singularidade da narrativa literária, fazendo da literatura um "lugar tópico articulante"[21]. Na singularidade clariciana surge o impactante vazio existencial que a escritora vivencia e transmuda em ficção literária.

Se as personagens passam a ser vistas como figuras de direitos ficcionalizadas, vivenciam situações na busca intermitente por uma vida de direitos, questionam os enigmas da liberdade e dos limites, anseiam por

18. SOUSA, Carlos Mendes. Clarice Lispector. Figuras da Escrita. Ed. IMS, 2001, p.159.
19. *Instante-já* é expressão utilizada pela autora na obra Água *viva* (1973).
20. "Eu me distraio muito, disse Joana a Otávio." (LISPECTOR, PCSV,1998, p.31).
21. WARAT, ob. cit, 1995, p.216.

uma vida justa. Assim, libertar-se para Gertrudes "era uma palavra imensa, cheia de mistérios e dores."[22]

Aqui, o estatuto epistemológico dos direitos fundamentais e a estética jusliterária encontram nos liames da literatura pós-moderna e da arte na contemporaneidade um "duplo movimento de um texto dentro do texto" [23].

O Direito é artefato de decisão, mas se decidir funcionar como finitude na experiência jurídica, ela é antecedida pela vida e exige pré-compreensão de sentidos. A dimensão jusliterária é essa via discursiva. O enredo jurídico conecta-se com a visão estética de mundo criando cenários em que a relação com o outro se estabelece. Gertrudes sentia o poder de ter um corpo para si. De modo que a consciência de seus direitos era inscrita de maneira corpórea, orgânica, plena de sensações corporais. Tinha um corpo, tinha a vida. "Era uma mulher."[24]

Ao ordenar os modos de compreender imbricados na condição feminina, a percepção literária da realidade humana transita pelas imagens culturais dos direitos fundamentais, permitindo reconhecer e mediar nas imagens ficcionalizadas sujeitos sociais juridicizáveis, ávidos pela concretude de direitos fundamentais. "Afinal, era uma mulher. O poder oculto desta palavra. Porque afinal, pensou, ela... ela existia*!"*[25]. Portanto, reafirma-se com a personagem Gertrudes (Tuda) a tarefa incessante de recriar o feminino.

---

22. LISPECTOR, ob. Cit, 2016, p.115.
23. GOMES, Carlos Magno. A alteridade no romance pós-moderno. São Cristóvão: Editora UFS, 2010, p.56.
24. LISPECTOR, ob. Cit, 2016, p.125.
25. LISPECTOR, ob. Cit, 2016, p.125.

10

LEVEZA E FORÇA NA DEFESA DO PATRIMÔNIO CULTURAL: TRIBUTO À ARQUITETA BRIANE BICCA

Ana Maria Moreira Marchesan

Promotora de Justiça no Estado do Rio Grande do Sul. Mestre e Doutora em Direito Ambiental e Biodireito pela Universidade Federal de Santa Catarina. Professora no Curso de Pós-Graduação em Direito Ambiental e Urbanístico da FMP (EAD). Integrante da Diretoria do Instituto "O Direito por um Planeta Verde" E-mail: ana_marchesan@mprs.mp.br.

Ana Lucia Goelzer Meira

Arquiteta e Urbanista, Mestre e Doutora em Planejamento Urbano e Regional pela Universidade Federal do Rio Grande do Sul (UFRGS). Professora nos cursos de graduação em Relações Internacionais, em Arquitetura e Urbanismo e no Mestrado Profissional em Arquitetura e Urbanismo da Universidade do Vale do Rio dos Sinos (UNISINOS). E-mail: gmeira@unisinos.br.

1. INTRODUÇÃO

Pensar sobre o papel da mulher na luta pela preservação do patrimônio cultural é como refletir sobre a própria existência humana e nossa capacidade única de tecer juízos de valor sobre o que se vê, sente, come, toca e lembra. Deslizar a questão de gênero para o encontro com a noção de patrimônio cultural apresenta-se como uma decorrência da própria amplitude experimentada, a partir da segunda metade do século XX, na noção de patrimônio cultural.

O patrimônio cultural é impregnado pela dimensão humana. Reflete princípios e valores dos grupos sociais que vão se modificando em diferentes tempos e lugares. É constituído pelos bens materiais e imateriais que ajudam a construir as identidades culturais – patamares de referências importantes para o desenvolvimento social – e estruturam uma rede de relações sociais que lhes atribuem sentidos e contribuem para criar laços de pertencimento.

Os bens culturais materiais e imateriais assumem importância como permanências simbólicas que são significativas para a sociedade ou para segmentos dela.

Na preservação do patrimônio cultural, o elemento básico sem o qual ele deixa de ter sentido é o ser humano, o qual justifica a discussão em torno das referências culturais, dos significados e dos sentimentos proporcionados pelo patrimônio: identidade, pertencimento, segurança, familiaridade, solidariedade. O sociólogo francês Henri-Pierre Jeudy observa que "assim como um indivíduo viveria mal sem memória, também uma coletividade precisa de uma representação constante do seu passado"[1].

Ainda no século XX, o direito ao patrimônio cultural foi elevado ao patamar de Direito Fundamental de terceira dimensão e, no Brasil, a Constituição Federal de 1988 consagrou essa definição[2], ressaltando os aspectos materiais e imateriais do patrimônio cultural, e o direito da coletividade à preservação dos bens que ajudam a definir suas referências e suas identidades.

Atualmente, a preservação do patrimônio mobiliza muitos setores das administrações públicas e da sociedade, na disputa pelo direito à memória.

1. JEUDY, Henri-Pierre. Memórias do social. Rio de Janeiro: Forense Universitária, 1990. p.6.
2. BRASIL. Constituição (1988). Constituição (da) República Federativa do Brasil. Brasília: Senado Federal, 1988. Disponível em: http://www.planalto.gov.br. Acesso em: 14 nov. 2019.

Os bens patrimoniais passaram a ser vistos como atributos da qualidade de vida e como componentes relevantes da sustentabilidade. Os bens culturais e, particularmente, os bens patrimoniais, são bens não renováveis. Cada vez mais, mobilizam-se cidadãos e cidadãs que se manifestam pela preservação das suas referências culturais.

Em que pese o descaso atual das administrações para com os setores que se incumbem da preservação do patrimônio, cujos recursos são priorizados para áreas de resultados econômicos e eleitoreiros mais céleres, muitos técnicos e técnicas abnegados, nas três esferas de governo, levam adiante essa atribuição, conscientes da importância do patrimônio como direito fundamental do ser humano.

A presença feminina como produtora de bens materiais e imateriais que ostentam a dupla característica de testemunho, conectado com o passado, e de referência, coligado ao futuro, merece um olhar de lupa para que verifiquemos melhor as marcas deixadas pelas múltiplas mulheres que se dedicaram a essa causa bem como sobre o modo adequado de se articular a questão de gênero na sua interface com a cultura, território, economia, meio ambiente e a sociedade como um todo.

A própria construção do patrimônio contém o matiz feminino na formação do conteúdo seminal daqueles bens que, após processo interpretativo, são considerados merecedores de uma marca, quase como um selo representativo, para que transcendam das gerações presentes em direção às futuras gerações.

Citemos como exemplo o destacado papel das mulheres brasileiras, mesmo daquelas mais simples que produzem bens culturais em seu cotidiano, na arquitetura vernacular, na criação e reprodução de bens reconhecidamente integrantes de nosso patrimônio cultural imaterial.

Na etapa subsequente, quando se dá o reconhecimento de determinado bem como patrimônio ou na catalogação e conservação de acervos, não menos relevante é o papel feminino. Nos órgãos encarregados da proteção do patrimônio cultural, as mulheres arquitetas, arqueólogas, museólogas, arquivistas, sociólogas, antropólogas e historiadoras vêm ampliando sua participação ao longo da história.

O IPHAN dedicou, em 08 de março de 2017 (Dia Internacional da Mulher), em seu sítio na Rede Mundial de Computadores, uma homenagem à força feminina na preservação e gestão do Patrimônio Cultural[3].

Essa tendência de reconhecimento da presença e do labor feminino na criação e preservação do patrimônio cultural tem sido uma marca no cenário ocidental dos países que se destacam em matéria de políticas preservacionistas. Na Espanha, por exemplo, em 2011, o Ministério da Cultura publicou uma obra sobre o patrimônio museológico através do prisma da perspectiva de gênero. Intitulado "*Patrimonio en femenino*[4]", trata-se de uma coletânea de textos preparados para acompanhar um conjunto de exposições em museus sobre a presença da mulher nas artes, na museologia, no colecionismo, com destaque para as mulheres como trabalhadoras dos museus. Em 2016, no mesmo projeto, foi publicada a obra "*La memoria femenina: mujeres en la historia, historia de mujeres*[5] ", na qual há artigos redigidos por mulheres da Espanha, Brasil, Portugal, México, Colômbia, Argentina, Uruguai e Chile.

Na Argentina, a presença da mulher como bibliotecária, arquivista e museóloga vem recebendo destaque ímpar. Muñoz aponta que esses espaços patrimoniais representados por bibliotecas, arquivos e museus estão dedicados a conservar:

> "[...] *el patrimonio cultural elaborado por las mujeres y sobre ellas*", e a "*salvaguardar y construir su memoria histórica de cara a futuras generaciones*", *que a la vez generan conocimiento y revisten de autoridad el elaborado por y sobre las mujeres; es decir, se trata de espacios legitimadores y difusores que contribuyen a visibilizar los saberes femeninos y a romper con el silencio en torno a ellas*"[6].

---

3. A força feminina na preservação e gestão do Patrimônio Cultural. IPHAN, 2017. Disponível em: http://portal.iphan.gov.br/ap/noticias/detalhes/4020/a-forca-feminina-na-preservacao-e-gestao-do-patrimonio-cultural. Acesso em 23.nov.2019.

4. GONZÁLEZ-SINDE, Ángeles. Patrimonio en femenino. Madrid: Ministerio de Educación, Cultura y Deporte, 2011.

5. La memoria femenina: mujeres em la historia, historia de mujeres. Chile: Ministerio de Educación, Cultura y Deporte, 2016. Disponível em: http://www.ibermuseos.org/wp-content/uploads/2016/03/LA-MEMORIA-FEMENINA-PUBLICACION-ELECTRONICA.pdf. Acesso em 09.nov.2019.

6. MUÑOZ, Ana María. Historia de las bibliotecas de mujeres en España. In: VASSALLO, Jaqueline; DE PAZ TRUEBA, Yolanda; CALDO, Paula (Coord.). Género y documentación: relecturas sobre fuentes y archivos. Córdoba: Brujas-Ciecs Conicet, 2016, cap. 1, p. 17-37.

No Chile, identificamos diversas iniciativas reunidas no Portal "*Patrimonio y Género*[7]" dentre as quais se destaca o percurso didático denominado "*Museos em Femenino*", cujo escopo era orientar alunos e visitantes em geral nas trajetórias dos museus desde a perspectiva de gênero.

Com esse olhar destacado para o feminino na preservação e construção do patrimônio cultural, sobressai, sem dúvida alguma, o papel da Arquiteta Briane Bicca.

Nascida em Porto Alegre, Briane Bicca (1946 – 2018) formou-se em 1969, em Arquitetura e Urbanismo pela Universidade Federal do Rio Grande do Sul – UFRGS. Em 1979, finalizou o doutorado em Estudos Urbanos e Organização do Território na *Université des Sciences Sociales de Grenoble II* e, em 1989, cursou o *International Center for the Study of the Preservation and Restoration of Cultural Property* – ICCROM, em Roma, além de ter concluído outros cursos de pós-graduação na área da preservação do patrimônio[8].

Briane Bicca na Praça da Alfândega, em Porto Alegre. Fonte: CAU RS.

7. Guía para la incorporación del enfoque de género en museos. Patrimonio y Gênero, 2012. Disponível em: https://www.genero.patrimoniocultural.gob.cl/651/w3-article-25975.html?_noredirect=1. Acesso em 09.nov.2019.

8. ANDRADE, Thiago de. Cultura, gênese da arquitetura e da atuação política. Sobre a trajetória de Briane Bicca. Drops, São Paulo, ano 2018, n. 129.01, Vitruvius, jun. 2018. Disponível em: https://www.vitruvius.com.br/revistas/read/drops/18.129/6998. Acesso em: 25 nov. 2019.

Atuou em instituições públicas em nível federal e municipal e também no Setor de Cultura da Unesco no Brasil. Foi servidora do Instituto do Patrimônio Histórico e Artístico Nacional - IPHAN, entre 1979 a 1992. Cabe dizer que, hoje, 50% dos servidores do Instituto são mulheres[9]. Foi conselheira do Instituto dos Arquitetos do Brasil - IAB e do Conselho de Arquitetura e Urbanismo - CAU, no qual 63% dos registros são de mulheres[10].

Direitos humanos desdobram-se e se refletem diretamente na vida cotidiana, onde o trabalho dos arquitetos se faz tão relevante. Briane tinha convicção disto. Amorosa e com uma compreensão abrangente e lúcida dos fenômenos culturais em suas dimensões antropológica e política, particularmente nas áreas urbanas brasileiras, Briane esteve à frente de projetos basilares no campo da preservação no Brasil. Neste artigo, serão analisados alguns deles, particularmente sua participação no Grupo de Trabalho para a preservação do Patrimônio Histórico e Cultural de Brasília - GT Brasília, nos Programas Monumenta e PAC das Cidades Históricas, e em alguns processos que tramitaram no Ministério Público do Estado do Rio Grande do Sul, nos quais se impunha uma argumentação técnica especializada e comprometida.

2. GT BRASÍLIA

Segundo relatos da própria Briane à pesquisadora Sandra Bernardes Ribeiro, no final da década de 1970, a partir da consolidação de Brasília como capital, os técnicos da extinta fundação Pró-Memória e professores da Universidade de Brasília passaram a debater formas de preservação da memória daquela cidade. Foi quando Briane e alguns colegas arquitetos da fundação procuraram Aloísio Magalhães que, por comungar das mesmas ideias, mostrou-se bastante receptivo[11].

9. Instituto do Patrimônio Histórico e Artístico Nacional. A força feminina na preservação e gestão do Patrimônio Cultural. Brasília, 8 mar. 2017. Disponível em: http://portal.iphan.gov.br/noticias/detalhes/4020. Acesso em: 15 nov. 2019.

10. CONSELHO DE ARQUITETURA E URBANISMO DO RIO GRANDE DO SUL. Comissão promove o debate sobre gênero na Arquitetura e Urbanismo no CAU/RS. Porto Alegre, 20 nov. 2019. Disponível em: https://www.caurs.gov.br/comissao-promove-o-debate-sobre-genero-na-arquitetura-e-urbanismo-no-cau-rs/. Acesso em: 25 nov. 2019.

11. RIBEIRO, Sandra Bernardes. Brasília: memória, cidadania e gestão do patrimônio cultural. São Paulo: Annablume, 2005, p. 78.

O trabalho de Briane como coordenadora do GT Brasília, nos anos 1980, ganhou repercussão nacional entre os técnicos que atuavam no campo do patrimônio[12]. Nota-se na amplitude dos conceitos e nas diretrizes relacionados ao planejamento urbano a sua orientação precisa. Também sua sensibilidade é percebida na decisão de envolver outras instituições e pessoas – como o Governo do Distrito Federal, a Universidade de Brasília e o próprio arquiteto Lucio Costa, autor do Plano Piloto da nova capital, revelando outra característica de sua atuação profissional: a excepcional capacidade de trabalhar em equipe e de articular as diferenças. Briane era ecumênica e olhava sempre para o futuro:

> Brasília encontra-se em uma encruzilhada: ou mantém a sua individualidade ou se despersonaliza como tantas outras cidades sem fisionomia própria. Lastimável seria abandonar a sua inegável vocação de patrimônio do futuro[13].

Como objetivo, o GT pretendia que a preservação de Brasília extrapolasse o Plano Piloto, e lançasse luz sobre outros elementos relacionados à sua história, inclusive aqueles anteriores ao projeto urbano modernista. Na escala territorial, efetivamente, extrapolou-se o Plano Piloto para abarcar a paisagem. Na abrangência temporal, foram incorporadas as preexistências vernaculares e as referências pioneiras dos acampamentos dos trabalhadores, para além do projeto modernista. A proposta buscou abordar a memória de Brasília "... de forma culturalmente consciente, tecnicamente sistematizada e politicamente institucionalizada"[14].

Questões como a valorização do solo urbano, crescente pressão imobiliária, falta de representatividade de alguns segmentos locais, centralização

---

12. Participaram do Grupo de Trabalho mais de quarenta técnicos, alguns de maneira permanente e outros ocasionais. Cf. INSTITUTO DO PATRIMÔNIO HISTÓRICO E ARTÍSTICO NACIONAL. GT Brasília: Memórias da preservação do patrimônio cultural do Distrito Federal. Brasília: IPHAN-DF, 2016.

13. BICCA, Briane, *apud* SILVA, Jéssica Gomes da. O GT-Brasília na trajetória de patrimonialização da capital. 2019. Dissertação (Mestrado em Arquitetura e Urbanismo) – Faculdade de Arquitetura e Urbanismo, Universidade de Brasília, Brasília, 2019. p. 62.

14. GT Brasília: Memórias da preservação do patrimônio cultural do Distrito Federal. Disponível em: http://portal.iphan.gov.br/uploads/ckfinder/arquivos/GT%20Brasilia%20miolo%20impressao%20corrigido2_reduzido.pdf Acesso em 10.jan.2020.

e concentração da esfera decisória e ausência de um sistema de planejamento territorial foram estudadas de forma pioneira[15].

Na dimensão política, notadamente no universo das escolhas, que quase sempre é reduzida a questões partidárias (o que é falso), foi incorporada, além da organização institucional do GT, a percepção de que o trabalho não deveria ser realizado somente a partir da visão dos técnicos. Houve um compromisso em relação aos vínculos afetivos, em uma dimensão psicológica, buscando promover a qualidade dos espaços urbanos para os seres humanos[16].

Foi incentivada, então, a participação de líderes comunitários e moradores locais que, com suas vivências, poderiam, melhor do que ninguém, expressar suas expectativas e necessidades. Segundo palavras do próprio grupo, "o crescente exercício do direito à cidadania da população fixa minimizou atitudes descompromissadas de uma camada sem vínculos com a cidade, cujo rodízio permanece a cada mudança na administração federal"[17]. Essa decisão vinha ao encontro de uma das principais premissas do processo de planejamento urbano hoje incorporadas na legislação de regência: a participação dos moradores e usuários do espaço da cidade.

Novas metodologias e instrumentos foram formulados e postos em prática no decorrer do processo de trabalho. Alguns, no entanto, eram avançados demais para a época e não chegaram a ser implantados, como o conceito de *preservação dinâmica* em alternativa ao tombamento. Foram pesquisados os acampamentos dos chamados candangos e as obras iniciais de implantação da cidade, as antigas fazendas nos arredores, os núcleos urbanos que haviam se formado há muito no planalto central, os traçados

15. BICCA, Briane; KOHLSDORF, Maria Elaine. A memória de Brasília. *In*: Síntese dos trabalhos. GT-Brasília. Mimeo, 1985, p. 3.

16. SILVA, Jéssica Gomes da. O GT-Brasília na trajetória de patrimonialização da capital. 2019. Dissertação (Mestrado em Arquitetura e Urbanismo) – Faculdade de Arquitetura e Urbanismo, Universidade de Brasília, Brasília, 2019.

17. BICCA, Briane P.; KOHLSDORF, Maria Elaine. A memória de Brasília. In: INSTITUTO DO PATRIMÔNIO HISTÓRICO E ARTÍSTICO NACIONAL. GT Brasília: Memórias da preservação do patrimônio cultural do Distrito Federal. Brasília: IPHAN-DF, 2016, p. 55.

originais dos primeiros assentamentos fora dos preceitos modernistas, ou seja, partiu-se do um entendimento do território como um palimpsesto. Igualmente relevante foi a consideração do meio ambiente como parte indissociável da cidade, o que por si já era um avanço significativo na leitura do patrimônio cultural.

As fazendas remontavam ao século XIX e, junto com os núcleos urbanos precursores da região, tinham uma função didática, segundo o grupo, de testemunhar a forma vernacular de organização do espaço rural[18].

A ideia em relação às fazendas era preservar seu uso por meio da transformação em fazendas-modelo, comprometidas com a preservação do meio ambiente. No Relatório Síntese do GT[19], consta a intenção de preservar não só as sedes das fazendas, mas também elementos complementares como estábulos, moendas, pilões, quiosques e artesanato popular. Em relação às áreas urbanas mais recentes, assim como no tocante às arquiteturas e núcleos mais antigos, não havia lugar para sentimentos passadistas ou saudosistas, e sugeriu-se preservar:

> Em uma dimensão tal que se identifique, não uma área antiga, mas pelo menos tradicional, tomando aqui como a diferença entre esses dois termos (antigo e tradicional) a propriedade que tem o tradicional em manter certas qualidades do antigo e introduzir inovações, harmonizando desenvolvimento e conservação[20].

Infere-se disso a noção da preservação dinâmica proposta pelo GT, que se opunha à proposição do tombamento da cidade por considerá-lo um instrumento inapropriado para um território que apresentava tanta complexidade e vitalidade. Briane identificava essa complexidade também

18. VIANNA, Márcio, *apud* SILVA, Jéssica Gomes da. O GT-Brasília na trajetória de patrimonialização da capital. 2019. Dissertação (Mestrado em Arquitetura e Urbanismo) – Faculdade de Arquitetura e Urbanismo, Universidade de Brasília, Brasília, 2019.

19. SILVA, Jéssica Gomes da. O GT-Brasília na trajetória de patrimonialização da capital. 2019. Dissertação (Mestrado em Arquitetura e Urbanismo) – Faculdade de Arquitetura e Urbanismo, Universidade de Brasília, Brasília, 2019. p. 106.

20. GT-BRASÍLIA apud SILVA, Jéssica Gomes da. O GT-Brasília na trajetória de patrimonialização da capital. 2019. Dissertação (Mestrado em Arquitetura e Urbanismo) – Faculdade de Arquitetura e Urbanismo, Universidade de Brasília, Brasília, 2019.p. 121.

nos conjuntos de acampamentos que formaram vilas como a Planalto, que guardava memórias da construção da cidade[21].

No decorrer do trabalho do grupo, iniciou o processo de reconhecimento pela Unesco de Brasília como Patrimônio Mundial. E, em 1990, foi efetivado o tombamento em nível federal, quando o GT não mais existia. Esses dois fatos modificaram algumas premissas iniciais, mas não apagaram a relevância das atividades do GT e de sua coordenadora, no sentido de ampliar o foco de atuação das ações de preservação, e resguardar a qualidade das áreas urbanas para os seres humanos que as habitam e as utilizam, com elas estabelecendo relações de pertencimento e memória.

3. PROGRAMA MONUMENTA E PAC DAS CIDADES HISTÓRICAS EM PORTO ALEGRE

Coincidente com o início do GT Brasília, em 1981, Briane registrou que "... uma constatação constrangedora nos assalta: perdemos a capacidade de harmonizar o novo com o velho. Capacidade imprescindível para a manutenção do caráter dessas cidades, centros e bairros"[22]. Essa preocupação a acompanhou sempre e se evidenciou em outro processo em outra área urbana longe da capital federal – o Programa Monumenta e seu sucedâneo, o PAC das Cidades Históricas, na sua cidade natal Porto Alegre[23].

21. SILVA, Jéssica Gomes da. O GT-Brasília na trajetória de patrimonialização da capital. 2019. Dissertação (Mestrado em Arquitetura e Urbanismo) – Faculdade de Arquitetura e Urbanismo, Universidade de Brasília, Brasília, 2019.

22. BICCA, Briane E. Panitz. A inserção da arquitetura contemporânea em áreas antigas. Boletim SPHAN-pró Memória, Brasília, n. 14, 1981, p.11.

23. O Monumenta foi um Programa do extinto Ministério da Cultura, com recursos do Orçamento da União e financiamento do Banco Interamericano de Desenvolvimento – BID, com a cooperação da Unesco e da Caixa Econômica Federal, cujas tratativas iniciaram em 1995 e a efetiva implementação, devido a dificuldades burocráticas, ocorreu a partir de 2007. O Programa de Aceleração do Crescimento do Governo Federal iniciou nesse mesmo ano. Em 2013, o Ministério do Planejamento autorizou a implantação de uma linha especial, destinada aos centros históricos brasileiros protegidos pelo IPHAN, que foi denominado de PAC Cidades Históricas. A Unidade Executora do Programa Monumenta – UEP, em Porto Alegre, tinha uma composição multidisciplinar que hoje se encontra enfraquecida. Era formada por arquitetos, historiadores, economistas, arqueólogos e outros técnicos permanentes ou transitórios.

Gestado nos anos 1990 no âmbito do Governo Federal, o Programa Monumenta foi efetivamente implementado no século XXI. Abrangeu vinte e seis cidades brasileiras e tinha por objetivo desenvolver ações que aliassem a preservação do patrimônio cultural edificado ao desenvolvimento local, gerando emprego, renda e estímulo à inclusão social[24], promovendo a articulação institucional entre as três esferas de governo e a implementação das ações que fortaleciam o âmbito da gestão dos municípios. O Monumenta criou fundos municipais voltados à preservação e implementou uma linha de financiamento aos imóveis privados que foi o principal e inovador instrumento do Programa, com vistas a fortalecer a habitação nos centros históricos.

Em Porto Alegre, Briane foi a coordenadora do Monumenta, que abrangia, basicamente, o sítio histórico das praças da Matriz e da Alfândega, tombado pelo IPHAN. Como em outras cidades maiores, o financiamento privado do Programa focou em imóveis de grande porte e possibilitou o envolvimento de agentes que nunca haviam se envolvido com edificações de interesse cultural[25]. Houve três editais em que foram contempladas vinte e quatro edificações, entre residências e edifícios, um clube, uma igreja, escritórios e lojas[26].

Dito assim parece simples, mas as articulações para lançar editais, sensibilizar proprietários, adequar as obras necessárias às limitações orçamentárias disponíveis, orientar projetos arquitetônicos e negociar suas aprovações em Brasília foram desafios que somente a convicção e a competência de Briane puderam superar[27].

---

24. ALMEIDA, Luiz Fernando de. Apresentação. *In*: DIOGO, Érica (org.). Recuperação de Imóveis Privados em Centros Históricos. Brasília: IPHAN, 2009, p. 3-4.

25. Diogo, Érica. O papel do financiamento para a recuperação de imóveis privados no Programa Monumenta. *In*: DIOGO, Érica (org.). Recuperação de Imóveis Privados em Centros Históricos. Brasília: IPHAN, 2009. p. 17-28.

26. VARGAS, Pedro Rubens Nei F. A recuperação de imóveis privados em centros históricos – uma ação estratégica: o caso de Porto Alegre. 2010. Trabalho de Conclusão de Curso (Bacharelado em Administração) – Universidade Federal do Rio Grande do Sul, Porto Alegre, 2010.

27. Briane Bicca foi coordenadora de uma competente equipe da qual faziam parte arquitetos, historiadores e outros profissionais servidores e contratados pela Prefeitura Municipal de Porto Alegre.

Infindáveis reuniões para construir os projetos e os editais para sua execução testaram a coordenadora ao seu limite, porém ela nunca se irritou ou deixou de responder aos argumentos daqueles setores institucionais que deveriam ser parceiros na concretização das obras de restauração.

Importantes intervenções foram realizadas sob sua supervisão, como nas fachadas do Palácio Piratini - sede do Governo do Estado –, na implantação da Pinacoteca Municipal Rubem Berta, na Biblioteca Pública do Estado, no Pórtico Central do Cais do Porto, na igreja Nossa Senhora das Dores, dentre outras. A ala superior do Mercado Público Municipal, onde se situava a própria Unidade Executora do Projeto - UEP em Porto Alegre, que sofreu um incêndio devastador em 2013, talvez tenha sido seu trabalho mais doloroso. Todo o acervo de documentos históricos e administrativos, plantas, relatórios, vistorias, enfim, a memória de dez anos do Programa, foi destruída. Mas a equipe se reestruturou sob sua liderança e simbolicamente foi transferida para uma das edificações que ajudara a recuperar: a Pinacoteca Municipal.

As obras de requalificação do Monumenta se estenderam, também, aos espaços públicos, sendo que o seu maior legado à cidade foi a recuperação da praça da Alfândega e avenida Sepúlveda. Tão determinante foi o envolvimento de Briane na recuperação dessa praça que nas deliberações do 21º Congresso Brasileiro de Arquitetos, realizado em 2019, em Porto Alegre, consta a solicitação para denominar alameda dos Jacarandás Briane Bicca a um dos espaços implantados na obra.

Quem acompanhou a complexidade da obra na praça, pôde observar que envolveu não só o espaço edificado circundante, de propriedade pública e privada, mas também pesquisas arqueológicas, recuperação da vegetação, capacitação dos artesãos e interface com os grupos indígenas que vendem seu artesanato no local, ações culturais, acessibilidade universal, sinalização, remoção das paradas de ônibus intermunicipais, restauração de estátuas e muitas outras ações. Também houve a preparação dos espaços da praça para os eventos que ali ocorrem há décadas, como a Feira do Livro de Porto Alegre - patrimônio imaterial da cidade. A ideia era minimizar os danos que a instalação de barracas e outros equipamentos provocavam no calçamento e nos canteiros[28].

28. Triste é verificar que mesmo após as obras de recuperação, as instalações da Feira do Livro e outros eventos continuam afetando a integridade da praça e de suas

Nas articulações que, algumas vezes, extrapolaram para negociações, Briane foi fundamental. Pode-se afirmar que o resultado da obra que devolveu à cidade um de seus espaços centrais mais significativos não teria sido concluída com êxito se não fosse a sua firme atuação. A decisão de tirar da invisibilidade grupos que ajudaram a construir a cidade, como os negros e os indígenas, foi uma incorporação pioneira no projeto dos espaços públicos no estado.

O início da implantação do Museu do Percurso do Negro em Porto Alegre, ideia iniciada pela comunidade negra, deixou suas pegadas e marcas no Centro Histórico por meio de obras de arte: o Tambor na Praça Brigadeiro Sampaio, antigo Largo da Forca, e a Pegada Africana, na Praça da Alfândega, onde as antigas quitandeiras vendiam seus produtos.

Algumas dessas obras foram finalizadas na vigência do PAC das Cidades Históricas, a partir de 2013. E outras obras foram iniciadas já nesse novo Programa. Dentre essas, destaca-se a restauração do monumento a Júlio de Castilhos na Praça da Matriz, na qual Briane também teve uma participação ativa em sua viabilização. Ela lutou para que, no imaginário urbano da cidade, fossem incorporadas as memórias dos indígenas, dos negros, dos trabalhadores, bem como a retomada da capacidade de harmonizar o novo com o antigo na cidade.

4. A LUTA PELA PRESERVAÇÃO DO CONJUNTO DA RUA LUCIANA DE ABREU: DERROTA APESAR DO TESTEMUNHO TÉCNICO E DO ENGAJAMENTO DA COMUNIDADE

Em 09 de outubro de 2002, o Ministério Público Estadual do Rio Grande do Sul, através da Promotoria de Justiça de Defesa do Meio Ambiente de Porto Alegre, foi procurado por alguns moradores do Bairro Moinhos de Vento (um bairro de classe média alta, dos mais antigos da cidade), preocupados com a provável demolição de seis casas contínuas da década de 30, na Rua Luciana de Abreu, as quais já haviam sido adquiridas por uma construtora que pretendia erguer um espigão no local.

adjacências, principalmente em relação ao calçamento de pedras portuguesas, que é sistematicamente danificado.

Foi então instaurado, em 15 de outubro do mesmo ano, um inquérito civil público (nº 108/2002).

Logo no início dessa investigação, o Ministério Público obteve do Município de Porto Alegre a garantia de que não expediria licenças demolitórias para esses imóveis em favor da proprietária pelo prazo de 120 dias, durante os quais se produziriam estudos a respeito do valor cultural por eles eventualmente ostentados.

Um dos primeiros desdobramentos desse Inquérito foi a criação de uma Comissão Interdisciplinar de Estudos sobre o Bairro Moinhos de Vento, então presidida pela Arquiteta Ediolanda Liedke, especialista em restaurações e moradora do bairro, e também integrada pelos arquitetos Osório Afonso de Queiroz Júnior e Renato Tadeu Mathias dos Santos.

Briane Bicca, então coordenadora do programa Monumenta em Porto Alegre, engajou-se informalmente nos trabalhos da Comissão, emprestando toda a sua força, comprometimento e conhecimento. As reuniões foram muitas, tanto as internas da Comissão como desta com os promotores e com órgãos públicos encarregados da preservação.

Esta Comissão produziu laudo que habilitou o Ministério Público a ajuizar uma ação civil pública contra a Construtora que havia adquirido os imóveis e contra o Município de Porto Alegre. Nessa ação foi pedida, em sede de tutela antecipada, a expedição de ordem para sustar a licença demolitória e para que a Construtora praticasse manutenção permanente e eficiente dos imóveis, os quais não eram tombados nem sequer inventariados como patrimônio cultural.

Em pedidos finais, buscava-se a declaração definitiva do valor cultural dos imóveis, a anulação definitiva da licença demolitória respectiva e a licença edilícia relativa ao projeto do edifício; a condenação do Município e da Construtora à obrigação de fazer, consistente na obrigatória manutenção e preservação dos imóveis por meio de tombamento ou quaisquer outras formas de acautelamento e preservação dentre as arroladas no parágrafo 1° do art. 216 da CF, bem como a condenação solidária dos réus ao pagamento de indenização à coletividade por danos morais e materiais ambientais, na hipótese de os imóveis objeto da demanda virem a ser demolidos no curso ou posteriormente ao julgamento da ação, com ou sem autorização provisória, desde que, ao final do processo, viesse a ser estipulado que tais bens ostentam valor cultural.

Em primeiro grau houve a acolhida integral dos pedidos deduzidos em sede de tutela antecipada, mas, quando do julgamento do Agravo de Instrumento, o TJ/RS deu provimento parcial ao recurso da Construtora afastando a obrigatoriedade de manutenção permanente dos imóveis.

Na sentença, que acabou sendo confirmada pelo acórdão do Tribunal de Justiça do Rio Grande do Sul, afirmou-se que a avaliação do Poder Público em relação ao valor cultural do conjunto de casas teria sido suficientemente pautada pelo critério técnico. Tanto assim que o laudo do perito oficial afastou o valor histórico, cultural ou arquitetônico necessário para justificar o tombamento dos imóveis em questão, circunstância suficiente a legitimar a atuação do Município como posta. Restou afirmado na ementa do acórdão que:

> Se a avaliação da municipalidade ocorrer mediante correto procedimento e for materialmente razoável, não pode ser reformada pelo Poder Judiciário, sob pena de indevida violação à competência constitucional dos Poderes da República. O controle judicial limita-se, enfim, à legalidade da atuação[29].

A despeito do revés judicial que culminou com a demolição desse patrimônio, a movimentação social desencadeada para preservar, muito além dessas casas, uma ambiência urbana composta pela harmonia entre elas, a vegetação e as vivências sociais daquele pequeno núcleo dentro do bairro, representou um marco para criação de um movimento permanente chamado "Moinhos Vive".

Fundado em agosto de 2002, esse movimento teve a finalidade de unir esforços da comunidade para a preservação e conservação nas questões do meio ambiente, patrimônio histórico, cultural e arquitetônico do bairro Moinhos de Vento.

29. Tribunal de Justiça do Rio Grande do Sul. Vigésima Segunda Câmara Cível. Apelação Cível nº 70054564273. Relator Desa. Marilene Bonzanini. Julgado em 12/09/2013. Disponível em: https://www.tjrs.jus.br/buscas/jurisprudencia/?aba=jurisprudencia. Acesso em 13.jan.2020.

Ao contrário do que poderia ter ocorrido, o grupo manteve-se permanentemente mobilizado em torno de questões urbano-ambientais relacionadas à qualidade de vida do bairro, para além do objeto da ação civil pública que marcou o seu nascimento.

Inclusive, inspirado no tombamento de alguns bairros de São Paulo, o Movimento encaminhou denso dossiê ao IPHAN pleiteando o tombamento do bairro Moinhos de Vento.

Na tramitação do pedido junto ao IPHAN, chegou a obter um parecer favorável do saudoso Arquiteto Carlos Fernando de Moura Delphin, o qual destacou nesse documento a importância do conjunto do bairro, não sem antes dar uma espécie de "puxada de orelha" nas políticas de preservação mais acentuadas naquele momento histórico:

> O tombamento do Moinhos de Vento pode encontrar dificuldades dentro do próprio IPHAN. Deve-se chamar a atenção para uma estranha qualidade de alguns grupos intelectuais elitistas que opinam sobre o tombamento. Guiam-se por um pensamento de esquerda e adotam uma postura de direita. É possível se deparar com maneiras preconceituosas, inconcebíveis na seleção e defesa do que existe de mais representativo para um povo. Esses grupos encontram justificativas para tombamentos de palácios, igrejas e outras obras de classes influentes. Consideram também dignos de tombamento produtos de classes mais baixas da sociedade, como a arquitetura vernacular e terreiros de candomblé. Entretanto, por desdenharem a produção de casas burguesas mais altas, pode ser que cometam a incoerência de nunca aprovar o tombamento de um bairro de classe alta ou média como é o caso do Moinhos de Vento[30].

Ao final do seu estudo, cuja metodologia foi declaradamente interdisciplinar, Carlos Delphin concluiu que o Bairro Moinhos de Vento seria uma "paisagem cultural de indiscutível valor cuja integridade e autenticidade acham-se ameaçadas pela destruição de seus bens tradicionais e substituição por espigões completamente alheios às proporções do bairro e da cidade de Porto Alegre e à escala humana".

30. Parecer datado de 26 de março de 2009 constante dos autos do processo judicial nº001/1.05.0318659-0 que tramitou junto à 10ª Vara da Fazenda Pública da Comarca de Porto Alegre. Atualmente, os autos encontram-se no Arquivo Judicial.

Nas contribuições finais do parecer, pontuou que "as casas de nº 242,250, 258, 262, 266 e 272 da Rua Luciana de Abreu seriam "espaços de relevância cultural e histórica que reúnem valores que as tornam merecedoras de proteção como patrimônio cultural".

No processo judicial que logrou manter as seis casas em pé até mesmo depois do acórdão que julgou a apelação (foram mais de 13 anos desde o ajuizamento da ação até o julgamento pelo Tribunal de Justiça e mais 03 anos de tramitação de recursos junto aos tribunais superiores), Briane demonstrou todo o seu comprometimento, servindo de elo entre diversos especialistas apoiadores da causa, os moradores engajados e o Ministério Público.

Tanto o parecer técnico que ela voluntária e graciosamente emitiu no processo quanto o seu depoimento em juízo são dignos de registro para a posteridade, tanto pela sensibilidade quanto pelo rigor técnico ostentados por ambos.

Na pesquisa histórica sobre o Bairro Moinhos de Vento, Briane chegou a localizar em aquarela de autoria de Jean Baptiste Debret, que esteve no Brasil a convite de Dom João VI em 1816, um retrato dos moinhos de vento (que deram nome ao bairro), qualificando a situação como "a presentificação de um ausente", ou seja, um elemento que relembra personagem, ato, fato ou característica passada, simbolizando a[31].

Trouxe doutrina de Antônio Augusto Arantes, o primeiro antropólogo a assumir a presidência do IPHAN, na qual ele desenvolve o conceito de "patrimônio cultural urbano", como sendo aquele que abarca três aspectos da realidade na cidade: "sua condição de artefato, de campo de forças sociais e de agregado de representações simbólicas". Segunda ela, a retomada dessa noção é importante para inflamar o conceito de patrimônio cultural integrante da paisagem urbana dos aspectos intangíveis (estéticos, históricos, simbólicos). É ela que confere sentido ao lugar para os habitantes que

31. P. 2 do parecer das fls. 2088 a 2093 constante dos autos do processo judicial nº001/1.05.0318659-0 que tramitou junto à 10ª Vara da Fazenda Pública da Comarca de Porto Alegre. Atualmente, os autos encontram-se no Arquivo Judicial.

cultivam a experiência de morar naquela cidade com a qual estabelecem identidades[32].

Outra referência digna de destaque no parecer supracitado é a ideia de não-lugar, segundo a qual seria o espaço de passagem incapaz de dar forma a qualquer tipo de identidade. Esculpida na obra de Marc Augé[33] para se opor ao conceito de lugar antropológico, Briane lança mão dessa imagem e questiona: "a quem contenta viver sua vida em não-lugares"?

Partindo da premissa de que o casario era parte integrante do Bairro Moinhos de Vento, Briane considerou que seu estudo deveria compreender necessariamente três escalas: "uma urbanística e ambiental, do conjunto formado pelas ruas, largos e praças do Moinhos de Vento, outra específica da arquitetura do bairro e sua relação com a arquitetura dos sobrados geminados e do sobrado vizinho e a terceira, no âmbito social, dizendo respeito à relação dos moradores e dos usuários com o lugar"[34] .

Após extensa análise das três escalas, a Arquiteta concluiu que aquele conjunto poderia ser considerado o miolo do bairro Moinhos de Vento menos atacado pelas mudanças e representativo de uma vivência pacata e de inegáveis qualidades ambientais. Tudo isso o tornava tributário de preservação.

Mesmo assim, judicialmente consagrou-se a derrota e as casas foram derrubadas entre os dias 23 e 25 de dezembro de 2016[35].

32. P. 3 do parecer das fls. 2088 a 2093 constante dos autos do processo judicial n°001/ 1.05.0318659-0 que tramitou junto à 10ª Vara da Fazenda Pública da Comarca de Porto Alegre. Atualmente, os autos encontram-se no Arquivo Judicial.

33. AUGÉ, Marc. Não-Lugares: introdução a uma antropologia da supermodernidade. São Paulo: Papirus, 1994.

34. P. 4 do parecer das fls. 2088 a 2093 constante dos autos do processo judicial n° 001/1.05.0318659-0 que tramitou junto à 10ª Vara da Fazenda Pública da Comarca de Porto Alegre. Atualmente, os autos se encontram no Arquivo Judicial.

35. "Casarões da Rua Luciana de Abreu são demolidos em Porto Alegre". Gaúcha ZH, 2016. Disponível em: https://gauchazh.clicrbs.com.br/porto-alegre/noticia/2016/12/casaroes-da-rua-luciana-de-abreu-sao-demolidos-em-porto-alegre-8875449.html. Acesso em 13.jan.2020.

5. A PRESERVAÇÃO DO PRÉDIO DO ANTIGO HOTEL NACIONAL – MEDIAÇÃO E COMPROMETIMENTO

Destacada foi a atuação da Arquiteta Briane no tocante à preservação de um edifício que abrigou, no Centro Histórico de Porto Alegre, o antigo Hotel Nacional.

Situado na Rua Sete de Setembro, 687 e 695, esquina com Rua João Manoel, o prédio encomendado pelo comerciante Guilherme Alves já figurava no rol dos bens de interesse sociocultural para preservação desde a promulgação do 1º Plano Diretor de Desenvolvimento Urbano-Ambiental de Porto Alegre. No inventário elaborado em 1998, constara do rol das edificações da categoria estruturação, ou seja, aquelas cuja volumetria e fachada não poderiam ser alteradas.

Em 04 de junho de 2003, o edifício foi finalmente tombado pelo Município de Porto Alegre devido ao seu valor cultural inegável. Com projeto de autoria de Augusto Sartori, arquiteto e construtor de origem italiana responsável por projetos e/ou construções de inúmeros prédios e palacetes na Capital gaúcha, é datado de 1919. Em estilo eclético-historicista, seus pavimentos são diferenciados uns dos outros por um conjunto de ricos detalhes.

A construção do Hotel Nacional, que ostentou também os nomes de Bianchi, Moritz e Glória, se inseriu num contexto de grandes obras na região central de Porto Alegre, dentre as quais se destacam o Banco Pelotense (de Theo Wiederspahn), o edifício Eduardo Secco (de Germano Bartel) e o prédio do Correio do Povo (de Roberto Roncoli). Especificamente no setor hoteleiro, Porto Alegre projetou-se por obras icônicas como as do Hotel Majestic, o Grande Hotel[36], o Hotel Viana e o Nacional/Moritz, todas elas contribuindo para a recuperação econômica do pós-guerra[37].

---

36. O Grande Hotel fora construído em frente à Praça da Alfândega e chegou a ter capacidade para receber até 250 hóspedes. Em 1957 deixou de funcionar. LEÃO, Sílvia Lopes Carneiro. Os antigos hotéis de Porto Alegre. Porto Alegre, 2000. Disponível em: https://www.ufrgs.br/propar/publicacoes/ARQtextos/PDFs_revista_0/0_Silvia.pdf Acesso em 20.out.2019.

37. LEÃO, Sílvia Lopes Carneiro. Arquitetura de hotéis: caso de Porto Alegre-RS. Porto Alegre, Departamento de Arquitetura, 1998. Pesquisa. Disponível em: https://www.ufrgs.

Após um período de apogeu, o hotel entrou em decadência na década de 1940. Ao invés de acolher personalidades políticas e militares, transformou-se em pensão para caixeiros viajantes e, em 1953, passou a abrigar um escritório de engenharia. Em 1991, quando o hotel estava transformado em verdadeiro cortiço, um incêndio destruiu praticamente todo o prédio, restando apenas a torre de circulação e a fachada[38].

Em 1997, o Conselho Municipal do Patrimônio Histórico, Artístico e Cultural de Porto Alegre (COMPAHC) aprovou o Estudo de Viabilidade Urbanística (EVU) para a reforma e restauração do imóvel. O projeto, assinado pelo arquiteto Evandro Eifler, abrigaria uma agência bancária no térreo e salas comerciais nos demais pavimentos.

Entretanto, os interessados na obra de reciclagem/restauro acabaram se envolvendo com problemas judiciais que os levaram a uma situação de indisponibilidade de seu patrimônio[39].

Em 20 de março de 2009, esse imóvel, de grande visibilidade na cena urbana, apresentava inúmeros sintomas de deterioração, como por exemplo perda e degradação da pintura; desplacamento e desagregação do reboco; ferragens aparentes; crescimento de vegetação e presença de microorganismos sobre a fachada; infiltrações e instabilidade estrutural da fachada, consoante apurado no Inquérito Civil Público n° 00833.00091/2008 que tramitou na Promotoria de Justiça de Defesa do Meio Ambiente de Porto Alegre.

No contexto dessa investigação, aportou, em 24 de setembro de 2009, um e-mail da Arquiteta Briane Bicca, então Coordenadora do Projeto Monumenta em Porto Alegre, noticiando ter sido procurada por um interessado em adquirir o prédio do Hotel Nacional, buscando linhas de financiamento do Monumenta caso lograsse êxito no negócio.

---

br/propar/publicacoes/ARQtextos/PDFs_revista_0/0_Silvia.pdf. Acesso em 20.out.2019.

38. Conforme histórico elaborado pelo Arq. Evandro Eifler Junior, às fls. 117/128 do IC n° 00833.00091/2008 que tramitou na Promotoria de Justiça de Defesa do Meio Ambiente de Porto Alegre.

39. Todo esse histórico está registrado nos autos do Inquérito Civil n° 00833.00091/2008 que tramitou na Promotoria de Justiça de Defesa do Meio Ambiente de Porto alegre até 06 de setembro de 2012.

Após a informação, a imprensa gaúcha noticiou que, em 8 de fevereiro de 2010, parte do prédio histórico tombara como decorrência de fortes rajadas de vento, disso resultando a interdição do passeio público[40]. Mesmo assim, o investidor não arrefeceu, sempre estimulado pela convicção e pro-atividade de Briane, a qual passou a manter contatos diários com o Ministério Público, no intuito de se resolver não apenas o problema emergencial da estabilidade das fachadas, como o da restauração da edificação como um todo.

O projeto de restauro, iniciado pelo Arquiteto Evandro Eifler Jr., acabou sendo assumido pela Arquiteta Ediolanda Liedke. Um ano depois, a própria Briane, então Coordenadora do Programa Monumenta, escreveu e-mail externando, com genuína felicidade, ter vistoriado a obra e constatado a consolidação da estabilidade da estrutura e da fachada[41]. Oficialmente, prestou informação em 01 de agosto do mesmo ano, quando noticiou que, estabilizada a estrutura, o prédio poderia ser integrado ao Programa Monumenta para captar recursos federais[42].

Aos 26 de abril de 2012, o proprietário do prédio informou ao Ministério Público que estaria dando início à fase de recuperação das instalações elétricas e de água e esgotos, além dos acabamentos[43].

Graças ao trabalho perseverante de Briane, na época na Coordenação do Monumenta, foi possível contemplar esse importante exemplar da arquitetura Hoteleira de Porto Alegre com as verbas necessárias à sua recuperação.

Ainda em 09 de maio de 2012, notícia jornalística exibia fotografia do prédio e finalizava: "Ele, como outros, tanto poderá embelezar a cidade quanto enfeá-la, na Copa do Mundo de 2014. Dependerá de se fazer ou não a restauração"[44].

---

40. Fonte: Jornal Correio do Povo de 9/2/2010.
41. E-mail datado de 11 de julho de 2011, fl. 146 do Inquérito Civil suprarreferido.
42. Fl. 149 do mesmo Inquérito Civil.
43. Fl. 155 do mesmo Inquérito Civil.
44. Imagem do Dia. Jornal do Comércio, Porto Alegre, 09 de maio de 2012. Cópia da notícia juntada na fl. 166 do Inquérito Civil n° 91/2008 da Promotoria de Defesa do Meio Ambiente de Porto Alegre, já arquivado.

Pois foi com o apoio incomensurável de uma arquiteta completamente devotada à proteção do patrimônio cultural que o adquirente do prédio logrou transformá-lo de uma carcaça feia e perigosa em elemento de embelezamento da paisagem urbana, recuperando parte de suas características originais justificadoras do tombamento.

6. CONCLUSÕES

No presente texto, tentamos resgatar um pouco da vida e uma parcela da grande obra legada pela Arquiteta e Urbanista Briane Bicca.

O tema foi eleito por compreendermos que falar de Briane e de seu papel na defesa do patrimônio cultural brasileiro em geral e gaúcho, em especial, é conectar-se com o feminino e com a dimensão humana impregnada nesse tema.

Briane sabia ser forte quando necessário, mas era sobretudo uma mulher com profundos conhecimentos na área da preservação e que sempre procurou colocá-los a favor da causa conservacionista.

O resgate histórico recaiu sobre fontes primárias e secundárias, mas sempre procurando destacar a atuação de Briane em cada uma das situações retratadas.

No GT Brasília, o trabalho de Briane e de seus pares redundou no reconhecimento da Capital Federal como patrimônio cultural da humanidade pela Unesco, não sem antes ter tido o pioneirismo de explorar temas e aspectos até então não adentrados por quem trabalhava na defesa do patrimônio cultural.

Já na coordenação do Programa Monumenta e do PAC Cidades Históricas, Briane esteve à frente de obras de vital importância na Capital Gaúcha, como por exemplo a restauração da Praça da Alfândega e do Monumento a Julio de Castilhos (na praça da Matriz).

No processo judicial relacionado à preservação de um conjunto de casas em fita na Rua Luciana de Abreu, Briane contribuiu com a organização da comunidade e com uma espécie de assessoramento técnico ao Ministério Público.

Em relação ao edifício do antigo Hotel Nacional, o engajamento de Briane, então coordenadora do Programa Monumenta, foi decisivo para tirar do papel um excelente projeto de restauro e devolver à cena de Porto Alegre um de seus mais expressivos e originais prédios históricos.

Por tudo isso, Briane continua sendo lembrada pelos profissionais da preservação, como alude o Presidente do CAU-RS, arquiteto Tiago Holzmann da Silva: "A Briane sempre foi e seguirá sendo um exemplo de profissionalismo, de conhecimento técnico, de capacidade de diálogo e de construção coletiva na área do Patrimônio Histórico e Cultural, indiscutivelmente uma das maiores especialistas do Brasil"[45]. E graças ao seu trabalho, a população seguirá usufruindo, no presente e no futuro, de muitas edificações e lugares marcantes em diversas cidades brasileiras.

45. QUEM foi Briane Bicca, arquiteta e urbanista homenageada da 21ª edição do Congresso Brasileiro de Arquitetos. *In:* CONSELHO DE ARQUITETURA E URBANISMO DO RIO GRANDE DO SUL (CAU RS). Porto Alegre, 23 ago. 2019. Disponível em: https://www.caurs.gov.br/quem-foi-briane-bicca-arquiteta-e-urbanista-homenageada-da-21a-edicao-do-congresso-brasileiro-de-arquitetos/. Acesso em 20.dez.2019.

11

O PAPEL DAS MULHERES NA CONSTRUÇÃO DO DESENVOLVIMENTO SUSTENTÁVEL

Márcia Dieguez Leuzinger

Procuradora do Estado do Paraná. Mestre em Direito e Estado e Doutora em Desenvolvimento Sustentável pela Universidade de Brasília - UnB. Pós-Doutora em Direito Ambiental pela University of New England - Austrália. Professora de direito ambiental da graduação e do Programa de Mestrado e Doutorado do Centro Universitário de Brasília - UniCEUB. Líder do Grupo de Pesquisa CNPq Direito Ambiental e Desenvolvimento Sustentável.

Solange Teles da Silva

Professora de Direito da Faculdade de Direito da Universidade Presbiteriana Mackenzie (UPM) - Graduação e Pós-graduação Stricto Sensu em Direito Político e Econômico. Pos-doutora e Doutora em Direito Ambiental pela Universidade Paris I. Panthéon-Sorbonne. Líder do Grupo de Pesquisa CNPq Direito e Desenvolvimento Sustentável. Bolsista de produtividade em pesquisa CNPq.

INTRODUÇÃO

Muito embora a história ambiental mundial e, mais especificamente, a história da construção do desenvolvimento sustentável seja basicamente uma história repleta de pensadores e pesquisadores do sexo masculino, a participação feminina nesse processo não pode ser olvidada, nem mesmo relegada a um segundo plano.

Nomes fundamentais para a construção do desenvolvimento sustentável e do direito ambiental internacional são de mulheres, ainda em um tempo em que os espaços na academia – como estudantes ou professoras – e no mercado de trabalho ainda eram eminentemente ocupados pelos homens. Mulheres venceram barreiras e figuraram como lideranças, protagonistas no processo. Rachel Carson, Donella Meadows, Gro Brundtland e Maria Tereza Jorge Pádua são apenas alguns exemplos dessas mulheres que foram decisivas, com seu trabalho, suas ideias e ideais na mudança de paradigma que ocorreu no século XX, de um modelo econômico que desconsiderava o esgotamento dos recursos naturais, para um modelo que propõe o uso racional, sustentável, da natureza.

O objetivo desse artigo é, portanto, analisar a relevância de cada uma dessas quatro pesquisadoras e a contribuição que deram para a construção do desenvolvimento sustentável. O trabalho dessas mulheres teve reflexos no direito ambiental brasileiro e, notadamente, na contribuição para a preservação ambiental. Assim, tanto na esfera internacional, quanto na esfera nacional, o papel dessas mulheres foi relevante e decisivo.

1. RACHEL CARSON E A "PRIMAVERA SILENCIOSA"

Rachel Carson foi uma pesquisadora norte-americana, nascida em 1907, na cidade de Springdale, no Estado da Pensilvânia. Proveniente de família de classe média baixa, dependeu de diversas bolsas de estudos para completar sua formação educacional. Formou-se em biologia pelo *Pennsylvania College for Women*, em Pittsburgh, tornando-se bióloga do Serviço de Pesca e Caça dos Estados Unidos[1].

Ela costumava dizer que a trilogia *Under the Sea Wind* (1941), *The Sea Around Us* (1951) e *The Edge of the Sea* (1955) a transformou em uma "biógrafa" do mar, ao retratar os fatos e belezas da natureza. Sempre aliou

1. PALMER, Joy A. *50 grandes ambientalistas: de Buda a Chico Mendes*. PALMER, Joy (org.). São Paulo: Contexto, 2006.

ciência e poesia, conhecimento e amor à natureza e sua literatura passou a ser reconhecida pela sensibilidade, complexidade e profundidade[2]. Transformou-se então em uma educadora ambientalista com a publicação, em 1956, do artigo *Help Your Child to Wonder*, na Revista *Women's Home Companion*, mais tarde publicado em forma de livro[3].

Em 1958, Rachel iniciou sua pesquisa para escrever um artigo sobre os efeitos da utilização de DDT na vida dos pássaros. Quatro anos mais tarde, foi publicado o livro Primavera Silenciosa *(Silent Spring)*, um dos mais importantes da história ambiental do século XX[4]. Com sua sensibilidade ela assim descreveu o sistema terrestre:

> «A ÁGUA, O SOLO e o manto verde da Terra formado pelas plantas constituem o mundo que sustenta a vida animal em nosso planeta. Embora o homem moderno dificilmente se lembre desse fato, ele não poderia existir sem as plantas que captam a energia do sol e fabricam os alimentos básicos de que ele depende para viver. (...) A vegetação terrestre é parte de uma teia da vida em que existem relações intimas essenciais entre as plantas e a Terra, entre as plantas e outras plantas, entre as plantas e os animais. As vezes não temos escolha, e somos forçados a perturbar essas relações, mas devemos faze-lo com cuidado, com plena consciência de que o que fazemos pode ter consequências distantes no tempo e no espaço».[5]

Em realidade, o DDT, que rendeu ao seu inventor o Prêmio Nobel, e foi inicialmente utilizado pelas tropas norte-americanas para combater, durante a 2ª Guerra Mundial, o mosquito transmissor da malária, posteriormente, passou a ser usado nas cidades americanas e europeias para combater outros insetos domésticos. Ao mesmo tempo que possuía amplo espectro de atuação, com poder de eliminação de muitas espécies

2. PALMER, Joy A. *50 grandes ambientalistas: de Buda a Chico Mendes*. PALMER, Joy (org.). São Paulo: Contexto, 2006.
3. PALMER, Joy A. *50 grandes ambientalistas: de Buda a Chico Mendes*. PALMER, Joy (org.). São Paulo: Contexto, 2006.
4. PALMER, Joy A. *50 grandes ambientalistas: de Buda a Chico Mendes*. PALMER, Joy (org.). São Paulo: Contexto, 2006.
5. CARSON, Rachel. *Primavera silenciosa* (trad. Claudia Sant'Anna Martins). São Paulo: Gaia, 2010, p. 65.

de insetos e ervas daninhas, essa tecnologia acabou acarretando sua utilização indiscriminada como agrotóxico, em diferentes culturas. Diante desse completa falta de controle na sua utilização, Carson, em Primavera Silenciosa, buscou demonstrar os efeitos desse produto químico na saúde humana e de outras espécies, na medida em que ele ingressava na cadeia alimentar e se acumulava nos tecidos adiposos, causando diversas doenças, como câncer[6].

Raquel afirma que:

> «O problema do envenenamento por pesticidas é imensamente complicado pelo fato de que o ser humano, diferentemente de um animal de laboratório vivendo sob condições rigidamente controladas, nunca é exposto a apenas um produto químico. Entre os principais grupos de inseticidas, e entre eles e ouros produtos químicos, ocorrem interações que se revelam potencialmente graves. Quer sejam introduzidos no solo, quer na água, quer no sangue de um ser humano, esses produtos químicos distintos não permanecem segregados: ocorrem modificações misteriosas e invisíveis por meio das quais um altera o potencial de dano do outro.»[7]

Primavera Silenciosa, com o alerta sobre os efeitos da contaminação no ambiente e na saúde humana, critica a fé cega no desenvolvimento tecnológico. Ademais, ela evidenciou a relação entre cientistas e indústrias químicas, que acabou por revelar as vinculações existentes entre as pesquisas que produzem e o fato de estarem entre os principais defensores do controle químico.[8]

---

6. BURSZTYN, Marcel; PERSEGONA, Marcelo. *A grande transformação ambiental: uma cronologia da dialética do homem-natureza*. Rio de Janeiro: Garamond, 2008.
7. CARSON, Rachel. *Primavera silenciosa* (trad. Claudia Sant'Anna Martins). São Paulo: Gaia, 2010, p. 168.
8. Raquel Carson indaga ainda « Investigações sobre os antecedentes de alguns desses especialistas revelam que todo seu programa de pesquisa foi financiado pelas indústrias químicas. O prestígio profissional desses pesquisadores, e às vezes seu próprio emprego, dependem da perpetuação dos métodos químicos. Podemos então esperar que eles cuspam no prato em que comem? Todavia, conhecendo essas suas vinculações, que crédito podemos dar a seus protestos de que os inseticidas são inofensivos?». CARSON, Rachel. *Primavera silenciosa* (trad. Claudia Sant'Anna Martins). São Paulo: Gaia, 2010, p. 219.

Carson influenciou o movimento ambiental, inclusive na sua vertente mais radical – a ecologia profunda –, e até mesmo a criação da *Environmental Protection Agency (EPA)* norte-americana (Agência de Proteção Ambiental), como aponta Hynes. De acordo com a autora, a obra catalisou o surgimento tanto do ambientalismo de base moderna, quanto do direito ambiental nacional e internacional[9].

Nesse mesmo contexto, Wilson comenta, no *Afterword* ao livro Primavera Silenciosa, ter a sua publicação significado um choque para a consciência pública acerca da contaminação por elementos químicos, o que acarretou uma infusão de novo significado e substância ao movimento ambiental. Isso porque, apesar dos efeitos tóxicos dos pesticidas e outros poluentes químicos já serem conhecidos à época (início da década de 1960), os cientistas ambientais focavam apenas nas suas estreitas áreas de pesquisa, tendo Rachel Carson inovado ao sintetizar todo esse conhecimento em uma obra, que tanto cientistas como leigos seriam capazes de compreender[10].

Wilson aponta que, antes de Primavera Silenciosa, ecologia era uma das disciplinas científicas que gozavam de menos prestígio no meio acadêmico e biologia da conservação não existia. Por outro lado, o meio ambiente era excluído da agenda política conservadora dominante. Após a edição do livro, a conservação do ambiente natural ganhou enorme impulso, alavancada pelas denúncias de poluição química e biológica, essa última em razão da destruição de *habitats* por espécies exóticas invasoras[11]. Por essa razão, passa a ser aceita a necessidade de regulamentar a sua utilização, assim como a própria produção industrial para se proteger o meio ambiente[12].

9. HYNES, Patricia. *The recurring Silente Spring*. New York: Pergamon Press, 1989.

10. WILSON, Edward. O. Afterword. CARSON, Rachel. *Silent Spring*. New York: Mariner Books, 2002. Ver também: COLLINS, Lynda. Are we there yet? The right to environment in international and European law. *McGill International Journal Sustainable Development Law & Policy*, Vol. 3, No. 2, pp. 119-153, 2007. Disponível em: < http://ssrn.com/abstract=1456922>. Acesso em: 15 set 2020.

11. WILSON, Edward. O. *Afterword.* CARSON, Rachel. *Silent Spring*. New York: Mariner Books, 2002.

12. McCORMICK, John. *Rumo ao paraíso: a história do movimento ambientalista*. Rio de Janeiro: Relume-Durnarã, 1992.

O sucesso da obra e a pertinência das denúncias acarretaram uma forte reação de diferentes e poderosos grupos de interesse. A autora foi chamada de "mulher histérica" e houve uma tentativa articulada de desmoralizá-la, desqualificando sua pesquisa e os resultados obtidos[13]. Apesar disso, a obra foi se tornando cada dia mais popular e impressionantemente atual. Mais de 50 anos depois da publicação de Primavera Silenciosa, vivemos os mesmos problemas em relação à utilização de agrotóxicos e outros químicos, sem contar a introdução dos organismos geneticamente modificados (OGMs), dentre os quais estão os transgênicos, cujos riscos e incertezas são apontados por «mais de 750 estudos desprezados por órgãos reguladores de OGMs».[14]

Rachel Carson faleceu em 1964, mas seu legado[15] segue vivo até os dias de hoje. Como afirma Wilson, Primavera silenciosa contém lições que que são atemporais e precisam sempre ser revisitadas[16]. Apesar de todo o conhecimento acumulado desde a sua publicação, a sociedade não conseguiu repensar e ressignificar o valor de um ambiente sadio para ela própria, e continua, sem trégua, a poluir o ar, a água, o solo e a degradar a biodiversidade, como demonstram as evidencias científicas com recordes de desmatamento e queimadas em florestas tropicais, como está ocorrendo no Brasil.[17]

---

13. BROOKS, Paul. *The house of life: Rachel Carson at work*. Boston: Houghton-Mifflin Company, 1972.

14. FERMENT, Gilles; MELGAREJO, Leonardo; FERNANDES, Gabriel Bianconi; FERRAZ, José Maria. *Lavouras transgênicas – riscos e incertezas: mais de 750 estudos desprezados pelos órgãos reguladores de OGMs*. Brasília: Ministério do Desenvolvimento Agrário, 2015. Disponível em: < https://www.organicsnet.com.br/site/wp-content/uploads/2015/09/Lavouras-Transg%C3%AAnicas-Riscos-e-Incertezas.pdf> Acesso em 07.10.2020.

15. The Life and the Legacy of Rachel CARSON. Disponível em: https://www.rachelcarson.org/. Acesso em 06 out 2020.

16. WILSON, Edward. O. Afterword. CARSON, Rachel. *Silent Spring*. New York: Mariner Books, 2002.

17. ARAGÃO, Luiz E. O. C.; SILVA JUNIOR, Celso H. L.; ANDERSON, Liana O. *O desafio do Brasil para conter o desmatamento e as queimadas na Amazônia durante a pandemia por COVID-19 em 2020: implicações ambientais, sociais e sua governança*. São José dos Campos, 2020. 34p.

2. DONELLA MEADOWS E O "LIMITES DO CRESCIMENTO"

Donella Meadows foi professora associada da cadeira de Conservação e Meio Ambiente e bolsista da MacArthur e uma importante cientista ambiental do século XX. Nasceu em 1941, nos EUA, em Hanover, New Hampshire, graduou-se em química pelo Carleton College, em 1963, e tornou-se PhD, em 1968, em biofísica por Harvard[18].

Após o seu doutoramento, ela passou a integrar um grupo de pesquisa no *Massachussets Institute os Technology* (MIT) que havia começado a utilizar a ferramenta denominada *System Dynamics*, desenvolvida por Jay Forrester, para compreender problemas complexos e multifacetários que afetavam o planeta.

Donella Meadows, junto com 3 outros pesquisadores – Dennis Meadows, Jorgen Randers e William W. Behrens III –, realizaram um estudo encomendado pelo Clube de Roma, associação instituída para identificar e buscar soluções e alternativas para problemas e ameaças graves que afetavam a humanidade. A finalidade da associação é pensar de forma holística e a longo prazo soluções para um futuro melhor. À época, o objetivo era elaborar cenários e demonstrar como a sociedade poderia responder aos problemas que eram gerados pelos diversos desafios, dentre os quais os Limites ao Crescimento, como foi denominado Relatório produto dessa pesquisa específica[19].

Esse time de *experts* de diversas nacionalidades utilizou a teoria do *System Dynamics,* associada a um modelo computacional denominado *World 3*, e analisou 12 cenários, revelados a partir da inserção de dados referentes a: taxa de crescimento populacional, capital, poluição, produção de alimentos e utilização de recursos não renováveis[20]. Os pesquisadores realizaram a modelagem com base no pressuposto de que não ocorreriam mudanças significativas seja nos valores da sociedade, seja no funcionamento do

18. ACADEMY FOR SYSTEMS CHANGE. Disponível em: http://donellameadows.org/staff/. Acesso em 19 set 2020.
19. CLUB OF ROME. Disponível em: https://clubofrome.org/. Acesso em 20 set 2020.
20. LEUZINGER, Márcia Dieguez. CUREAU, Sandra. *Direito ambiental*. Série universitária. Rio de Janeiro: Elsevier, 2013.

sistema global em termos da relação entre produção e capital, conforme tem ocorrido no último século. A pesquisa usou dados históricos coletados entre 1900 e 1970, com projeções que alcançaram o ano de 2100, e as perguntas de pesquisa foram:

> "As the world system grows towards its ultimate limits, what will be its most likely behavior mode? What relationships now existent will change as the exponential growth curves level off? What will the world be like when growth comes to an end?"[21]

As conclusões do estudo foram catastróficas:

> "We can thus say with some confidence that, under the assumption of no major change in the present system, population and industrial growth will certainly stop within the next century, at the latest"[22].

Isso significa que, de acordo com os resultados obtidos por essa pesquisa, em algum ponto nos próximos cem anos, contados do início da década de 1970, as sociedades humanas entrarão em colapso.[23] Isso porque a depleção dos recursos naturais não renováveis, em razão da sobre-exploração, acabará conduzindo ao colapso do setor industrial, do qual são hoje totalmente dependentes a agricultura e a pecuária, em razão dos agrotóxicos, adubos químicos, rações, remédios, vacinas etc., que também, por isso, colapsarão. E, continua o Relatório, mesmo que o planeta tivesse o dobro

21. Tradução: "Na medida em que o sistema mundial cresce na direção de seus limites finais, qual será seu modo de comportamento mais provável? Eu relacionamentos agora existentes mudarão à medida que as curvas de crescimento exponencial se estabilizarem? Como será o mundo quando o crescimento chegar ao fim?". MEADOWS, Donella; MEADOWS, Dennis; RANDERS, Jorgen; BEHRENS III, William. *The limits to growth: a global challenge; a report for the Club of Rome Project on the Predicament of Mankind.* New York: Universe Books, 1972.

22. Tradução: "Podemos, portanto, dizer com alguma confiança que, partindo do pressuposto de que não haverá grandes mudanças no sistema atual, o crescimento populacional e industrial certamente cessará no próximo século, o mais tardar". MEADOWS, Donella; MEADOWS, Dennis; RANDERS, Jorgen; BEHRENS III, William. *The limits to growth: a global challenge; a report for the Club of Rome Project on the Predicament of Mankind.* New York: Universe Books, 1972.

23. DIAMOND, Jared. *Colapso – como as sociedades escolhem o sucesso ou o fracasso.* Rio de Janeiro: Record, 2005.

dos recursos naturais estimados à época do Relatório, ainda assim, entraríamos em colapso, por causa da poluição.

Essa solução, contudo, foi rejeitada por todos os países, ricos e pobres. Os países subdesenvolvidos e em desenvolvimento rechaçaram a proposta, na medida em que ela os relegaria eternamente a uma condição inferior àquela alcançada pelos países ricos, às custas da destruição da natureza em seus territórios. Os países ricos também não a aceitaram, acusando os países pobres e em desenvolvimento da responsabilidade pelo estado de degradação ambiental do planeta. Desse modo, muito embora tenha havido muita discussão acerca dos resultados do Relatório Meadows, como ficou conhecido o "Limites do Crescimento", tanto nas reuniões preparatórias para a Conferência das Nações Unidas sobre Meio Ambiente Humano, como na própria Conferência, que ocorreu em Estocolmo, em 1972, suas conclusões foram rejeitadas.

Donnella Meadows faleceu em 2001 e deixou um importante legado, visando um mundo sustentável. Ela indicou ferramentas para uma transição para a sustentabilidade, a partir de seu pensamento associado à dinâmica dos sistemas e limites do crescimento.[24] A história, cada vez mais, demonstra a atualidade das previsões do "Limites do Crescimento". A crise climática, de fato, é hoje uma real ameaça à humanidade. A importância do trabalho de Donnella Meadows e de seus companheiros é, portanto, incontestável. Limites do Crescimento alertou aos pesquisadores e ambientalistas de todo o mundo sobre os riscos da manutenção do sistema econômico mundial e de suas formas de exploração dos recursos naturais.

3. GRO BRUNDTLAND E O "NOSSO FUTURO COMUM"

Gro Harlem Brundtland nasceu na Noruega, na cidade de Oslo, em 1939. Formou-se em medicina em 1963 e obteve o título de mestre em saúde pública pela universidade de Harvard em 1965, onde se interessou pelas relações entre saúde pública e meio ambiente. Nesse mesmo ano em que obteve o grau de mestre, retornou à Noruega para trabalhar no

24. The Donella Meadows Project. Disponível em: http://donellameadows.org/staff/. Acesso em 08 out 2020.

Ministério da Saúde, onde se especializou em saúde infantil. Paralelamente, Gro Brundtland trabalhou no departamento pediátrico do Hospital Nacional e do Hospital Municipal de Oslo, tendo de tornado diretora do Serviço de Saúde para crianças em idade escolar[25].

Na seara política, desde muito jovem integrou o Partido Trabalhista e, em 1974, quando tinha apenas 35 anos, foi convidada a assumir o cargo de Ministra do Meio Ambiente, que ocupou até 1979. Os anos em que foi Ministra do Meio Ambiente coincidiram com um período de rápida e maciça conscientização ambiental na Europa, em função de diferentes fatores, como a publicação, na década anterior, do livro Primavera Silenciosa, de Rachel Carson, e, em 1972, do estudo Limites do Crescimento, encomendado pelo Clube de Roma, assim como a ocorrência de diversos desastres ambientais, como o de Minamata e outros ligados à exploração petrolífera, que chamaram a atenção mundial sobre os efeitos da poluição[26].

À frente do Ministério do Meio Ambiente, buscou implementar o princípio do poluidor-pagador, que impõe a responsabilização do empreendedor pelos danos causados ao meio ambiente, assim como a obrigação de buscar a utilização da melhor técnica possível para evitar que os danos ambientais aconteçam, internalizando-se no custo da produção as externalidades ambientais negativas[27]. Procurou, enquanto à frente do Ministério do Meio Ambiente, colocar a discussão ambiental no centro do debate político e, o Ministério, no centro da governança[28].

Em 1979, foi eleita deputada e em 1981 tornou-se Primeira Ministra da Noruega por alguns meses. Voltou a ocupar o cargo nos períodos de

---

25. PALMER, Joy (org.). *50 grandes ambientalistas: de Buda a Chico Mendes*. São Paulo: Contexto, 2006.
26. PALMER, Joy (org.). *50 grandes ambientalistas: de Buda a Chico Mendes*. São Paulo: Contexto, 2006; MARQUES, Luiz. A sustentabilidade deve ser uma meta da sociedade. In: *Fronteiras do Pensamento*, 2014. Disponível em: < https://www.fronteiras.com/artigos/a-sustentabilidade-deve-ser-uma-meta-da-sociedade>. Acesso em: 21 set 2020.
27. LEUZINGER, Márcia Dieguez. CUREAU, Sandra. *Direito ambiental*. Série universitária. Rio de Janeiro: Elsevier, 2013.
28. MARQUES, Luiz. A sustentabilidade deve ser uma meta da sociedade. In: *Fronteiras do Pensamento*, 2014. Disponível em: < https://www.fronteiras.com/artigos/a-sustentabilidade-deve-ser-uma-meta-da-sociedade>. Acesso em: 21 set 2020.

1986-1989 e 1990-1996, em razão de outras duas vitórias eleitorais, somando, ao todo, 10 anos no Poder. Brundtland foi não apenas a primeira mulher a assumir o cargo de Primeiro-Ministro, mas também a pessoa mais nova até aquele momento (41 anos)[29].

Ela foi reconhecida internacionalmente pela promoção, enquanto à frente do governo da Noruega, do desenvolvimento sustentável, o que lhe rendeu o convite do Secretário Geral das Nações Unidas à época, Javier Pérez de Cuéllar, para fundar e presidir a Comissão Mundial para o Meio Ambiente e Desenvolvimento, composta por 22 representantes de 22 países: 6 comissários da Europa, 5 da África, 5 da Ásia, 3 da América do Norte e 3 da América do Sul[30].

Em 1987, a Comissão publicou o resultado de sua pesquisa sobre os principais problemas ambientais que dificultavam o desenvolvimento dos países mais pobres. Nessa pesquisa, analisou a interligação entre os problemas sociais, econômicos e ambientais, neles inserindo a preocupação ambiental como prioridade internacional[31]. O Relatório Nosso Futuro Comum, mais conhecido como Relatório Brundtland, inovou ao popularizar o conceito para desenvolvimento sustentável, princípio que emergiu da ideia anterior de ecodesenvolvimento[32]. Segundo o Relatório, desenvolvimento sustentável é aquele *"capaz de suprir as necessidades da geração atual, sem comprometer a capacidade de atender as necessidades das futuras gerações"*. O estudo abordou as preocupações e os desafios comuns a toda a humanidade, como população, segurança alimentar, espécies e ecossistemas, energia, sistema industrial e urbanização[33].

---

29. MARQUES, Luiz. A sustentabilidade deve ser uma meta da sociedade. In: *Fronteiras do Pensamento*, 2014. Disponível em: < https://www.fronteiras.com/artigos/a-sustentabilidade-deve-ser-uma-meta-da-sociedade>. Acesso em: 21 set 2020; PALMER, Joy (org.). *50 grandes ambientalistas: de Buda a Chico Mendes.* São Paulo: Contexto, 2006.

30. PALMER, Joy (org.). *50 grandes ambientalistas: de Buda a Chico Mendes.* São Paulo: Contexto, 2006.

31. BURSZTYN, Marcel; PERSEGONA, Marcelo. *A grande transformação ambiental: uma cronologia da dialética do homem-natureza.* Rio de Janeiro: Garamond, 2008.

32. SACHS, Ignacy. *Caminhos para o desenvolvimento sustentável.* Rio de Janeiro: Garamond, 2002.

33. BRUNDTLAND, Gro (org.) *Our common future.* Oxford: Oxford University Press, 1987.

Nosso Futuro Comum foi apresentado à Assembleia Geral das Nações Unidas em 1987, mesmo ano em que foi publicado. Dois anos mais tarde, foi editada a Resolução nº 44/228, das Nações Unidas, que determinou a realização da Conferência sobre Meio Ambiente e Desenvolvimento, que ocorreu em 1992, na cidade do Rio de Janeiro. Essa Conferência, que contou com a participação de 178 Estados e 1.400 Organizações Não-Governamentais (ONGs), teve como principal objetivo tratar, como o nome propõe, das formas possíveis de se conciliar proteção do meio ambiente e desenvolvimento econômico, trazendo como base das discussões os resultados veiculados pelo Relatório Brundtland. Foram, assim, propostas medidas para prevenção de danos ambientais, combate à pobreza e estímulo ao desenvolvimento sustentável, sem que isso interferisse na soberania dos Estados sobre seus recursos naturais[34].

O papel de Gro Brundtland foi, portanto, fundamental para a popularização do conceito e também para a busca da concretização do desenvolvimento sustentável, idealizado por Maurice Strong, ainda nas reuniões preparatórias da Conferência de Estocolmo, que ocorreu e 1972, sob a denominação de ecodesenvolvimento[35]. Esse conceito foi teorizado por Ignacy Sachs nos anos seguintes, com a proposição de seus elementos fundantes, consubstanciados no tripé economia – meio ambiente – sociedade.[36] Em 1980, com a publicação do documento denominado Estratégia Mundial para a Conservação, elaborado pela União Internacional para a Conservação da Natureza (UICN), ecodesenvolvimento passou a ser chamado de desenvolvimento sustentável[37]. A nova denominação foi mais aceita do que a anterior, e passou a ser, ao menos no discurso, o objetivo de praticamente todos os países, empresas e indivíduos.

---

34. LEUZINGER, Márcia Dieguez. CUREAU, Sandra. *Direito ambiental*. Série universitária. Rio de Janeiro: Elsevier, 2013.
35. VARELLA, Marcelo. *Direito internacional econômico ambiental*. Belo Horizonte: Del Rey, 2003.
36. NOBRE, Marcos; AMAZONAS, Maurício de Carvalho (orgs.). *Desenvolvimento sustentável: a institucionalização de um conceito*. Brasília: Ed. IBAMA, 2000.
37. UICN; UNEP; WWF. *The world conservation strategy: living resource conservation for sustainable development*. 1980.

4. MARIA TEREZA JORGE PÁDUA E AS ÁREAS PROTEGIDAS

Maria Tereza Jorge Pádua nasceu no Brasil, em São Jose do Rio Pardo em 1943 e se formou em engenharia agronômica pela Universidade Federal de Lavras (UFAL). Em 1966, fez mestrado em Ecologia e Manejo de Vida silvestre na Universidade Federal do Rio de Janeiro (UFRJ), e foi professora da Faculdade de Ecologia da UFRJ, na qual ministrou a disciplina Ecologia e Conservação dos Recursos Naturais.[38]

Jovem formada, ela trabalhou no recém criado Instituto Brasileiro de Desenvolvimento Florestal (IBDF)[39] durante o período de 1968 a 1981.[40] No IBDF, ela esteve à frente da chefia da seção de parques nacionais, tornando-se diretora do Departamento de Áreas Protegidas.[41]

Como descreve Marcondes, foi com fundamento nos trabalhos de Maria Tereza Jorge Pádua que foram criados inúmeros parques nacionais. E isso ocorreu a partir de uma parceria estabelecida com «o biólogo Gary Wetterberg, do Serviço de Pesca e Vida Silvestre dos Estados Unidos, que estabeleceu um programa para identificação de áreas prioritárias para a biodiversidade, o primeiro deste tipo baseado em uma análise biogeográfica – a ciência da conservação».[42] Com a identificação de áreas prioritárias para a conservação e utilizando a Teoria dos Refúgios do Pleistoceno[43], começaram a ser criados parques nacionais na Amazônia, que somente em 1974 ganhou seu primeiro parque, o Parque Nacional da Amazônia, no Pará. «Em 1968 o Brasil possuía catorze parques nacionais,

---

38. SALERA JUNIOR, Giovanni. Biografia de Maria Tereza Jorge Pádua. Disponível em: < https://www.recantodasletras.com.br/biografias/5078829> Acesso em 07 out 2020.
39. O IBDF foi criado pelo Decreto-Lei n. 289, de 28 de fevereiro de 1967.
40. MARCONDES, Sandra. *Brasil, amor à primeira vista! Viagem ambiental no Brasil do século XVI ao XXI*. São Paulo: Peirópolis, 2005, p. 174.
41. SALERA JUNIOR, Giovanni. Biografia de Maria Tereza Jorge Pádua. Disponível em: < https://www.recantodasletras.com.br/biografias/5078829> Acesso em 07 out 2020.
42. SALERA JUNIOR, Giovanni. Biografia de Maria Tereza Jorge Pádua. Disponível em: < https://www.recantodasletras.com.br/biografias/5078829> Acesso em 07 out 2020.
43. KUCZACH, Angela. O que as pioneiras tem para nos ensinar sobre mulher na conservação. (O)Eco, 8 mar 2018. Disponível em < https://www.oeco.org.br/colunas/colunistas-convidados/o-que-as-pioneiras-tem-para-nos-ensinar-sobre-ser-mulher-na-conservacao/> Acesso em 24 set 2020.

totalizando cerca de 2 milhões de hectares. (...) [E], quando Maria Tereza deixou o IBDF, as áreas federais protegidas somavam 10 milhões de hectares».[44] Pádua pediu demissão do IBDF em 1982, «em protesto a construção de uma estrada cortando o Parque Nacional do Araguaia, na Ilha do Bananal, (...) rodovia autorizada por Joao Batista Figueiredo, então presidente da República».[45]

Ela também realizou trabalhos de conservação da fauna silvestre, que possibilitaram dar início a projetos hoje conhecidos, tais como o Projeto TAMAR – Tartarugas Marinhas e o Projeto Peixe-Boi Marinho.[46]

No Estado de São Paulo, Pádua esteve à frente do Departamento e Meio Ambiente. Em 1992, ocupou a presidência do IBAMA – Instituto do Meio Ambiente e dos Recursos Naturais Renováveis, tendo atuado na preparação da Conferência das Nações Unidas sobre Meio Ambiente e Desenvolvimento (Rio/92). [47]

Reconhecida como «Maria Natureza, Mãe dos Parques e Reservas do Brasil, Grande Defensora do Cerrado, Primeira Mulher Conservacionista do Governo Brasileiro, Pioneira na Gestão de Unidades de Conservação, Lenda Viva do Ambientalismo, Ícone das Políticas Públicas Ambientais»[48], participou do conselho de diversas organizações mundiais relacionadas à conservação da natureza, como a União Internacional para Conservação da Natureza (UICN), e venceu, em 1999, a IV Edição do Prêmio Henry Ford de Conservação da Natureza, na categoria Conquista Individual.

44. MARCONDES, Sandra. *Brasil, amor à primeira vista! Viagem ambiental no Brasil do século XVI ao XXI*. São Paulo: Peirópolis, 2005, p. 174.

45. SALERA JUNIOR, Giovanni. Biografia de Maria Tereza Jorge Pádua. Disponível em: < https://www.recantodasletras.com.br/biografias/5078829> Acesso em 07 out 2020.

46. MARCONDES, Sandra. *Brasil, amor à primeira vista! Viagem ambiental no Brasil do século XVI ao XXI*. São Paulo: Peirópolis, 2005, p. 174.

47. MARCONDES, Sandra. *Brasil, amor à primeira vista! Viagem ambiental no Brasil do século XVI ao XXI*. São Paulo: Peirópolis, 2005, p. 174.

48. SALERA JUNIOR, Giovanni. Biografia de Maria Tereza Jorge Pádua. Disponível em: < https://www.recantodasletras.com.br/biografias/5078829> Acesso em 07 out 2020.

Como sustenta Pádua:

> «A implantação de um sistema de unidades de conservação exige muitas pesquisas, levantamentos e estudos, recursos financeiros significativos, infraestrutura e manutenção — em geral dispendiosas, fiscalização sofisticada, etc. Em contrapartida, os benefícios científicos, culturais, sociais e recreativos transcendem muito o valor monetário empatado. Mas estas unidades são e devem ser criadas para sempre e a garantia de sua integridade é nosso dever para com as gerações presentes e futuras. Todos nós somos co-responsáveis neste objetivo que beneficiará o brasileiro e a humanidade em geral»[49]

Atualmente, Maria Tereza Jorge Pádua é membro do Conselho da Fundação Grupo Boticário de Proteção à Natureza e da Comissão Mundial de Parques Nacionais da UICN, e continua em sua luta pelas áreas protegidas e pela proteção ambiental. Pode-se, assim, observar seu papel primordial na conservação da natureza.[50]

CONSIDERAÇÕES FINAIS

A relevância de cada uma dessas quatro pesquisadoras é incontestável. Elas não só lideraram processos, mas trouxeram ideias e ideais para o campo da conservação ambiental e do desenvolvimento sustentável.

Rachel Carson alertou o mundo para a falta de controle na utilização de produtos químicos nas lavouras e nos espaços urbanos, o que estava causando poluição, afetando às espécies e causando problemas de saúde às pessoas. Criticada fortemente pela indústria química, manteve-se firme, e sua obra é, até hoje, estudada por todos que trabalham com proteção do meio ambiente e com desenvolvimento sustentável.

49. PADUA, Maria Tereza Jorge. Sistema de parques nacionais e reservas biologias do Brasil. Revista do Serviço Público – ENAP v. 40, n. 4, 1983 https://doi.org/10.21874/rsp.v40i4.2139 p. 20.

50. ALBUQUERQUE, Carolina de; SILVA, Solange T. da. Unidades de conservação e mulheres: dificuldades e oportunidades. In LEUZINGER, Marcia Dieguez et al. (org). ++++ (no prelo).

Donella Meadows também desempenhou papel fundamental na proteção ambiental e na construção do ecodesenvolvimento, mais tarde rebatizado como desenvolvimento sustentável, ao demonstrar, junto com sua equipe de cientistas de sistemas, os limites do crescimento econômico e populacional, a fim de se evitar o colapso. Sua pesquisa foi inovadora e seus resultados, assustadores. Apesar das conclusões do "Limites do Crescimento" terem sido afastadas por todos os países que participaram da Conferência de Estocolmo, seus resultados mostram-se cada vez mais pertinentes, em especial se observados sob a ótica da crise climática que hoje é enfrentada pela humanidade.

Gro Brundtland inovou ao conceituar, em "Nosso Futuro Comum", desenvolvimento sustentável. O trabalho por ela coordenado embasou as discussões travadas durante a Rio/92 e seus resultados demonstraram o quanto seria necessário progredir na proteção do meio ambiente para se alcançar a sustentabilidade.

Maria Tereza Jorge Pádua foi uma mulher brasileira à frente de seu tempo. Na presidência do IBDF possibilitou a criação de diversas unidades de conservação. Também foi a responsável por introduzir a necessidade de observância de critérios científicos para a instituição de UCs, a partir da utilização da Teoria dos Refúgios do Pleistoceno. Seu papel na construção do desenvolvimento sustentável é, assim, inegável.

Para além dessas mulheres, cientistas e pesquisadoras, que venceram barreiras e ocuparam espaços no cenário político, contribuindo com as discussões em matéria de desenvolvimento sustentável, há também a necessidade de dar visibilidade a milhares de outras mulheres, que estão na base da proteção ambiental, e buscam diariamente por condições de igualdade[51] na luta pela promoção do desenvolvimento sustentável.

51. SILVA, Solange Teles da. Estado de Direito Ambiental e Ecofeminismo: desafios para a construção de uma sociedade igualitária. In: LEITE, J. R. M.; DINNEBIER, F. F. (Org.). Estado de Direito Ecológico: conceito, conteúdo e novas dimensões para a proteção da natureza. 1ed.Sao Paulo: Inst. O Direito por um Planeta Verde, 2017, v. 1, p. 566-584.

REFERÊNCIAS

ACADEMY FOR SYSTEMS CHANGE. Disponível em: http://donellameadows.org/staff/. Acesso em 19 set 2020.

ALBUQUERQUE, Carolina de; SILVA, Solange T. da. Unidades de conservação e mulheres: dificuldades e oportunidades. In LEUZINGER, Marcia Dieguez et al. (org). (no prelo).

ARAGÃO, Luiz E. O. C.; SILVA JUNIOR, Celso H. L.; ANDERSON, Liana O. *O desafio do Brasil para conter o desmatamento e as queimadas na Amazônia durante a pandemia por COVID-19 em 2020: implicações ambientais, sociais e sua governança.* São José dos Campos, 2020. 34p.

BROOKS, Paul. *The house of life: Rachel Carson at work.* Boston: Houghton-Mifflin Company, 1972.

BRUNDTLAND, Gro (org.) *Our common future.* Oxford: Oxford University Press, 1987.

BURSZTYN, Marcel; PERSEGONA, Marcelo. *A grande transformação ambiental: uma cronologia da dialética do homem-natureza.* Rio de Janeiro: Garamond, 2008.

CARSON, Rachel. *Primavera silenciosa* (trad. Claudia Sant'Anna Martins). São Paulo: Gaia, 2010.

CLUB OF ROME. Disponível em: https://clubofrome.org/. Acesso em 20 set 2020.

COLLINS, Lynda. Are we there yet? The right to environment in international and European law. *McGill International Journal Sustainable Development Law & Policy*, Vol. 3, No. 2, pp. 119-153, 2007. Disponível em: < http://ssrn.com/abstract=1456922>. Acesso em: 15 set 2020.

DIAMOND, Jared. *Colapso – como as sociedades escolhem o sucesso ou o fracasso.* Rio de Janeiro: Record, 2005.

FERMENT, Gilles; MELGAREJO, Leonardo; FERNANDES, Gabriel Bianconi; FERRAZ, José Maria. *Lavouras transgênicas – riscos e incertezas: mais de 750 estudos desprezados pelos órgãos reguladores de OGMs.* Brasília: Ministério do Desenvolvimento Agrário, 2015. Disponível em: < https://www.organicsnet.com.br/site/wp-content/uploads/2015/09/Lavouras-Transg%C3%AAnicas-Riscos-e-Incertezas.pdf> Acesso em: 07 out 2020.

HYNES, Patricia. *The recurring Silente Spring.* New York: Pergamon Press, 1989.

KUCZACH, Angela. O que as pioneiras tem para nos ensinar sobre mulher na conservação. (O)Eco, 8 mar 2018. Disponível em < https://www.oeco.org.br/colunas/colunistas-convidados/o-que-as-pioneiras-tem-para-nos-ensinar-sobre-ser-mulher-na-conservacao/> Acesso em: 24 set 2020.

LEUZINGER, Márcia Dieguez. CUREAU, Sandra. *Direito ambiental*. Série universitária. Rio de Janeiro: Elsevier, 2013.

MARCONDES, Sandra. *Brasil, amor à primeira vista! Viagem ambiental no Brasil do século XVI ao XXI*. São Paulo: Peirópolis, 2005.

McCORMICK, John. *Rumo ao paraíso: a história do movimento ambientalista*. Rio de Janeiro: Relume-Durnarã, 1992.

The Life and the Legacy of Rachel CARSON. Disponível em: https://www.rachelcarson.org/. Acesso em: 06 out 2020.

MEADOWS, Donella; MEADOWS, Dennis; RANDERS, Jorgen; BEHRENS III, William. *The limits to growth: a global challenge; a report for the Club of Rome Project on the Predicament of Mankind*. New York: Universe Books, 1972.

MARQUES, Luiz. A sustentabilidade deve ser uma meta da sociedade. In: *Fronteiras do Pensamento*, 2014. Disponível em: < https://www.fronteiras.com/artigos/a-sustentabilidade-deve-ser-uma-meta-da-sociedade>. Acesso em: 21 set 2020.

NOBRE, Marcos; AMAZONAS, Maurício de Carvalho (orgs.). *Desenvolvimento sustentável: a institucionalização de um conceito*. Brasília: Ed. IBAMA, 2000

PADUA, Maria Tereza Jorge. Sistema de parques nacionais e reservas biologias do Brasil. Revista do Serviço Público – ENAP v. 40, n. 4, 1983. Disponível em: https://doi.org/10.21874/rsp.v40i4.2139 . Acesso em 07 out 2020.

PALMER, Joy A. *50 grandes ambientalistas: de Buda a Chico Mendes*. PALMER, Joy (org.). São Paulo: Contexto, 2006.

SACHS, Ignacy. *Caminhos para o desenvolvimento sustentável*. Rio de Janeiro: Garamond, 2002.

SALERA JUNIOR, Giovanni. Biografia de Maria Tereza Jorge Pádua. Disponível em: <https://www.recantodasletras.com.br/biografias/5078829> Acesso em 07 out 2020.

SILVA, Solange Teles da. Estado de Direito Ambiental e Ecofeminismo: desafios para a construção de uma sociedade igualitária. In: LEITE, J. R. M.; DINNEBIER, F. F. (Org.). Estado de Direito Ecológico: conceito, conteúdo e novas dimensões para a proteção da natureza. 1ed.Sao Paulo: Inst. O Direito por um Planeta Verde, 2017, v. 1, p. 566-584.

THE DONELLA MEADOWS PROJECT. Disponível em: http://donellameadows.org/staff/. Acesso em 08 out 2020.

UICN; UNEP; WWF. *The world conservation strategy: living resource conservation for sustainable development*. 1980.

VARELLA, Marcelo. *Direito internacional econômico ambiental*. Belo Horizonte: Del Rey, 2003.

WILSON, Edward. O. Afterword. CARSON, Rachel. *Silent Spring*. New York: Mariner Books, 2002.

12

LIBERDADE DE EXPRESSÃO E AS MULHERES ARTISTAS: REFLEXÕES SOBRE O CASO MARGARET KEANE

Cecilia Nunes Rabêlo

Advogada, Mestre em Direito Constitucional, membro do Grupo de Estudos e Pesquisas em Direitos Culturais da Universidade de Fortaleza, Presidente do Instituto Brasileiro de Direitos Culturais - IBDCult.

Daniela Lima de Almeida

Advogada, professora, Mestre em Direito Constitucional, membro do Grupo de Estudos e Pesquisas em Direitos Culturais da Universidade de Fortaleza, membro do Instituto Brasileiro de Direitos Culturais - IBDCult.

INTRODUÇÃO

As reflexões sobre a participação das mulheres na sociedade ocidental, necessariamente, perpassam o caminho do ambiente privado ao espaço público. Neste capítulo, buscamos tecer algumas considerações sobre a relação das mulheres com o espaço público relativo especificamente às manifestações artísticas, levando em consideração o caso Margaret Keane.

Margaret Keane foi uma artista plástica nascida nos Estados Unidos em 1927, que ficou conhecida não só pelas pinturas de personagens, especialmente crianças, com grandes e profundos olhos, mas também pelo envolvimento em um dos casos mais chocantes acerca da ofensa aos direitos de liberdade de expressão artística feminina.

Na década de 50, após se separar do seu primeiro marido, Margaret, já pintora e com uma filha ainda criança, conheceu Walter Keane, um estudante de pintura mal sucedido com quem se casou a fim de conseguir uma certa segurança e estabilidade em uma época na qual o espaço para mulheres artistas, separadas e com filhos era mínimo ou inexistente.

Pouco tempo após o casamento, Walter Keane passou a se apresentar como o autor das obras de Margaret, sem o conhecimento desta, vendendo as obras como se fossem suas. Quando Margaret descobriu o fato, Walter justificou-se afirmando que eles precisavam do dinheiro, que as pessoas estariam mais propensas a comprar os quadros se pudessem conversar com o artista e que as pessoas já acreditavam que ele era o autor, e que revelar a verdade naquele momento renderia um processo para os dois.

Margaret acatou as desculpas do marido, sem saber que sua vida se tornaria insuportável nos anos posteriores. Durante quase dez anos, Margaret foi obrigada a pintar até 16 horas por dia[1], trancada em um quarto, de cortinas fechadas, sem contato com amigos e com pouco acesso à sua filha. Enquanto isso, Walter Keane ficaria famoso pelos quadros das crianças de "olhos grandes", tornando-se um grande sucesso e faturando milhares de dólares às custas do trabalho análogo à escravidão exercido por Margaret.

Anos depois, Margaret divorciou-se, mudou-se para o Havaí, mas continuou pintando para Walter, que exigia a entrega de quadros de forma contínua, a fim de manter sua fama e renda. Após enviar algumas dezenas de novos quadros, Margaret resolveu não mais participar daquela trama e denunciou toda a história a um jornalista.

Margaret processou Walter por difamação, tendo o júri julgado procedente seu pedido, afirmando Margaret como a verdadeira autora dos

1. Disponível em: <https://www.theguardian.com/artanddesign/2014/oct/26/art-fraud-margaret-walter-keane-tim-burton-biopic>. Acesso em: 20 mar. 2020.

quadros[2], condenando Walter a pagar 4 milhões de dólares pelo sofrimento emocional e pela ofensa à reputação de Margaret, a qual nunca teve acesso à indenização por Walter ter consumido toda sua fortuna com festa, bebidas e extravagâncias.

Quais espaços são ocupados pelas mulheres artistas? Como o direito fundamental e humano à liberdade de expressão artística é exercido pelas mulheres? Quais limites foram e são impostos para que o pensamento, o talento, a arte e as diversas expressões femininas sejam expostas no espaço público? De que forma essa questão deve/pode ser juridicamente tratada, especialmente no caso em questão?

Essas e outras questões são reflexões necessárias à compreensão de como o direito cultural à liberdade de expressão das mulheres artistas é exercido, abordando as dificuldades encontradas e os motivos que lhe dão origem.

1. LIBERDADE DE EXPRESSÃO COMO DIREITO INDIVIDUAL À AUTODETERMINAÇÃO

Ao longo da história, é possível verificar que a proteção da liberdade de expressão esteve relacionada à exigência de um papel de abstenção por parte do Estado, desse modo, seria possível viabilizar sem impedimentos e restrições, de forma ampla e diversificada, as ideias de uma sociedade[3].

O caráter de direito de primeira geração traz, em consequência, essa necessidade de um distanciamento estatal, a fim de garantir uma esfera de direitos básicas, consideradas essenciais à própria existência humana, dentro da qual encontra-se, certamente, a liberdade de expressão.

2. No dia do julgamento, o juiz ordenou que Margaret e Walter pintassem um quadro. Margarete pintou um de seus "olhos grandes" em 53 minutos, enquanto que Walter, alegando sofrer com uma dor no braço, não chegou sequer a tocar no pincel. Disponível em: https://www.theguardian.com/artanddesign/2014/oct/26/art-fraud-margaret-walter-keane-tim-burton-biopic. Acesso em: 20 mar. 2020.

3. MELO, Auricélia do Nascimento. Liberdade de expressão: um direito fundamental na concretização da democracia. Fortaleza: Premius, 2009.

A compreensão desse direito, no entanto, recebe nuances de diversas teorias e correntes filosóficas, passando de uma visão dita mais coletivista, na qual a liberdade de expressão é tratada como um pilar básico da própria democracia, até um entendimento voltado ao indivíduo, ressaltando a importância dessa liberdade para o próprio desenvolvimento das faculdades humanas, tais como a criatividade e a capacidade de interpretação do mundo.

Na Constituição americana, por exemplo, existiriam dois tipos diferentes de direito à liberdade de expressão, um denominado *freedom of expression* e outro denominado *liberty of expression*. O primeiro estaria garantido pela Primeira Emenda[4], enquanto que o segundo estaria resguardado pela Quinta Emenda[5].

O *freedom of expression* seria o direito de liberdade de expressar discursos e ideias relativos à coletividade, no interesse de todos, sendo tal liberdade impassível de limitações ou supressões. Já a *liberty of expression* seria a liberdade de expressar assuntos de ordem privada, relativos a interesses individuais, a qual poderia ser restringida, desde que fosse necessário ao interesse coletivo e houvesse um prévio devido processo legal[6].

Há, portanto, uma intrínseca relação entre a liberdade de expressão e a existência de um regime democrático, vez que não há como conceber

---

4. EMENDA I – O Congresso não legislará no sentido de estabelecer uma religião, ou proibindo o livre exercício dos cultos; ou cerceando a liberdade de palavra, ou de imprensa, ou o direito do povo de se reunir pacificamente, e de dirigir ao Governo petições para a reparação de seus agravos. Disponível em: <http://www.uel.br/pessoal/jneto/gradua/historia/recdida/ConstituicaoEUARecDidaPESSOALJNETO.pdf>. Acesso em: 19 mar. 2020.

5. EMENDA V – Ninguém será detido para responder por crime capital, ou outro crime infamante, salvo por denúncia ou acusação perante um Grande Júri, exceto em se tratando de casos que, em tempo de guerra ou de perigo público, ocorram nas forças de terra ou mar, ou na milícia, durante serviço ativo; ninguém poderá pelo mesmo crime ser duas vezes ameaçado em sua vida ou saúde; nem ser obrigado em qualquer processo criminal a servir de testemunha contra si mesmo; nem ser privado da vida, liberdade, ou bens, sem processo legal; nem a propriedade privada poderá ser expropriada para uso público, sem justa indenização. Disponível em: <http://www.uel.br/pessoal/jneto/gradua/historia/recdida/ConstituicaoEUARecDidaPESSOALJNETO.pdf>. Acesso em: 19 mar. 2020.

6. MONCAU, Luiz Fernando Marrey. Liberdade de expressão e direitos autorais. Rio de Janeiro: Elsevier, 2015.

uma democracia sem o trânsito livre de ideias, pensamentos e opiniões divergentes entre si.

Compreendida como um direito humano, a liberdade de expressão esteve prevista na Declaração de Direitos do homem e do Cidadão[7], de 1789, na Declaração Universal dos Direitos Humanos[8], de 1948 e na Convenção Americana de Direitos Humanos[9], de 1969.

Posteriormente, a liberdade de expressão também foi prevista como uma das condições básicas para que seja possível garantir a diversidade cultural, ao lado do pluralismo dos meios de comunicação, do multilinguismo, da igualdade de acesso às expressões artísticas, ao conhecimento científico e tecnológico e da possibilidade de estar presente nos meios de expressão e de difusão[10].

No Brasil, a liberdade de expressão é consagrada no rol de direitos fundamentais (art. 5º, IX), afirmando a Carta Maior que é livre a expressão da atividade intelectual, artística, científica e de comunicação, independentemente de censura ou licença. Dentro desse dispositivo legal, estão previstos o direito de opinião, que seria a liberdade de manifestar um pensamento, externando juízos ou conceitos acerca de algo, e o direito de expressão em si, que é o direito de "manifestação das sensações, sentimentos ou criatividade do indivíduo, tais como a pintura, a música, o teatro, a fotografia, etc."[11]

O direito à liberdade de expressão pode ser compreendido também, portanto, como pertencente aos direitos culturais, vez que afeto às artes e suas

7. Art. 11º. A livre comunicação das ideias e das opiniões é um dos mais preciosos direitos do homem. Todo cidadão pode, portanto, falar, escrever, imprimir livremente, respondendo, todavia, pelos abusos desta liberdade nos termos previstos na lei.

8. XIXI. Todo ser humano tem direito à liberdade de opinião e expressão; este direito inclui a liberdade de, sem interferência, ter opiniões e de procurar, receber e transmitir informações e ideias por quaisquer meios e independentemente de fronteiras.

9. Artigo 13. Liberdade de pensamento e de expressão. 1. Toda pessoa tem direito à liberdade de pensamento e de expressão. Esse direito compreende a liberdade de buscar, receber e difundir informações e ideias de toda natureza, sem consideração de fronteiras, verbalmente ou por escrito, ou em forma impressa ou artística, ou por qualquer outro processo de sua escolha.

10. Declaração Universal sobre a Diversidade Cultural, art. 6º.

11. CUNHA JUNIOR, Dirley. Curso de Direito Constitucional. 5 ed. Salvador: Juspodivm, 2011, p. 685.

diversas formas de realização e expressão, visando sempre à dignidade humana, nos termos conceituais propostos pelo professor Humberto Cunha[12].

A liberdade de expressão, para além do seu aspecto coletivo, tendo em vista sua essencialidade para a existência e consolidação de um regime democrático, é também fundamental para autorrealização individual, para o livre desenvolvimento da personalidade e atingimento das aspirações individuais, visto que direito fundamental individual, oponível, inclusive, perante o Estado. A autorrealização individual seria, portanto, fundamento tanto do direito à liberdade de expressão quanto da existência do próprio Estado democrático de Direito[13].

Intrínsecos à noção de liberdade de expressão artística, e como sua garantia, estão os direitos de autor, direitos também fundamentais consagrados como parte dos direitos da personalidade, vez que a obra, criação de espírito, como conceituada no art. 7º da lei 9.610/98, é vinculada necessariamente à personalidade do seu autor ou autora[14].

Nesse sentido, a obra protegida pelo direito autoral, fruto do exercício da liberdade de expressão artística, é uma emanação da individualidade do autor, sendo a proteção dos direitos morais e patrimoniais de autor uma necessidade decorrente do próprio resguardo à dignidade humana.

É por isso que a jurisprudência brasileira, encabeçada pelo Superior Tribunal de Justiça[15], vem construindo o entendimento de que a mera omissão do nome do autor na reprodução, representação ou mera divulgação de sua obra é conduta passível de indenização, por ofensa direta ao direito moral à autoria, consagrado no art. 24, II da lei 9.610/98.

---

12. Segundo o professor Humberto Cunha: "[...] direitos culturais são aqueles afetos às artes, à memória coletiva e ao fluxo de saberes que asseguram a seus titulares o conhecimento e uso do passado, a interferência ativa no presente e possibilidade de previsão e decisão referentes ao futuro, visando sempre à dignidade da pessoa humana" (CUNHA FILHO, Francisco Humberto. Teoria dos direitos culturais: fundamentos e finalidades. São Paulo: Edições SESC São Paulo, 2018, p.28).
13. MONCAU, Luiz Fernando Marrey. Liberdade de expressão e direitos autorais. Rio de Janeiro: Elsevier, 2015.
14. COSTA NETTO, José Carlos. Direito autoral no Brasil. 3 ed. São Paulo: Saraiva Educação, 2019.
15. RECURSO ESPECIAL Nº 1.716.465 - SP (2017/0332620-1).

Não dar os créditos ao autor pela criação de sua obra ofende diretamente, portanto, o direito de personalidade do criador, atingindo sua dignidade. Dada a importância da relação obra e autor, a norma penal previu como crime a violação dos direitos de autor e os que lhe são conexos em seu art. 184, o denominado crime de plágio.

Observa-se, portanto, que há nítida relação entre a liberdade de expressão artística, os direitos de autor e a necessidade de garantir a plena manifestação artística dos indivíduos, como mecanismo de realização pessoal, desenvolvimento das faculdades humanas e autorrealização.

2. AS MULHERES ARTISTAS E A OFENSA À LIBERDADE DE EXPRESSÃO ARTÍSTICA

Sobre o essencialismo da arte, verifica-se que para muitos autores ele está na sua origem, a fonte da obra de arte seria a capacidade humana de pensar. Nesse ponto, capacidades humanas diferem de atributos do animal humano, que seriam os sentimentos, os desejos e as necessidades. A capacidade de pensar tem relação com os atributos, transformando-os. Essa capacidade que cria a arte é comunicativa e voltada para o mundo, "transcende e transfere para o mundo algo muito intenso e veemente que estava aprisionado no ser"[16].

Ademais, o *animal laborans* precisa atenuar o seu labor e diminuir o seu sofrimento, precisa, na mais alta capacidade, da ajuda dos artistas, dos poetas, dos historiadores, dos escritores, dos construtores de monumentos, já que, sem eles, o produto de sua atividade humana, suas próprias histórias, não poderiam sobreviver[17].

Historicamente, as mulheres estiveram na vanguarda das lutas por direitos e na retaguarda das conquistas. A reivindicação das mulheres pela igualdade jurídica não é recente. Destaca-se a figura de Olympe de Gouges

16. ARENDT, Hannah. A condição humana. 10. ed. Rio de Janeiro: Forense Universitária, 2007, p. 182.

17. ARENDT, Hannah. Ob. cit.

no cenário contemporâneo ao da Assembleia Nacional Francesa. Ela era atriz e escreveu uma declaração igualitária, a Declaração dos Direitos da Mulher e da Cidadã. Não foi uma declaração no sentido de pugnar por uma preponderância das mulheres, mas buscava estabelecer a igualdade entre os gêneros. O resultado foi o assassinato da autora revolucionária em decorrência do seu pensamento.

Na sua proposta, Olympe de Gouges pediu à Assembleia Nacional para decretar, entre outras coisas, a afirmação de que o princípio de toda a soberania reside essencialmente na nação, sendo esta o encontro de mulheres e homens e que nenhum corpo e nenhum indivíduo poderia exercer autoridade sobre outro, a não ser de si próprio. A principal reivindicação era de reconhecimento da cidadania das mulheres e a sua visibilidade no contrato social, não só se referindo ao contrato conjugal, mas ao grande contrato constitucional[18].

No Preâmbulo Declaração dos Direitos da Mulher e da Cidadã, consta:

> As mães, as filhas, as irmãs, representantes da nação, reivindicam constituir-se em Assembleia Nacional. Considerando que a ignorância, o esquecimento, ou o desprezo da mulher são as únicas causas das desgraças públicas e da corrupção dos governantes, resolveram expor em uma Declaração solene, os direitos naturais, inalienáveis, e sagrados da mulher, a fim de que esta Declaração, constantemente, apresente todos os membros do corpo social seu chamamento, sem cessar, sobre seus direitos e seus deveres, a fim de que os actos do poder das mulheres e aqueles do poder dos homens, podendo ser a cada instante comparados com a finalidade de toda instituição política, sejam mais respeitados; a fim de que as reclamações das cidadãs, fundadas doravante sobre princípios simples e incontestáveis, estejam voltados à manutenção da Constituição, dos bons costumes e à felicidade de todos (ONLINE, 2020).

As mulheres não obtiveram direitos políticos iguais em nenhum lugar no mundo antes do século XX. Observa-se uma percepção histórica geral

---

18. SÁNCHEZ, Elida Aponte. La democracia y la constitución, de cara a los derechos humanos de las mujeres. Frónesis: Revista de Filosofía Jurídica, social y política, Maracaibo, v. 1, n. 15, abr., 2008.

das mulheres como dependentes, um estado definido pelo seu status familiar, e não plenamente capazes de exercer autonomia política[19]:

> Elas podiam lutar pela autodeterminação como uma virtude privada, moral, sem estabelecer ligação com os direitos políticos. Tinham direitos, mas não os políticos. Essa visão se tornou explícita quando os revolucionários franceses redigiram uma nova Constituição em 1789. O abade Sieyès, um intérprete ilustre da teoria constitucional, explicava a distinção emergente entre os direitos naturais e civis, de um lado, e os direitos políticos, de outro. Todos os habitantes de um país, inclusive as mulheres, possuíam os direitos de um cidadão passivo: o direito à proteção de sua pessoa, propriedade e liberdade. Mas nem todos eram cidadãos ativos, sustentava ele, com direito a participar diretamente das atividades públicas. "As mulheres, ao menos no presente estado, as crianças, os estrangeiros, aqueles que não contribuem para manter a ordem pública" eram definidos como cidadãos passivos.[20]

A distinção entre o público e o privado, especialmente entre o público e o âmbito doméstico, relegou as mulheres, por séculos, à invisibilidade e ao esquecimento, visto que teóricos e filósofos, independentemente das ideologias que propugnavam, eram uníssonos ao compreender que o doméstico era um âmbito reservado às mulheres por sua "habilidade natural" de cuidar, de se relacionar e de ser emocional[21].

Isso fazia com que o Estado, com suas instituições, não adentrasse nas questões domésticas, familiares, relegando as mulheres a todo tipo de abuso. Sob um discurso liberal de defesa do direito à privacidade, as relações familiares não foram, por muito tempo, objeto de tutela estatal, ou seja, "a ideia de um direito à privacidade foi interpretada como significando que qualquer interferência exterior na família é uma violação da privacidade"[22].

---

19. HUNT, Lynn. A invenção dos direitos humanos – uma história. São Paulo: Companhia das Letras, 2009.
20. HUNT, Lynn. Ob. Cit, p. 67.
21. KYMLICKA, Will. Filosofia política contemporânea: uma introdução. Tradução: Luís Carlos Borges. São Paulo: Martins Fontes, 2006.
22. KYMLICKA, Will. Ob. Cit, p.333.

Diante desse cenário, mulheres e crianças ficavam subordinadas às vontades do homem no âmbito familiar, sem qualquer direito à privacidade, à liberdade de se manifestar, se expressar, se não fosse de acordo com o interesse desse homem. Assim, é nítida a criação de um ambiente passível de abusos nas suas mais variadas formas, inclusive no âmbito da liberdade de expressão artística, como ocorreu no caso Margaret Keane e em tantos outros.

Especificamente sobre as artes plásticas e a representação do corpo, os corpos femininos eram centrais para a pintura europeia. No século XVII e especialmente no XVIII, mais pessoas comuns começaram a encomendar pinturas de si mesmas e de suas famílias. Havia uma tendência dos pintores de buscar mais franqueza e intimidade psicológica nos seus retratos. Este fato acarretou uma relação entre o pintor e o modelo mais carregada de uma visível tensão sexual, principalmente quando as mulheres pintavam os homens[23]:

> Em 1775, James Boswell registrou as críticas de Samuel Johnson contra as retratistas: "Ele [Johnson] achava a pintura de retratos um emprego impróprio para as mulheres. 'A prática pública de qualquer arte, e o ato de perscrutar a face dos homens, é algo muito indelicado numa mulher'". Ainda assim, várias pintoras de retratos se tornaram verdadeiras celebridades na última metade do século XVIII. Denis Diderot encomendou o seu retrato a uma delas, a artista alemã Anna Therbusch. Na sua crítica do Salon de 1767, onde a pintura apareceu, Diderot sentiu que precisava se defender contra a sugestão de que tinha dormido com a artista, "uma mulher que não é bonita".[24]

Nesse contexto, observou-se na pintura de retratos que as mulheres desempenharam um papel muito importante no processo da empatia. Ainda que, de um modo geral, os homens quisessem que as mulheres conservassem os papéis de modéstia e virtude, "na prática as mulheres inevitavelmente representavam e assim evocavam o sentimentalismo, uma atitude que sempre ameaçava ir além das suas próprias fronteiras."[25]

23. HUNT, Lynn. A invenção dos direitos humanos – uma história. São Paulo: Companhia das Letras, 2009.
24. HUNT, Lynn. Ob. Cit, p.89.
25. HUNT, Lynn. Ob. Cit, p.90.

> [...] num mundo dominado por homens, que lhes restringiam o acesso à educação, sobretudo no domínio científico, e ainda as excluíam da Escola de Belas Artes e as proibiam de desenhar modelos nus. O rompimento da malha enleante de preceitos e preconceitos que manteve a mulher mais ou menos à margem da produção artística, consequentemente silenciosa e ausente na História da Arte, não se dá num momento e num tempo particulares. Tão pouco se trata de um fenómeno transversal às sociedades e às civilizações: a mudança de mentalidade não se processa ao ritmo das transformações políticas e tecnológicas. E nem sequer, em boa verdade, se pode falar em ausência, porque mulheres artistas sempre as houve. O que elas não tiveram, em todo o tempo, foi campo propício para desenvolver livremente o seu talento. Exceto as que por condição de nascimento ou de temperamento puderam ou ousaram dar curso ao génio criativo.[26]

Além das limitações e entraves existentes, ao longo da história, ao exercício da arte pelas mulheres, a elas também era relegado temáticas que seriam, em tese, mais afeitas ao "feminino", tais como a maternidade, os afazeres domésticos e a infância[27]. No entanto, é notório o fato de que nem todas as artistas se restringiram a essas temáticas, como é o caso de Elizabeth (Thompson) Butler (Inglaterra, 1848 – 1933), que ficou famosa por suas pinturas realistas com temáticas militares que se recusava a glorificar a guerra, criticada por pintar temas considerados "não femininos"[28].

Elizabeth, como tantas outras, enveredaram e enveredam, ainda hoje, por todos os gêneros, temas e linguagens artísticas, lutando por uma representatividade cada vez maior das mulheres do campo da arte. Já no século XX, diversas foram as ações das mulheres artistas com o objetivo de recuperar a história da mulher na arte, muito influenciada pela denominada segunda onda feminista. Segundo Diana Cunha:

---

26. NABAIS, Joaquim. A invisibilidade da mulher na história da arte. Encarte da Exposição Biblioteca Municipal Penamacor 2008. P. 03. Disponível em: http://www.cm-penamacor.pt/00_exposicoes/invisibilidade_da_mulher.pdf. Acesso em: 20 mar. 2020.

27. ROQUE, Maria Isabel. A mulher na arte: mais objeto que sujeito. Disponível em: <https://amusearte.hypotheses.org/2192>. Acesso em: 20 mar. 2020.

28. NABAIS, Joaquim. A invisibilidade da mulher na história da arte. Encarte da Exposição Biblioteca Municipal Penamacor 2008. Disponível em: http://www.cm-penamacor.pt/00_exposicoes/invisibilidade_da_mulher.pdf. Acesso em: 20 mar. 2020.

> Nesse momento percebem-se esforços nas seguintes direções: uma recuperação histórica de mulheres artistas escondidas pela história da arte ocidental, a produção de uma metacrítica da arte, uma produção artística e crítica que respondesse ao encontro entre as ideias feministas e a arte num processo de afetação mútua. Trata-se da luta pela representação, uma reivindicação pelo protagonismo feminino no lugar da histórica objetificação. O corpo feminino, exaustivamente representado narrado, estudado, determinado, consumido e docilizado pela cultura visual ocidental, tornou-se ele mesmo o território da resistência, apresentado sem mediações, num movimento transbordante entre arte e vida[29].

Apesar da continuidade da discriminação relativamente à participação na vida pública e participação política das mulheres, desde o século XIX até hoje cresce o número de artistas mulheres, o volume de trabalho e a qualidade dessa produção, com especial destaque para a França, que teve um papel fundamental em relação ao estudo e difusão das artes e correntes artísticas, por meio da realização dos denominados *Salons*, nos quais as mulheres artistas participavam de forma constante e eram, por vezes, reconhecidas e premiadas por seus trabalhos[30].

Como forma de se contrapor a toda a discriminação da mulher no campo da arte, surge o Artivismo Feminista, movimento artístico que busca desconstruir o papel de submissão relegado às mulheres. De acordo com COSTA e COELHO:

> Para ser considerado Artivismo Feminista, o conteúdo estará ligado à crítica ao patriarcado, enquanto forma de dominação e subordinação das mulheres (Biroli, 2014). Isso significa dizer que a temática artística abordará o questionamento da restrição das mulheres à esfera doméstica, a redução delas à um objeto sexual ou sexualizado, a desvalorização de funções e trabalhos desenvolvido por mulheres, a desconsideração da intelectualidade feminina, a naturalização da condição subordinada das

29. CUNHA, Diana Kolker Carneiro da. Mulheres na arte e na vida: representação e representatividade. In: CERBINO, Beatriz; OLIVEIRA, Luiz Sergio de; TABORDA, Tato. Subversões de protocolo: uso impróprio. Niterói: PPGCA-UFF, 2016, p.109.

30. NABAIS, Joaquim. A invisibilidade da mulher na história da arte. Encarte da Exposição Biblioteca Municipal Penamacor 2008. P. 03. Disponível em: http://www.cm-penamacor.pt/00_exposicoes/invisibilidade_da_mulher.pdf. Acesso em: 20 mar. 2020.

mulheres, a depreciação das características naturalizadas como femininas, dentre outras formas de opressão[31].

Ainda no século XXI, no entanto, o papel das mulheres na arte ainda é negligenciado. Para além da desigualdade enraizada no mercado de trabalho, que relega as mulheres a cargos subalternos[32] e do salário 23% inferior ao recebido pelos homens[33], as mulheres ocupam espaços estratificados no setor cultural e há uma nítida separação entre os trabalhos ou atividades artísticas ditas "de homens" e "de mulheres".

Em pesquisa realizada na França sobre a igualdade de oportunidades, foi constatada a desigualdade na distribuição dos cargos de chefia nas principais instituições culturais francesas. Os homens ocupavam 92% dos cargos de diretores de teatro dedicados à criação dramática, 89% eram dirigentes de instituições musicais e 86% eram diretores de estabelecimentos de ensino de arte[34].

Em outra pesquisa apontada pela autora, a disparidade entre mulheres e homens também permanecia nas atividades artísticas em si. Sobre os artistas de jazz, por exemplo, apenas 8% dos dois mil músicos jazzistas da cidade de Paris eram mulheres. De acordo com a pesquisa, existiria "uma dupla segregação sexuada"[35], na qual haveria uma segregação horizontal que limitava as mulheres a empregos femininos, tais como o canto (65% dos cantores são mulheres, enquanto 4% são instrumentistas), e uma

31. COSTA, Maria Alice; COELHO, Naiara. A(r)tivismo feminista – intersecções entre arte, política e feminismo. CONFLUÊNCIAS, | Revista Interdisciplinar de Sociologia e Direito. Vol. 20, nº 2, 2018. 25-49, p. 33.

32. "Em 2002, segundo a pesquisa "Emprego" [emploi], feita pela DARES1 sobre a população dos chefes de empresa com mais de 10 assalariados, somando um total de 119 mil pessoas, o número de mulheres representava apenas 13,2%, ou seja, 15.600 mulheres" (MERCIER, Cyril. A evolução do lugar das mulheres no mundo da arte contemporânea francesa: O caso dos colecionadores de arte contemporânea. In: QUEMIN, Alain; BÔAS, Glaucia Villas. Arte e vida social. Marseille: OpenEdition Press, 2016).

33. Disponível em: <http://www.ihu.unisinos.br/78-noticias/575443-onu-as-mulheres-ganham-23-menos-que-os-homens-o-maior-roubo-da-historia>. Acesso em: 10 mar. 2020.

34. MERCIER, Cyril. A evolução do lugar das mulheres no mundo da arte contemporânea francesa: O caso dos colecionadores de arte contemporânea. In: QUEMIN, Alain; BÔAS, Glaucia Villas. Arte e vida social. Marseille: OpenEdition Press, 2016.

35. MERCIER, Cyril. ob. cit.

segregação vertical, na qual existiria um "teto de vidro" que impediria a progressão profissional feminina.

A segregação permanecia, segundo a pesquisa, no setor de orquestras e música clássica, nas quais também havia uma forte distinção entre trabalhos artísticos ditos femininos e masculinos. Dos musicistas harpistas, 87,5% eram mulheres, enquanto os homens representavam 54,6% dos violinistas. No mais, as mulheres estavam 43,6% nos instrumentos de cordas e 15,6% nos de madeira[36].

Em relação aos metais (instrumentais musicais de sopro, tais como sax e trompete), quase não havia participação feminina (apenas 2%) e nos de percussão a participação era de apenas 24,7%, sendo essas duas categorias de instrumentos de mais importância dentro da orquestra, vez que são, muitas vezes, instrumentos solistas (que executavam o solo das músicas, parte mais relevante). Importante ressaltar, ainda, que a pesquisa revelou que oito em cada dez musicistas solistas eram homens.[37]

Esses dados demonstram fortemente a desigualdade e a segregação existente também no campo da cultura e da arte em relação à participação feminina. Existem instrumentos "para mulheres", atividades artísticas "para mulheres", lugares a serem ocupados "pelas mulheres", sempre ligado a um aspecto romantizado da mulher, no qual esta seria delicada, frágil e destinada a atividades mais "sensíveis" ou "delicadas".

Independentemente do tipo de atividade artística desempenhada, o fato é que as mulheres sempre estiveram subordinadas a trabalhos menos valorizados socialmente, e não seria diferente no campo da arte visual. Margaret sofreu imensamente pelo fato de não poder se mostrar como mulher artista, não porque fosse proibido, mas porque as chance e oportunidades de crescimento e sucesso para uma mulher pintora nos anos 50 eram (e ainda hoje são) bem menores do que para um homem.

A situação de discriminação feminina desagua, de fato, na violência que as mulheres sofrem diariamente. De acordo com a pesquisa "Violência contra a Mulher: feminicídios no Brasil", divulgada pelo Instituto de

36. MERCIER, Cyril. ob. cit.

37. MERCIER, Cyril. ob. cit.

Pesquisa Econômica Aplica – IPEA no dia 25 de setembro de 2013 na Câmara dos Deputados, entre 2001 e 2011, pelo menos 50 mil mulheres foram assassinadas no Brasil[38].

Segundo dados de 2019[39], 1,6 milhão de brasileiras foram espancadas ou sofreram tentativa de estrangulamento, sendo que 22 milhões (37,1%) sofreram algum assédio. A situação é agravada no âmbito residencial, pois 42% dos casos de violência ocorrem exatamente no ambiente doméstico.

A violência, física ou psicológica, é uma constante na realidade feminina, sendo fruto de séculos de uma organização social estruturada com base na discriminação e na subordinação da mulher, o que vem sendo fortemente combatido pelas ondas feministas e pela luta pela igualdade substancial entre mulheres e homens.

CONSIDERAÇÕES FINAIS

A compreensão do direito à liberdade de expressão como direito humano, inerente à própria ideia de democracia, é uma conquista histórica vinculada à percepção de que o trânsito livre de ideias e a manifestação sem amarras são fundamentais para a construção de uma sociedade justa e mais igualitária.

Não obstante, paralelo a essa compreensão coletivista da liberdade de expressão, é necessário reforçar que a livre expressão humana é um dos instrumentais mais fundamentais para o desenvolvimento das faculdades cognitivas humanas, devendo tal direito ser observado e defendido também por esse viés de autorrealização individual.

Nessa perspectiva, a proteção dos direitos de autor, tanto de aspecto moral quanto patrimonial, são garantias de que a liberdade de expressão artística possa ser realizada de forma plena, vinculando a obra ao seu autor, levando em consideração o caráter intrínseco dessa relação.

38. "Estima-se que ocorreram, em média, 5.664 mortes de mulheres por causas violentas a cada ano, 472 a cada mês, 15,52 a cada dia, ou uma a cada hora e meia". (Dados disponíveis em: http://www.ipea.gov.br/portal/images/stories/PDFs/ 130925 _sum_estudo_ feminicidio _leilagarcia.pdf).

39. Disponível em: <https://www.bbc.com/portuguese/brasil-47365503>. Acesso em: 19 mar. 2020.

O direito de crédito da autoria é, portanto, um dos direitos morais mais essenciais, sendo sua ofensa passível de condenação sem sequer haver averiguação do dano, visto que presumido, além de ser punido criminalmente, o que revela a importância do direito e a gravidade da conduta que lhe ofende.

Quanto à liberdade de expressão artística das mulheres, a compreensão da plena efetivação desse direito deve passar, necessariamente, por um entendimento acerca do que é ser mulher em uma sociedade estruturada por homens. Séculos se passaram e a arte feminina permanece relegada à indiferença ou **à** pouca visibilidade.

Isso não significa, por óbvio, que as mulheres não tiveram papel fundamental na história da arte, sendo criadoras talentosas e **à frente de seu tempo. No entanto, o espaço para que essa liberdade de expressão artística se manifestasse era mínimo, geralmente atrelado a alguma permissão masculina, quando não era o corpo da mulher objeto da arte,** deixando esta de ser sujeito e tornando-se objeto.

O caso de Margaret Keane **é um** exemplo notório de como a liberdade de expressão artística feminina é castrada em todas as suas potencialidades. Dentro do âmbito doméstico, o qual foi, durante séculos, excluído da tutela estatal e relegado a um dito "direito de privacidade" que mais servia como um álibi perfeito para todo tipo de abuso cometido pelo homem, Margaret teve muito mais do que seu direito de autora negado, mas seu direito de ir e vir, seu direito à saúde mental, a uma vida digna, à convivência familiar, ou seja, teve sua dignidade humana desconsiderada.

Claro, o caso de Margaret é apenas mais um dentre tantos nos quais as mulheres sofrem violências, físicas e psicológicas. A condição de submissão e discriminação, tão enraizada na sociedade, é um ambiente propício para que esses tipos de abusos ocorram de forma recorrente e sem a punição devida.

A intenção aqui não é hierarquizar os casos de violência, física ou psicológica, contra as mulheres, mas compreender que as causas e fundamentos para que essas condutas ainda existam é, sem dúvida, a perpetuação de uma sociedade desigual e essencialmente discriminatória do papel da mulher.

O que se buscou demonstrar por meio destas reflexões foi, na verdade, que a liberdade de expressão artística das mulheres não pode ser compreendida sem levar em consideração todo o viés de desigualdade existente na condição feminina. Seu direito cultural a se manifestar livremente, pelas diversas linguagens artísticas, tem muito mais entraves de realização do que o masculino e isso não pode, nem deve, ser desconsiderado.

O caráter essencialmente discriminatório e desigual na relação homens e mulheres deve, portanto, ser uma diretriz básica para a análise de qualquer caso de violação à liberdade de expressão artística das mulheres, vez que é essa a condição social existente, que não pode ser negada ou desconsiderada, sob pena de uma dupla injustiça.

13

ELA LEMBRAVA DO QUE NINGUÉM DEVIA ESQUECER: O VALOR JURÍDICO DA DENÚNCIA DE INÊS ETIENNE SOBRE A CASA DA MORTE

Inês Virginia Prado Soares

Desembargadora no Tribunal Regional Federal da 3ª Região. Mestre e Doutora em Direito pela Pontifícia Universidade Católica da São Paulo. Realizou pesquisa de pós-doutorado no Núcleo de Estudos de Violência da Universidade de São Paulo – NEV-USP (2009-2010).

Caroline Murta Lemos

Arqueóloga. Mestre em Arqueologia pela PUC/GO e Doutora em Arqueologia pela UFS. Membro do Programa Arqueológico Brasileiro no Egito (BAPE) que executa o Projeto Amenemhat em Luxor, nas Tumbas Tebanas TT123 e TT368. Foi agraciada com Prêmio Capes de Teses, edição 2020, na área de Arqueologia.

"Foi a Inês Etienne Romeu que derrubou a casa de Petrópolis. (...) Entendeu? Derrubou a casa porque ela reconheceu a casa."
Depoimento de Malhães à Comissão Nacional da Verdade, 2014

> "Eu não digo que resisti. Eles me quebraram. Durante esses oito anos, eu me senti num processo de colar os pedaços, os meus pedaços. Quer dizer, é claro que a gente nunca vai ser o mesmo vaso (...)"
>
> Inês Etienne Romeu, 1979.

1. INTRODUÇÃO

A discussão acerca de como lidar com o legado de violência do regime autoritário após a transição para a democracia é tema comum na agenda de direitos humanos de países democráticos que passaram por um regime de exceção ou por uma guerra civil.

Desde o retorno à democracia, o Brasil, que viveu uma ditadura de 1964 a 1985, está obrigado a superar essa herança de violência. Para realizar essa tarefa, nosso país tem recorrido aos aportes doutrinários e normativos do que se convencionou chamar de Justiça de Transição – JT.

Definida como um instituto típico da passagem de um período de graves violações dos direitos humanos para outro, cuja expectativa é de garantia de direitos e de consolidação de valores democráticos, a Justiça de Transição parte da necessidade de reparação das vítimas para indicar ações e mecanismos que valorizem a memória, verdade e justiça, com instituições reformuladas, para que nunca mais as atrocidades se repitam.

No Brasil e em outros países, por muito tempo, não se abordou, no âmbito da Justiça de Transição, a necessidade de reparação das vítimas da ditadura sob a ótica de gênero. Provavelmente pela gravidade das práticas cruéis somada à dificuldade coletiva de superação da situação traumática, num momento inaugural foi urgente destinar o olhar para o grupo como um todo que fora atingido pelas torturas, desaparecimentos, perseguições, exílios, banimentos, prisões arbitrárias dentre outras atrocidades. Ou seja: não foi possível, nas primeiras décadas pós-transição, pensar em peculiaridades para as mulheres. Eram vítimas e ponto.

No entanto, narrativas e testemunhos das perseguidas pelo Estado autoritário e repressor deixaram clara a importância de se perceber diferenças entre os sexos e de se constatar que havia uma exploração da condição feminina, como fragilidade. E o assentamento do passado recente da ditadura tem mostrado que as vozes das mulheres fizeram e fazem diferença na elaboração da memória coletiva e na busca da verdade.

Nesse texto, analisaremos como a narrativa de Inês Etienne contribuiu para o esclarecimento da utilização de uma das formas mais nefastas da máquina repressora da ditadura: a existência e manutenção de Centros Clandestinos de Detenção e Tortura (CCDT) no Brasil. Além de identificar a Casa da Morte, em Petrópolis, como seu cativeiro e um local onde várias vítimas passavam antes de serem "desaparecidas" ou assassinadas, Inês também denunciou atos de violência sexual que sofreu, inclusive estupros, identificando seus agressores.

Inês Etienne era dirigente da organização Vanguarda Popular Revolucionária – VPR e foi presa pela equipe do Delegado Sérgio Paranhos Fleury, em 5 de maio de 1971, na cidade de São Paulo. Na capital paulista, passou pelo DEOPS-SP[1], onde recebeu choques elétricos na cabeça e espancamento no pau-de-arara. Em seguida, foi transportada para o Rio de Janeiro, ficou em uma delegacia e no dia seguinte foi levada vendada a uma casa na região serrana do estado, posteriormente conhecida como Casa da Morte, onde permaneceu por 96 dias, sem prisão formalizada e sem que seus familiares soubessem de seu paradeiro.

Inês deixou a casa com 20 kg a menos de seu peso normal, denunciando seu suplício assim que saiu do cativeiro, em 1971. Não porque fosse mais corajosa do que outras vítimas, mas porque a denúncia era a única chance de não ser assassinada, era a oportunidade de ser detida formalmente, de estar sob custódia do Estado (como presa) e, por consequência, de ser submetida a um "devido processo legal", com todos os vieses que caracterizavam os processos judiciais respondidos pelos opositores políticos do regime, nos anos de 1960 e 1970. Ou seja, o julgamento, mesmo injusto, preservou a vida de Inês Etienne.

1. Consta no site do Arquivo Público do Estado de SP: "O Departamento Estadual de Ordem Política e Social de São Paulo (DEOPS-SP) foi criado em 1924, numa época de agitações políticas e crise social, para reprimir e prevenir delitos considerados contra a ordem e a segurança do Estado. Até ser extinto em 4 de março de 1983, o DEOPS cresceu de uma simples delegacia até se tornar um dos departamentos mais temidos da polícia civil do Estado de São Paulo. A extinção do DEOPS ocorreu na esteira das eleições diretas para governador e o seu arquivo passou para a guarda da Polícia Federal. Disponível em http://www.arquivoestado.sp.gov.br/site/acervo/textual/deops. Acesso em 22.07.2020.

A condenação de Inês pelo judiciário foi dura: 77 anos. Em 1979, era a única mulher na história do Brasil a ter sido condenada a um tempo de prisão que, na prática, correspondia à prisão perpétua. E mais: ela não foi incluída na lista de pessoas que seriam anistiadas, embora fosse uma presa política.

Apesar desse cenário nebuloso, a sororidade marcou a luta pela liberdade de Inês Etienne e tem um nome que merece ser referido: Márcia Almeida. Segundo a pesquisadora Isabel Leite, Márcia "conheceu a irmã de Inês, Lúcia Romeu, em Paris, no início dos anos 1970, na casa da atriz Norma Bengel. Lá, ela teve ciência da história da guerrilheira e resolveu começar um movimento para que Inês não fosse esquecida na prisão"[2], desse encontro resultou uma entrevista veiculada no Pasquim em agosto de 1979. Nessa entrevista, Inês Etienne revelou publicamente, pela primeira vez, sua experiência na Casa da Morte. Não contou pormenores; só o faria dois anos depois, no próprio Pasquim[3].

Lembrar com detalhes da Casa da Morte foi uma das maiores contribuições individuais para o reposicionamento da memória coletiva e para a verdade no cenário brasileiro. No entanto, somente em 2014 as denúncias ligadas às violências de gênero sofridas por Inês tiveram repercussão legal. Em 2016, o Ministério Público Federal (MPF) denunciou "Camarão" à Justiça Federal em Petrópolis, acusando-o de sequestro e estupro, tendo como base o depoimento de Inês à OAB, no qual ela menciona que foi estuprada duas vezes por ele quando estava presa na Casa da Morte[4]. A denúncia do MPF foi rejeitada, em 2017, pelo juiz Alcir Luiz Lopes Coelho, da 1ª Vara Federal de Petrópolis, tendo como fundamento a Lei da Anistia. O MPF recorreu da decisão. Em 2019, o Tribunal Regional Federal da 2ª Região reverteu a decisão e aceitou a denúncia[5]. Essa decisão

2. LEITE, Isabel Cristina. Fragmentos da vida de Inês Etienne Romeu: o encarceramento no presídio Talavera Bruce (1972-1979). Revista do arquivo geral da cidade do Rio de Janeiro, n. 16, 2019, p. 293.

3. *Ibidem*, p. 295.

4. CMV, Comissão Municipal da Verdade de Petrópolis. Relatório da Comissão Municipal da verdade sobre os crimes e graves violações de direitos humanos cometidos na cidade de Petrópolis entre 1964 e 1985. Petrópolis: CMV. 2018. 400 pp.

5. https://www10.trf2.jus.br/portal/trf2-recebe-denuncia-e-torna-reu-sargento-acusado-de-tortura-na-decada-de-1970/ Acesso em: 17.07.2020.

também contou com o olhar feminino, já que o voto divergente, que ao final prevaleceu e foi o voto condutor, foi dado pela desembargadora Simone Schreiber. Dentre os relevantes argumentos apresentados no voto divergente, a desembargadora lembrou que recentemente, o Superior Tribunal de Justiça sedimentou, em sua jurisprudência, a necessidade de uma oitiva sob a perspectiva de gênero nos casos de violência contra mulher: "(...) a palavra da vítima, como espécie probatória positivada no art. 201 do CPP, nos crimes praticados – à clandestinidade – no âmbito das relações domésticas ou nos crimes contra a dignidade sexual, goza de destacado valor probatório, sobretudo quando evidencia, com riqueza de detalhes, de forma coerente e em confronto com os demais elementos probatórios colhidos na instrução processual, as circunstâncias em que realizada a empreitada criminosa."[6]

É sobre a palavra de Inês Etienne e sua contribuição para o desenvolvimento da Justiça de Transição brasileira em relação à reparação das vítimas da ditadura sob a ótica de gênero, que este texto versa.

2. A REPRESSÃO POLÍTICA DA CASA DA MORTE

A Casa da Morte foi criada em 1971 pelo CIE e, embora tenha servido como apoio ao DOI-CODI/RJ, recebendo o codinome de "Codão", prisioneiros de vários estados foram enviados para lá, fazendo desse CCDT um dos principais do país[7]. O DEOPS/SP e o DOI-CODI/SP, por exemplo, mandavam presos para a Casa da Morte esporadicamente[8]. De acordo com a pesquisa realizada pela Comissão Nacional da Verdade (CNV), a Casa da Morte foi desativada em 1974. Godoy corrobora com essa ideia, afirmando que ela parou de funcionar nesse ano porque o comandante do 1º Exército ordenou o fechamento de todos os CCDTs do estado do Rio ligados ao Centro de Informações do Exército (CIE), transformando a Casa de Itapevi

6. STJ, AgRg no AREsp 1275084/TO, Rel. Ministra LAURITA VAZ, SEXTA TURMA, julgado em 28/05/2019, DJe 05/06/2019.

7. CNV, Comissão Nacional da Verdade. Relatório/Comissão Nacional da Verdade. v. I. Brasília: CNV, 2014, 976 pp.

8. GODOY, Marcelo. A Casa da Vovó: uma biografia do DOI-CODI (1969-1991), o centro de seqüestro, tortura e morte da ditadura militar. 2ª Ed. São Paulo: Alameda, 2015, 612 pp.

(localizada no estado de São Paulo) no principal CCDT do país[9]. Contudo, existem evidências de que ela foi desativada ainda em 1973[10], o que nos leva a um problema que envolve não apenas a Casa da Morte, mas outros CCDTs brasileiros: a carência de informações.

Boa parte do que se sabe sobre seus agentes e sobre o que aconteceu com alguns dos presos políticos que foram levados para lá, se deve à denúncia que Inês Etienne Romeu fez ao Conselho Federal da Ordem de Advogados do Brasil em 1979 depois que foi solta[11]. Nessa denúncia, Inês relata as experiências pelas quais passou quando foi capturada e levada ao DEOPS/SP, em 5 de maio de 1971, e quando permaneceu na Casa da Morte, de 8 de maio de 1971 até 11 de agosto do mesmo ano[12]. Além da denúncia de Inês, depoimentos de agentes da repressão cedidos em entrevistas, nas audiências da CNV e escritos em livros, também oferecem subsídios importantes para entender o que aconteceu ali dentro: as declarações são do agente do CIE Paulo Malhães, do militar e médico Amílcar Lobo e do sargento Marival Chaves Dias do Canto[13]. É tendo como base os dados retirados de todos esses relatos que será discutida como a Casa da Morte serviu ao aparato repressivo do regime ditatorial.

Devemos começar então abordando para quê esse centro de detenção foi criado. Os depoimentos e os relatórios das comissões da verdade nacional, estadual do Rio e municipal de Petrópolis analisados, demonstram que as funções da Casa da Morte correspondem às funções de outros CCDTs brasileiros: ali presos eram torturados, assassinados e aliciados para se tornarem espiões. Segundo Adyr Fiúza de Castro, chefe do CIE de 1967 a 1969, a Casa da Morte tinha como objetivo "virar" agentes[14]. Malhães, chefe de uma das equipes que atuaram nesse centro[15] e um de seus ideali-

---

9. *Ibidem*.
10. CEV-RIO, Comissão da Verdade do Rio. Relatório. Rio de Janeiro: CEV-Rio, 2015, 456 pp.
11. CNV (2014); CMV (2018).
12. OAB, Ordem dos Advogados do Brasil. Processo nº F-CDH-017/80. Rio de Janeiro: Conselho Federal – Comissão de Direitos Humanos, 1980.
13. CMV (2018).
14. D'ARAUJO, Maria; SOARES, Gláucio; CASTRO, Celso. (Orgs.). Os anos de chumbo: a memória militar sobre a repressão. Rio de Janeiro: Relume/Dumará, 1994, 336 pp.
15. CNV, Comissão Nacional da Verdade. Relatório preliminar de pesquisa sobre a "Casa da Morte de Petrópolis". Brasília: CNV, 2014b, 33 pp.

zadores[16], afirma que a Casa de Petrópolis foi uma "casa de conveniência", um aparelho clandestino que servia para transformar os presos em infiltrados[17]. Só que, segundo ele, quando não conseguiam "virar" alguém, essa pessoa simplesmente "sumia":

> CEV-RJ [Comissão Estadual da Verdade do Rio de Janeiro] – (...) Quem não era virado? Morria.
>
> Malhães – Sumia. Desaparecia.[18]

E, se por acaso, depois de solto o preso não cumprisse com seu papel de espião, ele era recapturado e, nas palavras de Malhães, "seguia destino"[19].

Outro agente que dá pistas sobre o propósito da casa é Marival do Canto. Marival, que serviu como um analista do DOI-CODI/SP na década de 70 e do CIE na década de 80, manuseando, produzindo e estudando diversos documentos ligados à repressão política, em suas declarações à CNV ofereceu informações sobre vários CCDTs. Ele conta que esses locais, incluindo a Casa da Morte, eram cárceres privados para onde pessoas "marcadas para morrer" eram levadas para serem interrogadas sob torturas e onde agentes "cantavam" prisioneiros na tentativa de "virá-los"[20]. Ele completa assegurando que boa parte dos presos não saíam vivos e tinham os cadáveres ocultados: "(...) poucos foram aqueles que tiveram oportunidade de passar por cárcere privado [CCDT] e saíram vivos."[21]. Em relação à Casa da Morte, ele afiança que muitas pessoas de vários estados brasileiros foram levadas para lá "especificamente para serem mortas": "Gente que foi

---

16. CEV-RIO (2015).
17. MALHÃES, Paulo. Entrevista. Rio de Janeiro: Comissão Nacional da Verdade. 25 de março de 2014. Disponível em: http://cnv.memoriasreveladas.gov.br/images/pdf/depoimentos/agentes_publicos/Paulo_Malhaes_-_25.03.2014_-_rp.pdf . Acesso em: 27.06.2020.
18. CEV-RIO, Comissão da Verdade do Rio. A memória do terror. Transcrição do depoimento do coronel Paulo Malhães, ex-agente do CIE, à Comissão Estadual da Verdade do Rio de Janeiro, em 18 de fevereiro de 2014, p. 171.
19. *Ibidem*, 241 pp.
20. CANTO, Marival do. Entrevista. Brasília: Comissão Nacional da Verdade, 30 de outubro de 2012. Disponível em: http://cnv.memoriasreveladas.gov.br/images/pdf/depoimentos/agentes_publicos/Marival_Chaves_30.10.2012.pdf . Acesso em: 20.06.2020.
21. *Ibidem*, p. 35.

trazida do Nordeste, gente de São Paulo, gente dos vários estados do Brasil, onde as coisas estavam acontecendo."[22].

Já Amílcar Lobo, que prestava assistência médica no DOI-CODI/RJ e na Casa da Morte, ajudando a reanimar presos e estabelecendo se eles tinham condições de continuarem a ser torturados[23], em seu livro, confirma que presenciou em 1971, na sala da casa do CCDT, o assassinato do preso Vitor Luiz Papandreu[24] pelo militar Rubens Paim Sampaio ("Dr. Teixeira"), que depois do ato ainda disse para ele que ninguém saía vivo dali[25].

Não há dúvidas então de que a Casa da Morte, como Inês denunciou ainda na ditadura, foi um centro de detenção voltado para a tortura e aniquilamento de prisioneiros políticos. Inês, por exemplo, só saiu viva de lá porque fingiu aceitar trabalhar como infiltrada[26]. Sendo que a sua libertação foi vista por agentes do CIE como um erro[27] e Malhães explicou porque:

> Paulo Malhães – (...) O senhor vê o que aconteceu com a saída errada da Inês Etienne Romeu.
>
> José Carlos Dias (Comissão Nacional da Verdade) – Por que saída errada?
>
> Paulo Malhães – Porque quem a cantou acreditou que ela fosse trabalhar.

---

22. *Idem*. Entrevista. Comissão Nacional da Verdade, 21 de novembro de 2012, 2012b, p. 68. Disponível em: http://cnv.memoriasreveladas.gov.br/images/pdf/depoimentos/agentes_publicos/Marival_Chaves_Dias_do_Canto_-_21.11.12_-_rp.pdf. Acesso em: 20.06.2020.

23. CNV (2014).

24. "Vitor Luiz Papandreu, o Greguinho ou Russo – um ex-soldado do Exército que em 1968 participou da invasão de um quartel em Curitiba (PR) para libertar o então coronel Jefferson Cardin de Alencar Osório tornando-se, por isso, desertor e, posteriormente, exilado no México e em Cuba – também foi preso na Casa da Morte, após retornar do exílio. Submetido à intensa tortura no interior da Casa aceitou colaborar com seu torturador, o major Rubens Paim Sampaio, mas não escapou de ser executado. Sua delação provocou a prisão e morte de Aderval Alves Coqueiro (fevereiro de 1971) – o primeiro banido a retornar ao Brasil –, como disse à Comissão da Verdade Rubens Paiva, do Estado de São Paulo, sua filha, Célia Silva Coqueiro." (CEV-RIO, 2015, p. 306).

25. LOBO, Amílcar. A hora do lobo, a hora do carneiro. Petrópolis: Ed. Vozes Ltda, 1989, 111 pp.

26. OAB (1980).

27. CNV (2014).

> José Carlos Dias (Comissão Nacional da Verdade) – Que ela fosse infiltrada?
>
> Paulo Malhães – É. E a Inês Etienne saiu e derrubou a casa. Foi a Inês Etienne Romeu que derrubou a casa de Petrópolis. (...) Entendeu? Derrubou a casa porque ela reconheceu a casa. Ela passou... Eu nunca entendi isso. Porque que ela passou sete meses [na verdade foi um pouco mais de três meses] dentro da casa. O infiltrado, quando o senhor canta ele, quanto mais rápido o senhor devolver ele ao meio ambiente dele, quanto mais rápido ele voltar à organização dele, mais certo será que ele vá trabalhar e que os outros não vão desconfiar.[28]

Só que esse erro, segundo Malhães, foi cometido pelo comandante da equipe que era responsável por Inês[29]. Ali os agentes atuavam em diferentes equipes que aparentemente tinham investigações e prisioneiros específicos, por isso Inês não teve contato dentro da casa com Malhães, por exemplo, já que ele não compunha o time que "trabalhava" nela[30]. Apesar de existir essa compartimentalização entre os agentes da casa, todos os "times" respondiam ao CIE, afinal foi esse órgão que organizou e manteve o CCDT, atuando de forma coordenada com o DOI-CODI/RJ[31]. E como, segundo Malhães, nessa época, o chefe da seção de contrainformações do CIE era o coronel Cyro Guedes Etchegoyen, a responsabilidade da gestão da casa era dele[32]. Além de Malhães e Etchegoyen, mais cinco oficiais do CIE atuaram no CCDT, associados a outros militares e policiais. Na Casa da Morte também atuaram: Antônio Fernando Hughes de Carvalho, os militares Jurandyr Ochsendorf e Souza e Éber Teixeira Pinto, o médico militar Ricardo Agnese Fayad e o ex-cabo Félix Freire Dias ("Dr. Magro" ou "Dr. Magno")[33].

Mas como era o cotidiano nesse órgão montado para aprisionar, torturar e matar "subversivos"?

---

28. MALHÃES (2014, p. 33-34).
29. CEV-RIO (2014).
30. CNV (2014b).
31. CMV (2018); CNV (2014).
32. CEV-RIO (2015); CNV (2014).
33. CEV-RIO (2015); CMV (2018).

> Em meados de julho, na fase mais crítica das torturas, tentei novamente o suicídio, cortando o pulso esquerdo com um pedaço de ferro arrancado da armação da cama de campanha, mas o material não era suficientemente cortante e levei bastante tempo para perfurar o pulso, mas não consegui atingir a veia principal.[34]

Pelo relato da Inês fica claro que esse órgão era um centro de terror e que o sofrimento ao qual os detentos eram submetidos era tão grande que ela chegou a tentar suicídio. Só que esse terrorismo não se limitava às sessões de tortura em si. Pela denúncia de Inês à Ordem de Advogados do Brasil (OAB), é possível concluir que, além das sessões de torturas, outras estratégias eram utilizadas pelos agentes a fim enfraquecer os presos física e psicologicamente.

Uma dessa estratégias era o emprego do "terror psicológico". Em uma ocasião, por exemplo, um agente disse que Inês estava condenada à morte e que eles a torturavam não mais por informação e sim para que ela sofresse:

> (...) Dr. Roberto me disse que eles não queriam mais informação alguma; estavam praticando o mais puro sadismo pois eu já fora condenada à morte e que ele, Dr. Roberto, decidira que ela seria a mais lenta e cruel possível, tal o ódio que sentia pelos "terroristas".[35]

Eles também chegaram a fazer com que ela escrevesse documentos que contrariavam seu viés político e ideológico, como uma forma de "quebrar a sua moral".

Fui então obrigada a escrever três documentos: uma análise sobre as esquerdas, os motivos de minha saída da organização e uma crítica sobre os órgãos de repressão do Governo. Evidentemente as condições em que foram escritos estes documentos não refletem verdadeiramente o que penso sobre os assuntos neles abordados.[36]

Ainda visando fazer com que Inês se sentisse insignificante e desamparada, eles também falavam para ela que ninguém sabia de sua prisão e que

34. OAB (1980, p. 3 / 9).

35. *Ibidem*, p. 7.

36. *Ibidem*, p. 7.

sua família não se preocupava com seu sumiço. E quando Inês os pedia para ser entregue à Justiça Militar para pagar pelos seus atos, na esperança de deixar de ser uma presa clandestina, a resposta era sempre a mesma: era impossível porque ela sabia demais. Em uma dessas vezes, ainda responderam que o Superior Tribunal Militar era brando no julgamento de casos como o dela.[37] Eles chegaram até mesmo a "dar" a "opção" de suicídio para Inês:

> Alguns dias após submetida a verdadeiro horror, apareceu o Dr. Teixeira, oferecendo-me uma saída "humana": o suicídio. Disse-me que eu tinha sido condenada à morte, mas ao invés de uma morte lenta nas mãos do Dr. Roberto, eu poderia dar cabo de minha vida. Aceitei e pedi um revólver pois já não suportava mais. Entretanto, Dr. Teixeira queria que o meu suicídio fosse público, Propôs-me então que eu me atirasse debaixo de um Ônibus (...) Concordei e no dia seguinte (sete de julho) fui levada para o local. No momento em que deveria atirar-me sob as rodas de um Ônibus, agachei-me e segurei as pernas de um deles, chorando e gritando. Minha atitude começou a despertar a atenção de populares e imediatamente fui reconduzida para a casa. Por não ter me matado, fui violentamente castigada: uma semana de choques elétricos, banhos gelados de madrugada, "telefones", palmatórias. Espancaram-me no rosto, até ficar desfigurada.[38]

Em outra situação, Inês tentou suicídio porque escutou agentes falarem que ela seria morta no suposto dia que eles a libertariam para que se tornasse uma infiltrada[39]. Essa situação pode ter sido montada para apavorar Inês, prática comum nesse local. Afinal, depois que ela se recuperou da tentativa de suicídio, ela realmente foi libertada sob a condição de que trabalhasse para a repressão, o que sugere que eles não tinham a intenção de matá-la:

> Entretanto, por conversas ouvidas de madrugada, entre Pardal e Laurindo, pressenti que se tramava uma cilada que culminaria com a minha morte. Pardal disse a Laurindo que "logo que ela desça do carro para andar os 200 metros eu já estarei com o carro em alta velocidade; ela não terá nem tempo de ver o que lhe acontecera". Zé Gomes também comentou comigo: "você cairá

37. *Ibidem*.

38. *Ibidem*, p. 7-8.

39. *Ibidem*.

> dura quando souber o que te aguarda". Diante de tudo isto e para não colaborar com a farsa de uma "morte acidental", cortei os pulsos (na madrugada de domingo para segunda feira, nove de agosto). Perdi muito sangue e sentindo que já estava perdendo os sentidos, ocorreu-me a certeza de que deveria lutar pela minha vida, porque tinha esperanças de denunciar tudo o que ocorrera e ainda, todas as coisas que presenciei no inferno em que estava. Assim, gritei por Pardal que, juntamente com os que se encontravam na casa, providenciou os primeiros socorros. Imediatamente, telefonaram para os seus superiores, Dr. Bruno, Dr. Guilherme e Dr. Pepe, que acorreram ao local. Fui medicada pelo Dr. Carneiro, que me fez uma transfusão de sangue e suturas.[40]

Além disso, na Casa da Morte os detentos também não sabiam quando seria a próxima sessão de tortura ou agressão, o que devia gerar uma constante sensação de incerteza: "A qualquer hora do dia ou da noite sofria agressões físicas e morais."[41].

Outra forma de violência praticada contra os presos está ligada às condições precárias de higiene pessoal e de alimentação dos mesmos. Inês afirma que apenas depois que fingiu aceitar a proposta de trabalhar infiltrada é que a sua alimentação passou a ser de qualidade e que suas condições de higiene foram aprimoradas, como parte de um processo de recuperação física e psicológica: "Nesta fase, reforçaram a minha alimentação, deram-me roupas limpas e inclusive um par de óculos – de outra pessoa – pois sou bastante míope e passei quase três meses sem usá-los."[42]. E mesmo com uma alimentação mais saudável e tomando remédios para melhorar seu apetite, Inês ainda saiu da casa com 20 kg a menos de seu peso normal. A denúncia de Inês também aponta que a privação alimentar era utilizada como uma forma de tortura. Ela conta o caso do Mariano da Silva, que foi interrogado por 4 dias seguidos, sem beber, comer e dormir, e o caso do Paulo de Tarso Celestino da Silva, que foi torturado durante 48 horas e obrigado a ingerir uma quantidade alta de sal, tanto que Inês o ouviu ficar implorando por água por horas a fio.[43]

40. *Ibidem*, p. 11.

41. *Ibidem*, p. 8.

42. *Ibidem*, p. 9.

43. *Ibidem*.

Para completar, os prisioneiros também eram obrigados a cuidar da manutenção e da limpeza do imóvel. Eles eram forçados a realizarem tarefas domésticas, o que, no caso de Inês, ainda envolveu violência de gênero:

> (...) [eu] era obrigada a limpar a cozinha completamente nua, ouvindo gracejos e obscenidades, os mais grosseiros. / [Mariano Joaquim da Silva] Permaneceu na casa até o dia trinta e um de maio, fazendo todo o serviço doméstico, inclusive cortando lenha para a lareira.[44]

Inês também foi estuprada por um homem que tinha o codinome "Márcio" e duas vezes pelo "Camarão".

> (...) "Márcio" invadia minha cela para "examinar" meu ânus e verificar se "Camarão" havia praticado sodomia comigo. Esse mesmo "Márcio" obrigou-me a segurar em seu pênis enquanto se contorcia obscenamente. Durante este período fui estuprada duas vezes por Camarão (....)[45]

Diante disso, vale a pena salientar que todos os agentes desse CCDT eram homens, visto que não existe nenhuma referência de que lá tenha trabalhado alguma mulher. Isto é, a violência de gênero perpetrada contra as mulheres também fez parte do *modus operandi* da Casa da Morte. Mas a Casa da Morte não é a exceção, é a regra. Em seu relatório final, a CNV demonstra que esse tipo de violência caracterizou a ação de todo o aparato repressivo da ditadura civil-militar[46].

Tudo isso aqui colocado atesta que esse CCDT foi um espaço de violência extrema que visava destruir os prisioneiros, fisica e emocionalemente, além de ter sido também um centro de extermínio, responsável pela morte de vários indivíduos. Se for considerado que a Casa da Morte funcionou de 1971 até 1973, é possível afirmar que esse CCDT vitimou pelo menos 7 pessoas, sendo elas: Antônio Joaquim de Souza Machado (VAR-Palmares, morto em 12 de abril de 71), Carlos Alberto Soares de Freitas (VAR-Palmares, morto em 15 de abril de 71), Mariano Joaquim

44. *Ibidem*, p. 8 / 14.

45. *Ibidem*, p. 8.

46. CNV (2014).

da Silva (VAR-Palmares, Inês o viu vivo pela última vez no dia 31 de maio de 71), Walter Ribeiro Novaes (VPR, data provável de sua morte: entre 12 e 14 de julho de 71), Heleny Ferreira Telles Guariba (VPR, morta em 24 de julho de 71), Paulo de Tarso Celestino da Silva (ALN, morto em 24 de julho de 71) e Vitor Luiz Papandreu (morto em 1971)[47]. Aluízio Palhano Pedreira Ferreira (VPR) passou pela Casa da Morte, mas não morreu lá. Ele foi capturado ilegalmente no dia 9 de maio de 71, em São Paulo, e transferido para a Casa da Morte em 13 de maio, onde foi interrogado (Inês escutou sua voz) e permaneceu até o dia 16 do mesmo mês, quando foi mandado para o DOI-CODI/SP[48], onde foi assassinado em 20 de maio de 71[49].

É importante ressaltar que o número de assassinatos que ocorreram na Casa da Morte deve ser muito maior do que esse aqui apresentado, levando em conta que, para Marival do Canto[50], mais de 100 pessoas morreram nesse CCDT e que, segundo o Antônio de Lima ("Camarão"), tiveram períodos nos quais eram mandados presos para lá diariamente[51]. Malhães, por outro lado, comenta que na Casa da Morte eram mantidos, em média, de 4 a 6 presos[52]. Por meio desses números apresentados, por mais que estejam incorretos, dá para constatar que, com certeza, na Casa da Morte houve mais casos de vítimas fatais do que a CNV conseguiu levantar por meio de relatos e documentações e que ali foi, sem dúvida, um centro de tortura e extermínio.

Mas onde é ali? Qual o endereço da Casa da Morte? A identificação da localização da Casa da Morte foi outro ponto primordial da denúncia de Inês para conseguir atestar a existência desse órgão.

---

47. CEV-RIO (2015); CNV (2014).
48. CFMDP, Comissão de Familiares de Mortos e Desaparecidos políticos; IEVE, Instituto de Estudos sobre a Violência do Estado. Dossiê Ditadura: Mortos e Desaparecidos políticos no Brasil (1964-1985). 2ª Ed. São Paulo: Imprensa Oficial do Estado de São Paulo, 2009, 772 pp.
49. CNV (2014).
50. CANTO (2014, p. 63).
51. CMV (2018, p. 139).
52. MALHÃES (2014).

3. LOCALIZANDO A CASA DA MORTE

Rua Arthur Barbosa, nº 668-A (atual nº 50), Bairro Caxambu, Petrópolis (RJ), esse era o endereço do imóvel residencial construído na década de 60 que funcionou como a Casa da Morte. Instalado em um local isolado, com poucas casas vizinhas e ainda hoje circundado por matas, esse imóvel era o local perfeito para a implementação de um CCDT. Como Malhães colocou em seu depoimento para a CEV-RJ: "Nós queríamos um lugar que fosse tranquilo, que fosse calmo. E a casa de Petrópolis era o ideal."[53]. A implementação da Casa da Morte nesse imóvel ocorreu em 1971, quando ele foi emprestado informalmente pelo seu proprietário, Mario Lodders, para Fernando Ayres da Motta (ex-interventor do regime militar em Petrópolis), que serviu como um intermediário do CIE na transação[54]. No final de 1973, essa casa deixou de ser um CCDT porque a família do filho de Fernando da Motta se mudou para o local[55].

Atualmente essa habitação pertence ao Renato Firmento de Noronha, que a adquiriu em 1979[56] e que nega veemente que ela tenha sido a Casa da Morte, mesmo com diversas evidências que mostram exatamente o contrário.

Uma das evidências é que a própria Inês reconheceu essa casa como o local no qual permaneceu presa por três meses, além de ter reconhecido também o proprietário Mario Lodders[57]. Mas como Inês conseguiu localizar o imóvel e seu proprietário? Mario, chamado dessa forma pelos agentes do CCDT, visitava a casa regularmente e mantinha uma relação cordial com os mesmos, tendo pleno conhecimento das violações que eram cometidas ali. Ele chegou a ver Inês na casa algumas vezes e, em uma delas, até a ofereceu chocolate, por isso ela se lembrava dele. Quanto à propriedade,

53. CEV-RIO (2014, p. 18).
54. CMV (2018); CNV (2014, 2014b).
55. Existem algumas fotografias reveladas em 1973 que indicam que, a partir do final desse ano, a casa foi habitada pela família do Fernando Eduardo Ayres Motta. (CEV-RIO, 2015).
56. CMV (2018); CEV-RIO (2015).
57. O vídeo do encontro de Inês com Mario Lodders em fevereiro de 1981 está disponível em: https://www.youtube.com/watch?v=ACKN3ezLHo0

Inês conseguiu descobrir sua localização, com a ajuda do jornalista Antônio Henrique Lago e de Sérgio Ferreira (primo de Carlos Alberto Soares de Freitas), tendo em mãos o número do telefone da casa e o primeiro nome do dono do imóvel, informações que ela conseguiu escutar quando esteve cativa no local, e sabendo que o CCDT ficava em uma região serrana do estado do Rio de Janeiro.[58]

Outra evidência é a admissão de Lodders de que de fato, em 1971, ele cedeu a casa para o Fernando Ayres da Motta[59]. Essa informação é complementada pela declaração[60] do Gervásio Hermenegildo de Araújo (caseiro de Lodders), na qual afirma que seu então patrão era muito amigo do ex-interventor de Petrópolis, que ele frequentava a Casa da Morte e que conversava cotidianamente com os agentes "Pardal" e "Camarão" (citados também na denúncia de Inês para a OAB). Inclusive, em testemunho[61], "Camarão" confessou que trabalhou no aparelho clandestino por anos e que Inês foi a presa que ficou lá por mais tempo.

Para completar, há relatos de duas vizinhas: Neide Miranda Filha e Roberta Correa de Oliveira Cavaco. Neide conta que uma vez chegou a ouvir gritos de socorro vindos do CCDT, que havia movimentação intensa de carros à noite na rua (o que naquele lugar isolado era anormal), que Lodders e sua irmã contaram para ela que a propriedade estava alugada para dois militares, "Pardal" e "Camarão", que Lodders visitava a casa e era amigo deles e que ele recebeu uma quantia em dinheiro por ter emprestado o imóvel[62]. Já Roberta revela que seus pais sabiam que Lodders tinha cedido o imóvel para o Exército e que sua própria casa, localizada mais acima no lote, também foi utilizada para reuniões de militares, que chegaram a

58. CMV (2018); CEV-RIO (2015); CNV (2014, 2014b); OAB (1980).

59. CMV (2018); CNV (2014b).

60. Ele foi uma das testemunhas na ação que Inês moveu contra Lodders (Processo nº 2.072), na 3ª Vara Cível da Comarca de Petrópolis, em 1981. Essa ação tinha como objetivo estabelecer a relação jurídica entre Lodders, que era o dono da Casa da Morte, e Inês, que foi encarcerada e torturada ali. Só para constar, o juiz Leon Gilson Alvim Soares não reconheceu que Lodders tinha conhecimento do que acontecia no imóvel e, por isso, decidiu que tal relação jurídica entre as partes não existiu. (CMV, 2018).

61. Na ação movida em 2014 pelo Ministério Público Federal (MPF) de Petrópolis que o acusou de sequestro e estupro (CMV, 2018).

62. *Ibidem*; CNV (2014).

instalar um acampamento no seu quintal. Ela também diz que Lodders revelou ao seu pai que ele testemunhou sessões de tortura na casa do CCDT e que, algumas vezes, ele comprou bombons para os presos políticos torturados[63].

Em seu relatório final, a CNV ainda apresenta um episódio narrado por uma vizinha, que na época não quis se identificar, no qual Lodders, armado, expulsou seu marido e irmão das redondezas da Casa da Morte:

> (...) em uma oportunidade seu marido e seu irmão caminhavam na mata localizada nos fundos da Casa da Morte e foram abordados por Mario Lodders, que estava armado e determinou que eles saíssem de lá. Os dois homens questionaram o comportamento de Mario Lodders, visto que ele os conhecia, e ainda assim Lodders determinou que saíssem do local e não andassem mais por lá.[64].

Além do mais, tem-se também os depoimentos de Malhães e Amílcar Lobo. Malhães, não apenas deixa claro que Inês "derrubou" o CCDT porque identificou a casa, como menciona Lodders (o "alemão") e afiança que ele entrava na propriedade:

> Atrás [da Casa da Morte] tinha um alemão. Morava um alemão, com a irmã dele, com a mãe, que ganhavam dinheiro graças ao pai que aplicou dinheiro no Banco do Brasil, então ganhavam dinheiro, não precisavam trabalhar. E tinha um relacionamento com a gente maravilhoso e nunca viram nada. Se você chegar perto deles – não sei se já morreram – se vocês chegarem perto dele e perguntarem eles vão dizer, 'não é possível. Nós nunca vimos nada'. E eles, inclusive entravam na casa, quer dizer, chegavam na casa.[65]

Lobo, em seu livro, afirma que esteve em um aparelho do CIE no qual prestou atendimento médico a uma prisioneira (que foi Inês) e no qual presenciou um assassinato aqui já mencionado. Ele ainda descreve a Casa da Morte, cujas características são compatíveis com as da casa cedida por Lodders ao

63. CMV (2018).

64. CNV (2014, p. 541).

65. CEV-RIO (2014, p. 18).

Exército (ele até menciona a lareira da sala de estar), e cita o "Camarão" e o "Dr. Teixeira" (que também são citados por Inês em sua denúncia à OAB):

> Chegamos à cidade [Petrópolis], entramos por uma rua de paralelepípedos e aí o Camarão estendeu-me um capuz preto e me pediu para enfiá-lo na cabeça, discretamente. Assim o fiz e pouco tempo depois o carro estacionou em frente a uma casa pintada de branco externamente, com uma pequena varanda na frente e no alto de um morro. O major Sampaio apareceu neste momento sorrindo e me fez entrar na casa. (...) Era uma sala grande, com várias poltronas, sofás, outros móveis e uma boa lareira.[66]

Além de todos esses relatos, a 17ª Vara de Justiça Federal de São Paulo, em 2002, declarou que existe relação jurídica entre Inês Etienne Romeu e a União federal por causa de todas as violações cometidas contra ela quando permaneceu presa, de maio a agosto de 1971, em Petrópolis[67]. Isso significa que o Estado reconheceu, pela primeira vez, a existência da Casa da Morte e todos os atos de lesa-humanidade perpetrados contra Inês no local, o que foi de uma importância tremenda, mesmo tendo ocorrido décadas depois da primeira denúncia de Inês.[68]

Para completar, em 2018, a Casa da Morte foi tombada em nível municipal como patrimônio cultural histórico, sendo finalmente oficialmente reconhecida como um CCDT da ditadura civil-militar brasileira. O problema é que devido a uma ação movida pelo proprietário do imóvel, o tombamento foi anulado tendo como justificativa uma tecnicalidade do seu processo de votação[69]. A prefeitura entrou com um recurso contra a anulação do tombamento, mas, como ele foi negado, agora a instituição pretende formular um agravo de instrumento para o Superior Tribunal de Justiça[70]. Só que, de acordo com o advogado do proprietário, Marco Pachá,

66. LOBO (1989, p. 34).

67. Em junho de 1999 Inês entrou na justiça para que fosse reconhecida, pelo Estado, a sua passagem na Casa da Morte (Processo nº 002785-69.1999.403.6100). (CMV, 2018).

68. CMV (2018); CNV (2014, 2014b).

69. Revista Consultor Jurídico. Anos de Chumbo. Tombamento da "Casa da Morte", usada para tortura no regime militar, é anulado. 30 de janeiro de 2020. Disponível em: https://www.conjur.com.br/2020-jan-30/tombamento-casa-morte-anulado-tj-rj . Acesso em: 15.07.2020.

70. MOTTA, Luana. Justiça nega recurso especial da Prefeitura e decreto de tombamento da Casa da Morte continua anulado. Tribuna de Petrópolis. 07 de agosto de 2020.

dificilmente o município vai conseguir reformar a decisão de anulação do tombamento do imóvel e, com isso, finalmente será finalizada "essa condição de considerá-lo 'Casa da Morte'"[71].

Obviamente, a condição de considerar esse imóvel como a Casa da Morte não será finalizada simplesmente porque o seu processo de tombamento foi anulado baseado em uma tecnicalidade (e não por falta de evidências de que ali de fato funcionou como um CCDT) e porque o atual proprietário assim o quer. Por mais que tentem, os anos de luta de Inês e de grupos da sociedade civil pelo reconhecimento e tombamento do imóvel como um CCDT não podem ser desconsiderados com tanta facilidade. Entretanto, a fala absurda do advogado demonstra como ainda no nosso país, o direito à memória, à verdade e à reparação não está devidamente sedimentado e como os testemunhos orais de uma mulher, que sofreu violências extremas, são desvalorizados e atenuados. Isso está relacionado ao próprio desenvolvimento da Justiça de Transição no nosso país e a forma como as narrativas das vítimas de violência de gênero e política têm sido abordadas nesse processo.

4. A VIOLÊNCIA POLÍTICA DA DITADURA BRASILEIRA SOB A ÓTICA DE GÊNERO

A ditadura brasileira, que começou em 1964 e durou até 1985, foi um período marcado por supressão de direitos e práticas estatais de graves violações de direitos humanos, com ampla repressão contra pessoas vistas como opositoras do regime militar. Muitas mulheres sofreram prisões, desaparecimentos forçados, torturas, exílios, homicídios, banimentos, estupros e outras violências.

A transição brasileira se inicia, formalmente, com a promulgação da Lei de Anistia em 1979[72] e se consolida, juridicamente, com a Constitui-

Disponível em: https://tribunadepetropolis.com.br/justica-nega-recurso-especial-da--prefeitura-e-decreto-de-tombamento-da-casa-da-morte-continua-anulado . Acesso em: 15.07.2020.

71. *Ibidem*.

72. Lei nº 6.683/79.

ção de 1988. O texto constitucional tratou (ligeiramente) sobre a justiça de transição, dando suporte para que se cumprisse o dever estatal de reparação das vítimas do regime anterior (no Título X, art. 8º do ADCT – Ato das Disposições Constitucionais Transitórias)[73].

O universo feminino foi uma das partes da sociedade brasileira que mais mudou no período compreendido entre as décadas de 1960 e 1970[74]. As mulheres se engajaram mais no mercado de trabalho; investiram na obtenção de uma escolaridade mais ampla e passaram a se posicionar de maneira mais altiva nos espaços públicos, nas suas relações sociais, econômicas e políticas. De certa forma, essas inovações acabaram por modificar suas relações com os homens e até mesmo com outras mulheres, alterando, portanto, a dinâmica social.

Diante deste cenário de novas relações, apesar de ainda ser embrionário o movimento feminista, que só se firmaria no cenário brasileiro no final dos anos de 1970 e nos anos 1980, uma parcela de mulheres participava das organizações clandestinas que resistiam ao regime ditatorial. No entanto, as mulheres militantes dos anos 1960 e 1970 ainda lutavam por igualdade dentro das próprias organizações políticas, regulares ou clandestinas das quais integravam. No caso das clandestinas, a participação feminina nessas entidades era na realização de atividades de cuidado (cozinhar, limpar, fazer compras para abastecimento do equipamento) e de pouca liderança, geralmente "*para garantir a infraestrutura das ações políticas e militares...*"[75].

---

73. O dispositivo do ato das disposições constitucionais transitórias é: Art. 8º. É concedida anistia aos que, no período de 18 de setembro de 1946 até a data da promulgação da Constituição, foram atingidos, em decorrência de motivação exclusivamente política, por atos de exceção, institucionais ou complementares, aos que foram abrangidos pelo Decreto Legislativo nº 18, de 15 de dezembro de 1961, e aos atingidos pelo Decreto-Lei nº 864, de 12 de setembro de 1969, asseguradas as promoções, na inatividade, ao cargo, emprego, posto ou graduação a que teriam direito se estivessem em serviço ativo, obedecidos os prazos de permanência em atividade previstos nas leis e regulamentos vigentes, respeitadas as características e peculiaridades das carreiras dos servidores públicos civis e militares e observados os respectivos regimes jurídicos.

74. Ver o texto: SOARES, Inês; BASTOS, Lúcia. A verdade ilumina o direito ao desenvolvimento? Uma análise da potencialidade dos trabalhos da Comissão Nacional da Verdade no cenário brasileiro. Revista Anistia, n. 6, 2011, p. 44-69.

75. TELES, Maria Amélia de Almeida. "Violações dos Direitos Humanos das Mulheres na Ditadura". In: *Estudos Feministas*, v. 23(3): 406, setembro-dezembro/2015, p. 1001-1022.

Mesmo assim, Marcelo Ridenti destaca uma média de 18% de mulheres nos grupos armados no final da década de 60, ressaltando que essa "(...) participação feminina nas esquerdas armadas era um avanço para a ruptura do estereótipo da mulher restrita ao espaço privado e doméstico, enquanto mãe, esposa, irmã e dona-de-casa, que vive em função do mundo masculino"[76]. A média de menos de 20% de mulheres também se reflete nas mortes por gênero. Assim, dos 70 guerrilheiros desaparecidos no Caso Araguaia, 12 eram mulheres; e do total de mortos e desaparecidos que tiveram seus nomes reconhecidos, aproximadamente 11% eram mulheres.

A consolidação da democracia após a ditadura se centrou no resgate e afirmação de direitos fundamentais e valores democráticos. A não aceitação do legado autoritário é retórica e a previsão constitucional de igualdade entre homens e mulheres não as livrou da violência doméstica, do feminicídio e de diversas formas de discriminação nas relações políticas, econômicas e sociais. Assim, embora se possa ver claramente o tom democrático da Constituição de 1988, não fica explicito em seu texto qualquer indicação da necessidade de um acerto de contas com o passado violento, muito menos fazer um recorte de gênero para destacar o sofrimento ou a desigualdade das mulheres.

Mesmo depois da transição para a democracia, ainda impera a discriminação estrutural e a justiça social não alcançou concretude, embora o texto constitucional indique tarefas ao Estado que são afinadas tanto com a agenda internacional dos direitos humanos como com valores democráticos[77]. A prática revela a persistência de *"um hiato entre os direitos políticos e os direitos sociais."*[78]. E, como esclarece Sérgio Adorno:

> (...) esse hiato manifesta-se, sobretudo, através de um conflito entre as exigências de democracia política e as de democracia

76. RIDENTI, Marcelo Siqueira. "As Mulheres na Política Brasileira: os Anos de Chumbo". In: *Tempo Social*, v. 2, 1990, p. 113-128.

77. Sobre a harmonia da agenda brasileira atual de direitos humanos, especialmente as metas indicadas no 3 Programa Nacional de Direitos Humanos, e Constituição ver: ADORNO, Sérgio. História e Desventura: O 3º Programa Nacional de Direitos Humanos. Novos Estudos, CEBRAP, 86, março 2010, pp. 5-20.

78. ADORNO, Sérgio. A Gestão Urbana do medo e da insegurança: Violência, crime, justiça penal na sociedade brasileira contemporânea. São Paulo, 1996, p. 103.

> social. Se hoje, na sociedade brasileira, pode-se dizer que o processo de transição democrática promoveu a ampliação da participação e da representação política, esse movimento de ampliação dos direitos políticos não resultou em ampliação da justiça social. O aprofundamento das desigualdades sociais persiste sendo um dos grandes desafios à preservação e respeito dos direitos humanos para a grande maioria da população.[79]

As lacunas remanescentes da transição de um regime autoritário para um democrático são desafios que se projetam para o futuro, mas também que exigem o olhar para o passado recente. Nesse sentido, sob a ótica da necessidade de reparação das vítimas e atendimento de suas expectativas, inclusive de que suas narrativas sejam ouvidas e acolhidas, foram desenvolvidos parâmetros e enfoques que identificam a Justiça de Transição, definida pelo Conselho de Segurança da ONU como o conjunto de abordagens, mecanismos (judiciais e extrajudiciais) e estratégias adotados por cada país para enfrentar o legado de violência em massa do passado, para atribuir responsabilidades, para exigir a efetividade do direito à memória e à verdade e para fortalecer as instituições com valores democráticos (visando a não repetição das violações de direitos humanos)[80].

A perspectiva de gênero na justiça de transição é um exemplo de tema ou de recorte que não foi incorporado imediatamente às medidas essenciais para a justiça, memória e verdade, tanto no Brasil como em outros países sul-americanos, mesmo nos países que avançaram nas tarefas para lidar com o passado de atrocidades, inclusive com a responsabilização pelos crimes mais nefastos.

Ao falar da mudança de paradigma no caso argentino, que viabilizou o processamento e punição dos torturadores, além da tendência mundial, Maria José Guembe destaca aspectos peculiares: persistência e crescimento dos temas do passado na opinião pública; a constância das reclamações das vítimas; o fortalecimento das organizações de direitos humanos; e a

79. *Ibidem*, pp. 103-104.

80. UN Security Council, The rule of law and transitional justice in conflict and post-conflict societies. Report Secretary-General , S/2004/616, 23 August 2004, Transitional Justice, parágrafo 8, p. 4.

presença, no governo, de autoridades convencidas da necessidade de reverter a impunidade. [81]

Os fatores que conduziram à mudança na Argentina, para se combater a impunidade dos agentes da ditadura (de uma maneira geral e sem perspectiva de gênero), também podem ser incorporados à agenda brasileira e usados para explicar as luzes cada vez mais fortes lançadas para o tratamento das violações do passado recente da ditadura sob a ótica de gênero. Assim, adaptando os fatores para a realidade local e com foco nos direitos das mulheres, temos: a persistência e crescimento dos temas do passado na opinião pública; a produção de trabalhos (acadêmicos, cinematográficos, literários etc.) que destacam a participação das mulheres na resistência e também como vítimas; e o fortalecimento das organizações de direitos humanos, com a pauta da equidade de gênero.

Pensar nesses fatores no cenário brasileiro é uma maneira de expressar outras formas para lidar com o legado de violações dos direitos das mulheres e, por consequência, passa pela utilização de mecanismos jurídicos que possibilitem a revelação da verdade, o reposicionamento da memória coletiva e a consolidação de valores democráticos.

Como destaca Martin Abregú[82], uma das consequências mais importantes da apropriação do discurso dos direitos humanos por parte dos governos democráticos foi a de abrir a oportunidade de trabalhar na perspectiva de inclusão de direitos desde a formulação das políticas públicas. Em complemento a Abregú, é possível afirmar que foi aberta a chance para que o direito das mulheres fosse pensado na elaboração das diversas políticas públicas.

A doutrina passa a perceber o enfrentamento de crimes sexuais como medida de reparação indispensável e desafiadora para a justiça de transição.

---

81. GUEMBE, Maria José. Obligación de investigar y sancionar graves violaciones a los derechos humanos. In: ABRAMOVICH, Victor, BOVINO, Alberto y COURTIS, Christian (compiladores). *La aplicacion de los tratados sobre derechos humanos em el âmbito local: La experiência de uma década.* Editores Del Puerto, 2007, p. 421.

82. ABREGÚ, Martín. Direitos humanos para todos: da luta contra o autoritarismo à construção de uma democracia inclusiva – um olhar a partir da região andina e do cone sul. Ano 5 • Número 8 • São Paulo • Junho de 2008.

Nessa ótica, Marcelo Torelly[83] indica formas transformadoras de reparação, como, por exemplo: a criação de unidades especializadas de judicialização; o estímulo positivo e negativo a políticas de igualdades nas organizações privadas; e promoção de igualdades nas organizações públicas, dentre outras.

Ou seja: atualmente, começa-se a pensar em propostas para a equidade de gênero numa perspectiva de presente e futuro. A reparação pelas atrocidades sofridas passa pelo fortalecimento das mulheres, com a vida que desfrutam hoje, mas também com o conhecimento sobre sua contribuição no passado recente.

O que se nota é que, no Brasil, a memória e a verdade ainda não foram sistematicamente tratadas sob a perspectiva de gênero, apesar de iniciativas pontuais e de publicações oficiais sobre a resistência das mulheres à ditadura; e de um exitoso programa de justiça administrativa para reparação das vítimas e de relevantes iniciativas, oficiais e da sociedade civil, como a Comissão Nacional da Verdade, finalizada em 2014, e o site BNM Digital, lançado em 2013, disponibilizou online, toda documentação do Projeto *Brasil Nunca Mais*, colhida entre 1979-1985. Aliás, no material do BNM Digital, é possível ler a matéria jornalista sobre Inês Etienne e a Casa da Morte[84].

O Projeto *Brasil: Nunca Mais* resgatou os depoimentos das vítimas, prestados em processos judiciais, para relevar publicamente a violência. O projeto foi, portanto, focado no sofrimento das vítimas, nas atrocidades praticadas, na vivência real da tortura, na lembrança das dores físicas que pareciam intermináveis.

O *Brasil Nunca Mais* e todas as relevantes iniciativas citadas fazem menção à participação das mulheres como integrantes de um corpo de vítimas. No entanto, com exceção do relatório da CNV e algumas iniciativas pontuais da Comissão Especial de Mortos e Desaparecidos Políticos e da Comissão de Anistia, não há enfoque mais profundo na questão da equidade de gênero e nas peculiaridades das violências que atingem sobremaneira

---

83. Disponível em www.academia.edu/26433763/Desafios_da_Justiça_de_Transição_enfrentamento_de_crimes_sexuais . Acesso em 22.06.2016.

84. Matéria disponível em: http://www.docvirt.com/docreader.net/docreader.aspx?bib=DocBNM&pagfis=107317. Acesso em 20.06.2020.

o universo feminino. O que se deseja chamar atenção é que a visibilidade do papel das mulheres na resistência à ditadura passa pelo exercício do direito à informação, com a disponibilização de dados que permitam compreender as peculiaridades da violência de gênero.

O conteúdo jurídico do dever de informar está vinculado diretamente ao direito à verdade. Esse direito, essencialmente coletivo, tem grande relevância porque rompe o silêncio e o esquecimento, permite restaurar a dignidade das mulheres vítimas, tem potencial reconciliador e de transformar a opinião pública em relação à importância ou ao protagonismo das mulheres na resistência ao regime ditatorial.

Os trabalhos de Comissões da Verdade – CVs têm se revelado como um modo potencialmente exitoso para tornar o direito à verdade efetivo. Estas Comissões são arranjos institucionais para lidar com o legado de violência, a partir do acolhimento de testemunhos dos sobreviventes das atrocidades (vítimas, algozes e expectadores) e da reunião de dados sobre os locais e a cultura material que comprovam a repressão ou a resistência.

Em relação à experiência de outras CVs para uma atuação com recorte de gênero, o Relatório *Nunca Más* (Argentina, 1984) e o Relatório *Rettig* (Chile, 1991), Hiner aponta que o gênero foi sistematicamente excluído; e que somente nos últimos 15 anos é que esta questão passou a ser observada. Em suas palavras:

> Por fim, os relatórios das comissões da verdade não apenas "branquearam" o fator político, mas também o fator gênero, já que nas narrativas se referem a homens como as vítimas principais ou o universal das "vítimas". Em ambos os casos, as experiências de mulheres presas e análise de gênero. Todo o observado até agora indica um silenciamento relativamente grande em consideração à narrativa das presas políticas e de suas experiências dentro de centros de tortura até bem nos anos 90.
>
> Com exceção do texto de Ximena Bunster, "Surviving Beyond Fear", publicado nos Estados Unidos em 1985, não havia muitos textos acadêmicos que abordassem, diretamente, a questão da tortura sexual e prisioneiras políticas chilenas durante a década de 1980. Muitas entrevistadas aludem ao medo de falar nesse período, tanto por causa do fator preponderante que o Chile ainda estava na ditadura, bem como por outros motivos, como o fato

> de sentir vergonha, de não querer "culpar" a família ou companheiro, ou de não se sentirem psicologicamente prontas para enfrentar essas memórias dolorosas.[85]

Ou seja, nas décadas de 1980 e 1990 se buscava resgatar a violência somente como sendo "política" e, para tanto, as vítimas eram vistas como um grupo homogêneo, no sentido de não possuírem gênero, etnia, raça ou orientação sexual. Juán Mendez lembra que "a análise prevalentemente falha em adotar uma abordagem de gênero ou interseccional, ou em avaliar adequadamente o impacto da discriminação estrutural, do patriarcado, da heteronormatividade e de estruturas discricionárias de poder e estereótipos de gênero reproduzidos socialmente."[86]

O documento brasileiro, já produzido na década de 2010, não repete esse equívoco. Logo no início do Capítulo 10 do Relatório da CNV, é dito que:

> No cumprimento de seu mandato, ao buscar promover o esclarecimento circunstanciado de casos de tortura ocorridos durante a ditadura militar, a Comissão Nacional da Verdade (CNV) pôde constatar que a violência sexual constituiu prática disseminada do período, com registros que coincidem com as primeiras prisões, logo após o golpe de Estado. Assim, este capítulo é dedicado à violência estruturada pela hierarquia de gênero e sexualidade, que busca anular a dignidade dos indivíduos violados, impedindo-os de viver como querem, de viver bem e sem humilhações. Tal violência atinge de forma diversa mulheres e homens, como mostram as investigações e os testemunhos realizados pelo grupo de trabalho 'Ditadura e Gênero'.

Este Capítulo da CNV apresenta diversas narrativas de mulheres, que tornam públicos e oficiais os suplícios que sofreram. É possível perceber que muitas das experiências narradas transcorreram porque as detidas

85. HINER, Hillary. "Fue bonita la solidaridad entre ue bonita la solidaridad entre mujeres": género mujeres": género, resistencia, y , resistencia, y prisión política en Chile durante prisión política en Chile durante la ditadura". Estudos Feministas, Florianópolis, 23(3): 867-892, setembro-dezembro/2015, p. 872. Disponível em https://www.scielo.br/pdf/ref/v23n3/0104-026X-ref-23-03-00867.pdf. Acesso em 22.06.2020.

86. MÉNDEZ, Juan. *Report of the Special Rapporteur on torture and other cruel, inhuman or degraging treatment or punishment.* January 2016, UN,A/HRC/31/57,§05.

eram mulheres. O forte traço de discriminação de gênero torna a prática violenta (comum a todos) ainda mais cruel em relação às detidas.

É possível afirmar que a demora em instalar uma CV no Brasil tenha favorecido a inserção de temas como a violação em razão do gênero. Assim, a CNV, que funcionou de 2012 a 2014, foi um relevante mecanismo de reparação às mulheres utilizado em nosso país e que lançou luzes sobre as graves violações sofridas por elas na ditadura.

Não podemos esquecer que o reconhecimento de que a violência contra a mulher existe tanto no âmbito público quanto privado e que se constitui numa violação aos direitos humanos, por incrível que pareça, é recente. Esse reconhecimento tem como marcos legais a "Declaração sobre a Eliminação da Violência contra a Mulher" (da Organização das Nações Unidas – ONU), de 1993, e a "Convenção Interamericana para Prevenir, Punir e Erradicar a Violência contra a Mulher" (Convenção de Belém do Pará), elaborada pela Organização dos Estados Americanos – OEA, em 1994, e ratificada pelo Brasil em 1995.

A Convenção de Belém do Pará define a violência contra a mulher como "*qualquer ação ou conduta, baseada no gênero, que cause morte, dano ou sofrimento físico, sexual ou psicológico à mulher, tanto na esfera pública, como na privada*". Em seu art. 2.º, *b*, estabelece que a violência contra a mulher compreende, entre outras condutas, a violação, o abuso sexual, a tortura, os maus tratos e o assédio sexual. Além disso, este documento reforça em seus "*consideranda*" que a Declaração para a Erradicação da Violência contra a Mulher, aprovada na Vigésima Quinta Assembleia de Delegadas da Comissão Interamericana de Mulheres, já estipulava que: "*a violência contra a mulher permeia todos os setores da sociedade, independentemente de classe, raça ou grupo étnico, renda, cultura, nível educacional, idade ou religião, e afeta negativamente suas próprias bases*". Lembrando que a Lei Maria da Penha, que cumpre algumas das determinações desta Convenção, só foi publicada em 2006.

Ainda no plano internacional, no âmbito das mulheres e violações da ditadura, em Relatório publicado em 2010 pelas Nações Unidas, crimes sexuais em situação de conflito são conceituados como "aquela violência sexual que ocorre durante ou após uma situação de conflito e guarda com ele uma ligação direta ou indireta de causalidade" (UN,

A/65/592-S/2010/604,§05). Nessas situações, é também aplicável a Resolução 60/147, adotada pela Assembleia Geral das Nações Unidas em 2005 (Princípios e Diretrizes Básicos sobre direito a recurso e reparação), que dispõe sobre os recursos para as graves violações de direitos humanos e de direito internacional humanitário. Nos termos dessa Resolução, a completa e efetiva reparação inclui a restituição, reabilitação, compensação, satisfação e a garantia de não repetição.

Percebe-se então que a abordagem da violência de gênero, especialmente atrelada a conflitos sociopolíticos, por muitos anos não fez parte dos instrumentos legais internacionais e por muito tempo não foi pauta prioritária na Justiça de Transição dos países latino-americanos e do Brasil. Nesse sentido, a luta de mulheres como Inês, que persistiram com as denúncias dos crimes cometidos pelo Estado ditatorial, tem uma importância tremenda, porque pavimentaram e tornaram possível o fortalecimento e a diversificação da Justiça de Transição no país. Afinal, a história da Casa da Morte também reflete como as humilhações e maus tratos aos quais as mulheres eram submetidas no aparato repressivo da ditadura eram "(...) acompanhados de referências explícitas ao fato de que haviam se afastado de seus "lugares de esposa e mãe" e ousado participar do mundo político, tradicionalmente entendido como masculino." (BRASIL, 2014: 404).

Essa insatisfação com a mulher "política" pode ser vista, por exemplo, no episódio de imposição do trabalho de limpeza da cozinha à Inês, que ainda foi obrigada a ficar nua. Ou seja, as experiências de violência que as mulheres sofreram com o aparato repressivo da ditadura trazem particularidades que são essenciais para entender o contexto social e político da época e para garantir o direito à memória e à verdade.

5. CONSIDERAÇÕES FINAIS

A narrativa das mulheres sobre sua dor, provocada por sofrimentos em espaços públicos ou privados, encontra desafios maiores quando a abordagem versa sobre acontecimentos e agressões que envolvem a conivência ou a atuação do Estado ou de agentes públicos, como foi o caso da era Vargas e também da ditadura militar (1964-1985).

Esses avanços tardios na Justiça de Transição brasileira e nos aparatos legais relacionados à violência de gênero e sexual deixaram um passivo substancial. No caso das denúncias realizadas por Inês, apenas depois de décadas o Estado finalmente reconheceu oficialmente as experiências de detenção ilegal e tortura que ela viveu na Casa da Morte. Ademais, somente em 2014 o MPF moveu uma ação contra um de seus estupradores que ainda foi rejeitada tendo como fundamento a Lei da Anistia. O próprio reconhecimento e tombamento da Casa da Morte como patrimônio cultural histórico, por ter abrigado um dos CCDTs mais importantes da ditadura, além de ter sido um processo moroso, foi interrompido por tecnicalidades burocráticas. Tudo isso reflete as dificuldades que as narrativas de violência política, principalmente aquelas atreladas às mulheres, encontram para serem devidamente ouvidas e reconhecidas pelas instituições e aparatos estatais e legais; o que confirma ainda mais a importância da luta pela memória e pela verdade de mulheres como a Inês.

Além de ter sobrevivido à Casa da Morte graças à capacidade que teve, mesmo em péssimas condições físicas/emocionais/psicológicas, de convencer seus torturadores de que trabalharia como infiltrada, Inês ainda conseguiu reconhecer e localizar o imóvel e tornar pública a existência de um dos mais importantes aparelhos clandestinos da repressão política.

Por isso, convidamos Inês Etienne para terminar esse texto, explicando porque a denúncia desses crimes é essencial para a efetividade do direito à memória e à verdade:

> Eu os via como se fosses bestas, instrumentos de um sistema cruel e violento. Às vezes, eu tinha até fantasias infantis, tipo pensar em determinado momento que eu era prisioneira de guerra de outro país; de minha formação cultural, de Caratinga, tortura era um negócio muito difícil de entender. Você pode imaginar todas as maldades e sadismos possíveis, mas quando você enfrenta esse sadismo pessoalmente é algo inacreditável. E eu pensava, dentro do que chamo de pensamentos infantis, o seguinte, que meus irmãos todos – e a família é muito grande, são sete irmãos, pai, mãe, primos – pagavam impostos para sustentar aquelas pessoas que estavam me torturando; era um pensamento muito forte pra mim lá na hora. As pessoas têm que ter muita consciência disso. Quando se fala na tortura não é

> para comover ninguém, provocar lágrimas, as pessoas têm que ter uma consciência muito profunda do que é a tortura e termos de instituição. (...) não podemos deixar que a bestialidade seja institucionalizada; é uma coisa anti-humana.[87]

Obrigada Inês Etienne. Sua voz ecoa e tem dado frutos.

87. Pasquim. Entrevista com Inês Etienne Romeu. Pasquim. Arquivo da Associação Brasileira de Imprensa. 27 de julho de 1979 a 02 de agosto de 1979, p. 6.

14

CULTURA, TRADIÇÃO, DIREITOS FUNDAMENTAIS NO SERTÃO NORDESTINO: UMA LEITURA DA PEÇA "FESTA DO ROSÁRIO" DE LOURDES RAMALHO

Ezilda Melo

Advogada. Professora Universitária. Mestra em Direito Público pela UFBA. E-mail: ezildamelo@gmail.com

"Oh mana, deixa eu ir/ Oh mana, deixa eu ir só. / Oh mana, deixa eu ir/ Pro sertão do Caicó". Tema folclórico recolhido por Villa-Lobos na voz de Milton Nascimento

1. JUDEUS FORAGIDOS E NEGROS ESCRAVIZADOS NO SERTÃO DO SERIDÓ. AINDA A LACUNA DO GENOCÍDIO INDÍGENA[1]

No ano de 1670, o Capitão Francisco de Assis de Abreu de Lima e seus companheiros de petição obtiveram uma sesmaria de cinquenta léguas de comprimento por doze de largura, seis para cada banda do Rio das

1. RIBEIRO, Djamila. *Pequeno Manual Antirracista*. 1ª ed. São Paulo: Companhia das Letras, 2019. p. 70:" a discussão pertinente é aquela que denuncia o quanto culturas negras e

Espinharas, iniciando da Serra da Borborema, pelo rio abaixo. Essa sesmaria viria a fazer parte da freguesia de Nossa Senhora Santa Ana do Seridó, de acordo com Olavo de Medeiros Filho[2]. Essa concessão, procedida na Bahia, não teve confirmação régia, nem foi feita a demarcação das terras. No ano de 1676 ocorreu a primeira concessão de sesmaria no território seridoense[3], hoje composto por 23 municípios, referindo-se ao atual município de Acari.

De acordo com Medeiros Filho, no Seridó as primeiras famílias se instalaram por volta de 1720, e menciona que antes desta data, pelas condições rústicas, começam a se radicar no Seridó potiguar pessoas advindas das capitanias da Paraíba e Pernambuco, como também inicia a presença dos lusitanos provenientes do norte de Portugal, da região do Minho, do Douro, da Extremadura, do Trás-os-Montes, e dos Açores na formação genealógica da região. Medeiros Filho[4] nos diz que a Freguesia da Gloriosa Senhora Santa Ana do Seridó, criada em 1748, compreendia áreas pertencentes às capitanias da Paraíba e do Rio Grande do Norte.

Ainda de acordo com Medeiros Filho, na tradição oral e familiar da região seridoense, ocorrem referências de cristãos-novos, de origem marrana, que, apesar de obrigados pela Igreja Católica a aceitarem o batismo, continuavam a sofrer discriminações sociais e religiosas. Os judeus que se localizavam nos territórios da Espanha e de Portugal são chamados de sefarditas e

---

indígenas foram expropriadas historicamente". Expropriação também da cultura judia no nordeste brasileiro, da própria cultura nordestina, num país com grande preconceito racial, especialmente em São Paulo, também precisa ser levada em consideração. A Lei 7.716/1989, em seu artigo 20, assim enuncia: Art. 20. Praticar, induzir ou incitar a discriminação ou preconceito de raça, cor, etnia, religião ou procedência nacional. Pena: reclusão de um a três anos e multa.

2. MEDEIROS FILHO, Olavo de. *Velhas Famílias do Seridó.* Brasília, 1981. pág.3.

3. O Seridó norte-rio-grandense é composto hoje por 23 municípios: Caicó, Acari, Jardim do Seridó, Serra Negra do Norte, Currais Novos, Florânia, Parelhas, Jucurutu, Jardim de Piranhas, São João do Sabugi, Ouro Branco, Cruzeta, Carnaúba dos Dantas, Cerro Corá, São Vicente, São Fernando, Equador, Santana do Seridó, São José do Seridó, Timbaúba dos Batistas, Lagoa Nova, Ipueira e Tenente Laurentino Cruz.

4. MEDEIROS FILHO, Olavo. *Velhos Inventários do Seridó.* Brasília, 1983, p. 9-11: "o território já fora penetrado pelo elemento colonizador, desde antes de 1670, pois, naquele ano, já aparece o primeiro requerimento de sesmaria da região, de que se tem notícia... além do gado bovino, também apareciam o cavalar, somente aparecendo o muar, nos inventários estudados em 1860".

foram perseguidos, queimados, responderam processos inquisitoriais, especialmente mulheres judias, e foram expulsos a partir do século XV. Isso deu origem a uma diáspora forçada e hoje muitos descendentes se encontram no Brasil, especialmente nessa região do Seridó do Rio Grande do Norte, vez que inicialmente residiram em Recife. Porém, após a perda do poderio holandês, e novas perseguições pelos portugueses, fugiram além-mar ou adentraram as matas da caatinga brasileira. Nova leva de judeus, perseguidos pelo nazismo[5], adentraram o Brasil na primeira parte do século XX.

No ano de 2015 houve uma importante alteração na Lei de Nacionalidade portuguesa, permitindo que os descendentes dos judeus sefarditas pudessem adquirir a cidadania portuguesa. Isso ocorreu diante de uma vontade política de corrigir esse erro do passado, de forma a combater uma discriminação histórica sofrida pelos judeus. Através de processos genealógicos, inclusive, muitos seridoenses com base na Lei de Nacionalidade portuguesa, na Seção III, que regula a aquisição de nacionalidade portuguesa por naturalização, estão resgatando essas raízes de seus antepassados judeus, um resgate póstumo, vez que por séculos quis-se apagar esses vestígios com temor de que se descobrisse as origens judias.

Além desse grupo colonizador, é importante que se destaque, tal qual enunciado por Macedo[6], que africanos foram sujeitos históricos também do processo de formação do Seridó potiguar. Já Costa[7] incluiu um conjunto de informações contendo dados sobre casamentos de portugueses com índios, africanos e mestiços, coletados nos livros de assento da Freguesia

5. AGAMBEN, Giorgio. *Homo Sacer – o poder soberano e a vida nua I*. Belo Horizonte: Editora UFMG, 2002. p. 178: "A questão correta sobre os horrores cometidos nos campos de concentração não é, portanto, aquela que pergunta hipocritamente como foi possível cometer delitos tão atrozes para com seres humanos; mais honesto e sobretudo mais útil seria indagar atentamente quais procedimentos jurídicos e quais dispositivos políticos permitiram que seres humanos fossem tão integralmente privados de seus direitos e de suas prerrogativas, até o ponto em que cometer contra eles qualquer ato não mais se apresentasse como delito". Os tribunais de inquisição, a escravidão e os campos de concentração mostram, em momentos distintos da história da humanidade, que a subjugação do outro é prática secular eivada em crueldade ultrajante.

6. MACEDO, Helder Alexandre Medeiros de. In: CAVIGNAC, Julie, MACEDO, Muirakytan Kennedy de (orgs.). *Tronco, ramos e raízes! História e patrimônio cultural do Seridó negro*. Brasília: ABA; Natal: EDUFRN, 2014, p.266.

7. COSTA, Sinval. *Os Álvares do Seridó e suas ramificações*. Recife: ed. do autor, 1999.

do Seridó. Importante destacar a dissertação de Borges[8] sobre a escravidão negra no Seridó colonial, culminando com a análise da irmandade de Nossa Senhora do Rosário dos Homens Pretos. Em sua tese de doutorado em Ciências Sociais, Macêdo[9] abordou a história da família seridoense através da relação entre o patrimônio e o cotidiano, no período do século XVIII. Em um dos capítulos de sua tese, Macêdo demonstra a existência de agrupamentos familiares que envolvem, além dos luso-brasílicos, também os africanos, judeus, crioulos, mestiços e índios.

A primeira referência documental à Igreja do Rosário[10], em Caicó-RN, data de 1826; porém em 1773, de acordo com Macêdo[11], ocorreu a primeira coroação da realeza da irmandade do Rosário dos Homens Pretos na referenda cidade. Tradição com raízes feudais, vez que no século XV, de acordo com Silveira[12], os africanos de Lisboa já eram chamados pelos dominicanos para participarem de uma confraria que zelava pelo altar de Nossa Senhora do Rosário. Ainda de acordo com Macêdo[13], no Brasil colônia do século XVII, os festejos a Nossa Senhora do Rosário se fortaleceram sob o patrocínio dos jesuítas. Apesar de ter uma matriz eminentemente ligada ao catolicismo, essa festa permitiu misturar à tradição católica elementos culturais diversos, como, por exemplo, o ritual introduzido pelos negros africanos para coroação de reis e rainhas do Congo, o que representa um sincretismo religioso e preservação de identidade.

---

8. BORGES, Cláudia Cristina do Lago. *Cativos do Sertão: um estudo da escravidão no Seridó, Rio Grande do Norte.* 2000. Dissertação (Mestrado em História), Universidade Estadual Paulista, Franca, 2000.

9. MACÊDO, Muirakytan Kennedy de. *Rústicos cabedais: patrimônio familiar e cotidiano nos sertões do Seridó (século XVIII).* 2007. Tese (Doutorado em Ciências Sociais). UFRN, Natal, 2007.

10. CIRNE, Moacyr. *A invenção de Caicó*. Natal: Sebo Vermelho Edições, 2004, p. 33.

11. MACÊDO, Muirakytan Kennedy de. *Majestades negras: irmandades de Nossa Senhora do Rosário no Seridó*. In: *Tronco, ramos e raízes! História e patrimônio cultural do Seridó negro*. Brasília: ABA; Natal: EDUFRN, 2014, p. 335.

12. SILVEIRA, Renato da. *Antecedentes europeus nas irmandades do Rosário dos pretos da Bahia colonial*. In: REIS, João José; AZEVEDO, Elciene. (Org.). *Escravidão e suas sombras.* Salvador: EDUFBA, 2012. p.15.

13. MACÊDO, Muirakytan Kennedy de. *Majestades negras: irmandades de Nossa Senhora do Rosário no Seridó*. In: *Tronco, ramos e raízes! História e patrimônio cultural do Seridó negro*. Brasília: ABA; Natal: EDUFRN, 2014, p. 337.

Na cidade de Jardim do Seridó, distante pouco mais de 50km de Caicó, é comum ouvir-se a narrativa do mito segundo o qual, em tempos remotos, os brancos encontraram uma imagem de Nossa Senhora do Rosário em uma ilha e tentaram trazê-la para o Seridó. No entanto, como que por encanto, a imagem sempre voltava para o seu lugar de origem. Essa imagem só fora resgatada quando os negros, ao som de batuques e ao passo da dança de pulos, conseguiram fazer o traslado, de acordo com o que relatou Amaral[14].

Atualmente, de acordo com Macêdo[15], quatro reinados compõem a irmandade do Rosário de Caicó, são eles: Samanaú, São João do Sabugi, Rio do Peixe e Riacho de Fora. Outros grupos ligados à devoção do Rosário foram criados na região do Seridó. De acordo com Macêdo[16], documentos de arquivos seridoenses dão conta da existência dessas confrarias em Currais Novos, Acari, Serra Negra do Norte e Jardim de Piranhas. Hoje continuam atuantes somente as confrarias de Caicó, Jardim do Seridó e Serra Negra do Norte, isso posto, pode-se dizer que se trata de patrimônio cultural sertanejo.

Ainda de acordo com Macêdo[17], Câmara Cascudo em viagem pelo Seridó, não registrou traços significativos da presença negra entre os seridoenses; no entanto, escreveu sobre a irmandade dos Negros do Rosário de Caicó. A participação dos afro-brasileiros na história do sertão pecuarista, assim como as irmandades negras, diante de sua persistência histórica, foram monumentos desta memória, que, para além da coreografia folclorizada, varam com suas insígnias quase trezentos anos de resistência

14. AMARAL, Francisca Benvinda Vieira. *A festa do Rosário de Jardim do Seridó: depoimento.* Entrevista concedida a Sebastião Genicarlos dos Santos, Rosenilson da Silva Santos e Joaquim José Ferreira Targino. Jardim do Seridó, 6 set 2007.

15. MACÊDO, Muirakytan Kennedy de. *Majestades negras: irmandades de Nossa Senhora do Rosário no Seridó.* In: *Tronco, ramos e raízes! História e patrimônio cultural do Seridó negro.* Brasília: ABA; Natal: EDUFRN, 2014, p. 343.

16. MACÊDO, Muirakytan Kennedy de. *Majestades negras: irmandades de Nossa Senhora do Rosário no Seridó.* In: *Tronco, ramos e raízes! História e patrimônio cultural do Seridó negro.* Brasília: ABA; Natal: EDUFRN, 2014. p. 342.

17. MACÊDO, Muirakytan Kennedy de. *Majestades negras: irmandades de Nossa Senhora do Rosário no Seridó.* In: *Tronco, ramos e raízes! História e patrimônio cultural do Seridó negro.* Brasília: ABA; Natal: EDUFRN, 2014. p. 347.

identitária, que encobre fatores psicológicos, culturais, históricos, linguísticos, sociais, políticos, culturais, raciais.

Nessa abertura temática, o objetivo foi fazer um panorama sobre como se desenvolveu o processo colonizador no Seridó potiguar do Rio Grande do Norte, mais notadamente na cidade de Caicó-RN, focando especialmente na figura do negro e do judeu. Por esse motivo há lacuna quanto à questão do genocídio e esquecimento do indígena. A escolha de priorizar esses dois grupos tem ligação com o fato da autora, que terá a obra analisada, ser descendente de judeus e escrever sobre a questão do racismo, mas especificamente sobre a Festa do Rosário que acontece em cidades do sertão do Rio Grande do Norte e Paraíba, onde a dramaturga Lourdes Ramalho residiu alguns anos de sua vida.

2. A FESTA DO ROSÁRIO[18] NA OBRA DE LOURDES RAMALHO

Nascida em 1920, Maria de Lourdes Nunes Ramalho, natural de Jardim do Seridó-RN, escritora, poeta, cordelista e pedagoga, a grande dama da dramaturgia nordestina, morou em Jardim do Seridó-RN, Caicó-RN, Santa Luzia-PB, mas passou a maior parte da sua vida em Campina Grande-PB. Ao falecer, em 2019, deixou um vasto legado, ainda pouco conhecido do grande público, para a literatura brasileira, em especial para a literatura regionalista sobre o sertão. Descendente de judeus sefarditas, pertencente a uma família cujo trisavô, Agostinho da Costa Júnior (Teixeira-PB, 1760), foi considerado "o pai da poesia nordestina", e o bisavô, o Mestre Ugolino Nunes da Costa, tendo fugido de casa para tornar-se cantador, foi o maior repentista e violeiro de sua época, a arte corria em suas veias desde criança,

18. Em 1985, o Grupo Feira encena Festa do Rosário, que participa do FENATA, em Ponta Grossa (PR), com direção de Emilson Formiga. Neste mesmo festival também foram apresentados outros espetáculos baseados em textos da dramaturga, como A feira, levado pelo Grupo Marcos Siqueira Produções Artísticas, de Pernambuco, e As velhas, pelo Grupo Teatro Popular do SESC, do Acre. Waldenys Brasil dirige, em Alagoa Grande (PB), a partir de articulações com os grupos de teatro locais, O psicanalista. Neste mesmo ano, a montagem campinense de Festa do Rosário participa também do Festival de Raízes Negras, em Salvador (BA), onde é recebido sob polêmica. In: Cronologia. Vida e obra de Lourdes Ramalho (1920-2020). Chã dos Esquecidos. p. 112.

quando começou a escrever a encenar suas primeiras peças teatrais, nas escolas onde estudava.

Lourdes Ramalho é autora de mais de 100 textos teatrais em prosa e cordel, voltados para um público adulto e infantil. Apesar da grande quantidade de obras, sua produção de grande envergadura literária, continua desconhecida do grande público, o que por si só é demonstrativo do silêncio das mulheres na escrita, especialmente quando se fala de um espaço geográfico discriminado historicamente, como é o caso do sertão nordestino, onde o destaque que se tem é para autoria masculina. Quem também fala sobre essa "clandestinidade", no Prefácio da obra inédita "Chã dos Esquecidos", edição comemorativa do centenário da autora, é Valéria Andrade[19].

Lourdes Ramalho satirizou, politizou e denunciou o coronelismo, a opressão, os costumes, as tradições herdadas de ancestrais e para cá trazidas na bagagem ibérica, ainda muito presente nos sertões do Rio Grande do Norte e Paraíba, onde presenciou nas práticas sociais a violência de gênero e o racismo. Através de sua literatura, ela deixou representações discursivas significativas sobre/do sertão brasileiro.

Diante da necessidade de valorização e visibilidade da escrita feminina, o referencial literário que serve para sustentar a análise que propõe esse artigo é a peça "Festa do Rosário"[20], que tem como foco a denúncia ao

19. ANDRADE, Valéria. Prefácio. Chã dos Esquecidos. *Chã dos esquecidos.* [Livro eletrônico]. – Maria de Lourdes Nunes Ramalho; organização e aparato crítico de: Diógenes Maciel e Valéria Andrade. Campina Grande: EDUEPB, Editora União, 2020. p. 17: "Assusta-me, sempre, apurar que, diferentemente das outras autoras suas contemporâneas, naquelas décadas de 1960-70, referidas em estudos alentados sobre o teatro brasileiro, Lourdes Ramalho continua mantida em situação 'clandestina' no quadro autoral do nosso teatro – inclusive aos olhos da crítica voltada para os textos escritos por mulheres –, a despeito de seu percurso, tão longo quanto farto de textos e montagens icônicas. Tenho sempre chamado atenção para tal situação, pois ela parece ser um desdobramento nocivo da condição 'marginal' dos textos de dramaturgia de autoria feminina no cânone brasileiro: esta sorte de textos não circula como material impresso, em razão de uma clara prática discriminatória do mercado editorial. Em outras palavras, para esta parte de nossa produção literária e teatral, um prejuízo grave da condição de 'fora-da-lei' é não poder adentrar os muros da 'cidade editorial', ou seja, não ser publicado e, portanto, não participar da vida pública e da própria sociedade.

20. RAMALHO, Maria de Lourdes Nunes. *Teatro Nordestino. Cinco textos para montar ou simplesmente ler. (A feira, As velhas, Festa do Rosário, O Psicanalista, Fogo-Fátuo).* [Campina Grande]: GGS – Grande Gráfica e Serviços Ltda., [ca. 1980].

preconceito racial, de uma escritora sertaneja de origem judia, "*Honoris Causis*"[21] *in memoriam* pela UEPB.

Na abertura da peça, Ramalho[22] assim a descreve: Festa do Rosário é um drama passado no interior onde os negros lutam para conservar suas tradições, crenças, costumes – num país onde o preconceito racial ainda é uma realidade. É a história de brancos que, julgando-se de "raça superior", procuram impor seu domínio, desrespeitando os mais legítimos direitos de irmãos cuja única diferença é um pouco mais de pigmento na pele.

Sobre o roteiro musical da peça "Festa do Rosário, José Cláudio Batista[23] afirma que, na base da música popular brasileira, estão três raízes que fizeram brotar o que nela há de mais genuíno: a música nordestina. Essas raízes são o cantochão, aqui trazido pelo colonizador, pelo missionário, a música indígena e a dos negros africanos. De acordo com Hermano José[24], em Festa do Rosário há vidência do preconceito racial – tão negado – numa região predominantemente mestiça. A Festa do Rosário acontece anualmente no mês de outubro e traz em si uma manifestação cultural muito emblemática no sertão potiguar e paraibano.

As personagens trazidas por Lourdes Ramalho[25] são: "Vó (velha, negra), Bela, (jovem, negra), Rosenda (vizinha, 40 anos), Joana (preta, 40 anos), Pui, (esposo de Vó), Joca (noivo de Bela e filho de Joana), Mulher do Prefeito (pode ser representada por quem faz Rosenda), Tião, Major e Prefeito (podem ser representados por um só ator)". A peça gira em torno

---

21. https://portalcorreio.com.br/uepb-aprova-honoris-causa-para-lourdes-ramalho/ Acesso em outubro de 2020.

22. RAMALHO, Maria de Lourdes Nunes. Teatro Nordestino. *Cinco textos para montar ou simplesmente ler. (A feira, As velhas, Festa do Rosário, O Psicanalista, Fogo-Fátuo).* [Campina Grande]: GGS – Grande Gráfica e Serviços Ltda., [ca. 1980]. p. 104.

23. RAMALHO, Maria de Lourdes Nunes. *Teatro Nordestino. Cinco textos para montar ou simplesmente ler. (A feira, As velhas, Festa do Rosário, O Psicanalista, Fogo-Fátuo).* [Campina Grande]: GGS – Grande Gráfica e Serviços Ltda., [ca. 1980]. p. 103.

24. RAMALHO, Maria de Lourdes Nunes. *Teatro Nordestino. Cinco textos para montar ou simplesmente ler. (A feira, As velhas, Festa do Rosário, O Psicanalista, Fogo-Fátuo).* [Campina Grande]: GGS – Grande Gráfica e Serviços Ltda., [ca. 1980]. p. 07.

25. RAMALHO, Maria de Lourdes Nunes. *Teatro Nordestino. Cinco textos para montar ou simplesmente ler. (A feira, As velhas, Festa do Rosário, O Psicanalista, Fogo-Fátuo).* [Campina Grande]: GGS – Grande Gráfica e Serviços Ltda., [ca. 1980]. p. 104.

de uma disputa para realização da Festa do Rosário. De acordo com Souza[26], as representações do rei e da rainha eram simbolismos que revelavam a honorabilidade e respeito dos irmãos alçados à realeza, fato que interessava aos escravos. De outro lado, a encenação da realeza era tomada no imaginário lusitano como uma vitória da evangelização sobre reis negros africanos.

Em todo o desenrolar da peça, percebe-se a introdução de falares regionais do sertão do Rio Grande do Norte e da Paraíba, e longe de ser caricatural, permite a espontaneidade e o resgate de expressões coletivas bastante conhecidas nesse espaço geográfico, não apenas no período que a peça foi escrita, mas até hoje, caracterizando um linguajar e expressões próprias dentro de um contexto regional, fazendo uso da coloquialidade.

Em vários momentos as personagens da Vó, de Bela e de Joana denunciam preconceito racial e violências sofridas pelas mulheres. Vale destacar alguns trechos, mantidos tais quais estão no original:

> "**Vó** – Pra ele aprender a respeitar as filhas alheia. Era o costume de todos eles, os branco, bulir com as negras donzela, deixar o bucho e ficar por isso mesmo. E o soldadinho atolou-se"[27].

Nesse trecho, a matriarca, a avó, conta para a neta a prática costumeira do estupro de homens brancos contra mulheres negras, muitas vezes resultando em gravidez. Essa parte da peça é o contexto para apresentar a personagem Joana, que anda com um tijolo na mão desde que matou seu estuprador, pai do seu filho Joca, noivo de Bela. Essa personagem não gosta da futura sogra, faz pouco caso dela, a chama de louca, assassina e ainda diz que gostou da violência da qual foi vítima, quando é repreendida pela avó:

> "**Vó** – Qualquer uma, nas condição dela, fazia a mesma coisa. Quando o causo aconteceu Joana era donzela como você. Que podia se livrar, sendo pegada a força?

26. SOUZA, Marina de Mello e. *Reis do Congo no Brasil, séculos XVIII e XIX*. Revista de História, São Paulo, n. 152, p. 85.

27. RAMALHO, Maria de Lourdes Nunes. *Teatro Nordestino. Cinco textos para montar ou simplesmente ler. (A feira, As velhas, Festa do Rosário, O Psicanalista, Fogo-Fátuo).* [Campina Grande]: GGS – Grande Gráfica e Serviços Ltda., [ca. 1980]. p. 106.

> **Bela** – Quando a mulher num quer não tem homem que obrigue.
>
> **Vó** – Mas ela estava sozinha, no banheiro de palha da cacimba, quando o desgraçado chegou. Nem correr a pobre podia, tava nua…”[28]

Deste episódio, há representação sobre o estupro[29] como corriqueiro na vida das mulheres negras e como era resolvido pelas próprias mulheres. Há também o traço da sororidade entre a personagem de Vó com o que aconteceu com Joana. No entanto, Bela não faz essa mesma análise e traz uma visão opressora[30] contra outra mulher. Adichie[31] nos diz que existem muitas mulheres no mundo que não gostam de outras mulheres. Não temos uma visão completa sobre como Bela se relaciona com outras mulheres, mas fica evidente sua total apatia por Joana. É a personagem Bela quem traz questionamentos sobre o direito à igualdade ao dizer:

> “**Bela** – Mas se todo mundo é igual perante Deus, num vejo motivo pra uns querer andar pisando os outros.
>
> **Vó** – A vida é assim mesmo.
>
> **Bela** – Tá errado. Então, porque eu sou negra e pobre, qualquer troço que não vale o que o gato em terra — tem o direito de passar por mim de nariz torcido, como se eu tivesse cagada?”[32]

Neste ponto, a avó parece anestesiada e acomodada, ao afirmar que a vida é assim mesmo. Contrariamente, a revolta se expressa nas palavras da jovem Bela, que não aceita que pessoas se sintam confortáveis em se

---

28. RAMALHO, Maria de Lourdes Nunes. *Teatro Nordestino. Cinco textos para montar ou simplesmente ler. (A feira, As velhas, Festa do Rosário, O Psicanalista, Fogo-Fátuo).* [Campina Grande]: GGS - Grande Gráfica e Serviços Ltda., [ca. 1980]. p. 106.

29. MENDES, Soraia da Rosa. In: *O estupro e a irrazoabilidade da dúvida:* https://politica.estadao.com.br/blogs/fausto-macedo/o-estupro-e-a-irrazoabilidade-da-duvida/, acesso em outubro de 2020.

30. BOURDIEU, Pierre. *A dominação masculina - a condição feminina e a violência simbólica.* Tradução Maria Helena Kühner. 16ª edição. Rio de Janeiro: Bertrand Brasil, 2019.

31. ADICHIE, Chimamanda Ngozi. *Para educar crianças feministas - um manifesto.* 1 ed. São Paulo: Companhia das Letras, 2017. p. 75.

32. RAMALHO, Maria de Lourdes Nunes. *Teatro Nordestino. Cinco textos para montar ou simplesmente ler. (A feira, As velhas, Festa do Rosário, O Psicanalista, Fogo-Fátuo).* [Campina Grande]: GGS - Grande Gráfica e Serviços Ltda., [ca. 1980]. p.107.

acharem superiores a outras e faz uma crítica ao machismo e ao racismo, enquanto sua avó adverte que as coisas não mudam, que existe uma disputa classista, racista e sexista no seguinte diálogo que se segue entre estas duas personagens, uma representando o passado e outra representando o novo:

> "**Vó** – Ora, desde que o mundo é mundo que rico pisa pobre, branco pisa preto e homem pisa mulher – e não é agora que a coisa vai mudar... Sempre foi e será assim – uns embaixo, fazendo força, pra sustentar os que tão em cima...". (...)
>
> "**Bela** (PENALIZADA) – Pois venha pro ferro que eu agora vou pra pedra, acabar de enxaguar roupa – num é assim mesmo, os macho na boa vida e as feme no pesado?"[33]

Após diálogos e canções que denunciam o racismo, as personagens passam a tratar sobre a Festa do Rosário dos Pretos, pois estão preocupadas se o prefeito aceitará que o festejo aconteça, tema central para o desenrolar da história.

> "**Bela** (LEMBRANDO-SE) – por falar nisso, em que terá dado a reunião? Será que o prefeito vai dar o dinheiro pro folguedo – ou a triste da mulher dele vai acabar com a festa? Ela já disse a muita gente que Festa do Rosário era coisa de lugar atrasado, enxerimento de negro... Olhe, Vó, se aquela guenza botar terra nessa festa eu sou capaz de me matar". (...)
>
> "**Vó** – Ser rainha do Rosário, é o sonho de toda donzela de nossa raça. Eu fui, só não foi Joana, porque aconteceu aquele causo. Pra ter direito a isso, um tataravô da gente, foi três vezes a pé do sertão até Olinda, receber do bispo licença para reverençar Nossa Senhora do Rosário e aí começou a devoção e não é a vontade de um prefeito que vai acabar com ela não..."[34]

Aqui fica bem clara a questão da luta para festejar Nossa Senhora do Rosário, uma tradição cultural que se expressa através da música africana,

---

33. RAMALHO, Maria de Lourdes Nunes. *Teatro Nordestino. Cinco textos para montar ou simplesmente ler. (A feira, As velhas, Festa do Rosário, O Psicanalista, Fogo-Fátuo).* [Campina Grande]: GGS – Grande Gráfica e Serviços Ltda., [ca. 1980]. p. 107-108.

34. RAMALHO, Maria de Lourdes Nunes. *Teatro Nordestino. Cinco textos para montar ou simplesmente ler. (A feira, As velhas, Festa do Rosário, O Psicanalista, Fogo-Fátuo).* [Campina Grande]: GGS – Grande Gráfica e Serviços Ltda., [ca. 1980]. p.108-111.

das roupas, das majestades negras e que ganha na peça o lugar de oposição entre brancos e negros. De um lado, a mulher do prefeito que não quer que o festejo aconteça, de outro, um grupo identitário que deseja a realização da festa representativa de suas origens. Em rivalidade com a futura Rainha da Festa do Rosário, a mulher[35] do prefeito demonstra em suas falas preconceito racial, termina por agredir brutalmente Bela e diz que esta não poderá trabalhar na prefeitura, além de xingá-la e insinuar que a mesma tem um caso com seu marido.

Joca, o noivo de Bela, vai à praça pública, junto com Puim, fazer cantoria na feira "esculhaçando"[36] o Prefeito que não permitiu a festa. Advertidos por Rosenda de que a cantoria não daria certo, dá-se a prisão de Joca, Joana continua a improvisar versos com ativismo social em desfavor de políticos desonestos e contra o racismo. Bela vai ao encontro do Prefeito, requer a soltura do noivo e a realização da festa, sendo acatada nos dois pedidos, desde que Joca retire tudo que cantou e aceite a entrada do prefeito na Festa do Rosário. Joca sai da prisão, refaz os versos, porém não aceita que o prefeito compareça à Festa do Rosário. Nas palavras dele:

> "**Joca** – O que disse já tá dito, num volto a palavra atrás. E dez, cem, mil vezes repito se o Rosário força tem, branco aqui não entra nem por artes de satanás"[37]

Na peça "Festa do Rosário" o ponto mais alto de tensão na narrativa é justamente esse confronto entre os lugares, os espaços de brancos e negros bem delimitados, que demonstram a falta de democracia racial e uma tentativa de imposição da presença branca num espaço conquistado pelos negros para comemorar sua cultura ancestral.

35. A misoginia feminina existe, nas palavras de ADICHIE, Chimamanda Ngozi. *Para educar crianças feministas – um manifesto*. 1 ed. São Paulo: Companhia das Letras, 2017. p. 75. E no caso específico da personagem "a mulher do prefeito", essa misoginia se atrela ao racismo.

36. RAMALHO, Maria de Lourdes Nunes. *Teatro Nordestino. Cinco textos para montar ou simplesmente ler. (A feira, As velhas, Festa do Rosário, O Psicanalista, Fogo-Fátuo).* [Campina Grande]: GGS – Grande Gráfica e Serviços Ltda., [ca. 1980]. Fala de Puim. p.118.

37. RAMALHO, Maria de Lourdes Nunes. *Teatro Nordestino. Cinco textos para montar ou simplesmente ler. (A feira, As velhas, Festa do Rosário, O Psicanalista, Fogo-Fátuo)*. [Campina Grande]: GGS – Grande Gráfica e Serviços Ltda., [ca. 1980]. p. 133.

DESFECHO

Merleau-Ponty[38] nos diz que o mundo é aquilo que percebemos. Essa concepção se relaciona com as múltiplas interpretações que podemos fazer, seja no plano existencial, jurídico ou artístico, a partir de vivências pessoais e lugar no mundo.

De acordo com Silva[39] os negros do Rosário são reconhecidos pela performance de uma dança que leva o nome de espontão, pelo som de uma banda de pífaro e pela presença do rei e da rainha. Lourdes Ramalho chama a atenção para a organização e estruturação da festa, ao mencionar os trajes, as lanças com fitas novas, espada, guarda-sol e também as músicas utilizadas, sendo elas: Pretinhos do Congo, Pretim de Guiné, Pilunguinha.

Na peça "Festa do Rosário", na comemoração, o Prefeito chega acompanhado de dois soldados e força a entrada no Clube dos Negros. Bela e Puim são os personagens que aceitam a entrada do Prefeito ao dizer que ele é autoridade e tem passagem livre. Porém, Joca, noivo de Bela, diz que até ali nenhum branco entrou e não vão quebrar a tradição. Joana em sua cantoria chama de infeliz aquele que não defende sua raça. Há destaque para como deve ser encenada a dança. No quadro seguinte, no 11 da peça, a cena ocorre na frente da porta do Clube dos Negros. De um lado, os negros do Rosário defendendo a entrada da porta, e do outro, Bela, o Prefeito e os soldados. Joca avança para o Prefeito, os soldados apontam a arma, Joana parte para o Prefeito de tijolo em punho, em fração de segundos, disparos, gritaria. Luz amarela, azul e vermelha, em cantos lamento da Vó relembrando o tempo de outrora, de Bela e seu arrependimento, tendo destaque Joana que canta toda sua dor e sua história de vida diante das mortes de Joca, baleado, e do prefeito com outra tijolada sua. Segue-se a cena do enterro, Joca em uma rede e o prefeito em um caixão. A morte dos homens pela intolerância é o ponto final da peça que conclui com uma luz vermelha sob Joana, ao destacar sua figura e sua solidão.

---

38. MERLEAU-PONTY, M. *Fenomenologia da percepção.* Trad. Carlos Alberto R. de Moura. São Paulo: Martins Fontes, 1996. p. 14.

39. SILVA, Bruno Goulart Machado. *Nego veio é um sofrer: uma etnografia da subalternidade e do subalterno numa irmandade do Rosário.* Natal, RN: EDUFRN, 2016. p. 15.

Uma mulher de origem judia, ao escrever sobre preconceito racial a partir de uma festa tradicional para a comunidade negra do sertão nordestino, trouxe, na década de 80, um debate antirracista na literatura regional. Se não é reconhecida nos grandes centros, se não tem a inserção que merece, há pistas de que a escrita de mulher, marcada por uma leitura racista em razão de sua geografia de origem, escritora sertaneja em contraponto aos homens da mesma região ou às mulheres e homens dos grandes centros, demonstra que o racismo[40] no Brasil é uma chaga profunda com marcadores que ampliam o debate, ao invés de restringir.

Da mesma forma, nos fala Ribeiro[41] que devemos desnaturalizar a falta de autores negros em antologias e que é importante levar em consideração outras intersecções, pois há privilégio racial de pequenos grupos que perpetuam desigualdades[42]. Fazendo coro com Agamben[43], promovendo esse encontro hermenêutico sobre a cena de dizimação de pessoas pelo confronto racial, reflete-se sobre o projeto democrático-capitalista de eliminar as classes pobres, atualmente, através do desenvolvimento, não somente de reproduzir em seu próprio interior o povo dos excluídos, mas de

---

40. AZEVEDO, Guilherme. *Negros e nordestinos são principais vítimas de discriminação em SP.* https://noticias.uol.com.br/cotidiano/ultimas-noticias/2016/02/24/negros-e-nordestinos-sao-principais-vitimas-de-discriminacao-em-sp.htm acesso em outubro de 2020. Conforme dados do Censo Demográfico de 2010, realizado pelo Instituto Brasileiro de Geografia e Estatística (IBGE), a população nordestina totaliza 53.081.950 habitantes, abrigando cerca de 28% da população residente no Brasil. A população nordestina é composta etnicamente por 62,5% de pardos; 29,2%, de brancos; 7,8% de negros e 0,5% de indígenas.

41. RIBEIRO, Djamila, *Pequeno Manual Antirracista.* 1ª ed. São Paulo: Companhia das Letras, 2019.p.32

42. ARBEX, Daniela. *Holocausto Brasileiro. Genocídio: 60 mil mortos no maior hospício do Brasil.* 1 ed. São Paulo: Geração Editorial, 2013. A leitura que se faz a partir de Arbex é dolorosa. Ela traz uma obra rica em detalhes do que aconteceu com pessoas tidas como portadoras de deficiências mentais, e assim narra: " a loucura que desfilava diante dos seus olhos não om impressionava, e sim as cenas de um Brasil que reproduzia, menos de duas décadas depois do fim da Segunda Guerra Mundial, o modelo dos campos de concentração nazistas. Os homens vestiam uniformes esfarrapados, tinham as cabeças raspadas e pés descalços. Muitos, porém, estavam nus. Luiz Alfredo viu um deles se agachar e beber água do esgoto que jorrava sobre o pátio e inundava o chão do pavilhão feminino". p. 170. Verdadeiras vidas nuas no conceito de AGAMBEN, Giorgio. *Homo Sacer – o poder soberano e a vida nua I.* Belo Horizonte: Editora UFMG, 2002. p. 145.

43. AGAMBEN, Giorgio. *Homo Sacer – o poder soberano e a vida nua I.* Belo Horizonte: Editora UFMG, 2002. p. 186.

transformar em vida nua todas as populações do Terceiro Mundo e, neste sentido, é importante pensar sobre a abordagem, também geográfica, de espaços construídos culturalmente, alguns estigmatizados dentro de um mesmo país como se fossem a representação do atraso, da ignorância e pobreza.

Essa cisão do Ocidente[44] divide todos os povos e as cidades do planeta. O racismo existe regional, local e mundialmente falando. Transforma as vidas nuas em meras retóricas dos direitos à vida, à igualdade, à liberdade, à fraternidade. Direitos Humanos[45] que não existem na concretude e que não passam de meras especulações filosóficas num arcabouço jurídico incapaz de mudar as sociedades para uma verdadeira alteridade[46], preocupação com o outro, com a outra, com os outros, com as outras, para além de um padrão que ultrapasse barreiras geográficas, históricas, políticas, linguísticas e que vise um traço humanitário.

A Festa do Rosário foca no embate, numa tensão nascida em ambiente escravista de fratura social severa, que atravessa toda a irmandade dos negros do Rosário e também toda a estrutura social em que se insere. A peça mostra uma sociedade desigual, separada através de camadas que levam

---

44. Desde a Primeira Guerra Mundial, junto com o transbordar no cenário europeu de refugiados e apátridas, o fenômeno de normas que permitem a desnaturalização e a desnacionalização em massa dos próprios cidadãos só aumentou (russos, armênios, búlgaros, gregos, alemães, húngaros e romenos deslocaram-se de seus países de origem em centenas de milhares de pessoas). AGAMBEN, Giorgio. *Homo Sacer – o poder soberano e a vida nua I.* Belo Horizonte: Editora UFMG, 2002. p. 138.

45. DE GIORGI, Raffaele. *Por uma ecologia dos direitos humanos.* Revista Opinião Jurídica. Fortaleza, ano 15, n.20, p. 324-340, jan./jun. 2017. "Se a função real dos Direitos Humanos consiste na realização das condições que estabilizam a forma da modernidade da sociedade moderna, então não se pode, por certo, negar que tenham uma função evolutiva: bloqueiam a involução, impedem que o passado inunde o presente com seus direitos. Sabemos, de fato, que evolução social sempre produz destruição. Esta acumula escombros: é assim que o passado aparece na evolução, como lugar no qual se acumulam escombros, detritos". p. 328.

46. DE GIORGI, Raffaele. *Por uma ecologia dos direitos humanos.* Revista Opinião Jurídica. Fortaleza, ano 15, n.20, p. 324-340, jan./jun. 2017. "A velha metafísica e a velha ontologia tratavam a alteridade como não-ser, como negatividade. A sociedade moderna, em vez disso, constrói a alteridade como correlato das operações seletivas de cada um dos sistemas sociais. Como aquilo que deve ser mantido à distância. Porque somente ao manter-se à distância se torna visível a identidade. Mas torna possível também o tratamento da alteridade. Qualquer tratamento será sempre justificado, assim como será sempre justificado a alternativa do outro de ser objeto de tratamento". p. 329-330.

em consideração classe social, gênero e raça. As múltiplas possibilidades advindas das relações interseccionais apontam possibilidades combinatórias para além deste trinômio. A Festa do Rosário é tradição, cultura nordestina e reflete direitos conquistados de um povo excluído. Sintomático é que até os dias atuais, os conflitos raciais estão presentes nas relações internas e externas das irmandades dos negros do rosário. Uma escritora, também excluída do cânone e dos grandes centros de cultura do país, deu vozes a personagens marcantes que trazem a problemática do preconceito racial existente no Brasil.

PARTE III

Eu sou pau pra toda obra

15

AJUSTE FISCAL POR MEIO DE RETROCESSOS FEDERATIVOS EM SAÚDE E EDUCAÇÃO

Élida Graziane Pinto

Professora de Finanças Públicas da EAESP-FGV. Procuradora do Ministério Público de Contas do Estado de São Paulo, Pós-Doutora em Administração pela Escola Brasileira de Administração Pública e de Empresas da Fundação Getúlio Vargas (FGV/RJ) e doutora em Direito Administrativo pela UFMG.

1. INTRODUÇÃO

O presente artigo explora a recente agenda de reformas fiscais (incluída a Proposta de Emenda à Constituição do Pacto Federativo inscrita no Plano "Mais Brasil", PEC 188/2019), como um desfecho consciente e coerente para o trintenário esvaziamento dos arranjos normativos que fixaram a distribuição de responsabilidades e recursos entre os entes da federação na consecução dos direitos à saúde e à educação.

A hipótese que esperamos testar é a de que a Proposta de Emenda à Constituição 188/2019 visa primordialmente convalidar uma longa e falseada trajetória de descumprimento da Constituição de 1988 em relação às garantias orgânicas e financeiras que amparam federativamente tais direitos sociais.

Sustentamos, pois, haver uma espécie de culminância na PEC 188/2019 que consolida e pretende atribuir validade constitucional aos descumprimentos/ falseamentos cumulativos dos seguintes pilares constitucionais:

(1) o arranjo organizacional das políticas públicas que resguardam os direitos à saúde e à educação na forma de sistemas de colaboração federativa [Sistema Único de Saúde (SUS) e Sistema Nacional de Educação (SNE), respectivamente arts. 198 e 214 da Constituição] e

(2) dever de gasto mínimo em ações e serviços públicos de saúde (ASPS), no bojo do Orçamento da Seguridade Social (art. 55 do Ato das Disposições Constitucionais Transitórias e art. 198, §§2º e 3º da CF/1988) e dever de gasto mínimo em manutenção e desenvolvimento do ensino (MDE), bem como Fundo de Manutenção e Desenvolvimento da Educação Básica e de Valorização dos Profissionais da Educação (FUNDEB), na forma, respectivamente, do art. 212 da CF e do art. 60 do ADCT.

Ainda que o discurso de justificação do Plano "Mais Brasil", dentro do qual está inserida a PEC 188/2019, seja o de uma mudança estrutural na relação entre a União e os entes subnacionais (pretensamente em prol de uma maior descentralização de recursos), não nos parece haver até aqui qualquer divergência de rota. Há tão somente o desvendamento e a aceleração dos esforços tanto de redução na participação federal de custeio dos serviços públicos essenciais em ASPS e MDE, quanto de desvinculação que vinham sendo empreendidos de forma paulatina e tergiversadora desde 1989.

Com a apresentação da Proposta de Emenda à Constituição 188/2019, a União assume - em alto e bom som - sua pretensão de redução da ação governamental e, em especial, impõe praticamente uma vedação à expansão da atuação federal no que concerne ao SUS, ao SNE e aos pisos de custeio em saúde e educação, além das restrições ao pleno funcionamento do Orçamento da Seguridade Social e ao FUNDEB.

Para testar aludida hipótese é que o artigo foi divido em três capítulos, incluída esta introdução, de modo que a evolução histórica será analisada no próximo tópico. Assim, esperamos promover, em sede de considerações finais, o contraste da trajetória de omissões e falseamentos com as disposições centrais da PEC 188/2019 (como o são a unificação dos pisos em saúde e educação, a ideia de equilíbrio intergeracional, a revisão do art. 167, IV e a vedação de qualquer vinculação feita pelo planejamento setorial).

Em evidente contradição com os ditames da redação originária da Constituição de 1988, o que se quer, agora, é fixar – em última instância – o tamanho máximo dos arranjos federativos que amparam a organização e o financiamento da saúde e da educação, ainda que a arrecadação tributária e a economia brasileira cresçam e ainda que as demandas da população se avolumem sem cobertura estatal adequada.

Quebra-se, com isso, não só a progressividade dos pisos em saúde e educação, que – até a Emenda 95/2016 – tinham correlação proporcional com a arrecadação estatal. A bem da verdade, o que a PEC 188/2019 propõe é a revisão da própria identidade constitucional que ancorava a prioridade de custeio dos direitos sociais em uma sofisticada teia federativa de distribuição de responsabilidades administrativas e financeiras, em busca da máxima destinação possível de recursos para a garantia de saúde e educação públicas.

2. UMA TRAJETÓRIA DE DESCONSTRUÇÃO CONSTITUCIONAL DO CUSTEIO DOS DIREITOS SOCIAIS

A mirada para quem observa o federalismo e sua relação indissociável com o financiamento dos direitos fundamentais, no Brasil do pós-Constituição de 1988, denota um horizonte de sucessivas emendas constitucionais, omissões regulamentares e restrições interpretativas.

Diversamente do almejado pelo constituinte originário, desenrolou-se um processo paulatino de esvaziamento fiscal tanto do caráter solidário-cooperativo no federalismo brasileiro, quanto do dever de progressividade no financiamento dos direitos fundamentais amparados por fonte vinculada de receitas ou por dever de gasto mínimo constitucionalmente fixado.

A esse respeito, é deveras contundente a síntese feita por Delgado e Castro[1] (grifos nossos) para o período de 1988 a 2004:

> A partir da Constituição de 1988, as políticas sociais brasileiras teriam como uma de suas finalidades mais importantes dar cumprimento aos objetivos fundamentais da República, previsto no artigo 3º. [...] Para tanto, a Constituição combinou medidas que garantem uma série de direitos sociais, ampliando o acesso da população a determinados bens e serviços públicos e garantindo a regularidade do valor dos benefícios. [...] Na parte de financiamento, reconhece a importância da área de Educação (artigo 212), ao aumentar a vinculação de recursos federais para esta área e, principalmente, ao criar o Orçamento da Seguridade Social. Este deveria primar pela diversidade das bases de financiamento, principalmente porque conta com uma série de Contribuições Sociais. Além disso, reflete o espírito descentralizador do período, mediante o fortalecimento fiscal e financeiro de estados e municípios, com a ampliação de sua autonomia na responsabilidade de gastos em determinadas áreas.
>
> [...] As reações a esses avanços logo se fizeram notar, principalmente no campo dos argumentos e da retórica. Por exemplo: havia aqueles que viam nesse movimento um aumento do grau de rigidez orçamentária, uma vez que foram definidos: maiores vinculações de receitas, incremento das despesas de caráter obrigatório e maiores transferências constitucionais a estados e municípios. Com isso, grande parte da receita do governo federal iria ficar comprometida, e a alocação de recursos para atender a outras e/ou novas prioridades do governo ficaria restringida. Argumentava-se, ainda, que qualquer ampliação do esforço para aumentar a arrecadação não necessariamente ajudaria no equilíbrio orçamentário e no controle do déficit público, uma vez que a maior parte desses recursos adicionais já teria destinação definida – salvo o caso de recursos adicionais oriundos da criação de novos impostos.
>
> A reação aos avanços poderia ir além do discurso, considerando que a implementação e a transformação dos direitos em políticas

1. DELGADO, Guilherme Costa; CASTRO, Jorge Abrahão de. *Direitos sociais no Brasil sob risco de desconstrução.* In *Políticas Sociais – Acompanhamento e Análise*. 9. Brasília: IPEA, nov. 2004, p. 146-151.

públicas sociais não ocorreriam de forma automática, devendo ser regulamentadas em legislação específica e complementar, que determina a forma de implementação do direito, fixando princípios, estabelecendo o formato da ação pública – ações e gestão –, as fontes de financiamento e os mecanismos de acompanhamento e controle, assim como as formas de participação social.

Essa reação vai ocorrer no momento seguinte à promulgação da Constituição, com a rearticulação do bloco conservador que vai se tornar ainda mais forte no começo dos anos 1990, quando ganham impulso no Brasil as propostas neoliberais e conservadoras restauradas com a vitória de Collor de Mello, em 1990. As manobras políticas que foram efetuadas tinham como principal objetivo a obstrução à consumação dos novos direitos sociais que haviam sido inscritos na Constituição de 1988, e o governo aproveitou-se, para isso, do momento da tramitação da legislação complementar, quando então se consolidariam as regras constitucionais.

[...] Outro alvo privilegiado de ataque conservador [além da previdência social dentro da Seguridade Social] foi o Sistema Único de Saúde (SUS), que teve sua estrutura de financiamento atingida seriamente com o veto presidencial a 25 itens da Lei Orgânica de Saúde, a maior parte concentrada nos dispositivos de financiamento (ver Fagnani, 1997). No entanto, o *impeachment* de Collor truncou temporariamente esse processo de desconstrução.

No fim de 1992, Itamar Franco assumiu o governo em delicado contexto político-institucional, decorrente do *impeachment* do então presidente Fernando Collor de Mello. Nesse momento, apesar do curto mandato, consegue-se retornar ao processo de reformas que até então esteve interditado. Foi neste governo que se começou a aplicar e a montar a legislação complementar à Constituição Federal, que é formada por um conjunto de Leis Orgânicas – da Previdência Social, da Assistência Social, da Função Social da Propriedade Fundiária –, além das discussões e dos compromissos assumidos em torno da área de educação básica. Esse conjunto constitui o núcleo central da política social brasileira, fundamentada em direitos de cidadania.

[...] No entanto, esse mesmo governo segue, no campo econômico, a tendência das políticas macroeconômicas da década de 1990, e compreende as vinculações como um obstáculo significativo à busca do equilíbrio orçamentário e do ajuste fiscal, indo buscar uma forma de as receitas públicas ganharem flexibilidade no momento da sua alocação, a fim de redirecionar e/ou fazer adaptações nas políticas públicas. Nesse sentido, o governo Itamar propõe, em 1994, já com a coordenação econômica nas mãos de Fernando Henrique Cardoso, entre as medidas que conformaram a estratégia de estabilização da economia brasileira adotada com o Plano Real, a instituição do Fundo Social de Emergência (FSE), que procurou, em parte, aliviar o alto grau de vinculação, objetivando conter despesas e permitir maior flexibilidade operacional.

O período do governo Fernando Henrique compreende dois mandatos, sendo a primeira gestão de 1995 a 1998 e a segunda de 1999 até 2002. A primeira gestão corresponde ao período da implementação do real e vai até o momento de sua crise. A etapa seguinte refere-se ao momento de administração da crise. No primeiro período, quanto às políticas sociais, o governo FHC caracterizou-se, sobretudo, pela tentativa de conciliação a qualquer custo dos objetivos macroeconômicos da estabilização com as metas de reformas sociais, voltadas para a melhoria da eficiência das políticas sociais. [...] Com o início do segundo mandato, advém a crise externa do balanço de pagamentos, para a qual a resposta, no plano interno, é um profundo "ajuste fiscal" monitorado pelo Fundo Monetário Internacional (FMI). Todavia, **as salvaguardas jurídicas do sistema de Seguridade Social, da vinculação de impostos à Educação e, depois de 2000, da vinculação da Saúde protegem o gasto público vinculado a direitos sociais, impedindo que ele sucumbisse ao ajustamento recessivo**. A queda nos gastos poderia ter sido muito mais intensa, diga-se de passagem, se não fosse o formato das principais políticas sociais – Regime Geral da Previdência Social (RGPS), Sistema Único de Saúde (SUS), Seguro-Desemprego, Ensino Fundamental, Benefícios de Prestação Continuada (BPC) da Lei Orgânica da Assistência Social (Loas) etc. – que gozam da proteção e da segurança jurídica contra cortes orçamentários. Essas políticas contam com recursos vinculados de impostos e das Contribuições Sociais e têm no princípio do salário mínimo como piso dos benefícios uma barreira protetora contra a tesoura dos cortes de gastos, para gerar o superávit fiscal acertado com o FMI. Mediante o ataque dos defensores da política econômica de "ajuste fiscal", esses sistemas da política social sofreram perdas e não puderam avançar em qualidade e ampliação do escopo de benefícios, mas não se sacrificaram tanto quanto outros programas de iniciativa do governo – como a Reforma Agrária, os investimentos em infra-estrutura social (saneamento básico, rede hospitalar, universidades etc.) que foram fortemente atingidos no segundo mandato.

No começo do governo Lula, no campo das políticas sociais, observa-se um inesperado acanhamento, em razão principalmente de restrições orçamentárias, com a manutenção da estratégia de geração de superávit fiscal, assim como de uma certa falta de sincronismo da ação governamental em seu conjunto. Além disso, o novo governo encampa proposta de Reformas da Previdência e Tributária oriundas da agenda anterior. Nas discussões em torno da Reforma Tributária, foi aventada a adoção de mecanismos que poderiam reduzir a base de cálculo sobre a qual incidem as vinculações constitucionais para Educação e Saúde – algo como uma Desvinculação de Recursos para os Estados (DRE), de cerca de 20% de suas receitas. No entanto, o governo federal conseguiu manter o que efetivamente mais lhe interessava na Reforma Tributária que era a desvinculação de recursos na esfera federal, prorrogando a DRU até 2007.

[...] Os principais dispositivos constitucionais a serem atingidos mediante desvinculação seriam: vinculação do salário mínimo dos benefícios permanentes da Previdência e da Assistência Social e vinculação das Contribuições Sociais do Orçamento da Seguridade Social. Foi também mencionada a proposta de retirada das Contribuições Sociais da Constituição Federal. **Esse conjunto de propostas, se implementado, poderia quebrar uma das peças-chave da estrutura que garante as políticas sociais brasileiras, pois elimina a segurança jurídica que poderia haver sobre o financiamento aos direitos sociais, deixando a área exposta às manipulações orçamentárias, sem garantia de continuidade e suficiência de recursos.**

[...] Além disso, atinge diretamente a área social uma série de iniciativas no campo da política tributária, as quais concedem isenções das Contribuições Sociais aos bancos, sob o argumento da redução dos *spreads* bancários, o que conspira para a redução de receitas destinadas à política social calcada em direitos – que se adicionam aos efeitos negativos do FSE, do FEF e, posteriormente, da DRU, no custeio das ações da área social. Os resultados para a política social foram de perda de recursos em quase todas as áreas sociais. E, também, o FSE prejudicou bastante, em seu primeiro momento, os estados e os municípios, jogando-os cada vez mais para a dependência político-financeira do governo federal por meio de repasses voluntários de recursos. Apesar desses efeitos colaterais, os FSEs não conseguiram resolver o problema que, em última análise, justificou sua criação: eliminar o déficit público. Contudo, o problema do crescimento do déficit público não está associado, simplesmente, ao aumento do nível das despesas de custeio da administração federal. Ele é também, e principalmente, resultado direto da política econômica praticada pelo governo.

Esses movimentos em torno da política social, do período pós-Constituição até o presente, destacam a institucionalidade de dois tipos de políticas: as de Estado e as de governo. As evidências históricas têm demonstrado que ambas possuem tratamento diferenciado por ocasião da crise ou do chamado ajuste econômico. Enquanto o primeiro tipo tem caráter anticíclico e uma blindagem jurídico-institucional que tende a preservá-lo dos cortes, apesar da "criatividade" daqueles que comandam o "ajuste", o segundo é inteiramente dependente do governo e normalmente é manipulado de acordo com os interesses de quem "comanda a tesouraria".

Em suma, chama-se **a atenção para o fato de que, se os direitos sociais têm a blindagem das vinculações, isso ocorre em decorrência da desconfiança dos legisladores brasileiros quanto aos possíveis desvios de recursos de áreas fundamentais da política social para atender a outros interesses políticos e econômicos**. Teme-se a desconstrução que poderia acontecer com a política social brasileira, caso a segurança jurídica/institucional contra cortes orçamentários e a vinculada do salário mínimo fiquem apenas amparadas em leis ordinárias, que a qualquer momento poderiam ser substituídas por uma Medida Provisória.

Já no balanço das três décadas de vigência da Constituição Federal, é preciso realizar um esforço sistêmico de observar, em perspectiva finalístico-comparativa, a desconstrução feita pela desvinculação de receitas da União (DRU) no Orçamento da Seguridade Social (de que trata o art. 165, §5º, III da CR/1988), os falseamentos e retrocessos empreendidos pela União nos gastos mínimos em saúde e educação e, por fim, a instituição de um teto global de despesas primárias, que congelou, em valores reais referidos ao ano-base de 2016, o patamar das despesas primárias federais até o exercício financeiro de 2036 (Novo Regime Fiscal dado pela Emenda 95/2016).

É preciso promover, pois, a leitura coordenada dos seguintes fenômenos normativos:

(1) a desvinculação de receitas da União (DRU), perenizada ao longo de oito emendas constitucionais via Ato das Disposições Constitucionais Transitórias (ADCT).

A vigência temporalmente dilatada da desvinculação de receitas da União (DRU) se verifica com a sua instituição por meio da Emenda Constitucional de Revisão nº 1, de 1º de março de 1994, e suas sucessivas prorrogações meio de 7 (sete) emendas ao ADCT para estender a sua vigência até 31 de dezembro de 2023 (Emendas Constitucionais n.º 10, de 04 de março de 1996; n.º 17, de 22 de novembro de 1997; n.º 27, de 31 de março de 2000; n.º 42, de 19 de dezembro de 2003; n.º 56, de 20 de dezembro de 2007, n.º 68, de 21 de dezembro de 2011 e nº 93, de 8 de setembro de 2016).

Desde 1994 e assim será até 2023, a União desvincula parcialmente fontes de receitas vinculadas à seguridade social para custear – direta ou indiretamente – despesas com o seu regime próprio de previdência (arts. 40 e 42 da CF), que obviamente não estão inseridos na sistemática dos arts. 194 a 204 da Constituição de 1988.

Ao longo dos 29 anos de vigência da DRU, está mitigado o escopo da garantia de haver orçamento específico – com fonte de custeio própria – para a seguridade social, no que se incluem as contribuições sociais como espécie tributária autônoma e não suscetível de repartição federativa (art. 165, §5º, III, c/c art. 195, ambos da CR/1988).

A perpetuação da DRU via ADCT lesa os arts. 167, IV, 195, 196 e 198 da CR/1988, ao faticamente dar causa à insuficiência de recursos para o custeio constitucionalmente adequado dos direitos sociais (aqui, em especial, o direito à saúde) amparados por diversas formas de vinculação de receita e/ou despesa, em rota de lesão aos princípios da vedação de retrocesso e vedação de proteção insuficiente.

Some-se a isso o fato de que a DRU nega aos entes subnacionais a possibilidade de repartição tributária, em uma rota de tergiversação sobre a tredestinação das contribuições sociais para a seguridade social para outros fins alheios aos determinados pelo texto permanente da Constituição de 1988. A esse respeito, aliás, foi proposta a Ação de Descumprimento de Preceito Fundamental 523, em 11 de junho de 2018. Isso porque a DRU lesa também o dever de repartição federativa a que se referem os arts. 157 a 159, o que – por via transversa – mitiga o dever de financiamento federativamente solidário dos direitos fundamentais (haja vista, por exemplo, o teor do art. 30, VI e VII, art. 198, §3º, II e art. 211, §1º, todos da Constituição).

A pretexto de ajuste fiscal longevo e nada transitório, tampouco excepcional, a desvinculação de receitas, objetivamente, mitiga, ainda que parcialmente, a natureza jurídica das contribuições sociais, além de reduzir as disponibilidades orçamentário-financeiras que capacitam o Estado a garantir direitos sociais. Aqui cumpre reiterar que são afetados notadamente direitos que, por sua relevância, tiveram garantia constitucional de financiamento seja pela via da receita vinculada, seja pela via do patamar mínimo de gasto, seja ainda por meio de fundos e outras sistemáticas de custeio apartado da ampla discricionariedade orçamentária.

Impugnar a DRU como inconstitucional é algo que pode ser extraído da constatação fática de que a regra de excepcionalidade e aventada transição a um regime econômico de estabilidade monetária (em transição desde 1994?) não pode permanecer indefinidamente, até porque a flexibilidade orçamentária trazida "transitoriamente" por tal instituto e pelos seus antecedentes congêneres (Fundo Social de Emergência – FSE e Fundo de Estabilização Fiscal – FEF) não pode implicar o esvaziamento normativo da garantia de custeio adequado para os direitos sociais, tampouco do pacto federativo.

O decurso do tempo e a sucessão de emendas meramente tendentes à prorrogação de prazo de vigência nos trazem a comprovação fática da perda dos pressupostos de norma transitória e excepcional ao longo das 8 (oito) emendas acima arroladas. Desse modo é que a perpetuação da desvinculação de receitas da União via ADCT tem se revelado como desvio de finalidade das regras de competência para instituição de contribuições sociais e das demais formas de vinculação orçamentária previstas constitucionalmente.

(2) a falta de regulamentação do Sistema Nacional de Educação (SNE) previsto no art. 214 da Constituição e no art. 13 da Lei nº 13.005, de 25 de junho de 2014 (Plano Nacional de Educação – PNE). Trata-se de omissão em regulamentar o sistema que deveria articular os sistemas de ensino de todos os entes da federação, em regime de colaboração, para efetivação das diretrizes, metas e estratégias do planejamento setorial da educação.

A União nega-se a assumir sua cota de responsabilidade pela educação básica obrigatória, não só por meio do esvaziamento do SNE, como também falseia o dever federal de complementação referido ao valor mínimo anual por aluno, de que trata o art. 211, §1º da Constituição de 1988.

Tal falseamento ocorreu no cálculo da complementação devida ao Fundo de Manutenção e Desenvolvimento do Ensino Fundamental e de Valorização do Magistério (Fundef) e foi levado ao debate Supremo Tribunal Federal no julgamento conjunto das Ações Cíveis Originárias 648/BA, 660/AM, 669/SE e 700/RN, quando foi determinado o ressarcimento da complementação feita aquém do parâmetro constitucional no período de 1998 a 2007.

Há ainda esvaziamento análogo no que diz respeito à complementação federal ao FUNDEB, sobretudo no que concerne à omissão de regulamentação do Custo Aluno-Qualidade Inicial (CAQi) e do Custo Aluno-Qualidade (CAQ), como parâmetros definidos nas estratégias 7.21, 20.6, 20.7, 20.8 e 20.10 do PNE.

Vale lembrar, do ponto de vista da cooperação federativa, que a omissão da União e dos Estados em assegurar assistência técnica e financeira, no exercício das suas funções redistributiva e supletiva para fins de equalização das oportunidades educacionais e padrão mínimo de qualidade de que trata o art. 211, §1º da Constituição Federal, enseja responsabilidade solidária pelos sistemas de ensino demandados, para além do dever formal de colaboração entre eles, sob pena de lesão ao direito à educação pública de qualidade e ao pacto federativo, bem como de afronta aos artigos 23, V; 30, VI e 212, §3º, todos da Constituição de 1988, aos artigos 74 a 76 da LDB e ao art. 7º do PNE.

A recalcitrância do governo federal em regulamentar o padrão mínimo de qualidade do ensino tem correlação direta com o seu dever de complementar os recursos vertidos pelos entes subnacionais ao ciclo da educação básica obrigatória, o que foi diagnosticado - direta ou indiretamente - nos Acórdãos n.º 618/2014, 906/2015, 1897/2017, 717/2019 e 1656/2019 (proferidos pelo Plenário do Tribunal de Contas da União).

Ora, a União tem se esquivado da sua responsabilidade federativa de atuar redistributiva e supletivamente em matéria educacional, o que esvazia a perspectiva do constituinte originário de que fosse garantida a equalização das oportunidades educacionais e o padrão mínimo de qualidade do ensino. Interessante notar que tal cenário se repete com a manifesta rejeição do Ministério da Economia à proposta de renovação do FUNDEB, em bases mais equitativas e com maior complementação federal, tal como feita no âmbito da PEC 15/2015.

É nesse contexto que seria cabível a responsabilização da União pela sua omissão na regulamentação do padrão mínimo de qualidade do ensino a que se referem o art. 74 da LDB e o art. 206, VII da Carta de 1988, bem como determinam as citadas estratégias 20.6, 20.7, 20.8 e 20.10 do PNE.

(3) a regressividade proporcional da participação federal no volume global de aplicação de todos os entes da federação em ações e serviços públicos de saúde (ASPS). O marco inicial - a partir de onde se desenrola a trajetória errática e tendente à regressividade do dever federal de gasto mínimo em saúde - remonta ao art. 55 do ADCT, que previa a alocação mínima de 30% (trinta por cento) do orçamento da seguridade social para o "setor de saúde". O texto originário da Constituição de 1988 buscou garantir sustentabilidade financeira às ações da seguridade social, por meio da fixação de um justo equilíbrio entre a saúde e as demais áreas (previdência e assistência social) na divisão de seu orçamento na mesma proporção da população atendida.

Ocorre que tal regime protetivo da Constituição Federal jamais foi cumprido. Isso porque, nos seus trinta anos de vigência, sucederam-se regras seletivas e tendentes à regressividade de regime jurídico definidas exclusivamente em favor do governo federal nas seguintes Emendas:

(3.i) Emenda Constitucional nº 29, de 13 de setembro de 2000 (já que a União era o único a ente que não tinha piso fixado em proporção da sua arrecadação de impostos);

(3.ii) Emenda nº 86, de 17 de março de 2015 (que estabeleceu os subpisos impugnados pela ADI 5595/DF e retirou o caráter de fonte adicional de custeio dos recursos do pré-sal); e

(3.iii) Emenda nº 95, de 15 de dezembro de 2016 (que assegurou mera correção monetária ao piso federal em saúde até 2036, tomando como base de cálculo inicial o gasto realizado em 2017).

(4) o "Novo Regime Fiscal" foi estabelecido pela citada Emenda 95, com o intuito de fixar teto de despesas primárias federais de 2017 a 2036, conforme o patamar de aplicação verificado em 2016, a partir do qual somente seria assegurada a correção monetária nos anos subsequentes. Cabe, em especial, destacar o fato de que o art. 110 do ADCT, trazido pela EC 95/2016, retirou a relação de proporcionalidade entre a arrecadação federal e os deveres de gasto mínimo em saúde e educação.

A despeito de não ter promovido revogação ou alteração expressa dos arts. 198 e 212 do texto permanente da Constituição, o citado dispositivo "transitório" afastou – durante o lapso temporal de 2018 a 2036 – o dever de aplicação mínima de recursos em saúde e educação de forma automaticamente vinculada a determinados porcentuais da arrecadação federal (respectivamente 15% da receita corrente líquida e 18% da receita de impostos).

De 2018 em diante, a União obrigou-se a resguardar tão somente o quanto aplicou no ano anterior, corrigido pela variação do Índice Nacional de Preços ao Consumidor Amplo – IPCA, publicado pelo Instituto Brasileiro de Geografia e Estatística. Tecnicamente foi alterada não só a base de cálculo do piso, como também o indexador que anualmente lhe quantifica o montante devido. Daí é que decorre a perspectiva de que a mera correção monetária, a partir da base de cálculo fixada inicialmente em 2017, desconstruiu a relação de proporcionalidade entre receitas federais e seu dever de gasto mínimo em saúde e educação.

Sem garantia de proporcionalidade com o comportamento da arrecadação, resta pragmaticamente distante a possibilidade de progressividade real de custeio para tais áreas em face do teto imposto pela Emenda 95 e do conflito distributivo no orçamento geral da União.

As quatro grandes iniciativas acima arroladas, assim lidas e interpretadas conjugadamente, apontam para uma tendência histórica consistente de redução teleológica e fiscal do pacto civilizatório celebrado em 1988. O que está em xeque, como visto ao longo do artigo, é o eixo estrutural concebido na Constituição Federal de os orçamentos públicos serem orientados primordialmente pelo dever de financiamento constitucionalmente adequado dos direitos fundamentais em uma federação equilibrada.

3. CONSIDERAÇÕES FINAIS: PEC 188/2019 BUSCA CONVALIDAR HISTÓRICO INADIMPLEMENTO DO PACTO FEDERATIVO RESPONSÁVEL PELA PROMOÇÃO DOS DIREITOS FUNDAMENTAIS

Diante do diagnóstico de crise fiscal e federativa, uma agenda ousada de reformas constitucionais foi apresentada ao Congresso no dia 05/11/2019 com o nome de "Plano Mais Brasil". Nuclearmente, as Propostas de Emenda à Constituição nº 186, 187 e 188/2019 trazem consigo a pretensão de reequilíbrio federativo nas contas públicas.

O lema "Mais Brasil" contrasta com o quase total descumprimento do parágrafo único do art. 23 da nossa Constituição: "*Leis complementares fixarão normas para a cooperação entre a União e os Estados, o Distrito Federal e os Municípios, tendo em vista o equilíbrio do desenvolvimento e do bem-estar em âmbito nacional.*"

Se quiséssemos efetivamente equilíbrio federativo, estaríamos, desde 1988, a cumprir a Constituição quanto à edição das leis complementares reclamadas pelo art. 23 para assegurar densidade e concretude às competências comuns ali inscritas. Não houve a edição coordenada dessas leis, tampouco há registro histórico de que tenha sido pautado seriamente o debate sobre a cooperação necessária ao "equilíbrio do desenvolvimento e do bem-estar em âmbito nacional".

A disputa fratricida na federação tem sido regra, do que dão exemplos a Ação Direta de Inconstitucionalidade por Omissão nº 25 (compensação dos efeitos da Lei Kandir prevista no art. 91 do ADCT) e a Arguição de Descumprimento de Preceito Fundamental nº 523 (efeitos da DRU sobre o sistema de repartição federativa de receitas).

Obviamente, não haverá equilíbrio federativo real com as aludidas PEC's, se se acelerar o paulatino, mas contínuo e deliberado processo de desconstrução da cooperação federativa no custeio dos serviços públicos essenciais e na consecução dos direitos sociais. A esse respeito, o rol de revogações do art. 8º da PEC 188/2019 talvez seja a expressão mais clara e contundente da guerra fiscal em que nos encontramos: a tendência ali é de consolidar a ausência da União já sentida em várias áreas e situações concretas.

Ora, revogar as hipóteses de intervenção federativa em prol do saneamento das contas públicas dos entes subnacionais é sustentar – direta ou indiretamente – que Estados e Municípios possam vir a deixar de prestar serviços públicos essenciais aos cidadãos por "falência fiscal". As sucessivas moratórias constitucionalizadas ao regime jurídico dos precatórios atestam que essa não é uma resposta válida, tampouco suficiente à altura do problema. Deixar descontinuar serviços públicos, com risco de dano a direitos fundamentais, não afastará o dever de ressarcimento a que se refere o art. 37, §6º da Constituição, porque a União não pode se furtar à sua responsabilidade solidária em áreas sensíveis, como as ações e serviços públicos de saúde e a educação básica obrigatória.

Vale lembrar, por oportuno, que as ausências e insuficiências do custeio federal em direitos sociais têm sido reiteradamente impugnadas em âmbito judicial, como vimos no capítulo anterior. Mas a resposta na PEC do Pacto Federativo parece ser diametralmente oposta, já que a União pretende revogar seu piso em saúde e o fundo social do pré-sal (respectivamente incisos X, XI, XII e XIII do art. 8º da PEC 188/2019), assim como pretende se ausentar do custeio de programas suplementares de atendimento ao educando (material didático escolar, transporte, alimentação e assistência à saúde), por supor bastar a transferência da contribuição social do salário-educação.

Por falar em redistribuição de recursos e arranjo estrutural de políticas públicas na federação, é deveras interessante destacar o quão incoerente e contraditório é o discurso em face da prática sobre "Mais Brasil, menos Brasília". Aqui reiterar o registro da manifesta rejeição do Executivo federal à proposta de renovação do FUNDEB, tal como suscitada na PEC 15/2015; bem como denunciar novamente sua omissão inconstitucional quanto à falta de regulamentação do custo aluno-qualidade inicial e do custo aluno-qualidade, conceitos reclamados pelas estratégias 7.21 e 20.6 a 20.8 do Plano Nacional de Educação.

O contexto acima parece ser o de fuga às responsabilidades federativas no custeio juridicamente estável e fiscalmente progressivo dos direitos fundamentais. A tal quadro soma-se a nova dicção do art. 167, IV que retira sorrateiramente o lastro fiscal da vinculação proporcional da arrecadação de impostos ao custeio mínimo das ações e serviços públicos de saúde (art. 198) e da manutenção e desenvolvimento do ensino (art. 212), além de admitir - fraudulentamente - que os pisos sejam reciprocamente dedutíveis um no cômputo do outro.

O pacto federativo não funciona bem em nosso país, porque há fortes incentivos racionais para que os entes políticos se lancem uns contra os outros. Assim, o curto prazo eleitoral dos mandatários políticos tende a prejudicar o exame intertemporal e solidário das responsabilidades comuns da federação. Mas, para fazer face ao patrimonialismo fiscal e ao curto prazo eleitoral, deveríamos debater o aperfeiçoamento e o fortalecimento do planejamento orçamentário, por meio de pisos em saúde e educação qualitativamente vinculados a metas e estratégias dos seus respectivos planos setoriais. Ao invés disso, contudo, a PEC 188/2019 propõe simplesmente a revogação do plano plurianual e a unificação dos pisos em saúde e educação, como se não houvesse uma franca tendência ao jogo de soma zero entre ambas as políticas públicas nucleares.

Muda-se tudo isso em nome dos propósitos de reformar o Estado brasileiro e buscar o "equilíbrio fiscal intergeracional" (parágrafo único do art. 6º), para, em última instância, destinar o excesso de arrecadação e o superávit financeiro à amortização da dívida pública (art. 3º, §1º, II da PEC 186/2019, art. 5º da PEC 187/2019 e art. 7º da PEC 188/2019). Porém, até mesmo essa agenda revela-se potencialmente falaciosa do ponto de vista fiscal, se a amortização da dívida vier acompanhada concomitantemente da sua pura e simples substituição por operações compromissadas. As variáveis em jogo apontam para a necessidade de equacionamento fiscal, de forma coordenada com as dimensões cambial, creditícia e monetária.

Em meio a tantas propostas de mudanças, fato é que o conceito de equilíbrio está em disputa até mesmo contra a identidade protetiva do texto permanente da Constituição de 1988. É claro que há de haver equilíbrio fiscal como meio de realização dos direitos fundamentais, jamais como impeditivo absoluto ou cláusula de suspensão da sua eficácia imediata, prevista no art. 5º, §1º. É com esse filtro qualitativo que devemos ler e interpretar o alcance dos seguintes dispositivos que a PEC 189/2019 pretende acrescentar no art. 6º e no art. 167:

> Art. 6º [...] Parágrafo único. Será observado, na promoção dos direitos sociais, o direito ao equilíbrio fiscal intergeracional.
>
> Art. 167 [....]
>
> § 8° Lei ou ato que implique despesa somente produzirá efeitos enquanto houver a respectiva e suficiente dotação orçamentária, não gerando obrigação de pagamento futuro por parte do erário.
>
> § 9° Decisões judiciais que impliquem despesa em decorrência de obrigação de fazer, não fazer ou entregar coisa somente serão cumpridas quando houver a respectiva e suficiente dotação orçamentária.

Interessante notar que o comando do art. 165, §10 da Constituição, trazido pela Emenda 100/2019, dialoga com o dever de implementação progressiva dos direitos econômicos, sociais e culturais até o máximo dos recursos estatais disponíveis. Tal dever é exigido em nosso ordenamento por força de tratados dos quais o Brasil é signatário:

> Art. 165, § 10 da Constituição de 1988:
>
> "*A administração tem o* ***dever de executar as programações orçamentárias****, adotando* ***os meios e as medidas necessários, com o propósito de garantir a efetiva entrega de bens e serviços à sociedade.***"
>
> Artigo 2º, item 1 do Pacto Internacional sobre Direitos Econômicos, Sociais e Culturais (promulgado pelo Decreto 591/1992),
>
> "*Cada um dos Estados Partes no presente Pacto* ***compromete-se a agir****, quer com o seu próprio esforço, quer com a assistência e cooperação internacionais, especialmente nos planos econômico e técnico,* ***no máximo dos seus recursos disponíveis, de modo a assegurar progressivamente o pleno exercício dos direitos*** *reconhecidos no presente Pacto por todos os* ***meios apropriados****, incluindo em particular por meio de medidas legislativas*"
>
> Artigo 1º do Protocolo Adicional à Convenção Americana sobre Direitos Humanos em matéria de Direitos Econômicos, Sociais e Culturais, também conhecido como Protocolo de São Salvador (promulgado pelo Decreto 3.321/1999),

> *"os Estados Partes neste Protocolo Adicional à Convenção Americana sobre Direitos Humanos* ***comprometem-se a adotar as medidas necessárias****, tanto de ordem interna como por meio da cooperação entre os Estados, especialmente econômica e técnica,* ***até o máximo dos recursos disponíveis e levando em conta seu grau de desenvolvimento, a fim de conseguir, progressivamente e de acordo com a legislação interna, a plena efetividade dos direitos*** *reconhecidos neste Protocolo".* (grifos nossos)

Falar em meios e medidas necessários para garantir a efetiva entrega de bens e serviços à população significa buscar alocar o máximo de recursos disponíveis para a consecução progressiva de direitos fundamentais. Tal desiderato é o núcleo de identidade do federalismo fiscal brasileiro inscrito em nossa Constituição, à luz do citado parágrafo único do art. 23.

Reescreve nosso ordenamento quem elege – com primazia absoluta – a formação de excedente financeiro para abatimento da dívida pública como outro núcleo de identidade paralelo da CF/1988. Ainda mais porque tal intuito tem sido pretendido, sem balizar claramente os próprios limites e ônus argumentativos das escolhas cambiais e monetárias que também nos trouxeram ao agravamento da dívida (como, por exemplo, saldo desarrazoado de reservas internacionais, estoque desproporcional de operações compromissadas, taxa de juros que entrega inflação despregada do centro da meta inscrita no sistema de metas de inflação por três anos consecutivos etc.).

É preciso que saiamos em defesa do pacto federativo, assim como que busquemos equilíbrio fiscal em prol dos direitos fundamentais. Esse é o eixo em torno do qual todos os ditames constitucionais devem girar, até porque não cabe esperar sustentabilidade de longo prazo dos orçamentos públicos e da própria dívida pública, se a tal esforço de consolidação fiscal corresponder passivo correspondente de operações compromissadas e de demandas judiciais de ressarcimento por lesões omissivas a direitos fundamentais.

Não dá para esperar o bolo crescer para depois dividi-lo, porque, no meio do caminho, cidadãos nascem, crescem ignorantes, adoecem e morrem sem dignidade, enquanto a dívida pública não necessariamente diminui e tende a ser capturada como meio tergiversador de reprodução da nossa intergeracional desigualdade.

Infelizmente, a PEC 188/2019 não só reafirma a trajetória histórica de esvaziamento das garantias orgânicas e financeiras dos direitos fundamentais à saúde e à educação, como também convalida o trintenário descumprimento das pactuações federativas que deveriam assegurar consecução a esses nucleares direitos sociais.

Vale, contudo, lembrar que nulidades absolutas não são convalidáveis, assim como emendas que atentam contra cláusulas pétreas persistem inconstitucionais, ainda que venham a ser reiteradas por outras sucessivas emendas. Afinal, a Constituição de 1988 ainda subsiste enquanto nós não abdicarmos de defendê-la.

16

O DIREITO À EDUCAÇÃO E SEU PAPEL NA SUPERAÇÃO DA DESIGUALDADE DE GÊNERO

Alessandra Gotti

Presidente-executiva do Instituto Articule. Sócia do Hesketh Advogados. Doutora e Mestre em Direito Constitucional pela PUC/SP. Professora da Graduação em Direito das Faculdades Integradas Rio Branco. Consultora da UNESCO e Câmara de Educação Básica do Conselho Nacional de Educação. Membro Titular do Comitê de Assessoramento à Coordenadoria da Infância e Juventude para o Monitoramento da Criação de 150 mil vagas em Educação Infantil no Município de SP. É Coordenadora da Célula de Soluções Estratégicas e membro do Grupo de Administração Legal do Conselho Regional de Administração de São Paulo (CRASP). Membro do Comitê Estadual da Saúde. Sócia-efetiva do Todos pela Educação. Autora das obras *Direitos Sociais – fundamentos, regime jurídico, implementação e aferição de resultados*, publicada, em 2012, pela Editora Saraiva e *Direitos Sociais: eficácia e acionabilidade à luz da Constituição de 1988*, publicada, em 2005, pela Editora Juruá.

1. A DESIGUALDADE DE GÊNERO, UMA INVENÇÃO HUMANA A SER DESCONSTRUÍDA

Os direitos humanos refletem um construído axiológico, a partir de um espaço simbólico de luta e ação social em um dado momento histórico. Como observa Hannah Arendt, os direitos humanos são direitos históricos, na medida em que "não são um dado, mas um construído, uma invenção humana, em constante processo de construção e reconstrução"[1].

São nesses espaços de luta que os direitos humanos são construídos e incorporados ao patrimônio de direitos da humanidade e, por consequência, as desigualdades e violações de direitos de grupos específicos, por suas peculiaridades e especificidades (como é o caso das mulheres), são desconstruídas.

A Declaração Universal dos Direitos Humanos de 1948 inaugura a concepção contemporânea de direitos humanos. Essa concepção é fruto do movimento de internacionalização dos direitos humanos que surge, no pós-guerra, como resposta às atrocidades e aos horrores cometidos durante o nazismo, diante da descartabilidade das pessoas que não pertenciam à raça pura ariana. A barbárie do totalitarismo significou a ruptura do paradigma dos direitos humanos, por meio da negação do valor da pessoa humana como valor fonte do Direito. Se a Segunda Guerra Mundial significou a ruptura com os direitos humanos, o pós-guerra deveria significar a sua reconstrução.

É neste cenário que se vislumbra o esforço de reconstrução dos direitos humanos, como paradigma e referencial ético a orientar a ordem internacional. Fortalece-se a ideia de que a proteção dos direitos humanos não deve se reduzir ao domínio reservado do Estado, porque revela tema de legítimo interesse internacional. Prenuncia-se, deste modo, o fim da era em que a forma pela qual o Estado tratava seus nacionais era concebida como um problema de jurisdição doméstica, decorrência de sua soberania. Além disso, os indivíduos passam a ser reconhecidos como sujeitos de direitos no cenário internacional.

A Declaração Universal dos Direitos Humanos de 1948 inova a gramática dos direitos humanos ao reforçar a universalidade e indivisibilidade destes direitos. Universalidade porque clama pela extensão universal dos direitos humanos, sob a crença de que a condição de pessoa é o requisito único para a titularidade de direitos. Indivisibilidade porque a garantia dos direitos civis

1. ARENDT, Hannah. *As origens do totalitarismo*. RAPOSO, Roberto (Trad). Rio de Janeiro: 1979, *apud* PIOVESAN, Flavia. *Direitos Humanos e o Direito Constitucional Internacional*. 17ª ed. São Paulo: Editora Saraiva, 2017, p. 197.

e políticos é condição para a observância dos direitos sociais, econômicos e culturais e vice-versa; tais direitos compõem uma unidade indivisível, interdependente e inter-relacionada, com idêntico grau de relevância.

A partir da Declaração Universal dos Direitos Humanos de 1948 começa a se desenvolver o Direito Internacional dos Direitos Humanos, mediante a adoção de diversos instrumentos internacionais de proteção no âmbito da Organização das Nações Unidas (ONU). Ao lado do sistema global (ONU), surgem os sistemas regionais de proteção de direitos humanos, que buscam internacionalizar os direitos humanos nos planos regionais, particularmente na Europa, América e África. Os sistemas global e regional não são dicotômicos, mas complementares. Inspirados pelos valores e princípios da Declaração Universal, compõem o universo instrumental de proteção dos direitos humanos no plano internacional.

A visão de que existem grupos determinados, cujas vulnerabilidades devem ser objeto de tutela por serem alvo de padrões específicos de violação de seus direitos, deu vazão à criação do Sistema Especial de Proteção de Direitos Humanos, em especial a partir do final da década de 60. É nesse contexto que surgem, no âmbito da ONU, a Convenção Internacional sobre a Eliminação de Todas as Formas de Discriminação Racial (1965); a Convenção Internacional sobre a Eliminação de Todas as Formas de Discriminação contra a Mulher (1979); a Convenção sobre os Direitos da Criança (1989); a Convenção sobre os Direitos das Pessoas com Deficiência (2006)[2]

2. Observa Flávia Piovesan: "O advento da *International Bill of Rights*, como já visto, constituiu o marco do processo de proteção internacional dos direitos humanos. A partir dela, inúmeras outras Declarações e Convenções foram elaboradas, algumas sobre novos direitos, outras relativas a determinadas violações, outras, ainda, para tratar de determinados grupos caracterizados como vulneráveis. (...) O processo de internacionalização dos direitos humanos, conjugado com o processo de multiplicação desses direitos, resultou em um complexo sistema internacional de proteção, marcado pela coexistência do sistema geral e do sistema especial de proteção. Os sistemas geral e especial são sistemas de proteção complementares, na medida em que o sistema especial de proteção é voltado, fundamentalmente, à prevenção da discriminação ou à proteção de pessoas ou grupos de pessoas particularmente vulneráveis, que merecem proteção especial. Daí aponta-se não mais ao indivíduo genérica e abstratamente considerado, mas ao indivíduo "especificado", considerando-se categorizações relativas ao gênero, idade, etnia, raça, etc. O sistema internacional passa a reconhecer direitos endereçados às crianças, aos idosos, às mulheres, às pessoas vítimas de tortura, às pessoas vítimas de discriminação racial, dentre outros". (*Direitos Humanos e o Direito Constitucional Internacional*, op. cit., p. 278-279).

e, no âmbito da Organização dos Estados Americanos (OEA), a Convenção Interamericana para Prevenir, Punir e Erradicar a Violência contra a Mulher (1994).

Segundo Bobbio, a elaboração dessas Convenções específicas pode ser compreendida no âmbito do denominado processo de multiplicação de direitos. Na sua visão, esse processo compreende a multiplicação dos direitos objeto de tutela, como é o caso, por exemplo, dos direitos econômicos, sociais e culturais que, com a adoção da concepção contemporânea de direitos humanos, passam a ser conjugados aos direitos civis e políticos, com idêntico grau de importância. E, além da multiplicação dos direitos em si, abrange a ampliação dos próprios sujeitos de direito, a partir da especificação de sua condição, como é o caso dos afrodescendentes, das mulheres, dos idosos, das crianças, das pessoas com deficiências, das lésbicas, gays, bissexuais, travestis e transgêneros[3].

Pontua Flavia Piovesan que "a existência de um instrumental internacional de proteção dos direitos humanos das mulheres, por si só, revela um grande avanço"[4], pois sinalizam um consenso acerca da "urgência em se eliminarem a discriminação e a violência contra a mulher e, ao mesmo tempo, promover a igualdade material e substantiva"[5].

---

3. BOBBIO, Norberto. *Era dos Direitos*. COUTINHO, Carlos Nelson (Trad.). Rio de Janeiro: Campus, 1988, p. 68-69. A respeito do processo de especificação dos sujeitos de direitos, observa Flávia Piovesan que: "O sistema especial de proteção realça o processo de especificação do sujeito de direito, em que este é visto em sua especificidade e concretude. Isto é, as Convenções que integram esse sistema são endereçadas a determinado sujeito de direito, ou seja, buscam responder a uma específica violação de direito. Atente-se que, no âmbito do sistema geral de proteção, como ocorre com a International Bill of Rights, o endereçado é toda e qualquer pessoa, genericamente concebida. No âmbito do sistema geral, o sujeito de direito é visto em sua abstração e generalidade. Vale dizer, ao lado da International Bill of Rights, que integra o sistema geral de proteção, organiza-se o sistema especial de proteção, que adota como sujeito de direito o indivíduo historicamente situado, o sujeito de direito "concreto", na peculiaridade e particularidade de suas relações sociais, afirmando-se o reconhecimento de sua identidade própria. Por esse prisma, ao lado do direito à igualdade nasce o direito à diferença. Importa assegurar a igualdade com respeito à diversidade (Op. cit., p. 257).
4. *Temas de Direitos Humanos*. 11ª ed. São Paulo: Editora Saraiva, 2018, p. 445.
5. *Ibid.*, p. 445.

2. O DIREITO À EDUCAÇÃO E SEU PODER EMANCIPATÓRIO

A Declaração Universal de Direitos Humanos de 1948 prevê, logo em seu 1º artigo, que "todas as pessoas nascem livres e iguais em dignidade e direitos. São dotadas de razão e consciência e devem agir em relação umas às outras com espírito de fraternidade".

Para romper a histórica desigualdade entre os sexos e assegurar a igualdade formal e material de direitos, a educação possui papel central devido ao seu poder emancipatório. O direito de toda pessoa à instrução é previsto na Declaração Universal de Direitos Humanos de 1948, em seu artigo 26:

> 1. Toda pessoa tem direito à instrução. A instrução será gratuita, pelo menos nos graus elementares e fundamentais. A instrução elementar será obrigatória. A instrução técnico-profissional será acessível a todos, bem como a instrução superior, está baseada no mérito.
>
> 2. A instrução será orientada no sentido do pleno desenvolvimento da personalidade humana e do fortalecimento do respeito pelos direitos humanos e pelas liberdades fundamentais. A instrução promoverá a compreensão, a tolerância e a amizade entre todas as nações e grupos raciais ou religiosos, e coadjuvará as atividades das Nações Unidas em prol da manutenção da paz.
>
> 3. Os pais têm prioridade de direito na escolha do gênero de instrução que será ministrada aos seus filhos.

Inspirados pela Declaração Universal de Direitos Humanos de 1948 e, mais especificamente, pela concepção contemporânea de direitos humanos por ela introduzida, importantes tratados internacionais contemplaram a proteção do direito à educação.

No âmbito da ONU, esse direito é reconhecido, por exemplo, no Pacto Internacional dos Direitos Econômicos, Sociais e Culturais (artigo 13)[6], na

6. Artigo 13. 1. Os Estados-Partes do presente Pacto reconhecem o direito de toda pessoa à educação. Concordam em que a educação deverá visar ao pleno desenvolvimento da personalidade humana e do sentido de sua dignidade e fortalecer o respeito pelos direitos humanos e liberdades fundamentais. Concordam ainda em que a educação deverá capacitar todas as pessoas a participar efetivamente de uma sociedade livre, favorecer a compreensão, a tolerância e a amizade entre todas as nações e entre todos

Convenção sobre a Eliminação de todas as formas de Discriminação Racial (artigo 5º, alínea "e", V)[7], na Convenção sobre a Eliminação de todas as

---

os grupos raciais, étnicos ou religiosos e promover as atividades das Nações Unidas em prol da manutenção da paz.

2. Os Estados-Partes do presente Pacto reconhecem que, com o objetivo de assegurar o pleno exercício desse direito:

a) A educação primaria deverá ser obrigatória e acessível gratuitamente a todos;

b) A educação secundária em suas diferentes formas, inclusive a educação secundária técnica e profissional, deverá ser generalizada e torna-se acessível a todos, por todos os meios apropriados e, principalmente, pela implementação progressiva do ensino gratuito;

c) A educação de nível superior deverá igualmente torna-se acessível a todos, com base na capacidade de cada um, por todos os meios apropriados e, principalmente, pela implementação progressiva do ensino gratuito;

d) Dever-se-á fomentar e intensificar, na medida do possível, a educação de base para aquelas pessoas que não receberam educação primaria ou não concluíram o ciclo completo de educação primária;

e) Será preciso prosseguir ativamente o desenvolvimento de uma rede escolar em todos os níveis de ensino, implementar-se um sistema adequado de bolsas de estudo e melhorar continuamente as condições materiais do corpo docente.

1. Os Estados-Partes do presente Pacto comprometem-se a respeitar a liberdade dos pais e, quando for o caso, dos tutores legais de escolher para seus filhos escolas distintas daquelas criadas pelas autoridades públicas, sempre que atendam aos padrões mínimos de ensino prescritos ou aprovados pelo Estado, e de fazer com que seus filhos venham a receber educação religiosa ou moral que esteja de acordo com suas próprias convicções.

2. Nenhuma das disposições do presente artigo poderá ser interpretada no sentido de restringir a liberdade de indivíduos e de entidades de criar e dirigir instituições de ensino, desde que respeitados os princípios enunciados no parágrafo 1 do presente artigo e que essas instituições observem os padrões mínimos prescritos pelo Estado.

7. Artigo 5º. 1. De conformidade com as obrigações fundamentais enunciadas no artigo 2, os Estados-Partes comprometem-se a proibir e a eliminar a discriminação racial em todas suas formas e a garantir o direito de cada um à igualdade perante a lei sem distinção de raça, de cor ou de origem nacional ou étnica, principalmente no gozo dos seguintes direitos:

a) direito a um tratamento igual perante os tribunais ou qualquer outro órgão que administre justiça;

b) direito a segurança da pessoa ou à proteção do Estado contra violência ou lesão corporal cometida que por funcionários de Governo, quer por qualquer indivíduo, grupo ou instituição;

c) direitos políticos principalmente direito de participar às eleições – de votar e ser votado – conforme o sistema de sufrágio universal e igual direito de tomar parte no Governo, assim como na direção dos assuntos públicos, em qualquer grau e o direito de acesso em igualdade de condições, às funções públicas;

d) Outros direitos civis, principalmente:

formas de Discriminação contra a Mulher (artigo 10)[8], na Convenção sobre os Direitos da Criança (artigo 28)[9] e na Convenção sobre os Direitos das Pessoas com Deficiência (artigo 24)[10].

---

i) direito de circular livremente e de escolher residência dentro das fronteiras do Estado;

ii) direito de deixar qualquer país, inclusive o seu, e de voltar a seu país;

iii) direito de uma nacionalidade;

iv) direito de casar-se e escolher o cônjuge;

v) direito de qualquer pessoa, tanto individualmente como em conjunto, à propriedade;

vi) direito de herdar;

vii) direito à liberdade de pensamento, de consciência e de religião;

viii) direito à liberdade de opinião e de expressão;

ix) direito à liberdade de reunião e de associação pacífica;

e) direitos econômicos, sociais culturais, principalmente:

i) direitos ao trabalho, a livre escolha de seu trabalho, a condições equitativas e satisfatórias de trabalho à proteção contra o desemprego, a um salário igual para um trabalho igual, a uma remuneração equitativa e satisfatória;

ii) direito de fundar sindicatos e a eles se filiar;

iii) direito à habitação;

iv) direito à saúde pública, a tratamento médico, à previdência social e aos serviços sociais;

v) direito a educação e à formação profissional;

vi) direito a igual participação das atividades culturais;

f) direito de acesso a todos os lugares e serviços destinados ao uso do público, tais como, meios de transporte hotéis, restaurantes, cafés, espetáculos e parques.

8. Artigo 10. Os Estados-Partes adotarão todas as medidas apropriadas para eliminar a discriminação contra a mulher, a fim de assegurar-lhe a igualdade de direitos com o homem na esfera da educação e em particular para assegurarem condições de igualdade entre homens e mulheres:

   a) As mesmas condições de orientação em matéria de carreiras e capacitação profissional, acesso aos estudos e obtenção de diplomas nas instituições de ensino de todas as categorias, tanto em zonas rurais como urbanas; essa igualdade deverá ser assegurada na educação pré-escolar, geral, técnica e profissional, incluída a educação técnica superior, assim como todos os tipos de capacitação profissional;

   b) Acesso aos mesmos currículos e mesmos exames, pessoal docente do mesmo nível profissional, instalações e material escolar da mesma qualidade;

   c) A eliminação de todo conceito estereotipado dos papéis masculino e feminino em todos os níveis e em todas as formas de ensino mediante o estímulo à educação mista e a outros tipos de educação que contribuam para alcançar este objetivo e, em particular, mediante a modificação dos livros e programas escolares e adaptação dos métodos de ensino;

   d) As mesmas oportunidades para obtenção de bolsas-de-estudo e outras subvenções para estudos;

A Agenda dos Objetivos de Desenvolvimento Sustentável (ODS), a chamada Agenda 2030, adotada pelos Estados-membros da ONU, em 2015, estabelece, ainda, um conjunto de 17 Objetivos de Desenvolvimento Sustentáveis. Diretamente relacionadas à educação e a igualdade de gênero, os objetivos 4 e 5 preveem, respectivamente, o dever de "assegurar a

---

e) As mesmas oportunidades de acesso aos programas de educação supletiva, incluídos os programas de alfabetização funcional e de adultos, com vistas a reduzir, com a maior brevidade possível, a diferença de conhecimentos existentes entre o homem e a mulher;

f) A redução da taxa de abandono feminino dos estudos e a organização de programas para aquelas jovens e mulheres que tenham deixado os estudos prematuramente;

g) As mesmas oportunidades para participar ativamente nos esportes e na educação física;

h) Acesso a material informativo específico que contribua para assegurar a saúde e o bem-estar da família, incluída a informação e o assessoramento sobre planejamento da família.

9. Artigo 28. 1. Os Estados-Partes reconhecem o direito da criança à educação e, a fim de que ela possa exercer progressivamente e em igualdade de condições esse direito, deverão especialmente:

a) tornar o ensino primário obrigatório e disponível gratuitamente para todos;

b) estimular o desenvolvimento do ensino secundário em suas diferentes formas, inclusive o ensino geral e profissionalizante, tornando-o disponível e acessível a todas as crianças, e adotar medidas apropriadas tais como a implantação do ensino gratuito e a concessão de assistência financeira em caso de necessidade;

c) tornar o ensino superior acessível a todos com base na capacidade e por todos os meios adequados;

d) tornar a informação e a orientação educacionais e profissionais disponíveis e acessíveis a todas as crianças;

e) adotar medidas para estimular a frequência regular às escolas e a redução do índice de evasão escolar.

2. Os Estados-Partes adotarão todas as medidas necessárias para assegurar que a disciplina escolar seja ministrada de maneira compatível com a dignidade humana da criança e em conformidade com a presente convenção.

3. Os Estados-Partes promoverão e estimularão a cooperação internacional em questões relativas à educação, especialmente visando a contribuir para a eliminação da ignorância e do analfabetismo no mundo e facilitar o acesso aos conhecimentos científicos e técnicos e aos métodos modernos de ensino. A esse respeito, será dada atenção especial às necessidades dos países em desenvolvimento.

10. Artigo 24. 1.Os Estados-Partes reconhecem o direito das pessoas com deficiência à educação. Para efetivar esse direito sem discriminação e com base na igualdade de oportunidades, os Estados Partes assegurarão sistema educacional inclusivo em todos os níveis, bem como o aprendizado ao longo de toda a vida, com os seguintes objetivos:

a) O pleno desenvolvimento do potencial humano e do senso de dignidade e autoestima, além do fortalecimento do respeito pelos direitos humanos, pelas liberdades fundamentais e pela diversidade humana;

educação inclusiva e equitativa e de qualidade, e promover oportunidades de aprendizagem ao longo da vida para todos" e "alcançar a igualdade de gênero e empoderar todas as mulheres e meninas".

---

b) O máximo desenvolvimento possível da personalidade e dos talentos e da criatividade das pessoas com deficiência, assim como de suas habilidades físicas e intelectuais;

c) A participação efetiva das pessoas com deficiência em uma sociedade livre.

2. Para a realização desse direito, os Estados-Partes assegurarão que:

a) As pessoas com deficiência não sejam excluídas do sistema educacional geral sob alegação de deficiência e que as crianças com deficiência não sejam excluídas do ensino primário gratuito e compulsório ou do ensino secundário, sob alegação de deficiência;

b) As pessoas com deficiência possam ter acesso ao ensino primário inclusivo, de qualidade e gratuito, e ao ensino secundário, em igualdade de condições com as demais pessoas na comunidade em que vivem;

c) Adaptações razoáveis de acordo com as necessidades individuais sejam providenciadas;

d) As pessoas com deficiência recebam o apoio necessário, no âmbito do sistema educacional geral, com vistas a facilitar sua efetiva educação;

e) Medidas de apoio individualizadas e efetivas sejam adotadas em ambientes que maximizem o desenvolvimento acadêmico e social, de acordo com a meta de inclusão plena.

3.Os Estados-Partes assegurarão às pessoas com deficiência a possibilidade de adquirir as competências práticas e sociais necessárias de modo a facilitar às pessoas com deficiência sua plena e igual participação no sistema de ensino e na vida em comunidade. Para tanto, os Estados Partes tomarão medidas apropriadas, incluindo:

a) Facilitação do aprendizado do braile, escrita alternativa, modos, meios e formatos de comunicação aumentativa e alternativa, e habilidades de orientação e mobilidade, além de facilitação do apoio e aconselhamento de pares;

b) Facilitação do aprendizado da língua de sinais e promoção da identidade linguística da comunidade surda;

c) Garantia de que a educação de pessoas, em particular crianças cegas, surdo cegas e surdas, seja ministrada nas línguas e nos modos e meios de comunicação mais adequados ao indivíduo e em ambientes que favoreçam ao máximo seu desenvolvimento acadêmico e social.

4. A fim de contribuir para o exercício desse direito, os Estados Partes tomarão medidas apropriadas para empregar professores, inclusive professores com deficiência, habilitados para o ensino da língua de sinais e/ou do braile, e para capacitar profissionais e equipes atuantes em todos os níveis de ensino. Essa capacitação incorporará a conscientização da deficiência e a utilização de modos, meios e formatos apropriados de comunicação aumentativa e alternativa, e técnicas e materiais pedagógicos, como apoios para pessoas com deficiência.

5. Os Estados-Partes assegurarão que as pessoas com deficiência possam ter acesso ao ensino superior em geral, treinamento profissional de acordo com sua vocação, educação para adultos e formação continuada, sem discriminação e em igualdade de condições. Para tanto, os Estados Partes assegurarão a provisão de adaptações razoáveis para pessoas com deficiência.

O direito à educação também é reconhecido nos instrumentos do Sistema Interamericano de Proteção dos Direitos Humanos, no âmbito da OEA, como é o caso da Convenção Americana sobre Direitos Humanos (artigo 26)[11] e do Protocolo Adicional à Convenção Americana de Direitos Humanos em matéria de Direitos Econômicos, Sociais e Culturais (artigo 13)[12], dentre outros tratados.

---

11. Artigo 26. Desenvolvimento Progressivo. Os Estados-Partes comprometem-se a adotar providência, tanto no âmbito interno como mediante cooperação internacional, especialmente econômica e técnica, a fim de conseguir progressivamente a plena efetividade dos direitos que decorrem das normas econômicas, sociais e sobre educação, ciência e cultura, constantes da Carta da Organização dos Estados Americanos, reformada pelo Protocolo de Buenos Aires, na medida dos recursos disponíveis, por via legislativa ou por outros meios apropriados.
12. Artigo 13. Direito à Educação.

    1. Toda pessoa tem direito à educação.

    2. Os Estados-Partes neste Protocolo convêm em que a educação deverá orientar-se para o pleno desenvolvimento da personalidade humana e do sentido de sua dignidade, e deverá fortalecer o respeito pelos direitos humanos, pelo pluralismo ideológico, pelas liberdades fundamentais, pela justiça e pela paz. Convêm também em que a educação deve tornar todas as pessoas capazes de participar efetivamente de uma sociedade democrática e pluralista e de conseguir uma subsistência digna; bem como favorecer a compreensão, a tolerância e a amizade entre todas as nações e todos os grupos raciais, étnicos ou religiosos, e promover as atividades em prol da manutenção da paz.

    3. Os Estados-Partes neste Protocolo reconhecem que, a fim de conseguir o pleno exercício do direito à educação:

    a) o ensino de primeiro grau deve ser obrigatório e acessível a todos gratuitamente;

    b) o ensino de segundo grau, em suas diferentes formas, inclusive o ensino técnico e profissional, deve ser generalizado e acessível a todos, pelos meios que forem apropriados e, especialmente, pelo estabelecimento progressivo do ensino gratuito.

    c) o ensino superior deve tornar-se igualmente acessível a todos, de acordo com a capacidade de cada um, pelos meios que forem apropriados e, especialmente, pelo estabelecimento progressivo do ensino gratuito;

    d) deve-se promover ou intensificar, na medida do possível, o ensino básico para as pessoas que não tiverem recebido ou terminado o ciclo completo de instrução do primeiro grau;

    e) deverão ser estabelecidos programas de ensino diferenciados para os deficientes, a fim de proporcionar instrução especial e formação a pessoas com impedimentos físicos ou deficiência mental.

    4. De acordo com a legislação interna dos Estados-Partes, os pais terão direito a escolher o tipo de educação que deverá ser ministrada aos seus filhos, desde que esteja de acordo com os princípios enunciados acima.

    5. Nenhuma das disposições do Protocolo poderá ser interpretada como restrição da liberdade das pessoas e entidades de estabelecer e dirigir instituições de ensino, de acordo com a legislação dos Estados-Partes.

Por sua vez, no âmbito nacional, foram várias as conquistas femininas na luta por direitos civis, políticos e sociais, com vitórias como o acesso à educação superior em 1879 e o direito ao voto duramente conquistado na Constituição de 1934. Não se pode esquecer também da vitória na Assembleia Constituinte de 1988, com a previsão da igualdade de direitos e obrigações entre homens e mulheres em todas as esferas, especialmente no âmbito familiar.

Marco jurídico da transição democrática e da institucionalização dos direitos humanos no país, a Constituição de 1988 demarca a ruptura com o regime autoritário militar instalado em 1964, refletindo o consenso democrático "pós-ditadura". Após 21 anos de regime autoritário, objetiva a Constituição resgatar o Estado de Direito, a separação dos poderes, a federação, a democracia e os direitos fundamentais, à luz do princípio da dignidade humana.

Inspirada pelos parâmetros internacionais de proteção dos direitos humanos, a Carta de 1988 introduz um avanço extraordinário na consolidação dos direitos e garantias fundamentais, situando-se como o documento mais avançado, abrangente e pormenorizado sobre a matéria na história constitucional do país. É a primeira Constituição brasileira que dedica seus primeiros títulos e capítulos aos direitos e garantias fundamentais. Essa modificação da topografia constitucional reflete a mudança da lente *ex parte principe* para a *lente ex parte populi*, transitando-se de um Direito focado nos deveres dos súditos para um Direito focado nos direitos dos cidadãos.

Desde o seu Preâmbulo a Constituição de 1988 enfatiza o seu compromisso em "instituir um Estado Democrático, destinado a assegurar o exercício dos direitos sociais e individuais, a liberdade, a segurança, o bem-estar, o desenvolvimento, a igualdade e a justiça como valores supremos de uma sociedade fraterna, pluralista e sem preconceitos, fundada na harmonia social e comprometida, na ordem interna e internacional, com a solução pacífica das controvérsias (...)".

Preocupa-se, ineditamente, em detalhar os princípios fundamentais que regem a República Federativa do Brasil, elegendo, dentre os "fundamentos" que alicerçam o Estado Democrático de Direito brasileiro, a cidadania (artigo 1º, II), a dignidade da pessoa humana (artigo 1º, III) e os valores sociais do trabalho e da livre iniciativa (artigo 1º, IV).

Comprometida em "atingir resultados" para transformar a realidade social, prevê, no seu artigo 3º, as metas a serem perseguidas pelo Estado brasileiro, tais como a construção de uma sociedade livre, justa e solidária (I); a garantia do desenvolvimento nacional (II); a erradicação da pobreza e da marginalização e a redução das desigualdades sociais e regionais (III); e a promoção do bem de todos, sem preconceitos de origem, raça, sexo, cor, idade e quaisquer outras formas de discriminação (IV).

A igualdade de gênero surge como um dos objetivos de transformação da realidade social perseguidos pelo Estado brasileiro, na medida em que figura, dentre as metas a serem perseguidas, a promoção do bem de todos, sem preconceitos de origem, raça, sexo, cor, idade e quaisquer outras formas de discriminação.

O Título dos Direitos e Garantias Fundamentais, enuncia, no *caput* do artigo 5º que "todos são iguais perante a lei, sem distinção de qualquer natureza, garantindo-se aos brasileiros e aos estrangeiros residentes no País a inviolabilidade do direito à vida, à liberdade, à igualdade, à segurança e à propriedade". O primeiro inciso é dedicado a afirmar, de modo categórico, que "homens e mulheres são iguais em direitos e obrigações".

Endossando a concepção contemporânea de direitos humanos, a Constituição de 1988 traz um capítulo próprio (Capítulo II), dedicado aos direitos sociais, encartado no Título II – Dos Direitos e Garantias Fundamentais. Neste Capítulo, a Carta de 1988 prevê, em seu artigo 6º, como direitos sociais, a educação, a saúde, a alimentação, o trabalho, a moradia, o transporte, o lazer, a segurança, a previdência social, a proteção à maternidade e à infância, a assistência aos desamparados.

O direito à educação é tratado de forma detalhada pela Constituição de 1988, no Título da Ordem Social, nos artigos 205 a 214. Segundo o artigo 205 da Carta de 1988, "a educação, direito de todos e dever do Estado e da família, será promovida e incentivada com a colaboração da sociedade, visando ao pleno desenvolvimento da pessoa, seu preparo para o exercício da cidadania e sua qualificação para o trabalho". O ensino, segundo enuncia o artigo 206 da Carta de 1988, deve ser ministrado com base, nos princípios da igualdade de condições para o acesso e permanência na escola (I); da liberdade de aprender, ensinar, pesquisar e divulgar o pensamento, a arte e o saber (II); do pluralismo de ideias e de concepções pedagógicas, e coexistência de instituições públicas e privadas de ensino (III); da gratuidade do ensino público em estabelecimentos oficiais (IV); da valorização dos profissionais da educação escolar, garantidos, na forma da lei, planos de carreira, com ingresso exclusivamente por concurso público de provas e títulos, aos das redes públicas (V); da gestão democrática do ensino público (VI); da garantia de padrão de qualidade (VII) e do piso salarial profissional nacional para os profissionais da educação escolar pública, nos termos de lei federal (VIII).

Por sua vez, o dever do Estado é efetivado mediante a garantia da educação básica obrigatória e gratuita dos 4 aos 17 anos de idade, assegurada inclusive sua oferta gratuita para todos os que a ela não tiveram acesso na idade própria (I); da progressiva universalização do ensino médio gratuito (II); do atendimento educacional especializado aos portadores de deficiência, preferencialmente na rede regular de ensino (III); da educação infantil, em creche e pré-escola, às crianças até 5 (cinco) anos de idade (IV); do acesso aos níveis mais elevados do ensino, da pesquisa e da criação artística, segundo a capacidade de cada um (V); da oferta de ensino noturno regular, adequado às condições do educando (VI); do atendimento ao educando, em todas as etapas da educação básica, por meio de programas suplementares de material didático-escolar, transporte, alimentação e assistência à saúde (VII). Reforçando o direito à educação, a Carta de 1988 prevê que o acesso ao ensino obrigatório e gratuito é direito público subjetivo (artigo 208, §1º) e, que o seu não-oferecimento pelo Poder Público, ou sua oferta irregular, importa responsabilidade da autoridade competente (artigo 208, §2º).

3. O DIREITO À EDUCAÇÃO DAS MULHERES: AVANÇOS E DESAFIOS

A desigualdade de gênero é um fenômeno global. Como observou o secretário-geral das Nações Unidas, António Guterres, "assim como a escravidão e o colonialismo eram uma mancha nos séculos anteriores, a desigualdade das mulheres deveria envergonhar o mundo no século 21" [13].

13. ONU NEWS. *Guterres: A igualdade de gênero é fundamental para um mundo melhor*. Disponível em: https://news.un.org/pt/story/2020/02/1705581. Acesso em: 10.09.2020.

Segundo o Relatório divulgado em dezembro de 2019, no Fórum Econômico Mundial, dos 153 países pesquisados, 101 apresentaram melhores indicadores[14]. Mas ainda estamos muito distantes da efetiva igualdade entre os sexos.

Fonte: Fórum Econômico Mundial

O tempo para alcançar a paridade de gênero no mundo diminuiu de 108 para 99,5 anos. Já no mercado de trabalho estima-se que a igualdade entre os sexos levará mais de dois séculos, precisamente 202 anos.

14. BRASIL. JORNAL ESTADÃO. Disponível em: https://brasil.estadao.com.br/noticias/geral,brasil-sobe-em-ranking-de-igualdade-de-genero-mas-ainda-ocupa-a-92-posicao,70003127929. Acesso em: 10.09.2020.

Nesse contexto, o Brasil ocupava, em 2018, o 79º lugar em 189 países no ranking do Índice de Desenvolvimento Humano (IDH). No quesito igualdade de gênero, porém, despencava quase 20 posições, ocupando o 95º lugar. Em 2019 avançou 3 casas e está agora no 92º lugar.

Muitas batalhas foram vencidas, mas há um longo caminho a ser percorrido para uma efetiva igualdade entre homens e mulheres e a educação possui papel central nesse percurso.

No tocante ao acesso a esse direito fundamental, houve avanços no último meio século no tocante ao número de anos de estudo das mulheres comparativamente aos homens. Na década 1960, o número médio de anos de estudo era de 2,4 para homens e 1,9 para mulheres[15]. Já em 2019, o número médio de anos de estudo era de 9,6 para mulheres e 9,2 para homens[16].

Tabela 1 - NÚMERO MÉDIO DE ANOS DE ESTUDOS
BRASIL 1960 A 1990

NÚMERO MÉDIO DE ANOS DE ESTUDOS
BRASIL 1960 a 1990

	1960	1970	1980	1990
Gênero				
Homem	2,4	2,6	3,9	5,1
Mulher	1,9	2,2	3,5	4,9
Cor				
Branco	2,7	...	4,5	5,9
Preto	0,9	...	2,1	3,3
Pardo	1,1	...	2,4	3,6
Amarelo	2,9	...	6,4	8,6
Regiões				
Norte/Centro-Oeste	2,7	0,9	4	...
Nordeste	1,1	1,3	2,2	3,3
Sudeste	2,7	3,2	4,4	5,7
Sul	2,4	2,7	3,9	5,1

Fonte: Relatório sobre o desenvolvimento Humano no Brasil, 1996
Brasília: PNUD/IPEA, 1996.

15. BRASIL. INEP. *Estatísticas da Educação Básica no Brasil.* Instituto Nacional de Estudos e Pesquisas Educacionais Anísio Teixeira (INEP): Brasília, 1996, p. 2. Disponível em: http://portal.inep.gov.br/documents/186968/484154/Estat%C3%ADsticas+da+educa%C3%A7%C3%A3o+b%C3%A1sica+no+Brasil/e2826e0e-9884-423c-a2e4-658640ddff90?version=1.1. Acesso em: 20.09.2020.

16. BRASIL. IBGE. *PNAD Contínua – Educação 2019.* Instituto Brasileiro de Geografia e Estatística (IBGE): Brasília, 2020, p. 4. Disponível em: https://biblioteca.ibge.gov.br/visualizacao/livros/liv101736_informativo.pdf. Acesso em: 20.09.2020.

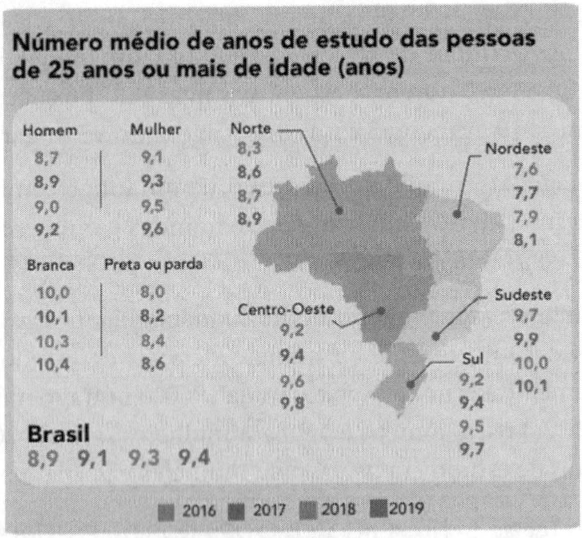

Fonte: IBGE, Diretoria de Pesquisas, Coordenação de Trabalho e Rendimento, Pesquisa Nacional por Amostra de Domicílios Contínua 2016-2019.

Nota: As diferenças entre 2018 e 2019 e entre 2016 e 2019 são significativas ao nível de confiança de 95%, para todas as categorias.

Remanesce, todavia, o desafio histórico da igualdade de acesso e permanência na educação na perspectiva de cor/raça, que demonstra a importância da adoção de políticas públicas focalizadas não apenas no recorte de gênero, mas também no de cor/raça para reduzir as desigualdades existentes.

O abandono escolar é um problema que requer atenção por alcançar um percentual bastante expressivo de jovens a cada ano. Segundo o estudo do IBGE, "levando-se em consideração todo o quantitativo de jovens de 14 a 29 anos do País, equivalente a quase 50 milhões de pessoas, 20,2% não completaram o ensino médio, seja por terem abandonado a escola antes do término desta etapa, seja por nunca tê-la frequentado. Nesta situação, portanto, havia 10,1 milhões de jovens, dentre os quais, 58,3% homens e 41,7% mulheres. Considerando-se cor ou raça, 27,3% eram brancos e 71,7% pretos ou pardos"[17].

A evasão retira dos bancos escolares muitas mulheres em virtude da gravidez precoce (23,8%), do trabalho (23,8%) e, um percentual considerável,

17. *Ibid.*, p. 10.

em virtude das tarefas domésticas ou cuidados com outras pessoas (11,5%). Esse último motivo, que reflete a divisão desigual do trabalho doméstico e cuidados com pessoas no âmbito familiar, é inexpressivo para os homens.

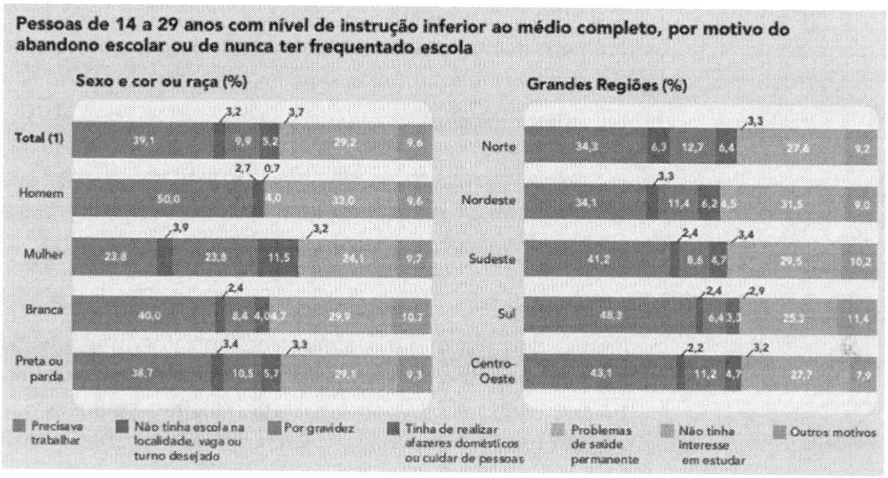

Fonte: IBGE, Diretoria de Pesquisas, Coordenação de Trabalho e Rendimento, Pesquisa Nacional por Amostra de Domicílios Contínua 2019.
(1) Inclusive as pessoas que se declararam de cor ou raça indígena, amarela ou ignorada.

Porém, é no mercado de trabalho que a igualdade dos gêneros está mais distante de ser uma realidade. Embora em média as mulheres tenham mais anos de estudo do que os homens, como visto, elas recebem cerca de ¾ do que eles ganham. A diferença de rendimento habitual médio mensal de todos os trabalhos é de R$ 1.764 para mulheres e R$ 2.306 para homens. Os resultados segregados por nível de instrução demonstram que o diferencial de rendimentos é mais elevado a partir do ensino superior completo, em que as mulheres receberam 63,4% do que os homens, em 2016[18].

A razão dessa discrepância de rendimentos é, em grande medida, a divisão desigual nos afazeres domésticos e cuidados com pessoas (filhos ou parentes) que impõe que as mulheres tenham uma carga de trabalho reduzida fora da residência, segundo analisa o IBGE:

---

18. BRASIL. IBGE. *Estatísticas de Gênero: Indicadores sociais das mulheres no Brasil.* Instituto Brasileiro de Geografia e Estatística (IBGE): Brasília, 2018, p. 5. Disponível em: https://biblioteca.ibge.gov.br/visualizacao/livros/liv101551_informativo.pdf. Acesso em: 20.09.2020.

> No Brasil, em 2016, as mulheres dedicaram aos cuidados de pessoas e/ou afazeres domésticos cerca de 73% a mais de horas do que os homens (18,1 horas contra 10,5 horas). Ao desagregar por região, verifica-se que a maior desigualdade na distribuição de horas dedicadas a estas atividades está na Região Nordeste, onde as mulheres dedicam cerca de 80% a mais de horas do que os homens, alcançando 19 horas semanais. O recorte por cor ou raça indica que as mulheres pretas ou pardas são as que mais se dedicam aos cuidados de pessoas e/ou aos afazeres domésticos, com o registro de 18,6 horas semanais em 2016. Observa-se que o indicador pouco varia para os homens quando se considera a cor ou raça ou região de residência.
>
> (...)
>
> A questão da carga horária parece ser um fator fundamental no diferencial de inserção ocupacional entre homens e mulheres determinado pela divisão sexual do trabalho. Mulheres que necessitam conciliar trabalho remunerado com os afazeres domésticos e cuidados, em muitos casos acabam por trabalhar em ocupações com carga horária reduzida[19].

A esse respeito, observam Inês Virgínia Prado Soares, Lúcia Elena A. Ferreira Bastos e Melina Girardi Fachin, que:

> É sabido e aceito que atualmente a grande parte da desigualdade de gênero no mercado de trabalho está relacionada a uma divisão desigual do trabalho em casa, dado que usualmente as mulheres são responsáveis por 76,2% de todas as horas de trabalho não remunerado. Ou seja, muito embora a participação feminina na força de trabalho esteja agora próxima ou igual ao dos homens na maioria dos países industrializados, ainda que com pagamentos inferiores pelas mesmas funções, as mulheres continuam a desempenhar uma parcela desproporcional de tarefas domésticas[20].

19. Ibid, p. 3-4.
20. SOARES, Inês Virgínia Prado; BASTOS, Lucia Elena A. Ferreira; FACHIN, Melina Girardi. *Economia dos cuidados: quem perde com o pandemônio feminino na pandemia.* JOTA. 4.10.2020. Disponível em: https://www.jota.info/opiniao-e-analise/artigos/economia-dos-cuidados-pandemonio-feminino-04102020. Acesso em 10.10.2020.

Há a percepção social de que o cuidado com as pessoas é uma atribuição feminina e isso impacta desde o estímulo das meninas e meninos na primeira infância à escolha da carreira na juventude. É curioso notar que em pleno século 21 brinquedos como blocos de montar, bolas, jogos de raciocínio e games são mais direcionados aos meninos, enquanto as meninas ficam com as bonecas e as panelinhas.

Esse mesmo modelo se reproduz na escolha de carreiras. A maioria das mulheres estão em cursos superiores nas áreas de educação, saúde e bem-estar social, relacionados ao cuidado com o próximo, e ainda são minoria nos cursos de exatas e tecnologias, conforme pode ser observado no Censo do Educação Superior de 2018[21]:

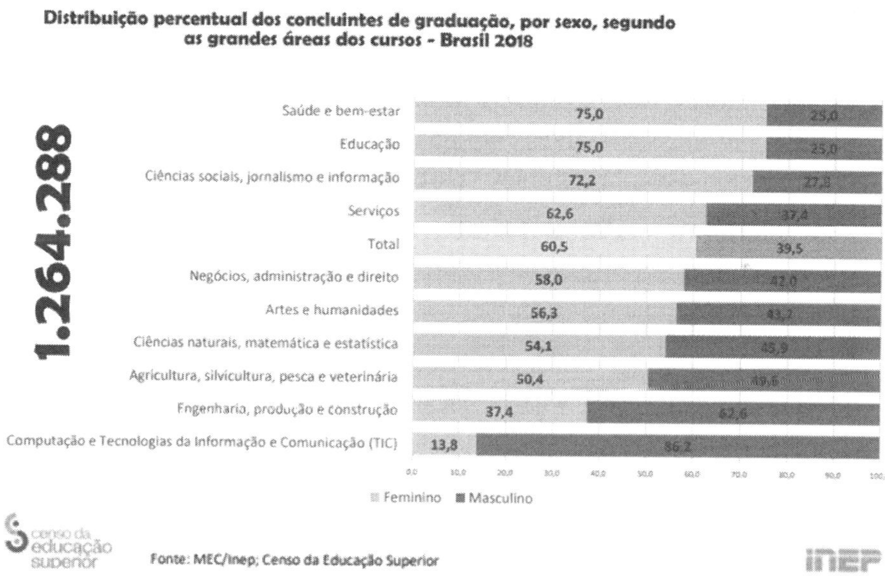

Corroborando essa percepção social de que o cuidado com as pessoas é uma atribuição feminina, 75% dos concluintes das graduações lidadas à educação são mulheres. Isso explica o porquê 80% dos 2,2 milhões de

21. BRASIL. INEP e MEC. *Censo da Educação Superior 2018* – Divulgação dos resultados. Brasília. Instituto Nacional de Estudos e Pesquisas Educacionais Anísio Teixeira (INEP) e Ministério da Educação (MEC): Brasília, 2019, p. 63. Disponível em: http://download.inep.gov.br/educacao_superior/censo_superior/documentos/2019/apresentacao_censo_superior2018.pdf. Acesso em 11.10.2020.

docentes da educação básica brasileira são do sexo feminino[22] e, conforme dados do Censo Escolar 2019, 80,8% de diretores de escola, são mulheres[23].

Ao analisar como aumentar a presença de mulheres em carreira de exatas, costumeiramente vinculadas ao universo masculino, o Boletim Aprendizagem em Foco, do Instituto Unibanco, destacou que, em 2015, a Organização para a Cooperação e Desenvolvimento Econômico (OCDE) divulgou o relatório "O ABC da Igualdade de Gênero na Educação". Nesse relatório foram analisados comportamentos de pais e professores que afetavam o resultado de meninos e meninas que participaram do PISA – Programa Internacional de Avaliação de Alunos, exame realizado pela OCDE que avalia o nível educacional de jovens de 15 anos por meio de provas de Leitura, Matemática e Ciências. As meninas relataram ter menos autoconfiança em sua habilidade para resolver problemas de Matemática e eram mais propensas a expressar fortes sentimentos de ansiedade em relação à disciplina, fatores que têm impacto negativo no aprendizado. O interessante é que, comparados estudantes com iguais níveis de autoconfiança e ansiedade, a desigualdade de resultados entre meninos e meninas desaparece[24].

O Boletim Aprendizagem em Foco apontou a importância de ter referências femininas em Exatas no corpo docente e oferecer programas de orientação vocacional para combater estereótipos de gênero na escolha das carreiras:

> A Unesco também abordou este tema no relatório de 2015 do compromisso Educação Para Todos. Além de citar o problema da alta ansiedade e baixa expectativa, ao elencar ações que

22. BRASIL. INEP. *Censo Escolar 2017 – Notas Estatísticas*. Instituto Nacional de Estudos e Pesquisas Educacionais Anísio Teixeira: Brasília, 2018, p. 19. Disponível em: https://drive.google.com/file/d/1diB1miZTKvuVByb9oXIXJgWbIW3xLL_f/view. Acesso em: 10.10.2020.

23. BRASIL. INEP. *Censo Escolar 2019 – Notas Estatísticas*. Instituto Nacional de Estudos e Pesquisas Educacionais Anísio Teixeira (INEP): Brasília, 2020, p. 15. Disponível em: http://portal.inep.gov.br/documents/186968/0/Notas+Estat%C3%ADsticas+-+Censo+da+Educa%C3%A7%C3%A3o+B%C3%A1sica+2019/43bf4c5b-b478-4c5d-ae17-7d55ced4c37d?version=1.0. Acesso em: 10.10.2020.

24. INSTITUTO UNIBANCO. Gênero: Como aumentar a presença de mulheres em carreiras de exatas. *Boletim Aprendizagem em Foco*, n. 7, março de 2016. Disponível em: https://www.institutounibanco.org.br/aprendizagem-em-foco/7/. Acesso em: 15.09.2020.

> podem ser executadas para enfrentar a questão, a organização remete a um estudo feito nos Estados Unidos que mostrou que meninas que contavam com professoras de Matemática mulheres, com sólido conhecimento da disciplina, apresentavam melhora significativa no aprendizado. Para a entidade, isso mostra que é preciso investir mais na formação de professoras mulheres em Exatas.
>
> Outra sugestão de ação que aparece tanto no relatório da Unesco quanto no da OCDE é oferecer programas de orientação vocacional que tenham a preocupação de combater estereótipos de gênero na escolha das carreiras. Um exemplo de abordagem que pode ser feita é convidar mulheres que atuem em carreiras de Ciências Exatas e da Natureza para darem seu relato sobre a profissão[25].

A Convenção sobre a Eliminação de todas as formas de Discriminação contra a Mulher, em seu artigo 10, "c", enfatiza o dever dos Estados-partes de eliminar "todo conceito estereotipado dos papéis masculino e feminino em todos os níveis e em todas as formas de ensino mediante o estímulo à educação mista e a outros tipos de educação que contribuam para alcançar este objetivo e, em particular, mediante a modificação dos livros e programas escolares e adaptação dos métodos de ensino".

Para superar a visão culturalmente naturalizada de que cabe às mulheres o cuidado das pessoas e a responsabilidade pelos afazeres domésticos, que adia a igualdade de gênero sobretudo no mercado de trabalho, é importante: (1) socializar meninos e meninas em igualdade de condições desde a primeira infância e educá-los para uma divisão de responsabilidades no tocante aos afazeres e cuidados domésticos; (2) romper com estereótipos de gênero no ambiente educacional, combatendo visões de que há profissões ditas femininas e outras masculinas; (3) garantir o direito formal e material à educação, na perspectiva da igualdade de oportunidades, sem estereótipos, que permita às mulheres a efetiva liberdade de escolha das carreiras profissionais.

25. Op. cit.

4. CONCLUSÃO

A Constituição Federal garante o direito à educação visando ao pleno desenvolvimento da pessoa, seu preparo para o exercício da cidadania e sua qualificação para o trabalho, livre de qualquer discriminação. Tal direito é reforçado pelos tratados internacionais ratificados pelo Brasil, tanto no âmbito da ONU quanto da OEA.

Muitas batalhas foram vencidas, mas há um longo caminho a ser percorrido para uma efetiva igualdade entre homens e mulheres e a educação possui papel central nesse percurso.

Remanesce o desafio de adotar políticas públicas para garantir a igualdade de acesso e permanência na educação na perspectiva não apenas de gênero, mas de cor/raça cujos indicadores precisam avançar; e prevenir a gravidez na adolescência, conferindo suporte às meninas que enfrentam tal circunstância para que possam continuar seus estudos.

Finalmente, para superar a visão culturalmente naturalizada de que cabe às mulheres o cuidado das pessoas e a responsabilidade pelos afazeres domésticos, que adia a igualdade de gênero no mercado de trabalho, é importante: (1) socializar meninos e meninas em igualdade de condições desde a primeira infância e educá-los para uma divisão de responsabilidades no tocante aos afazeres e cuidados domésticos; (2) romper com estereótipos de gênero no ambiente educacional, combatendo visões de que há profissões ditas femininas e outras masculinas; (3) garantir o direito formal e material à educação, na perspectiva da igualdade de oportunidades, sem estereótipos, que permita às mulheres a efetiva liberdade de escolha das carreiras profissionais.

5. BIBLIOGRAFIA

BOBBIO, Norberto. *Era dos Direitos*. COUTINHO, Carlos Nelson (Trad.). Rio de Janeiro: Campus, 1988.

BRASIL. IBGE. *PNAD Contínua - Educação 2019*. Instituto Brasileiro de Geografia e Estatística (IBGE): Brasília, 2020. Disponível em: https://biblioteca.ibge.gov.br/visualizacao/livros/liv101736_informativo.pdf.

______________. *Estatísticas de Gênero Indicadores sociais das mulheres no Brasil.* Instituto Brasileiro de Geografia e Estatística: Brasília, 2018. Disponível em: https://biblioteca.ibge.gov.br/visualizacao/livros/liv101551_informativo.pdf.

BRASIL. INEP. *Censo Escolar 2019 – Notas Estatísticas.* Instituto Nacional de Estudos e Pesquisas Educacionais Anísio Teixeira (INEP): Brasília, 2020. Disponível em: http://portal.inep.gov.br/documents/186968/0/Notas+Estat%C3%ADsticas+-+Censo+da+Educa%C3%A7%C3%A3o+B%C3%A1sica+2019/43bf4c5b--b478-4c5d-ae17-7d55ced4c37d?version=1.0.

______________. MEC. *Censo da Educação Superior 2018* – Divulgação dos resultados. Brasília. Instituto Nacional de Estudos e Pesquisas Educacionais Anísio Teixeira (INEP) e Ministério da Educação (MEC): Brasília, 2019. Disponível em: http://download.inep.gov.br/educacao_superior/censo_superior/documentos/2019/apresentacao_censo_superior2018.pdf. Acesso em 11.10.2020.

______________. *Censo Escolar 2017 – Notas Estatísticas.* Instituto Nacional de Estudos e Pesquisas Educacionais Anísio Teixeira: Brasília, 2018. Disponível em: https://drive.google.com/file/d/1diB1miZTKvuVByb9oXIXJgWbIW3xLL_f/view.

______________. *Estatísticas da Educação Básica no Brasil.* Instituto Nacional de Estudos e Pesquisas Educacionais Anísio Teixeira (INEP): Brasília, 1996. Disponível em: http://portal.inep.gov.br/documents/186968/484154/Estat%C3%ADsticas+da+educa%C3%A7%C3%A3o+b%C3%A1sica+no+Brasil/e2826e0e - 9884-423c-a2e4-658640ddff90?version=1.1.

BRASIL. JORNAL ESTADÃO. Disponível em: https://brasil.estadao.com.br/noticias/geral,brasil-sobe-em-ranking-de-igualdade-de-genero-mas-ainda-ocupa-a-92-posicao,70003127929. Acesso em: 10.09.2020.

INSTITUTO UNIBANCO. Gênero: Como aumentar a presença de mulheres em carreiras de exatas. *Boletim Aprendizagem em Foco*, n. 7, março de 2016. Disponível em: <https://www.institutounibanco.org.br/aprendizagem-em-foco/7/>. Acesso em: 15 ago. 2019.

ONU NEWS. *Guterres: A igualdade de gênero é fundamental para um mundo melhor.* Disponível em: https://news.un.org/pt/story/2020/02/1705581.

PIOVESAN, Flavia. *Direitos Humanos e o Direito Constitucional Internacional.* 17a ed. São Paulo: Editora Saraiva, 2017.

______________. *Temas de Direitos Humanos.* 11ª ed. São Paulo: Editora Saraiva, 2018.

SOARES, Inês Virgínia Prado; BASTOS, Lucia Elena A. Ferreira; FACHIN, Melina Girardi. *Economia dos cuidados: quem perde com o pandemônio feminino na pandemia.* JOTA. 4.10.2020. Disponível em: https://www.jota.info/opiniao-e-analise/artigos/economia-dos-cuidados-pandemonio-feminino-04102020. Acesso em 10.10.2020.

17

AS MULHERES E A CONQUISTA DOS DIREITOS POLÍTICOS: UMA LUTA HISTÓRICA PELA IGUALDADE

Sandra Cureau

Subprocuradora-Geral da República; ex-Vice-Procuradora-Geral da República; ex-Vice-Procuradora-Geral Eleitoral; foi Procuradora-Regional Eleitoral no Rio Grande do Sul e no Rio de Janeiro; foi coordenadora da 4ª Câmara Coordenação e Revisão do Ministério Público Federal – Meio Ambiente e Patrimônio Cultural, durante 10 anos; é membro das diretorias do Instituto O Direito por um Planeta Verde e da Associação de Professores de Direito Ambiental do Brasil – APRODAB; coautora do livro Direito Ambiental – série Universitária, Rio de Janeiro: Elsevier, 2013; organizadora de diversos livros e autora de diversos artigos sobre meio ambiente, patrimônio cultural e direito eleitoral.

Nunca me esquecerei que no meio do caminho
Tinha uma pedra
Tinha uma pedra no meio do caminho.

Carlos Drummond de Andrade.

INTRODUÇÃO

Os direitos políticos são as prerrogativas e deveres inerentes à cidadania e o seu núcleo consubstancia-se no direito de votar e de ser votado. O primeiro é denominado capacidade eleitoral ativa e o segundo, capacidade eleitoral passiva.

A proposta deste trabalho é realizar uma análise crítica do papel desempenhado pelas mulheres ao longo dos diversos períodos da história, dos obstáculos sociais, culturais e jurídicos enfrentados na busca pelo seu reconhecimento como cidadãs, da luta feminina pela conquista dos direitos da cidadania, das dificuldades e dos resultados obtidos, com especial enfoque no Brasil atual.

Desde logo, uma primeira observação se faz importante: os direitos políticos, ao longo da história, dificilmente foram conferidos a todos os seres humanos, fossem eles homens ou mulheres. Na Grécia clássica, cidadãos eram os nobres e os grandes proprietários de terras, situação que perdurou na Roma antiga e durante toda a Idade Média.

Evidentemente, para uma análise dessa ordem, é preciso levar-se em conta as transformações sociais ocorridas em cada momento histórico. A sociedade feudal, por exemplo, não prevê a intervenção de um poder que lhe seja exterior. Os senhores feudais, em certos casos, como no das baronias, eram detentores de um poder absoluto, que incluía o direito de justiça. A ideia de Estado, de um poder público exercendo, em nome do interesse geral, qualquer tipo de coação lhes era, então, totalmente estranha.

1. PERSONA – A FUNÇÃO DO INDIVÍDUO NA CIDADE ANTIGA

O primeiro significado da palavra latina ***persona*** é o de máscara, indicando algo exterior ao homem, com o qual ele cobria a cabeça e se apresentava perante os demais, através de uma imagem externa que não era a sua. Pessoa (*persona*) teve, desde suas origens, um sentido social e relacional, que variou nas diversas épocas e nas diversas concepções religiosas e filosóficas sobre as relações intersubjetivas.

Na tradição greco-romana, se, em princípio, ***persona*** significava as "máscaras que os atores usavam no teatro", logo passou a significar "a função do indivíduo na sociedade", sem chegar, jamais, a significar o indivíduo em si mesmo. Nessa concepção estamental da sociedade, que atravessou a Idade Média, nem todos os seres humanos eram *personas*. A participação na vida social e os direitos e deveres de cada um dependiam da condição ou do estado no qual cada um estava inserido e era desigual em função disso.

Cidadãos, escravos, libertos, estrangeiros, mulheres, menores tinham distintas situações jurídicas.

Na cidade antiga, a religião era a fonte de onde emanavam os direitos civis e políticos. Daí porque o exilado, por exemplo, perdendo a religião de sua pátria, perdia, ao mesmo tempo, seus direitos de propriedade, sua família, sua condição de marido e pai: não podia mais ter lar, mulher ou filhos. Ao morrer, não lhe era dado ser enterrado no solo da cidade, nem no túmulo dos antepassados. Tornava-se um estrangeiro e o exílio consubstanciava um suplício maior do que a morte.

Registre-se que as cidades antigas puniam a maior parte das ofensas cometidas contra elas tirando do culpado a condição de cidadão, o que significava que as leis da cidade não mais o protegiam.[1]

Estado, cidade e pátria não eram conceitos abstratos, como hoje, mas sim o conjunto de divindades, o culto de cada dia, as crenças, agindo sobre a alma e fazendo com que, nessa noção, se confundisse tudo quanto de mais caro o ser humano possuía.

Todos os autores da antiguidade dividiam os homens por classes, nunca admitindo-os como iguais, nem mesmo aqueles considerados cidadãos, ou seja, nem mesmo aqueles que gozavam de direitos políticos.

Ainda assim, é possível observar que, nas cidades-estados gregas, havia organizações políticas e sociais bastante diferenciadas. Esparta era o tipo representativo da sociedade oligárquica, enquanto Atenas representava a organização política democrática.

Essa democracia, porém, não era nada semelhante àquela que hoje concebemos. Durante muito tempo a totalidade dos direitos políticos (*epitimia*) foi exclusiva dos nobres e grandes proprietários de terras (*eupátridas*).

Mais tarde, outras camadas sociais vieram a desfrutar desses direitos, como testemunha HOMERO (século IX a. C.). Aos bem nascidos juntaram-se os pequenos proprietários (*georgoi*) e os trabalhadores livres (*demiurgos*).

---

1. Vide FUSTEL DE COULANGES, Numa Denis. *A cidade antiga*. São Paulo: Martins Fontes, 1981, p. 203 e ss.

Somente com o advento do cristianismo, a personalidade humana vai encontrar uma dupla fundamentação: teológica e filosófica ou metafísica. A pessoa, no seu significado filosófico, tem, como dimensão própria, a socialidade ou relacionalidade. A concepção que hoje temos de pessoa, tanto na filosofia como no direito, nasce no momento em que ela se libera da concepção estamental, para circunscrever-se ao que o ser humano tem de comum e individual, de natural e substancial e que torna todos iguais entre si.

2. O PAPEL DA MULHER NA ANTIGUIDADE GRECO-ROMANA

Não é possível falar da mulher grega de maneira genérica, uma vez que nunca existiu uma Grécia antiga única, política e socialmente constituída. Fracionada em cidades-estados, que dificilmente se uniam, os regimes jurídicos de cada uma eram diversos e até mesmo antagônicos. Disso são testemunho as obras de Homero, Platão, Aristóteles, Hesíodo, Xenofonte, e de outros pensadores da época que chegaram até nós.

Primeiramente, é necessário recordar que os territórios das cidades-estados gregas eram pequenos, se considerarmos os moldes atuais. Esparta, a maior de todas, detinha 8.400 km2. Atenas, em seu apogeu, no século V a. C. não superava 3.400 km2. Consequentemente, também a população era reduzida.

Isso possibilitava que o cidadão – isto é, aqueles poucos que detinham a cidadania – votasse diretamente, e não por meio de representantes escolhidos, sobre os assuntos de interesse da *polis*. Ainda assim, apenas uma minoria participava das assembleias, já que muitos ficavam ocupados com seus assuntos pessoais. Por essa razão, no século IV a. C., foi criada, como estímulo, uma espécie de *jeton*. A Assembleia era soberana, competindo-lhe o poder legislativo, parte importante do poder judiciário, a orientação das relações exteriores e o controle do executivo (magistrados).

Ao contrário de Atenas, cuja formação se deu por meios pacíficos, Esparta formou-se pela dominação violenta dos dóricos. Por sua posição geográfica, no interior da península do Peloponeso, não mantinha interação cultural com outros povos.

Em Esparta vigia a endogamia, significando que os casamentos deviam ser realizados dentro do mesmo grupo social. A educação espartana, voltada diretamente a servir ao Estado, fazia com que a mulher fosse obrigada a casar-se com quem a desejava, já que seu papel exclusivo era de gerar filhos robustos para a *polis*. Os homens muitas vezes emprestavam suas mulheres a outros, para que tivessem filhos, a serem dedicados aos serviços do Estado.

Também em Atenas, a mulher já nascia como indesejável. Um filho homem garantia não só as questões ligadas à sucessão e à herança, como também dava continuidade ao culto familiar, sobre o qual, como já vimos, repousavam não só todos os direitos como a própria cidadania.

A mulher, no casamento, era objeto e não sujeito de direitos e sua função principal era dar ao homem um herdeiro, isto é, um filho varão. Se não tivesse filhos, era devolvida aos pais. Veja-se que o homem se casava para dar continuidade à família e à *polis*, razão pela qual repudiar a mulher estéril, mais que um direito, era um dever religioso e patriótico.

Mulheres e escravos eram permanentemente incapazes e, dificilmente, salvo se guardadas por escravos, podiam elas transpor a porta do gineceu sem a presença do pai ou do marido.

Tanto em Esparta como em Atenas, o pai era detentor do direito de vida ou morte da filha mulher, posto que seu nascimento não satisfazia à finalidade do casamento, pois não podia continuar com o culto familiar – quando se casasse, renunciaria à família e ao culto do pai e passaria a pertencer à família e à religião do marido.

Por temor religioso, os atenienses não praticavam o infanticídio, mas era considerada legal a exposição da recém-nascida em um vaso de argila, que poderia lhe servir de túmulo. Essa criança ficava à inteira mercê da sorte: poderia ser recolhida, se fosse robusta, para servir de escrava ou para ser vendida. Já em Esparta, esses escrúpulos de ordem religiosa não impediam o pai de determinar o sacrifício da filha mulher.

O poeta Simônides de Amorgo (século VII a. C.), na sua *Sátira contra as Mulheres*, nos dá um exemplo bastante claro do desprezo com que eram vistas as mulheres gregas, ao dividi-las em dez tipos: suja, descendente da porca; *astuta e velhaca*, descendente da raposa; má e questionadora, descendente da cadela, indolente e preguiçosa, descendente da terra; volúvel e instável, descendente do mar; gulosa, sensual e pronta para qualquer trabalho, descendente da jumenta; perversa e revoltante, descendente da doninha; ociosa e bem arrumada, descendente da égua; magricela e malévola, descendente da macaca e, um único tipo positivamente avaliado: a honesta e desejável, descendente da abelha.[2]

Platão (428 a.C. - 348 a.C.), conhecido filósofo ateniense, declaradamente admirador de Esparta, defende em *A República* a comunidade de esposas, com a consequente abolição da família em favor de um sistema de casamentos temporários, regulado pelo Estado.

Em Roma, a situação feminina não era diferente. A família antiga, como nos mostra FUSTEL DE COULANGES (1981), sempre repousou sobre a religião da família e de seus antepassados. E essa era transmitida pelo filho varão que, pela mesma razão, herdava também os bens. Se houvesse mais de um filho, os bens passariam ao primogênito, mas jamais à filha mulher.

De outro lado, o gênio romano não se concentrava na reflexão, na filosofia, como o grego, e os homens de Estado eram, acima de tudo, chefes de um exército que se batia em várias frentes. Apenas o estatuto jurídico conseguiu erguer-se acima das necessidades de ação e o direito foi a única elaboração teórica e abstrata que os romanos se permitiram. Tendo todos os problemas não resolvidos pela guerra regulados pelo direito, Roma não sentiu a necessidade de nenhuma doutrina filosófica ou política.[3]

Entretanto, mais do que uma cidade, Roma, em seus primórdios, foi uma confederação de vários grupos ou tribos, um centro, no qual agruparam-se latinos, etruscos, sabinos e gregos. O efeito de tal cruzamento foi uma convergência de vínculos com todos os povos conhecidos, sendo o culto nacional uma mistura de todos os demais.

---

2. Todo este trecho, em redação livre, foi extraído de BRANDÃO, Junito de Souza. *Helena o eterno feminino.* Petrópolis: Vozes, 1991, p. 17.
3. Veja-se a respeito TOUCHARD, Jean. *História das ideias políticas.* Vol. 1. Lisboa: Publicações Europa-América, 1970, p. 89/94.

Interessante notar que esses grupos de origens diferentes tinham, cada um, a sua *gens*, e ocupavam na *urbe* colinas diversas: o Palatino era a *urbe* latina; o Capitolino, dos sabinos; o Quirinal, dos etruscos. Essas origens manifestavam-se, igualmente, na língua falada, nos nomes das famílias e até no culto nacional como união de muitos cultos.

O historiador Dionísio, assim como Plutarco e Cícero, sustenta que o famoso "rapto das sabinas" foi a forma que Rômulo encontrou para contratar relações regulares com a população sabina. Como o rito do casamento, herdado dos gregos, iniciava-se com a *traditio in manum* – isto é, o oferecimento da filha pelo pai – a presença dos sabinos na cerimônia (ou banquete) prestou-se à aquisição do *connubium* com os sabinos. A lenda do rapto teria surgido posteriormente.

De qualquer modo, certo é que Roma teve o cuidado de realizar a união pelo culto e pelo *connubium*.

3. DESDE A IDADE MÉDIA ATÉ AS PRIMEIRAS DECLARAÇÕES DE DIREITOS

Na sociedade feudal, "o laço humano característico é a ligação do subordinado a um chefe imediato."[4] Duas ideias são essenciais: a de proximidade ou personalização das relações humanas e a de desigualdade, consubstanciada na subordinação de um servo (não um escravo) a um chefe, não obrigatoriamente um nobre.

No curso desse longo milênio (476 a 1492), a situação feminina não evoluiu. O antifeminismo medieval foi apenas o reflexo de uma cultura que buscou se constituir pelo cruzamento das tradições antigas e cristãs. Ao lado do direito escrito já existia, então, uma zona de transição puramente oral. Nesta última, a mulher poderia herdar um feudo, quando não houvesse outra solução, mas o costume exigia que ela fosse representada por um tutor, o que revelava a sua condição jurídica de incapaz.

4. BLOCH, Marc. *La societé feudale*. Vol. II. In TOUCHARD, Jean. Op. cit. Vol. II, p. 53.

PIETTRE (1974)[5] observa que:

> "A Igreja da idade média adota diante da mulher uma atitude marcada pela ambivalência, oscilando sempre entre a exaltação e a depreciação, entre Maria e Eva; tem vontade de valorizar a mulher mas também de manter a sujeição secular que acredita estar conforme à ordem das coisas."

Por outro lado, toda a mulher que se entregasse ao ato sexual visando o prazer e não meramente a procriação cometia pecado mortal: o lesbianismo, o coito interrompido, o onanismo eram severamente punidos. Veja-se que, mesmo dentre aqueles acusados de bruxaria, a estatística era de 9 mulheres para 1 homem.

LE GOFF (2006), o grande medievalista, e TRUONG (2006)[6] concluem que "a mulher irá pagar em sua carne o passe de mágica dos teólogos, que transformaram o pecado original em pecado sexual." A mulher medieval foi subtraída até mesmo na sua natureza biológica, pois, como a existência de ovulação era, até então, ignorada, a fecundação era atribuída apenas ao sexo masculino.

Valendo-se dos escritos de Santo Agostinho, muitos padres e clérigos preteriram a primeira versão da Criação, presente na Bíblia – Deus criou o homem à nossa imagem, à nossa semelhança, isto é, homem e mulher – pela modelagem de Eva a partir da costela de Adão. Isso levou à cisão do ser humano: a parte superior – razão e espírito – estaria do lado masculino e a parte inferior – corpo e carne – do lado feminino, demonstrando a desigualdade original da mulher.

---

5. PIETTRE, Monique. *La condition féminine à travers les âges*. In ALBISTUR, Maïté e ARMOGATHE, Daniel. *Histoire du féminisme français du moyen âge à nos jours*. Paris: Éditions des Femmes, 1977, p. 22.
6. LE GOFF, Jacques e TRUONG, Nicolas. *Uma história do corpo na Idade Média*. Rio de Janeiro: Civilização Brasileira, 2006, p. 54.

MARTINS-COSTA[7] afirma que:

> "**Pessoa, sujeito, direito subjetivo, dignidade da pessoa**: essas noções hoje tidas como assentes que suportam como vigas-mestras, todo o edifício jurídico são, em larga medida, resultados de uma complexa construção elaborada nos séculos do Renascimento e do primeiro Jusnaturalismo dos meados do Cinquecento aos finais do séc. XVII – conquanto sua forma final seja produto tardio do Iluminismo e Pandectística germânica, esta já nos Oitocentos. Trata da construção do **indivíduo** como sujeito social e ator jurídico que culminará na ideia do indivíduo-pessoa como categoria ético-jurídica, dotado de direitos subjetivos"

Entretanto, isso, de forma alguma, pode ser aplicado à condição feminina, uma vez que, quando se examina a situação da mulher no século XVI, tem-se a impressão de alguém que emergiu da Idade Média sem quaisquer alterações em seu *status* jurídico e social. A imensa maioria continuou imersa na ignorância, como anteriormente e a situação da mulher casada não se modificou.

Apesar de o Renascimento trazer consigo a esperança de um mundo novo, regenerado dos erros antigos, a verdade é que coisas como a instrução e a educação, que permitiriam às mulheres exercer um papel na história, continuaram a ser reservadas aos homens aristocratas e burgueses.

Dessa forma, a ideologia humanista foi, essencialmente, masculina e aristocrática.

Se todos os argumentos já expostos não fossem suficientes, cabe lembrar que *Malleus Maleficarum*[8], uma espécie de manual do caçador de bruxas, foi escrito pelo monge dominicano Jacques Sprenger, inquisidor na região da Renânia, no final do século XV, e publicado em 1520. A ação antifeminista do *Malleus*, a par de ter tido ampla difusão, foi reforçada no final do século XVI e no início do século XVII por um discurso eclesiástico de múltiplas facetas. Ao lado dos homens da Igreja, os médicos do período

7. MARTINS-COSTA, Judith. *Individuo, Pessoa, Sujeito de Direitos: Contribuições Renascentistas para uma História dos Conceitos Jurídicos.* Disponível em: *www.seer.ufrgs.br › ppgdir › article › download* Acesso em 31.01.2020.

8. Traduzido para o português como *O Martelo das Bruxas*.

renascentista consideravam a mulher "um macho mutilado e imperfeito", afirmando, assim, a sua inferioridade estrutural.[9]

4. AS PRIMEIRAS DECLARAÇÕES DE DIREITOS

Como explica PONTES DE MIRANDA[10] (1987), se os direitos fundamentais limitam os poderes estatais, é preciso não esquecer que, "até há pouco, a doutrina e os legisladores falavam vagamente de *faculdades* do Estado, ou atribuíam a tais limitações caráter da ordem de Deus ou de direito natural, ou, mais modestamente, de regra jurídica *a priori*."

Importante referir que a Magna Carta, de João Sem-Terra (1215), considerada a base das liberdades britânicas, além de não representar uma conquista popular – foi traçada no interesse da aristocracia –, não se presta ao presente trabalho, nem será aqui examinada, já que visou, mais que tudo, controlar as desmesuradas exigências tributárias da época.

Assim sendo, o primeiro documento que costuma ser citado, no campo dos direitos humanos (e políticos) é a Declaração de direitos do bom povo de Virgínia, datada de 16 de junho de 1776 e inserida no contexto da luta pela independência dos Estados Unidos da América (1775-1783).

A importância da Declaração de Virgínia, para este estudo, está no fato de ter afirmado, expressamente, que todo o poder é inerente ao povo e dele procede e de ter consagrado as eleições livres e o direito ao sufrágio.

Como ocorre com a Declaração francesa de agosto do mesmo ano, trata-se de um documento concebido previamente à Constituição e, como tal, oponível aos constituintes, o que, no dizer de PONTES DE MIRANDA, explica o seu tom declarativo e não criativo.

A Declaração dos Direitos do Homem e do Cidadão, de 26 de agosto de 1789, refletindo as ideias libertárias e igualitárias da época e o ideal revolucionário francês, dispôs que os homens nascem e são livres e iguais em direitos. Em 1793, a Convenção Nacional aprovou outra declaração,

---

9. DELUMEAU, Jean. *História do Medo no Ocidente*. São Paulo: Companhia das Letras, 1989, p. 310-333.

10. PONTES DE MIRANDA, Francisco Cavalcanti. *Comentários à Constituição de 1967 com a emenda nº 1 de 1969.* Tomo IV. Rio de Janeiro: Forense, 1987, p. 622-623.

complementar à primeira, explicitando direitos individuais que seguem sendo consagrados em Constituições atuais e que, ainda hoje, constituem pilares dos direitos humanos.

É necessário frisar, contudo, que se trata, ainda, da celebração de ideias individualistas, as quais, mais que tudo, mostram a afirmação do homem contra o Estado.

Ocorre que os direitos individuais não esgotam os direitos humanos, como restou provado nos séculos que se seguiram.

A comparação entre as duas importantes declarações de direitos, feita por DOUZINAS[11] (2009), merece a nossa reflexão.

Inicia o autor comparando os objetivos: enquanto os documentos norte-americanos visavam legitimar a independência política da Grã-Bretanha, os dos franceses eram depor o *ancien régime* e sua ordem social. De um lado, não havia premência de construir teoricamente e legislar sobre novos direitos, mas apenas de modificar a base da legitimidade do poder do Estado, já que os direitos eram naturais, já existiam e eram bem conhecidos.

A situação francesa era totalmente diversa: a garantia central da Declaração era o direito de resistência à opressão. Como declarou Mirabeau, "era um ato de guerra contra os tiranos." Para a nação francesa, que já existia, o objetivo fundamental *era* constituir e não simplesmente declarar direitos. Os direitos que foram proclamados, ao contrário dos norte-americanos, não eram um fim em si mesmos, mas os meios usados pela Assembleia para reconstruir o Estado conforme os princípios do direito natural.

Ainda, citando DOUZINAS[12], "os dias que se seguiram à Revolução foram alguns dos mais negros na história das mulheres." A natureza feminina foi definida como reservada e prática, frágil e emocional, indispensável para as tarefas domésticas e totalmente incompatível com o exercício dos direitos políticos. De fato, somente em 1944, o direito ao voto foi concedido às mulheres francesas.

Mas, em regra, no que diz respeito à condição feminina, o século XVIII foi palco de uma grande contradição: de um lado, a liberalização

---

11. DOUZINAS. Costas. *O fim dos direitos humanos*. São Leopoldo: Unisinos, 2009, ps. 101 – 103.
12. Op. cit., p. 111.

dos costumes opunha-se à situação de dependência em que as mulheres continuavam vivendo e, de outro, acentuava-se a pressão masculina para conservar o seu poder. As mulheres da nobreza se tornaram mais emancipadas, ainda que a vida cotidiana continuasse separando os sexos.

Na vida social, tais mulheres se destacavam por sua elegância e seu espírito. Seus salões se multiplicavam e eram frequentados por homens cultos, atraídos pelo seu charme. Passaram a frequentar cafés e há relatos de que, até mesmo, se batiam em duelos. Trata-se, porém, da vida das mulheres das classes privilegiadas, uma vez que a pequena burguesia permanecia longe desse progresso social e as mulheres do povo continuavam vivendo como nos séculos anteriores.

Ocorre que "os direitos naturais desapareceram junto com o homem abstrato do século XVIII cuja natureza eles haviam definido"[13], pois, como aponta ARENDT (2004), nem a lei natural, nem o mandamento divino ou qualquer outro conceito de humanidade são necessários como fonte da lei. E acrescenta:

> "O conceito de direitos humanos, baseado na suposta existência de um ser humano em si, desmoronou no mesmo instante em que aqueles que diziam acreditar nele se confrontaram pela primeira vez com seres que haviam realmente perdido todas as outras qualidades e relações específicas – exceto que ainda eram humanos. O mundo não viu nada de sagrado na abstrata nudez de ser unicamente humano."[14]

Mas, os direitos humanos só vieram a ingressar no cenário mundial após a Segunda Guerra. Até então, tem-se declarações de direitos limitadas aos territórios dos países para os quais foram elaboradas. Nem poderia ser diferente, já que os revolucionários franceses, por exemplo, não podiam impor suas ideias aos governos e cidadãos de outros países.

Observe-se, ademais, que a Carta das Nações Unidas, de 1945, e a Declaração Universal dos Direitos Humanos, de 1948, foram uma resposta às atrocidades praticadas pelos nazistas na Segunda Guerra e ao holocausto dos judeus.

---

13. DOUZINAS, op. cit., p. 125.
14. ARENDT, Hanna. *Origens do Totalitarismo.* São Paulo: Companhia das Letras, 2004, p. 333.

5. OS MOVIMENTOS SUFRAGISTAS

Como foi visto, até o século XVIII, não é possível apontar nenhum movimento organizado de mulheres visando a igualdade de direitos políticos. As primeiras manifestações organizadas de reinvindicação dos direitos femininos surgiram nos Estados Unidos, no século XIX, juntamente com os movimentos abolicionistas das províncias do Norte do país. Até a Guerra Civil Americana (1861 a 1865), várias convenções feministas foram realizadas.

Não é intenção da autora destacar nomes de mulheres que atuaram nas lutas abolicionista e sufragista. Entretanto, não é possível deixar de citar o papel exercido por Harriet Tubman, escrava, analfabeta, nascida em 1822 no condado de Dorchester, localizado no pequeno estado de Maryland, na costa leste dos Estados Unidos. Batizada como Araminta – ou simplesmente *Minty*, para a família –, adotou o nome Harriet em homenagem à sua mãe. Em 1849, Minty fugiu sozinha para a Filadélfia, aliando-se a movimentos abolicionistas, como a *Underground Raylroad*[15]. Após resgatar seus pais da escravidão, liderou cerca de 20 missões em diversos estados, entre 1850 e 1860. Realizando complexos trajetos, que alternavam longas caminhadas por trilhas desconhecidas e florestas com viagens de trem, foi a responsável direta pela libertação de mais de 300 escravos.[16]

Harriet se alistou nos Exércitos da União durante a Guerra Civil Americana (1861-1865), nos quais executou diversas funções – entre as quais, cozinheira, enfermeira e espiã –, tendo sido a primeira mulher a exercer papel de destaque em uma operação militar nos Estados Unidos: o ataque a Combahee, em 1863.

---

15. A *Underground Railroad* era um método (ou movimento) existente nos estados do Norte, antes da Guerra Civil, usado para a fuga dos escravos do Sul, com o auxílio de nortistas simpáticos à causa abolicionista, alcançando locais de segurança no Norte ou no Canadá. Embora não fosse subterrâneo nem ferroviário, foi assim chamado porque suas atividades tinham que ser realizadas em segredo, durante a noite ou com uso de disfarces. Os termos ferroviários eram usados em referência ao seu modo de ação.
16. Disponível em https://aventurasnahistoria.uol.com.br/noticias/reportagem/historia-biografia-de-harriet-tubman.phtml Acesso em 20.02.2020.

Por um quarto de século, os dois movimentos – abolicionista e sufragista – caminharam juntos e fortificaram um ao outro. Mas, com a abolição da escravatura e o reconhecimento do direito dos negros ao sufrágio, através da 14ª emenda à Constituição americana em 1866, as americanas, ao verem associada a cidadão a palavra 'male', indignadas, fundaram a *National Woman Suffrage Association* (1869), da qual poderia tornar-se membro qualquer mulher que acreditasse no seu direito de voto. A ela seguiram-se outras associações com o mesmo fim.[17]

Apesar da luta intensa das organizações sufragistas, somente em 1928 as mulheres americanas obtiveram o direito de voto para as maiores de 21 anos, sem quaisquer restrições e em condições de igualdade com o voto masculino.

Já na Inglaterra, a luta pelo sufrágio feminino coincidiu com a Revolução Industrial e, ao contrário do que ocorreu nos Estados Unidos, as táticas adotadas não foram sempre pacíficas, tornando-se, cada vez, mais agressivas e violentas. A partir de 1908, um grupo de sufragistas começaram a vandalizar ou destruir edifícios públicos e privados, igrejas e museus, o que levou ao encarceramento de centenas delas. Muitas presas chegaram a fazer greve de fome como forma de protesto.

As formas de atuação levaram muitos estudiosos a dividirem as militantes em dois grupos: aquelas que adotavam métodos pacíficos, sem violar a lei ou a ordem pública, conhecidas como 'sufragistas constitucionalistas' e as '*sufragetes*', que imprimiam à sua campanha uma estratégia mais agressiva, à qual foi feita referência acima. A principal organização sufragista britânica era a NUWSS – National Union of Women's Suffrage Societies, fundada em 1897, que tinha na presidência Millicent Garret Fawcett. As '*sufragetes*', por sua vez, integravam a WSPU – Women's Social and Political Union, criada em 1903 por Emmeline Pankhursts e suas filhas Chistabel, Sylvia e Adela.

A lei de reforma eleitoral de 1918 (*Representation of the People Act*) permitiu o voto das mulheres inglesas com mais de 30 anos de idade. Nas

17. Veja-se, a respeito, ABREU, Zina. *LUTA DAS MULHERES PELO DIREITO DE VOTO – movimentos sufragistas na Grã-Bretanha e nos Estados Unidos*. Disponível em https://repositorio.uac.pt/bitstream/10400.3/380/1/Zina_Abreu_p443-469.pdf Acesso em 24.02. 2020.

eleições daquele mesmo ano, o número de mulheres com direito a voto representava 40% do eleitorado (cerca de 8 milhões de eleitoras). Em 1924, 41 mulheres se candidataram às eleições para o legislativo, tendo sido eleitas 14. Finalmente, em 1928, o direito ao voto foi estendido a todas as mulheres com mais de 21 anos.

Limitamo-nos, neste trabalho, à análise dos dois mais importantes movimentos sufragistas universais, sem prejuízo do reconhecimento de outros, na França, em Portugal, na Alemanha, etc.

Apesar da importância desses movimentos, o primeiro país a permitir o voto feminino foi a Nova Zelândia, em 1883.

6. AS PRIMEIRAS CONSTITUIÇÕES BRASILEIRAS E A LUTA PELO SUFRÁGIO FEMININO NO BRASIL

O Brasil tornou-se independente de Portugal em 1822 e obteve sua primeira Constituição em 1824. Conforme aponta PONTES DE MIRANDA, o intuito dessa Carta foi "exclusivamente político, isto é, o de estruturação e construção *políticas do Brasil*."[18] Assim sendo, a Constituição Política do Império do Brasil adotou o projeto que D. Pedro I enviara às Câmaras.

No seu art. 92, a Constituição Imperial excluiu de votar os menores de vinte e cinco anos solteiros, os filhos famílias que estivessem na companhia dos pais, os criados de servir, os Religiosos e os que não tivessem renda líquida anual de cem mil réis, provenientes de bens de raiz, indústria, comércio ou emprego. Os Oficiais Militares maiores de vinte e um anos, os Bacharéis, os Clérigos de Ordens Sacras e os filhos famílias que servissem Ofícios Públicos foram expressamente excepcionados, enquanto que as mulheres e os escravos não foram considerados cidadãos.

Porém, segundo CARVALHO[19] (2008), a herança colonial que mais pesou foi na área dos direitos civis, com os obstáculos da escravidão, da propriedade rural e do Estado, comprometido com o poder privado.

18. Op. cit., Tomo 1, p. 419.

19. CARVALHO, José Murilo de. *Cidadania no Brasil – o longo caminho*. 11ª ed. Rio de Janeiro: Civilização Brasileira, 2008, p. 45 e ss.

Ademais, não havia no Brasil – como nos Estados Unidos e na Inglaterra –, uma massa feminina, de classe média e com instrução formal, que pudesse se unir para lutar pelo direito de voto.

Citando MOREIRA ALVES[20] (1980):

> "O regime latifundiário, monocultor e escravocrata do Brasil colonial configurou uma estrutura social rigidamente diferenciada. Nas grandes fazendas de cultivo da cana e do café, a posição da mulher situava-se em duas esferas estanques, isoladas uma da outra por papéis sociais e econômicos bem definidos e ligadas apenas pela inferiorização que sofria, de modo generalizado, todo o sexo feminino: de um lado, a mulher branca, membro dominado da classe dominante, cuja função principal era a procriação; e de outro a mulher negra, indígena ou mestiça, explorada como braço escravo e como objeto sexual."

As mulheres brancas brasileiras raramente sabiam ler e, somente no Segundo Reinado, as famílias recém enobrecidas preocuparam-se em fazer com que as meninas aprendessem francês ou a tocar piano, visando igualar-se à aristocracia europeia. Conforme a autora supra citada, seu destino, ainda então, resumia-se ao convento ou ao casamento.

Tanto na sociedade colonial como na monárquica, a ideologia do sexo dominante foi o fundamento do *status* de inferioridade da mulher. A sociedade patriarcal, da qual o "coronelismo" da República Velha, ainda existente em muitos locais do interior do nosso país, é um testemunho, aparecia com todo o seu vigor.

Durante todo o século XIX, a posição das mulheres brasileiras não diferiu daquela que ocupavam no período colonial, ainda que algumas, mais esclarecidas, tenham procurado fugir da inércia e da passividade através da publicação de jornais femininos[21]. Já, então, estavam cientes de que era através da educação que poderiam obter sua libertação do jugo dos homens.

---

20. MOREIRA ALVES, Branca. *Ideologia & Feminismo. A luta da mulher pelo voto no Brasil.* Petrópolis: Vozes, 1980, p. 85.

21. São exemplos disso o *Jornal de Senhoras*, de 1853; *O Sexo Feminino*, de 1873; *O Voto Feminino* (peça teatral), de 1878; *Voz Feminina*, de 1900, entre outros, todos criados e mantidos por mulheres.

Com a Proclamação da República, em 1889, essas mulheres viram a possibilidade de atuar junto aos constituintes de 1991, visando o seu ingresso no mundo político. Os opositores, entretanto, apelando para a *sublime missão* da mulher e a ameaça de dissolução da família, foram mais fortes.

Conforme observa CARVALHO[22] (1990):

> ..."se o povo masculino esteve ausente da proclamação, que dizer do povo feminino? Se não havia povo político masculino, como pensar em povo político feminino? Havia uma elite política de homens, que eram chamados públicos. A mulher, se pública, era prostituta. Mesmo na fase jacobina da República, durante o governo de Floriano, a participação era exclusivamente masculina. Não só as mulheres não participavam, como não era considerado próprio que elas participassem. Política era coisa de homens.

Figuras ilustres como Barbosa Lima, Muniz Freire, Serzedelo Correia e Lauro Sodré sustentaram que as mulheres não tinham aptidão nem capacidade intelectual para exercer o direito de voto porque sua única missão era ser o *anjo tutelar* da família.

Dessa forma, a Constituição Republicana de 1891 concedeu o direito de voto aos maiores de 21 anos que se alistassem na forma da lei.

Mendigos, analfabetos, praças de pré, religiosos sujeitos a voto de obediência foram excluídos. Mulheres, como não era consideradas cidadãs, sequer foram mencionadas.

O § 2º do art. 70 da primeira Carta da República, expressamente, dispôs sobre a ilegibilidade daqueles que fossem alistáveis.

A primeira associação sufragista no Brasil foi fundada em 1910, no Rio de Janeiro, então Capital Federal. Era liderada pela professora e indigenista Leolinda de Figueiredo Daltro e tinha o nome de Partido Republicano Feminino.

Outra associação foi criada na década de 1920, com o nome de 'Liga pela Emancipação Intelectual da Mulher – LEIM'. Em 1922, com a reforma de seus estatutos, foi rebatizada como 'Federação Brasileira das Ligas

22. CARVALHO, José Murilo de. *A formação das almas. O imaginário da República no Brasil.* São Paulo: Companhia das Letras, 1990, p. 92.

pelo Progresso Feminino' e, mais tarde, como 'Federação Brasileira pelo Progresso Feminino'. Uma das principais idealizadoras da FBPF foi Bertha Maria Julia Lutz, que buscou aliar-se ao movimento feminista internacional para obter mais força e legitimidade.

O movimento sufragista brasileiro veio a conquistar sua primeira vitória no dia 25 de outubro de 1927, quando o estado do Rio Grande do Norte, através do artigo 77 da Lei nº 660, determinou que podiam votar e ser votados, *sem distinção de sexo*, todos os cidadãos que reunissem as condições exigidas.

A primeira eleitora a alistar-se foi a professora Celina Guimarães Viana, de Mossoró, RN, mas seu voto não foi reconhecido pela Comissão de Poderes do Senado Federal, que também impediu de tomar posse Alzira Soriano de Souza, prefeita eleita de Lajes, RN, em 1928.

7. O GOVERNO PROVISÓRIO E O PRIMEIRO CÓDIGO ELEITORAL – A ERA VARGAS

Após a Revolução de 1930, que impediu a posse do presidente eleito, Júlio Prestes, representando o fim da Primeira República, Getúlio Vargas assumiu o poder, à frente do Governo Provisório.

Através do decreto nº 19.459 de 6 de dezembro de 1930, Vargas designou uma subcomissão legislativa para estudar a reforma do processo eleitoral. Uma das matérias na pauta era a extensão do direito de voto às mulheres.

Três associações feministas uniram suas forças na luta pelo sufrágio: a Federação Brasileira pelo Progresso Feminino, a Associação Feminina Batalhão João Pessoa e a Aliança Nacional das Mulheres.

Por fim, através do Decreto nº. 21.076, de 24 de fevereiro de 1932, foi instituído o primeiro Código Eleitoral Brasileiro, marcado pela forte influência do '*tenentismo*'[23], cujo artigo 2º dispunha ser eleitor o cidadão maior de 21 anos alistado, sem distinção de sexo.

23. O chamado '*tenentismo*' foi um movimento político-militar, associado a uma série de rebeliões de jovens oficiais de baixa e média patente do Exército Brasileiro (tenentes), no início da década de 1920, que se mostravam descontentes com a situação política do Brasil.

Entretanto, o voto feminino não era obrigatório. As disposições transitórias, contidas no artigo 121, dispunham que os homens com mais de 60 anos e as mulheres em qualquer idade podiam isentar-se de qualquer obrigação ou serviço de natureza eleitoral.

Já o art. 109 da Constituição Federal de 1934 dispunha sobre a obrigatoriedade do alistamento e do voto para os homens e as mulheres, embora, quanto a estas, desde que exercessem função pública remunerada, "sob as sanções e salvas as exceções que a lei determinar."

Em 1935, surgiu a Lei nº 48, que modificou o Código Eleitoral então vigente e é considerada, por muitos, o segundo Código Eleitoral brasileiro. O alistamento e o voto tornaram-se obrigatórios para as mulheres que exercessem qualquer atividade remunerada (pública ou não).

A Intentona Comunista de 1935 deu ao governo Vargas, através do Estado de Guerra e outras medidas semelhantes, oportunidade para destruir os núcleos de resistência democrática, facilitando o advento do golpe de 1937.

Em 10 de novembro de 1937, Getúlio Vargas fechou o Congresso Nacional, instaurando o "Estado Novo" e outorgando ao país uma Constituição autoritária, de cunho nitidamente fascista. O seu art. 117 dispunha serem "eleitores os brasileiros de um e de outro sexo, maiores de dezoito anos, que se alistarem na forma da lei e estiverem no gozo dos dircitos políticos."

O voto feminino continuou sendo consagrado nas Constituições de 1946, 1967 (com a emenda nº 1, de 1969) e 1988.

8. O EXERCÍCIO DO DIREITO DE VOTAR E SER VOTADA

Não é intenção do presente trabalho descer a minúcias no que diz respeito às regras do direito eleitoral. Sabe-se que "sufrágio é o direito à participação na formação da vontade do Estado e o voto é o exercício deste direito", nas palavras de ZILIO (2016).[24]

---

24. ZILIO, Rodrigo López. *Direito Eleitoral.* 5ª ed. Porto Alegre: Verbo Jurídico, 2016, p. 130.

Já a capacidade eleitoral se desdobra no direito de votar (capacidade eleitoral ativa) e no direito de ser votado (capacidade eleitoral passiva).

Conforme exposto até aqui, um longo período de lutas antecedeu à aquisição da capacidade eleitoral ativa por parte das mulheres, tanto no Brasil, como no resto do mundo.

Hodiernamente, a capacidade eleitoral ativa nasce com o alistamento, que é obrigatório, em nosso país, a todo aquele - homem ou mulher - maior de 18 anos e menor de 70 anos. Quanto aos analfabetos, aos maiores de 16 anos - até completarem 18 anos - e aos maiores de 70 anos, o voto é facultativo. Portanto, o voto é, simultaneamente, um direito e um dever.

Quanto à capacidade eleitoral passiva, importa no preenchimento, por qualquer candidato a qualquer cargo eletivo, das condições de elegibilidade, na não incidência em qualquer causa de inelegibilidade e no preenchimento das chamadas condições de registrabilidade.

As condições de elegibilidade estão previstas na Constituição Federal, enquanto as condições de registrabilidade têm sua previsão em lei ordinária e nas Resoluções do Tribunal Superior Eleitoral.

No que se refere às hipóteses de inelegibilidade, algumas têm assento constitucional, enquanto a maioria está catalogada na Lei Complementar nº 64/1990, com as recentes alterações trazidas pela Lei Complementar nº 135/2010 (Lei da Ficha Limpa).

Face ao pequeno número de candidatas do sexo feminino, a Lei nº 9.100/1995 estabeleceu que "vinte por cento, no mínimo, das vagas de cada partido ou coligação deverão ser preenchidas por candidaturas de mulheres" (art. 11, § 3º).

Posteriormente, a Lei nº 12.034/2009 elevou esse percentual para 30%.

O sistema de quotas encontrou, desde logo, duas dificuldades: não havia sanção legal ao partido que não as cumprisse e nenhum estímulo à participação feminina existia no seio das agremiações partidárias.

Segundo dados do IBGE - Instituto Brasileiro de Geografia e Estatística, as mulheres representam 51,95% do eleitorado no país. No entanto, nas eleições de 2014, considerando todas as vagas para o Poder Legislativo brasileiro, apenas 10,6% foi preenchido por mulheres, sendo 18,5% no

Senado Federal, 9,9% na Câmara dos Deputados e 11,1% nas Assembleias Legislativas dos estados.

Pelas alterações introduzidas na Lei dos Partidos pela Lei 13.165/2015, pelo menos 5% dos recursos do fundo partidário devem ser aplicados na criação e manutenção de programas de promoção e difusão da participação política das mulheres. Porém, esses recursos podem ser acumulados em diferentes exercícios financeiros, para aplicação em futuras campanhas eleitorais de candidatas, o que já constitui, por si só, uma burla na pretensa promoção de candidaturas femininas.

De outro lado, a mesma lei determinou que a propaganda partidária gratuita, no rádio e na televisão, deve dedicar às mulheres pelo menos 10% dos programas e inserções em cadeia nacional a cada semestre.

É evidente o desequilíbrio entre os direitos e incentivos concedidos aos candidatos do sexo masculino e às candidatas mulheres.

Em 1º de março de 2018, o Tribunal Superior Eleitoral, respondendo a consulta formulada pela Senadora Fátima Bezerra (PT-RN) decidiu que as cotas de candidatos são de gênero e não de sexo biológico. Isso significa que transgêneros devem entrar na quota dos gêneros com os quais se identificam e, ainda que devam proceder ao registro de sua candidatura com o nome civil, podem concorrer com o nome social.

Naquele mesmo ano, um grupo formado por nove integrantes, todas transgênero, formou uma "Bancada Ativista", visando concorrer a cargos eletivos para o Poder Legislativo paulista. O grupo foi formado como um movimento suprapartidário, mas, como a legislação não admitia candidaturas isoladas, acabou filiando-se ao PSOL. A candidata Erica Malunguinho da Silva veio a ser eleita a primeira deputada estadual transgênero por São Paulo.

Este fato permite uma reflexão: essas ativistas nasceram homens e, muito provavelmente, como homens foram criadas e educadas por suas famílias. Até que ponto a liderança e a competitividade, culturalmente inseridas no universo masculino, não influenciaram na sua postura proativa, que obteve resultados tão imediatos?

As mulheres, ao contrário, como foi visto ao longo deste trabalho, são educadas para a submissão, ainda que, em alguns casos e, principalmente, em alguns segmentos da sociedade, já seja possível notar-se algumas mudanças positivas.

Embora tenhamos hoje mulheres profissionalmente destacadas em muitos campos de atividades, assim como leis que resguardam os direitos femininos, uma grande maioria, de norte a sul do país, ainda vive miseravelmente e, não raras vezes, provendo o sustento da casa e dos filhos.

A participação da mulher na vida política do Brasil continua tímida, dentro de um cenário que continua privilegiando os homens, não só no âmbito das agremiações partidárias, como na própria legislação eleitoral. A arraigada cultura machista impede que muitas sequer pensem em participar da vida política do país.

O Tribunal Superior Eleitoral, em setembro de 2019, julgando o recurso especial nº 193-02, originário de Valença, PI, decidiu que a geração de candidaturas fictícias de mulheres, para preencher a quota feminina na formação da chapa, constitui fraude eleitoral, determinando a cassação indiscriminada dos candidatos eleitos pela coligação.[25] Na ocasião, a Ministra Rosa Weber ressaltou que "o parâmetro normativo não deixa margem à dúvida quanto à obrigatoriedade de cassação do registro ou diploma dos candidatos beneficiados pelo ato abusivo, independentemente, da sua contribuição ou anuência com a prática do ilícito", haja vista que "o bem jurídico tutelado pela norma seria a legitimidade e normalidade das eleições".

Já em outras oportunidades esse tema havia sido levado ao TSE, como foi o caso do REspe nº 21.498, sem que nenhuma punição tivesse sido aplicada à agremiação partidária. Naquele caso, o Tribunal entendeu que "se, no momento da formalização das renúncias por candidatas, já tinha sido ultrapassado o prazo para substituição das candidaturas, previsto no art. 13, § 3º, da Lei nº 9.504/97, não pode o partido ser penalizado, considerando, em especial, que não havia possibilidade jurídica de serem apresentadas substitutas, de modo a readequar os percentuais legais de gênero [...]".[26]

---

25. Recurso Especial Eleitoral nº 19392. Relator Ministro Jorge Mussi, DJE – Tomo 193, 04.10.2019, p. 105-107.

26. Tribunal Superior Eleitoral. Respe nº 21498, Relator Ministro Henrique Neves, 23.05.2013.

Em ocasião anterior, julgando o REspe nº 107.079, a mesma Corte manifestou-se no sentido de que o indeferimento posterior de candidaturas para a complementação das quotas de gênero não infirmava a observância do sistema de cotas pelo Partido.[27]

ZILIO[28] (2016), acertadamente, observa que a obrigação de reserva de cotas por gênero não tem surtido o efeito esperado pela Justiça Eleitoral:

> "De fato, a realidade apresentada nas eleições de 2012 indica a existência de um preenchimento de vagas meramente formal, no momento do registro da candidatura, principalmente por candidatas mulheres, sendo os registros sucedidos por renúncias coletivas dessas candidaturas – mormente quando já expirado o prazo para eventual indicação de substituto."

Um estudo feito pela ONU Mulheres, em 2017, coloca o Brasil na 154ª posição de participação feminina no Congresso, em um universo de 174 países[29].

Para dar um exemplo concreto, no primeiro turno das eleições municipais de 2016, segundo dados fornecidos pelo Tribunal Superior Eleitoral[30], em um universo de 57.814 vereadores eleitos em todo o país, apenas 7.803 foram mulheres.

Dos 5.568 municípios brasileiros, apenas 638 elegeram prefeitas, ainda que 2.963 tivessem maioria feminina no eleitorado.

O Rio Grande do Norte foi o estado que elegeu o maior número de prefeitas, correspondente a 28% de seus municípios.

---

27. Tribunal Superior Eleitoral. Respe nº 107.079. Relator Ministro Marco Aurélio, 11.12.2012.

28. Op. cit., p. 304.

29. Segundo dados do TSE, atualmente, o Brasil se encontra na 151ª posição.

30. Disponível em http://www.tse.jus.br/imprensa/noticias-tse/2016/Outubro/eleicoes-2016-pais-elege-7-803-vereadoras-e-638-prefeitas-em-primeiro-turno Acesso em 03.03.2020.

As regiões Norte e Nordeste lideraram as eleições de prefeitas municipais. Dos 10 estados brasileiros com maior proporção de candidatas vitoriosas em relação ao total de cidades, 9 se encontravam nestas regiões.[31]

Em instigante artigo, publicado pela Revista Consultor Jurídico, MACHADO E ALMEIDA[32] (2018) buscam investigar as razões pelas quais, sendo as mulheres 52% do eleitorado, a razão entre o número de eleitoras e o número de candidatas é inversa: "As mulheres são a maioria do eleitorado e das participantes da política informal. São, porém, a minoria das candidatas e, pior, das representantes eleitas."

Afirmam as autoras do referido artigo que as candidatas estão encontrando resistência nos partidos políticos para acessarem os recursos do Fundo Partidário e do Fundo Especial de Financiamento de Campanha.

Ademais, com 10% do horário da propaganda partidária gratuita, no rádio e na televisão, é indiscutível que as mulheres não estão colocadas em condições de igualdade com os candidatos do sexo masculino, que detêm 90% do tempo dos programas e inserções em cadeia nacional a cada semestre.

CONSIDERAÇÕES FINAIS – SURGE UMA LUZ NO FIM DO TÚNEL

Em 25 de maio de 2020, o Tribunal Superior Eleitoral, respondendo à consulta formulada pela Senadora Vanessa Grazziotin e outras, decidiu que 30% dos recursos do Fundo Especial de Financiamento de Campanha – FEFC, criado pela minirreforma eleitoral de 2017, devem ser destinados às candidaturas femininas, do mesmo modo que a elas deve caber 30% do tempo de propaganda eleitoral gratuita, no rádio e na televisão.

31. Disponível em https://exame.com/brasil/norte-e-nordeste-tem-maior-proporcao-de-mulheres-eleitas/ Acesso em 03.03.2020.

32. MACHADO, Raquel Cavalcanti Ramos e ALMEIDA, Jéssica Teles de. *Os desafios das candidaturas femininas nas eleições de 2018.* Revista Consultor Jurídico, 2 de outubro de 2018. Disponível em https://www.conjur.com.br/2018-out-02/opiniao-desafios-candidaturas-femininas-eleicoes-2018 Acesso em 1°.03.2020.

A Ministra Rosa Weber ao responder à consulta, afirmou:

> "Este tribunal superior tem buscado impulsionar a participação feminina no cenário político, seja por medidas administrativas – como a veiculação em emissoras de rádio e televisão de campanhas em defesa da valorização e da igualdade de gênero e a promoção de painéis em Seminários sobre Reforma Política, de iniciativa da Escola Judiciária Eleitoral (EJE/TSE) –, seja no exercício da jurisdição, via decisões sinalizadoras de posicionamento rigoroso quanto ao cumprimento das normas que disciplinam ações afirmativas sobre o tema."

Mesmo assim, disse a Ministra, as estatísticas demonstram que os reflexos desse esforço, no espaço político, ainda são tímidos e evidenciam a urgência de ações afirmativas. Rosa Weber lembrou o julgamento da ADI nº 5.617, em março de 2018, no qual a Suprema Corte, deu "interpretação conforme à Constituição ao artigo 9º da Lei 13.165/2015 de modo a equiparar o patamar legal mínimo de candidaturas femininas [...] ao mínimo de recursos do Fundo Partidário a lhes serem destinados." Essa interpretação deve levar a que lhes sejam destinados, também, 30% do montante alocado a cada partido, nas eleições majoritárias e proporcionais. E, se houver percentual mais elevado de candidaturas femininas, lhes seja, na mesma proporção, atribuído o mínimo de recursos globais do partido destinados à campanha eleitoral e o tempo destinado à propaganda eleitoral gratuita no rádio e na televisão.

Segundo a Ministra, a igualdade entre os gêneros não exige apenas que as mulheres tenham garantidas idênticas oportunidades, mas que sejam, também, empoderadas por um ambiente que lhes permita alcançar a igualdade de resultados. Dessa forma, onde houver o mesmo fundamento, haverá o mesmo direito.[33]

Na sessão administrativa de 19 de maio de 2020, o Plenário do Tribunal Superior Eleitoral, analisando consulta formulada pela Senadora Lídice da Mata, entendeu que a regra da reserva de gênero de 30% para mulheres nas candidaturas proporcionais incide, também, sobre a constituição dos

---

33. Disponível em https://www.conjur.com.br/2018-mai-25/leia-voto-rosa-weber-verbas-fundo-eleitoral-mulher Acesso em 30 out 2020.

órgãos partidários, como comissões executivas e diretórios nacionais, estaduais e municipais. Segundo a Relatora, Ministra Rosa Weber, a não aplicação da regra dos 30% da cota de gênero, simultaneamente, nos âmbitos externo e interno das agremiações, constituiria "um verdadeiro paradoxo democrático, não sendo crível que a democracia interna dos partidos políticos não reflita a democracia que se busca vivenciar, em última instância, nas próprias bases estatais."[34]

Enquanto isso, bolivianas e chilenas vivem a realização do sonho da paridade na política. Na Bolívia, as mulheres conquistaram a maioria das vagas para o Senado e praticamente a metade na Câmara Baixa.

Já o Chile será o primeiro país do planeta a contar com uma assembleia constituinte formada, de maneira igualitária, por homens e mulheres.

Não restam dúvidas de que há, ainda, um longo caminho a percorrer para que seja alcançada a paridade de representação política em nosso país - como em muitos outros - e para que, efetivamente, democracia e igualdade sejam uma só realidade, mas já se vislumbra uma luz no fim do túnel.

34. Disponível em https://www.tse.jus.br/imprensa/noticias-tse/2020/Maio/tse-entende-ser-aplicavel-reserva-de-genero-para-mulheres-nas-eleicoes-para-orgaos-partidarios Acesso em 30 out 2020.

18

COMPLIANCE E LIDERANÇA FEMININA

Natascha Trennepohl

Doutoranda na Universidade Humboldt em Berlim, Alemanha. Mestre em Direito pela Universidade Federal de Santa Catarina (UFSC). Advogada em São Paulo.

Fernanda Martorelli

Mestre em Direito pela Universidade Federal de Pernambuco. LLM pela Suffolk University em Boston. Advogada em São Paulo.

1. INTRODUÇÃO

Compliance é um termo que tem ganhado bastante destaque no ambiente corporativo nacional nos últimos anos. O substantivo em inglês, cada vez mais usado sem tradução, expressa o ato de obedecer a uma ordem, a uma regra. Algumas vezes, o termo é substituído em português pela palavra conformidade. No entanto, neste artigo optamos por usar o termo em inglês em razão de já estar amplamente difundido no Brasil.

Originalmente nascido para combater práticas de corrupção em empresas de grande porte, especialmente aquelas que possuem relações com o governo, evitando e/ou punindo, por exemplo, o pagamento de propinas, hoje o termo *Compliance* engloba um conjunto de políticas que direcionam as ações a serem adotadas pelas empresas, enquanto pessoa jurídica, bem como por todos os colaboradores que nela trabalham. Pode, inclusive, ir além, alcançando os fornecedores e *stakeholders*.

O desenvolvimento de uma cultura de *Compliance*, que reforce a importância e o valor de se atuar seguindo os padrões legais e éticos, é um grande aliado da diversidade no ambiente corporativo, pautando as ações na integridade e na busca por igualdade de gênero e combate a práticas ilegais.

Nas próximas páginas, veremos quais são as bases para estruturar um programa de *compliance*, a evolução de alguns regulamentos relacionados ao tema, bem como a abrangência de assuntos que podem ser abordados e a sua aplicação como ferramenta para o empoderamento feminino.

2. *COMPLIANCE* E SEUS ELEMENTOS ESSENCIAIS

No ambiente corporativo, o sentido de obediência a uma lei, a um regulamento, a regras e a políticas internas, ganha força. A estrutura e os programas de *compliance* estão relacionados aos controles internos e de gestão de riscos, norteando as políticas de uma empresa.

De fato, estar alinhado com os programas de *compliance* não é responsabilidade apenas de um departamento ou de uma área específica, mas de todos os colaboradores de uma empresa. Esses programas podem ser grandes aliados no encorajamento de condutas pautadas em padrões legais e éticos de garantia de igualdade de gênero, de combate à corrupção, a assédios, a abusos e a discriminações.

De acordo com Candeloro, Rizzo e Pinho, *compliance* é:

> "um conjunto de regras, padrões, procedimentos éticos e legais que, uma vez definido e implantado, será a linha mestra que orientará o comportamento da instituição no mercado em que atua, bem como as atitudes de seus funcionários; um instrumento capaz de controlar o risco de imagem e o risco legal, os chamados 'riscos de compliance', a que se sujeitam as instituições no curso de suas atividades".[1]

1. CANDELORO, Ana Paula; RIZZO, Maria Balbina Martins de; PINHO, Vinícius. *Compliance 360°*. Trevisan; 2012. p. 30.

Para estruturar um programa de *compliance*, alguns elementos são essenciais, quais sejam[2]:

a. o estabelecimento de um código de conduta, políticas e procedimentos internos aplicáveis a todos na empresa;

b. a definição de um responsável (*Compliance Officer*) para ser o ponto focal ou, ainda, responsáveis (*Compliance Committee*) com recursos e autoridade;

c. a difusão através da educação, com treinamentos e comunicação clara;

d. o controle com auditorias e monitoramento;

e. a condução de reportes e investigações de forma confidencial;

f. a aplicação de medidas disciplinares previstas e apropriadas; e, por fim,

g. a efetivação de respostas aos casos relatados alinhada com uma atuação para prevenir essas práticas no futuro.

No código de conduta, peça central de um programa de integridade, é importante, dentre outras coisas, dar ênfase ao cumprimento de todas as leis e regulamentos aplicáveis as atividades e operações da organização, bem como deixar claro o que se espera nas interações com outros funcionários, fornecedores, clientes etc. [3]

Um grande marco para o desenvolvimento dos programas de *compliance* em corporações norte-americanas foi a edição em 1977 da lei anticorrupção (*Foreign Corrupt Practices Act – FCPA*). Com os dispositivos previstos na FCPA, passou-se a regular a responsabilização de empresas norte-americanas por pagamentos a servidores de governos estrangeiros

2. TROKLUS, Debbie; VACCA, Sheryl. *Compliance 101: How to build and maintain an effective compliance and ethics program*. 2nd Edition. Society of Corporate Compliance and Ethics (SCCE), 2015. p. 13-54.

3. TROKLUS, Debbie; VACCA, Sheryl. *Compliance 101: How to build and maintain an effective compliance and ethics program*. 2nd Edition. Society of Corporate Compliance and Ethics (SCCE), 2015. p. 15.

nos casos em que valores eram oferecidos ou prometidos para garantir uma vantagem indevida ou para influenciar a prática ou a omissão de um ato que violasse um dever legal. Em razão de alterações incluídas no final da década de noventa, as disposições antissuborno da FCPA também passaram a incluir empresas estrangeiras que praticassem tais atos no território dos Estados Unidos.[4]

No Reino Unido, a lei anticorrupção promulgada em 2010 (*UK Bribery Act*) vai além e criminaliza a falha na prevenção de corrupção e prevê que a existência de programas efetivos de *compliance* podem minimizar a responsabilização da empresa.[5]

Em 2012, o Departamento de Justiça (DOJ) e a Comissão de Valores Mobiliários (SEC) dos Estados Unidos publicaram um guia com informações detalhadas sobre as disposições da lei e sua aplicabilidade tanto para as empresas norte-americanas de pequeno porte, mas com transações em outros países, quanto para as grandes corporações com subsidiárias fora dos Estados Unidos. O guia aborda vários tópicos, que vão desde a definição de servidor de governo estrangeiro, o que são presentes inadequados, quais são as sanções aplicáveis, tipos de responsabilidade civil e criminal, até as características centrais de um programa eficaz de *compliance*.

De acordo com o guia, os principais elementos de um programa de *compliance* começam pelo comprometimento da liderança com o desenvolvimento e a implementação de uma cultura de ética e de respeito às leis, e incluem, entre outros aspectos, a existência de códigos de conduta concisos e disponíveis aos empregados, inclusive no idioma nativo para facilitar a compreensão, a avaliação das áreas e atividades de risco, o adequado direcionamento de recursos humanos e financeiros para a implementação e execução do programa, a aplicação de medidas disciplinares em casos de violações, a realização de treinamentos periódicos e comunicação eficiente,

---

4. Para maiores detalhes, versão em português disponível no Departamento de Justiça dos Estados Unidos: https://www.justice.gov/sites/default/files/criminal-fraud/legacy/2012/11/14/fcpa-portuguese.pdf.

5. Cruz, Marco. *Fazendo certo a coisa certa: Como criar, implementar e monitorar programas efetivos de compliance.* Editora Simplíssimo, 2017.

a existência de um mecanismo para denúncias, inclusive de forma anônima, e um processo confiável de investigação interna.[6]

3. PROGRAMAS DE INTEGRIDADE E *COMPLIANCE* NO BRASIL

O Brasil ratificou em 2000 através do Decreto Presidencial 3.678 a Convenção Anticorrupção da OCDE[7] (Organização de Cooperação e Desenvolvimento Econômico), a qual objetiva a cooperação internacional na adoção de mecanismos e medidas de prevenção e repressão da corrupção a servidores públicos estrangeiros, criminalizando tal prática.

Em 2013, com a promulgação da Lei 12.846, também conhecida como a lei anticorrupção, o país avançou mais um passo ao prever a responsabilização objetiva, nos âmbitos administrativo e civil, das empresas que praticam atos lesivos a administração pública, seja ela nacional ou estrangeira, com penas de multa que podem chegar a 20% do faturamento bruto anual da empresa ou até a R$ 60 milhões caso não seja possível usar o critério do faturamento.[8] Além disso, a responsabilização da pessoa jurídica não exclui a dos indivíduos que participem do ato ilícito.[9]

Dessa forma, ainda que a lei federal não traga expressamente para as empresas brasileiras a obrigação de implementar um programa de *compliance*, desenvolvê-lo torna-se instrumento fundamental na proteção da empresa e de sua imagem, bem como na dosimetria de eventuais sanções.[10]

Alguns Estados brasileiros, como Brasília e Rio de Janeiro, já incluíram em suas legislações estaduais a exigência que as empresas tenham um

---

6. DOJ/SEC. *A Resource Guide to the U.S. Foreign Corrupt Practices Act by the Criminal Division of the U.S.* Department of Justice and the Enforcement Division of the U.S. Securities and Exchange Commission. 2012, p. 56-62.
7. OECD, 2011. *Convention on Combating Bribery of Foreign Public Officials in International Business Transactions*. Disponível em: http://www.oecd.org/daf/anti-bribery/ConvCombatBribery_ENG.pdf.
8. Vide artigo 6 da Lei 12.846/13.
9. Vide artigos 1 a 3 da Lei 12.846/13.
10. Vide artigo 5º, § 4º do Decreto 8.420/15 e artigo 7, VIII da Lei 12.846/13.

"Programa de Integridade" para poder celebrar determinados tipos de contrato com a administração pública.[11]

De acordo com o artigo 41 do Decreto 8.420/15, o qual regulamentou a Lei 12.846/13, o programa de integridade está definido como:

> Art. 41. Para fins do disposto neste Decreto, programa de integridade consiste, no âmbito de uma pessoa jurídica, no conjunto de mecanismos e procedimentos internos de integridade, auditoria e incentivo à denúncia de irregularidades e na aplicação efetiva de códigos de ética e de conduta, políticas e diretrizes com objetivo de detectar e sanar desvios, fraudes, irregularidades e atos ilícitos praticados contra a administração pública, nacional ou estrangeira.
>
> Parágrafo Único. O programa de integridade deve ser estruturado, aplicado e atualizado de acordo com as características e riscos atuais das atividades de cada pessoa jurídica, a qual por sua vez deve garantir o constante aprimoramento e adaptação do referido programa, visando garantir sua efetividade.

Além das práticas de corrupção, é essencial destacar que o tema é muito amplo e não diz respeito apenas a programas para o combate dessas ações. Atuar em conformidade com as leis e regulamentos das mais diversas áreas, como por exemplo trabalhista, ambiental, tributário etc., bem como aderir a comportamentos éticos e operar com integridade dentro do código de conduta e das políticas internas de uma empresa faz parte de se estar em *compliance.*

Interessante mencionar que a apresentação de um programa de *compliance* ambiental ganhou destaque na mídia nacional no final de 2019 em uma ação popular. Em resumo, a decisão da Justiça Federal do Distrito Federal concedeu parcialmente liminar para ordenar que determinada empresa comprovasse a implementação de boas práticas de governança e apresentasse o seu programa de *compliance* ambiental para que a aprovação de determinada transação comercial pelo Conselho Administrativo de Defesa Econômico (CADE) fosse mantida e a empresa pudesse ampliar suas operações.[12]

---

11. Vide artigos 1 e 2 da Lei 7.753/17 do Rio de Janeiro e artigo 1 da Lei 6.112/18 do Distrito Federal.
12. Vide Ação Popular 1015425-06.2019.4.01.3400 da 5ª Vara Federal Cível SJDF.

4. ABRANGÊNCIA E PROPÓSITO

O escopo de um programa de *compliance* pode ser diferente de uma empresa para outra. A escolha do que entra no programa pode ser direcionada por riscos específicos, aspectos regulatórios do setor ou, ainda, práticas de negócios. Questões relacionadas com fraude, corrupção, integridade, privacidade, competitividade, diversidade, discriminação, assédio, conflitos de interesse e meio ambiente, saúde e segurança são apenas alguns exemplos.

Uma pesquisa realizada com 25 empresas na Bélgica de vários setores e com programas de *compliance* em diferentes níveis de maturidade identificou que os principais motivos para a criação desses programas incluíram a existência de órgãos reguladores fortes, a quantidade crescente de legislações e sanções econômicas, bem como o desenvolvimento de práticas comuns dos setores e ações de fiscalização que trouxeram à tona o valor e o impacto de se pautar pela conformidade.[13]

Dentre as principais tendências, expectativas e desafios, destacou-se, respectivamente, a criação de funções de *compliance* cada vez mais independentes, embora muitas vezes ainda sejam combinadas com a função jurídica, a necessidade de aumento do orçamento em caso de expansão do escopo e a importância dos gestores se manterem engajados e focados em promoverem uma cultura voltada para a conformidade.[14]

O número cada vez maior de regulamentações impulsiona a criação de cargos de *compliance* e de análise de riscos corporativos mais desafiadores que atraem um conjunto diversificado de candidatos com habilidades multifacetadas. A diversidade de experiências contribui e a função é desafiadora tanto para homens quanto para mulheres, sendo necessário identificar riscos e mitigá-los. O profissional precisa ter integridade e respeito dentro e fora da organização, pois relaciona-se tanto com as equipes internas quanto com outros *stakeholders*, como as agências reguladoras.[15]

---

13. CLAASSEN, Laurent; BRUGMAN, Eline. *Compliance in Belgium: a closer look at the corporate sector*. Deloitte. 2014. p. 6.

14. CLAASSEN, Laurent; BRUGMAN, Eline. *Compliance in Belgium: a closer look at the corporate sector*. Deloitte. 2014. p. 21.

15. *Evolution of Women in Compliance and Areas for Improvement*. Risk and Compliance Magazine. Financier Worldwide Publisher. Jul-Sep 2018.

Denise Iwakura acredita no aumento das oportunidades para as mulheres no mundo corporativo devido ao grande potencial de transformação do setor de integridade empresarial e ressalta que *"compliance não é apenas um conjunto de regras, mandatório e impositivo, mas um valor que pertence a todos, simples e que norteia o dia a dia de cada um de nós"*. Juliana Nascimento e Anne Caroline, que criaram um comitê, o *Compliance Women Committee*, para a troca de experiência entre as participantes, ressaltam a identificação feminina com as atribuições do cargo.[16]

5. DIVERSIDADE NAS EMPRESAS

Um dos temas mais atuais no empresariado brasileiro e internacional é a inclusão e diversidade no ambiente de trabalho. O mundo corporativo tem se mostrado propício a construir ambientes em que os profissionais tenham origens, sexo, gênero, raça, religião e faixa etária diversas com o principal objetivo de se tornarem inclusivas e, por consequência, mais competitivas.

Em que pese receberem algumas críticas em função de objetivarem o lucro ou de estarem preocupadas tão somente com sua reputação e imagem, muitas empresas possuem programas de diversidade como forma de suprir a ausência de políticas públicas que protejam as minorias e desenvolvem programas de responsabilidade social específico no tema.

Uma pesquisa da McKinsey[17] demonstrou que empresas com diversidade de gênero são 21% mais lucrativas do que aquelas sem diversidade, enquanto as companhias que possuem diversidade étnico-racial performam 33% a mais do que as empresas com pouca diferenciação entre raças.

Além disso, pesquisa realizada pela HBS[18], em 2016, constatou que os jovens das melhores escolas americanas e da Europa não são atraídos por empresas que pagam os melhores salários, mas não possuem um programa de diversidade e inclusão.

---

16. ALVES, Pedro. *Conheça as poderosas do compliance. Estadão. Dezembro de 2018. Disponível em: https://arte.estadao.com.br/focas/capitu/materia/conheca-as-poderosas-do-compliance.*
17. McKinsey & Company, *Delivering through Diversity*. Janeiro 2018.
18. Harvard Business School. *Future of Leadership*, 2016.

Além de se tornarem mais competitivas, quando existem programas de diversidade bem estruturados e efetivos, a cultura das organizações se transforma e, por consequência, elas passam a ser vistas por seus *stakeholders* (clientes, fornecedores, acionistas) de maneira diferenciada, atraindo os melhores e mais motivados profissionais e cativando sua clientela.

Na verdade, os ganhos são comprovadamente benéficos, seja pela mudança de comportamento de seus profissionais, ou pelo retorno financeiro e ainda por contribuírem por uma sociedade melhor e mais igualitária.

6. PARTICIPAÇÃO FEMININA

O assunto, que no momento tem gerado inúmeras pautas para discussão, eventos e debates, não é recente, mas estava ausente das pautas de prioridade das empresas. A diversidade era vista basicamente como obrigação do Estado, para suprir a dívida da sociedade para com as minorias.

Em que pese ainda ser um tema intimamente ligado à atuação estatal, as organizações perceberam que há ganhos objetivos no desenvolvimento de ações de diversidade e que, somente com políticas públicas, a eliminação das desigualdades sociais demoraria bastante para ocorrer. Na iniciativa privada, pode-se fazer a diferença no indivíduo, dando-lhe igualdade de oportunidades para transformar a sua vida e a vida de sua família.

Assim, é essencial enfrentar o assunto, incluir como prioridade nas organizações e elaborar e executar programas eficientes que abordem todas as facetas da diversidade.

Uma delas, a faceta do gênero, passa especialmente pela feminização dos postos de trabalho e, mais ainda, dos cargos de liderança. Historicamente, a mulher é vista como o sexo frágil, socialmente induzida a cuidar do lar, do marido, dos filhos e não contribuir para o crescimento econômico e produtivo da sociedade. Em várias profissões, como engenharia, advocacia e medicina, imperava o universo masculino, especialmente até a segunda metade do século XX.

Movimentos feministas e a luta pelo direito das mulheres contribuíram de forma definitiva para, ao menos, debater o assunto e caminhar para a mudança de paradigma. Como marcos mais próximos dos dias atuais podemos destacar a Convenção sobre os Direitos Políticos da Mulher, em 1953, e a Convenção para Eliminar todas as Formas de Discriminação Contra a Mulher, em 1979. A conquista do voto e a garantia legal de proteção contra a discriminação possibilitaram uma maior participação da mulher na sociedade, mas ainda de forma tímida quando se trata de mercado de trabalho.

Outros eventos marcantes, liderados pela ONU (Organização das Nações Unidas) e que merecem destaque foram: (*i*) Declaração e Plataforma de Ação de Pequim, em 1995, e (*ii*) a Declaração do Milênio, no ano de 2000. Ambos documentos serviram como base para a construção dos Objetivos de Desenvolvimentos Sustentável (ODS) em 2015, estabelecendo 17 (dezessete) metas para serem alcançadas até 2030. Dentre elas, a de número 5, a "Igualdade de Gênero".

Aliás, com atuação incisiva e repercussão mundial, a ONU lançou o Pacto Global tendo como um dos princípios atrelado ao ambiente de trabalho "eliminar a discriminação no emprego". Com a participação de mais de 8.000 (oito mil) empresas signatárias, espalhadas por 170 (cento e setenta) países, o Pacto Global é uma ação mundial de cidadania corporativa que oferece diretrizes de técnicas de investigação e elaboração de metas e práticas de signatários.

Em conjunto, o Pacto Global e a ONU Mulheres promovem o empoderamento feminino e equidade de gênero através de ações e parcerias com empresas e organizações, que obedecem aos seguintes princípios:

a. estabelecer liderança corporativa sensível à igualdade de gênero, no mais alto nível;

b. tratar todas as mulheres e homens de forma justa no trabalho, respeitando e apoiando os direitos humanos e a não-discriminação;

c. garantir a saúde, segurança e bem-estar de todas as mulheres e homens que trabalham na empresa;

d. promover educação, capacitação e desenvolvimento profissional para as mulheres;

e. apoiar empreendedorismo de mulheres e promover políticas de empoderamento das mulheres através das cadeias de suprimentos e marketing;

f. promover a igualdade de gênero através de iniciativas voltadas à comunidade e ao ativismo social; e

g. medir, documentar e publicar os progressos da empresa na promoção da igualdade de gênero.

Para cada princípio, são sugeridas ações concretas de sua aplicação, indicadores para medição da evolução da meta e, ainda, exemplos de diversas empresas que os seguiram e seus resultados. Nesse sentido, tem-se observado que as empresas que aderem ao Pacto e implementam as políticas auferem ganhos efetivos em termos de produtividade e lucratividade.

Diversas empresas, dos mais diferentes portes e alcance, têm adotado o compromisso com a ONU Mulheres, mas os números ainda são tímidos, especialmente quando se fala em liderança feminina. E a evolução é lenta. Uma pesquisa da FGV[19] constatou que no Brasil o número de mulheres em conselho de administração mais diretoria executiva aumentou apenas 1 ponto percentual em 10 anos, de 2003 a 2013, passando de 7,8% para 8,8%.

Apesar de serem maioria nas universidades, representando 58% dos estudantes no Brasil, e mais de 40% da força de trabalho mundial, as mulheres não estão presentes na liderança das empresas. Uma pesquisa realizada pela Bain & Company[20] em 2013 revelou que apenas 4% dos principais executivos entre as 250 maiores empresas brasileiras são do sexo feminino e que elas ocupam apenas 14% dos cargos de gerência executiva, que seria o primeiro degrau para a ascensão em uma corporação.

7. *COMPLIANCE* COMO ALIADO DO CRESCIMENTO DA LIDERANÇA FEMININA

Para mudar o cenário atual e permitir que as empresas sejam mais diversas e possibilitem que profissionais do sexo feminino atinjam postos elevados de trabalho, as empresas podem estabelecer regras de *compliance* que contribuam para a mudança de cultura do mundo corporativo.

19. FGV São Paulo. *Participação das mulheres em cargos de alta direção: Relações sociais de gênero, Direito Societário e Governança Corporativa, 2013.*

20. Bain & Company. *Sem atalhos: o caminho das mulheres para alcançarem o topo, 2013.*

Conforme esclarecido em tópicos anteriores, para além de práticas anticorrupção, o escopo de um programa de *compliance* pode ser direcionado para aspectos sociais e éticos. Assim, se a empresa não opte por adotar programas preestabelecidos, como o da ONU Mulheres, mencionado acima, poderá criar seu próprio Código de Ética/Conduta, por exemplo, que estabeleça as regras a serem seguidas por todos os *stakeholders*, inclusive pelos fornecedores da cadeia produtiva.

O documento deve apresentar diretrizes proibindo qualquer tipo de discriminação contra mulher, estabelecendo penalidades para conduta contrária, bem como ações afirmativas incluindo a mulher nos processos seletivos e políticas de retenção e igualdade salarial. Além disso, é imprescindível que a alta liderança esteja engajada em consolidar a cultura inclusiva da empresa, com fulcro no desenvolvimento do negócio e na responsabilidade social.

Exemplo de ações que impulsionam o empoderamento feminino, especialmente o alcance a cargos de liderança pelas mulheres, são encontrados nas grandes empresas mundiais. A Renault do Brasil possui um programa de recursos humanos voltado para o crescimento da mulher na empresa, com ações de recrutamento, seleção e gestão de carreira, tendo como um dos indicadores de monitoramento da política a evolução do percentual de mulheres em cada nível hierárquico. Como resultado, conseguiu elevar em 50% o número de mulheres em posição de liderança em apenas 5 anos, de 2010 a 2015.

As regras podem ir além do ambiente interno das empresas. Multinacionais, de alcance inimaginável que se relacionam com outras inúmeras empresas na sua cadeia de suprimento, estão impondo aos seus fornecedores a exigência de eles também possuírem políticas de diversidade, estabelecendo cláusulas explícitas nos contratos de fornecimento, condição *sine qua non* da realização do negócio.

Como ação concreta nesse sentido, pode-se destacar a recente decisão da Goldman Sachs. Em janeiro de 2020, durante o Fórum Econômico Mundial em Davos, seu atual CEO David Solomon anunciou que o banco não coordenará mais IPOs de empresas que não tenham representação feminina no Conselho. A regra vale a partir de julho nos Estados Unidos e na Europa.

Além de ter políticas claras e escritas, o treinamento da equipe e a capacitação das mulheres são essenciais. A equipe precisa estar preparada para abraçar a causa da mulher líder, reconhecendo sua necessidade e seu histórico na sociedade. Inúmeras empresas, a exemplo da White Martins e do Santander, entre outras, possuem programas de treinamentos de vieses inconscientes, equidade de gênero e empoderamento feminino, tanto antes quanto durante a implementação das regras de *compliance*, direcionados especialmente para gestores.

No que tange à capacitação, algumas empresas promovem eventos e workshops direcionados para o desenvolvimento da mulher, procurando despertar habilidades que não são comumente desenvolvidas durante sua formação profissional, como liderança e networking. Além disso, o mentoring, usualmente promovido por mulheres mentoras que já atingiram a liderança, é um grande aliado para inspirar mulheres que estão iniciando a carreira. A troca, o exemplo e a experiência servem como lição que deve ser passada de geração para geração.

Por fim, para que o programa de *compliance* seja completo, é importante estabelecer indicadores e sanções. A mensuração dos objetivos e metas do documento contendo políticas voltadas para aumentar a liderança feminina nas empresas pode auxiliar na avaliação do programa, corrigir seu rumo e melhorar a execução. Indicadores como o número de mulheres recrutadas ou o número de mulheres nos cargos de liderança já é um bom sinal de cumprimento ou não da regra. Por outro lado, estabelecer sanções para reprimir atos discriminatórios auxilia a prevenir ações indesejadas e contribui com o sucesso da mudança de cultura.

Sendo assim, um bom e completo programa de *compliance* voltado para auxiliar o empoderamento feminino no mundo corporativo, quando bem executado, deve contribuir para a inclusão e a diversidade nas empresas, construindo uma sociedade mais igualitária e próspera.

8. CONCLUSÃO

A estruturação e a implementação de programas de *compliance* pode ser um grande aliado para o desenvolvimento e a sustentação de uma cultura de integridade dentro das empresas.

Partindo-se dos temas iniciais de combate a corrupção nas relações com servidores de governos estrangeiros e nacionais, as temáticas que podem ser acolhidas por programas de *compliance* são amplas.

Temas como diversidade, equidade de gênero e combate a discriminações podem ganhar destaque e força nesses programas, transformando a cultura corporativa e a sociedade.

Atualmente, já existem ferramentas para possibilitar o maior acesso das mulheres à liderança, seja através da adesão a programas já existentes, a exemplo do Pacto Global e do ONU Mulheres, como também através da criação de programas de *compliance* pelas próprias empresas e adequados à sua realidade.

Dessa forma, é fundamental o engajamento das corporações na implantação de medidas que combatem a discriminação e incentivam a diversidade e a liderança feminina no ambiente corporativo para, assim, construirmos uma sociedade mais igualitária.

19

ADVOCACIA: UMA PROFISSÃO TÃO FEMINIZADA QUANTO DESIGUAL

Patrícia Tuma Martins Bertolin

Doutora em Direito do Trabalho pela Universidade de São Paulo, com Pós-Doutoramento na Superintendência de Educação e Pesquisa da Fundação Carlos Chagas. Professora Permanente do Programa de Pós-Graduação em Direito Político e Econômico da Universidade Presbiteriana Mackenzie. Líder do grupo de pesquisa (CNPq) "Mulher, Sociedade e Direitos Humanos".

"Silêncio no patriarcado
é a voz da cumplicidade"

Audre Lorde

1. INTRODUÇÃO

Este artigo é mais um resultado da pesquisa de pós-doutoramento da autora, realizada na Superintendência de Educação e Pesquisa da Fundação Carlos Chagas, entre 2015 e 2016, sob a supervisão da Professora Doutora Maria Rosa Lombardi e publicada no livro *Mulheres na Advocacia: padrões masculinos de carreira ou teto de vidro* (Rio de Janeiro: Ed. Lumen Juris, 2017).[1]

1. 2ª edição, ampliada, em elaboração, no momento em que este artigo é redigido.

A pesquisa foi aplicada, com a utilização de entrevistas semiestruturadas, em 10 das 20 maiores sociedades de advogados da capital paulista[2], segundo o *ranking* internacional *Chambers and Partners*, de reconhecida excelência[3]. Foram entrevistados 32 profissionais: 20 sócios(as) e 12 advogados(as), totalizando mais de 25 horas de gravações digitais. Cada entrevista teve a duração média de uma hora e, salvo duas, feitas via *e-mail*, todas estão gravadas, transcritas e arquivadas.

Alguns trechos dessas entrevistas serão transcritos neste trabalho, para demonstrar o alegado, buscando trazer a riqueza da vida para a produção acadêmica.

2. A ADVOCACIA NO BRASIL

Os cursos jurídicos surgiram no Brasil para atender às demandas de uma elite econômica, política e social. Em um primeiro momento, se objetivou, com eles, preencher as vagas nos Poderes do Estado Brasileiro, com os filhos varões dessa elite – já que as mulheres de então estavam destinadas ao casamento – garantindo a formação de legisladores, políticos e magistrados. Também a formação de bons causídicos, dentre os quais podemos citar, apenas a título de exemplo, Rui Barbosa e Sobral Pinto, grandes expoentes da profissão, em diferentes momentos da história do País – obviamente homens.

É muito recente a abertura desses cursos a membros de classes menos abastadas e a mulheres, que, apenas a partir dos anos de 1970, passaram a ser mais numerosas entre o público atendido pelas Faculdades de Direito brasileiras. No País, durante a primeira década do século XXI, houve um intenso movimento de abertura desses espaços àqueles que, outrora, deles estiveram excluídos: membros de minorias raciais, étnicas e sociais. Foi

---

2. Tendo em vista que São Paulo é o maior centro de negócios do País, o que se observou com relação a esse modelo de advocacia nesse âmbito será muitas vezes generalizado. Restringiu-se a pesquisa à "capital paulista", tendo em vista que as entrevistas foram realizadas com profissionais que, naquele momento, exerciam seu trabalho em São Paulo (com duas exceções: um trabalhava em Miami e outra em Nova Iorque).

3. Disponível em: http://www.chambersandpartners.com/guide/global/2/41/1. Acesso em: 10 mar. 2014.

exatamente quando as mulheres ampliaram a sua presença, até praticamente se equipararam aos homens nos cursos de Direito,

Isso se deu paralelamente à proliferação acelerada de escritórios constituídos como sociedades de advogados, que passaram a existir no Brasil a partir dos anos de 1950, seguindo a tendência de países como os Estados Unidos da América e a Inglaterra.

> Nesse tipo de escritório, voltado a atender empresas, principalmente internacionais, em todos os ramos do Direito, a atividade profissional se feminizou. À medida que essa feminização aconteceu, a divisão sexual do trabalho foi reinventada, tendo as mulheres se concentrado, em sua maioria, nos estágios mais subalternos da carreira e, conforme esta avança, tem sido evidente que muitas delas abandonam os grandes escritórios para trabalhar em outros menores ou em departamentos jurídicos de empresas – ou, ainda, para se dedicarem à criação dos filhos.[4]

Até meados do século XX, a advocacia era exercida, no Brasil, principalmente por meio de escritórios que atendiam aqueles que procurassem os profissionais da advocacia, em toda e qualquer área do Direito. Havia, ainda, os hoje denominados "escritórios-boutique", restritos à determinada área do Direito e vinculados ao nome de um advogado conhecido. Hoje, as sociedades de advogados, modelo de negócios característico do capitalismo global, coexistem com essas outras formas de se exercer a profissão.

Para os fins deste artigo, importa registrar que a consolidação desse modelo no Brasil se deu concomitantemente à feminização da advocacia, mas a maior presença numérica das mulheres na profissão não lhes garantiu uma plena inclusão nesses espaços, o que tem sido amplamente relatado, com relação a diversas atividades, pela literatura nacional e estrangeira: quando as mulheres passam a exercer profissões anteriormente masculinas, sua força de trabalho costuma ser considerada inferior, em face

---

4. BERTOLIN, Patrícia Tuma Martins. Assimetrias de Gênero no Sistema de Justiça: reflexões a partir da realidade das advogadas. *In:* Perspectivas de Gênero e o Sistema de Justiça Brasileiro. Organização: Ela Wiecko Volkmer de Castilho; João Akira Omoto; Marisa Viegas e Silva; Paulo Gilberto Cogo Leivas. Brasília: ESPMU, 2019, p. 169.

dos pré-requisitos masculinos estabelecidos no passado para o exercício profissional.[5]

Passaremos a analisar algumas das principais dificuldades encontradas pelas mulheres na sua trajetória nas principais sociedades de advogados brasileiras.

3. AS SOCIEDADES DE ADVOGADOS NO BRASIL: ALGUNS ÓBICES À IGUALDADE

As entrevistas realizadas na pesquisa que serviu de base à elaboração deste artigo evidenciaram alguns aspectos do exercício profissional que têm mantido as mulheres em uma condição subalterna dentro das maiores sociedades de advogados no Brasil.

As sociedades de advogados tendem a adotar o sistema de "crescimento orgânico", que consiste em contratar os profissionais enquanto ainda são estagiários, a fim de que eles aprendam a forma desejável pelo escritório de exercerem a profissão, mas também e principalmente para que internalizem a cultura corporativa[6]. Assim, apenas esporadicamente contratam de forma lateral, ou seja, alguém que desenvolveu sua carreira em outro escritório, em geral quando se trata de um profissional extremamente qualificado e/ou quando não há tempo para preparar alguém para a área.

Em geral, as mulheres são a maioria entre os estagiários contratados, assim como são a maioria nos estágios iniciais da carreira. Entretanto, à medida que a carreira avança, as advogadas vão se tornando menos numerosas, o que se deve a vários fatores, conforme observado na pesquisa. Exporemos os aspectos fundamentais.

---

5. Ver: CHIES, Paula Viviane. Identidade de gênero e identidade profissional no campo de trabalho. Estudos Feministas, Florianópolis, v. 18, n. 2, p. 507-528, maio/ago. 2010; BONELLI, Maria da Gloria. Profissionalismo, gênero e diferença nas carreiras jurídicas. São Carlos: EdUFSCar, 2013; BERTOLIN, Patrícia Tuma Martins. Assimetrias de Gênero no Sistema de Justiça: reflexões a partir da realidade das advogadas. *In:* Perspectivas de Gênero e o Sistema de Justiça Brasileiro. Organização: Ela Wiecko Volkmer de Castilho; João Akira Omoto; Marisa Viegas e Silva; Paulo Gilberto Cogo Leivas. Brasília: ESPMU, 2019, p. 169.

6. BERTOLIN, Patrícia Tuma Martins. Mulheres na advocacia*:* padrões masculinos de carreira ou teto de vidro. Rio de Janeiro: Lumen Juris, 2017, p. 71.

3.1. Os processos de seleção e promoção

Os processos de seleção e promoção, aparentemente neutros, são realizados pelos sócios, que são, em sua maioria homens. Sendo assim, ao avaliar profissionais de ambos os sexos, com o mesmo grau de qualificação e competência, é até certo ponto natural que optem por promover aqueles com relação aos quais há uma identidade de interesses, ou seja, os homens. A teoria da identidade social oferece respaldo teórico para essas escolhas, que são feitas, grande parte das vezes, de forma inconsciente:

> Segundo a teoria da identidade social, os seres humanos se identificam com o(s) grupo(s), a que se sentem pertencentes, e isso é determinante para seu autoconceito e suas formas de pensar e agir, tendendo a buscar uma identidade social positiva, o que os leva a se identificarem com os grupos de maior *status* (HOGG; TERRY, 2001; TAYLOR; MOGHADDAM, 1994).[7]

Nesse sentido, tem sido muito utilizado pelas mulheres nesses espaços um mecanismo que, além de não resolver a questão de fundo (a desigualdade entre homens e mulheres), ainda mascara a realidade: a identificação com o padrão masculino. Sobre isso discorreremos de modo específico mais adiante.

3.2. As advogadas e o networking

Quase todas as profissionais da advocacia entrevistadas na pesquisa evidenciaram alguma questão problemática relativa ao que se convencionou chamar de *networking* (a capacidade de desenvolver contatos e captar clientes), tão relevante nesse modelo de advocacia. Nas sociedades de advogados, à medida que o(a) profissional progride na carreira, lhe são exigidas cada vez menos habilidades técnico-jurídicas e cada vez maior aptidão para captar clientes.

---

7. BERTOLIN, Patrícia Tuma Martins. Assimetrias de Gênero no Sistema de Justiça: reflexões a partir da realidade das advogadas. *In:* Perspectivas de Gênero e o Sistema de Justiça Brasileiro. Organização: Ela Wiecko Volkmer de Castilho; João Akira Omoto; Marisa Viegas e Silva; Paulo Gilberto Cogo Leivas. Brasília: ESPMU, 2019, p. 178.

Os problemas referidos pelas mulheres, no que se refere a esse aspecto específico, foram os mais diversos: a dificuldade de participar de *happy hours* após o trabalho, em face das demandas familiares; o medo de serem mal interpretadas, ao convidarem um cliente ou potencial cliente para sair; o fato de que as mulheres têm sido aquelas que costumam ficar produzindo, enquanto os homens se especializaram em vender sua imagem; a dificuldade de autopromoção que muitas mulheres têm, dentre outros tantos.

Segue a fala de uma advogada entrevistada, na pesquisa que dá suporte a este artigo, a exemplificar a forma como a maior parte das mulheres vê as relações que travam socialmente:

> Não é "natural" para a mulher fazer *network*, e o que a gente percebeu não é que a mulher não se relaciona. Ela se relaciona, mas quando ela se relaciona ela não pensa no lado profissional. Então, eu tenho uma grande amiga que trabalha em um banco e que é uma cliente, mas quando eu saio para almoçar com ela eu não converso de trabalho, eu converso de filhos, de amigos, de compras, de viagens.

Algumas advogadas entrevistadas relataram suas estratégias para evitar sair sozinhas com um cliente em situação que possa gerar a suposição de que se trata de um convite com possível conotação sexual: convidá-lo para um café da manhã (nunca jantar), convidá-lo para almoçar e levar o estagiário junto, chamá-lo para um evento ou almoço no escritório. Verifiquemos trechos de duas entrevistas realizadas com sócias de dois diferentes escritórios, a seguir transcritos:

> A gente troca muita informação, porque existe uma dinâmica de *networking* feminino, que não é igual ao *networking* masculino, não tem o certo ou o errado. Mas a verdade é que tem umas nuances que você tem que saber. Por exemplo, eu prefiro sair para almoçar com um cliente, do que sair para jantar. Ou em situações que eu saio com o cliente, eu sempre saio em número maior, por conta de dinâmicas de preconceito mesmo. Então, por exemplo, se você sai com um grupo de clientes estrangeiros, de uma localidade X, é estranho você sair e você ser a única mulher. Então, você sai em um grupo maior. Para não ser mal interpretado ou até para ser bem aceito. Dependendo da localidade, do país, tem uma dinâmica de você ter um time só de mulheres ou um time misto. Então, essa troca de informações entre sócias

> e advogadas mais novas e entre sócios, homens e mulheres, a gente faz muito, muito.
>
> Eu sou boa gestora, executora e gestora. Mas nessa coisa da captação comercial, nessa parte, eu tenho dificuldade. Para mim é um esforço extra. Para mim sempre foi mais fácil conseguir cliente com base em outros clientes. Por exemplo, o cliente austríaco, para quem eu estou fazendo um trabalho agora esteve do outro lado em uma outra operação em que eu trabalhei. Eu tenho mais facilidade de captar pelo trabalho, do que por ações de promoção, porque o mundo é muito masculino. E é difícil você ligar e chamar um cliente para almoçar, é muito difícil, porque para você ser mal-entendida é um minuto. E tem aquela coisa, às vezes você sai para almoçar com o pessoal do escritório, tem um cara almoçando com uma mulher que você conhece, já fica todo mundo fazendo piadinha, tipo: "-Hun, será?" Então, é mais difícil para a mulher, eu acho que ainda tem esse lado. A gente tem que inventar um jeito de fazer networking, tem que aproveitar as oportunidades, chamar para um evento do Escritório, ou programar um almoço no Escritório. Eu já fiz isso várias vezes. Por exemplo, de algum cliente que você quer, acabou um trabalho e você quer captar novas coisas, não perder o contato com esse cliente, você chama para um almoço aqui. Enfim, coisas assim, que são mais simples para a mulher. Então, no meu horário de almoço, se é que eu posso dizer que a gente tem horário de almoço, eu resolvo mil coisas. Eu não tenho tempo de ficar... E à noite, pior ainda, porque eu vou para casa, tenho que ajudar meus filhos na lição, eles vão dormir. É muito mais complicado para a gente, eu acho que a gente tem muito mais funções. E essa coisa de você ter que fazer a promoção é muito mais complicado.

Os trechos transcritos apenas exemplificam aquilo que algumas advogadas colocaram como angústia, outras como preocupação e outras, ainda, como problema, mas o fato é que as mulheres despendem um esforço adicional em questões que são corriqueiras nesse modelo de advocacia, assim como na vida social em geral.

3.3. A dificuldade de viajar para fazer ATP

Attorney Trainning Program, ou simplesmente ATP, consiste em um período em que o(a) advogado(a) permanece em um escritório estrangeiro, o que as sociedades de advogados costumam estimular e patrocinar, a partir de determinado estágio da carreira, normalmente o patamar de Advogado Pleno.

Esse período costuma servir para que o(a) profissional estreite laços com advogados estrangeiros e estabeleça contato com possíveis futuros clientes, já que nesse modelo de advocacia a clientela é composta, principalmente, de empresas estrangeiras sediadas no País, que desejam receber o mesmo atendimento que recebem no país de origem, em todas as questões jurídicas que porventura venham a ter.

As mulheres com responsabilidades familiares encontram maior dificuldade de se ausentar do Brasil para realizar ATP, tendo em vista ser comum as esposas seguirem os maridos – e não o contrário – em uma sociedade machista como a brasileira. Algumas tentam suprir essa impossibilidade fazendo outras atividades no exterior e, mesmo assim, à custa de alguns "equilibrismos", como relatado no trecho de entrevista transcrito a seguir:

> As mulheres vão [fazer ATP] antes de ter filho. Agora, quem teve filho cedo, que nem eu, quem se casou cedo... Eu casei com 23 anos. Como é que você faz? Acho que no mercado de hoje faz falta. Então agora, nesse meu plano novo de desenvolvimento, que eu estou tentando fazer, eu vou para Londres em julho, fazer um curso. Curto, mas vou, só para ir. É uma semana. E eles têm curso de M&A, de coisas da nossa área, curtos, mas que te dão um... E tentando abrir um pouco a cabeça mesmo, conhecer outras pessoas, mas eu já tenho que esquematizar de um jeito que minha família... E como meus filhos estarão de férias já nessa época, eles vão com o meu marido e durante essa semana vão fazer alguma outra coisa. Depois a gente se encontra e faz uma viagem. Eu tenho que sempre estruturar assim, a gente tem que se virar. Em épocas de operação, paciência, a gente negligencia mesmo.

No caso dos advogados, como as esposas costumam assumir a maior parte e, em alguns casos, a quase totalidade dos cuidados com os filhos, embora nessa atividade deleguem grande parte dessas tarefas a outras mulheres (babás, mães, etc.), que lhes incumbe supervisionar, isso não chega a constituir um problema. Ainda que casados e com filhos, eles costumam se ausentar, vindo de tempos em tempos passar uns dias com a família, o que certamente amplia suas oportunidades no escritório.

3.4. As demandas familiares: terceirização e culpa

Ainda no tocante à divisão sexual do trabalho, ou seja, o fato de que as tarefas domésticas (não remuneradas e desvalorizadas socialmente) têm cabido historicamente às mulheres, enquanto as atividades realizadas no espaço público (mercado de trabalho, política, espaços religiosos e militares) têm sido destinadas aos homens, foi ressaltado nas entrevistas realizadas com advogadas o quanto isso ainda prepondera, em pleno século XXI. A advocacia parece ser uma profissão talhada para ser exercida por um homem que tenha uma esposa em casa – e não havia nada de mal com isso, naquele contexto em que foi criada –, mas hoje a profissão se feminizou. É necessário que se adeque a forma de exercício profissional a esse ingresso maciço de mulheres – ou se questione a velha divisão sexual do trabalho (o que não ocorreu em nenhuma das entrevistas realizadas na pesquisa).

> É endeusada e naturalizada uma pretensa "vocação" das mulheres para as tarefas de cuidado, quando, de fato, trata-se de uma construção social, mantida e reforçada ao longo dos séculos, ainda que hoje as mulheres exerçam também o papel (anteriormente masculino) de provedoras. Isso faz com que, apesar de trabalharem longas jornadas no mercado de trabalho, continuem desempenhando a maior parte das tarefas que originalmente lhes cabiam no espaço doméstico[8]. [9]

As advogadas, a fim de cumprirem as longas jornadas presenciais que as sociedades lhes impõem, "terceirizam" os cuidados com os filhos, o que lhes tem competido supervisionar. Se algo falhar no esquema que

---

8. Segundo o IBGE, as mulheres gastam em média 18,1 horas por semana com o trabalho doméstico não remunerado, enquanto os homens dispendem em média 10,5 h. Isso acarreta àquelas, por exemplo, menos tempo para descanso e lazer, além de inevitável desigualdade no mercado de trabalho. (INSTITUTO BRASILEIRO DE GEOGRAFIA E ESTATÍSTICA – IBGE. Estatísticas de gênero. Indicadores sociais das mulheres no Brasil. Estudos e pesquisas. Informação demográfica e socioeconômica, Rio de Janeiro, n. 38, 2018, p. 1. Disponível em: https://biblioteca.ibge.gov.br/visualizacao/livros/liv101551_informativo.pdf. Acesso em: 29 abr. 2019).

9. BERTOLIN, Patrícia Tuma Martins. Assimetrias de Gênero no Sistema de Justiça: reflexões a partir da realidade das advogadas. *In:* Perspectivas de Gênero e o Sistema de Justiça Brasileiro. Organização: Ela Wiecko Volkmer de Castilho; João Akira Omoto; Marisa Viegas e Silva; Paulo Gilberto Cogo Leivas. Brasília: ESPMU, 2019, pp. 172-173.

montaram, que é bastante dispendioso e muitas vezes inclui cozinheira, babá, motorista, são elas que costumam ser acionadas pela escola, por exemplo.

O sócio fundador de um grande escritório, entrevistado na pesquisa, observou, com muita naturalidade e até com uma certa ironia:

> [Para a advogada ter filho,] precisa ter uma estrutura montada, que é cara. Precisa ter uma babá muito boa. Precisa ter um chofer muito bom. E não deixar que a educação da criança seja dada pela babá e pelo chofer (risos). Principalmente quando é pequenininho. Então, é uma realidade da vida.

Entrevistamos na pesquisa aquela que, nos anos de 1970, foi a primeira sócia de uma grande sociedade de advogados, A respeito dessa questão (e do casamento), ela descreveu a sua experiência, naquilo que se poderia chamar de "outra época":

> Eu tinha só uma vantagem, não chegou a ser exatamente uma vantagem, mas, enfim, era um diferencial: duas irmãs que eu tinha moravam nas casas ao lado, e também tinham filhos. Então, era uma mistura de filho de um lado, filho de outro. Ajudou um pouco. Vai na piscina de um, vai brincar um com o outro. Às vezes, muitas vezes eu olho para trás e me pergunto: "Como é que eu fiz mesmo?" Eu não sei como eu fiz. A gente foi montando esquemas. Nem tinha tanta babá naquela época. Hoje todo mundo tem babá, enfermeira, o diabo a quatro. Eu tinha um casal, que foi morar na minha casa, que já tinha trabalhado com a minha mãe antes. Mais ou menos como caseiros. Às vezes, muitas vezes eu olho para trás e penso: "-Como é que eu fiz mesmo?" Eu não sei como que eu fiz. O escritório tinha outras filiais, eu viajava o tempo todo. A ginástica para fazer essas viagens e ainda estar em casa, eu nem te conto. Mas, tudo bem, passou, passou. Sobrevivi e estou aqui. Eu tive que fazer muitas opções na vida, porque você acaba escolhendo. O próprio casamento fracassou, por causa disso. Ele parecia que estava disposto [a aceitar o meu trabalho], quando se casou. Depois não estava mais. E homem não aguenta, ou não aguentava, essa competição. Ele queria que eu deixasse de trabalhar, principalmente quando nasceram os filhos. Não chegou a impor assim: "-Ou, ou." Mas dificultando, dificultando tudo, para que eu ficasse em casa, fazendo críticas, mais críticas e mais críticas. E chegava uma hora.... Isso é

> normal. Até hoje isso acontece. E então, no segundo [filho], eu falei: "-Agora chega." E eu cheguei a pensar realmente em parar [de trabalhar].

Como a própria advogada observou, ainda hoje é assim. Problemas como a competição, por parte do marido, que em regra ganha menos, foram relatados com certa frequência, além de uma espécie de "sabotagem" por parte do companheiro, que costuma por os filhos para pressionar a mãe a estar cedo em casa, em vez de compartilhar algumas tarefas com ela.

> Meu marido é "mega" companheiro. (...) Aqui no Escritório a gente tem alguns pais similares ao meu marido. Mas existem pais, casados com mulheres advogadas, biladoras[10] e que trabalham muito, que não são iguais. E sabe o que eu percebi? Várias advogadas que eram muito boas e tinham uma ótima carreira a seguir aqui, saíram do Escritório porque o marido não era companheiro em casa, em termos de ajudar com os filhos. Não é dinheiro, é uma questão de [apoio]... Elas comentavam, muitas delas minhas amigas, que foram embora, comentavam assim: "-Se hoje eu tiver que trabalhar até meia-noite, eu preciso arranjar uma babá extra ou pedir para a minha mãe ficar com os meus filhos, porque ele não fica." **Na verdade, o marido valoriza a mulher até um certo limite do que não prejudique o conforto dele.** Eu vi várias vezes isso e ainda vejo aqui no Escritório. Eu vejo maridos ligando e falando: "-Você não vai voltar para casa agora, não sei o que lá? Porque os filhos estão te chamando." Ela fala: "-Mas eu estou em um projeto e hoje eu preciso ficar até mais tarde." O "cara" usa o filho como pretexto e isso deixa a mulher desesperada, porque é um filho. Mas na verdade é para o conforto dele. E aí ela tem que reaver a carreira dela, porque ela não vai deixar o filho em último plano. Ela acaba tendo que limitar a carreira dela, porque o marido não é o companheiro integral. O meu marido alavancou totalmente a minha carreira. Houve um momento da vida profissional em que nós estávamos equivalentes. E aí eu tive uma oportunidade de crescer e ele falou: "-Vamos lá. Vai lá, firme." E ele deu suporte. Em algum momento você tem que falar que: "-Poxa, se ela está tendo uma oportunidade, é uma oportunidade para o casal, não é só para

10. Bilar (do inglês, *bill*) é um verbo usado muito usado nas sociedades de advogados. Significa gerar muitos recursos para o escritório.

> ela." Então hoje, por exemplo, a gente tem uma vida sólida, é uma vida financeira estável. Mas muito porque o meu marido me ajudou, apesar de ele ganhar menos. Mas tem que se olhar no conjunto da família. (grifo nosso)

Lamentavelmente, pelo que foi visto na pesquisa, as advogadas têm dependido em grande parte da sorte. Sorte de terem encontrado um marido realmente parceiro, disposto a alavancar e não a obstar sua carreira. Um marido competitivo, que não veja a mulher como parceira, dificilmente colaborará para o seu sucesso – pior: será uma âncora na sua jornada.

O *home office*, que poderia ser uma alternativa para as advogadas com filhos pequenos, mesmo quando ele em tese está à disposição dos(as) profissionais, tem gerado um presumido descomprometimento do(a) advogado(a) que dele faz uso com frequência, deixando-o(a) sem chances de promoção na carreira.[11]

Nossa hipótese, ao iniciar a pesquisa, era de que as mulheres precisariam assumir um padrão masculino de carreira para conseguir ascender (chegar a sócias) nas sociedades de advogados pesquisadas. Verificamos que de fato isso ocorre, mas adotar um padrão masculino de carreira significa muito mais que usar indumentária de inspiração masculina (como terninhos e *tailleurs*): impedir que a vida familiar se repercuta sobre a exigência do escritório de disponibilidade integral.

A culpa foi tema referido espontaneamente nas entrevistas com advogadas com filhos pequenos. Elas "terceirizam" as "suas" atribuições domésticas, mas carregam grande culpa por isso. Houve advogada se culpando, ainda hoje, por um período em que o filho mais novo batia nas outras crianças na escola, período em que, segundo ela, o escritório lhe exigia muito.[12]

Verificamos que as mulheres que permaneceram no escritório e, mais do que isso, conseguiram ascender foram exatamente aquelas que conseguiram aprender a lidar com a culpa. Segue o relato de uma delas:

---

11. BERTOLIN, Patrícia Tuma Martins. Mulheres na advocacia: padrões masculinos de carreira ou teto de vidro. Rio de Janeiro: Lumen Juris, 2017, p. 174 e ss.

12. BERTOLIN, Patrícia Tuma Martins. Feminização da advocacia e ascensão das mulheres nas sociedades de advogados. Cadernos de Pesquisa, São Paulo, Fundação Carlos Chagas, v. 47, n. 163, p. 16-42, jan./mar. 2017, p. 36 e ss.

> ...se eu quisesse ser uma mãe que acompanhasse absolutamente todos os passos, todas as modificações, todas as papinhas, todos os suquinhos, todas as roupinhas, todos os detalhes do desenvolvimento dos meus 3 filhos, que eu tivesse participação em tudo, eu não ia conseguir ser a profissional que eu fui. Então num dado momento eu falei "bom, eu quero ser mãe, quero. Eu quero ser profissional, quero. Quero ter vida, quero. Então eu vou ter que selecionar, eu vou ter que ser seletiva. Priorizar". Eu vou ter que participar e estar presente naquilo que é importante. Porque se eu for querer dar para minha filha todas as papinhas eu não vou conseguir trabalhar. Então, talvez eu tenha que selecionar. Quero dar papinha no momento que é importante. Ou, a primeira papinha fui eu quem fez. Da primeira filha, porque da segunda eu já não achava mais tão relevante fazer isso. Você tem que ser seletiva. Você tem que estabelecer prioridades. Então, não tem jeito. A gente tem que trabalhar com isso. Hoje a gente dá risada. Elas dão risada e todo mundo dá risada. No começo foi com muito sofrimento. Pelo menos para mim. Para mim foi com muito sofrimento.

Algumas entendem ser incompatível a maternidade com o grau de dedicação exigido pela sociedade de advogados, então a adiam indeterminadamente. Houve, inclusive, relatos de advogadas que, quando resolveram ser mães, não conseguiram mais engravidar, pois o "relógio biológico" costuma "coincidir" com aquele momento da carreira em que elas estão mais demandadas, tentando ascender à sociedade. A maioria, no entanto, opta por abandonar o escritório, por diversas razões, que veremos a seguir.

3.5. Os altos índices de evasão e o teto de vidro

É vasta a literatura, principalmente estrangeira, evidenciando a existência de barreiras invisíveis que impedem as mulheres de chegar aos postos mais elevados das carreiras, o que tem sido denominado de "teto de vidro" ou segregação vertical.[13] A metáfora *de vidro* se refere à invisibilidade

13. Ver: TORNS, Teresa; RECIO CÁCERES, Carolina. Las desigualdades de género en el Mercado de trabajo: entre la continuidad y la transformación. Revista de Economia Crítica, España, n. 14, p. 178-202, 2º semestre 2012. Ver também: WAJCMAN, Judy. Managing like a man: women and men in corporate management. Pennsylvania: The Pennsylvania State University, 1998.

dessas barreiras, que algumas poucas mulheres têm conseguido transpor (BERTOLIN, 2015; 2017a).

O objetivo de quase todos(as) os(as) profissionais nesses escritórios é alcançar a condição de sócio, participando da propriedade da empresa, supervisionando o trabalho de outros(as) advogados(as) e recebendo um percentual sobre os lucros.

Nos escritórios pesquisados, as mulheres são bastante numerosas nos primeiros estágios da carreira. Os percentuais de advogadas associadas ou de advogadas empregadas (dependendo do regime de trabalho que o escritório adota) oscilaram entre 42% e 64%. Na condição de sócias, no entanto, esses índices não se mantiveram, a não ser em dois dos dez escritórios pesquisados (em que as mulheres eram 50 e 54,5% dos sócios)[14]. Nos demais, o percentual variou entre 12,8 e 37%.[15]

A evasão de mulheres dessas sociedades é maciça, principalmente nos níveis de Advogado(a) Pleno(a) e Sênior, que antecedem na carreira a condição de sócio(a). Nas entrevistas, ela foi atribuída a várias razões, mas principalmente à decisão da advogada de ter filhos e ao fato de acreditar que a maternidade é incompatível com a dedicação exigida pelo escritório; ou à crença de que ela nunca chegará a sócia, já que poucas chegam.

Os gestores entrevistados, por sua vez, alegaram realizar as contratações sem levar em consideração o componente *gênero*, atribuindo à advogada toda a responsabilidade por sair do escritório.

> Hoje, na advocacia, nunca se sabe quando terminará a jornada de trabalho, e a recusa de algum trabalho ou cliente depois da previsão para o final da jornada viola expectativas depositadas

14. Nesses dois escritórios pesquisados, em que, diferentemente dos demais, as mulheres ascendem, foi verificado na pesquisa realizada que as condições de trabalho são mais extenuantes que nos demais, devendo o(a) profissional estar à disposição do cliente estrangeiro a qualquer hora do dia ou da noite. A maioria dos advogados não se submete a isso, mas muitas mulheres aceitam, em troca de uma certa flexibilidade, que lhes permite acomodar as exigências da maternidade. Assim, não existe teto de vidro nesses dois escritórios para as mulheres em face da precarização das condições de trabalho, condição que historicamente tem favorecido o ingresso e a permanência das mulheres nos espaços.

15. BERTOLIN, Patrícia Tuma Martins. Mulheres na advocacia*:* padrões masculinos de carreira ou teto de vidro. Rio de Janeiro: Lumen Juris, 2017, p. 161 e ss.

> nos(as) profissionais, assim como a sua não participação em compromissos sociais nos períodos em que estão fora do escritório, principalmente à noite, quando as mães costumam dedicar-se às necessidades dos filhos (WALLACE, 2004, p. 225). Assim, entre todas as tarefas domésticas que vêm sendo, ao longo das décadas, desempenhadas preponderantemente por mulheres, são os cuidados com os filhos as tarefas que maior repercussão tem causado ao seu trabalho remunerado. Dessa forma, quando uma mulher escolhe uma profissão tida como masculina, ainda que possua todos os atributos e a qualificação necessários para exercê-la, deve adaptar-se ao que é valorizado nessa carreira. Esse é um importante mecanismo de segregação, que é transplantado para o ambiente de trabalho, objetivando manter o monopólio masculino sobre a atividade profissional (CHIES, 2010, p. 526).[16]

Aos olhos dos gestores também não têm qualquer importância as razões que levam as advogadas a desistirem da carreira que escolheram, que um sócio fundador de escritório chegou a descrever como "razões privadas". As advogadas, em contrapartida, conhecem muito bem o fenômeno, conforme o trecho de entrevista que segue transcrito:

> Eu tenho amigas que trabalharam em escritórios grandes e depois que tiveram filhos não aguentaram. Não dá. Não tem como conciliar. Grande parte pediu demissão. Foi trabalhar ou em um escritório menor ou tirou um tempo sabático. Ou foi fazer outra coisa: virou tradutora. Foram caminhos diferentes. Pediram demissão por causa da demanda [que recaía sobre elas]. Eu vou dar um exemplo: uma conhecida minha que ainda está no Escritório X. Eu tive uma operação com ela e acabei ficando bem próxima dela. Eu estava até grávida e ela já tinha trigêmeos de dois anos. Uma coisa assim. E eu nunca vou esquecer. As filhas dela iam mudar de escola e havia uma apresentação de final de ano das filhas dela na escolinha, porque elas iam para uma outra escola. Ela tinha prometido para as filhas que iria e seria no dia seguinte. Estávamos indo para o interior para uma reunião, juntas no carro, ligou um Sócio do Escritório avisando que ela teria que ir

16. BERTOLIN, Patrícia Tuma Martins. Assimetrias de Gênero no Sistema de Justiça: reflexões a partir da realidade das advogadas. *In:* Perspectivas de Gênero e o Sistema de Justiça Brasileiro. Organização: Ela Wiecko Volkmer de Castilho; João Akira Omoto; Marisa Viegas e Silva; Paulo Gilberto Cogo Leivas. Brasília: ESPMU, 2019, p. 189.

> a uma reunião com ele no horário da apresentação. Ela teve um acesso de choro. Porque é incabível falar para um Sócio do Escritório que ela não vai poder ir porque ela tem outro compromisso pessoal, entendeu?

Os obstáculos que as advogadas encontram para exercer a profissão em condições de igualdade com relação aos homens as impedem, na maior parte das vezes, de chegar ao topo da carreira: a condição de sócia. Como registrado em item inicial deste artigo, em oito dos dez escritórios de advocacia pesquisados, o percentual de mulheres nessa condição variou entre 12,8 e 37%, o que contrasta fortemente com a maciça presença de mulheres nos estágios iniciais da carreira.

A perspectiva dos estudos organizacionais é unânime no sentido de que a diversidade é uma vantagem competitiva para as organizações, nos mais diversos ramos da atividade humana. Na advocacia não é diferente e, nesse sentido, vale trazer trecho da entrevista realizada com uma sócia:

> O que eu acho é que em geral a gente tem um resultado melhor quando a gente aposta na diversidade. Quando a gente coloca homem e mulher num grupo, num projeto com um objetivo comum, dois mais dois não são quatro, dois mais dois são cinco, sete, oito, infinito... São visões diferentes do mundo, maneiras de agir diferentes e complementares: um tem mais foco, o outro tem mais emoção; um tem objetividade, o outro tem mais sensibilidade; então eu aposto muito na diversidade. Eu acho que a diversidade vai trazer um resultado melhor. Se isto significa contratar, num determinado momento, mulher ou homem, eu não sei, depende, se eu tiver mulher eu vou atrás do homem, se eu tiver homem eu vou atrás da mulher, mas em geral eu não tenho essa preocupação, se é homem ou mulher. Em geral é o seguinte, uma preocupação em ter grupos diversificados, isto vale para gênero, vale para temperamento, vale para experiência, vale para idade, vale para uma série de coisas, e buscar sempre os melhores profissionais, porque isso faz parte da nossa estratégia.

Contudo, essa meritocracia tem se transformado em um discurso que, muitas vezes, justifica a não ascensão de mulheres, quando, de fato, há outros determinantes para o teto de vidro que as mulheres têm enfrentado, e os quais a maternidade (que tem diferentes pesos para as carreiras de homens e mulheres) e o fato de que os processos de seleção e promoção não são neutros, como visto. Além disso, a forma de exercer a profissão foi estabelecida quando os homens eram os únicos profissionais – e não se ajustou, para incluir o grande número de mulheres que passou a exercê-la, principalmente a partir dos anos de 1970.

Resta perguntar aos gestores dos escritórios e aos demais sócios (inclusive às sócias que, ao ascender, incorporam o discurso da meritocracia[17]): até quando a advocacia será uma profissão tão feminizada quanto desigual?

4. CONCLUSÃO

A feminização da advocacia, verificada no Brasil a partir da década de 1970 e intensificada nas duas primeiras décadas do século XXI, não foi capaz de modificar o modo de se exercer a profissão, estabelecido quando os homens eram os únicos a exercê-la, homens que tinham uma esposa em casa, responsável pelas tarefas de cuidado com os filhos e a casa.

À semelhança do que tem sido verificado em outras profissões, à medida que a advocacia tem se tornado uma profissão feminizada, nas grandes sociedades de advogados, as mulheres têm sido inseridas de forma maciça nos estágios iniciais da carreira, mas não têm conseguido chegar ao topo em grande número. Outro fenômeno que se verifica é que, quando uma profissão se feminiza, ela é automaticamente desvalorizada – ou será o contrário?[18]

O teto de vidro que as mulheres têm enfrentado nos grandes escritórios tem encontrado sua principal justificativa na aparente contradição entre o exercício profissional e a maternidade, conforme verificado na pesquisa. Contudo, algumas pequenas alterações no *modus operandi* do trabalho nessas sociedades de advogados já acarretaria grandes mudanças nas perspectivas profissionais dessas advogadas. Entre os possíveis caminhos rumo à equidade, estaria a transparência dos processos de progressão profissional, que deveriam contar com igual número de mulheres. Outra

17. "Se eu fui capaz, basta que as outras se dediquem e também serão."

18. Esse é um exemplo típico de questão sem resposta imediata, mas cuja ocorrência a literatura tem sido reiterada em registrar.

possibilidade é o *mentoring*, prática por meio da qual advogadas experientes que chegaram ao topo orientam a carreira das jovens advogadas, para tornar o percurso mais fácil (ou menos difícil), queimando etapas.

Essa dificuldade de chegar ao topo da carreira tem sido grandemente responsável pela evasão em massa das mulheres desses escritórios, principalmente entre os estágios de Advogada Plena e Sênior; antes, portanto, de chegarem à sociedade, assim como tem causado uma espécie de insatisfação generalizada entre as mulheres, que embora não vejam o teto de vidro (ele é "de vidro" e, portanto, invisível), sabem que ele está lá.

A diversidade é, sem dúvida, um importante fator competitivo nas organizações, sejam elas de que setores da atividade forem, e as sociedades de advogados "estão rasgando dinheiro", como disse uma sócia em sua entrevista, ao não apostar na igualdade de gênero de fato – e não apenas como jogada de *marketing*, para agradar o cliente estrangeiro preocupado com *compliance.*

Enquanto não se conseguir romper a velha divisão social do trabalho, construindo uma sociedade em que ambos, homens e mulheres, sejam provedores e cuidadores (provedoras as mulheres já são), essas mudanças todas são fundamentais para que a condição das advogadas nos grandes escritórios seja mais equânime.

20

O LUGAR DAS CATADORAS DE MATERIAL RECICLÁVEL NO MUNICÍPIO DE PORTO ALEGRE: ALGUMAS REFLEXÕES A RESPEITO DOS DIREITOS FUNDAMENTAIS AO TRABALHO, À MORADIA E À SAÚDE DAS MULHERES

Annelise Monteiro Steigleder

Mestre em Direito, Doutoranda em Planejamento Urbano e Regional pelo PROPUR/UFRGS, Promotora de Justiça no Ministério Público do Estado do Rio Grande do Sul.

Lívia Salomão Piccinini

Arquiteta, Mestre e Doutora em Planejamento Urbano e Regional pelo PROPUR/UFRGS, Professora da Faculdade de Arquitetura da Universidade Federal do Rio Grande do Sul.

INTRODUÇÃO

O presente artigo busca problematizar a relação entre o trabalho e as condições de moradia das mulheres que atuam como catadoras e recicladoras de resíduos sólidos no Brasil no contexto da Lei 12.305/2010 (Lei da

Política Nacional de Resíduos Sólidos). Ao mesmo tempo em que reconhece a natureza de bem socioambiental dos resíduos sólidos de origem domiciliar, fomenta a atividade de reciclagem e a inclusão social de catadores de materiais recicláveis, esta lei invisibiliza as condições de habitabilidade e de salubridade da casa e do lugar de trabalho, assim como as dificuldades para superar estas condições. Pela predominância das mulheres nos galpões de reciclagem, esta temática assume contornos de gênero, que não podem ser ignorados pelas políticas públicas, sobretudo na escala local, dada a condição dos Municípios de gestores das políticas de resíduos sólidos, de regularização fundiária e de inclusão produtiva de pessoas de baixa renda.

Conforme dados do Movimento Nacional de Catadores de Material Reciclável, cerca de um milhão de pessoas impulsionadas pelo crescimento populacional, pela exclusão social, pela urbanização crescente, pela geração exponencial de resíduos sólidos e pela atribuição de valor econômico a estes resíduos[1], dependem economicamente de atividades de coleta e de triagem de resíduos sólidos no país, atuando de forma concentrada nos centros urbanos, com renda mensal variável ao redor de um salário mínimo. Deste número total de pessoas, em torno de 70% são mulheres[2].

O número diverge do levantamento do IPEA, produzido em 2013, com amparo nos dados do Censo 2010 do IBGE, que estima em quatrocentas mil pessoas as que se dedicam à coleta e à triagem de resíduos sólidos potencialmente recicláveis, dos quais 31,1% são mulheres. A explicação para essa discrepância seria que muitas mulheres não se identificam como catadoras em virtude de se reconhecerem como domésticas ou trabalhadoras do lar. No entanto, pesquisas empíricas realizadas junto a diversas cooperativas e

1. Em seu art. 3º, incisos XVI e XV, a Lei 12.305/2010 distingue entre resíduos sólidos e rejeitos. A atribuição de natureza jurídica específica aos resíduos é estudada por FERREIRA, Gilson e SANTOS, Caroline Marques Leal. Resíduos sólidos e sua funcionalização socioambiental: perspectivas para uma teoria geral do direito civil ambiental. Anais do Congresso do Instituto O Direito por um Planeta Verde, 2014. www.planetaverde.org.br.

2. Dados obtidos no site do Movimento Nacional de Catadores, http://www.mncr.org.br/, acesso em 05 de dezembro de 2019. Ver ainda: GAMA E SILVA, Paulo Mozart da. Instrumentos econômicos. In JARDIM, Arnaldo, YOSHIDA, Consuelo e MACHADO FILHO, José Valverde. Política Nacional, Gestão e gerenciamento de resíduos sólidos. São Paulo: Manole Ed., 2012, p. 112.

associações de catadores, em diversas cidades brasileiras, mostram que a maioria desses trabalhadores são mulheres com filhos[3].

De acordo com dados do IPEA, os catadores realizam suas atividades nas ruas, no interior de galpões ou, ainda, em suas próprias casas, consoante os diferentes graus de organização destes indivíduos, que ainda não possuem uma identidade social homogênea[4]. Os galpões, por sua vez, são frequentemente localizados em favelas, pois são construídos a partir de iniciativas para obtenção de renda no âmbito destas comunidades precárias.

No caso das mulheres, conforme a divisão do trabalho relacionada ao manejo dos resíduos sólidos recicláveis, estas dedicam-se, sobretudo, à triagem de resíduos, nos galpões ou em suas residências. Nos Municípios que contam com coleta seletiva, as mulheres são ampla maioria nas unidades de triagem, com percentuais que variam entre 63,5 e 75%, consoante explicitam as pesquisas efetuadas por Cherfem[5], Ferreira[6],

3. SANT'ANA, Diogo e METELLO, Daniela. Reciclagem e inclusão social no Brasil: Balanço e Desafios. In PEREIRA, Bruna Cristina Jaquetto e GOES, Fernanda Lira (orgs). Catadores de Materiais Recicláveis. Um encontro nacional. IPEA. Rio de Janeiro, 2016, pp. 21-47.

4. Instituto de Pesquisas Econômicas Aplicadas – IPEA. Situação social das catadoras e dos catadores de material reciclável e reutilizável, Brasília, 2013, em www.ipea.gov.br, acesso em 15 de maio de 2014.

5. Conforme Cherfem, nas cooperativas de triagem de resíduos sólidos do Espírito Santo, 75% das trabalhadoras são mulheres, sobretudo negras, com mais de 40 anos de idade e baixa escolaridade, o que também atesta a reprodução da exclusão histórica da população negra no mercado de trabalho (CHERFEM, Carolina Orquiza. Relações de gênero e raça em uma cooperativa de resíduos sólidos: Desafios de um setor. In PEREIRA, Bruna Cristina Jaquetto e GOES, Fernanda Lira (orgs). Catadores de Materiais Recicláveis. Um encontro nacional. IPEA. Rio de Janeiro, 2016, pp. 47-74). As mesmas conclusões são apresentadas por MARTINS, Ingrid Gomes et. alii. Reciclando as relações de gênero: a divisão sexual do trabalho em cooperativas de catadoras e catadores, e o papel de lideranças femininas na Política Nacional de Resíduos Sólidos no Distrito Federal. In PEREIRA, Bruna Cristina Jaquetto e GOES, Fernanda Lira (orgs). Catadores de Materiais Recicláveis. Um encontro nacional. IPEA. Rio de Janeiro, 2016, p. 75.

6. O estudo de Ferreira foi feito junto a duas associações de catadores localizadas em Ceilândia, no Distrito Federal e identificou a presença de, aproximadamente, 65,33% de mulheres trabalhadoras nessas entidades, todas com filhos (FERREIRA, Rekle Gean Pereira Siriano et. alii. Condições de saúde e estilo de vida dos catadores de resíduos sólidos de uma cooperativa da Ceilândia, no Distrito Federal: um olhar acerca dos determinantes sociais e ambientais da saúde. In PEREIRA, Bruna Cristina Jaquetto e GOES, Fernanda Lira (orgs). Catadores de Materiais Recicláveis. Um encontro nacional. IPEA. Rio de Janeiro, 2016, p.156).

Zaneti[7] e pela Fundação Solidariedade[8]. Neste último caso, relativo à cidade de Porto Alegre, foi aferido que mulheres são a maioria tanto nas unidades de triagem como entre a população que trabalhava como resíduos fora dos galpões conveniados com o Município (57,06%)[9].

Outro dado relevante é a baixa escolaridade e qualificação profissional destas mulheres, o que lhes dificulta a melhoria econômica através da aprendizagem de outras tarefas que exijam habilidades mais especializadas. Isto pôde ser verificado pela Fundação Solidariedade, cujo Relatório final aponta que o Programa Todos Somos Porto Alegre não teve êxito na alteração da atividade profissional – de catador/triador para outra tarefa – porque os cursos de qualificação profissional oferecidos pela Prefeitura (camareira, manicure, secretariado, serviços de limpeza geral) pressupunham alfabetização e outras habilidades que as trabalhadoras não possuíam. Além disso, as poucas pessoas que aderiram e concluíram os cursos não conseguiram vagas no mercado de trabalho[10]. O insucesso do programa ensinou que políticas públicas para estes trabalhadores pressupõem intervenções mais amplas e sistêmicas, que compreendam o complexo contexto em que se

---

7. ZANETI, Izabel. As sobras da modernidade. O sistema de gestão de resíduos em Porto Alegre. Porto Alegre: FAMURS, 2006, p. 145.

8. Esta Fundação foi contratada pela Prefeitura, no contexto do Programa Todos Somos Porto Alegre, no período compreendido entre 01 de junho de 2015 e 30 de novembro de 2016, para implementar atividades de busca ativa junto a catadores que atuavam de forma independente do sistema de coleta seletiva, no contexto da Lei municipal nº 10.531/08, que pretendia erradicar a circulação de carrinhos e carroças em Porto Alegre no prazo de oito anos e determinou que o Município implantasse um programa social para capacitação e inclusão produtiva dos catadores.

9. Fundação Solidariedade de Formação e Capacitação de Trabalhadores. Projeto de Busca Ativa: Acompanhamento e Inclusão Produtiva à população de catadores e suas famílias. Programa Todos Somos Porto Alegre. Relatório Final. Porto Alegre, 2016.

10. O Eixo 1 do Programa Todos Somos Porto Alegre era dedicado à qualificação profissional de carrinheiros e carroceiros, que eram encaminhados a cursos, ao mesmo tempo em que entregavam suas carroças e carrinhos em troca de uma indenização paga pelo Município de Porto Alegre. Durante o curso, os catadores recebiam uma bolsa capacitação no valor de um salário mínimo e vale transporte assistencial, além do que as equipes de Busca Ativa inseriam as famílias na rede pública e em programas públicos, tais como Bolsa Família e outros, com vistas à redução da vulnerabilidade. Fundação Solidariedade de Formação e Capacitação de Trabalhadores. Projeto de Busca Ativa: Acompanhamento e Inclusão Produtiva à população de catadores e suas famílias. Programa Todos Somos Porto Alegre. Relatório Final. Porto Alegre, 2016, p. 15.

desenvolve a atividade de triagem e catação de resíduos sólidos, que entrelaça pobreza, gênero, moradia, saúde e trabalho.

A condição de trabalho e moradia destas mulheres é relevante para os estudos a respeito da violação de direitos humanos e subsequente estabelecimento de diretrizes que guiem ações estatais de gestão e de planejamento urbano, no contexto da política de inclusão de catadores instituída pela Lei Federal 12.305/2010 (Lei da Política Nacional de Resíduos Sólidos). Esta legislação propõe-se a adotar uma visão sistêmica sobre as políticas públicas e a gestão de resíduos, de tal forma a considerar as variáveis ambientais, sociais, culturais, econômicas, tecnológicas e de saúde pública (art. 6º, II) e reconhece que o resíduo sólido reutilizável e reciclável é um bem econômico e de valor social, gerador de trabalho e renda e promotor de cidadania (art. 6º, VIII).

Nesses termos, a Lei 12.305/2010 não deve ser interpretada como limitada ao estabelecimento de diretrizes e de responsabilidades para a gestão de resíduos. É uma lei de matriz social, ancorada no principio fundamental da dignidade da pessoa humana (art. 1º, III, Constituição Federal de 1988) e nos objetivos fundamentais de erradicação da pobreza, da marginalização e da redução das desigualdades sociais (art. 3º, III, Constituição Federal de 1988), a ser conjugada com outras políticas públicas atinentes às condições específicas dos atores sociais que desempenham as atividades de coleta e de triagem de resíduos, propiciando, desta forma, que os materiais cheguem à indústria da reciclagem. Por isso, a avaliação de questões específicas atinentes aos catadores (gênero, renda, moradia, saúde, escolaridade), quando da formulação de políticas públicas derivadas, é fundamental, sob pena de a inclusão social destas pessoas, apregoada pela lei, tornar-se letra morta.

A atividade de triagem de resíduos sólidos recicláveis ocorre, frequentemente, em condições insalubres, que impõem problemas de saúde e de segurança às trabalhadoras, muito embora, contraditoriamente, a atividade de reciclagem seja reputada como ambientalmente sustentável e conste expressamente da citada Lei 12.305/2010 e do Objetivo 12 dos Objetivos do Desenvolvimento Sustentável da ONU – Agenda 2030[11], documento este

11. 12.4 Até 2020, alcançar o manejo ambientalmente saudável dos produtos químicos e todos os resíduos, ao longo de todo o ciclo de vida destes, de acordo com os marcos

que também contempla a erradicação da pobreza (Objetivo 1) e o combate à discriminação contra mulheres e meninas (Objetivo 5). Ou seja, a etapa compreendida entre a coleta dos resíduos domiciliares e a reciclagem, em que se dá o beneficiamento dos resíduos, é desconsiderada. Nessa perspectiva é a pesquisa realizada pela Universidade Federal de Santa Maria, intitulada *Trabalho Feminino e Saúde na Voz de Catadoras de Materiais Recicláveis*, segundo a qual a mulher catadora vive em vulnerabilidade trabalhista, social, econômica e de condições de saúde, devido ao trabalho doméstico (cuidar da casa, maternidade), além de estar em condições de trabalho precário, informal e de risco[12].

A insalubridade do trabalho de triagem e de reciclagem de resíduos sólidos urbanos foi agravada durante a pandemia do novo COVID-19[13], que expôs os catadores e os recicladores ao contato com materiais potencialmente contaminados pelo vírus[14] e explicitou o cenário de profunda vulnerabilidade

internacionais acordados, e reduzir significativamente a liberação destes para o ar, água e solo, para minimizar seus impactos negativos sobre a saúde humana e o meio ambiente

12.5 Até 2030, reduzir substancialmente a geração de resíduos por meio da prevenção, redução, reciclagem e reuso.

12. COELHO, Alexa Pupiara ET. alii. Trabalho feminino e saúde na voz das catadoras de materiais recicláveis. Texto & Contexto – Enfermagem, vol 27, no.1 Florianópolis, 2018. Epub 05-Mar-2018, http://dx.doi.org/10.1590/0104070720180002630016.

13. Em 30 de janeiro de 2020, a Organização Mundial da Saúde – OMS declarou que o surto do coronavírus, iniciado no final de 2019 na cidade chinesa de Wuhan, constituía Emergência de Saúde Pública de Importância Internacional e, em 11 de março de 2020, a presença do vírus em mais de 114 países ensejou o reconhecimento oficial da pandemia. Até o momento, não há cura ou vacina disponível.

14. Estudos mostram que o vírus do COVID-19 pode persistir nas superfícies por algumas horas ou até vários dias, a depender das diferentes condições (tipo de superfície, temperatura ou umidade do ambiente) (CNMP. Diretrizes Técnicas e Jurídicas para a coleta seletiva e a triagem de materiais recicláveis durante a pandemia do COVID-19. 25 de maio de 2020. Disponível em https://www.cnmp.mp.br/portal/images/noticias/2020/maio/26-05_DIRETRIZES_COLETA_SELETIVA_E_COVID_FINAL_1.pdfl, acesso em 11 de novembro de 2020). Conforme uma pesquisa realizada pela Associação Brasileira de Engenharia Sanitária e Ambiental – ABES, até o dia 31 de abril de 2020, dos 82.213 trabalhadores do setor de reciclagem nas 22 capitais pesquisadas, houve 2.025 suspeitos de contaminação por COVID-19, 185 confirmados dos quais 15 vieram a óbito (2ª. Pesquisa ABES COVID e Limpeza Urbana sobre geração de resíduos e a situação dos trabalhadores do setor com relação ao coronavírus nas capitais brasileiras no período de isolamento do COVID-19. Disponível em: http://abes-dn.org.br/wp-content/

socioeconômica dessas pessoas, encurraladas entre a necessidade do trabalho e a recomendação de paralisação das atividades de coleta seletiva e de triagem[15], com a permanência em suas casas também desprovidas de condições de habitabilidade e de higiene (localização precária, adensamento excessivo, ausência ou insuficiência de saneamento, etc.)[16].

A partir destas realidades sociais e no âmbito dos estudos que entrelaçam a problemática dos direitos humanos, as políticas públicas ambientais e o planejamento urbano, avança-se na investigação para desnudar o conflito presente entre o local de moradia e de trabalho de mulheres catadoras de resíduos sólidos recicláveis, em um questionamento associado à pobreza e à saúde, como aspectos fundamentais a serem considerados no âmbito das políticas públicas de inclusão produtiva de catadores, sob o marco da Política Nacional de Resíduos Sólidos.

A metodologia do trabalho baseia-se em pesquisa bibliográfica e documental. O Sistema Nacional de Informações sobre Saneamento – SNIS, em seu Diagnóstico do Manejo de Resíduos Sólidos realizado anualmente, não discrimina o gênero na Tabela de Cooperativas e Associações de Catadores[17]. Diante disso, as informações sobre gênero e atividade de coleta e triagem de resíduos, mencionadas neste capítulo, foram obtidas de fontes indiretas. Também foram examinados dados produzidos pelo Município de Porto Alegre e documentos oriundos de inquéritos civis públicos da Promotoria de Defesa do Meio Ambiente de Porto Alegre.

---

uploads/2020/06/Pesquisa-ABES-2.0-Pandemia-COVID-19-Impactos-no-setor-Limpeza-Urbana-10-06-2020.pdf, acesso em 11 de novembro de 2020).

15. ABES. Recomendações para a gestão de resíduos em situação de pandemia por coronavírus COVID-19. Março de 2020.

16. Nas favelas, conforme o Instituto Trata Brasil (2016), apenas 20,5% da população tem acesso aos serviços de abastecimento de água, e somente 9,4% tem acesso a redes de esgotos. Disponível em: http://www.tratabrasil.org.br/blog/2016/01/26/a-favela-nunca-foi-reduto-do-saneamento-basico/, acesso em 11 de novembro de 2020. No mesmo sentido: Síntese de indicadores sociais – Uma Análise das condições de vida da população brasileira – 2019 – IBGE. Disponível em: https://biblioteca.ibge.gov.br/visualizacao/livros/liv101678.pdf, acesso em 11 de novembro de 2020.

17. http://www.snis.gov.br/diagnostico-residuos-solidos/diagnostico-rs-2017, acesso em 05 de dezembro de 2019.

1. AS CATADORAS, SEU TRABALHO E SUA MORADIA: CENÁRIOS DE VIOLAÇÃO DE DIREITOS FUNDAMENTAIS

1.1. O direito à moradia adequada e sua relação com a saúde e o trabalho. A pobreza e os padrões habitacionais.

A atividade de triagem e de catação de resíduos urbanos é considerada subalterna[18] e os trabalhadores estão inseridos, tanto espacial como simbolicamente, em um lugar invisível ou indesejável, associado à escassez extrema e aos detritos, ao que sobra da acumulação e do consumo de bens, exercendo práticas que subvertem a ordem "gramatical" do planejamento urbano e os sujeita a condições de pobreza e de vulnerabilidade em relação à saúde.

A cidade, como território, encerra contradições entre o planejado e aquilo que emerge espontaneamente das práticas e estratégias de sobrevivência dos diversos agentes que aí convivem. Este espaço expressa as diferentes lutas de poder determinadas pelas dinâmicas de acumulação do capital, cuja materialidade resulta em contrastes que, no limite, são definidos como a cidade formal e a cidade informal, onde habitam os muito pobres.

Milton Santos chama atenção para a conceituação de pobreza como um fenômeno social e político, mais do que a de falta de acesso ou de consumo[19]. Para aquele autor, as condições das cidades e das moradias para a população nas diversas situações de pobreza são estabelecidas de acordo com a sociedade em que as mesmas ocorrem[20]. Os espaços segregados, nos quais os mais pobres vivem ao desamparo das políticas públicas naquilo que lhes é essencial (saúde, habitação, educação, saneamento, trabalho, alimentação e transporte) requerem uma avaliação que supera o olhar econômico. É necessário reconhecer a pobreza como resultado das condições da organização social, onde a divisão do trabalho e da renda não permitem que esses grupos sociais participem da cidade segura, inclusiva, sustentável

18. DEMAJOROVIC, Jacques e LIMA, Márcia. Cadeia de Reciclagem: Um olhar para os catadores. São Paulo: Editora FNAC, 2013.
19. SANTOS, Milton. A pobreza urbana. Coleção estudos urbanos, HUCITEC-UFPE, São Paulo, 2ª. Ed., 1979.
20. SANTOS, Milton. A pobreza urbana. Coleção estudos urbanos, HUCITEC-UFPE, São Paulo, 2ª. Ed., 1979.

e resiliente, capaz de arcar com os efeitos do aquecimento global e as suas consequências[21]. Não permite que possam desfrutar das condições socioespaciais necessárias à saúde e à dignidade.

O território da favela, onde muitas vezes se localizam os galpões de triagem de resíduos, é um espaço que não interessa ao mercado imobiliário formal e que se caracteriza pela presença de riscos (de deslizamentos ou inundações), por serem antigos aterros sanitários (lixões), áreas muito íngremes ou áreas verdes, desmatadas. Ao tratar da ecologia da favela, Davis afirma que "os invasores trocam a segurança física e a saúde pública por alguns metros quadrados de terra e alguma garantia contra o despejo. São os povoadores pioneiros de pântanos, várzeas sujeitas a inundações, encostas de vulcões, morros instáveis, montanhas de lixo, depósitos de lixo químico, beiras de estradas e orlas de desertos"[22]. Portanto, o lugar físico ocupado pelos catadores na cidade são lugares segregados e de difícil possibilidade de regularização urbanística, sobretudo diante dos riscos geodésicos ou de inundações e enchentes, que tendem a se intensificar diante do agravamento dos eventos climáticos extremos promovidos pelas mudanças climáticas[23].

Como podemos ver nas palavras de Ermínia Maricato:

> "Na ausência de alternativa habitacional regular, a população apela para seus próprios recursos e produz moradia como pode. As consequências desse universo de construção, completamente desregulado, ignorado pelo Estado são trágicas, dadas suas dimensões. A maior parte dos governos municipais e estaduais desistiram de responder pelo "poder de polícia" sobre o uso e a ocupação do solo. A ocupação predatória e irracional resultante dessa falta de controle é a principal causa de uma lista grande

21. Em 2004, estudos da OMS apontavam que 15% das mortes na Europa (aproximadamente 1.4 milhões de pessoas) eram derivadas de riscos ambientais evitáveis, e demonstravam que os grupos de baixa renda apresentavam 5 vezes mais chances de exposição aos riscos ambientais. (Dr Zsuzsanna Jakab, WHO Regional Director for Europe.
22. DAVIS, Mike. Planeta Favela. São Paulo: Boitempo, 2006, p. 48 e 128.
23. Na Conferência da ONU sobre Mudanças Climáticas – COP 25, realizada em Madri, em dezembro de 2019, o Secretário-Geral da ONU, Antônio Guterres, alertou para a possibilidade de que apenas os mais ricos sobrevivam às mudanças climáticas globais, pois os eventos climáticos extremos atingem com maior intensidade as áreas ambientalmente vulneráveis, frequentemente ocupadas por populações mais pobres e incapazes de resistir às consequências climáticas extremas.

> de males, inaceitáveis em pleno início do século XXI: enchentes, desmoronamentos, poluição hídrica, epidemias, etc."[24].

Este padrão de localização dos trabalhadores da reciclagem também foi identificado por Samson, em pesquisa que investiga o trabalho de catadores em países da América Latina, Ásia e África. A autora afirma que os catadores ou recicladores são "acusados tanto pelas autoridades como pelos cidadãos comuns de arruinar a imagem da cidade. Historicamente, seu trabalho tem sido considerado informal e, frequentemente, ilegal" [25]. Somente após a organização em cooperativas e em associações, estes grupos, reduzidos em muitos países à condição análoga a de escravo, vêm conseguindo reconhecimento social e proteção jurídica.

Nesse contexto de privação, as mulheres são especialmente afetadas, como evidencia o Relatório da ONU, publicado em 2012, sobre o direito à moradia adequada e a condição das mulheres[26]. O estudo correlaciona a violência contra a mulher, inclusive a violência doméstica, e a não fruição do direito à moradia adequada. A pobreza da mulher, associada à falta de outras opções de moradia, torna muito difícil que consiga repelir ou abdicar da vida familiar mesmo em situação de violência provocada por seus parceiros e outros familiares. Os casos de desterritorialização forçada, motivados por projetos de desenvolvimento ou por desastres naturais ou antrópicos, assim como casos de expulsão provocadas por cônjuges ou outros familiares, são mais impactantes para as mulheres e costumam vir acompanhados por crescentes taxas de violência física, psicológica e econômica, ao longo do processo de desocupação[27].

---

24. MARICATO, Ermínia., Urbanismo na Periferia do Mundo Globalizado, São Paulo em Perspectiva vol. 14, nº.4, ISSN 0102-8839. Versão online: http://dx.doi.org/10.1590/S0102-88392000000400004, Scielo, 2000, pag 44,45.
25. SAMSON, Melanie. Rechazando a Ser Excluidos: La Organización de los Recicladores en el Mundo. WIEGO. Cambridge, MA, USA, 2009 Disponível em: http://wiego.org/sites/wiego.org/files/publications/files/Samson_Rechazando_a_ser_Excluidos_es.pdf
26. Naciones Unidas. Derechos Humanos. Oficina de Altos Comisariados. La mujer y el derecho a una vivienda adecuada. New York y Ginebra, 2012. Disponível em: http://www.direitoamoradia.fau.usp.br/wp-content/uploads/2013/01/OHCHR_Mujeres-y-el-derecho-a-una-vivienda-adecuada.pdf, acesso em 16 de dezembro de 2019.
27. *Idem*, p.06.

O especial impacto imposto às mulheres pela precariedade ou ausência de moradia adequada associa-se à vulnerabilização imposta também aos filhos, aos idosos e aos doentes sob sua responsabilidade, o que representa uma fonte permanente de angústia e medo para essas mulheres. Além disso, elas ficam muito mais expostas a situações de violência sexual, discriminação e de múltiplas violações de direitos[28].

Não obstante as condições materiais de desigualdade socioeconômica e de violação de direitos que caracterizam o espaço urbano dos países subdesenvolvidos, no campo jurídico, o direito fundamental à moradia adequada é reconhecido pelo Direito Internacional na Declaração Universal de Direitos Humanos de 1948 (art. 25) e no Pacto Internacional de Direitos Econômicos, Sociais e Culturais, que estabelece que os Estados partes "reconhecem o direito de toda pessoa a um nível de vida adequado para si e sua família, inclusive alimentação, vestimentas e moradia adequados (art. 11, parágrafo 1º.).

O Comitê de Direitos Econômicos, Sociais e Culturais da ONU possui interpretações sobre o que seja "moradia adequada" (1991,1997) e, em relação a isto, reconhece os riscos de discriminação de gênero. A Observação Geral nº. 04 afirma que o direito a uma moradia adequada vai além de possuir um teto sobre a cabeça e aponta para os sete aspectos que definem "adequação": a segurança jurídica da posse, a disponibilidade de serviços materiais, instalações e infraestrutura, a localização, a habitabilidade, a acessibilidade e a adequação cultural. O já citado relatório sobre mulheres e moradia adequada (ONU, 2012), atesta que as mulheres se verão especialmente afetadas se não houver serviços de abastecimento de água em sua habitação ou em suas proximidades, e evidencia que a segurança jurídica da posse pode representar um problema para elas, acaso seus nomes não constem nos contratos de arrendamento ou em outros documentos de propriedade, na hipótese de enviuvarem ou se divorciarem[29].

No Brasil, por força da abertura do catálogo de direitos fundamentais previstos pela Constituição Federal de 1988, art. 5º., §2º, tem-se que o

28. DAVIS, Mike. Planeta Favela. São Paulo: Boitempo, 2006.

29. *Idem*, p. 28.

direito à moradia "adequada" também integra a ordem jurídica brasileira (muito embora o art. 6º da Constituição, ao abarcar o direito à moradia, não explicite a exigência de sua adequação)[30].

Milagres afirma que o caráter fundamental do direito à moradia decorre de sua essencialidade, do seu valor existencial, motivo pelo qual integra o conteúdo do "mínimo existencial" a ser provido pelo Estado[31]. No mesmo sentido Russo Júnior aduz que "o direito social à moradia, além de representar elevada conquista humana e subsídio elementar à dignidade do ser, é direito constitucional, social, autônomo, indivisível, humano, público e subjetivo. Tem estatura e objetos próprios, podendo, pois, ser designado por meio de seu caráter de direito ligado à existência do ser humano, como um direito a um adequado padrão mínimo de vida"[32].

Quanto ao seu conteúdo, o direito à moradia correlaciona-se com o direito à saúde e com o direito ao trabalho, em uma relação circular, na qual o impacto em um dos direitos afeta os demais, todos também se relacionando com a pobreza, pois as condições de habitabilidade da casa, do trabalho e da saúde estão associadas à renda e às oportunidades.

Por sua vez, a habitabilidade, que tipifica o conteúdo substantivo do direito à moradia, é determinada por, pelo menos, dois aspectos essenciais: o atendimento a específicos padrões habitacionais e urbanísticos que propiciem saúde; e a localização da moradia, de tal forma a propiciar acesso aos equipamentos públicos essenciais (escolas, creches, posto de saúde, etc.) e às oportunidades de obtenção de emprego.

A adoção de padrões urbanísticos e habitacionais é um produto da cidade moderna e confere um sentido concreto para a noção de "adequação" da moradia. Nos âmbitos da casa e da cidade, desde os primeiros anos após a Revolução Industrial, os efeitos negativos da urbanização passaram a requerer medidas para garantir a segurança e a saúde dos moradores das cidades que cresciam e se densificavam. Embora medidas legais fossem

---

30. A respeito do direito fundamental à moradia, ver: MILAGRES, Marcelo de Oliveira. Direito à moradia. São Paulo: Atlas, 2011, p. 61.

31. MILAGRES, p. 65.

32. RUSSO JÚNIOR, Rômulo. Direito à moradia: um direito social. Tese, de Doutorado. Pontifícia Universidade Católica de São Paulo, São Paulo, 2006, p. 48.

sendo criadas e adotadas ao longo do tempo para resolver os problemas urbanos (como, por exemplo, a importante Lei dos Pobres, de 1830, na Inglaterra), os desdobramentos de futuros marcos legais, mais reconhecidos e utilizados, vão ser definidos pela Carta de Atenas (1933), marco modernista internacional da legislação urbanista e habitacional. O documento preconiza ações referentes à salubridade e à habitabilidade da moradia e da cidade, apontando condições, higienistas e ideais, para a promoção da saúde humana (sol, espaço, vegetação, desenho), promovendo a separação das funções urbanas via zoneamento (habitação, circulação, trabalho e lazer) e especificando dispositivos urbanísticos e habitacionais que estabelecem as bases para os *padrões*. Assim, *padrões* passam a incorporar, localmente, os valores das sociedades que os promovem, com base em hábitos, princípios, diretrizes e conhecimento científico, concentrados em ferramentas que permitem a análise das condições de vida dos grupos sociais que representam[33].

No que se refere aos padrões habitacionais e sua relação com a saúde, declarações de organizações nacionais e internacionais (FIOCRUZ, ONU, OMS, OPAS) sobre o papel do saneamento básico apontam a importância de diminuir a pobreza e promover a saúde, esta, identificada como elemento-chave para ampliar as capacidades humanas[34].

A partir da década de 1970, quando surge o chamado modelo de campo da saúde (interpretação alternativa à tradição explicativa microbiológica), baseado na realidade sanitária nova e complexa devida às transformações sociais, culturais e econômicas ocorridas nas sociedades urbanas e à exposição aos fatores patogênicos típicos dessas realidades (drogas, violência, distúrbios mentais e problemas de várias ordens decorrentes do contato ou

---

33. O Relatório do Clube de Roma (1972) e a Primeira Conferência UN-Habitat (1976) emergem 40 anos após a Carta de Atenas (1933) e, ao reforçarem o ideário higienista da Carta, postulam novas questões, conceituais e fundantes, para o desenvolvimento e chamam atenção, de maneira incipiente, sobre questões que atualmente são designadas por "sociedade de risco", e mais amplamente, no que é hoje tratado sob a temática do "aquecimento global". Neste contexto, a referência à saúde é uma maneira possível de resgatar princípios e desdobramentos direcionados à moradia e à cidade com reverberações sobre a qualidade de vida.

34. NUSSBAUM, Martha. Fronteiras da justiça. Deficiência, nacionalidade, pertencimento à espécie. Tradução Susana de Castro. São Paulo: Martins Fontes, 2013.

do consumo de produtos físicos e químicos próprios das grandes aglomerações), as organizações internacionais passaram a postular ações na habitação, para garantir efeitos na saúde. Foram indicadas práticas de qualificação espacial, garantidoras do bem-estar físico e emocional dos indivíduos e dos grupos sociais, associando à participação dos moradores, nas decisões sobre a casa e a cidade, uma das formas mais importantes de inclusão social e de manutenção da saúde.

A relação entre saúde e moradia foi incorporada pela Organização Mundial da Saúde - OMS, quando da II Conferência de Habitação, ocorrida em Istambul, em 1996. Naquele momento, o conceito de habitação foi formulado nos seguintes termos: "Um abrigo adequado significa mais do que um teto sobre a cabeça. Significa também adequada privacidade; espaço adequado; acessibilidade física; segurança adequada; regularização fundiária; estabilidade e durabilidade estrutural; iluminação adequada; aquecimento e ventilação; infraestrutura básica adequada tal como suprimento de água, esgotamento sanitário e recolhimento de resíduos sólidos; qualidade ambiental e fatores relacionados à saúde convenientes; localização adequada e acessível em relação ao trabalho e aos serviços básicos: tudo isso deve ser disponível a um custo acessível" (OMS, 1996). O Projeto LARES (grupo de programas e pesquisas em habitação e saúde da OMS) considera a "casa saudável" sob um amplo conceito, que engloba a provisão de condições funcionais físicas, sociais e mentais para a saúde, a segurança, a higiene, a privacidade e o conforto. A pesquisa aponta também que, para isso, já existem suficientes padrões desenvolvidos, e bons exemplos, e que a sua produção é uma questão de aplicação dos conhecimentos e dos princípios já validados.

Em 2016, ocorreu, em Quito, no Equador, a III Conferência UN-Habitat, que adotou a Nova Agenda Urbana (NAU, 2016)[35]. O objetivo amplo da Agenda é o de garantir cidades mais inclusivas e resilientes, com a proposta de que a sociedade civil, o setor privado e o Estado comprometam-se com a sustentabilidade urbana e com a igualdade de gênero. Neste contexto, a discussão sobre as questões de gênero propõe o empoderamento feminino, que, no Brasil é debatido com foco na pobreza, na violência e na carência de infraestrutura urbana.

35. A UN-Habitat promoveu, no Brasil, durante 2019 mais de 160 eventos relacionados às cidades sustentáveis a à segurança das mulheres.

O debate sobre temas tão fundamentais, nestes documentos internacionais, explicita a relação da saúde da mulher associada às diferentes formas de violência e ao desamparo por ela vivenciadas, e, como consequência, a vulnerabilização da saúde dos filhos e de todos aqueles que dependem do seu trabalho, na moradia, tal como os doentes e os idosos. As vulnerabilidades identificadas em relação à violência (direito de titularidade da terra e da casa, localização da moradia e do trabalho, acesso ao trabalho e transporte e trabalho com pagamento igual ao dos homens) apontam a necessidade de proteção à mulher e de garantia do direito de acesso à infraestrutura e ao saneamento básico, a equipamentos públicos e ao trabalho através do desenvolvimento de programas de planejamento urbano que atendam às necessidades reais das mulheres.

No que diz respeito à habitalidade, que também informa o conteúdo do direito à moradia adequada, cumpre notar a relevância da sua localização. A ONU, por meio da Agenda Habitat, inclui expressamente a localização na definição do que seja "moradia adequada". Enfatiza a importância do acesso a opções de emprego, ao transporte, aos serviços de saúde, às escolas e a outros serviços públicos essenciais"[36]. Ou seja, a adequação da moradia deve ser compreendida tanto em termos de atendimento de padrões urbanísticos e habitacionais, capazes de propiciar condições materiais de saúde e de segurança[37] para as famílias, mas também em termos de criação de oportunidades para a reprodução das relações de trabalho e de sociabilidade. Tutela-se não apenas o direito à casa, mas também as condições socioespaciais que compõem a "urbanidade" e que propiciam dignidade para a vida com qualidade.

A falta de atendimento a tais patamares indispensáveis, atinentes aos padrões e à localização, expõe as mulheres a riscos especialmente significativos. Em relação aos padrões habitacionais, cumpre notar que a alta densidade das moradias, em decorrência dos exíguos espaços, expõem meninas e mulheres a situações de abuso sexual. Além disso, a pobreza extrema da

36. MILAGRES, Marcelo de Oliveira. Direito à moradia. São Paulo: Atlas, 2011 p. 94.

37. PICCININI, Lívia Teresinha Salomão. A flexibilização dos padrões habitacionais e urbanísticos e as formações sócio-espaciais informais. Tese de Doutorado. Programa de Pós-Graduação em Planejamento Urbano e Regional – PROPUR. Universidade Federal do Rio Grande do Sul. Faculdade de Arquitetura. Porto Alegre, 2007.

moradia é um fator de risco para a saúde mental das mulheres[38]. Por sua vez, o difícil acesso tem sido apontado como causa de violência em estudos a respeito de políticas de mobilidade e transporte urbanos[39].

Por estes motivos, no âmbito do campo da Saúde Coletiva, os Estudos de Impacto na Saúde (EIS) passaram a requerer, na análise das políticas públicas, elementos tais como as formas do uso da terra, os transportes, as redes de abastecimento, a circulação e a infraestrutura e o trabalho, na identificação de que a moradia requer equipamentos sociais e qualificação urbana[40], que exige a promoção do bem-estar físico e psicológico[41] da pessoa humana, em uma concepção integral ampliativa das capacidades e onde a moradia deve ter garantia da habitabilidade[42].

---

38. Um estudo internacional realizado em 14 cidades, dentre as quais São Paulo, na América Latina, aponta o alto grau de doenças mentais dos moradores pobres das cidades. O estudo apresenta que, nos 12 meses anteriores à pesquisa, 29,6% dos entrevistados apresentaram transtornos mentais e continua informando que "Dois grupos se mostraram especialmente vulneráveis: as mulheres que vivem em regiões consideradas de alta privação apresentaram grande vulnerabilidade para transtornos de humor, enquanto os homens migrantes que moram nessas regiões precárias mostraram alta vulnerabilidade ao transtorno de ansiedade" A prevalência dos transtornos mentais, de quase 30%, é a mais alta entre os países pesquisados e a razão da alta prevalência, de acordo com a pesquisadora, pode ser explicada pelo cruzamento de duas variáveis incluídas no estudo: a alta urbanização e a privação social. (nº38 Mental Disorders in Megacities: Findings from the São Paulo Megacity Mental Health Survey, Brazil, de Laura Andrade e outros, pode ser lido em www.plosone.org/article/info%3Adoi%2F10.1371%-2Fjournal.pone.0031879., acesso em 28 de dezembro de 2019.

39. A experiência das mulheres no horário de pico, ou mesmo nos períodos da madrugada, no transporte público, envolve relatos de assédio sexual e violência contra o seu corpo. Longas distâncias no transporte diário entre casa e trabalho não significam apenas gastos maiores de tempo em deslocamento, mas também maiores chances de sofrerem violência e abusos vinculados ao gênero, no qual o transporte público representa um dos maiores espaços de ocorrência (Gênero e estudos urbanos: uma conciliação necessária. Disponível em: https://www.archdaily.com.br/br/881263/genero-e-estudos-urbanos-uma-conciliacao-necessaria, acesso em 29 de dezembro de 2019.

40. BONDUKI, Nabil. Arquitetura e Habitação Social em São Paulo – 1988-1992. USP – Escola de Engenharia de São Carlos. Departamento de Arquitetura e Planejamento. Núcleo Cidade e território. 2ª Bienal Internacional de Arquitetura, IAB – Fundação Bienal de São Paulo. São Paulo, 1993.

41. SALINGAROS, Nikos. Habitação social na América Latina: uma metodologia para utilizar processos de auto-organização. Papel desenvolvido pelos membros do grupo de trabalho ESRG – Environmental Structure Research Group, sob a coordenação de Nikos Salingaros e apresentado no Congresso Ibero-Americano de Habitação Social, em Santa Catarina, 2006.

42. COHEN, S. Cynamon. Habitação saudável como caminho para a promoção da saúde. Tese de Doutorado. Escola Nacional de Saúde Pública. Rio de Janeiro, 2004.

Voltando-se à problemática das mulheres que se dedicam à atividade de catação e triagem de resíduos sólidos, verifica-se que estas vivenciam violação de direitos, pois a localização da moradia é inadequada, há carência de infraestrutura e de saneamento básico, os padrões de habitabilidade são deficientes e as condições do ambiente de trabalho, especialmente quando a triagem se dá no lugar de moradia, são muito insalubres, diante do alto percentual de rejeitos presentes nos resíduos recicláveis. Ou seja, a saúde destas mulheres e de seus filhos é altamente comprometida por essa amarração entre as condições de trabalho e de moradia, circunstância que retroalimenta a pobreza.

A reurbanização dos espaços das favelas e a regularização fundiária têm estabelecido diferentes padrões para a moradia, que fogem àqueles estabelecidos pela legislação urbanística e habitacional ante à perspectiva de melhoria gradual das condições presentes e como forma de garantia do acesso à propriedade da terra[43]. Não obstante, se, por um lado, a flexibilização de padrões habitacionais e urbanísticos facilita a regularização dos assentamentos, por outro, as relações de trabalho dependentes do território tendem a ser desconsideradas nesse mesmo processo quando as atividades reputadas "irregulares" ou "clandestinas" não são contempladas na regularização e são mantidas na ilegalidade ou são interditadas.

Lisboa aponta que a visibilidade do discurso ambiental, produzido desde os anos 70 do século XX, institui consensos quanto a determinadas categorias de percepção, como em relação à destinação dos resíduos sólidos em aterros sanitários e à reciclagem, mas negligencia as precárias condições de habitabilidade e de trabalho experimentadas pelos catadores na atividade de triagem dos materiais recicláveis[44]. Esta precariedade é de difícil superação porque o atendimento da legislação urbanística e ambiental implica custos

43. Essa é a abordagem da Lei Federal 13.465/2017, que permite o abandono de padrões habitacionais e urbanísticos para efetivar a regularização fundiária (art.11, §1º).

44. LISBOA, Cassiano Pamplona. Itinerários de catadores: (dês) encontros com o campo ambiental. Universidade Federal de Porto Alegre. Faculdade de Educação. Programa de Pós-Graduação em Educação. Tese de Doutorado. Porto Alegre, 2013, p. 106. Este tema também é tratado por DA SILVA, Marcelo Cozzens. Trabalho e saúde dos catadores de materiais recicláveis em uma cidade do sul do Brasil. Universidade Federal de Trabalho. Tese de Doutorado. Programa e Pós-Graduação em Ep*idem*iologia da Faculdade de Medicina da Universidade Federal de Pelotas, Pelotas, 2006, p. 14.

de difícil financiamento por parte dos catadores, que não recebem recursos públicos ou privados[45] suficientes para os investimentos que seriam necessários à qualificação dos espaços de trabalho e os proveitos obtidos com a comercialização dos recicláveis mal lhes proporciona uma renda mínima.

Por sua vez, a perpetuação da irregularidade do galpão de triagem impede a obtenção do licenciamento ambiental, que passa a ser exigido pelas Prefeituras e pelas empresas como condição à contratação das associações e cooperativas de catadores para inserção na coleta seletiva. Consequentemente, o trabalho e o lugar onde este é desempenhado seguem marginalizados e tratados sob a perspectiva da tolerância diante do ilícito, do assistencialismo e da pobreza. Portanto, a perspectiva de inclusão social dos catadores, que teria consequências emancipatórias geracionais e que é apregoada na Lei 12.305/2010, não é materializada.

1.2. O reassentamento de comunidades de catadores e o direito ao trabalho

A perspectiva de regularização fundiária das vilas ocupadas por catadores tende a propiciar efeitos muitas vezes indesejados pelos grupos sociais em decorrência da desconsideração, por parte do Poder Público, do tipo de trabalho desenvolvido pelas famílias. Ou seja, em virtude da ilegalidade que impregna o trabalho de triagem e de reciclagem na favela, este não é reconhecido como digno de ser assegurado no futuro reassentamento. Nesse quadro, a relocalização das comunidades de catadores tende a ser especialmente traumática para as famílias, colocando grandes incertezas em relação à segurança das mulheres, ao futuro e à sobrevivência dos filhos, pois os deslocamentos forçados tendem a agravar o empobrecimento pela perda dos vínculos comunitários e oportunidades de trabalho, além de potencializarem os riscos de exposição à violência[46].

45. Os recursos privados poderiam vir das ações de capacitação previstas no Acordo Setorial de Embalagens em Geral, que rege a logística reversa.

46. O documento intitulado "Human Rights Fact-Sheets" é uma série elaborada pelas Nações Unidas que busca a ampliação da compreensão a respeito dos direitos humanos básicos, O Fact Sheet n. 25 trata especificamente dos deslocamentos forçados e examina a sua proibição no âmbito dos direitos humanos. Aponta para a relação entre o empobrecimento e o deslocamento forçado.

No caso dos catadores, em virtude da ilegalidade do trabalho de catação e de triagem de resíduos sólidos, ou em virtude de a atividade ser exercida na casa pelas mulheres, ou em galpões precários, quando da implantação de projetos de reassentamento ou de regularização fundiária, a ação do Estado tende a desconsiderar as atividades produtivas que eram empreendidas no território, ou seja, a relação entre moradia e trabalho, o que é fundamental para a proteção dos direitos das pessoas socialmente vulneráveis.

Um exemplo disto é o que está ocorrendo em Porto Alegre, em virtude da implantação da nova ponte sobre o Lago Guaíba, que irá atingir mais de 1000 pessoas, que habitam em uma tradicional comunidade de catadores[47] localizada na Ilha Grande dos Marinheiros[48], em que o rendimento médio dos responsáveis por domicílio é de 2,03 salários mínimos[49]. O Departamento Nacional de Infraestrutura de Transportes – DNIT, responsável pelas obras da ponte, está indenizando as famílias através do instrumento da compra assistida, considerando exclusivamente a moradia, sem, no entanto, reconhecer a dimensão econômica desse direito[50].

Isso significa que o planejamento partiu da premissa de que o trabalho de catação e de triagem, considerado indesejável e irregular, acabaria "naturalmente" extinto, caso a favela fosse removida para dar lugar às obras da ponte, e desqualificou completamente o histórico da comunidade, que não tem condições de, em curto espaço de tempo e sem assistência, mudar de atividade econômica, pois existe um contexto socioeconômico, que inclui capacitação profissional e nível de escolaridade, que dificulta a migração para outras atividades.

---

47. A respeito, veja-se o documentário "Ilha das Flores", escrito e dirigido pelo cineasta Jorge Furtado, 1989. Dados técnicos constam do Plano Municipal de Gestão Integrada de Resíduos Sólidos de Porto Alegre, 2013.

48. Nesse sentido, ver: PESSOA, Mariana Lisboa. Ocupação irregular e regularização fundiária de interesse social em Áreas de Proteção Ambiental: O caso da Ilha Grande dos Marinheiros. Dissertação de Mestrado. PROPUR, 2014.

49. Dados do IBGE/2010.

50. Conforme se depreende dos processos judiciais que são apreciados pela Justiça Federal da 4ª. Região, o DNIT obriga-se a adquirir um imóvel para os ocupantes da Ilha Grande dos Marinheiros no valor de até R$ 152.000,00 reais, arcando também com os custos de transferência do imóvel, que será de escolha das famílias, mas sujeito à verificação da habitabilidade e da viabilidade jurídica do negócio (TRF 4ª Região, 4ª. Turma, Agravo de Instrumento n. 5046824-16.2019.4.04.0000, Rel. Ricardo Teixeira do Valle Pereira, j. 29.11.2019).

A proteção das mulheres e seus filhos foi o motivo preponderante que levou o Irmão marista Antônio Cecchin, no início dos anos 90, a organizar a Associação Caminho das Águas na Ilha Grande dos Marinheiros[51], constituída por mulheres que se dedicariam a receber da Prefeitura os resíduos recicláveis, quando da implantação da coleta seletiva municipal.

Figura1

Fonte: Associação Caminho das Águas

Naquela época, a coleta seletiva foi estruturada a partir de iniciativas assistencialistas, em que a Prefeitura coletava os resíduos sólidos de origem domiciliar e os distribuía entre os diversos galpões, localizados nas vilas de Porto Alegre, a fim de que as mulheres triassem os resíduos, com vistas à

51. ANDERSSON, Fabiano. As ações do poder público municipal para o setor de reciclagem de resíduos sólidos em Porto Alegre: um estudo exploratório. Universidade Federal do Rio Grande do Sul. Escola de Administração. Programa de Pós-Graduação em Administração. Dissertação de Mestrado. Porto Alegre, março de 2005. Ilustrando esta premissa, Andersson, refere que a primeira UT organizada em Porto Alegre foi implantada em 1985, por esforços do Irmão Antônio Cechin, na Ilha Grande dos Marinheiros, área que congregava uma população extremamente pobre, oriunda de remoções ocorridas na cidade, embora este território fosse gravado como área do Parque Estadual Delta do Jacuí, que, por seu regime jurídico de proteção integral, não poderia ser destinado à ocupação humana. A história do Irmão Antônio Cecchin e de sua luta em defesa dos direitos dos catadores pode ser lida em: https://www.sul21.com.br/breaking-news/2016/11/irmao-cechin-aos-85-anos-o-profeta-dos-catadores-ainda-esta-disposto-a-lutar/, acesso em 06 de dezembro de 2019.

sua posterior comercialização para a indústria da reciclagem. Estes galpões foram construídos precariamente, em regime de mutirão, ou com apoio do DMLU – Departamento Municipal de Limpeza Urbana[52], sem qualquer planejamento prévio pelo Município, em termos de adequação às normas ambientais e de uso e ocupação do solo. Lisboa efetuou pesquisa na Unidade de Triagem da Associação de Reciclagem Ecológica Rubem Berta, a qual foi construída no contexto de um macroprojeto de reassentamento urbano da Prefeitura, que contemplou a relocalização das famílias que viviam nas adjacências da antiga "Vila Tripa"[53]. O galpão foi implantado em uma área de preservação permanente, localizada a menos de cinco metros de um arroio[54].

Em outros casos, como quando do reassentamento da Vila Chocolatão, que estava localizada no centro da cidade de Porto Alegre e foi remanejada para um bairro localizado a mais de 10 quilômetros de distância, a lei que instituiu na nova área uma Zona de Interesse Social – ZEIS para propiciar a edificação das novas moradias, vedava a atividade de triagem de resíduos. No entanto, mesmo assim, um galpão foi construído com recursos de uma empresa privada, para abrigar os trabalhadores da vila. Assim, o galpão de triagem da Nova Chocolatão, hoje conveniado com a Prefeitura para triagem de resíduos oriundos da coleta seletiva, nasceu irregular, como consequência da total desconexão entre o planejamento urbano, as políticas habitacionais e as práticas de trabalho desenvolvidas pelos grupos a serem beneficiados com a regularização fundiária[55].

Outro caso que merece menção é o da Associação de Reciclagem Ecológica da Vila dos Papeleiros – AREVIPA, localizada na área central de Porto Alegre. O projeto habitacional para reassentamento da comunidade de catadores foi elaborado pelo Departamento Municipal de Habitação – DEMHAB, com recursos do FUNPLATA, no contexto de um programa habitacional mais amplo, denominado PIEC – Programa Integrado Entrada

52. LISBOA, p. 101.

53. LISBOA, p. 146.

54. Art. 4º, Código Florestal Brasileiro (Lei 12.605/12).

55. Fonte: Ministério Público do Estado do Rio Grande do Sul. Promotoria do Meio Ambiente de Porto Alegre. Inquérito Civil Público. 00833.000119/2013.

da Cidade[56]. A fim de evitar que os catadores triassem os resíduos coletados nas ruas com carrinhos e carroças, dentro das novas casas foi construído um único galpão, a ser compartilhado entre todas as famílias de catadores. Passados alguns anos, o espaço estava dividido desigualmente em baias, cada uma correspondendo a um núcleo familiar, onde mulheres realizavam a triagem dos resíduos, que eram coletados por carrinhos e caminhões. O maior espaço havia sido apropriado por um antigo catador que agora era o proprietário da prensa e que comprava recicláveis de diversos dos catadores que ali trabalhavam[57]. Além disso, e apesar de construído o galpão com recursos públicos, a Prefeitura desconsiderou que a área estava gravada como Área Especial de Interesse Cultural no Plano Diretor, circunstância que impede a sua regularização urbanística. Assim, não foram realizados investimentos para que a edificação pudesse obter alvará sanitário, licenciamento ambiental e alvará de prevenção contra incêndios, motivo pelo qual o espaço foi interditado no início de dezembro de 2019, deixando sem alternativas de trabalho as diversas famílias que dependem da atividade[58].

Esses exemplos mostram que, embora a instalação de galpões constituíssem peças fundamentais da proposta de coleta seletiva municipal, implantada a partir dos anos 90, e das estratégias de erradicação da pobreza extrema em Porto Alegre, foi desconsiderada a necessidade de regularização administrativa. Além disso, em nenhum momento o Município se comprometeu com a garantia de direitos trabalhistas e previdenciários

56. A AREVIPA – Associação Ecológica da Vila dos Papeleiros foi instituída na região central de Porto Alegre em virtude da implantação do Programa Integrado Entrada da Cidade – PIEC. Os representantes destes galpões almejam algum tipo de parceria com o DMLU, mas não desejam abrir mão da liberdade de recolher os resíduos por meio de seus caminhões e kombis. Alegam que o rendimento nos galpões abastecidos exclusivamente pelo DMLU é muito inferior ao que conseguem obter, conforme pesquisa realizada por Da Silva, Eliane. Gerenciamento integrado dos resíduos sólidos urbanos: e os catadores? Associação de Reciclagem Ecológica da Vila dos Papeleiros de Porto Alegre. Dissertação de mestrado. Universidade Federal do Rio Grande do Sul. Programa de Pós-Graduação em Geografia, Porto Alegre, Novembro de 2007.

57. Fonte: Ministério Público do Estado do Rio Grande do Sul. Promotoria do Meio Ambiente de Porto Alegre. Inquérito Civil Público n. 00833.00017/2015. Memória de reunião realizada em 07 de dezembro de 2017.

58. O caso pende de julgamento, nos autos de uma ação ajuizada pela AREVIPA contra o Município de Porto Alegre (processo judicial 5049752-27.2019.8.21.0001-RS, 4ª Vara da Fazenda Pública.

para os catadores, e, muito menos, com a execução das obras que permitiriam a regularização ambiental e urbanística dos galpões[59], tratando a inclusão dos catadores na coleta seletiva como uma forma de "parceria" ou "cooperação", de cunho assistencialista.

Tampouco as questões habitacionais dos moradores da vila onde se localizava a UT eram prioritárias para a Prefeitura. E se, por um lado, os projetos de regularização fundiária tendiam a ignorar o tipo de trabalho desenvolvido no território, como retrata o exemplo da UT Nova Chocolatão, por outro lado, as especificidades relativas à vida das mulheres catadoras não foram contempladas em nenhum aspecto, e, pode-se afirmar, não fizeram parte do repertório de preocupações municipais, embora desde o início elas fossem a maioria dos trabalhadores.

A desocupação forçada da área irregular resta por eliminar as possibilidades de trabalho, que não é facilmente substituído por outra forma de ocupação laboral, diante da pouca escolaridade e qualificação profissional destas trabalhadoras. Nesse contexto, a organização de mulheres em associações e cooperativas de catadores é uma providência protetiva, que lhes permite melhores condições de posicionamento e reivindicação ante o Poder Público municipal, quando este intenta medidas voltadas ao reassentamento forçado, pois propicia o reconhecimento explícito deste tipo de trabalho como associado à moradia.

Além disso, sob a perspectiva da proteção da saúde das mulheres e de seus filhos, a unidade de triagem permite às catadoras uma condição física mais saudável, em que os riscos sanitários e ocupacionais podem ser mais facilmente controlados. Portanto, os projetos de reassentamento/regularização fundiária de favelas ocupadas por comunidades de catadores devem prever a construção de unidades de triagem, e, nesse contexto, devem oportunizar a participação democrática das pessoas no processo de

59. Somente em 2012, foi emitida uma Licença de Operação única, em nome do DMLU, abarcando 14 Unidades de Triagem conveniadas. Posteriormente, por intervenção do Ministério Público Estadual, os convênios firmados entre o DMLU e as Associações foram aditados para incorporar as condicionantes ambientais estipuladas na licença, desta forma vinculando-se as próprias entidades à necessidade de aperfeiçoar a gestão ambiental no galpão, vedando-se práticas até então comuns, tais como a queima de rejeitos a céu aberto e sua disposição em contato direto com o solo.

planejamento do reassentamento, a fim de que sejam convencidas das reais vantagens de migrarem para uma forma de trabalho associativa.

Outrossim, a Prefeitura, porque titular do serviço de limpeza urbana, deve acompanhar o processo de ocupação da unidade de triagem, a fim de garantir o justo compartilhamento do espaço, em uma abordagem interdisciplinar, que permita o envolvimento das secretarias competentes para ações nas áreas da proteção da mulher, saúde, educação, moradia e assistência social.

CONSIDERAÇÕES FINAIS:

Ao final deste estudo, concluímos que existe uma relação muito significativa entre a violação do direito fundamental à moradia adequada e a violação dos direitos à saúde e ao trabalho das mulheres que se dedicam à atividade de triagem de resíduos sólidos de origem domiciliar, tudo contribuindo para a inefetividade da diretriz de inclusão produtiva de catadores, sob o marco da Lei da Política Nacional de Resíduos Sólidos (Lei 12.305/2010). Para além das circunstâncias relacionadas à pobreza destas mulheres, o que por si só representa um severo desafio, a ilegalidade que reveste a atividade produtiva, tida como marginalizada e insalubre, associa-se à ilegalidade da ocupação residencial, tudo a contribuir para as impossibilidades em termos de acesso a outros direitos que proporcionariam a ampliação das capacidades destas moradoras urbanas e a promoção de sua saúde, fatores, por sua vez, essenciais à promoção e à qualificação da vida e da cidade.

Identifica-se também que as iniciativas estatais voltadas ao reassentamento de comunidades de catadores, sobretudo quando da implantação de projetos urbanos, tendem a invisibilizar as peculiaridades das atividades econômicas desempenhadas pelas famílias. Consequentemente, as pessoas não são indenizadas pela perda do trabalho, recebendo exclusivamente compensações associadas à perda da moradia. Além disso, mesmo nos casos em que houve a preocupação com a implantação de um galpão de triagem, a ausência de acompanhamento por parte do Poder Público e a desconsideração das restrições impostas pelo Plano Diretor dificultaram a posterior regularização do galpão, o que, por seu turno, contribui para eternizar o ciclo de irregularidade, escassez e dependência.

Portanto, é possível inferir que, sob a perspectiva da proteção dos direitos humanos, há necessidade de as políticas públicas habitacionais e as medidas para reassentamento/regularização fundiária de áreas ocupadas por comunidades de catadores serem planejadas de maneira integrada, considerando as especificidades de gênero e de forma a propiciar a qualificação das moradias, através da consideração de padrões urbanísticos e habitacionais, e dos locais das atividades produtivas exercidas por estas trabalhadoras, que devem ser construídos separadamente do lugar de moradia, de tal forma a que os riscos ambientais e sanitários sejam mais facilmente controlados, assim possibilitando-se a regularização ambiental e urbanística da Unidade de Triagem. A problemática que emerge, quando esta qualificação não ocorre, é o perigo de condenar as mulheres catadoras ao agravamento das condições de pobreza e de saúde, pessoal, e de suas famílias.

21

A MULHER DO CAMPO EM JUÍZO: DISCRICIONARIEDADE E ESTEREÓTIPOS DE GÊNERO NO ÂMBITO DA JUDICIALIZAÇÃO DA PREVIDÊNCIA RURAL

Clara da Mota S. Pimenta Alves

Doutoranda em direito econômico pela Universidade de São Paulo. Mestra em direito constitucional pela Universidade de Brasília. Juíza Federal.

"Quanta gente foi adentrando na solidão do meu rancho e foi dizendo que era uma roça bonita, que era maior e mais bem cuidada que a roça de muitos homens? Se admiravam quando viam que eu trabalhava sozinha. Com os olhos, mediam meu corpo de cima a baixo, se pudessem me fariam disputar uma queda de braço com os homens só para saber se a força para revirar a terra, para trabalhar o chão, vinha dele mesmo. Para ter certeza de que não era das forças dos encantados que o povo acreditava". [Itamar Vieira Junior, **Torto arado**, São Paulo: Todavia, 2019].

1. INTRODUÇÃO

Uma trabalhadora rural, filiada ao sindicato de Caucaia, no estado do Ceará, para obter a sua aposentadoria por idade como segurada especial, apresentou em juízo declaração do seu ex-empregador e uma certidão de casamento. Diferentemente do que ocorreria em processos análogos ajuizados por homens, como no documento não se lia "*agricultora*", mas sim "*doméstica*", o seu pleito só foi reconhecido após inúmeras instâncias recursais, quando, enfim, o Superior Tribunal de Justiça analisou o recurso de embargos de divergência[1].

Embora números oficiais reportem a existência de 947 mil mulheres responsáveis pela gestão de propriedades rurais, dentro de um total de 5,07 milhões lares, o caso descrito está longe de ser isolado[2]. Ao contrário. Historicamente, a sistemática de judicialização da previdência rural tem invisibilizado as condições reais de seguradas mulheres, gerando efeitos discriminatórios diretos e indiretos quanto ao gênero.

A prática de uma judicialização jungida a lógicas de "linha de frente", ou seja, marcada por um alto volume de audiências rápidas e repetitivas, como é a dos processos judiciais relativos a benefícios rurais, retira a adjudicação de uma zona clássica na qual é compreendida como atividade que substitui a coerção pelo consenso[3], transformando-a num procedimento de categorização das possíveis titulares de prestações sociais[4-5].

---

1. Cf. ERESP n. 441.958/CE, Terceira Seção, Rel. Ministro Hélio Quaglia Barbosa, DJ de 05-09-2005.

2. Ver dados do censo agropecuário de 2017 (IBGE). Disponível em: https://www.ibge.gov.br/estatisticas/economicas/agricultura-e-pecuaria/21814-2017-censo-agropecuario.html. Acesso em 10.10.2020.

3. Segundo Martin Shapiro, o tipo-ideal das cortes é aquele em que há um julgador independente, uma norma legal pré-existente, um mecanismo adversarial e um resultado final dicotômico, que despoja uma das partes da prestação almejada. [Shapiro, Martin. Courts. University of Chicago Press. Edição do Kindle].

4. Segundo Roger Raupp Rios, a discriminação indireta ocorre quando "mesmo sem intenção ou consciência, de modo involuntário, práticas são adotadas ou mantidas com resultado desproporcional e prejudicial a certo grupo em comparação com os outros". [Rios, Roger Raupp. Direito da antidiscriminação: discriminação direta, indireta e ações Afirmativas, 2008. 1ª edição. Porto Alegre: Livraria do Advogado Editora].

5. Por "linha de frente" entende-se aqui a aproximação entre adjudicação e "burocracia de nível de rua", categoria analítica cunhada por Michael Lipsky. [Ver: Lipsky, Michael. Street-Level Bureaucracy. 30th Anniversary Edition. Russell Sage Foundation. Edição do Kindle]. Sobre adjudicação e atividade judicial como mobilização de argumentos racionais, v. Lon Fuller, The forms and limits of adjudication. *Harv. L. Rev.*, vol. 92, p. 353, 1978-1979.

Adotando essa concepção de que magistrados, em determinados tipos de jurisdição, podem agir numa moldura semelhante à dos burocratas de nível de rua[6], pretendo, neste texto, endereçar as características de volume, discricionariedade e fragmentação da judicialização da previdência rural que afetam a vida das mulheres rurícolas em juízo. Sustento que uma combinação de variáveis institucionais coloca os processos das seguradas que mais precisariam de análises judiciais minudentes e particulares numa lógica de julgamento que induz estereotipização e reifica a tradicional divisão sexual do trabalho, por meio da qual se atribui às tarefas exercidas por mulheres um caráter essencialmente doméstico, acessório e subvalorizado. Como explicam Flávia Biroli e Luís Felipe Miguel[7]:

> "[os] arranjos familiares convencionais – a posição hierárquica da "dona de casa" e o trabalho doméstico desvalorizado são faces de uma mesma moeda, mesmo quando as mulheres trabalham dentro e fora de casa. Entre as camadas mais pobres da população, porém, a permanência da mulher na posição de "dona de casa" é um efeito casado das convenções de gênero e do desemprego".

A incursão no tipo de dinâmica e rito desses processos depende da mobilização de uma literatura que tem apontado que as políticas públicas são reconstruídas a partir de baixo na sua fase de implementação, sendo um processo de interação entre diferentes atores.[8] Esse fluxo se dá a partir

---

6. Émile Biland e Hélène Steinmetz consideram que, quanto mais massiva a litigância e o contato direto dos magistrados com as partes, mais eles se despem de fachadas e rituais de imparcialidade, aproximando-se, inclusive nos modos, dos demais servidores civis. Os processos de litigantes com menor *status* econômicos acabam ainda sujeitos a rotinas e padrões diferentes daqueles verificados, por exemplo, na jurisdição canadense para processos complexos. [Biland, Émile; Steinmetz, Hélène. Are Judges Street Level Bureaucrats? Evidence from French and Canadian Family Courts. In: Law & Social Inquiry. Journal of the American Bar Foundation, 2016].

7. Biroli, Flávia; Miguel, Luís Felipe. Feminismo e política: Uma introdução. Boitempo Editorial. Edição do Kindle.

8. A afirmação é de Gabriela Lotta, ela complementa descrevendo que "a visão bottom-up observa o processo de criação de política como um continuum, no qual há modificações em todo o processo de traduzir as intenções em ações. Tem-se como pressuposto que o processo de implementação transforma e adapta as políticas originais. [Ver: Implementação de políticas públicas: o impacto dos fatores relacionais e organizacionais sobre a atuação dos burocratas de nível de rua no programa saúde da família.

do encontro entre indivíduos e agentes do estado, havidos em guichês, audiências de pequenas causas, salas de aulas, ruas e outros espaços. Tais confrontos pessoais vão conformando as políticas públicas e demandam técnicas que criem padrões de avaliação e julgamento, que os rotinizem. Submetidos a pressões múltiplas e à necessidade de soluções rápidas, esses burocratas de nível de rua precisam uniformizar as suas decisões e o trato com o público para legitimar a sua atuação. Para Michael Lipsky, essa necessidade de rotina e simplificação leva à "institucionalização de tendências estereotípicas da sociedade". Ele conclui que "quaisquer que sejam os preconceitos que os burocratas de rua, como indivíduos, têm ou não, a estrutura de seu trabalho parece exigir diferenciação da população cliente e, portanto, há uma receptividade estrutural a atitudes preconceituosas". [9-10]

Após traçar alguns contornos relativos à judicialização de direitos socioeconômicos, pretendo sumariar as variáveis institucionais alargadoras da discricionariedade judicial e a paulatina adoção de elementos próprios da lógica de burocracia de nível de rua no âmbito da litigância da previdência rural. A hipótese é a de que a massificação judicial da concessão desses benefícios cria uma estrutura propícia à reiteração de práticas

Ano 2010. Tese disponível em: https://www.teses.usp.br/teses/disponiveis/8/8131/tde-20102010-120342/pt-br.php. Acesso em 14.11.2020].

9. Lipsky, Michael. Street-Level Bureaucracy, 30th Anniversary Edition. Russell Sage Foundation. Edição do Kindle.

10. Estereótipos podem ser entendidos como "crenças socialmente compartilhadas a respeito dos membros de uma categoria social, que se referem a suposições sobre a homogeneidade grupal e aos padrões comuns de comportamento dos indivíduos que pertencem a um mesmo grupo social. Sustentam-se em teorias implícitas sobre os fatores que determinam os padrões de conduta dos indivíduos, cuja expressão mais evidente encontra-se na aplicação de julgamentos categóricos, que usualmente se fundamentam em suposições sobre a existência de essências ou traços psicológicos intercambiáveis entre os membros de uma mesma categoria social". [Ver: https://estereotipos.net/2008/07/05/definicao-de-estereotipos/, acesso em 10.10.2020]. No campo do gênero, as Nações Unidas definem a estereotipização de gênero como sendo a "visão generalizada ou preconceito sobre atributos ou características, ou os papéis que são ou deveriam ser possuídos ou desempenhados por mulheres e homens". Tal conduta assume feição discriminatória quando "limita a capacidade de mulheres e homens de desenvolver suas habilidades pessoais, seguir suas carreiras profissionais e fazer escolhas sobre suas vidas". [Cf. definição do Alto Comissariado da ONU para Direitos Humanos. Sobre "gender stereotyping", ver: https://www.ohchr.org/en/issues/women/wrgs/pages/genderstereotypes.aspx, acesso em 10.10.2020].

discriminatórias no que concerne às provas consideradas admissíveis para as mulheres rurais em juízo.

2. CONTEXTUALIZANDO A JUDICIALIZAÇÃO MASSIVA: PREVIDÊNCIA RURAL, SUAS AMBIGUIDADES E A CRISE DE LITIGIOSIDADE BRASILEIRA

O Poder Judiciário é uma das instituições que podem influir no diálogo entre a economia e o direito e, no Brasil, os números indicam que esta dinâmica é peculiar e aguda. Com números que mostram a existência de um acervo de 78,7 milhões de processos em tramitação, aqui, a judicialização individual de direitos socioeconômicos pode superar, em algumas circunstâncias, a dimensão dos próprios programas de caráter previdenciário e assistencial criados pelo Poder Executivo[11]. Apenas no ano de 2017, a judicialização da previdência consumiu orçamento que superou em três vezes o valor alocado para o Programa Bolsa-Família (PBF), que foi aproximadamente de 29,3 bilhões.[12]

No entanto, a mesma justiça que se vê colapsada pela quantidade de processos a ela submetidos faz poucas concessões em relação à sua centralidade na efetivação de direitos socioeconômicos.[13] Ao longo da trajetória da Constituição de 1988, os índices de judicialização têm mantido patamares relutantemente elevados e, sem que se cogite a criação de barreiras temáticas de acesso à justiça, foi a cara estrutura do Poder Judiciário que se ampliou para fazer frente ao problema.[14]

11. O número de processos em tramitação foi apurado pelo Conselho Nacional de Justiça, em seu relatório "Justiça em Números", para o ano de 2019.

12. V. dados disponíveis em: http://www.orcamentofederal.gov.br/clientes/portalsof/portalsof/orcamentos-anuais/orcamento-2017/ploa/ploa-2017-orcamento-cidadao/view. Acesso em 10 de julho de 2018.

13. Vianna, Luiz Werneck *et al*. A judicialização da política e das relações sociais no Brasil. Rio de Janeiro: Revan, 1999.

14. Marc Galanter especula acerca de barreiras temáticas de acesso à justiça. [Cf. Marc Galanter, Acesso à justiça em um mundo de capacidade social em expansão. Revista Brasileira de Sociologia do Direito, v. 2 n. 1: jan./jul. 2015].

É neste cenário que os processos sobre o benefício de aposentadoria por idade rural surgem como um dos tipos que mais se repetem na Justiça Federal, levando a uma média de 486 mil novos ajuizamentos por ano.[15-16] O impacto sistêmico desta judicialização é acentuado, seja porque a taxa de concessão judicial, como já antecipado, é da ordem de 25% do total de pensões deferidas, seja porque a previdência rural contempla 9,3 milhões de pessoas e apresenta um *déficit* aproximado de R$ 110,7 bilhões por ano.[17] A fotografia maior é a de uma judicialização que acaba por representar globalmente um quarto do tamanho total da política pública, assumindo um nível que inclusive supera a média geral de litigância que incide sobre atos do Instituto Nacional do Seguro Social (INSS), hoje na casa de 11%.[18]

A judicialização das pensões pagas aos trabalhadores e trabalhadoras do campo contrasta ainda com a baixa litigância experimentada, ao longo dos anos, por programas de transferência direta de renda como o Bolsa-Família (PBF). Tal fato se daria, segundo análise de Diogo Coutinho, pelo caráter mais solto da iniciativa do PBF, que, por não ser articulado numa linguagem de direito constitucional positivo, "faz do programa uma iniciativa mais inclusiva do que se tivesse regras rígidas e faz com ele não tenha virado objeto de discussão nos tribunais".[19]

---

15. Conforme dados apresentados pelo Conselho Nacional de Justiça, ano 2020, especialmente para esta pesquisa.
16. Ao se considerar os processos incidentes sobre os demais benefícios, a judicialização da previdência, segundo o Relatório Justiça em Números do Conselho Nacional de Justiça para o ano de 2019, gera aproximadamente 1.411.571 mil novos processos a cada ano, constituindo o assunto mais demandado na Justiça Federal. O orçamento envolvido na judicialização de benefícios previdenciários em geral representa R$ 92 bilhões de reais do orçamento da União.
17. Maranhão, Rebecca; Vieira Filho, Eustáquio. Ipea. Texto para discussão 2402, ano 2018.
18. Os dados percentuais foram novamente extraídos da Auditoria TC nº. 017.878/2017-9 e consideram o intervalo dos anos de 2014 a 2017. Segundo o relatório, em janeiro de 2019 havia 35 milhões de benefícios na folha de pagamento de benefícios do INSS (Maciça), sendo que 4 milhões (11,1%) foram benefícios com marca de despacho judicial (despacho 4).
19. A fala de Diogo R. Coutinho foi transcrita por reportagem do site "Consultor Jurídico", de 04.11.2010, disponível em: https://www.conjur.com.br/2010-nov-04/bolsa-familia-ficou-fora-pacote-direitos-sociais-judicializados, acesso em 15.08.2020.

Elevados índices de contestação judicial de uma política pública sempre dependem de múltiplos aspectos. Para Matthew M. Taylor, isso passa por uma análise da "saliência" da própria *policie* considerada, do ambiente político e de variáveis do ambiente institucional em geral. Esses seriam os componentes que conformariam as estratégias dos atores envolvidos nas dinâmicas de judicialização. [20]

No caso da previdência rural, a "saliência", ou esta alta propensão à contestação da política pelas cortes, tem relações iniciais não só com a sua constitucionalização, mas ainda com as ambiguidades históricas de um benefício que era assistencialista e se modifica de modo a assumir feições previdenciárias, apresentando ainda uma regulação administrativa complexa e instável, objeto de sucessivas reformas constitucionais e legais. O cipoal normativo contém tantas zonas cinzentas que, apenas o regulamento regente da previdência social, de nº. 3.048, editado em 1999, contém mais de duzentos dispositivos, complementados por um total de 760 portarias.

Essa problemática inserção da previdência rural numa zona híbrida entre assistência e previdência possui contornos históricos que remontam à sua institucionalização havida pouco antes do início da ditadura civil-militar, por meio da sua regulamentação pela Lei nº 4.214/63 (Estatuto do Trabalhador Rural) e, em seguida, pelo Decreto nº. 276, de 28 de fevereiro de 1967[21]. Disciplinou-se à época o Fundo de Assistência e Previdência do Trabalhador Rural, que seria alimentado pela contribuição dc 1% incidente sobre o valor dos produtos agropecuários comercializados. Porém, o sistema inicialmente não teve capilaridade, ficando adstrito a um círculo pequeno de trabalhadores da indústria canavieira.[22]

A cobertura foi alargada pela Lei Complementar nº. 11 de 25 de maio de 1971, que estruturou o Programa de Assistência ao Trabalhador Rural (Pró-Rural). Nesse primeiro momento, os benefícios da previdência rural

20. Taylor, Mathew M. Judging policy: courts and policy reform in democratic Brazil. California: Stanford University Press, 2008.

21. A previdência social brasileira, em si, é institucionalizada desde a Lei Eloy, de 24 de janeiro de 1923, momento em que foram criadas Caixas de Aposentadoria e Pensões.

22. Guimarães, Roberto. O trabalhador rural e a previdência social. Evolução histórica e aspectos controvertidos. Revista Virtual da Advocacia Geral da União, ano IX, n. 88, maio 2009.

eram pagos apenas ao chefe do grupo familiar e seu valor não chegava a um salário mínimo.

No que concerne ao aspecto contributivo, a LC nº. 11/1971 não trabalhava com a previsão de uma contribuição obrigatória direta a ser paga pelo segurado como forma de auferir as prestações assistenciais de aposentadoria por velhice e invalidez, pensão, auxílio-funeral e serviços de saúde. Por isso, esses primeiros atos já foram um rompimento com o "modelo bismarckiano" de *welfare*, tributário de um caráter corporativo pelo qual os governos instituem um seguro compulsório para a categoria dos trabalhadores assalariados, de modo a resguarda-los de contingências como a perda da capacidade de gerar renda por acidente, doença, invalidez ou idade[23], mas somente o fazem segundo a regra de que o mérito (remuneração) da produção de cada indivíduo corresponde à qualidade e extensão da sua proteção social. O raciocínio é o oposto àquele empregado no âmbito da assistência social em que se prova não o resultado do trabalho, mas a necessidade.[24]

O modelo de seguro social corporativo-meritocrático espelha, ao mesmo tempo, a estratégia de construção de uma classe trabalhadora organizada e de uma proteção social contributiva. Tais alicerces, que são inexistentes no caso dos trabalhadores rurais, geram até hoje desencaixe e incompreensão quanto ao lugar a ser ocupado pela sua política protetiva, se na previdência ou assistência. Lígia Giovanella explica as premissas do formato de seguro social alemão: [25]

> "[A] ênfase no trabalho assalariado faz com que princípios norteadores das relações de trabalho sejam transpostos para a base da política social. A concepção de que o mérito/remuneração

23. Célia Lessa Kerstenetzky esclarece ainda que tal "seguro é financiado por contribuições de empregados, empregadores e, marginalmente, pelo próprio Estado. Já o modelo inglês se funda no status de cidadania e estabelece o direito a um padrão de vida mínimo para todos, financiado com recursos tributários, que se convencionou chamar seguridade social". [Kerstenetzky, C. L. O estado do bem-estar social na idade da razão: a reinvenção do estado social no mundo contemporâneo. Elsewier, 2012].
24. Esping-Andersen, Gosta. As três economias políticas do welfare state. Revista Lua Nova, nº. 24, São Paulo, 1991.
25. Giovanella, Lígia. Entre o mérito e a necessidade: análise dos princípios constitutivos do seguro social de doença alemão. Cad. Saúde Pública, Rio de Janeiro, 15(1):133-146, jan-mar, 1999.

> de cada indivíduo corresponde à qualidade e extensão de sua produção torna-se fundamento do sistema de seguro social. No mercado de trabalho, a remuneração corresponderia à capacidade de produção de cada indivíduo. No seguro social, os benefícios seriam correspondentes à sua capacidade de contribuição".

Essa matriz difere daquela partilhada pelos modelos de *welfare* "liberal" e "social-democrata". Esping-Andersen define o primeiro como sendo aquele em que é pequena a independência dos cidadãos e da seguridade social em relação ao mercado (*decommodification*), havendo um regime de transferências apenas residuais, voltadas à população de baixa renda. Essa seria uma experiência que ele chama de "casamento" entre as classes médias e o mercado, sendo este último ente aquele ao qual se entregam os investimentos voltados a amparar os riscos sociais. O modelo social-democrata, próprio dos países escandinavos, é conceituado na obra de Esping-Andersen como uma "fusão peculiar entre liberalismo e socialismo". O traço distintivo em relação ao formato corporativista é quanto ao grau de dependência e solidariedade. Com forte serviço social, o modelo escandinavo não é de exaurir as contribuições e a capacidade de ajuda, mas sim o de "socializar antecipadamente os custos da família", pois o estado ao mesmo tempo transfere renda e assume cuidados diretos com crianças e idosos.[26]

Hospedando-se como terceira estranha em um regime de seguridade de índole corporativa, a nossa previdência rural nasceu sem contar com a contribuição direta desses trabalhadores – afinal eles não são recebedores de salários –, conseguindo o seu financiamento através de fontes de custeio diversificadas que recaíam sobre o produto da comercialização e contribuições previdenciárias por parte das empresas. Assim, desde a origem, o Pró-rural buscava servir como canal para uma ampla assistência ao trabalhador, suprindo a inexistência inclusive de um Sistema Único de Saúde.

A Constituição Federal, embora tenha deslocado os benefícios dos trabalhadores rurais para o capítulo referente à previdência, não rompeu completamente com essa trajetória segundo a qual é previsto o pagamento de benefício sem ser, contudo, exigida uma contribuição respectiva. Foi mantida uma relação previdenciária não contratualista, sem obrigações

26. Esping-Andersen, Gosta. As três economias políticas do welfare state. Revista Lua Nova n. 24, São Paulo, 1991.

recíprocas equivalentes entre o segurado e o ente instituidor. Assim, a despeito da previsão de que os trabalhadores rurais deveriam participar da previdência através da contribuição regular ao INSS incidente sobre a comercialização da sua produção, a "*seguridade especial*" continuou compreendida pelo Poder Judiciário e pela própria administração como desvinculada do pagamento de qualquer valor ao governo.[27]

Até mesmo os debates travados quando da constituinte de 1988 deixaram clara a opção por um modelo subsidiado e semiassistencial. O objetivo foi o de construir uma política que viesse a reparar a exclusão histórica dos trabalhadores rurais dos sistemas formais de previdência e benefícios, a partir de uma fonte de custeio que englobasse receitas variadas e não o custeio direto por uma contribuição objetivamente apurável. Essas são as palavras do constituinte Carlos Mosconi, ao frisar, no relatório da Comissão da Ordem Social, que o texto superava de forma histórica a "discriminação urbano/rural"; bem como as de Edme Tavares, no sentido de que as empresas passariam a ser taxadas sobre o faturamento, de modo a permitir uma série de benefícios de ordem social; e, por fim, as de Almir Gabriel, quando disse que: "as medidas aqui impostas, sobretudo aquelas relacionadas ao financiamento da seguridade social, que taxa a riqueza, que taxa o lucro, enfim que busca retirar de certos grupos que têm vantagem especial, fazendo com que esta vantagem especial volte-se, principalmente, para aqueles que são menos afortunados, e assim, estaremos fazendo um novo modelo de desenvolvimento social deste país".[28]

---

27. Jane Berwarnger sustenta, no sentido oposto, que há um viés discriminatório na análise que diferencia os trabalhadores urbanos e rurais, colocando nos últimos a pecha do não recolhimento e do assistencialismo. Para ela, "se os trabalhadores rurais geravam a produção, o desconto sobre essa mesma produção era decorrência do trabalho deles, principalmente quando se trata dos pequenos proprietários, que vendiam a produção e recebiam o pagamento, com o devido desconto previdenciário. [...] Seria, numa comparação com o trabalhador urbano, dizer que este não contribui porque é a empresa quem recolhe para o sistema previdenciário". A falta de uma associação direta entre as fontes de custeio e a previdência rural acentua, enfim, a impressão de permanente de *déficit* previdenciário, pois, malgrado o sistema de seguridade tenha sido engendrado pensando-se que seriam utilizadas as receitas de tributos como o PIS, Cofins, CSLL, dentre outros, a previdência é tida como deficitária exclusivamente a partir do cômputo das receitas atinentes às vendas de produtos rurais.[Previdência rural: inclusão social. Curitiba: Juruá, 2011].

28. Todas as manifestações são encontradas no Relatório da Comissão de Ordem Social, disponível em: https://www.senado.leg.br/publicacoes/anais/constituinte/7%20-%20COMISS%C3%83O%20DE%20ORDEM%20SOCIAL.pdf. Acesso em 18.07.2018.

A previsão da aposentadoria por idade rural na Constituição não implicou seu imediato pagamento, nem tampouco a judicialização dos benefícios. Foram necessários atos de mobilização popular para que a previdência rural fosse regulamentada pela Lei nº. 8.213/91. De acordo com o relato de Jane Berwanger, os rurícolas não recebiam os benefícios, "por isso, em 12.02.1992, a Federação dos Trabalhadores na Agricultura do Rio Grande do Sul – Fetag/RS organizou um ato público com mais de 12 mil pessoas, em Porto Alegre, que culminou na ocupação do INSS, por lideranças sindicais que se revezaram semanalmente, permanecendo nas dependências do Instituto durante 51 dias".[29] O mesmo movimento foi capturado em dados colhidos por Guilherme Delgado, os quais mostram que, após uma fase de acomodação, entre os anos de 1992 a 1994, teve lugar uma forte explosão nas concessões de aposentadorias rurais. O incremento no volume total de benefícios teria sido da ordem de 55,8%, enquanto o montante de aposentadorias, isoladamente, teria subido em 81,6% no triênio.[30]

As mulheres foram partícipes ativas do processo de consolidação da previdência rural. Anita Brumer explica que esse impulso se deu em compasso com a ascensão do movimento feminista na década de 1970. Ela demonstra que mobilizações pontuais inclusive garantiram benefícios como o do salário-maternidade. Por fim, Brumer coloca luz no efeito econômico positivo decorrente da inserção das mulheres no sistema de proteção social, uma vez que os estudos evidenciam que os valores retornam para as famílias e não se revertem prioritariamente em gastos pessoais.[31]

A evolução da cobertura previdenciária para as trabalhadoras e trabalhadores do campo decorreu, enfim, de mobilização coletiva, não se dando sem o enfrentamento de resistências. Esse longo percurso fez com que as suas ambiguidades quanto ao formato, alcance e financiamento se mantivessem acesas e gerassem o grande contingente de processos judiciais relativos ao tema. A política pública se construiu num modo saliente, propenso à litigância, o que se deu num cenário de aumento generalizado da judicialização, conforme abordarei na próxima seção.

29. Berwanger, Jane. Previdência social: inclusão social. Curitiba: Juruá, 2011.

30. Delgado, Guilherme. Política de previdência social rural: análise e perspectivas. Raízes, Ano XVII, nº 18, setembro/98.

31. Brumer, Anita. Previdência social e gênero. Sociologias, Porto Alegre, ano 4, nº 7, jan/jun 2002, p. 50-81.

3. MAIS PROCESSOS, MAIS DISCRICIONARIEDADE: PREVIDÊNCIA RURAL E O MODELO BRASILEIRO DE JUDICIALIZAÇÃO DE POLÍTICAS PÚBLICAS

O debate sobre os motivos que geram a alta procura pelo Poder Judiciário brasileiro aparece, em geral, associado à existência de um desenho constitucional que seria especialmente convidativo à litigância. A partir de 1988, a nossa Constituição teria permitido uma convivência próxima entre interesses conflitantes, internalizando muitas normas sobre *policies* que não encontraram caminho fácil dentro do sistema político representativo para se implementar. [32] Werneck Vianna considera que o recrudescimento do fluxo de processos judiciais advém sobretudo desse fato de o programa social constitucionalizado não possuir arranjos institucionais, burocracia e orçamento para se fazer valer de imediato. Nesse novo contexto, coube ao Poder Judiciário a assunção do papel de um verdadeiro "muro das lamentações". [33]

O rol de direitos sociais previstos em 1988 se materializou através de diferentes linguagens ao longo do documento. Algumas cláusulas foram postas em termos abertos e principiológicos, ao passo em que outras se consolidaram como normas detentoras de *enforcement* mais direto, ou seja, de um atributo capaz de fazer com que os juízes as garantissem de plano. [34] Não só a constitucionalização da política, mas também o modo como ela se vocaliza no documento, é um elemento que gera impactos em relação à maior ou menor abertura do canal de judicialização e, mais ainda, no campo da extensão dos resultados. [35]

---

32. Vieira, Oscar Vilhena; Barbosa, Ana Laura Pereira. Do compromisso maximizador à resiliência constitucional. Novos Estudos Cebrap, Volume 37, n. 03, pp. 375-93, ano 2018.

33. Vianna, Luiz Werneck *et al*. A judicialização da política e das relações sociais no Brasil. Rio de Janeiro: Revan, 1999.

34. A explicação é de Octávio Luiz Mota Ferraz, ao tratar da temática da judicialização da saúde. [*Social Rights Judgments and the Politics of Compliance: Making it Stick*, Cambridge University Press, 2017, p. 177-200].

35. Um exemplo das diferentes linguagens assumidas pelos direitos e dos efeitos daí decorrentes, conta em estudo, efetivado por Lanse Minkler e Nishith Prakash. Ao analisar a performance de constituições de 201 países em relação à redução da pobreza, a conclusão é a de que: "os direitos socioeconomicos enquadrados como princípios diretivos não têm efeito estatisticamente significativo na redução da pobreza, pelo menos

Num fluxo de comunicação entre condicionantes institucionais e catalisadores culturais, a *juridicização* usualmente precede a *judicialização*. [36] Vanessa Elias de Oliveira fornece um esquema elucidativo acerca das etapas do "ciclo de judicialização das políticas públicas". Ela anota que a "mobilização legal" é justamente este primeiro momento do processo em que uma política é incorporada aos documentos legais e atores do sistema de justiça ganham centralidade na sua formulação e implementação. Após, seguir-se-iam fases de decisão judicial, reposta e acompanhamento ao litígio, num modo que, segundo Oliveira, seria não de um "ciclo fechado", mas o de um caminho em que os processos que vão "acontecendo e alterando a política pública reiteradamente".[37]

Ao ser aplicado à judicialização da previdência rural, o esquema proposto por Oliveira, que permite segmentar a etapa de "mobilização legal" da política pública, demonstra que a sua constitucionalização segundo um modelo de regras é fortemente motivadora da litigância. A conformação constitucional de um direito à aposentadoria rural e outros benefícios, cujos critérios são razoavelmente postos *a priori*, é uma circunstância que organizou movimentos de trabalhadores do campo e levou a exigências coletivas e individuais de implementação da política no momento pós-constituinte, superando a fase do assistencialismo burocrático rumo, paulatinamente, a um possível assistencialismo judicial.

As variáveis catalisadoras desse grande volume de processos não são apenas geradoras de mais e mais litigância. O contingente impacta também

quando todos os controles estão incluídos. De fato, talvez seja preocupante encontrar associações positivas estatisticamente significativas entre princípios diretivos e pobreza [...]. Quando os direitos socioeconômicos são enquadrados como lei executável, obtemos o resultado oposto. A conclusão geral da política, portanto, é que aqueles que são interessados na redução da pobreza, não devem perder tempo e energia alterando constituições com princípios diretivos, mas, em vez disso, deve se concentrar apenas em leis cujas provisões são executáveis". [tradução minha]. [The role of constitutions on poverty: A cross-national investigation, *Journal of Comparative Economics*, 2017, vol. 45, issue 3, 563-581].

36. Veronese, Alexandre. A judicialização da política na América Latina: panorama do debate teórico contemporâneo. Escritos: revista da Casa de Rui Barbosa, Rio de janeiro, v. 3, p. 215-265, 2009.

37. Oliveira, Vanessa Elias de. Judicialização de Políticas Públicas no Brasil. Rio de Janeiro: Fiocruz, 2019.

a mecânica de adjudicação e a solução individual dos processos. No enfrentamento de uma jurisdição previdenciária massiva, cujos rituais são céleres e repetitivos, os juízes adotam simplificações e estratégias utilizadas que não se distanciam daquelas experimentadas pela burocracia na sua atividade cotidiana de verificar como regras gerais podem se ajustar a circunstâncias individuais em contexto de pressões múltiplas.

Vicki Lens explica que julgadores expostos a litígios decorrentes de negativa ou redução de benefícios sociais acabam adotando posturas oscilantes entre a figura do burocrata e a do juiz. Segundo ela, aqueles que praticam uma abordagem de estilo burocrático (*bureaucratic approach*) tendem a aderir a padrões legais estreitos para valorar as situações, nos mesmos moldes adotados pelos trabalhadores de linha de frente cujos atos controlam. Por outro lado, os julgadores que encampam uma postura ao estilo judicial (*adjudicator approach*) tendem a individualizar as disputas, colocando versões em contraste e decidindo com base em uma argumentação mais ampla. [38]

Nesse mesmo sentido, Daniel Wang[39] assinala que a maior abertura das cortes e a quantidade de processos ocasionam impactos diretos no processo de deliberação. Um grande contingente de casos costuma significar julgamentos menos detidos e mais sujeitos a pressões incidentes até mesmo na escolha do que será ou não julgado. Epstein, Landes e Posner chamam de *"paradoxo da discricionariedade"* o fato de as condições de trabalho dos juízes, tais como o volume de casos e tempo disponível para análise, gerarem uma menor vinculação deles a regras procedimentais e à legislação em geral. Porém, isso se dá com variação de postura entre as diferentes instâncias. Juízes vinculados a cortes superiores agiriam com mais liberdade e inclinação ideológica do que os seus pares que operam em cortes de apelação e primeiro grau.[40]

---

38. A análise de Lens é baseada na figura norte-americana do "*administrative law judge*", agente estatal que decide recursos contra negativas de benefícios sociais e, embora possua diversos poderes semelhantes aos de um "*trial judge*", é uma figura quase-judicial, sem equiparação completa. [Judge or Bureaucrat? How Administrative Law Judges Exercise Discretion in Welfare Bureaucracies. Social Science Review, Volume 86, n. 2, 2012].

39. Wang, Daniel. Social rights adjudication and the nirvana fallacy. 2018. Disponível em: https://qmro.qmul.ac.uk/xmlui/handle/123456789/39504. Acesso em 10.10.2020.

40. Epstein, Lee; Landes, William M; Posner, Richard A. The Behavior of Federal Judges. Harvard University Press. Edição do Kindle, 2013.

Em suma, na escuridão de processos amplia-se a margem para o exercício de discricionariedade, ou seja, para a adoção de decisões fora do que preceitua a lei, segundo convicções de ordem pessoal e ideológica dos julgadores.[41]-[42] Após fazer uma distinção entre o que seriam julgamentos que "legalistas" e outros intitulados "ideológicos", Epstein, Landes e Posner explicam que exercer discricionariedade é, portanto, o oposto de aplicar a lei.[43]

A junção dos componentes volume de processos, discricionariedade e necessidade de simplificação faz com que estereótipos quanto ao gênero, raça, aparência física campesina e classe social ganhem relevo determinante na solução dos casos. A atual dinâmica célere e repetitiva da judicialização da previdência rural tende a reforçar uma divisão sexual do trabalho iníqua e estanque, na qual cabe às mulheres tarefas subalternas ou que não são consideradas efetivamente agricultura.[44]

---

41. São inúmeras as acepções que o termo "discricionariedade judicial" pode assumir. No âmbito do direito administrativo brasileiro, a denominada "discricionariedade administrativa" significa uma contraposição aos atos ditos vinculados, podendo a administração agir dentro de uma margem de conveniência e oportunidade. Fora da margem legal haveria arbitrariedade. [Carvalho Filho, José dos Santos. Manual de Direito Administrativo. Atlas. Edição do Kindle].

42. A experiência da justiça criminal norte-americana indica que o aumento da discricionariedade dos julgadores, através da derrubada de parâmetros objetivos para aplicação das penas (caso United States v. Booker) levou a um agravamento geral das penas impostas aos réus negros. Segundo Crystal Yang, "using comprehensive data on federal defendants sentenced from 1994-2009, I find evidence that increased judicial discretion via Booker has led to large and robust increases in racial disparities in sentencing, particularly after periods of reduced appellate scrutiny". [Free at Last? Judicial Discretion and Racial Disparities in Federal Sentencing, Coase-Sandor Institute for Law & Economics, Working Paper No. 661, 2013].

43. Conforme explicam os citados autores: "exercising discretion is the opposite of applying rules. Rules cabin ideological voting by limiting discretion; discretion gives free play to the subjective and idiosyncratic, including ideological, preferences of the officials who are vested with the discretion. This leads to a paradox: because the appellate judges who are most scrupulous in applying the deferential standards of review encourage ideological decision-making by district judges, the more rule-abiding the appellate judges are, the less rule-abiding the district judges are free to be". [Epstein, Lee; Landes, William M; Posner, Richard A. The Behavior of Federal Judges. Harvard University Press. Edição do Kindle].

44. Jane Reis e Renan Medeiros tratam da influência que o gênero pode ter em decisões judiciais, atuando de forma insidiosa, dado que as mulheres tendem a ser inseridas apenas nos espaços e categorias que correspondem à imagem do seu papel no senso comum. Segundo os autores: "Dentre os diversos elementos que sugestionam as decisões e percepções das pessoas, há aquele que se baseia no gênero. Poderíamos

Nesse ponto, estudos empíricos quanto às relações sociais no campo brasileiro observam que as próprias trabalhadoras rurais não percebem a sua atividade como produtiva. Em pesquisa qualitativa realizada no estado do Pará, Helmut Schwarzer notou que, embora cumpram jornadas de trabalho tão pesadas quanto os homens, as mulheres entrevistadas não reconhecem a sua atividade como produtiva e consideram "não trabalhar"[45]. A mesma autopercepção improdutiva aparece também no estudo de Anita Brumer e Gabriele dos Anjos[46]. Ao tratar da reprodução social na agricultura familiar, as autoras verificaram que as mulheres são real e simbolicamente excluídas da produção do campo. No plano sociocultural, elas seriam alijadas do que se entende como atividade agrícola, ficando confinadas ao domínio de tarefas reputadas como domésticas, sem valor monetizável. Elas seguem pontuando que:

> "[...] estas, embora incluam a produção para o autoconsumo, são identificadas como tarefas de limpeza, preparo dos alimentos, cuidado das crianças, trabalhos da horta e do quintal (cuidado de pequenos animais e ordenha) e transformação artesanal de produtos alimentícios para consumo dos membros da família. Seu desempenho nessas atividades não é considerado como trabalho, uma vez que não se inclui no mercado de bens e serviços e, assim, não envolve a circulação de recursos monetários. Ao mesmo tempo, elas podem assumir um papel auxiliar nas atividades produtivas, em momentos de falta de mão de obra masculina".

---

enquadrar isso dentro do que em doutrina se conhece por viés da representatividade. Quando as pessoas são indagadas sobre se A deveria pertencer à categoria B, respondem após refletirem em que medida A é semelhante à imagem ou ao estereótipo que têm de B. Muitas vezes, essa heurística está certa, mas também pode provocar erros graves, o que se deve, principalmente, ao fato de que a maioria das pessoas não está disposta a admitir a probabilidade de que suas crenças arraigadas estejam erradas". [Pereira, Jane Reis Gonçalves; Oliveira, Renan Medeiros de. Hércules, Hermes e a Pequena Sereia: uma reflexão sobre estereótipos de gênero, subpresentação das mulheres nos tribunais e (i) legitimidade democrática do poder judiciário. Rev. Bras. Polít. Públicas, Brasília, v. 8, nº 2, 2018 p.877-910].

45. Shwarzer, Helmut. Previdência rural e combate à pobreza no Brasil. Estudos Sociedade e Agricultura, v. 8, n. 1, ano 2000.

46. Brumer, Anita; Anjos, Gabriele dos. Gênero e reprodução social na agricultura familiar. Revista Nera - Ano 11, n. 12 - Janeiro/Junho de 2008.

Tal hierarquização entre os sexos, que cria um "chefe" para as propriedades rurais, também se materializa documentalmente. Segundo a leitura de Brumer e Anjos, verifica-se a exclusão feminina da cadeia de sucessão das propriedades familiares[47]. Numa espécie de ciclo que se retroalimenta de modo vicioso, a lacuna de uma subjetividade produtiva influencia a baixa qualidade das evidências que serão anexadas aos futuros processos judiciais. Essa carência de provas da trajetória de labor prejudica as mulheres camponesas no momento crucial da postulação de benefícios sociais necessários à sua subsistência[48].

Especificamente tratando da realidade dos Juizados Especiais Federais, no artigo "*Atrizes da roça ou trabalhadoras rurais?*", Eveline Lucena Neri e Lorely Gomes Garcia refletem que as desigualdades de gênero se manifestam na dinâmica das audiências de instrução e julgamento[49]. A singela pergunta sobre o que vem a ser o trabalho rural acaba não respondida de um modo que seja satisfatório para a obtenção dos benefícios. Trabalhadoras que não se percebem produtivas e agentes executoras de um "trabalho pesado" exprimem essa noção estereotipada e discriminatória nas suas narrativas em juízo. Assim, Neri e Garcia enxergaram que uma série de atividades não é compreendia como "trabalho rural", sendo excluídas ou "relegadas a segundo plano como atividade secundária em detrimento do trabalho no "roçado" e com a enxada". Ao cabo desse processo, segundo as autoras:

> "[a] divisão sexual do trabalho no meio rural seria demarcada por tecnologias de gênero desvalorizadoras do trabalho

47. *Ibidem*.

48. Anita Brumer pontua que essa invisibilidade tem raízes históricas. Conforme esclarece a autora, "se a inclusão dos trabalhadores rurais foi tardia em relação a outras categorias profissionais, a inclusão das mulheres rurais trabalhadoras ocorreu ainda mais tarde, principalmente porque, para poder receber os benefícios da previdência social deviam, antes de mais nada, ser reconhecidas como trabalhadoras rurais. Esse reconhecimento, por sua vez, era de difícil comprovação, tendo em vista que grande parte do trabalho feito por elas é invisível, sendo geralmente declarado como 'ajuda' às tarefas executadas pelos homens e, com frequência, restrito às atividades domésticas, mesmo que essas incluam atividades vinculadas à produção". [Previdência rural e gênero. Sociologias, Porto Alegre, ano 4, nº 7, jan/jun 2002, p. 50-81].

49. Neri, Eveline; Garcia Lorely. Atrizes da roça ou trabalhadoras rurais: o teatro e a fachada para obtenção da aposentadoria especial rural. Revista Sociedade e Estado, Volume 32, Número 3, setembro-dezembro de 2017.

> realizado pelas mulheres. Este é considerado leve se feito pela mulher, qualquer que seja a espécie de atividade ou a força física empenhada. "Leve" significaria complementar, secundário, não remunerado ou sequer assumido como trabalho. Se a mulher trabalha no roçado junto ao marido, ela 'dá uma ajuda'".

O produto da deficiência probatória e das audiências repercute nas sentenças proferidas, reforçando desigualdades postas a partir da legislação. De um lado, a norma atual exige de esposas e companheiras rurais uma "participação ativa nas atividades rurais do grupo familiar", tratando-se de cláusula com nítido potencial para ampliar interpretações judiciais excludentes da proteção social às mulheres[50]; de outro, quem tem pouco tempo para decidir recorre a noções preconcebidas sobre gênero e outros marcadores sociais da diferença, quer sejam esses decisores juízes ou agentes administrativos.[51] Assim, as audiências de curta duração levadas a efeito na judicialização dos benefícios previdenciários rurais, a fundamentação diminuta das sentenças, a lacuna de documentação de boa qualidade, são fatores que fomentam a adoção de decisões que discricionariamente reforçam estereótipos, numa tendência de difícil reversão estrutural.

No próximo segmento, trato da variável atinente à fragmentariedade da judicialização da previdência rural, que permite que entendimentos discriminatórios não sejam corrigidos pelas instâncias de uniformização jurisprudencial, protraindo-se no tempo.

4. DISCRIMINAÇÃO QUE CHEGA E FAZ MORADA: A FRAGMENTARIEDADE DA JUDICIALIZAÇÃO DA PREVIDÊNCIA RURAL

A uniformização das decisões dos inúmeros juizados especiais federais existentes no país não é uma tarefa fácil. Em linhas gerais, a Lei nº. 10.259, de 2001 dispõe que a Turma Nacional de Uniformização de Jurisprudência

---

50. A norma da lei 8.213/91 fala que a condição de rurícola se estende ao "cônjuge ou companheiro, bem como filho maior de 16 (dezesseis) anos de idade ou a este equiparado, do segurado de que tratam as alíneas a e *b* deste inciso, que, comprovadamente, trabalhem com o grupo familiar respectivo".

51. Round, Deborah Ruble. Gender Bias in the Judicial System. 61 S. CAL. L. rev. 2193, ano 1988.

(TNU) tem competência para julgar pedido de uniformização de interpretação de lei federal, quanto à questão de direito material fundado em divergência entre decisões de turmas recursais de diferentes regiões. O órgão é composto por 10 (dez) juízes federais provenientes das turmas recursais dos juizados, sendo 2 (dois) juízes federais de cada Região e a sua presidência cabe ao Corregedor-Geral da Justiça Federal. O fato de a Turma não se debruçar sobre questões relativas a matérias fáticas, de poucos dos seus incidentes ascenderem ao Superior Tribunal de Justiça e, sobretudo, de não ser vocalizada a posição da trabalhadora rural fazem com que sejam inexistentes orientações especificamente endereçadas às assimetrias de gênero.

A título ilustrativo, ao analisar uma amostra aleatória de cem decisões exaradas pela TNU que contiveram a palavra "rural" combinada com as expressões "doméstica", "do lar", e ainda julgamentos com o parâmetro "trabalhadora rural", notei que os meios de prova utilizados pelas mulheres rurais em juízo ancoram-se sobremaneira na figura do casamento civil. Essa circunstância se evidencia, de partida, pelo teor da súmula nº. 06 da Turma Nacional, que diz que: "a certidão de casamento ou outro documento idôneo que evidencie a condição de trabalhador rural do cônjuge constitui início razoável de prova material da atividade agrícola".

A amostra confirmou que os documentos mencionados nos julgamentos são essencialmente as certidões de casamento e títulos de propriedade. Neles, não costuma haver qualificação direta da mulher como rurícola, mas a sua identificação como "doméstica" ou "do lar". Em um dos precedentes chegou a constar cláusula discriminatória expressa, ficando atestada a situação de coadjuvante improdutiva da mulher rural, que seria responsável por "tarefas domésticas e crochê".[52]

52. Ver PEDILEF 05010958120114058104, DOU 08/03/2013. Transcrevo: "Ocorre que o julgado, ao manter a sentença pelos próprios fundamentos na forma do art. 46 da Lei nº 9.099/95, incorporou-lhe toda a motivação. Trata-se de técnica de fundamentação válida, cuja constitucionalidade foi reconhecida pelo Supremo Tribunal Federal no julgamento do AI 749.969, Relator Ministro Ricardo Lewandowski, DJ 9/10/2009. Arguição de nulidade rejeitada. 2.O requerente suscitou divergência jurisprudencial em torno da admissibilidade de vários tipos de documento como início de prova material. Entretanto, não impugnou o fundamento central do acórdão: a diligência *in locu*, a cargo de servidor do INSS e com presunção de veracidade, que constatou que a falecida esposa do requerente não exercia atividade rural, mas apenas cuidava das tarefas domésticas e fazia crochê".

Para além da identificação equivocada das certidões de casamento e da sua baixa presença na cadeia de transmissão formal das propriedades, as mulheres experimentam ainda dificuldade para contratar financiamento agrícola. Nesse ponto, Camila Marques Viana Silva e Ana Lúcia Eduardo Farah Valente notam que "o problema maior está ligado à falta de poder de barganha da mulher, numa situação em que não é titular do lote. Por mais que seja atribuído à mulher o papel de garantir a reprodução física, não é considerada a beneficiária do crédito (Pronaf) destinado ao custeio anual da lavoura de onde se tira a base da alimentação da família. Ela fica impossibilitada de decidir efetivamente sobre os produtos obtidos pela aplicação deste, ou até mesmo se a destinação dada ao dinheiro recebido beneficiará a família. Certamente isso se repete com relação aos outros benefícios destinados ao desenvolvimento da produção".[53]

Todas essas questões são pouco endereçadas pelos tribunais superiores. No âmbito do Superior Tribunal de Justiça, as decisões flexibilizam as provas que podem ser consideradas e o conceito de "segurado especial", reforçando a ampliação da cobertura previdenciária, sem, contudo, instituir diretrizes para o melhor processamento administrativo dos pedidos ou fomentar a solução coletiva dos litígios[54].

Também o Supremo Tribunal Federal (STF) deixou de chamar para si a uniformização de entendimentos previdenciários e a própria administração dessa litigância. Em precedentes reiterados ao longo do tempo, o Tribunal se furtou em construir uma modalidade de processo público coletivo. A repetição do jargão de que os temas são "de natureza infraconstitucional" tornou-se barreira impeditiva a que fossem conferidos incentivos para soluções estruturais em litigância pública, reforçando os cânones tradicionais em que o processo segue sem adaptação à perspectiva policêntrica da administração pública, num modo individualizado e adversarial, com

53. Viana Silva, Camila Marques; Farah Valente, Ana Lúcia Eduardo. Agricultura familiar, gênero e dinâmicas sociais: um estudo sobre a construção territorial do assentamento Nova Lagoa Rica. Rev. Econ. Sociol. Rural vol.51 no.2 Brasília Apr./June 2013.

54. Adianto a menção a alguns julgados ilustrativos destas posições: REsp nº. 1321493/PR; REsp nº. 1348633/SP; REsp nº. 1348633/SP; REsp nº. 1354908/SP; REsp nº. 1133863/RN; REsp nº. 1682678/SP e REsp nº. 1361410/RS.

decisões retrospectivas, anulatórias e binárias, que estabelecem uma relação distante entre o direito e o remédio criado para sanar a sua violação.[55]

À míngua de qualquer objetividade e de protocolos mínimos de julgamento, como a relação legal de documentos é apenas exemplificativa e eles não precisam se estender a todo o período de análise[56], a performance da segurada na audiência é determinante para o seu sucesso em juízo, colocando-se a prova testemunhal na centralidade da definição dos processos. Contudo, Eveline Neri e Lorely Garcia perceberam que as decisões baseadas nos depoimentos colhidos nesses encontros reforçam estigmas e estereótipos de gênero ao invés de combatê-los. As autoras observaram tal dinâmica em sua pesquisa empírica:

> "Nas relações cotidianas do campo, o trabalho feminino fora do roçado é visto como secundário ou complementar ao do marido, do pai ou dos filhos. E as audiências analisadas demonstraram a reprodução dessa tecnologia, sendo frequente todos os envolvidos na interação se referirem ao trabalho feminino como "ajuda" ou acessório. Como a legislação impôs o conceito de "regime de economia familiar", os magistrados consideram relevante identificar as atividades e a contribuição de cada um dos membros da família para o sustento familiar. A partir daí começam a surgir, na interação, as investigações em torno do trabalho urbano e trabalho rural. O status civil do(a) autor(a) e o conjunto das ocupações dos membros familiares é tão importante que, às vezes, antes mesmo de indagar a(o) autor(a) qual sua profissão ou em que trabalha, os juízes perguntam se o(a) esposo(a) trabalha ou se já é aposentado e em quê. No caso das autoras, quando o esposo tem ocupação urbana ou é aposentado, alguns magistrados indagam logo: "e a senhora precisa trabalhar?"
>
> O entendimento acima esposado, assim, privilegia a "labuta na roça" como atividade principal. Em outro momento, o

55. Cf. precedentes do AI 830.805-AgR/DF, Relatora a Ministra Rosa Weber, Primeira Turma, DJe 23.5.2012; ARE 642.119-AgR/DF, Rel. Min. Cármen Lúcia, Primeira Turma, DJe 15.3.2012; AI 807.715-AgR/SP, Rel. Min. Ricardo Lewandowski, Primeira Turma, DJe 25.11.2010; AI 789.312-AgR/MG, Relatora a Ministra Ellen Gracie, Segunda Turma, DJe 25.10.2010.

56. Os precedentes do Superior Tribunal de Justiça compreendem que a relação de documentos do art. 106 da Lei nº. 8.213/91 é meramente exemplificativa.

> entrevistado expressou também que a criação de animais pela mulher é atividade "secundária" ou "complementar" independente de servir ao consumo ou à venda. Assim, caso a mulher exerça a agricultura e tenha uma "hortinha" ou crie animais, sua atividade principal será a agricultura e as demais "secundárias" ou "complementares". Se ela exercer meramente as atividades "complementares" não será segurada. A ideia de atividade pouco importante economicamente, portanto, esconde o fundo da questão que é a desvalorização das atribuições tipicamente exercidas pelas mulheres e a crença sempre latente da dependência econômica das esposas e filhas".

O caminho para a mudança desse cenário é árduo, mas pode vir através da recente iniciativa de criação de protocolo para auxiliar o julgamento, com perspectiva de gênero, de demandas judiciais previdenciárias. Nesse sentido, projeto de autoria do coletivo de mulheres existente no âmbito da Associação de Juízes Federais do Brasil (Ajufe), denominado "Ajufe Mulheres", propôs redação de um guia para o direito previdenciário, obra cuja publicação está no prelo. [57] Nas orientações, menciona-se a necessidade de identificação apurada dos fatos e do filtro de direito aplicável ao caso. Passando-se, em seguida, à desconstrução do viés de gênero embutido nas normas e à aplicação de medidas protetivas. São salutares as recomendações exaradas para o trato da temática no âmbito da judicialização da previdência rural. Transcrevo parte da proposta atual de protocolo:

> "1. As julgadoras e julgadores de processos previdenciários não podem ignorar, quando da valoração da prova, a divisão sexual do trabalho por força da qual cabe, nos núcleos familiares, prioritariamente às mulheres a tarefa dos cuidados e afazeres domésticos; ii) devem ser admitidas provas para além do rol taxativo do art. 106 da Lei nº. 8.213/91, incluindo vídeos e fotografias que possam provar a qualidade de segurada especial de uma trabalhadora rurícola;
>
> 2. Importa que os questionamentos em audiência sejam claros os bastante para que a segurada não se qualifique como alguém que não contribui com a dinâmica familiar no campo por ser "do lar", evitando-se perguntas sobre se ela "trabalha com enxada", "faz roçado" ou "trabalha pesado";

57. Ver: www.ajufe.org.br/comissaoajufemulheres, acesso em 13.11.2020.

> 3. É necessário que haja uma interpretação do art. 11 da Lei nº. 8.213/1991 consonante e harmônica com a Constituição Federal, de modo a não se excluir as seguradas mulheres, por entender que elas não trabalham "diretamente" com as atividades rurais, ao executarem tarefas domésticas em prol do grupo familiar;
>
> 4. Não existe hierarquia entre provas que podem ser admitidas no processo judicial, não havendo prevalência entre certidão de casamento ou evidências baseadas na família patriarcal em relação às demais modalidades de documento que podem ser utilizados por seguradas solteiras;
>
> 5. Na análise da documentação relativa às seguradas especiais solteiras deve ser considerada a sua dificuldade para figurar em títulos de propriedade, devendo ser especialmente valorada a documentação havida em nome de terceiros, caso harmônica com o depoimento e demais elementos de prova".

A modificação dos parâmetros de julgamento através desse tipo de lente corretiva é positiva, mas tem potencial limitado. Primeiro, as atividades de educação judicial não possuem necessário efeito causal em relação às decisões que serão proferidas, sendo difusas inclusive no tempo. Em segundo lugar, o mecanismo de rotulação da clientela dos juizados especiais não cessará se for mantida a conformação institucional que produz um rito baseado substancialmente numa audiência de curta duração, cujas perguntas não se dão propriamente sobre fatos, mas sobre a trajetória de vida das trabalhadoras. As suas vidas são o objeto dos processos. A velocidade do rito tende a consolidar visões estereotipadas e enviesadas quanto ao gênero. Desse modo, as engrenagens de judicialização massiva descritas neste trabalho, ainda que não sejam elas próprias discriminatórias, são o seu ambiente estruturante, não parecendo factível uma transformação de cenário que não passe também por sua alteração.

5. CONCLUSÃO

O funcionamento da judicialização da previdência rural, marcada por milhares de processos e audiências breves, demonstra que os vieses discriminatórios de gênero, identificados no produto final das decisões, não decorre de um voluntarismo consciente dos julgadores. Ao revés, a própria dinâmica do rito depende da utilização de categorias e estereótipos para dar vazão ao contingente de demandas, colocando os julgadores numa zona que os aproxima da figura dos burocratas de nível de rua. Nesse tipo de processo, os juízes despem-se de rituais de imparcialidade e alargam a margem para o uso discricionário das suas impressões e convicções pessoais, as quais, historicamente, tem reforçado uma divisão sexual estereotipada e conservadora do trabalho no campo.

Assim, as evidências admitidas para provar a condição de *"seguradas especiais"* dessas trabalhadoras seguem associando-se a elementos patriarcais. A precariedade documental é reencenada nas audiências judiciais, através de perguntas e intervenções que subalternizam a condição do trabalho feminino, categorizando-o como leve e acessório à agricultura familiar.

Infelizmente, esse panorama não tem sido atacado pelas instâncias de revisão. A fragmentariedade do sistema dos juizados faz com que os tribunais superiores passem ao largo do problema, inexistindo uniformização e objetividade na definição de documentos que podem servir como prova material da vida no campo e protocolos oficiais que orientem a realização de audiências com viés protetivo e julgamentos finais com perspectiva de gênero.

Este texto buscou demonstrar a necessidade de preenchimento de tais lacunas, firmando, acima de tudo, que o equacionamento das múltiplas discriminações sofridas pelas mulheres rurais em juízo depende de iniciativas perenes de transformação da judicialização da previdência rural, tanto nas variáveis institucionais que a conformam quanto no rito que a expressa, qualificando-a como espaço de acolhimento para a prolação de decisões capazes de igualitariamente garantir a percepção dos benefícios sociais pelas mulheres do campo.

22

INJUSTIÇA AMBIENTAL E GÊNERO: REFLEXÕES SOBRE O DESLOCAMENTO COMPULSÓRIO DE MULHERES RIBEIRINHAS EM DECORRÊNCIA DA IMPLANTAÇÃO DA USINA HIDRELÉTRICA DE BELO MONTE

Bianca Monteiro Porto da Cunha Ferreira

Advogada; mestranda do Programa de Pós-Graduação em Direito da Universidade Federal do Pará (PPGD/UFPA). E-mail: biancaporto0@gmail.com.

Eliane Cristina Pinto Moreira

Possui graduação em Direito pela Universidade Federal do Pará (1997), mestrado em Direito pela Pontifícia Universidade Católica de São Paulo (2000) e doutorado em Desenvolvimento Sustentável do Trópico Úmido pela Universidade Federal do Pará (2006). Pós-doutora pela Universidade Federal de Santa Catarina. Promotora de justiça do Ministério Público do Estado do Pará e Professora da Universidade Federal do Pará. Coordena o Grupo de Pesquisas Direitos dos Povos e Comunidades Tradicionais da UFPA.

INTRODUÇÃO

No histórico recente da Amazônia a implantação de grandes projetos desde fins do século XX, em especial da década de 70 do referido século, tem se apresentado reiteradamente como vetores de conflitos causados por políticas desenvolvimentistas do Estado Brasileiro.

Neste contexto um dos projetos que tem ocasionado maior discussão é a implantação da Usina Hidrelétrica de Belo Monte no Rio Xingu, no estado do Pará. Polêmico desde seu nascedouro quando ainda se chamada Usina Kararaô, já nesta ocasião, as contradições entre os modelos de desenvolvimento para a Amazônia externavam-se.

Um dos momentos importantes deste debate foi o Encontro dos Povos Indígenas do Xingu em 1989, quando perante as ameaças que se desenhavam em decorrência da implantação da então Usina Kararaô, uma mulher indígena, levantou-se e sob os olhares atônitos da plateia empunhou um facão no rosto do então Diretor da Eletronorte.

Este acontecimento histórico narrado por Juliana Santilli[1] é bastante simbólico no que diz respeito às relações entre a Usina Hidrelétrica de Belo Monte, injustiças socioambientais e gênero. Recordá-lo nos permite lançar um olhar atual sobre as consequências da implantação deste projeto e o quanto ele expressa política desenvolvimentista manejada pelo Estado brasileiro em conjunto com setores privadas, cujas promessas de industrialização e melhorias encobrem a lógica colonialista ainda vigente e mais precisamente um colonialidade de gênero.

Em razão da implantação de projetos similares à UHE Belo Monte, temos assistido as consequências socioambientais já imaginadas que passam a se concretizar em ações de grave injustiça ambiental como as decorrentes de deslocamentos compulsórios de grupos sociais que possuem modos de vida e tecidos sociais que passam a ser completamente rompidos, com especial afetação à desigualdade de gênero que passa a se observar neste contexto.

1. Santilli, Juliana. 2005. Socioambientalismo e Novos Direitos. São Paulo: Peirópolis, p. 37 e 38.

Busca-se, pois, refletir sobre os efeitos sociais que o deslocamento compulsório pode desencadear em especial às mulheres ribeirinhas das ilhas do Xingu, compreendendo vulnerabilidades, mas também o papel de atores que formulam resistências e reivindicam direitos. Observa-se que em especial as mulheres ribeirinhas passam a ser afetadas por este contexto face à fatos concretos como a elevação dos casos de violência sexual, de violência doméstica, do tráfico de pessoas, da exploração sexual, da pedofilia, da multiplicação de doenças sexualmente transmissíveis, dentre outros efeitos deletérios. Também ressaltamos a mulher ribeirinha como figura que tece os de vida ribeirinhos e ao mesmo tempo assume a posição de reivindicação de direitos.

Para proceder à análise, foram utilizados os dados provenientes do "Relatório de Inspeção Interinstitucional: áreas ribeirinhas atingidas pelo processo de remoção compulsória da UHE Belo Monte" (Relatório de Inspeção Interinstitucional no decorrer do texto), resultado da Inspeção Interinstitucional[2] promovida pelo Ministério Público Federal (MPF) em Altamira em junho de 2015 com a finalidade de aferir *in locu*, por meio dos depoimentos de famílias afetadas, como tem se processado a remoção e se, de alguma forma, tem sido compatível com as normas que a norteiam, notadamente o respeito ao Plano Básico Ambiental (PBA), que versa sobre as medidas de minimização dos impactos causados pelo empreendimento.

Foram também analisadas as informações compiladas no relatório "A expulsão de ribeirinhos em Belo Monte", produzido pela Sociedade Brasileira para o Progresso da Ciência (SBPC) e publicado em junho de 2017. Ambos são documentos construídos a partir de longos processos de escuta e vivência com os grupos de ribeirinhos em situação de deslocamento compulsório no Xingu[3].

---

2. Juntamente com o Conselho Nacional de Direitos Humanos (CNDH), a Fundação Nacional do Índio (FUNAI), o Instituto Brasileiro do Meio Ambiente (IBAMA), o Ministério da Pesca e Aquicultura (MPA), a Defensoria Pública da União (DPU), a Defensoria Pública do Estado do Pará (DPE-PA) e a Procuradoria Federal Especializada da FUNAI (AGU-FUNAI). No bojo do Inquérito Civil n. 1.23.003.000078/2015-39, em trâmite na Procuradoria da República em Altamira.

3. A Inspeção Interinstitucional realizada pelo MPF e os órgãos supra mencionados, ocorreu entre os dias 1 e 03 de junho de 2015, período em que os ribeirinhos foram ouvidos pela equipe. O SBPC, por sua vez, para produzir o relatório, realizou o trabalho de

Ao procedermos a análise destes dois documentos, buscamos lançar um olhar específico sobre a mulher ribeirinha e o grave quadro de injustiças socioambientais provocadas pela UHE de Belo Monte.

1. BREVE CONTEXTUALIZAÇÃO DA INSTALAÇÃO DA USINA HIDRELÉTRICA DE BELO MONTE

A implementação de grandes empreendimentos econômicos em áreas com recursos naturais em abundância faz parte do modelo de desenvolvimento manejado no pós-Segunda Guerra Mundial quando os Estados Unidos sucederam as antigas potências imperialistas no papel de espalhar seu domínio globalmente. Segundo Walter Mignolo[4], a expressão "desenvolvimento" foi cunhada para camuflar a reorganização da lógica colonialista, cujas práticas exploratórias foram mascaradas pelas promessas de modernização dos países, então denominados, de Terceiro Mundo ou subdesenvolvidos[5].

Conforme essa lógica, a noção de desenvolvimento estaria intimamente relacionada à expansão da industrialização nos países ditos subdesenvolvidos, a qual se realizaria por meio do investimento em projetos de infraestrutura[6]. Destaca-se, nessa dinâmica, o papel crucial desempenhado pelos governos, uma vez que recebem financiamentos de organismos financeiros internacionais (Fundo Monetário Internacional e Banco Mundial, por exemplo) e, além disso, oferecem subsídios e vantagens para

---

campo entre 05 de setembro e 10 de outubro de 2016, e procedeu mais duas expedições complementares à área onde se localiza o reservatório, a montante e a jusante de Altamira, além de ter promovido cinco reuniões em bairros estratégicos da cidade, para a oitiva dos grupos de ribeirinhos que estivessem nesses locais.

4. Mignolo, Walter D. 2008. Desobediência Epistêmica: A opção descolonial e o significado de identidade em política. *In: Cadernos de Letras da UFF – Dossiê: Literatura, língua e identidade*, nº 34, p. 287-324.

5. Expressão utilizada pela primeira vez em janeiro de 1949 por Harry Truman, então presidente dos Estados Unidos, para classificar as regiões globais com baixo desenvolvimento econômico.

6. Daí o porquê da construção de usinas hidrelétricas, portos, estradas sempre que uma empresa mineradora é instalada em determinado local, a exemplo da UHE de Tucuruí arquitetada como parte da infraestrutura de apoio ao projeto de exploração mineral Grande Carajás, no Pará.

o aparelhamento de mega projetos em seus países[7]. Portanto, às regiões tomadas como subdesenvolvidas, como o Brasil e os demais países latino americanos, foram destinadas as atividades de baixo valor agregado e acentuado impacto ambiental, a exemplo do fornecimento de bens primários de origem mineral[8].

No Brasil, com a expansão do setor minero-metalúrgico impulsionado pelo descobrimento das províncias minerais, houve a multiplicação dos grandes projetos de aproveitamento hidrelétrico, tendo em vista que a exploração da hidreletricidade se apresentava como alternativa mais vantajosa por ser (supostamente) barata e abundante[9]. A bacia hidrográfica amazônica, a maior do mundo, tem sido largamente explorada para a geração de eletricidade, a exemplo do projeto de barramento do rio Xingu[10], no Pará, de onde saiu a UHE Belo Monte, terceira maior hidrelétrica do mundo[11], localizada no município de Vitória do Xingu a aproximadamente 60 quilômetros de Altamira, principal cidade da região.

Idealizada inicialmente em 1975, ou seja, em plena ditadura militar (1964-1985), a UHE Belo Monte, à época denominada UHE *Kararaô*, foi desde o início objeto de intensas controvérsias, tendo em vista a proporção dos efeitos sociais e ambientais que causaria, especialmente em relação aos povos indígenas e tradicionais. A maior parte das barragens previstas para o rio Xingu (notadamente a UHE Belo Monte) passaram a ser vistas como

---

7. Bermann, Célio. 2012. O projeto da Usina Hidrelétrica de Belo Monte: a autocracia energética como paradigma. In: *Novos Cadernos NAEA*, v. 15, n. 1, p. 5-23.

8. Omoto, J.A. 2013. Projetos de desenvolvimento: crítica e perspectivas à luz dos Direitos Humanos. In: Leonardo Castro Maia; Sílvia Cappelli; Felício Pontes JúnioR (orgs.). *Hidrelétricas e atuação do Ministério Público na América Latina.*Porto Alegre: Letra&Vida, Red Latinoamericana de Ministério Público Ambiental, p. 94-115.

9. Vieira, Flávia do Amaral. 2015. Direitos Humanos e Desenvolvimento na Amazônia: Belo Monte na Comissão Interamericana de Direitos Humanos. Dissertação (mestrado) – Florianópolis- SC: UFSC.

10. O Complexo Hidrelétrico do Xingu previa 6 barragens: Jarina; Kokraimoro, Ipixuna, Babaquara e Kararaô SEVÁ, Oswaldo. 2005. A lógica da Volta Grande adulterada: consequências prováveis afetando moradores urbanos, rurais e ribeirinhos em Altamira e munícipios vizinhos; efeitos possíveis para os arquipélagos, pedrais, cachoeiras e na "ria" do baixo Xingu. In. Tenotã-Mõ. Alertas sobre as consequências dos projetos hidrelétricos no Xingu – São Paulo: International Rivers Network, 2005. Pág. 192-198.

11. Com potência estimada: 11.233,1 MW.

politicamente inviáveis a partir da promulgação da Constituição Federal de 1988, pois se sobrepunham a terras indígenas, e a Carta Magna exigia a aprovação do Congresso Nacional para a construção de hidrelétricas em terras indígenas, bem como a consulta às comunidades afetadas (art. 231, §3º, CF)[12]. Em razão disso, os povos indígenas da região mobilizaram-se fortemente contra o empreendimento, assim como outros grupos sociais prejudicados, movimentos sociais, sociedade civil, acadêmicos, dentre outros grupos da sociedade civil organizada, e o governo acabou "engavetando" o projeto para retomá-lo apenas em meados dos anos 2000, repleto de (aparentes) modificações[13] à proposição inicial[14].

Ao anunciar a "crise do apagão" em 2001, o governo brasileiro criou a ocasião perfeita para reinserir o projeto da UHE Belo Monte na pauta do dia e, desse modo, elencou a obra entre as medidas do plano emergencial de contenção da crise como providência hábil a solucionar a precariedade da matriz energética brasileira[15]. Em 2005, a UHE Belo Monte foi apresentada como a principal obra do Plano de Aceleração do Crescimento (PAC), política de natureza neodesenvolvimentista típica de governos ditos progressistas[16], como o de Luis Inácio Lula da Silva[17].

12. Fearnside, Philip Martin (Org.). 2015. Impactos nas comunidades indígenas e tradicionais.In: R. Nitta & L.N. Naka (eds.) *Barragens do rio Tapajós: Uma avaliação crítica do Estudo e Relatório de ImpactoAmbiental (EIA/RIMA) do Aproveitamento Hidrelétrico São Luiz do Tapajó*s. Greenpeace Brasil, São Paulo, p. 19-29.

13. Mudou de nome (de *Kararaô* para Belo Monte); reduziu o reservatório à metade; alagaria área reduzida em razão da modificação da área de barramento anterior; usina de Babaquara fora descartada (SEVÁ, 2005).

14. Santilli, Juliana. 2005. Socioambientalismo e Novos Direitos. São Paulo: Peirópolis.

15. Lisboa, Marijane. 2011. Balanço da Política Ambiental do Governo Lula: grandes e duradouros impactos. In. "Nunca Antes na História desse País"?: um balanço do governo Lula. Rio de Janeiro: fundação Heinrich Boll.

16. Segundo Arturo Escobar, os governos ditos progressistas da América do Sul, no afã de se afastarem da dinâmica dos governos neoliberais, acabam retomando práticas neodesenvolvimentistas em nome de uma "mudança radical". Escobar, Arturo. 2010. *Territorios de diferencia: Lugar, movimientos, vida, redes*. Bogotá: Envión Editores.

17. Lisboa, Marijane. 2011. Balanço da Política Ambiental do Governo Lula: grandes e duradouros impactos. In. "Nunca Antes na História desse País"?: um balanço do governo Lula. Rio de Janeiro: fundação Heinrich Boll.

Apesar das intensas disputas judiciais e políticas e de um sistema de licenciamento ambiental mais rigoroso[18], a UHE Belo Monte, financiada pelo Banco Nacional de Desenvolvimento Econômico e Social (BNDES), obteve sua licença de operação em novembro de 2015. Inúmeras foram as ilegalidades apontadas por especialistas nesse processo, dentre as quais destaca-se o não cumprimento, por parte da Norte Energia S.A. (empresa responsável pela obra)[19] do pacote de condicionantes socioambientais de viabilidade da usina[20], especialmente as relativas à saúde, educação, saneamento, consulta prévia aos povos indígenas e comunidades tradicionais[21]. Sem isso, a licença de operação jamais poderia ter sido concedida. Tal fato demonstra que as implicações sociais, bem como a participação efetiva dos grupos sociais afetados não faz (e jamais fez) parte do processo de tomada de decisão do governo e da Norte Energia S.A. ante a instalação de um empreendimento do porte de Belo Monte. São, na verdade, óbices. E, neste e em outros casos, são buscadas «soluções quaisquer e a qualquer preço, dentro do cronograma apertado das obras civis»[22].

Tal cenário propicia a eclosão generalizada de conflitos, os quais emergem sobretudo a partir da sobreposição, num mesmo espaço, de concepções acerca dos sentidos atribuídos à natureza, ao território, à cultura, por grupos com posições sociais desiguais[23]. Esse choque deixa clara a posição que cada um desses grupos ocupa no cenário político do país. De um lado

18. O Decreto nº 88.351/1983, que regulamentou a Lei nº 6.938/1981, estabeleceu que o LA ocorreria em três fases: Licença Prévia, Licença de Instalação e Licença de Operação.

19. O Consórcio Norte Energia, comandado pela Eletronorte, venceu o leilão para a construção e operação da usina em 2010.

20. Foram exigidas pelo Instituto Brasileiro do Meio Ambiente e dos Recursos Naturais Renováveis (IBAMA) uma série de medidas, denominadas condicionantes, com a finalidade de mitigar e compensar os efeitos sociais causados pela UHE Belo Monte.

21. Instituto Socioambiental (ISA). 2015. *Dossiê Belo Monte. Não há condições para a Licença de Operação*. Disponível em: <https://www.socioambiental.org/pt-br/dossie-belo-monte>, acesso em: nov/2016.

22. Sigaud, Lygia. 1988.*Implicações Sociais da Política do Setor Elétrico*. In: SANTOS, Leinad Ayer; Andrade, Lucia M.M. (orgs.). As hidrelétricas do Xingu e os povos indígenas. São Paulo: Comissão Pró-Índio de São Paulo, p. 104.

23. Laschefski, Klemens. 2014. Governança, Neodesenvolvimentismo e Autoritarismo Difuso. In Formas de matar, de morrer e de resistir: limites da resolução negociada de conflitos ambientais. Andrea Zhour et all (org.). Belo Horizonte: Ed. UFMG.

estão os segmentos raciais e étnicos discriminados, parcelas marginalizadas e vulnerabilizadas da sociedade e, do lado oposto, estão as gigantes empresas do setor industrial e o Estado, que são os detentores da supremacia sociopolítica.

Assim, a construção da UHE Belo Monte em um território no seio da floresta amazônica acirrou as diferenças entre o modo de vida da região e os interesses capitalistas sobre ela[24], tendo em vista que a obra é fruto de uma estrutura de poder herdada do período colonial, que desterritorializa, subalterniza, explora e destrói utilizando a retórica do desenvolvimento como justificativa. As violações de direitos humanos cometidas antes, durante e após o processo de implantação desse empreendimento caracterizam um modelo de desenvolvimento que, cada vez mais, é adotado no Brasil e tido como inexorável, posto que é situado como imprescindível ao "interesse público".

Aí reside a relevância e a urgência da discussão, pois entes estatais conjugados à setores empresariais têm centralizado o poder de definir e impor, em flagrante afronta ao direito nacional e internacional, um certo tipo de territorialidade a grupos sociais que possuem suas próprias formas de territorialidade e de vida.

2. O DESLOCAMENTO COMPULSÓRIO DE RIBEIRINHOS PROVOCADO PELA UHE BELO MONTE

Os ribeirinhos das ilhas do Xingu possuem laços com seus territórios que remontam a meados do século XX, a partir da vinda de imigrantes nordestinos para a região por conta das demandas da indústria de extração da borracha, os "soldados da borracha"[25].

Ribeirinhos, também chamados de "beiradeiros", descendem dos mencionados imigrantes nordestinos, os quais, com o passar do tempo, estabeleceram-se na região de forma própria e particular a partir da incorporação

24. Wolkmer, Antonio Carlos. 2015. Pluralismo Jurídico, Movimentos Sociais e Processos de Lutas Desde América Latina. In Constitucionalismo, descolonización y pluralismo jurídico en América Latina/ Wolkmer, Antonio Carlos; Lixa, Ivone Fernandes M. / Aguascalientes : CENEJUS / Florianópolis: UFSC-NEPE, p. 95 a 101.

25. SBPC. 2017. *A expulsão de ribeirinhos em Belo Monte: relatório da SBPC*. São Paulo: SBPC.

de algumas tradições indígenas. Assim, tanto a exploração da borracha, quanto atividades como o extrativismo e a pesca, compunham o modo de vida ribeirinho durante o tempo, bem como as redes comunitárias de vizinhança, parentesco e compadrio[26]. As comunidades ribeirinhas têm como uma das principais características até os dias de hoje sua organização social representada pelo signo da coletividade, da cooperação. Articulam-se a partir de redes de vizinhança estabelecidas pelo referencial de proximidade das moradias.

A maior parte dos ribeirinhos (73%, segundo a SBPC) organizou-se no sistema de dupla-moradia, caracterizado pelo ir e vir entre a casa no espaço rural e a casa no espaço urbano, a qual servia de base aos processos de comercialização de peixe ou produtos agrícolas, além de servir para que os jovens ribeirinhos pudessem acessar a escola e os demais familiares o acesso às redes hospitalares. A instalação da UHE de Belo Monte repercutiu em profunda desestabilização dos modos de vida destes grupos, famílias ribeirinhas foram removidas por ocuparem os lugares tidos como do empreendimento, seja pelo alagamento de suas terras, seja por conta da seca dos rios e igarapés. A área inundada por conta da "cheia" do reservatório foi estimada em 516 km^2 e a área seca[27], devido ao desvio do rio Xingu, seria de, aproximadamente, 1006 km^2 [28-29].

---

26. *Idem.*

27. Destaca-se que mesmo a usina não alagando nenhuma terra indígena, a área entre as terras indígenas *Arara* da Volta Grande e *Paquiçamba* tiveram 80% da vazão hídrica desviada para o reservatório, ou seja, estão praticamente secas. A pesca e a navegabilidade ficam impossibilitadas, de modo que as condições de vida nesta porção ficarão cada vez mais precárias, sobretudo porque às áreas secas não serão destinadas ações de mitigação e compensação a serem realizadas pela Norte Energia, mas apenas medidas de monitoramente de impactos (ISA, 2015). Sabe-se da proibição constitucional à remoção de povos indígenas de suas terras (Art. 231, §5°, da CF/88), no entanto, o deslocamento dos povos indígenas residentes nas áreas de desvio do rio Xingu é um grande e possível risco.

28. Instituto Socioambiental (ISA). 2015. *Dossiê Belo Monte. Não há condições para a Licença de Operação.* Disponível em: <https://www.socioambiental.org/pt-br/dossie-belo-monte>, acesso em: nov/2016.

29. Santos, Sônia Maria Simões Barbosa Magalhães; Hernandez, Francisco del Moral (eds.). 2009. *Painel de Especialistas: Análise Crítica do Estudo de Impacto Ambiental do Aproveitamento Hidrelétrico de Belo Monte.* Painel de Especialistas sobre a Hidrelétrica de Belo Monte, Belém, Pará.

No relatório sobre a Inspeção Interinstitucional, o MPF[30] constatou uma série de irregularidades no transcurso da remoção forçada em questão. Primeiramente, apontou que a comunicação sobre a necessidade do deslocamento ou era feita de forma abrupta ou sem que o empreendedor informasse devidamente às famílias sobre aspectos essenciais como: as datas de desvio do rio e enchimento do reservatório, quanto das suas terras seriam inundadas, de que forma fariam a mudança com seus pertences, se teriam condições de continuar pescando, etc.

Outro ponto observado pelo MPF foi a utilização de ameaça e de coação pelo empreendedor ao discutir as ofertas oferecidas em troca de suas moradias. Os relatos descritos no relatório revelam a imposição de valores irrisórios como indenização e a obrigatoriedade em aceitar as opções de reassentamentos, sempre acompanhadas de frases como "é pegar ou largar", "é isso ou nada". A margem de escolha dos ribeirinhos diante de tamanha coação reduzia-se a zero ou a quase isso. Ressalta-se que as indenizações são irrisórias, aferidas considerando somente o valor da construção e não da terra[31], impossibilitando a aquisição de boa moradia na cidade devido a especulação imobiliária, desencadeada pela instalação da UHE Belo Monte. Os reassentamentos, por outro lado, são distantes dos rios (o mais próximo ao rio, é conhecido como Pedral) e estão em condições precárias de transporte, educação e segurança.

Ademais, segundo constatou o MPF[32], a Norte Energia ofereceu para todos os removidos pela usina hidrelétrica (não só para os ribeirinhos) 32 lotes localizados no quilômetro 27 da Transamazônica, os quais não estão mais disponíveis (além de serem distantes do rio), mas mesmo assim continuavam sendo oferecidos (ao menos até à época da inspeção).

O relatório revelou, ainda, que o sistema de dupla-moradia foi completamente desconsiderado pela Norte Energia, a qual, segundo os relatos,

30. Ministério Público Federal. 2015. *Relatório de Inspeção Institucional*. Disponível em: <http://www.prpa.mpf.mp.br/news/2015/arquivos/Relatorio_inspecao_ribeirinhos_Belo_Monte_junho_2015.pdf/>, acesso em: nov/2016.

31. SBPC. 2017. *A expulsão de ribeirinhos em Belo Monte: relatório da SBPC*. São Paulo: SBPC.

32. Ministério Público Federal. 2015. *Relatório de Inspeção Institucional*. Disponível em: <http://www.prpa.mpf.mp.br/news/2015/arquivos/Relatorio_inspecao_ribeirinhos_Belo_Monte_junho_2015.pdf/>, acesso em: nov/2016.

coagia as famílias a optarem por uma moradia ou por outra, para que desse modo tivessem direito somente a uma indenização ao abrirem mão de uma das casas. Ambas são essenciais para a manutenção do modo de vida das comunidades ribeirinhas, posto que se complementam, a casa no espaço rural é perto do rio, dos peixes e dos produtos provenientes do agro extrativismo[33], e a casa da cidade é próxima ao comércio, aos hospitais e escolas. A casa da "rua" não se perpetua sem a casa da ilha[34].

Por fim, o MPF[35] concluiu que, de fato, há grandes indícios de que esteja em curso um processo de dispersão definitiva das comunidades ribeirinhas das ilhas do Xingu, devido a expropriação de seus meios de produção e de reprodução de vida. Aduziu, ainda, que as comunidades desde que foram deslocadas estão em um estado de "suspensão de vida"[36], a ponto deles próprios se definirem como vítimas de guerra. E mesmo que o IBAMA tenha determinado a suspensão do processo de deslocamento dos ribeirinhos em julho de 2015, a licença de operação da UHE Belo Monte foi concedida sem que nada tenha sido modificado ou decidido sobre a questão.

Nesse sentido, a SBPC[37] argumenta que "a população ribeirinha de Belo Monte foi expatriada. Seus hábitos e suas redes relacionais foram destruídos, mesmo que tenham continuado a viver na mesma cidade, seu contorno cultural foi ameaçado e violado."

Para além das violações aos direitos à moradia, à saúde, à educação, à justa indenização, ao acesso a justiça, o deslocamento compulsório das comunidades ribeirinhas das ilhas do Xingu ofende também os direitos garantidos pela Convenção nº. 169 de 1989 da Organização Internacional do

---

33. Muitos ribeirinhos que vivem da pesca, também realizam o agro extrativismo para complementar a renda, principalmente nos períodos de defeso.

34. Ministério Público Federal. 2015. *Relatório de Inspeção Institucional*. Disponível em: <http://www.prpa.mpf.mp.br/news/2015/arquivos/Relatorio_inspecao_ribeirinhos_Belo_Monte_junho_2015.pdf/>, acesso em: nov/2016.

35. Ministério Público Federal. 2016. RELATÓRIO preliminar do Inquérito Civil n. 1.23.003.000078/2015-39. Disponível em: <http://www.mpf.mp.br/pa/sala-de-imprensa/documentos/2016/relatorio-parcial-ic.pdf>, acesso em: nov/2016.

36. *Idem*.

37. SBPC. 2017. *A expulsão de ribeirinhos em Belo Monte: relatório da SBPC*. São Paulo: SBPC, p. 220.

Trabalho - OIT (Convenção nº169/OIT) sobre "povos indígenas e tribais em países independentes"[38].

O direito a autodeterminação dos povos propugnado pela Convenção nº169/OIT confere a estas comunidades o direito de disporem de si mesmas, decidirem os caminhos que desejam seguir e que, assim, possam assumir a dianteira nas decisões que influenciam os seus modos de vida, especialmente no que tange os seus territórios. Ademais, os direitos à participação, informação e consulta e consentimento, prévio, livre e informado (CCPLI), também apregoados pela Convenção nº169/OIT funcionam como instrumentos de fortalecimento desse protagonismo, possibilitando que as comunidades ribeirinhas conheçam e tenham espaço de fala nas discussões acerca dos planos que afetem seus territórios, sua cultura e suas vidas, o que claramente não foi observado pela Norte Energia.

Pensar sobre o processo de deslocamento de comunidades ribeirinhas deixa ainda mais evidente que o reconhecimento da existência do território e da territorialidade de povos indígenas e comunidades tradicionais por parte do Estado brasileiro sempre foi um obstáculo, especialmente por conta da ideologia territorial predominante fundada na concepção legal de soberania.

De acordo com essa lógica, o controle do território deve estar centralizado nas mãos do Estado e reconhecer formas diversas de ocupação territorial seria como abdicar desse controle e, consequentemente, de sua soberania. O Supremo Tribunal Federal (STF), por exemplo, em decisão sobre a demarcação da terra indígena Raposa Serra do Sol (Petição 3.388/RR), rechaçou o conceito de "território indígena». Sustentou que território é elemento constitutivo das pessoas jurídicas federadas e como nenhuma *comunidade* indígena goza desse *status*, jamais poderia possuir um

---

38. Ratificada pelo Brasil em 2002. Contudo, no Brasil a categoria "tribais" diz respeito a uma multiplicidade de sujeitos coletivos, e o governo brasileiro ainda demonstra certa resistência em reconhecer na prática dos ribeirinhos como destinatários da Convenção nº. 169/OIT, embora legislativamente eles sejam considerados como tais, a exemplo do Decreto nº. 6.040 de 2007, o qual instituiu a Política Nacional de Desenvolvimento Sustentável dos Povos e Comunidades Tradicionais, e elaborou em seu art. 3º., I, conceito de povos e comunidades tradicionais equivalente ao de "povos tribais" presente na Convenção nº. 169/OIT.

território. Segundo o STF (2013), a CF/88 utilizou somente a expressão "terras indígenas" em seu texto para deixar claro que o grupamento das etnias indígenas assume uma compostura sociocultural, mas não política, logo suas terras não poderiam ser chamadas de territórios[39]. Negar outras formas de territorialidade implica obstar a dimensão espacial da livre determinação de um povo ou comunidade, que conjuntamente desenvolve relações, projetos, construções culturais e políticas vinculadas a um lugar e a um sentimento de pertença[40-41].

Com efeito, considerando a forma com que a remoção de suas terras foi imposta pela UHE Belo Monte às comunidades ribeirinhas, toma-se os deslocamentos compulsórios como tentativa de desenraizar estes grupos sociais de onde estão mais fortemente vinculados, isto é, aos seus territórios. A violência própria dos processos de colonização produz deslocamento, a partir da apropriação dos espaços que marcam o sentido de coletivo para as comunidades ribeirinhas, mediante práticas que propiciam rompimentos[42] e concretizam "apagamentos".

Deslocar pela força induz a diáspora, a dispersão de um grupo social compulsoriamente. Beltrão e Lopes[43] defendem a utilização da categoria diáspora como forma de combate ao eurocentrismo proveniente da restrição do termo aos acontecimentos vivenciados pelo povo judeu e pelos povos africanos escravizados por europeus, de modo que todo o histórico de colonização de povos indígenas na América fosse tido como menos

39. Por outro lado, a Corte Interamericana de Direitos Humanos (Corte IDH)apresentou entendimento diverso ao apreciar o *"Caso de las comunidades afrodescendientes desplezadas de la cuenca del río Cacarica (Operación Génesis) vs. Colombia"*.No bojo da sentença, a Corte IDH não só empregou em todo texto a expressão "território" como destacou sua importância para a manutenção daquelas comunidades.

40. Verdum, Ricardo. 2011. Terras, territórios e a livre determinação territorial indígena. In: Sauer, Sérgio; Almeida, Wellington (orgs.). Terras e territórios na Amazônia: demandas, desafios e perspectivas. Brasília-DF: editora UNB, p. 205- 219.

41. Escobar, Arturo. 2010. *Territorios de diferencia: Lugar, movimientos, vida, redes*. Bogotá: Envión Editores.

42. Hall, Stuart. 2003. *Da Diáspora: Identidades e Mediações Culturais*. Belo Horizonte: Editora UFMG.

43. Beltrão, Jane Felipe; Lopes, Rhuan Carlos dos Santos. 2014. Diásporas, homogeneidades e pertenças entre os *Tembé Tenetehara* de Santa Maria. In: *Revista Aceno*, vol. 1, nº. 1, p. 123-143.

importante. Assim, o uso do termo diáspora para caracterizar a situação das comunidades ribeirinhas deslocadas compulsoriamente das ilhas do Xingu pela UHE Belo Monte é, também, uma forma de oposição à colonialidade e às discriminações impostas.

A UHE Belo Monte demonstra que mesmo o colonialismo tendo findado com os processos de independência dos Estados nacionais, a marca desse período permaneceu, foi atualizada e reelaborada na forma de colonialidade. De acordo com Aníbal Quijano[44], o sistema de poder capitalista que se instaurou nas Américas está intrinsecamente conectado à racialização de determinados grupos humanos para forjar uma hierarquia entre brancos e não brancos, uma biologização cultural, cuja leitura dos corpos automaticamente propicie a identificação de um determinado povo ou grupo social como vencido, inferior. A asserção de que o mundo deve ser racializado e hierárquico se manifesta principalmente onde o sistema capitalista impõe sua autoridade, até mesmo através de instituições supostamente democráticas, que subvertidas, geram uma desigual distribuição de recursos e direitos[45]. A essa lógica do uso da racialização pelo sistema capitalista, Quijano chamou de colonialidade do poder, conceito essencial para pensar sobre os efeitos sociais da instalação da UHE Belo Monte.

3. O DESLOCAMENTO COMPULSÓRIO COMO EXPRESSÃO DE UMA COLONIALIDADE DO GÊNERO

Por entender que o gênero possui uma função importante nos processos de controle social e econômico María Lugones (2014) complexifica o conceito de colonialidade do poder de Quijano, ao desenvolver sua fundamentação acerca da colonialidade de gênero. Segundo a autora, o sistema moderno colonial cria uma lógica opressiva a partir de dicotomizações hierárquicas e categoriais que viram referências para se pensar sobre gênero,

44. Quijano, Aníbal. 2002. Colonialidade, Poder, Globalização e Democracia. In: *Novos Rumos*, nº 37, ano 17, p. 4-28.

45. Quijano, Aníbal. 2002. Colonialidade, Poder, Globalização e Democracia. In: *Novos Rumos*, nº 37, ano 17, p. 4-28.

sexualidade e raça, a saber: humano e não humano, colonizadores e colonizados, homem e mulher.

A colonialidade de gênero é uma forma de subalternização da mulher não-branca, cuja condição humana é negada, na medida em que o gênero é imposto a ela. Para Lugones[46], é na colonialidade de gênero que reside a origem das violências sofridas pelas mulheres de cor, daí a importância em partir deste referencial para analisar a maneira com que as mulheres ribeirinhas vivenciam o deslocamento compulsório provocado por Belo Monte.

Como se vê, o processo de "desenvolvimento" não é neutro ao gênero. Na verdade, patriarcado e colonialidade sempre se articularam em uma dinâmica de retroalimentação. A história da mineração e, consequentemente, da hidreletricidade é a história da apropriação de terra e dos deslocamentos forçados de grupos vulnerabilizados, incluindo as mulheres. A SBPC[47] confirma essa ideia ao apontar que "deslocamentos forçados tendem a intensificar desigualdades sociais já existentes e afetam desproporcionalmente grupos vulneráveis, como mulheres, pessoas com deficiência, crianças, idosos".

No caso de Belo Monte e de outros megaprojetos, a construção de canteiros de obras, acessos e a própria obra provocam o aumento da circulação de pessoas para atuar como trabalhadores da construção da usina, os chamados barrageiros, sendo a maioria deles composta por homens adultos. A intensificação deste trânsito de pessoas é apontada pelo relatório da SBPC[48] como fator de aumento da violência contra as mulheres e da prostituição. As mulheres, portanto, sentem os efeitos sociais ocasionados pela implantação abrupta de grandes empreendimentos de forma diferenciada[49-50]. Em situações como essas, o corpo feminino passa

46. Lugones, María. 2014.*Rumo a um feminismo descolonial*. Estudos Feministas, Florianópolis, 22(3): 320, setembro-dezembro.

47. SBPC. 2017. *A expulsão de ribeirinhos em Belo Monte: relatório da SBPC*. São Paulo: SBPC, p. 255.

48. *Idem*.

49. Smith, Andrea. 2014. *A violência sexual como uma ferramenta de genocídio*. Tradução de Bruna Zoch. Espaço Ameríndio, Porto Alegre, v. 8, n. 1, p. 195-230.

50. Instituto Socioambiental (ISA). 2015. *Dossiê Belo Monte. Não há condições para a Licença de Operação*. Disponível em: <https://www.socioambiental.org/pt-br/dossie-belo-monte>, acesso em: nov/2016.

a ser como um campo de batalha simbólico no qual diferenças culturais e políticas se expressam[51].

Nos depoimentos de mulheres ribeirinhas deslocadas ou em processo de deslocamento, presentes no relatório de inspeção Interinstitucional produzido pelo MPF[52]e no relatório da SBPC[53], são recorrentes as queixas acerca da falta de segurança, especialmente entre as ribeirinhas que passam a residir na cidade: "assaltos, assassinatos e violência contra as mulheres"[54]. Nos depoimentos é quase unânime a menção ao "medo" como enunciação da violência.

Os relatos também referem o acirramento das desavenças familiares, do sentimento de medo e insegurança de perderem a moradia e não terem onde abrigar seus filhos, do aparecimento ou agravamento de crises conjugais, contam que se sentem pressionadas por seus maridos que têm medo de não conseguir garantir nem a indenização[55], provocando continuamente um sentimento de tensão entre ambos. Este quadro se intensifica devido ao aumento do nível de alcoolismo, sobretudo em relação aos homens, os quais afirmam que bebem para conseguir dormir, esquecer os problemas[56].

A quebra das relações de vizinhança, posto que o processo de reassentamento não priorizou a manutenção dos ajustes sociais vigentes antes da UHE Belo Monte, também é uma questão entre as mulheres, as quais sentem-se isoladas por estarem longe das companheiras que dividiam diariamente algumas atividades e demais questões cotidianas.

---

51. De Vito, D.; Gill, A.; Damien S. 2009.*A tipificação do estupro como genocídio*. Revista SUR, São Paulo, ano 6, n. 10, junho.
52. Ministério Público Federal. 2015. *Relatório de Inspeção Institucional*. Disponível em: <http://www.prpa.mpf.mp.br/news/2015/arquivos/Relatorio_inspecao_ribeirinhos_Belo_Monte_junho_2015.pdf/>, acesso em: nov/2016.
53. SBPC. 2017. *A expulsão de ribeirinhos em Belo Monte: relatório da SBPC*. São Paulo: SBPC.
54. SBPC. 2017. *A expulsão de ribeirinhos em Belo Monte: relatório da SBPC*. São Paulo: SBPC, p. 255.
55. Ministério Público Federal. 2015. *Relatório de Inspeção Institucional*. Disponível em: <http://www.prpa.mpf.mp.br/news/2015/arquivos/Relatorio_inspecao_ribeirinhos_Belo_Monte_junho_2015.pdf/>, acesso em: nov/2016.
56. SBPC. 2017. *A expulsão de ribeirinhos em Belo Monte: relatório da SBPC*. São Paulo: SBPC, p. 255.

Nessa dinâmica territorial a divisão sexual do trabalho marca o cotidiano. De acordo com Ruffeil & Beltrão[57-58], o trabalho doméstico ou reprodutivo e, portanto, invisibilizado, seria compatível socialmente às mulheres, aos homens são destinadas as atividades produtivas e remuneradas e, por assim dizer, mais importantes. As questões relativas à reprodução social do grupo parece se restringir unicamente às mulheres, daí o porquê de recair especialmente sobre elas o peso da preocupação pela saúde e educação dos filhos, reorganização da dinâmica da casa.

A SBPC[59] destaca que as famílias foram cadastradas pela Norte Energia somente em nome dos homens, com a justificativa de que eram eles que desempenhavam as atividades remuneradas em flagrante desconsideração às mulheres como indivíduos economicamente ativos. Tanto homens quanto mulheres trabalham na roça ou na pesca durante o dia, mas durante a noite o homem tem seu momento de descanso enquanto a mulher ainda tem a rotina de cuidar da casa[60].

Além disso, com a precarização da pesca e/ou do agroextrativismo devido o deslocamento, outras fontes de renda se fazem necessárias para o sustento da família ribeirinha deslocada e, assim, por convenção social, às mulheres são destinadas a função de desenvolver formas alternativas de sustento por meio de trabalhos informais diversos que se tornam necessários à reprodução social enquanto grupo doméstico e social.

Diante disso, a SBPC[61] diagnostica:

57. Beltrão, Jane Felipe. 2013. Desafios à Antropologia: diálogos interculturais entre os "outros" de ontem, os protagonistas de hoje e os antropólogos "situados". In: Sarti, Cynthia; Duarte, Luis Fernando Dias (orgs.). *Antropologia e ética: desafios para a regulamentação.* Brasília – DF: ABA, p. 86-105.

58. Ruffeil, Marjorie Begot & Beltrão, Jane Felipe. 2015. Quebradeiras de castanha do Pará: um estudo sobre trabalho feminino, gênero e Direitos Humanos. In: Cancela, Cristina Donza et. al. *Raça, Etnicidade, Sexualidade e Gênero em perspectiva comparada*. São Paulo – SP: Terceiro Nome, p. 183-202.

59. SBPC. 2017. *A expulsão de ribeirinhos em Belo Monte: relatório da SBPC*. São Paulo: SBPC, p. 297.

60. *Idem*.

61. SBPC. 2017. *A expulsão de ribeirinhos em Belo Monte: relatório da SBPC*. São Paulo: SBPC, p. 400 e 401.

> "Mulheres que chefiam o lar (trabalhando ou não fora) são as mais suscetíveis a aflições relacionadas a um evento súbito e de grande magnitude pois, para elas, se assomam as preocupações em acudir a tempo os membros da família, saber da localização imediata destes e agregá-los, em lidar com as especificidades das necessidades físicas e emocionais de cada um (roupas, objetos de valor identitário, medicamentos, equipamentos de auxiliem na mobilidade, alimentos de usos especial, entre outros) e, simultaneamente, daquelas relativas ao grupo familiar para sobreviver imediatamente e manter o sentido da vida (objetos de valor sentimental e religioso, utensílios indispensáveis para cozinhar, documentos, entre outros)."

Esses são somente alguns exemplos das agruras impostas pela UHE Belo Monte às mulheres ribeirinhas, mas que já revelam a consolidação de um padrão de violação de direitos.

É relevante destacar que a desarticulação da unidade da comunidade e, principalmente, de seus movimentos de resistência, por meio da criação de um ambiente socioeconômico e político que favorece a disseminação de violações, sobretudo em relação às mulheres, compõe um sistema de operacionalização de estratégias militares pautado em um "pragmatismo autoritário"[62], podendo-se dizer que a violência perpetrada contra as mulheres em situações de conflito caracteriza táticas de guerra[63].

Experienciar os deslocamentos forçados, ou outras imposições do capitalismo global, passa pela modulação dos marcadores sociais da diferença, raça, classe e gênero. A desumanização da mulher nesses contextos é refletida na maneira como os processos sociais são impostos, o corpo não branco é hipersexualizado, o temperamento é tido como agressivo, a racionalidade como de segunda categoria[64-65]. A violência colonial tenta impor o domínio dos corpos por meio da violência sexual, por exemplo.

---

62. Almeida, Alfredo Wagner Berno de. 1996. "Refugiados do desenvolvimento": Os deslocamentos compulsórios de índios e camponeses e a ideologia da modernização. *Travessia revista do imigrante*, São Paulo, n. 25, p. 30- 35.

63. De Vito, D.; Gill, A.; Damien S. 2009.*A tipificação do estupro como genocídio*. Revista SUR, São Paulo, ano 6, n. 10, junho.

64. Collins, Patricia Hill. 2000. Black Feminist Thought. New York, Routledge.

65. Lugones, María. 2014.*Rumo a um feminismo descolonial*. Estudos Feministas, Florianópolis, 22(3): 320, setembro-dezembro.

Cumpre esclarecer, no entanto, que não se pretende situar as mulheres ribeirinhas deslocadas ou em processo de deslocamento compulsório como vítimas passivas de ações colonialistas. Acredita-se que mesmo a lógica do capital, engendrando relações de violência, tente anular qualquer resistência à sua dinâmica, sobretudo quando lança mão do discurso de inevitabilidade do desenvolvimento, todos possuem agência[66], isto é, todas as pessoas possuem a faculdade de querer realizar projetos, objetivos, sejam eles quais forem e independente de terem ou não possibilidade de realizá-los. Aí situam-se existência e resistência.

Nesse sentido, Lugones (2014, p. 949) sobre resistir à colonialidade:

> "**Resiste-se a ela desde dentro, de uma forma de compreender o mundo e de viver nele que é compartilhada** e que pode compreender os atos de alguém, permitindo assim o reconhecimento. **Comunidades, mais que indivíduos, tornam possível o fazer; alguém faz com mais alguém, não em isolamento individualista**. O passar de boca em boca, de mão em mão práticas, valores, crenças, ontologias, tempo espaços e cosmologias vividas constituem uma pessoa. A produção do cotidiano dentro do qual uma pessoa existe produz ela mesma, na medida em que fornece vestimenta,comida, economias e ecologias, gestos, ritmos, habitats e noções de espaço e tempo particulares, significativos. Mas é importante que estes modos não sejam simplesmente diferentes. Eles incluem a afirmação da vida ao invés do lucro, o comunalismo ao invés do individualismo, o "estar" ao invés do empreender, seres em relação em vez de seres em constantes divisões dicotômicas, em fragmentos ordenados hierárquica e violentamente. **Estes modos de ser, valorar e acreditar têm persistido na oposição à colonialidade**." (Grifos meus)

Compreender os desdobramentos do sistema de gênero estabelecido pelo sistema colonial capitalista global, implica em perceber em que medida o processo de redução do conceito de gênero à biologização binária do sexo pode chegar, sempre aliado aos traços racializantes intrínsecos a

66. Ortner, Sherry B. 2007. Poder e Projetos: Reflexões sobre a Agência.In:Grossi, MirianPilar; Erkert, Cornélia & Fry, Peter (orgs.). *Conferências e Diálogos: saberes e práticasantropológicas*. Blumenau, Nova Letra.

esta dinâmica. Lugones[67] afirma que essa redução faz parte de uma questão ideológica e histórica de uma reprodução cognitiva da modernidade que construiu uma conceituação de raça como "*engenerizada*" e do gênero como racializado de forma muito diferente entre pessoas europeias, brancas e pessoas colonizadas, de cor. Segundo ela, a raça é tão fictícia quanto o gênero, e ambos são ficções muito poderosas.

CONSIDERAÇÕES FINAIS

O deslocamento compulsório de comunidades ribeirinhas das ilhas do Xingu em decorrência da instalação da Usina Hidrelétrica de Belo Monte atinge mulheres ribeirinhas de modo específico e grave, na medida em que tensiona as relações conjugais, desfaz vínculos de solidariedade entre vizinhos e, reserva uma vez mais, às mulheres a responsabilidade de buscar renda complementar a partir de atividades informais, entre os muitos problemas que enfrentam diariamente, além das violências sexuais.

Entende-se que o empreendedor ao conhecer tais implicações (considerando que são comuns a outros grandes empreendimentos) as reforça como estratégia de manutenção de seu domínio. A racialização e imposição de gênero funciona, portanto, como uma espécie de tática de guerra a obliterar a resistência desses grupos sociais, atuando, pois, conforme uma colonialidade de gênero.

67. Lugones, María. 2014.*Rumo a um feminismo descolonial*. Estudos Feministas, Florianópolis, 22(3): 320, setembro-dezembro.

23

VIOLAÇÕES DE DIREITOS DOS POVOS INDÍGENAS: CRIANÇAS E MULHERES KAIOWÁ E GUARANI ENTRE PROTEÇÃO E GENOCÍDIO

Juliana Grasiéli Bueno Mota

Mamãe do Amaru. Professora do curso de Geografia e do Programa de Pós-Graduação em Geografia da Universidade Federal da Grande Dourados. Doutora em Geografia pela Faculdade de Ciências e Tecnologia (FCT- Unesp). Participa do Grupo de Trabalho da Clacso "Estudios Críticos del Desarrollo Rural" e coordena o Coletivo Geografias Indígenas (CGInd). E-mail: julianamota@ufgd.edu.br

Liana Amin Lima da Silva

Professora de Direitos Humanos e Fronteiras da Faculdade de Direito e Relações Internacionais e do Programa de Pós-Graduação em Fronteiras em Direitos Humanos da UFGD. Pós-Doutoranda em Direito pela PUCPR. Coordena o Observatório de Protocolos Comunitários de Consulta e Consentimento Livre, Prévio e Informado (CNPq). Vice-Presidenta do Centro de Pesquisa Extensão em Direito Socioambiental (CEPEDIS). E-mail: lianasilva@ufgd.edu.br

Silvana Jesus do Nascimento

Doutora em Antropologia Social, pela Universidade Federal do Rio Grande do Sul (UFRGS), vinculada ao NACI – Núcleo de Antropologia e Cidadania, da UFRGS e ao Grupo de Pesquisa Etnologia e História Indígena, da UFGD. E-mail: sjesusn@gmail.com

Dedicamos este texto aos povos Guarani e Kaiowá que ensinam que outro mundo é possível. Em especial às mulheres (ñandesy, jarýi,sy, kuña, kuñataĩ) que, com seus cantos, suas danças, suas rezas, os espíritos... encantam e seguram o mundo para que nós, todas nós, continuemos a existir nessa Terra.

INTRODUÇÃO

O presente capítulo foi escrito por três professoras pesquisadoras com experiências singulares junto aos povos indígenas. Ao longo de nossas trajetórias acadêmicas aprendemos e dialogamos com os coletivos étnicos Kaiowá e Guarani que vivem no estado de Mato Grosso do Sul. Nesse diálogo solidário fomos percebendo as imensuráveis demandas que atravessam as existências indígenas no que tange a um conjunto de violações de direitos, sobretudo o direito a seus territórios étnicos ancestrais.

Pensar em violações de direitos dos povos indígenas a partir da interseccionalidade entre povo, gênero e geração é entender que na violação do direito à convivência familiar e comunitária das crianças indígenas, não apenas elas são vitimizadas, mas também as mulheres indígenas e no caso dos Kaiowá e Guarani é possível reconhecer que tem relação direta com a "insuficiência de terras" para a reprodução do *avá reko* – modo de ser indígena. Os povos Guarani e Kaiowá ocupam 1% das terras do que compreendia seus territórios étnicos, a maioria da sua população vive em Reservas criadas no início do século XX pelo Serviço de Proteção ao Índio (SPI), órgão antecessor da Fundação Nacional do Índio (FUNAI). A outra parte da população dos Kaiowá e Guarani está em acampamentos, nas beiras das rodovias, nos fundos de fazenda, nas periferias urbanas.

Este texto ainda é escrito em um contexto bastante adverso, a pandemia de Coronavírus, que já infectou e levou a óbito centenas de indígenas em todo o Brasil. O Instituto Socioambiental (ISA) destaca que embora os números oficiais informem sobre a dinâmica de notificação, infelizmente eles não refletem a extensão da pandemia. A subnotificação dos dados dificulta o reconhecimento das regiões e dos povos mais afetados. É grave a ausência de dados sobre indígenas que vivem fora de Terras Indígenas homologadas.

Até o dia 15 de novembro de 2020, o ISA em parceria com a Articulação dos Povos Indígenas do Brasil (APIB) e outras entidades, divulgou[1] que entre as populações indígenas são 39377 casos de pessoas infectadas, com 877 mortes e 161 povos indígenas afetados. Até a mesma data, no Mato Grosso do Sul registrou-se 2678 pessoas indígenas infectadas, com 69 mortes por Covid-19[2], 11 delas no Polo Base de Dourados.[3]

A pandemia agrava a vulnerabilidade dos coletivos indígenas, no caso os Kaiowá e Guarani que historicamente enfrentam cotidianamente a escassez e falta de acesso à água potável, com grandes dificuldades de produzirem seus alimentos em decorrência dos espaços diminutos que vivem. E, também, pode intensificar a violação dos direitos das crianças e mulheres indígenas por meio de encaminhamento como o Projeto de Lei n° 4414, de 2020, que propõe a flexibilização sobre regras de adoção a serem adotadas em situações de pandemia ou calamidade pública.

O contexto de vulnerabilidade social, com um histórico de enfrentamento às ameaças e violações a seus direitos fundamentais, torna-se agravado em um Estado que se omite do dever constitucional de identificação e demarcação das terras indígenas e na implementação de políticas públicas específicas voltadas a esses povos. Na contramão da concretização dos direitos dos povos indígenas, nos deparamos com os discursos de ódio, no sentido de desumanizar e negar a existência dos povos, retrocedendo às práticas assimilacionistas e etnocidas do passado. Na última década, houve

1. Diante da subnotificação dos casos indígenas pelos dados oficiais a Articulação dos Povos Indígenas do Brasil (APIB) vem realizando um levantamento independente dos casos de Covid-19. Os números são superiores aos notificados pela Secretaria Especial de Saúde Indígena (SESAI), que tem contabilizado somente casos em terras indígenas homologadas. A compilação tem sido feita pelo Comitê Nacional de Vida e Memória Indígena e pelas Organizações indígenas de base da APIB. Outras frentes de enfrentamento à Covid-19 organizadas no Brasil também têm colaborado com a iniciativa. Diferentes fontes de dados têm sido utilizadas nesse esforço, além da própria Sesai, o comitê tem analisado dados das Secretarias Municipais e Estaduais de Saúde e do Ministério Público Federal. Ver: Instituto Sociambiental (ISA). Plataforma de monitoramento da situação indígena na pandemia do novo coronavírus (Covid-19) no Brasil. Disponível em: <https://covid19.socioambiental.org/>. Acesso em: 15 de novembro de 2020.

2. *Ibidem*.

3. DSEI-MS. Distrito Sanitário Especial Indígena de Mato Grosso do Sul. Boletim Coronavírus. Covid-19. 03 de novembro de 2020. Disponível em: <https://www.saude.ms.gov.br>. Acesso em: 15 de novembro de 2020.

diversos ataques violentos e lideranças Kaiowá e Guarani foram assassinadas, além de um alto índice de suicídios entre jovens indígenas.

O presente capítulo se dedicará à abordagem sobre a dramática e grave situação de crianças e jovens retiradas do convívio familiar e comunitário, em situação de acolhimento institucional, violando o Estatuto da Criança e do Adolescente (Lei 8.069/1990), a Constituição e a Convenção 169 da OIT.

Na região Centro-Oeste, em Mato Grosso do Sul, os Guarani e Kaiowá somam 64.455 pessoas[4], espalhados por diversos municípios. Nos municípios que há acolhimento institucional é comum haver crianças indígenas institucionalizadas e muitas vezes quantitativamente elas ultrapassam as não indígenas, como é o caso registrado no relatório da FUNAI em relação a Dourados[5]. Entretanto, a super-representação das crianças indígenas nestas instituições não é suficiente para que haja um olhar diferenciado, ou elas são invisibilizadas ou hipervisibilizadas, mas o fato é que elas permanecem tendo os seus direitos humanos violados. É nosso objetivo destacar como estas violações também são contra as mulheres indígenas e o seu povo, de modo que buscamos refletir sobre as violações de direitos humanos das mulheres e crianças indígenas sob o prisma dos direitos coletivos dos povos.

As violências sofridas por mulheres indígenas, seja no campo da violência doméstica, seja no campo da violência cometida pelo Estado, bem como as violações aos direitos das crianças indígenas, não devem ser vistas como casos isolados ou apartados, mas sim contextualizadas com a conjuntura de negativa de acesso aos direitos fundamentais a esses povos, somada ao contexto de racismo institucional e violação aos direitos territoriais que os povos indígenas enfrentam no Brasil e, especialmente, na região sul do Mato Grosso do Sul.

4. EMGC, Equipe Mapa Guarani Continental. Caderno Mapa Guarani Continental: povos Guarani na Argentina, Bolívia, Brasil e Paraguai. Campo Grande, MS. CIMI, 2016.

5. COORDENAÇÃO REGIONAL DA FUNAI DE DOURADOS. Relatório: mapeamento qualificado de todos os casos de crianças e jovens indígenas em situação de acolhimento institucional e familiar da região de Dourados/ MS. Dourados, 2017.

1. REALIDADE GUARANI E KAIOWÁ EM DOURADOS E REGIÃO SUL DO MATO GROSSO DO SUL

> O *tekoha* está vivo no meu coração...
>
> (Kaiowá ñandesy Antonia, Reserva Indígena de Dourados, 2012).
>
> Nós mulheres somos o corpo e a alma dessa aldeia. A nossa aldeia está doente desde que o branco pisou na terra. [...]. Depois disso tudo modificou...
>
> (Kaiowá ñandesy Floriza, Reserva Indígena de Dourados, 2015).

Tekoha é a categoria nativa na língua guarani que corresponde ao que podemos denominar de território étnico ancestral dos povos Guarani e Kaiowá. Pereira (2016[6]) entende a sua configuração como uma unidade político/religiosa de configuração flexível composta por parentelas (*te´yi*) produzidas a partir de relações de parentesco e de corresidência, alianças políticas, cooperação econômica, formação de unidades religiosas. Os conflitos existentes entre parentelas diferentes e com outros grupos étnicos compõem também o *tekoha*.

As formas de viver dos povos Guarani[7] contemporâneos, assim como a produção de suas territorialidades, passaram por significativas transformações desde o contato com a sociedade não indígena e passaram a ocorrer intensamente com as frentes de expansão no início do século XX. Diante dessas frentes, o Estado brasileiro criou oito Reservas indígenas para aldear

6. PEREIRA, Levi Marques. Os Kaiowá em Mato Grosso do Sul: módulos organizacionais e humanização do espaço habitado. Dourados, MS: Ed. UFGD, 2016.

7. O termo Povo Guarani refere-se a três etnias: os Guarani Kaiowá, Guarani Ñandeva e Guarani Mbya. Na literatura serão conhecidos por distintos nomes e grafias diferentes. São povos falantes da língua guarani, com variações dialetais, e representam uma das populações indígenas com maior presença territorial no continente sul-americano. A territorialidade desses povos se estende a vários territórios nacionais: Bolívia, Paraguai, Argentina e Brasil. Também é notório a presença em áreas com domínio da vegetação da mata Atlântica. São povos essencialmente agricultores destacado em uma ampla literatura no campo da etnologia e historiografia. Suas relações com a sociedade colonial transformaram suas formas de produzir, desde o século XVI estão em profundas relações com as populações não indígenas que adentraram e se apropriaram de seus territórios étnicos.

forçosamente os Guarani e Kaiowá que sofriam o impacto da perda de seus territórios étnicos.

O aldeamento tem sido uma prática de apagamento das territorialidades indígenas, de modo que as Reservas foram consolidadas como o lugar de "origem" indígena, de modo que a ideia de aldeia[8] colaborou e colabora com a retórica e prática colonialista de negação dos direitos étnicos e coletivos dos povos Guarani e Kaiowá aos seus territórios étnicos ancestrais. Também tem sido uma prática explícita de negação da indianidade de pessoas e famílias que estão fora das Reservas, sobretudo àqueles que insistem em permanecer em seus territórios étnicos, transformados em propriedades privadas. A presença dos índios de fundos de fazendas demarca essa persistência dos índios e das índias em re-existirem as práticas de aldeamento, assim como os movimentos migratórios ao contexto urbano e as mobilizações de famílias em reivindicarem seus *tekoha* por meio de acampamentos de retomadas.[9]

As Reservas eram espaços privilegiados do processo idealizado pelo SPI, também posto em prática pela Fundação Nacional do Índio (FUNAI), pelo menos até 1988, no processo de *metamorfose do índio em não índio*. Apesar disso, vale ressaltar que diferente do que almejou o SPI e a FUNAI como uma política indigenista assimilacionista-integracionista, não serviu como espaço de transição do índio em branco. No máximo condicionou a população Guarani e Kaiowá a uma integração-territorialização precária. [10]

---

8. "Aldeia" é um termo do qual deriva "aldeamento", originalmente era utilizada para designar pequenos vilarejos ou distritos rurais. Na língua portuguesa falada no Brasil, esse vocábulo corresponde a uma categoria linguística forjada na situação do contato das populações indígenas com o Estado Nacional. Normalmente a palavra é utilizada para designar o local de maior concentração de famílias indígenas, prevalecendo no imaginário social a ideia de que essas famílias viveriam agrupadas na forma de vilarejo, dirigidas por um líder denominado "cacique". Um imaginário assim é reforçado pela indústria cinematográfica de Hollywood e por imagens de aldeias xinguanas veiculadas pela mídia nacional. (OLIVEIRA, Jorge Eremites de; PEREIRA, Levi Marques. Ñande Ru Marangatu: laudo parcial sobre uma terra Kaiowa na fronteira do Brasil com o Paraguai em Mato Grosso do Sul. Dourados: UFGD, 2009. p. 47-48).

9. PEREIRA, Levi Marques. Assentamentos e formas organizacionais dos Kaiowá atuais: o caso dos "índios de corredor". Revista Tellus, Campo Grande: UCDB, Ano 6, n. 10, p. 69-81, 2006.

10. MOTA, Juliana Grasiéli Bueno. Territórios e territorialidades Guarani e Kaiowa: da territorialização precária na reserva indígena de Dourados à multiterritorialidade.

A Reserva Indígena de Dourados[11] é um exemplo emblemático do processo de desterritorialização. Criada em 1917 pelo Serviço de Proteção ao Índio com a retórica integracionista e assimilacionista de "fazer do índio um índio melhor", removeu diversas famílias de seus *tekoha* à Reserva. A Reserva compõe parte do território étnico ancestral dos Kaiowá de uma rede de parentes denominada de *ka´aguirussu*, mas sua conformação socioespacial se deu com acomodação de famílias pertencentes a diversos *tekoha*, além de famílias Guarani (que estabelecem muitas aproximações étnico-culturais) e Terena. A superpopulação e as divergências entre as redes de parentesco em um contexto de compartilhamento territorial impactaram os modos de ser e viver desses povos. Um dos motivos se dá na relação de compartilhamento territorial, no caso dessa Reserva não somente entre as redes de famílias sem qualquer tipo de relação de consanguinidade, afinidade ou aliança política, mas, também, com outros grupos étnicos, falantes de outra língua.

A convivência forçada e as formas de reservamento-aldeamento trouxeram desde o início sérios problemas nas formas de produzir territórios e viver bem. A densidade populacional, agravado pelo compartilhamento territorial, impactaram as existências indígenas que forçosamente foram se "adaptando" a vida na Reserva. Com base em análises dos dados do SPI

Dissertação (Mestrado em Geografia). Programa de Pós-Graduação em Geografia da Faculdade de Ciências Humanas, Universidade Federal da Grande Dourados (UFGD), Dourados, 2011.

11. A Reserva Indígena de Dourados compõe parte do território étnico ancestral dos Kaiowá de uma rede de parentes denominada de *ka´aguirussu*, mas sua conformação socioespacial se deu com acomodação de famílias pertencentes a diversos *tekoha*, além de famílias Guarani (que estabelecem muitas aproximações étnico-culturais) e Terena. Diante disso, a superpopulação e as divergências entre as redes de parentesco em um contexto de compartilhamento territorial nas Reservas impactaram os modos de ser e viver Kaiowá e Guarani. Um dos motivos destacados por esse povo se dá na relação de compartilhamento territorial, no caso dessa Reserva não somente entre as redes de famílias sem qualquer tipo de relação de consanguinidade, afinidade ou aliança política, mas, também, com outros grupos étnicos, falantes de outra língua. O compartilhamento territorial com pessoas pertencentes a outras redes de parentesco e etnia configura um espaço-tempo nas Reservas marcado pela insegurança, pelo medo. O Kaiowá Jorge certa, liderança política e religiosa, certa vez afirmou que "não é possível viver bem com nossos contrários", que são aqueles que ao longo da história de sua família sempre estabeleceram relações de distanciamento.

e FUNAI, Mura[12] observou que a partir da década de 1970 ocorreu um aumento considerável da população nas Reservas, década em que a consolidação das frentes pioneiras se assentava com a formação de fazendas, expulsando compulsoriamente os indígenas de seus territórios étnicos. Em alguns casos, o número de pessoas chegou a duplicar de um ano para outro e triplicar em apenas dez anos, como é o caso da Reserva Indígena de Dourados. Atualmente essa Reserva conta com uma população estimada entre 13.000 a 16.000 pessoas, distribuídas em 3.474.59 hectares[13].

A maioria da população Guarani e Kaiowá em Mato Grosso do Sul está precariamente territorializadas em Reservas, o que dificulta a reprodução de um modo correto, bom e ideal de viver – o *teko porã*. Ocorrências de homicídios e suicídios apontam a impossibilidade de viver bem. O "Relatório de violência contra os povos indígenas no Brasil", divulgado pelo Conselho Indigenista Missionário – CIMI, demonstra que entre os anos de 2003 a 2017 1.119 indígenas foram assassinados no Brasil, desse total 461 ocorrências são referentes ao estado de Mato Grosso do Sul, no qual concentra cerca 45% dos casos de assassinatos registrados em escala nacional.

A convivência forçada entre redes de parentescos distintas tem feito com que as tensões e as disputas internas, sobretudo pelos espaços institucionais de poder e liderança, sejam quase uma condição permanente, de modo a afetar cotidianamente toda a população, o que demonstra nas ocorrências de homicídios no interior das Reservas.

Ainda, o mesmo relatório aponta que entre os anos de 2000 a 2017 foram registrados 813 suicídios de indígenas em Mato Grosso do Sul.[14] Esses dados são preocupantes e atingem, em sua maioria, a população jovem na faixa etária de 15 a 29 anos de idade e, quase em sua totalidade, ocorrem

---

12. MURA, Fabio. À procura do "bom viver": território, tradição de conhecimento e ecologia doméstica entre os Kaiowa / Fabio Mura.-- Rio de Janeiro: UFRJ/ Museu Nacional/PPGAS, 2006.
13. MOTA, Juliana Grasiéli Bueno Mota; CAVALCANTE, Thiago Vieira (Orgs). Reserva Indígena de Dourados: histórias e desafios contemporâneos. São Leopoldo: Karywa, 2019. p.150-151.
14. CIMI. Conselho Indigenista Missionário. Relatório de Violência contra os povos indígenas no Brasil. Dados de 2017. Brasília: CIMI, 2018. p. 106.

nas Reservas Indígenas. Em todos os anos, o que chama mais atenção é que o alto índice de suicídio envolveu, na maior parte de suas ocorrências, os Guarani e os Kaiowá, aproximadamente 95%. Importante considerar que em 2015 a taxa brasileira de suicídios foi de 9,6 por 100 mil habitantes. Entre os índios a taxa subiu para 89,92 por 100 mil habitantes.[15]

A precariedade nas condições de vida da população indígena em Mato Grosso do Sul é ainda escancarada pelo indicador de expectativa de vida. Fernandes (2016) demonstra que esse indicador é absurdamente assustador e desigual comparado a população não indígena.

No que se refere ano de 2012, a expectativa de vida na região Centro-Oeste do Brasil correspondia a 70,9 anos para homens e 77,7 para mulheres. No mesmo ano, em Mato Grosso do Sul, a expectativa em homens era de 70,1 e mulheres 78,2. (RIPSA, 2012). No que se refere à população indígena do DSEI/MS, em 2011, a expectativa de vida ao nascer era de 34,7 anos (COLOMA, 2012). Mesmo em diferentes anos, os dados da região, estado e do DSEI/MS nota-se a baixíssima expectativa de vida ao nascer da população indígena em comparação as outras localidades. Este dado aponta as precárias condições de vida, saúde da população.[16]

O indicador da expectativa de vida expressa o número médio de anos que um recém-nascido poderá viver, sendo, portanto, importante para considerarmos as condições de vulnerabilidade social de um povo, grupo e/ou território. As condições precárias vivenciadas pelos indígenas em Mato Grosso do Sul, em meio a miséria e a insegurança alimentar, apresentam que a precariedade nas Reservas, por serem espaços diminutos, dificulta a autonomia desses povos em produzirem alimentos.

> [...] a miséria e a insegurança alimentar, duas grandes causas de desnutrição, estão diretamente relacionadas à falta ou à inadequação de terras para produzir alimentos. Comunidades historicamente auto-sustentáveis tornaram-se vulneráveis à medida

15. MPF, MINISTÉRIO PÚBLICO FEDERAL. Índice de violência em reserva indígena no MS motiva ação civil pública. Ministério Público Federal. 9 jan. Disponível em: <http://www.mpf.mp.br>. Acesso em: 11 fev. 2018.
16. FERNANDES, Tanise de Oliveira. A Saúde nas Aldeias Indígenas de Abrangência do Polo Base de Dourados. Especialização em Saúde Pública. São Paulo: USP, 2016. p. 42.

> que seu território foi reduzido. Por isso, a questão fundiária é fundamental para a saúde nutricional dos índios.[17]

A pobreza demonstra as mais diversas violações de direitos experienciadas pelos indígenas, a maioria dessa população são dependentes de políticas públicas paliativas, seja de cestas básicas ou bolsa família. Tal dependência deve ser entendida como consequência das práticas de violência do Estado brasileiro, que quando não garante territórios étnicos aos povos indígenas, corrobora no processo de territorialização precária, inviabiliza possibilidades de autonomia e soberania dos povos.

O Conselho Nacional de Segurança Alimentar e Nutricional (Consea) produziu o relatório "*Tekoha*: direitos dos povos Guarani e Kaiowá" a partir de visitas às diversas comunidades Guarani e Kaiowá em Mato Grosso do Sul. Em todas essas comunidades foram constatadas ocorrências de:

> [] fome e desnutrição, a precariedade do acesso à saúde, à água e à educação, à ausência de documentação civil, um constante sentimento de medo de ataques violentos por ordem dos fazendeiros da região e uma forte criminalização das lideranças indígenas que resistem e reagem aos abusos de poder dos órgãos de polícia. [18]

Destacamos que a perda dos territórios étnicos trouxe impactos na manutenção socioeconômica e vários problemas sociais que acometem as comunidades. Outro fator que demonstra a vulnerabilidade social desses povos deve ser observado nas alarmantes ocorrências de acolhimento institucional de crianças indígenas que discutiremos de forma pormenorizada a seguir a partir do caso de repercussão da Kaiowá Élida Oliveira. Dessa maneira torna-se importante problematizar e refletir o quanto a rede de proteção à criança e ao adolescente, ao retirar crianças indígenas das suas famílias, parentelas e povo e colocá-las em situação de acolhimento, interfere e não reconhece as práticas de organização autônoma dos povos indígenas,

---

17. UNICEF, Fundo das Nações Unidas para a Infância (UNICEF). Situação da infância brasileira. Crianças de até 6 anos: o direito à sobrevivência e ao desenvolvimento. Violações – Desnutrição: ameaça à saúde. p.40-49, 2005.

18. CONSEA, Conselho Nacional de Segurança Alimentar e Nutricional (Brasil). Tekoha: direitos dos Povos Guarani e Kaiowá: visita do Consea ao Mato Grosso do Sul. Brasília: Presidência da República, 2017, p.78-79.

de modo que não garante (e também interrompe) os vínculos das crianças e jovens com os símbolos e signos que são inerentes ao seu modo de existir que só é possível de ser construído nas relações junto ao seu coletivo étnico. Ainda, como essa prática é também uma violência contra as mulheres indígenas, sobretudo a negação ao seu direito à maternidade.

Sobre os processos de acolhimento institucional de crianças Kaiowá, Nascimento ressalta, em sua pioneira dissertação de mestrado, que entre os Kaiowá existem formas próprias de socialização de crianças no interior das redes de parentesco e alianças políticas.[19] Em decorrência da precariedade em que vivem, sobretudo em Reservas indígenas, enfrentam dificuldades em recriar o modo ideal de viver, assim como a socialização de crianças no interior de seu coletivo étnico. Tal dificuldade é potencializada com os processos, quase sempre, arbitrários de conselheiros tutelares em retirar as crianças e jovens como a primeira ação a ser feita nas famílias indígenas.

2. CASO ÉLIDA: INVISIBILIDADE E HIPERVISIBILIDADE NA VIOLAÇÃO DE DIREITOS HUMANOS DE MULHERES E CRIANÇAS KAIOWÁ

> O Genocídio das nossas crianças está claro, a pobreza não justifica o acolhimento da criança, precisam nos respeitar. Os não indígenas nascem no berço, no hospital, os nossos filhos nascem na aldeia, no nosso tekoha, embaixo da nossa casa, na terra. Precisam respeitar o nosso modo de ser nativo. Reclamam que nossos filhos são sujos, mas claro, vivemos na terra, cozinhamos no fogo. Não aceitamos a retirada de nossas crianças, a doação delas para não indígenas. Não aceitamos o Estado intervindo nas nossas formas de vida e cuidado com os nossos.
>
> (Kuña kaiowá, no Kuñangue Aty Guasu, Amambai, 14 de Julho de 2018)[20].

---

19. NASCIMENTO, Silvana Jesus (2013). Socialização das crianças indígenas kaiowá abrigadas e em situação de reinserção familiar: uma análise em torno da rede de proteção à criança e ao adolescente. *Dissertação (Mestrado em Antropologia)*. Faculdade de Ciências Humanas. Universidade Federal da Grande Dourados. Dourados.

20. NASCIMENTO, Silvana Jesus do. Circulação de crianças guarani e kaiowá: entre políticas e moralidades. Tese (Doutorado em Antropologia) – Instituto de Filosofia e Ciências Humanas, Universidade Federal do Rio Grande do Sul, Porto Alegre, 2020. P. 184.

No dia 28 de julho de 2018, foi publicado no jornal The Intercept – Brasil a matéria intitulada: *'Esquece do seu filho': o Brasil está tirando crianças indígenas de suas mães e colocando para adoção.*[21] Esta trouxe aos leitores e as leitoras a luta do movimento de mulheres Guarani e Kaiowá para não perderem a guarda de seus filhos no Brasil. O fio condutor da narrativa foi o drama vivenciado por Élida de Oliveira que, no começo de 2015, teve seu filho recém-nascido recolhido pela rede de proteção à criança e ao adolescente indígena, em Dourados, no Mato Grosso do Sul.

Élida, apoiada por um grupo da sociedade civil organizada aliado da causa indígena e das mulheres, da qual faz parte uma das autoras deste capítulo, Silvana Jesus do Nascimento, buscou a ajuda dos movimentos étnicos sociais Guarani e Kaiowá *Aty Guasu* (Grande Assembleia) e *Kuñangue Aty Guasu* (Grande Assembleia das Mulheres) para reaver a guarda do seu filho que permanece (revisamos este texto em novembro de 2020 e a família seguia separada) em acolhimento institucional. Em sua língua materna, guarani, Élida emocionou as lideranças e aos agentes governamentais ao compartilhar que não entendia as justificativas das autoridades para seu filho não retornar para casa.

O filho de Élida foi recolhido porque havia uma dúvida quanto à questão da comprovação de sua maternidade. Ela deu à luz sozinha, na casa improvisada onde morava, em um acampamento autodenominado *Tekoha Ñu Verá,* que está localizado às margens da Reserva Indígena de Dourados. Quase dois anos depois esta questão foi sanada com um teste de DNA. Entretanto, emergiram outras: a suposta fragilização dos vínculos afetivos com os familiares e com a comunidade indígena decorrente do tempo de acolhimento, a preocupação com os riscos da situação de acampamento para o retorno da criança.

A repercussão do caso de Élida tem trazido para o espaço público o debate sobre os direitos e garantias fundamentais das crianças e mulheres indígenas. A indagação feita pela Thomson Reuters Foundation, em 2018:

21. THE INTERCEPT – BRASIL. 'Esquece do seu filho': o Brasil está tirando crianças indígenas de suas mães e colocando para adoção. 2018. Disponível em: https://theintercept.com/2018/07/28/kaiowaa-maes-filhos/?comments=1 Acesso em mai/2020>.

"O que separa crianças indígenas de suas famílias: pobreza ou preconceito?"[22], aponta para uma síntese da tensão que estes segmentos trazem para o Direito. A extensão dos direitos das crianças e adolescentes para as indígenas demandam as varas da infância e juventude o domínio de conhecimentos sobre diferentes realidades e legislações nacionais e internacionais sobre os povos indígenas.

Na última década as legislações específicas para a criança e o adolescente teve avanços substantivos ao reconhecer que a igualdade formal entre as crianças e adolescentes não é suficiente para assegurar os seus direitos. O artigo 28, da Lei nº 12.010/2009, a Resolução 181 do CONANDA de 2016[23] são bases jurídicas que contribuem para a sustentação desse direito, que também passa por vários outros instrumentos jurídicos, tais como a Constituição Federal de 1988 e a Convenção 169 da OIT. Nestas legislações fundamentam a necessidade de observação de direitos específicos para as crianças dos povos indígenas.

As alterações legislativas que insere explicitamente as particularidades das crianças têm sido realizadas no contexto de debates sobre a violação dos direitos das crianças indígenas diante da invisibilização e da hipervisbilização delas no Sistema de Garantia de Direitos. A invisibilização ocorre quando se nega sua identidade étnica, consequentemente se nega o direito a um atendimento intercultural e com isto são produzidas novas violações contra estas crianças. A hipervisibilização quando os problemas sociais que as afetam ganham repercussão midiática e são tratadas desde uma perspectiva individual que as separa do contexto cultural e social vivido por seu povo. É no complexo jogo entre estas duas visibilidades que pode ser compreendido o que se passa com as crianças Kaiowá e Guarani no Mato Grosso do Sul.

Através do drama que tem sido vivido por Elida de Oliveira e que tem sido denunciado pelos movimentos étnicos sociais é possível compreender que: "ao mesmo tempo em que a noção de vítima dá visibilidade à violência

22. Thomson Reuters Foundation. "O que separa crianças indígenas de suas famílias: pobreza ou preconceito? 2018.

23. CONANDA. Conselho Nacional dos Direitos da Criança e do Adolescente. Resolução no 181, de 10 de novembro de 2016. Dispõe sobre os parâmetros para interpretação dos direitos e adequação dos serviços relacionados ao atendimento de Crianças e Adolescentes pertencentes a Povos e Comunidades Tradicionais no Brasil.

sofrida pelas crianças indígenas, ela invisibiliza a violência sofrida por toda a comunidade kaiowá".[24] O que o Kunhangue - Movimentos de Mulheres Guarani e Kaiowá - têm denunciado como genocídio é que muitas delas têm visto seus filhos desaparecerem para sempre através da adoção plena por não indígenas, enquanto insistem no desejo de permanecer convivendo com eles. Isto ocorre como parte de uma transformação jurídica em que "negligência" é convertida em "abandono" para justificar legalmente a destituição do poder familiar mesmo sem o consentimento dos pais[25].

2.1. Papel do Judiciário e da Rede de Proteção

Compreendemos que as decisões que precisam ser tomadas pela Vara da Infância e Juventude não são fáceis. Separar ou não uma criança de sua família, independentemente de ser indígena ou não, nem sempre é uma escolha óbvia. Sabemos que os relatórios psicossociais de assistentes sociais e psicólogas subsidiam as manifestações e os despachos judiciais. Por esta razão entendemos ser necessário compreender também os tensionamentos que há na política de proteção às crianças e jovens indígenas. Os documentos produzidos por diferentes profissionais e instituições durante o tempo do processo às vezes divergem entre si sobre como garantir o "melhor interesse da criança indígena", mas mesmo estando previsto no Estatuto da Criança e do Adolescente (ECA) - Lei n 8.069/ 1990, nem sempre todos os atores que devem ser envolvidos no cuidado e proteção das crianças indígenas são chamados a compor os autos processuais.

Em Mato Grosso do Sul a FUNAI tem denunciado que não são raras as vezes que não tem sido acionada para participar nos processos que envolvem ações de guarda e adoção de crianças indígenas. Os antropólogos e antropólogas são outros a quem constantemente são negadas as condições de participação nestes processos mesmo tendo esse direito assegurado pelo ECA. E, finalmente não tem sido garantida a consulta prévia aos povos indígenas sobre o destino das suas crianças.

---

24. NASCIMENTO, Silvana Jesus do. Múltiplas vitimizações: crianças indígenas kaiowá nos abrigos urbanos do Mato Grosso do Sul. Horizontes Antropológicos, Porto Alegre, ano 20, n. 42, p. 265-292, jul./dez. 2014. https://www.scielo.br/pdf/ha/v20n42/11.pdf p. 287.

25. NASCIMENTO, 2020, op. cit.

O caso de Élida de Oliveira contribui para demonstrar o quanto a participação desses diversos atores é importante para a realização mais justa do Direito, tendo os diferentes profissionais do Direito melhores condições de oferecer as arguições e decisões judiciais que podem afetar para sempre a vida das crianças, das famílias e dos povos tradicionais. À medida que outros atores foram envolvidos no caso de Élida a polarização entre a reintegração familiar ou encaminhamento para a adoção tornou mais evidente a necessidade de ampla participação dos diversos atores, mas também da consulta aos povos indígenas sobre estes encaminhamentos. Uma parte da rede de proteção entendeu que passados mais de dois anos de acolhimento institucional, sem que a mãe pudesse realizar todas as visitas disponíveis e sem que a criança tivesse convivido majoritariamente com outras pessoas do seu próprio povo não convinha que retornasse para sua família de origem, ou família extensa ou mesmo para o grupo étnico. A outra parte da rede de proteção chamou a atenção para as violências que a família e o acolhido estiveram submetidos com a retirada equivocada, a morosidade na realização do teste de DNA, a ausência de intérpretes ao longo do processo, a surdez para o desejo da família em permanecer com a criança. Defendeu que o Estado havia produzido a indiferença parental e étnica do acolhido com a família e com seu povo, portanto deveria se responsabilizar pelo trabalho de fortalecimento de vínculo com a família e com a comunidade indígena.

Assim como Élida outras famílias Kaiowá e Guarani têm sido impedidas de conviverem com seus filhos. Desde 2005, as crianças indígenas ganharam visibilidade nas mídias regional e nacional devido aos elevados índices de morte por subnutrição. Duas CPIs (uma estadual e outra federal) foi criada para investigar as causas desta situação.[26] Na ocasião também passou a ser publicamente debatido os encaminhamentos de crianças indígenas para os abrigos urbanos e para a adoção por não indígenas.[27] O relatório divulgado pela Coordenação Regional da FUNAI de Dourados, em

26. BRASIL. (2008). *Comissão Parlamentar de Inquérito destinada a investigar as causas, as conseqüências e os responsáveis pela morte de crianças indígenas por subnutrição de 2005 a 2007*. Brasília, Brasil: Câmara dos Deputados.

27. NASCIMENTO, 2014, op. cit.

2018, apresentou 65 casos de crianças indígenas acolhidas nesta região.[28] O que nos faz questionar: há uma super-representação de crianças indígenas nas casas de acolhidas de MS?

Ao explorar o caso de Dourados, comparando o cruzamento entre os dados sobre a população não indígena (215 mil pessoas) com a população indígena (21 mil pessoas) e o número de crianças institucionalizadas (79) com o número de crianças indígenas institucionalizadas (50),[29] o expressivo número de crianças indígenas institucionalizada em relação à sua população parece confirmar a nossa primeira questão.

A Recomendação do CONANDA sobre a prioridade absoluta de Crianças e adolescente indígenas do Mato Grosso do Sul, de 14 de dezembro de 2018, apresenta observações de adequação para o Sistema de Garantia de Direitos de Crianças e Adolescente em nível estadual e municipal e a todas as esferas do Poder Público. Estas recomendações sinalizam para fragilidades políticas no atendimento culturalmente adequado das crianças e jovens indígenas em âmbito dos direitos e garantias fundamentais. Ter em consideração o melhor interesse da criança indígena implica em assegurar que lhes sejam garantidos direitos especiais decorrentes de sua caracterização como pessoa em condição peculiar de desenvolvimento pessoal e social. E, mais, os direitos, à identidade étnica como pertencentes aos povos tradicionais[30].

A ausência das condições adequadas para a interseção desses direitos e garantias no Sistema de Garantia de Direitos de Crianças e Adolescente impossibilita o trabalho em rede. Para a Rede de Proteção a Crianças e Adolescentes a atuação como rede implica em "...um conjunto articulado de ações governamentais, não governamentais, da União, dos Estados e dos Municípios" (ECA, art. 86) agindo de modo igualitário, democrático e

---

28. COORDENAÇÃO REGIONAL DA FUNAI DE DOURADOS, op. cit.

29. Conselho Indigenista Missionário. *Racismo institucional: justificando pobreza, Estado retira crianças de suas famílias Guarani e Kaiowá*. 2018. Disponível em: < https://cimi.org.br/2018/03/racismo-institucional-justificando-pobreza-estado-retira-criancas-de-suas-familias-guarani-e-kaiowa/>. Acesso em mai/2020.

30. OLIVEIRA, Assis da Costa Oliveira. Direitos Humanos dos Indígenas Crianças: perspectivas para a construção da Doutrina da Proteção Plural. Dissertação de Mestrado. Programa de Pós Graduação em Direito. Universidade Federal do Pará, 2012.

solidário. As divergências ideológicas e de competências, de valores e sensibilidades operando em diferentes níveis e que prevalecem entre os atores muitas vezes agravam as violações e os sofrimentos das crianças indígenas e das suas famílias.

Não é possível olvidar que entre os indígenas há vida social e cultural como em outras sociedades humanas. Os direitos e as políticas para as crianças e adolescentes interagem com os modos Kaiowá e Guarani de proteção e cuidado com as suas crianças. "Antropólogos vinculados a universidades ou outras instituições que tiveram contato com esta temática costumam chamar a atenção para a apropriação das categorias de denúncia dos direitos das crianças pelos índios como uma estratégia de resolução de outros conflitos internos".[31] A judicialização de casos de criança e família indígena é relacionada às falhas do próprio Sistema de Garantia de Direitos que não compreende a dinâmica da organização política e social destes povos.

A resposta para as motivações das crianças indígenas serem recolhidas em instituições, não se resolve com as classificações negligências (entendidas como abuso com álcool, pobreza, maus tratos) e violências que predomina nos enquadramento feito pelo Conselho Tutelar, Instituições de Acolhimento e demais integrantes do sistema de garantias e direitos.[32] Atrás destas classificações estão questões relacionadas a processos históricos de ordem política e cultural envolvendo as infâncias e os indígenas.

O grito das mulheres dos movimentos Kaiowá e Guarani de que estes recolhimentos de suas crianças é uma atualização de práticas de genocídio, pode ser melhor compreendido quando são considerados este quadro do sistema de cuidado e proteção. Uma criança indígena quando "cai na rede proteção" representa não apenas para a sua família e parentela, mas para o seu povo, um risco de desaparecer para sempre.[33] Isto porque a cultura não é como uma bagagem que se pode carregar ou deixar provisoriamente,

---

31. NASCIMENTO, Silvana Jesus do. Controvérsias em torno da circulação de crianças indígenas e da reprodução social no Brasil. Runa /40.2 noviembre-abril (2019). Disponível em: ttps://www.redalyc.org/articulo.oa?id=180862611011 Acesso em mai/2020.

32. NASCIMENTO, 2019, op.cit.

33. NASCIMENTO, 2020, op.cit.

antes é construída na convivência cotidiana, na interação entre diferentes gerações. Como vem argumentando os estudos na área da antropologia da criança, as crianças ocupam um papel fundamental não apenas na reprodução cultural, mas também como produtoras de cultura.

3. INTEGRACIONISMO E AUTODETERMINAÇÃO DOS POVOS INDÍGENAS: TENSIONAMENTOS SOBRE O BOM E MAU CUIDADO DAS CRIANÇAS INDÍGENAS

> A atitude de Colombo para com os índios decorre da percepção que tem deles. Podemos distinguir, nesta última, dois componentes que continuarão até o século seguinte e, praticamente até os nossos dias, em todo colonizador diante do colonizado. [...] Ou ele pensa que os índios [...] são seres completamente humanos com os mesmos direitos que eles e aí, considera-os não somente iguais, mas idênticos, e este comportamento desemboca no assimilacionismo, na projeção de seus próprios valores sobre os outros, ou então parte da diferença, que é imediatamente traduzida, em termos de superioridade e inferioridade.[34]

O modelo de desenvolvimento predatório capitalista, desde a formação dos Estados modernos, baseou-se na transformação do trabalho, da terra e da natureza em mercadoria, considerando as ditas sociedades arcaicas, que estavam fora do sistema, como potencial mão de obra a ser explorada ou como entraves a serem deslocadas. Os povos indígenas seguem à margem da sociedade envolvente ocidental, invisibilizados e marginalizados pela visão etnocentrista que tenta impor a assimilação forçada. Ao se integrarem como indivíduos deixam de existir enquanto coletividades, enquanto povos e comunidades.[35] Entretanto, os Kaiowá e Guarani vem demonstrando a capacidade de resistirem a estes processos.

---

34. TODOROV, Tzvetan. A Conquista da América: A questão do outro. São Paulo: Martins Fontes, 2010. p. 58.

35. SILVA, Liana Amin Lima da. Consulta prévia e livre determinação dos povos indígenas e tribais na América Latina: re-existir para co-existir. Tese de Doutorado. Programa de Pós-Graduação em Direito da Pontifícia Universidade Católica do Paraná (PUCPR). Curitiba – PR, 2017.

Os conceitos antagônicos de *civilização X barbárie,* com base em Leopoldo Zea apontam para a compreensão dos processos e ideologias coloniais que permanecem até os dias atuais na justificação do tratamento e subalternização das gentes latino-americanas.[36] Inverte-se o sentido e o lugar da barbárie. Por muitas vezes a denominação *bárbaros* foi utilizada pela perspectiva colonial para se referir aos povos "primitivos" e não civilizados e justificar seu aniquilamento, colonização e assimilação.

Os discursos em prol do linear "progresso" da humanidade sobre a "barbárie" dos povos atrasados – *selvagens, silvícolas* – seguiu fomentando o exercício da real barbárie, no sentido da destruição da natureza, desumanização, exploração e desterritorialização dos povos. Para Mignolo, a categorização racial não consiste simplesmente em dizer se "é negro ou índio, portanto, é inferior", mas sim em dizer "não é como eu, portanto, é inferior", designação que na escala cristã da humanidade incluía aos índios americanos e aos negros africanos.[37]

Observa-se que o indigenismo integracionista segue vigente nas políticas estatais. Os argumentos assimilacionistas passam a fazer referência ao progresso, à soberania e ao interesse nacional, ao desenvolvimento econômico. Atualizado o modelo, segue sendo oferecida duas alternativas aos índios no século XX nas Américas: "assimilação ou extinção", palavras tão bem conhecidas no século XVI, pelo Chefe Sioux Touro Sentado, retratadas na clássica obra "Enterrem meu coração na curva do rio".[38] A história demonstra que a opção pela assimilação representa apenas uma morte mais lenta e gradual, um genocídio em conta-gotas.

Díaz-Polanco ao analisar o indigenismo "integracionista", expõe sobre sua origem formal no Primeiro Congresso Indigenista Interamericano, em 1940. O autor expõe sobre a transição das práticas abertamente etnocidas para a etnofagia, mediante a qual a cultura de dominação busca engolir

36. ZEA, Leopoldo. Discurso desde a marginalização e a barbárie; seguido de, A filosofia latino-americana como filosofia pura e simplesmente. Rio de Janeiro: Garamond, 2005.

37. MIGNOLO, Walter. La Idea de America Latina: La herida colonial y la opción decolonial. Trad. de Silvia Jawerbaum y Julieta Barba. Barcelona: Editorial Gedisa, 2007. p. 43.

38. BROWN, Dee. Enterrem meu coração na curva do rio. A dramática história dos índios norte-americanos. Tradução de Geraldo Galvão Ferraz. Porto Alegre: L&PM, 2003.

ou devorar as múltiplas culturas populares, principalmente em virtude da força de gravitação que os padrões nacionais exercem sobre as comunidades étnicas. Não se busca a destruição mediante a negação absoluta ou ao ataque violento, mas na dissolução gradual mediante a atração, a sedução e a transformação, utilizando-se dos aparatos de hegemonia do Estado nacional para atrair, deslocar e dissolver os grupos diversos.[39]

Ao mirarmos as políticas indigenistas do Brasil do século XX, tanto as atrocidades cometidas durante a ditadura militar, por meio do Serviço de Proteção aos Índios e Localização de Trabalhadores Nacionais (SPILTN), quanto com a omissão do Estado em fazer a transição e superar as políticas integracionistas com base na Constituição de 1988 e nos compromissos internacionais assumidos. Sobretudo em relação à ausência de demarcação de terras indígenas e a omissão do Estado diante de graves conflitos fundiários e atentados contra os indígenas, assim como o crime continuado de genocídio cotidiano sistemático segue invisibilizado no Brasil, como o que ocorre com os Guarani e Kaiowá, no sul do Mato Grosso do Sul.[40]

Genocídio remete à ideia de raça e à vontade de extermínio de uma minoria racial; O termo etnocídio aponta não para a destruição física, mas para a destruição de sua cultura. Para Clastres, "o genocídio assassina os povos em seus corpos, o etnocídio os mata em seu espírito". [41] Clavero, em sua obra, ¿Hay genocidios cotidianos? nos mostra que "Há genocídios e genocídios, casos antigos e casos modernos, modelos coloniais, modelos neocoloniais e até modelos pós-coloniais". [42]

A Convenção para a Prevenção e Repressão do Crime de Genocídio foi aprovada na Assembleia Geral das Nações Unidas em 1948 e entrou em vigor internacional em 1951. Dispõe em seu artigo 2º, que entende como genocídio os atos cometidos com a intenção de destruir, no todo ou em

39. *Idem*. p. 95-97.

40. SILVA, Liana Amin Lima da, op.cit., 2017.

41. CLASTRES, Pierre. Arqueologia da Violência. Pesquisas de antropologia política. Publicado em 1980. Edição brasileira de 2004. São Paulo: Ed. Cosac & Naify.

42. CLAVERO, Bartolomé Clavero. ¿Hay genocidios cotidianos? y otras perplejidades sobre América indígena. Dinamarca: Grupo Internacional de Trabajo sobre Asuntos Indígenas (IWGIA), 2011.

parte, um grupo nacional, étnico, racial ou religioso, tais como: a) assassinato de membros do grupo; b) atentado grave à integridade física e mental de membros do grupo; c) submissão deliberada do grupo a condições de existência que acarretarão a sua destruição física, total ou parcial; d) medidas destinadas a impedir os nascimentos no seio do grupo; e) transferência forçada das crianças do grupo para outro grupo.

Genocídio é um neologismo criado em meados do século XX, pelo jurista polaco Raphael Lemkin, em 1944, ao fazer referência ao sistema nazi. Lemkin cunhou também o termo etnocídio, considerando como sinônimo de genocídio. Contudo, Clavero nos mostra que o próprio Lemkin negava a possibilidade de aplicação da Convenção ao caso indígena, pois compartilhava plenamente a mentalidade colonialista. Clavero ressalta sobre a banalidade e a invisibilidade do genocídio. "Falar da cotidianidade do genocídio pode oferecer a impressão de que o genocídio se banaliza. Efetivamente se banaliza por parte de quem cotidianamente o comete."[43]

No âmbito internacional, a ruptura com o paradigma assimilacionista que vigorava até os anos 1980, se deu com a aprovação da Convenção 169 da Organização Internacional do Trabalho (OIT) sobre Povos Indígenas e Tribais em 1989, ratificada pelo Brasil em 2002, Declaração das Nações Unidas sobre os Direitos dos Povos Indígenas (ONU, 2007), Declaração Americana sobre os Direitos dos Povos Indígenas (OEA, 2016) e jurisprudência da Corte Interamericana de Direitos Humanos.

No plano doméstico, verifica-se nitidamente o etnocentrismo, a relação de superioridade-inferioridade e a perspectiva indigenista integracionista presente no Estatuto do Índio, apesar de ainda vigente, por não ter sido expressamente revogado por nova lei, seus princípios e sua natureza assimilacionista e de tutela não foram recepcionados pela Constituição de 1988.

O Estatuto do Índio, Lei 6.001, de 1973, "regula a situação jurídica dos índios ou silvícolas e das comunidades indígenas, com o propósito de preservar a sua cultura e integrá-los, progressiva e harmoniosamente, à comunhão nacional". Vale ressaltar que a Convenção n. 169 da OIT, como

43. CLAVERO, op.cit., 2011.

tratado de direitos humanos, tem *status* supralegal, ou seja, prevalece sobre o Estatuto do Índio, numa leitura para aplicação das normas de direito dos povos indígenas, considerando o controle de convencionalidade.

O Código Civil de 1916 (Lei 3.071 de 1o de janeiro de 1916), no artigo 6 o – III, dispunha como relativamente incapazes os *silvícolas*, que estariam sujeitos ao regime tutelar (parágrafo único). Esta lei foi revogada em 2002, pela Lei 10.406 de 10 de janeiro de 2002, *novo* Código Civil, dispondo no parágrafo único do artigo 4o. que "A capacidade dos *indígenas* será regulada por legislação especial".

A dificuldade da concretização dos direitos indígenas, considerando as especificidades culturais e direitos linguísticos, demonstra também o fracasso do Estado em implementar políticas sociais a estes povos que respeitassem o pluralismo e a diversidade cultural à luz dos princípios da interculturalidade e autodeterminação dos povos.

No caso do tratamento conferido às mulheres Kaiowá pelos agentes estatais, ainda vigora o tom da política tutelar assimilacionista, com um olhar sobre as mulheres e famílias indígenas como se incapazes fossem de cuidar de suas crianças, desrespeitando as especificidades culturais. Desconsidera-se ainda o contexto de violações sistemáticas de direitos humanos que o povo Kaiowá e Guarani sofre, ao criminalizar a pobreza e condições insalubres em que as comunidades e famílias indígenas vivem.

4. DIREITO DAS MULHERES E DAS CRIANÇAS KAIOWÁ À LUZ DA AUTODETERMINAÇÃO DOS POVOS

> Crianças indígenas são indígenas crianças,
> São feitas crianças ao serem indígenas.
> Mundos situados nas entrelinhas da infância,
> Corpos nutridos por oceanos culturais. [...]
> Assis da Costa Oliveira, em Poesitação (ou Resumo poético).[44]

44. OLIVEIRA, Assis da Costa Oliveira, op.cit., 2012.

Crianças indígenas são indígenas crianças. Esse marcador da interseccionalidade é importante para refletirmos e indagarmos sobre os problemas da universalização da aplicação dos direitos humanos das crianças, quando se ignora a diversidade, a identidade cultural e o pertencimento a um grupo étnico. Nas lições de Oliveira:

> Trata-se de termo construído para reforçar a identidade cultural das referidas crianças, posicionando-as num jogo semântico-político estruturado para reforçar a primazia do caráter étnico-cultural sobre o aspecto geracional, não para desprivilegiar o último em detrimento do primeiro, antes sim para enfatizar a constatação da baixa receptividade da diversidade cultural das crianças nos Direitos Humanos. [45]

A Convenção sobre os Direitos da Criança (ONU, 1989), foi ratificada pelo Brasil em 1990, promulgada pelo Decreto n. 99.710, de 21 de novembro de 1990 e dispõe que os Estados "incentivarão os meios de comunicação no sentido de, particularmente, considerar as necessidades linguísticas da criança que pertença a um grupo minoritário ou que seja indígena" (artigo 17). E em seu artigo 30 estabelece que "não será negado a uma criança que pertença a tais minorias ou que seja indígena o direito de, em comunidade com os demais membros de seu grupo, ter sua própria cultura, professar e praticar sua própria religião ou utilizar seu próprio idioma".

Em 2010, aconteceu o II Seminário sobre Direitos e Políticas para Crianças e Adolescentes Indígenas, onde foram apresentados os resultados preliminares de diagnóstico sobre a violação de direitos de crianças e adolescentes indígenas. Ocorreu uma sessão de trabalho especial sobre a situação de crianças e adolescentes do Mato Grosso do Sul, devido sua condição de violência e violação de direitos indígenas. A situação foi, inclusive, divulgada pelo então relator especial da ONU para os Direitos Humanos e as Liberdades Fundamentais dos Povos Indígenas, James Anaya, em setembro do mesmo ano. Desse evento surgiram as propostas enviadas ao Conanda para compor o Plano Decenal dos Direitos Humanos de Crianças e Adolescentes (2011-2020).[46]

---

45. OLIVEIRA, Assis da Costa Oliveira. Indígenas crianças, crianças indígenas: perspectivas para construção da doutrina da proteção plural. Curitiba: Juruá, 2014.
46. Informações disponíveis em: CONANDA. Conselho Nacional dos Direitos da Criança e do Adolescente. Direitos das crianças. Portal dos direitos da criança e do adolescente.

O Estatuto da Criança e do Adolescente (ECA), Lei n. 8.069 de 13 de julho de 1990, em seu artigo 28, § 6º estabelece que, em se tratando de criança ou adolescente indígena ou proveniente de comunidade quilombola, é ainda obrigatório: I – que sejam consideradas e respeitadas sua identidade social e cultural, os seus costumes e tradições, bem como suas instituições, desde que não sejam incompatíveis com os direitos fundamentais reconhecidos por esta lei e pela Constituição Federal; e que a colocação familiar ocorra prioritariamente no seio de sua comunidade ou junto a membros da mesma etnia.

Sobre a perda e suspensão do Poder Familiar, o ECA dispõe em seu artigo 161, § 2º: "Em sendo os pais oriundos de comunidades indígenas, é ainda obrigatória a intervenção, junto à equipe profissional ou multidisciplinar referida no § 1º deste artigo, de representantes do órgão federal responsável pela política indigenista, observado o disposto no § 6º do art. 28 desta lei."

A aplicação do ECA deverá estar em consonância com o que dispõe a Constituição Federal (art. 231 e 232), a Convenção sobre os Direitos da Criança (CDC), a Convenção 169 da OIT sobre Povos Indígenas e Tribais, a Declaração das Nações Unidas sobre os Direitos dos Povos Indígenas (ONU, 2007) e a Declaração Americana sobre os Direitos dos Povos Indígenas (OEA, 2016), inclusive no que se refere ao direito à consulta e ao consentimento livre, prévio e informado dos povos. Ademais a Convenção n. 169, por ser um tratado de direitos humanos, possui *status* supralegal no Brasil, estando hierarquicamente acima do Estatuto do Índio e do ECA.

Ressalta-se que, da leitura do artigo 231 e 232 da Constituição Federal se extrai o reconhecimento da plena capacidade civil das(os) indígenas, bem como o reconhecimento das comunidades indígenas e suas organizações sociais (tradicionais, políticas e representativas) para participação, oitiva e intervenção em todos atos de processos judiciais em que sejam parte, ou diretamente afetadas. Os povos indígenas, suas comunidades e organizações são partes legítimas para ingressar em juízo em defesa de seus

---

Disponível em: <https://www.direitosdacrianca.gov.br/migrados/ii-seminario-sobre-direitos-e-politicas-para-criancas-e-adolescentes-indigenas>. Acesso em 20 de junho de 2020.

direitos e interesses (artigo 232). Na superação da tutela assimilacionista anteriormente vigente, os grupos étnicos conquistaram o direito a continuar existindo, a diversidade cultural e linguística do país (artigos 231, 210, 215 e 216).

A Constituição de 1988 representa um marco formal de ruptura com o indigenismo integracionista no país, ao reconhecer a diversidade cultural e étnica e o dever do Estado em garantir o pleno exercício dos direitos culturais (artigo 215). O reconhecimento dos direitos dos povos indígenas pelo Estado se dá com o reconhecimento da existência e identidades dos grupos étnicos e de seus direitos territoriais, aliado ao reconhecimento da diversidade cultural e linguística e de seus direitos à livre determinação.

Nunca é demais lembrar que os direitos culturais e étnicos têm o status de direito fundamental, porque indissociáveis do princípio da dignidade da pessoa humana.[47] O conjunto dos direitos culturais atrelado ao princípio da dignidade humana e dignidade enquanto povo, com o reconhecimento da identidade étnica, passou a ser denominado no âmbito internacional como integridade cultural. Verifica-se que o direito à integridade cultural é uma derivação do direito à integridade pessoal, superando a perspectiva individual, quando se pensa na dignidade e integridade de um povo, o inserindo no rol dos direitos coletivos dos povos indígenas. [48]

O direito à integridade cultural passou a ser reconhecido pela Corte Interamericana em uma interpretação extensiva da Convenção Americana de Direitos Humanos, à luz da Convenção n. 169 da OIT e Declaração das Nações Unidas sobre os Direitos dos Povos Indígenas. [49]

---

47. DUPRAT, Deborah. O Direito sob o marco da plurietnicidade/multiculturalidade. In: DUPRAT, Deborah (Org.). Pareceres Jurídicos*:* Direito dos povos e comunidades tradicionais. Manaus: Universidade do Estado do Amazonas (UEA), 2007.

48. SILVA, Liana Amin Lima da. Consulta prévia e livre determinação dos povos indígenas e tribais na América Latina: re-existir para co-existir. Tese de Doutorado. Programa de Pós-Graduação em Direito da Pontifícia Universidade Católica do Paraná (PUCPR). Curitiba – PR, 2017. P.145.

49. Conforme precedentes da Corte IDH, considera-se a integridade cultural ligada à integridade territorial. Corte IDH. Caso de la Comunidad Moiwana vs Surinam, párr. 195. Corte IDH. Caso del Pueblo Saramaka vs. Surinam. Excepciones preliminares, fondo, reparaciones y costas. Sentencia de 28 de noviembre de 2007. Serie C. N. 172, párr. 79. Sobre integridade cultural, ver: ANAYA, S. James. Los derechos de los pueblos

A Declaração das Nações Unidas sobre os Direitos dos Povos Indígenas (2007), ao afirmar que povos indígenas têm o direito coletivo de viver em liberdade, paz e segurança, faz expressa menção à transferência forçada de crianças do grupo para outro grupo, o que configura ato de violência e genocídio (artigo 7). Confirma, portanto, a aplicabilidade da Convenção para a Prevenção e Repressão do Crime de Genocídio (1951) aos povos indígenas, no que concerne a "transferência forçada das crianças do grupo para outro grupo" (artigo 2º – e).

A Comissão Interamericana de Direitos Humanos (CIDH), de 5 a 12 de novembro de 2018, fez uma visita *in loco* ao Brasil, para averiguar a situação dos direitos humanos no país. A Comissária Antonia Urrejola Noguera, Relatora Nacional para o Brasil e Relatora sobre os Direitos dos Povos Indígenas na CIDH, juntamente com sua equipe, membros do Ministério Público Federal (MPF), professores(as) das Universidades locais e lideranças da Aty Guasu e Aty Kuñangue. A equipe visitou a Reserva Indígena de Dourados, a Reserva Indígena de Caarapó e a Terra Indígena Dourados-Amambaipeguá na região sul do Mato Grosso do Sul. Ao escutar e se impressionar com os depoimentos de lideranças e mulheres Kaiowá sobre a situação da remoção de crianças, decidiu, juntamente com o MPF, visitar as instituições de acolhimento para crianças e jovens indígenas em ambos os municípios.

O relatório preliminar aponta que a concretização dos direitos dos povos indígenas apresenta graves problemas estruturais que requerem atenção urgente relacionados a falta de demarcação dos territórios indígenas, situação que é agravada pelo enfraquecimento progressivo institucional da Fundação Nacional do Índio (FUNAI), além da interpretação restritiva do direito à consulta livre, prévia e informada, pois esse direito não deve ser aplicado exclusivamente a projetos de investimento, mas sim em todas as medidas legislativas e administrativas passíveis de afetar direta e indiretamente os povos indígenas. [50]

---

indígenas. In: BERRAONDO, Mikel (coord.). Pueblos indígenas y derechos humanos. Série Derechos Humanos, vol. 14. Instituto de Derechos Humanos. Bilbao: Universidad de Deusto, 2006.

50. CIDH. Comissão Interamericana de Direitos Humanos – CIDH. Organização dos Estados Americanos – OEA. Observações preliminares da visita in loco da CIDH ao Brasil. Rio de

A CIDH verificou a grave situação humanitária enfrentada pelos povos Guarani e Kaiowá. Ao relatar sobre a visita, destacou o caso Élida e que uma das graves consequências da violação do direito à terra tem a ver com a remoção em massa de crianças indígenas de suas famílias. [51]

Para os povos indígenas o direito à terra está intrinsecamente ligado ao direito à vida, considerando a noção de pertencimento e territorialidade, à integridade física e cultural e à existência enquanto coletividade com identidade étnica. Nas reivindicações da Aty Kuñangue – Grande Assembleia das Mulheres Kaiowá, de 2019, que reuniu aproximadamente 600 pessoas, as mulheres Kaiowá denunciaram:

> O governo brasileiro e seus poderes legislativo, executivo e judiciário a cada momento criam novas propostas de leis que de forma inconstitucional atinge diretamente a vida dos povos indígenas. Hoje a nossa luta e o nosso grito é pela demarcação de nossas terras tradicionais, pela vida das mulheres indígenas, pela proteção das nascentes, rios, florestas, animais e pelo direito de existir. (...) Nós mulheres guarani e kaiowá temos nossos direitos, mas na prática o estado nos viola não levando em consideração as nossas especificidades culturais. (...)
>
> **A gestão de assistência social no estado de MS, necessita construir alternativas de atendimento e acolhimento para mulheres e crianças em situação de violência, CRAS e CREAS em todas as comunidades é urgente**; Há uma imensa dificuldade de fazer denúncias sobre as violências sofridas pelas mulheres indígenas, na maioria das vezes essas denúncias não chegam há uma delegacia, e se chegam as mulheres não conseguem denunciar, pois a maioria são falantes da língua materna. Diante disso exigimos que tenham mulheres indígenas capacitadas para ser intérpretes na delegacia de mulher para ajudar as nossas mulheres Guarani e Kaiowá a encaminhar as denúncias. (grifo nosso)[52]

Janeiro: 05 a 12 de novembro de 2018. p.10.

51. *Ibidem*.

52. ATY KUÑANGUE. VII Kuñangue Aty Guasu Grande Assembleia das Mulheres Kaiowá e Guarani. Documento Final da VII Kunãgue Aty Guasu. Tekohá Yvy Katu Potrerito, Japorã-MS, 16 a 20 de setembro de 2019. p. 01-15.

Autoras como María Lugones[53] e Rita Segato aprofundam sobre a interseccionalidade entre raça, classe e gênero, apontando para a reflexão sobre o patriarcado colonial moderno e a colonialidade de gênero. Segato, ao tratar sobre feminicídio indígena, a comunidade frente ao Estado e os direitos, confrontando o "mundo Estado e o mundo aldeia", entende a noção povo "como agente coletivo de um projeto histórico, que se percebe vivendo de um passado comum e construindo um futuro também comum, através de uma trama interna que não dispensa o conflito de interesses e o antagonismo das sensibilidades éticas e posturas políticas." [54]

Segato, ao se questionar sobre qual seria o melhor papel que o Estado poderia desempenhar, destaca:

> *Ciertamente, a pesar del carácter permanentemente colonial de sus relaciones con el territorio que administra, un buen estado, lejos de ser un estado que impone su propia ley, será un estado restituidor de la jurisdicción propia y del fuero comunitario, garante de la deliberación interna, coartada por razones que se vinculan a la propia intervención y administración estatal.* [55]

O direito à organização própria está amparado no direito à autonomia e à autodeterminação. O reconhecimento da diversidade de sistemas jurídicos próprios - direito próprio e jurisdições indígenas - se conectam no âmbito do reconhecimento das organizações sociais próprias. É o que Souza Filho denomina como jusdiversidade: «os princípios universais de reconhecimento integral dos valores de cada povo somente podem ser formulados como liberdade de agir segundo suas próprias leis, o que significa, ter reconhecido o seu direito e sua jurisdição». [56]

---

53. Ver: LUGONES, MARÍA. Colonialidad y género. In: Tabula Rasa. Bogotá – Colombia, No.9: 73-101, julio-diciembre 2008.

54. SEGATO, Rita Laura. Género y colonialidad: en busca de claves de lectura y de un vocabulario estratégico descolonial. Quijano, Aníbal y Julio Mejía Navarrete (eds.): La Cuestión Descolonial. Lima: Universidad Ricardo Palma – Cátedra América Latina y la Colonialidad del Poder, 2010. p. 07.

55. Op.cit. p. 08.

56. SOUZA FILHO, Carlos Frederico Marés de. O Renascer dos Povos Indígenas para o Direito. Curitiba: Juruá editora, 2010. P. 195.

O direito à autodeterminação está também previsto na Convenção n. 169, nas Declarações (ONU, 2007 e OEA, 2016), assim como o direito à participação, à consulta e ao consentimento livre, prévio e informado sobre toda medida administrativa ou legislativa que afete a vida dos povos e seus territórios, devendo, portanto, ser observado nos casos que envolve o acolhimento de crianças e jovens indígenas, respeitando os sistemas jurídicos indígenas e as normas internas das comunidades para que seja priorizado o acolhimento a nível comunitário, e, assim evitada a violência da remoção das crianças de seus territórios e de seu povo.

5. CONSIDERAÇÕES FINAIS

Souza Filho, ao resgatar o romance de Manuel Scorza, *Garabombo, o invisível*, por retratar a luta do povo para fazer valer os títulos concedidos pelo imperador no altiplano peruano, demonstra que esses direitos não eram reconhecidos porque coletivos, logo invisíveis aos olhos da burocracia e instituições imperiais. "Garabombo foi acometido de estranha doença, ficava invisível cada vez que, pacificamente, reivindicava direitos da comunidade, e, por mais que entrasse nas repartições públicas e tentasse falar com as autoridades, não era jamais visto ou ouvido."[57]

Seria Elida e as mulheres Kaiowá e Guarani acometidas pela mesma doença de *Garabombo*? A doença/violência da invisibilidade que oculta os direitos das mulheres indígenas, cala suas vozes, desrespeita a língua materna guarani e ignora as reivindicações por direitos coletivos: são direitos e sujeitos coletivos que seguem invisíveis para o Estado Moderno. Enquanto as mães-mulheres indígenas expressam sua dor e (des)esperança: "Eu sempre estarei aqui para o meu filho. Eu vou sempre esperar por ele (...)." [58]

A condenação da "pobreza indígena" em virtude das precárias condições em que os Kaiowá e Guarani vivem, com a consequente condenação

57. SOUZA FILHO, Carlos Frederico Marés. Os direitos invisíveis. In: OLIVEIRA, Francisco de; PAOLI, Maria Célia. Os sentidos da democracia. Políticas do dissenso e a hegemonia global. Petrópolis, RJ: Vozes; Brasília: NEDIC, 1999.

58. National Geographic. Mulheres indígenas lutam para não perderem a guarda de seus filhos. Reportagem por: Jill Langlois, fotos de Flavio Forner. 27 de abril de 2020.

social das mães em relação ao cuidado de suas crianças, revela um discurso de aparente boa intenção por alguns agentes estatais, como oferecer "condições dignas de vida" à criança, contudo, oculta o etnocentrismo e o racismo: "para que não se comporte mais como *bugre*", expressão racista comumente direcionada aos indígenas em Dourados-MS.

À luz dos tratados internacionais, argumentamos que as remoções forçadas e transferências das crianças de um povo a outro configura crime de genocídio. Como têm denunciado os movimentos étnicos sociais guarani e kaiowá, muitas são as formas de se matar um povo e "a caneta" tem sido uma ferramenta devastadora. Entretanto, também apresentamos os argumentos e justificativas morais em torno da proteção com que o afastamento da criança e jovens indígenas são realizados.

Ressalta-se que as práticas da remoção e retirada sistemática de crianças e jovens indígenas de suas terras, sua transferência para acolhimentos institucionais e para a adoção viola também a norma constitucional quanto à irremovibilidade dos povos indígenas de suas terras (artigo 231 § 5º), ou seja, a Carta Constitucional aponta o caminho oposto ao assimilacionismo e etnocídio do passado.

Como Almeida[59] adverte: "Infelizmente a realidade não pode ser 'implodida' com uma mudança legislativa: ainda que seja uma nova ordem constitucional". [...] "as políticas públicas governamentais se transvestem em meras publicizadas políticas: se encontram previstas na legislação, na propaganda governamental, mas se encontram ausentes ou deficientemente presentes na vida dos Kaiowá e Guarani".[60]

Não foi nosso objetivo reduzir a complexidade das decisões que os atores vinculados ao Sistema de Garantia de Direitos necessitam responder, mas contribuir para ampliar a compreensão sobre as violências e sofrimentos vivenciados pelas crianças e mulheres indígenas e que podem ser potencializadas a partir de atuações que se pretendem universais e

59. ALMEIDA, Marco Antonio Delfino de. Reserva Indígena de Dourados: Deslocados Internos entre Inimigos e/ou Indiferentes. In: MOTA, Juliana Grasiéli Bueno; CAVALCANTE, Thiago Leandro Vieira (Orgs.). Reserva Indígena de Dourados: Histórias e Desafios Contemporâneos. São Leopoldo: Karywa, 2019. P.153.

60. *Idem*. P. 136.

desconsideram as interseccionalidades e diversidades que atravessam os sujeitos.

Como discutimos, isso ocorre diante do não reconhecimento das identidades étnicas das crianças indígenas e o seu direito a um atendimento intercultural, mas também quando o reconhecimento étnico da criança indígena é utilizado de modo individualizado e desconsiderando o contexto social e cultural do seu povo, promovem ações salvacionistas que visam dar-lhe continuidade geracional às custas do apagamento de seu pertencimento coletivo – separando a totalidade que representa os seres humanos.

O modo do Estado (des)proteger privilegiando o afastamento do convívio familiar e a ruptura com os vínculos parentais e étnicos é constitutivo de políticas de integração, ocorre que estamos no tempo do reconhecimento da diversidade étnica e autodeterminação dos povos. A política de cuidado e proteção às crianças indígenas opera entre estes dois modos de pensar: o bem e o mal. Contudo, os indígenas também têm as suas próprias políticas que dialogam e agregam complexidade às concepções sobre o direito (im)posto.

A universalização dos direitos humanos das crianças está calcada no direito individual. Todavia, em se tratando de crianças indígenas torna-se primordial considerar a indissociabilidade entre os direitos coletivos e socioambientais: direitos territoriais, direitos culturais e linguísticos, de organização social própria e autodeterminação[61], com base na "doutrina da proteção plural de crianças indígenas".[62]

A concretização dos direitos fundamentais da criança não deve se restringir à esfera do direito individual, pois recairia na perversa lógica integracionista de transformar os indígenas em mão de obra, e, consequentemente, esvaziar suas terras/*tekoha*, para transformá-las em mercadorias. No que tange aos direitos fundamentais dos povos – direitos coletivos-, temos: o direito à vida e à existência enquanto indivíduo pertencente a um povo, direito à terra e ao território, direito à integridade física e cultural, direitos culturais, incluindo os direitos linguísticos da criança, como ser

61. SILVA, op.cit., 2017; SOUZA FILHO, op.cit., 2010.

62. OLIVEIRA, op.cit., 2012.

alfabetizada na língua materna e, sobretudo, o direito a pertencer e a manter seus vínculos comunitários e afetivos e suas relações de parentesco para reprodução de suas práticas e saberes tradicionais intergeracionais.

Ademais, o Estado deverá observar e garantir a participação dos sujeitos diretamente afetados, representantes do povo e suas organizações político-representativas, seja no processo administrativo ou judicial, a fim de se respeitar o direito à consulta e consentimento, livre, prévio e informado e os protocolos comunitários, desse modo, respeitando o direito próprio (jurisdição indígena).

As mulheres Guarani e Kaiowá reivindicam, pelas autoridades do poder público, o respeito aos direitos étnicos e coletivos. Assim como, para que respeitem seus corpos, territórios e as formas próprias de cuidar e proteger suas crianças e seus territórios:

> Não aceitamos ações que são realizadas com nosso povo sem a consulta prévia, pois este é nosso direito garantido e deve ser respeitado. Nós somos os maiores interessados em nossas vidas, e devemos ser ouvidos para quaisquer ações que alteram o nosso cotidiano. Há muitas mortes violentas de mulheres em nossas aldeias, que confinadas entre as cidades e as reservas, não temos onde recorrer.
>
> Vivemos a insegurança pública no nosso cotidiano, tendo que lidar com o racismo, o preconceito, a violação de nossos corpos e de nossa cultura (...).
>
> Somos mulheres guarani e kaiowa e temos que ter a garantia dos nossos direitos que levem em consideração as nossas especificidades culturais, para que assim não nos deixe como vítimas da violência do estado e da sociedade brasileira. Sem a demarcação das nossas terras, nós mulheres guarani e kaiowa não poderemos ter uma vida livre da violência. E resistiremos para que possamos ter uma vida com liberdade junto com nossos filhos, nosso povo, em nossa terra.[63]

63. KUÑANGUE ATY GUASU. Documento Final da VI Kunãngue Aty Guasu, Reserva Indígena de Amambaí, 2018. Disponível em: <https://www.cimi.org.br/wp-content/uploads/2018/07/Documento-Final-da-VI-Kun%C3%A3gue-Aty-Guasu.pdf>. Acesso em nov. 2018.

As expressões "Sem *tekoha* não há teko»[64] e "Sem *teko* não há *tekoha*"[65] corroboram para esse debate. Se *tekoha* é uma palavra na língua guarani que referencia os territórios étnicos onde é possível viver bem (*teko porã*), existe uma relação dialética e simbiótica entre modos de viver em referência ao espaço geográfico. As/os Kaiowá e Guarani sabem que sem *tekoha* não existe o *teko*, e sem *teko* não existe *tekoha*. A ausência dos territórios étnicos, como já destacado neste texto, agrava as situações adversas vividas pelos povos indígenas nas Reservas; da mesma maneira explica o movimento das famílias em retomarem seus territórios de vida.

Assim, o povo Kaiowá e Guarani, por meio das crianças e jovens, mulheres, lideranças tradicionais como as *jari* (vovós) os *tamõi* (vovôs), as ñandesy (rezadoras), os ñanderu (rezadores), assembleias e organizações políticas representativas – Conselho Guarani e Kaiowá, composto por Aty Guasu, Aty Kuñangue e Retomada Jovem Indígena – RAJ –, re-existem, lutam pela sobrevivência e por seus direitos coletivos, por sua livre determinação e integridade física e cultural enquanto povo.

BIBLIOGRAFIA

ALMEIDA, Marco Antonio Delfino de. Reserva Indígena de Dourados: Deslocados Internos entre Inimigos e/ou Indiferentes. In: MOTA, Juliana Grasiéli Bueno; CAVALCANTE, Thiago Leandro Vieira (Orgs.). **Reserva Indígena de Dourados**: Histórias e Desafios Contemporâneos. São Leopoldo: Karywa, 2019. P.p.135-159.

ANAYA, S. James. Los derechos de los pueblos indígenas. In: BERRAONDO, Mikel (coord.). **Pueblos indígenas y derechos humanos**. Série Derechos Humanos, vol. 14. Instituto de Derechos Humanos. Bilbao: Universidad de Deusto, 2006.

BROWN, Dee. **Enterrem meu coração na curva do rio**. A dramática história dos índios norte-americanos. Tradução de Geraldo Galvão Ferraz. Porto Alegre: L&PM, 2003.

CIDH. Comissão Interamericana de Direitos Humanos – CIDH. Organização dos Estados Americanos – OEA. **Observações preliminares da visita in loco da CIDH**

64. MELIÀ, B. A terra sem mal dos Guarani: economia e profecia. *Revista de Antropologia*, São Paulo, v. 33, p. 33-46, 1990.

65. PEREIRA, 2016, op.cit., p. 105.

ao Brasil. Rio de Janeiro: 05 a 12 de novembro de 2018. Disponível em: <https://www.oas.org/es/cidh/prensa/comunicados/2018/238OPport.pdf>. Acesso em 20 de junho de 2010.

CIMI. Conselho Indigenista Missionário. **Relatório de Violência contra os povos indígenas no Brasil.** Dados de 2017. Brasília: CIMI, 2018.

CIMI. Conselho Indigenista Missionário. **Racismo institucional**: justificando pobreza, Estado retira crianças de suas famílias Guarani e Kaiowá. 2018. Disponível em: https://cimi.org.br/2018/03/racismo-institucional-justificando-pobreza-estado-retira-criancas-de-suas-familias-guarani-e-kaiowa/

CLAVERO, Bartolomé Clavero. ¿Hay genocidios cotidianos? y otras perplejidades sobre América indígena. Dinamarca: Grupo Internacional de Trabajo sobre Asuntos Indígenas (IWGIA), 2011. Disponível em: <https://www.bartolomeclavero.net/wp-content/uploads/2014/08/genocidio-cotidiano.p>.

CLASTRES, Pierre. **Arqueologia da Violência**. Pesquisas de antropologia política. Publicado em 1980. Edição brasileira de 2004. São Paulo: Ed. Cosac & Naify.

CONSEA. Conselho Nacional de Segurança Alimentar e Nutricional (Brasil). ***Tekoha***: direitos dos Povos Guarani e Kaiowá: visita do Consea ao Mato Grosso do Sul. – Brasília: Presidência da República, 2017.

DÍAZ-POLANCO, Hector. **Autonomia regional**. La autodeterminación de los pueblos indios. Siglo XXI editores: Mexico, DF, 2006. 5ª.ed.

DSEI-MS. Distrito Sanitário Especial Indígena de Mato Grosso do Sul. **Boletim Coronavírus. Covid-19**. 03 de novembro de 2020. Disponível em: <https://www.saude.ms.gov.br>.

DUPRAT, Deborah. O Direito sob o marco da plurietnicidade/multiculturalidade. In: DUPRAT, Deborah (Org.). **Pareceres Jurídicos**: Direito dos povos e comunidades tradicionais. Manaus: Universidade do Estado do Amazonas (UEA), 2007.

EMGC, Equipe Mapa Guarani Continental**. Caderno Mapa Guarani Continental**: povos Guarani na Argentina, Bolívia, Brasil e Paraguai. Campo Grande, MS. CIMI, 2016.

FERNANDES, Tanise de Oliveira. **A Saúde nas Aldeias Indígenas de Abrangência do Polo Base de Dourados**. Especialização em Saúde Pública. São Paulo: USP, 2016.

FUNAI, Fundação Nacional do Índio. COORDENAÇÃO REGIONAL DA FUNAI DE DOURADOS. **Relatório: Mapeamento qualificado de todos os casos de crianças e jovens em situação de acolhimento institucional e familiar da região de Dourados-MS**. Plano de ação para a efetivação do direito a convivência familiar e comunitária de Crianças e Jovens indígenas junto a seu povo no Cone Sul do MS – Eixo III – Ação 3.20. nov. 2017.

INSTITUTO SOCIOAMBIENTAL (ISA). **Plataforma de monitoramento da situação indígena na pandemia do novo coronavírus (Covid-19) no Brasil.** Disponível em: <https://covid19.socioambiental.org/>. Acesso em 15 de novembro de 2020.

KUÑANGUE ATY GUASU. **Documento Final da VI Kunãngue Aty Guasu.** Grande Assembleia das mulheres Kaiowá e Guarani. Reserva Indígena de Amambaí, 2018. Disponível em: <https://www.cimi.org.br/wp-content/uploads/2018/07/Documento-Final-da-VI-Kun%C3%A3gue-Aty-Guasu.pdf>. Acesso em nov. 2018.

KUÑANGUE ATY GUASU. **Documento Final da VII Kunãgue Aty Guasu**. Grande Assembleia das Mulheres Kaiowá e Guarani. Tekohá Yvy Katu Potrerito, Japorã-MS, 16 a 20 de setembro de 2019. Disponível em: <https://apublica.org/wp-content/uploads/2019/10/relatorio-final-da-vii-kunangue-aty-guasu-2019.pdf> Acesso em 20 de junho de 2020.

LUGONES, MARÍA. **Colonialidad y género**. In: Tabula Rasa. Bogotá – Colombia, No.9: 73-101, julio-diciembre 2008. Disponível em: <http://www.scielo.org.co/pdf/tara/n9/n9a06.pdf>. Acesso em 10 de junho de 2020.

MELIÀ, BARTOMEU. **Camino Guaraní**. Guarani Rape. De lejos venimos, hacia más lejos caminamos. Asunción: Centro de Estudios Paraguayos "Antonio Guasch", 2016.

MELIÀ, B. **A terra sem mal dos Guarani**: economia e profecia. Revista de Antropologia, São Paulo, v. 33, p. 33-46, 1990.

MIGNOLO, Walter. **La Idea de America Latina**: La herida colonial y la opción decolonial. Trad. de Silvia Jawerbaum y Julieta Barba. Barcelona: Editorial Gedisa, 2007.

MOTA, Juliana Grasiéli Bueno. **Territórios e territorialidades Guarani e Kaiowa**: da territorialização precária na reserva indígena de Dourados à multiterritorialidade. Dissertação (Mestrado em Geografia). Programa de Pós-Graduação em Geografia da Faculdade de Ciências Humanas, Universidade Federal da Grande Dourados (UFGD), Dourados, 2011.

______; CAVALCANTE, Thiago Vieira (Orgs). **Reserva Indígena de Dourados**: histórias e desafios contemporâneos. São Leopoldo: Karywa, 2019. p.150-151.

MURA, Fabio. À procura do "bom viver": território, tradição de conhecimento e ecologia doméstica entre os Kaiowa / Fabio Mura. Rio de Janeiro: UFRJ/ Museu Nacional/PPGAS, 2006.

NASCIMENTO, Silvana Jesus do. **Crianças indígenas Kaiowá abrigadas e em situação de reinserção familiar**: uma análise em torno da rede de proteção à criança e ao adolescente. 2013. 197f. Dissertação (Antropologia - Mestrado) - Universidade Federal da Grande Dourados, Dourados, MS, 2013.

_______. **Circulação de crianças guarani e kaiowá**: entre políticas e moralidades. Tese (Doutorado em Antropologia) - Instituto de Filosofia e Ciências Humanas, Universidade Federal do Rio Grande do Sul, Porto Alegre, 2020.

NASCIMENTO, Silvana Jesus do. **Controvérsias em torno da circulação de crianças indígenas e da reprodução social no Brasil.** Runa /40.2 noviembre-abril (2019). Disponível em: ttps://www.redalyc.org/articulo.oa?id=180862611011. Acesso em mai/2020.

NASCIMENTO, Silvana Jesus do. **Múltiplas vitimizações: crianças indígenas kaiowá nos abrigos urbanos do Mato Grosso do Sul.** Horizontes Antropológicos, Porto Alegre, ano 20, n. 42, p. 265-292, jul./dez. 2014. https://www.scielo.br/pdf/ha/v20n42/11.pdf

National Geographic. **Mulheres indígenas lutam para não perderem a guarda de seus filhos**. Reportagem por: Jill Langlois, fotos de Flavio Forner. 27 de abril de 2020. Disponível em: <https://www.nationalgeographicbrasil.com/historia/2020/04/mulheres-indigenas-luta-guarda-filhos-dourados-mato-grosso-kaiowa-guarani>. Acesso em 10 de junho de 2020.

OLIVEIRA, Assis da Costa Oliveira. **Direitos Humanos dos Indígenas Crianças**: perspectivas para a construção da Doutrina da Proteção Plural. Dissertação de Mestrado. Programa de Pós Graduação em Direito. Universidade Federal do Pará, 2012.

OLIVEIRA, Assis da Costa Oliveira. **Indígenas crianças, crianças indígenas**: perspectivas para construção da doutrina da proteção plural. Curitiba: Juruá, 2014.

OLIVEIRA, Jorge Eremites de; PEREIRA, Levi Marques. **Ñande Ru Marangatu**: laudo parcial sobre uma terra Kaiowa na fronteira do Brasil com o Paraguai em Mato Grosso do Sul. Dourados: UFGD, 2009.

PEREIRA, Levi Marques. **Parentesco e organização social Kaiowá.** Dissertação de Mestrado. Campinas/SP: Universidade Estadual de Campinas, 1999.

______. **Imagens Kaiowá do sistema social e seu entorno**. Tese de doutorado. São Paulo: USP, 2004.

_____. Assentamentos e formas organizacionais dos Kaiowá atuais: o caso dos "índios de corredor". **Revista Tellus**, Campo Grande: UCDB, Ano 6, n. 10, p. 69-81, 2006.

SEGATO, Rita Laura. **Género y colonialidad**: en busca de claves de lectura y de un vocabulario estratégico descolonial. In: Quijano, Aníbal y Julio Mejía Navarrete (eds.): La Cuestión Descolonial. Lima: Universidad Ricardo Palma – Cátedra América Latina y la Colonialidad del Poder, 2010. Disponível em:<https://nigs.ufsc.br/files/2012/09/genero_y_colonialidad_en_busca_de_claves_de_lectura_y_de_un_vocabulario_estrategico_descolonial__ritasegato.pdf>. Acesso em 20 de junho de 2020.

SILVA, Liana Amin Lima da. **Consulta prévia e livre determinação dos povos indígenas e tribais na América Latina**: re-existir para co-existir. Tese de Doutorado. Programa de Pós-Graduação em Direito da Pontifícia Universidade Católica do Paraná (PUCPR). Curitiba – PR, 2017.

SOUZA FILHO, Carlos Frederico Marés. **Os direitos invisíveis**. In: OLIVEIRA, Francisco de; PAOLI, Maria Célia. Os sentidos da democracia. Políticas do dissenso e a hegemonia global. Petrópolis, RJ: Vozes; Brasília: NEDIC, 1999.

SOUZA FILHO, Carlos Frederico Marés de. **O Renascer dos Povos Indígenas para o Direito**. Curitiba: Juruá editora, 2010. 1ª.ed. (ano 1998), 7ª. reimpr.

TODOROV, Tzetan. **A conquista da América**: a questão do outro. São Paulo: Martins Fontes, 2010.

UNICEF. Fundo das Nações Unidas para a Infância (UNICEF). **Situação da infância brasileira. Crianças de até 6 anos**: o direito à sobrevivência e ao desenvolvimento. Violações – Desnutrição: ameaça à saúde. p.40-49, 2005. Disponível em: <https://www.unicef.org/brazil/pt/Pags_040_051_Desnutricao.pdf>. Acesso em: 14 ago. 2016.

VIEIRA, José Maria Trajano. **Entre a aldeia e a cidade**: o "trânsito" dos Guarani e Kaiowá no Mato Grosso do Sul. Dissertação (Mestrado em Antropologia Social). Curitiba, UFPR, 2005.

ZEA, Leopoldo. **Discurso desde a marginalização e a barbárie**; seguido de, A filosofia latino-americana como filosofia pura e simplesmente. Rio de Janeiro: Garamond, 2005.

PARTE IV

Só quem já morreu na fogueira sabe o que é ser carvão

24

MULHERES E MEIO AMBIENTE: A DESIGUALDADE QUE FLAGELA O FEMININO

Patrícia Bianchi

Pós-doutora pela Faculdade de Direito da Universidade de São Paulo (USP). Doutora em Direito pela Universidade Federal de Santa Catarina (UFSC). Mestre em Relações Internacionais pela UFSC. Professora e pesquisadora no programa de Mestrado em Direito do Centro Universitário Salesiano de São Paulo – Unisal. Conselheira no Conselho de Meio Ambiente do Estado de São Paulo – CONSEMA. E-mail: patricianbianchi@gmail.com.

1. INTRODUÇÃO

As desigualdades entre mulheres e homens estampam relatórios e trabalhos no que tange às pesquisas relacionadas a gênero. No âmbito ambiental, essas desigualdades encontram-se nas diferenças de funções e responsabilidades atribuídas e desenvolvidas pelos dois sexos; verificam-se disparidades no acesso e no controle sobre os recursos ambientais; além das diferenças de oportunidades de tomada de decisão nesse âmbito.

A *justiça ambiental*, tema em relevo desde a década de 80, hoje abre um leque de questões e problemas que requerem a atenção de acadêmicos e gestores públicos, a fim de que se promova equidade e igualdade de condições no que concerne à distribuição e suporte dos efeitos nocivos advindos de danos ecológicos criados pelo homem. Aquela justiça vem assumindo contornos cada vez mais amplos e complexos, revelando problemas específicos como os de gênero, que necessitam de um olhar atento da comunidade acadêmica nacional e internacional, num debate que vai além da gestão dos recursos naturais, incluindo questões referentes à parte das populações que sofrem sobrecargas de injustiças socioambientais, devido a razões financeiras, raciais, étnicas ou de gênero, de forma isolada ou sobreposta.

As diferenças e desigualdades entre os sexos traduzem-se numa situação que foi moldada ao longo da história, diferenças socialmente construídas, portanto, onde foram estipulados papéis e oportunidades direcionadas ao sexo feminino ou masculino. Nesses termos, na prática cotidiana, na sua interação com o meio ambiente, a mulher assume uma importância, um protagonismo na manutenção do equilíbrio ecológico, mas também a ela são relegados menos oportunidades, menos acesso e mais riscos ambientais.

Assim, nesse texto pretende-se traçar uma linha de raciocínio que revele o papel da mulher frente ao meio ambiente que a circunda, do qual ela faz parte, sua posição no contexto socioambiental, suas dificuldades e perspectivas. Para isso, primeiro se falará da desigualdade de gênero como um padrão sociocultural. Em seguida tratar-se-á da questão "meio ambiente e gênero", apontando-se algumas sobreposições e expectativas com relação ao assunto. E, por fim, se realizará uma breve análise da ampliação do escopo da justiça ambiental às questões relacionadas a gênero.

2. DESIGUALDADE DE GÊNERO: UM PADRÃO SOCIOCULTURAL

A desigualdade de gênero não é uma novidade, tampouco se apresenta como uma marca exclusiva do mundo contemporâneo. Singer afirma que "a subordinação das mulheres aos homens decorre de preconceitos seculares contra a capacidade e a inteligência das mulheres em comparação com os homens."[1] O autor explica que:

1. SINGER Paul. A contribuição da economia solidária para a autonomia das mulheres. *In*: BRASIL. Presidência da República. Secretaria de Políticas para as Mulheres. *Edição*

> Tradições, freqüentemente alicerçadas em normas religiosas, destinam as mulheres às atividades domésticas ao passo que aos homens, supostamente mais aptos, cabe prover a subsistência dos integrantes da família. Como as tarefas masculinas supostamente exigem mais força e mais conhecimentos e sabe-se lá que outras qualidades em comparação com as femininas, a mulher é tida como naturalmente dependente do homem ao qual deve obediência, devoção e lealdade. Estas noções são internalizadas por homens e mulheres, que as apreendem desde cedo observando os comportamentos dos pais e outros membros da família.[2]

A opressão machista vem sendo enfrentada pelas mulheres pelo menos desde a Revolução Francesa, mas obteve conquistas significativas nos campos profissionais e políticos apenas no século XX. Nesse diapasão, o capitalismo neoliberal, segundo Singer, estabelece uma competição desvairada que chega ao seio da família, aguçando a rivalidade entre cônjuges, irmãos e irmãs, colegas de trabalho. A solidariedade torna-se elemento cada vez mais raro nas relações sociais. O autor afirma que "em sua fase presente, o capitalismo tende a elevar o individualismo ao máximo como justificativa eficaz da crescente desigualdade que a competição não para de produzir."[3]

Contudo, as novas gerações femininas estariam cada vez menos sujeitas à subordinação a outros ou outras, ou seja, a homens ou a mulheres, e encontram-se mais emancipadas do que a 50 anos, por exemplo. Mas, segundo Singer, "(...), uma parcela provavelmente majoritária das mulheres não tem tido ainda a oportunidade de se emancipar e por isso está condenada a continuar a ser oprimida e sujeita a um sofrimento redobrado pela humilhação decorrente de seu aparente fracasso em ascender quando tantas de suas irmãs o conseguem."[4]

Especial da Revista do Observatório Brasil da Igualdade de Gênero. Brasília: Secretaria de Políticas para as Mulheres, 2012, p. 45.

2. *Ob. Cit*, p. 45.
3. *Ob. Cit*, p. 45.
4. *Ob. Cit*, p. 46.

O fato é que ainda hoje homens e mulheres não formam grupos homogêneos e, para melhor entender suas dinâmicas, é importante analisar a interação com outras dimensões, grupos e categorias. Características como idade, religião, escolaridade, raça/etnia, orientação sexual, migração e status de cidadania, assim como viver em áreas urbanas ou rurais, são *interseções* que influenciam a análise de gênero, e devem ser contrapostas sempre que se for analisar situações relativas ao tema[5].

O documento "Retrato das Desigualdades de Gênero e Raça", com base em séries históricas de 1995 a 2015, resultado de uma Pesquisa Nacional por Amostra de Domicílios (PNAD), do Instituto Brasileiro de Geografia e Estatística - IBGE, revelou que as mulheres trabalham em média 7,5 horas a mais que os homens por semana. No que tange às *atividades não remuneradas*, mais de 90% das mulheres declararam realizar atividades domésticas - proporção que se manteve quase inalterada ao longo de 20 anos, assim como a dos homens (em torno de 50%).[6]

Nesse ponto, cabe destacar que o fato de a mulher exercer atividade remunerada não a exime das responsabilidades pelas atividades domésticas, assumindo, dessa forma, responsabilidades com o trabalho remunerado e não remunerado, realizando a chamada *dupla jornada*.

Com relação ao *rendimento percebido*, na análise de gênero, homens brancos continuam com os melhores rendimentos, seguidos de mulheres brancas, homens negros e, por fim, mulheres negras. Isso apesar de que, proporcionalmente, o rendimento das mulheres negras tenha sido o que mais se valorizou entre 1995 e 2015 (80%), e o dos homens brancos tenha sido o que menos cresceu (11%), o que poderia sinalizar uma evolução em termos de equidade de gênero.[7]

5. IBGE. *Estatísticas de Gênero Indicadores sociais das mulheres no Brasil*. Estudos e Pesquisas Informação Demográfica e Socioeconômica. n. 38. 2018. Disponível em: https://biblioteca.ibge.gov.br/visualizacao/livros/liv101551_informativo.pdf. Acesso em 05 de julho de 2020. p. 12.

6. IPEA. Instituto de Pesquisa Econômica Aplicada. *Retrato das Desigualdades de Gênero e Raça*. 2017. Disponível em https://www.ipea.gov.br/portal/index.php?option=com_content&view=article&id=29526. Acesso em 30 de junho de 2020.

7. IPEA. Instituto de Pesquisa Econômica Aplicada. *Retrato das Desigualdades de Gênero e Raça*. 2017. Disponível em https://www.ipea.gov.br/portal/index.php?option=com_content&view=article&id=29526. Acesso em 30 de junho de 2020.

Com relação à *igualdade de acesso aos processos de tomada de decisão*, desde 1995 o Brasil possui legislação que prevê cotas eleitorais, reservando um percentual de candidaturas em eleições proporcionais para as mulheres. Contudo, apenas com a Lei n. 12.034 de 2009 essas cotas tornaram-se obrigatórias. Alguns partidos políticos brasileiros também possuem cotas previstas em seus estatutos. Em 2014, 31,8% das candidaturas ao cargo de deputado federal foram de mulheres, porém, entre as candidaturas "aptas", esse percentual caiu para 29,3%. Nesse caso, a diferença entre a proporção de candidatas e deputadas mulheres em exercício poderia ser atribuída, segundo estudos eleitorais, a fatores como falta de apoio material às candidaturas femininas, e ao maior sucesso eleitoral dos candidatos que já eram parlamentares anteriormente. Importa mencionar que, no cenário internacional, o Brasil ocupava, em dezembro de 2017, a 152ª posição entre os 190 países que informaram à Inter-Parliamentary Union – IPU o percentual de cadeiras em suas câmaras baixas (câmara de deputados) ou parlamento unicameral ocupadas por mulheres em exercício, com 10,5%. Registre-se que esse foi o pior resultado entre os países sulamericanos. No mundo, por exemplo, as mulheres ocupavam 23,6% dos assentos nas câmaras baixas ou parlamentos unicamerais[8].

No que concerne à *participação das mulheres nos cargos gerenciais*, a pesquisa do IBGE abordou a inserção das mulheres em posições de liderança tanto no setor público (diretoras de órgãos governamentais, por exemplo), quanto no setor privado (cargos de diretoria ou gerenciais de empresas privadas). No Brasil, em 2016, 60,9% dos cargos gerenciais eram ocupados por homens e 39,1% por mulheres. Além disso, a desigualdade entre mulheres pretas ou pardas e os homens pretos ou pardos era maior do que entre as mulheres brancas e os homens brancos[9].

Esse breve contexto sobre gênero aqui esboçado revela que, apesar de as mulheres representarem mais da metade da população brasileira, ainda são pouco representadas, e estão sujeitas a uma série de limitações

---

8. IBGE. *Estatísticas de Gênero Indicadores sociais das mulheres no Brasil*. Estudos e Pesquisas Informação Demográfica e Socioeconômica. n. 38. 2018. Disponível em: https://biblioteca.ibge.gov.br/visualizacao/livros/liv101551_informativo.pdf. Acesso em 05 de julho de 2020. p. 9.

9. IBGE, *ob. cit*, p. 11.

em termos de oportunidades e acessos. Daí a necessidade de criação e implementação de políticas públicas com o propósito de se alterar essas desigualdades, caminhando-se na construção de uma sociedade mais justa nesse âmbito.

Importante ressaltar que esses exemplos não são aleatórios, mas representam um "padrão" que também será repetido quando se aborda a relação mulher/meio ambiente, por exemplo. São dados que revelam o quanto a análise de gênero é determinante para o aprimoramento do cenário democrático brasileiro. Além da necessidade de se avaliar o caminho a percorrer para uma evolução político-cultural relacionada ao tema.

3. MEIO AMBIENTE E GÊNERO: SOBREPOSIÇÕES E PERSPECTIVAS

Em se tratando de *meio ambiente*, as mulheres têm um papel crucial em sustentar comunidades e gerenciar recursos naturais, mas freqüentemente suas contribuições não são reconhecidas ou são subvalorizadas. Pesquisa realizada no âmbito do IBGE aponta que as mulheres, em comparação com os homens, têm maior probabilidade de viver em pobreza e também são mais vulneráveis aos impactos da mudança climática e outros riscos ambientais, especialmente em países em desenvolvimento. Estas diferenças são muitas vezes exacerbadas por outros fatores, como idade, *status* socioeconômico e localização geográfica[10].

Com relação à situação das mulheres brasileiras que trabalham na *agricultura familiar*, por exemplo, Siliprandi comenta que se trata de uma situação de muito trabalho e pouco reconhecimento. A autora afirma que:

> As agricultoras brasileiras ainda hoje sofrem de invisibilidade social como trabalhadoras e como cidadãs. Seu trabalho é considerado uma "ajuda" dentro da família, enquanto o homem é considerado o verdadeiro "produtor rural"; conhecimentos e experiências das mulheres, principalmente no que se refere à produção de alimentos, são menosprezados; a representação pública

10. IBGE, 2018.

> da família é outorgada ao homem, esperando-se que as mulheres permaneçam restritas ao mundo doméstico.[11]

Siliprandi[12] esclarece que a maioria das mulheres não tem poder de decisão sobre aspectos produtivos ou sobre a comercialização dos produtos da unidade familiar, e ainda sofrem com a falta de documentos civis e profissionais, sem os quais não podem obter benefícios sociais e previdenciários. Elas vivem sobrecarregadas com o trabalho doméstico e com as tarefas agrícolas; muitas vezes realizam atividades extras para obtenção de renda, trabalhando como assalariadas em outras propriedades ou dedicando-se à transformação dos produtos agrícolas e ao artesanato. Nesses termos, Siliprandi comenta que:

> Embora o sistema jurídico brasileiro reconheça plenamente a igualdade entre mulheres e homens e condene quaisquer discriminações baseadas no sexo, dentro das famílias, nas comunidades, e em muitas instituições, persiste a visão patriarcal de que o homem é o chefe da família. Essa visão é reforçada por práticas institucionais sexistas que, muitas vezes, apoiadas em normas legais e regulamentos pretensamente neutros, mas, na prática, omissos com relação ao gênero, contribuem para a manutenção de uma cultura excludente com relação às mulheres.[13]

De outro vértice, algumas ações vêm alterando esse cenário, como, por exemplo, o fato de experiência brasileira ter sido citada em relatório internacional da ONU Mulheres (relatório Progresso das Mulheres do Mundo 2019-2020: famílias em um mundo em mudança) [14]. Trata-se de um projeto em que mulheres brasileiras que trabalham na *agricultura familiar* usam

---

11. SILIPRANDI, Emma. Pobreza Rural, agricultura e segurança alimentar: os muitos caminhos do empoderamento das mulheres. *In*: BRASIL. Presidência da República. Secretaria de Políticas para as Mulheres. *Edição Especial da Revista do Observatório Brasil da Igualdade de Gênero*. Brasília: Secretaria de Políticas para as Mulheres, 2012, p. 22.
12. *Ob. Cit*, p. 23.
13. *Ob. Cit*, p. 23.
14. ONU Mulheres Brasil. *Agricultoras familiares inovam e visibilizam produção de mulheres no campo, experiência brasileira é citada em relatório internacional da ONU Mulheres*. 2019. Disponível em http://www.onumulheres.org.br/noticias/agricultoras-familiares-inovam-visibilizam-trabalho-e-producao-mulheres-experiencia-citada-em-relatorio-internacional-da-onu-mulheres/. Acesso em 03 de julho de 2020.

cadernetas, na qual elas registram o quanto de sua produção é vendida, distribuída, trocada ou consumida. Essa prática, impulsionada por grupos feministas de agropecuária, trouxe impactos positivos na vida de centenas de mulheres rurais, mudando a forma como elas e seus parceiros valorizam sua própria produção, e até mesmo ajudando-os a se beneficiarem de políticas governamentais destinadas à agricultura familiar[15].

O grupo Sempreviva, organização feminista de São Paulo, também participou do projeto de *cadernetas*, contribuindo para tornar mais visível a importância das mulheres para a agricultura brasileira. O projeto que envolve o preenchimento das cadernetas e o compartilhamento da experiência com outras mulheres, ajuda no cálculo do valor do trabalho das mulheres; colabora para que o governo reconheça o papel das mulheres na agricultura, enfim, faz parte da luta pelo reconhecimento do trabalho das mulheres[16]. No contexto de um país onde o progresso nos direitos das mulheres tem sido lento, essa pode ser considerada uma evolução importante.

Na agricultura, o papel das mulheres é de suma importância na produção de alimentos; na criação de pequenos animais; na preservação e na adaptação de espécies; e sobretudo na transmissão de conhecimentos sobre a produção e o uso de plantas medicinais. Trata-se de atividades de resistência ao modelo produtivo baseado na monocultura, e no uso intensivo de tecnologias e combustíveis fósseis. Infelizmente, essas importantes atividades não são valorizadas socialmente, são, ao contrário, marginalizadas frente aos cultivos comerciais, que, sob a responsabilidade de homens, são considerados "principais". [17]

De acordo com o Censo Agropecuário, divulgado pelo Instituto Brasileiro de Geografia e Estatística (IBGE), o total de *estabelecimentos agrícolas nos quais o produtor é do sexo feminino* subiu de 12,7% para 18,6% entre 2006 e 2017[18]. Assim, segundo o referido Censo, a responsabilidade pela

---

15. ONU Mulheres Brasil. *Ob. Cit.* Acesso em 03 de julho de 2020.
16. ONU Mulheres Brasil. *Ob. Cit.* Acesso em 03 de julho de 2020.
17. SILIPRANDI, *ob. Cit*, p. 28.
18. GANDRA, Alana. Agência Brasil. *Participação de mulheres no campo aumentou nos últimos anos*. 2018. Disponível em: https://agenciabrasil.ebc.com.br/economia/noticia/2018-07/ibge-participacao-de-mulheres-no-campo-aumentou-nos-ultimos-anos#:~:text=Da-

direção do estabelecimento agropecuário no Brasil é de 80,9 % dos homens, e 18,6% das mulheres[19]. Ou seja: o homem ainda é o tradicional "produtor rural" em nosso país.

Com relação à gestão dos *resíduos sólidos*, atualmente 70% da mão de obra das cooperativas é composta por mulheres. Os dados são de um estudo feito pelo Movimento Nacional dos Catadores de Materiais Recicláveis (MNCR), em 2014. Segundo o relatório do MNCR, existem no Brasil cerca de 800 mil pessoas trabalhando no ramo da reciclagem. A maior parte das mulheres atua dentro das cooperativas, enquanto os homens atuam mais como catadores. Os trabalhos das mulheres nesse campo são fundamentais para a implementação de uma *economia circular*, que permite que o plástico e outros materiais sejam reciclados para virar novamente matéria-prima para a indústria. Nesse processo, o lixo se torna matéria-prima, além de permitir que as empresas reduzam custos e perdas, gerem fontes alternativas de receita e diminuam a dependência de matérias-primas virgens[20].

A plataforma Recicla Sampa, da Loga e da EcoUrbis, concessionárias responsáveis pela gestão do lixo na cidade de São Paulo, apontam que nessa cidade as mulheres são mais engajadas do que os homens quando o assunto é *reciclagem do lixo*. Entre fevereiro e outubro de 2019, cerca de 39 mil mulheres acessaram a plataforma, que reúne materiais educativos sobre a reciclagem e o descarte responsável, o que equivale a 61% dos acessos totais no local.[21]

O *manejo consciente do lixo* leva à reutilização de 40% do material produzido pela cidade de São Paulo. Atualmente, de cerca de 12 mil toneladas

---

dos%20preliminares%20divulgados%20hoje%20(26,2006%20e%20o%20ano%20passado. Acesso em 03 de julho de 2020.

19. IBGE. *Censo Agropecuário 2017*. Disponível em: https://www.ibge.gov.br/estatisticas/economicas/agricultura-e-pecuaria/21814-2017-censo-agropecuario.html. Acesso em 29 de junho de 2020.

20. TERRA. *Mulheres são maioria no setor da reciclagem de resíduos sólidos*. 2020. Disponível em: https://www.terra.com.br/noticias/dino/mulheres-sao-maioria-no-setor-da-reciclagem-de-residuos-solidos,1232f6701ee0416bd267873cc027bf1bfnfmg28s.html. Acesso em 05 de julho de 2020.

21. CROQUER, Gabriel. *Reciclagem em SP: mulheres são mais engajadas do que homens*. 2019. Disponível em https://noticias.r7.com/sao-paulo/reciclagem-em-sp-mulheres-sao-mais-engajadas-do-que-homens-29102019. Acesso em 04 de julho de 2020.

produzidas por dia na cidade, somente 7% são reaproveitadas, segundo a Amlurb (Autoridade Municipal de Limpeza Urbana). Esse processo ainda impede que materiais recicláveis sejam destinados a aterros sanitários ou lixões, onde os materiais são enterrados e, na maioria das vezes, inutilizados. No âmbito doméstico, as mulheres assumem grande parte da separação do lixo. Em razão do papel de dona de casa que lhe é atribuído culturalmente, as mulheres apresentam-se hoje mais engajadas na questão da reciclagem, justamente por esse protagonismo que ainda as acompanham nas tarefas domésticas.[22]

As *mudanças climáticas* causam amplos impactos no meio ambiente, e influenciam o desenvolvimento econômico e social. Contudo, as mudanças climáticas não se dão de uma forma homogênea, e os seus efeitos variam entre regiões e entre diferentes gerações, grupos de renda e ocupações, bem como entre mulheres e homens. Em razão, em parte, das suas capacidades adaptativas mais baixas, os países em desenvolvimento e as pessoas que vivem na pobreza provavelmente sofrerão impactos mais significativos[23].

As mulheres formam uma parcela desproporcionalmente grande dos pobres em países de todo o mundo. Nas áreas rurais dos países em desenvolvimento elas são altamente dependentes dos recursos naturais locais para sua subsistência, em face da sua responsabilidade de garantir água, alimentos e energia para cozinhar e aquecer. Os efeitos das mudanças climáticas, incluindo secas, chuvas incertas e desmatamento, dificultam a proteção desses recursos. Em comparação com os homens nos países pobres, as mulheres enfrentam desvantagens históricas, que incluem, por exemplo, acesso limitado à tomada de decisões[24].

Por fim, em termos de políticas públicas ambientais, seja em questões que envolvam agricultura, resíduos sólidos, mudanças climáticas, entre outras, será sempre necessária uma análise de gênero, a fim de que as

---

22. CROQUER, *ob. Cit.*
23. UN Women. Women, *Gender Equality and Climate Change*. 2009. Disponível em: https://www.un.org/womenwatch/feature/climate_change/. Acesso em 03 de julho de 2020.
24. UN Women. Women, *Gender Equality and Climate Change*. 2009. Disponível em: https://www.un.org/womenwatch/feature/climate_change/. Acesso em 03 de julho de 2020.

necessidades e prioridades específicas de mulheres e homens sejam identificadas e abordadas. Isso deverá fornecer um diagnóstico mais claro da realidade socioambiental hoje vivenciada no Brasil, com potencial para se articular elementos imprescindíveis ao estabelecimento de políticas específicas que congreguem proteção ambiental e equidade de gênero.

4. AMPLIAÇÃO DO ESCOPO DA JUSTIÇA AMBIENTAL: A QUESTÃO DE GÊNERO

A *justiça ambiental* refere-se às situações diferenciadas de relações mulheres e homens com relação ao meio ambiente. Essas diferenças ou desigualdades podem ser encontradas não apenas em gêneros distintos, mas em hipóteses que envolvem outras variáveis como a raça, a posição social, o nível de educação do indivíduo, entre outras. A *desigualdade ambiental* pode se manifestar tanto sob a forma de proteção ambiental desigual; como pelo acesso desigual aos recursos ambientais. A proteção desigual dá-se com relação a não implementação de políticas ambientais, causando-se riscos, intencionais ou não, para a população mais vulnerável e carente.

Essa desigualdade não existe em função do sexo ou das habilidades naturais dos indivíduos, mas revela-se como o resultado de um longo processo político, cultural e socialmente desenhado. Acselrad *et al* enfatizam que "se há diferença nos graus de exposição das populações aos males ambientais, isso não decorre de nenhuma condição natural, determinação geográfica ou casualidade histórica, mas de processos sociais e políticos que distribuem de forma desigual a proteção ambiental." [25]

De acordo com Bell[26], a *justiça ambiental* pode ser definida como "(...) a realização de um ambiente saudável para todos; igualdade de acesso (através de grupos sociais) a bens ambientais; igual proteção contra danos ambientais; igualdade de acesso à informação ambiental; e participação

25. *Ob. Cit*, p. 73.

26. BELL, Karen. Bread and Roses: a gender perspective on environmental justice and public health. *In*: *International Journal of Environmental Research and Public Health*. vol. 13, p. 1. Available in http://www.mdpi.com/1660-4601/13/10/1005/htm. Accessed on June 29, 2020.

igualitária na tomada de decisão ambiental."[27] Sob uma perspectiva além da visão tradicional ou originária de justiça ambiental, Bell [28] defende que, além da justiça distribucional e processual, há a necessidade ainda de uma *justiça substantiva*, isto é, a realização de um ambiente saudável para todos; além das categorias sociais ligadas à raça e à renda, incluindo-se outras categorias como o gênero. Esse entendido como um tratamento desigual conferido a homens e mulheres.

As causas da desigual proteção ambiental, segundo Acselrad *et al* [29], são: o mercado, as políticas, a desinformação e a neutralização da crítica potencial. Nesses termos, os responsáveis pela produção de riscos evitariam tornar públicos os perigos que criam, criando certa "expropriação dos sentidos", como um "mal necessário do desenvolvimento", uma "cegueira" dos cidadãos é trabalhada institucionalmente a fim de neutralizar o alcance à esfera pública.

A *contrario sensu*, a *justiça ambiental* normalmente diz respeito à superação das desigualdades impostas pelo processo de produção capitalista, que, por sua vez, direciona a maior concentração de conseqüências da degradação da natureza a grupos sociais economicamente menos favorecidos. E, apesar dos pequenos ganhos das mulheres nas últimas décadas com relação a reconhecimento/visibilidade, além do seu protagonismo com relação às questões ambientais, elas estão ainda muito aquém de um patamar de igualdade com os homens. Uma perspectiva de gênero e/ou feminista também está geralmente ausente na política, prática e ativismo da justiça ambiental. Daí a necessidade de se integrar mais uma perspectiva de gênero no discurso de justiça ambiental.

Bell [30] destaca estudos que demonstram a carga que pesa sobre as mulheres para a realização de atividades de proteção ambiental, como a

---

27. "Environmental justice is a contested concept but may be summarized as the multi-dimensional demand for, and/or achievement of, a healthy environment for all; equal access (across social groups) to environmental goods; equal protection from environmental harms; equal access to environmental information; and equal participation in environmental decision-making." Tradução da autora.

28. *Ob. Cit*, p. 1.

29. ACSELRAD, Henri; MELLO Cecília Campello do A.; BEZERRA, Gustavo das Neves. *O que é justiça ambiental*. Rio de Janeiro: Garamond, 2009, p.78-81.

30. *Ob. Cit*, p.5.

reciclagem ou a eficiência energética. No mundo desenvolvido, as mulheres devem decidir se podem pagar o *custo financeiro do tempo e a energia física* para comprar alimentos orgânicos, adubar resíduos verdes, reciclar, cozinhar alimentos frescos, usar fraldas reutilizáveis, absorventes femininos e outros itens quando houver alternativas descartáveis disponíveis. O papel tradicional das mulheres na gestão familiar apresenta oportunidades para que elas influenciem as atividades de estilo de vida, tais como escolhas de alimentos e níveis de reciclagem.[31] Aqui, denuncia-se ainda, em tempos atuais, uma divisão injusta e não equitativa do trabalho em casa, com conseqüente fardo ambiental no nível doméstico suportado pelas mulheres.

Outra informação relevante é a de que as mulheres constituiriam a maioria das pessoas envolvidas no movimento de justiça ambiental no nível de base. No entanto, Bell[32] destaca que nos setores mais formais, bem financiados e *mainstream* do ambientalismo, a *tomada de decisão ambiental* é geralmente dominada pelos homens, assim como nos papéis de liderança e gestão nos setores de recursos, energia e planejamento, nas negociações internacionais sobre mudança climática, locais onde as mulheres estariam ainda muito sub-representadas[33].

Nos últimos anos tem havido um aumento nas taxas de morbidade e mortalidade de doenças não transmissíveis – doenças cardiovasculares, diabetes, câncer e doenças respiratórias crônicas. As taxas de incidência de câncer, em todo o mundo continuam aumentando. Vários estudos ligam essas epidemias de doenças não-transmissíveis a substâncias tóxicas na água que bebemos, nos alimentos que ingerimos, nos produtos que usamos e no ar que respiramos. Doenças cardíacas, câncer, pneumonia, doença respiratória, desfechos adversos ao nascimento, comprometimento

---

31. "Several studies also highlight the burden placed on women to carry out environmental protection activities, such as recycling or energy efficiency. In the developed world, women must decide if they can afford the time, financial cost and physical energy to buy organic food, compost green waste, recycle, cook fresh food, and use reusable nappies, menstrual products and other items when there are disposable alternatives available. Women's traditional role in household management presents opportunities for them to influence lifestyle activities, such as food choices and levels of recycling." Tradução da autora.

32. BELL, *Ob. Cit*, p. 6.

33. BELL, *Ob. Cit*, p. 6.

do desenvolvimento cognitivo, diabetes, depressão e suicídio, por exemplo, têm sido associadas à poluição do ar, isoladamente[34].

Outro ponto importante é que a noção de incluir as mulheres no âmbito da *justiça ambiental* em termos de "vulnerabilidade", poderá se transformar em estereótipos de mulheres vistas como fracas e com necessidade de proteção. Contudo, são as razões econômicas e sociais que geralmente melhor explicam o que pode ser percebido como a "vulnerabilidade" relativa às mulheres. Isso inclui, inclusive, as evidências que sugerem que isso ocorre como resultado de papéis de gênero socialmente determinados e da baixa renda, já que geralmente mulheres são mais pobres do que os homens, e, por isso, mais propensas a viver em habitação insegura e em áreas propensas a risco. Em razão do seu papel pré-determinado de gênero, elas também são mais propensas a estar com as crianças.[35]

Assim, embora outros fatores sejam influentes, a pobreza e o *status* desigual são os principais fatores que geram *injustiça ambiental* ligadas ao gênero. As causas desta pobreza e desigualdade seriam provenientes de processos típicos do capitalismo e do patriarcado, este entendido como um sistema social onde o homem mantém o seu poder e privilégio em termos de liderança política, autoridade moral, controle de propriedades e chefia das famílias.

Assim, a tendência de polarização das desigualdades de renda e riqueza, o desemprego e o subemprego, atribuídos geralmente ao capitalismo, o tornam uma das causas da injustiça ambiental. Nesses termos, os segmentos de classes característicos de uma sociedade capitalista retratam o favorecimento de algumas pessoas em detrimento de outras e, conseqüentemente, os benefícios e custos que são distribuídos de acordo com o poder de compra, e conforme o papel que é pré-determinado socialmente em razão do gênero.

Nesse contexto, Bell [36] defende que a *justiça ambiental* poderia ser alcançada através de um controle democrático e coletivo sobre a economia,

34. BELL, *Ob. Cit*, p. 9.

35. BELL, *Ob. Cit*, p. 10-11.

36. BELL, *ob. Cit*, p. 13.

onde as necessidades da sociedade e do meio ambiente seriam priorizadas, e o trabalho e os recursos seriam orientados para esses fins. Estabelecer uma humanidade livre das restrições do capitalismo, do patriarcado e de outros modos de *opressão estrutural* exigirá que as pessoas sejam informadas, e desejem pensar de forma independente, compartilhando o seu conhecimento e pensamento.

Bell[37] conclui, por fim, que "as mulheres experimentam injustiça ambiental distributiva, processual e substantiva, sem acesso a recursos ambientais, levando a uma carga injusta de dano ambiental, e sendo restringida em termos de influência sobre tomada de decisão ambiental. Este é um ataque ao bem-estar psicológico, físico, econômico e social das mulheres, às vezes resultando em morte."[38] A exploração das mulheres no local de trabalho e em casa, a divisão sexual do trabalho, e a desvalorização das mulheres na sociedade, restringe suas escolhas e mina sua capacidade de moldar a sociedade de acordo com as suas necessidades.

Lamim-Guedes e Inocêncio entendem que se deveria adotar uma visão de mundo baseada na diferença, de forma a fortalecer (*empowerment*) o grupo oprimido, sendo de suma importância que as estratégias ambientais devam "incorporar em sua práxis a relação opressor-oprimido, problematizando as amarras sociais que as originam, auxiliando o que se vem chamando de novas relações com o meio ambiente, as quais valorizam a participação feminina, dentre outros pontos."[39]

Ainda no âmbito da sobreposição de situações e características que envolvem a *injustiça ambiental* de gênero, há o fato de que a *mulher negra* está na intersecção de mais de um tipo de dominação, no caso o racismo e o sexismo. A não percepção da intersecção de questões do gênero

37. BELL, *ob. Cit*, p. 13.

38. "Women experience distributional, procedural and substantive environmental injustice, lacking access to environmental resources; carrying an inequitable burden of environmental harm; and being constrained in terms of influence over environmental decision making. This is an attack on women's psychological, physical, economic, and social wellbeing, sometimes ultimately resulting in death" Tradução da autora.

39. LAMIM-GUEDES, Valdir; INOCÊNCIO, Adalberto Fernando. *Mulheres e Sustentabilidade*: uma aproximação entre movimento feminista e a educação ambiental. Disponível em: http://www.revistaea.org/pf.php?idartigo=1559. Acesso em 27 de maio de 2020.

feminino com outros fatores tais como a raça, deu causa à criação da *teoria da interseccionalidade*. Esta traz a idéia de que, apesar de todas as mulheres estejam de algum modo sujeitas a discriminação de gênero, outros fatores – incluindo raça e cor da pele, posição social, idade, etnia, ascendência, orientação sexual, religião, classe socioeconômica, cultura – combinam-se para determinar sua posição social[40].

Crenshaw afirma que as molduras (*frames*) de dominação tais como gênero, raça, orientação sexual etc., tendem a se sobrepor, criando intersecções que, ao invés de aumentar a visibilidade daquela que se encontra em uma ou várias intersecções, torna-a invisível e às margens da sociedade. No âmbito da teoria da interseccionalidade, as mulheres negras acabariam marginalizadas dentro dos movimentos feministas e antirracistas, isso porque, na prática, não há diálogo entre esses movimentos[41].

Assim, seria crucial pensar a *interseccionalidade* para além das tradicionais vulnerabilidades sofridas pelas mulheres, buscando-se entender como os eixos de dominação tradicionais se relacionam, partindo-se de um cenário pré-estabelecido socialmente, marcado pela desigualdade e pela imposição de múltiplos e sobrepostos fardos, apenas em razão do gênero.

5. CONCLUSÃO

A situação das mulheres em relação às questões afetas à desigualdade de gênero ainda continua precária no século XXI, isso não só em termos de participações em âmbito nacional e internacional, mas também em termos de tomadas de decisão sobre temas ambientais e de desenvolvimento, além da desigualdade e dificuldades vivenciadas no que concerne aos riscos ambientais.

Por isso, a proteção do meio ambiente deve envolver, também, o empoderamento (*empowering*) das mulheres para que possam participar das ações comunitárias e influenciar, de forma efetiva, as ações do governo. As

40. CRENSHAW, Kimberlé Williams. *Mapping the Margins*: intersectionality, identity politics, and violence against women of color. 1994. Disponível em: https://www.racialequitytools.org/resourcefiles/mapping-margins.pdf. Acesso em 28 de junho de 2020.

41. CRENSHAW, *ob. Cit.*, p. 1-2.

mulheres precisam ser visualizadas como sujeitos políticos, sujeitos de direito. A questão da igualdade de direitos entre homens e mulheres, que em alguns contextos pode parecer algo já superado, é um princípio de grande urgência na atualidade.

A *justiça ambiental* é uma questão de desenvolvimento emergente que pode contribuir para combater a discriminação, eliminar a pobreza e reduzir a desigualdade. A justiça ambiental pode ser definida como a realização de um ambiente salutar para todos, com igualdade de acesso a bens ambientais; igual proteção contra danos ambientais; igualdade de acesso à informação ambiental; e participação igualitária na tomada de decisão ambiental.

Assim, a *justiça ambiental* deverá ser estudada e visualizada de forma complexa, sistêmica, de modo a se identificar os sistemas e os processos que ela abarca, identificando-se suas debilidades, e investindo-se em conhecimentos que apontem as soluções para melhor compreender e transpor obstáculos na área ambiental, e melhor trabalhar o papel de homens e mulheres na relação com o meio ambiente.

No Brasil, pode-se afirmar que as mulheres experimentam injustiça ambiental distributiva, processual e substantiva, sem oportunidades reais e iguais na construção de seus mundos. Daí a necessidade de ampliação do escopo daquela justiça às questões de gênero, e a necessária equalização do acesso aos recursos ambientais. Evidências revelam que essa *injustiça ambiental de gênero* pode ser atribuída à menor renda e status das mulheres (em relação aos homens), condições estas perpetradas e perpetuadas pelo capitalismo e patriarcado, arranjos sociais que estabelecem como "natural" protagonismos e privilégios masculinos, relegando à mulher um mundo de desvantagens e desigualdades que subjugam sua existência.

A exploração das mulheres no local de trabalho e em casa, a divisão sexual do trabalho, e a desvalorização das mulheres na sociedade, restringem suas escolhas e mina sua capacidade de moldar a sociedade de acordo com suas necessidades. Elas ainda suportam impactos desproporcionais do subdesenvolvimento, da crescente poluição e degradação dos serviços ecossistêmicos, além do acesso desigual e benefícios da utilização de recursos naturais e recursos extrativos.

O lento processo de mudança dos padrões culturais de gênero amenizou as tradicionais barreiras à entrada das mulheres no mercado de trabalho, reduziu a taxa de fecundidade e elevou os níveis de escolaridade das mulheres nas últimas décadas. Contudo, as desigualdades postas e impostas socioculturalmente às mulheres ainda dificultam suas trajetórias, tornando-as mais árduas e injustas, num sistema de opressão estruturada que termina por influenciar a sua relação com o próprio meio.

Finalmente, a *injustiça ambiental de gênero* não se coaduna com aspectos contemporâneos que se pretendam dentro dos padrões aceitáveis de evolução histórica, cultural e sociológica. Por isso, o flagelo ao feminino deverá ceder, assim como um dia os homens tiveram que renunciar à escravatura de outros seres.

25

OS DIREITOS FUNDAMENTAIS DAS MULHERES À AUTODETERMINAÇÃO E À PROTEÇÃO CONTRA VIOLÊNCIA

Soraia da Rosa Mendes

Pós-Doutora em Teorias Jurídicas Contemporâneas pela Universidade Federal do Rio de Janeiro, UFRJ. Doutora em Direito pela Universidade de Brasília – UnB. Mestre em Ciência Política pela Universidade Federal do Rio Grande do Sul – UFRGS. Professora Associada do Programa de Pós-Graduação Mestrado e Doutorado em Direito e Políticas Públicas do Centro de Ensino Unificado de Brasília – UniCEUB. Advogada. E-mail: soraia@soraiamendes.com.br

INTRODUÇÃO

O garantismo toma como única justificativa do direito penal a sua função de *lei do mais fraco*, em contraposição à *lei do mais forte*, que vigora na sua ausência. De modo que, o monopólio do poder estatal do poder punitivo é tanto mais justificado quanto mais baixos forem os custos do direito penal em relação aos custos da *anarquia punitiva*.[1]

1. FERRAJOLI, Luigi. *Direito e Razão: teoria do garantismo penal.* São Paulo: Revista dos Tribunais, 2006, p. 312.

Desta forma, Ferrajoli define o direito penal como uma técnica de definição, de individualização e de repressão da desviação. Técnica esta que manifesta-se através de coerções e restrições aos potenciais desviantes, aos suspeitos de sê-lo, ou, ainda, aos condenados enquanto tais. As restrições são três, e correspondem, em igual número, aos momentos da técnica punitiva, ou seja, ao delito, ao processo e à pena[2].

O primeiro momento, do delito, consiste na definição ou proibição dos comportamentos legalmente classificados como desviantes e, assim, a uma limitação da liberdade de ação de todas as pessoas. O segundo momento, do processo, é o momento da sujeição coercitiva ao juízo penal de todos os suspeitos de haver violado as proibições penais. E o terceiro momento, o da punição, dos julgados culpados. Em síntese, trata-se de saber quando e como proibir, quando e como julgar, e quando e como punir.

De outro lado, os direitos fundamentais são (e se justificam enquanto tais) leis dos mais fracos em alternativa às leis dos mais fortes que vigorariam na sua ausência[3]. Assim, em primeiro lugar estará o direito à vida, contra a lei de quem é mais forte fisicamente; em segundo lugar, os direitos de imunidade e de liberdade, contra a lei de quem é mais forte politicamente; em terceiro lugar, os direitos sociais, que são os direitos à sobrevivência contra a lei de quem é mais forte social e economicamente.

Como diz Ferrajoli[4], é exatamente porque os direitos fundamentais são sempre leis dos mais fracos contra a lei dos mais fortes, que esses têm validade como direitos do indivíduo para proteger as pessoas também – e acima de tudo – contra as suas culturas, e, até mesmo, contra suas famílias: a mulher contra o pai e o marido, o menor contra os pais, e, em geral, os oprimidos contra suas culturas opressivas.

No campo penal, muito do debate feminista sobre os direitos das mulheres gira em torno do direito de decidir sobre a maternidade e sobre o direito de não ser vítima de violência. O que, para muitos, corresponde a

---

2. FERRAJOLI, 2006, p. 195.
3. Ferrajoli erige o papel dos direitos fundamentais enquanto *lei dos mais fracos* como um dos critérios para determinar quais direitos devem ser garantidos como fundamentais.
4. FERRAJOLI, Luigi. *Por uma Teoria dos Direitos e dos Bens Fundamentais*. Porto Alegre: Livraria do Advogado, 2011, p. 107.

uma pauta de reivindicações contraditória do movimento feminista, pois, ao mesmo tempo em que este reivindica de forma libertária a descriminalização do aborto (numa tendência abolicionista), assume uma postura punitivista, ao pleitear penas mais duras em casos de violência de gênero. Tal contradição, entretanto, é apenas aparente, e possível de ser desfeita quando a pauta de feminista é analisada sob a ótica dos direitos fundamentais.

Nesta ordem de ideias o presente artigo buscar refletir sobre direito fundamental das mulheres à autodeterminação e o direito fundamental das mulheres à proteção, enquanto vetores estruturantes a partir dos quais devem ser deduzidos os limites de atuação do poder punitivo nas situações que envolvem os direitos reprodutivos e a violência de gênero.

1. BREVES NOTAS SOBRE OS DIREITOS FUNDAMENTAIS

Segundo Ferrajoli[5] responder à pergunta *o que são direitos fundamentais* envolve uma abordagem que pode se dar sob quatro diferentes ângulos. Em primeiro lugar, segundo o autor, sob o ponto de vista da *justiça*, a interrogação é de tipo axiológico. Ou seja, a melhor pergunta é: *quais direitos é justo que sejam estabelecidos como direitos fundamentais?*

Para Ferrajoli[6] aqui a resposta é de tipo normativo, posto que depende de critérios meta-éticos ou meta-políticos – a convivência pacífica, a igualdade, a dignidade das pessoas, as suas necessidades vitais ou similares – idôneos para justificar a previsão de determinados interesses ou necessidades como direitos fundamentais. Nesse caso o fundamento dos direitos fundamentais é de ordem axiológica concernente aos valores ou princípios de justiça nos quais radicam os próprios direitos fundamentais.

Em segundo lugar está o ponto de vista da validade, do direito positivo, que corresponde a uma resposta de tipo empírico e assertivo, já que são fundamentais aqueles direitos que no ordenamento jurídico estão estipulados como tais. A origem está no ordenamento jurídico.

---

5. FERRAJOLI, Luigi. *Los Fundamentos de los Derechos Fundamentales.* Madrid: Trotta, 2005, p. 89.
6. *Ob. Cit*, 2005, p. 90.

Sob este prisma, segundo o autor, são direitos fundamentais os postos na Constituição, assim como os decorrentes dos tratados e convenções internacionais, como a Declaração Universal dos Direitos Humanos de 1948, ou a Convenção para a Eliminação de Todas as Formas de Discriminação contra as Mulheres etc.

Em terceiro lugar o ponto de vista é o da efetividade, que corresponde, também, a uma resposta empírica e assertiva. Entretanto, a referência empírica não é constituída pelas normas, mas por aquilo que de fato acontece ou aconteceu no ordenamento em relação à concreta tutela, ou concreta violação dos direitos neste estabelecidos. O fundamento dos direitos fundamentais refere-se à origem histórica, ou o substrato sociológico das conquistas da civilização que eles próprios representam[7].

Neste aspecto, as trajetórias do feminismo e do constitucionalismo se cruzam. Pois, a construção histórica dos direitos fundamentais não é meramente teórica, já que nenhum direito deste teor simplesmente "caiu do céu". Eles, os direitos fundamentais, são o resultado de disputas políticas, sociais, econômicas etc. Ou seja, se trata de uma história escrita a partir de rupturas que, para alguns autores, vão desde a revolução americana e francesa, até as lutas operárias, pacifistas, ecologistas e, obviamente, sufragistas, feministas.

Para Ferrajoli existe, ainda, uma quarta resposta, dada pela teoria do direito, entendida por ele como "estipulativa e convencional". Para o autor, direitos fundamentais "são todos aqueles que são atribuídos universalmente a todos enquanto pessoas, enquanto cidadãos, ou enquanto seres capazes de agir"[8].

Esta última resposta não diz nada sobre os conteúdos dos direitos fundamentais, somente identifica sua forma e estrutura lógica. Por outro lado, ela diz que, se queremos garantir um direito como "fundamental", devemos subtraí-lo da disponibilidade política e da disponibilidade do mercado, formulando-o na forma de uma regra geral válida para todos[9].

---

7. *Ob. Cit*, 2005, p.90-91.
8. *Ob. Cit*, 2005, p.92.
9. *Ob. Cit*, 2005, p.93.

Para o autor a universalidade é a única técnica de tutela das necessidades e expectativas (quaisquer que sejam) veiculadas pelos direitos fundamentais. E isso, por três razões, que estão no plano da justiça, da validade e da efetividade.

A justiça está relacionada à igualdade, e refere-se ao fato de que, ao contrário dos direitos patrimoniais (por natureza, disponíveis e alienáveis) os direitos fundamentais são indisponíveis. A indisponibilidade dos direitos é o corolário de sua forma universal[10].

A validade centra-se no fato de que a forma universal de tais direitos representa a base para a sua garantia normativa. Como diz Ferrajoli[11]:

> Compostos por normas que estão estabelecidos em constituições rígidas supra-ordenadas à legislação ordinária, esses direitos não só são indisponíveis, como também funcionam como limites e restrições à legislação e, mais em geral, ao poder político da maioria, que não pode derrogá-los. Desenham aquela que chamamos de "esfera do não decidível (que não)". Precisamente os direitos de liberdade, consistindo em imunidades as quais correspondem proibições por parte do Estado, definem a esfera daquilo que nenhuma maioria pode decidir fazer (...).

A efetividade relaciona-se ao fato de que os direitos fundamentais, enquanto direitos universais, são normas, ou seja, regras gerais. E, portanto, exigem, como condições de efetividade, a introdução das respectivas garantias como leis de atuação. Como exemplifica Ferrajoli[12]:

> A existência de uma norma constitucional sobre o direito à saúde, por exemplo, não implica a existência das relativas garantias, se essas não tiverem sido introduzidas, na atuação de tal direito, com a instituição de serviços de saúde gratuitos para todos. Nem mesmo o homicídio seria punível por força da simples existência do direito à vida, se não fossem as leis penais e processuais que o preveem como delito e disciplinam a investigação e a punição.

10. *Ob. Cit*, 2005, p.99.
11. *Ob. Cit*, 2005, p.99.
12. *Ob. Cit*, 2005, p.102.

No plano fático, todavia, sabemos que é possível que não existam – mesmo que devessem existir – obrigações ou vedações correspondentes a um direito fundamental, por causa da (indevida) inexistência da norma que os preveja. Esse era o caso, entre nós, do § 8º do art. 226 da Constituição Federal de 1988, cuja concreção efetiva somente se dá em 2006, com a promulgação da Lei 11.340, conhecida como Lei Maria da Penha.

Pode ocorrer também que não existam – mesmo que devessem existir – órgãos e procedimentos hábeis para declarar as violações, e aplicar as respectivas sanções, por causa, também da indevida inexistência de normas. E, além disso, também é possível que dado um direito fundamental, consistente em uma permissão (por exemplo a liberdade de manifestação de qualquer pensamento), exista – mesmo se não devesse existir, por força do princípio da não contradição – a vedação (ou a não permissão) do mesmo comportamento (por exemplo da manifestação de pensamentos vilipendiosos), por causa da (indevida) existência da norma que o prevê[13].

Lacunas e antinomias são, portanto, possíveis. E, em alguma medida, até inevitáveis, dentro de um sistema nomodinâmico de direito positivo. Mas, é nesse momento, que se há de exigir mais da ciência jurídica. Há de se exigir o cumprimento de um papel crítico de assunção do dever de detectar e atuar em direção às leis de atuação que a estipulação dos direitos fundamentais determina que sejam produzidas.

Tendo em vista a concepção de que os direitos fundamentais são concebidos como aqueles que não estão dados à disponibilidade política, ou à disponibilidade do mercado, e que, a universalidade desses direitos, corresponde à indisponibilidade, a limites, a restrições à legislação, e a reivindicação de leis de atuação, é possível traçar a configuração de *direitos fundamentais das mulheres,* a partir do princípio da dignidade da pessoa humana.

A dignidade da pessoa humana abrange (embora a isso não se restrinja) a vedação da coisificação. Sendo que, em uma dupla perspectiva ontológica e instrumental, compreende a dimensão negativa (defensiva) e

13. *Ob. Cit*, 2005, p.102-103.

a positiva (prestacional). Na definição de Sarlet [14], a dignidade da pessoa humana define-se como:

> a qualidade intrínseca e distintiva reconhecida em cada ser humano que o faz merecedor do mesmo respeito e consideração por parte do Estado e da comunidade, implicando, neste sentido, um complexo de direitos e deveres fundamentais que assegurem a pessoa tanto contra todo e qualquer ato de cunho degradante e desumano, como venham a lhe garantir as condições existenciais mínimas para uma vida saudável, além de propiciar e promover sua participação ativa e corresponsável nos destinos da própria existência e da vida em comunhão com os demais seres humanos.

Neste contexto, a dignidade possui uma dimensão dúplice, que se manifesta enquanto simultaneamente expressão da autonomia da pessoa humana, bem como da necessidade de sua proteção[15]. E a garantia da dignidade humana reside nos direitos fundamentais que asseguram o respeito da identidade como pessoa. Respeito este que reclama tanto os direitos de liberdade, quanto os direitos sociais.

Temos assim, como garantia da qualidade intrínseca e distintiva reconhecida em cada ser humano, por um lado, os direitos de liberdade como todos os direitos à afirmação, à tutela e à valorização de todas as diferenças de identidade que fazem de homens e mulheres igualmente merecedores/as do mesmo respeito e consideração por parte do Estado, da comunidade e da família. Por outro lado, os direitos sociais, o direito à sobrevivência (saúde, educação, alimentação, entre outros), que são todos direitos à redução das desigualdades nas condições de vida.

Todos os direitos fundamentais são (e se justificam enquanto tais), como ensina Ferrajoli, leis dos mais fracos em alternativa às leis dos mais fortes que vigorariam na sua ausência. E, nesta ordem de ideias, em primeiro lugar estará o direito à vida, contra a lei de quem é mais forte fisicamente; em segundo lugar, os direitos de imunidade e de liberdade, contra a lei

---

14. SARLET, Ingo W. *Dignidade da Pessoa Humana e Direitos Fundamentais na Constituição de 1988.* Porto Alegre: Livraria do Advogado, 2001, p. 60.
15. SARLET, Ingo W. *Op. Cit. Dignidade da Pessoa Humana e Direitos Fundamentais na Constituição de 1988.* Porto Alegre: Livraria do Advogado, 2001.

de quem é mais forte politicamente; em terceiro lugar, os direitos sociais, que são os direitos à sobrevivência contra a lei de quem é mais forte social e economicamente.

Como diz Ferrajoli[16], é exatamente porque os direitos fundamentais são sempre leis dos mais fracos contra a lei dos mais fortes, que esses têm validade como direitos do indivíduo para proteger as pessoas também – e acima de tudo – contra as suas culturas, e, até mesmo, contra suas famílias: a mulher contra o pai e o marido, o menor contra os pais, e, em geral, os oprimidos contra suas culturas opressivas.

Tomando a dignidade da pessoa humana[17] como pano de fundo vê-se que, tanto o direito à autodeterminação, quanto o direito à proteção, se colocam como vetores estruturantes a partir dos quais devem ser deduzidos os limites de atuação do direito penal especificamente nas situações que envolvem os direitos reprodutivos e a violência de gênero.

2. O DIREITO FUNDAMENTAL DAS MULHERES À AUTODETERMINAÇÃO

A liberdade é um conceito fundamental para todos os juristas, entretanto, adquire relevo ainda maior para as mulheres, para quem configura liberdade de autodeterminação e autorrealização[18]. Contudo, o conceito de liberdade tem um âmbito de aplicação quase ilimitado. Pois, quase tudo o que desde algum ponto de vista é considerado bom ou desejável é vinculado com ele.

16. *Ob. Cit*, 2011, p.107.

17. Segundo Ferrajoli são critérios meta-éticos e meta-políticos capazes de dar uma resposta racional – em sede de *filosofia política* e, mas amplamente, em sede moral e política – para a pergunta "quais direitos devem ser garantidos como fundamentais?", além da dignidade da pessoa e a da igualdade, também a paz e a própria concepção dos direitos fundamentais como tutela dos mais fracos. Especificamente com relação à paz Ferrajoli afirma existir "uma relação biunívoca entre o grau de paz e o grau de garantismo para o suporte de todos estes direitos. Para ele, a paz é tanto mais sólida e os conflitos tanto menos violentos e chocantes – dentro das sociedades nacionais em nível internacional, na esfera pública e na esfera privada das relações interpessoais – quanto mais as garantias de tais direitos são extensas e efetivas" Ver: FERRAJOLI, 2011.

18. PITCH, Tamar. *Un Derecho para Dos: la construcción jurídica de género, sexo y sexualidad*. Madrid: Trotta, 2003, p. 262.

Segundo Alexy[19] é impossível caracterizar com maior precisão a conotação *emotiva* da palavra liberdade. Geralmente quem designa algo como "livre" não somente descreve, mas expressa uma valoração positiva, e cria em seus ouvintes um estímulo para compartilhar esta valorização. A conotação emotiva positiva relativamente constante pode ser vinculada com significados descritivos mutáveis. Quem deseja estimular alguém para que realize uma ação pode tentar fazê-lo dizendo que "liberdade" consiste em realizar esta ação. Enfim, liberdade é um conceito polissêmico.

Em termos mais restritos, entretanto, de acordo com Alexy, é possível falar em liberdade jurídica na exata medida em que esta liberdade configure uma alternativa de ação – termos em que se poderá falar de uma *liberdade negativa.* Assim, uma pessoa é livre em sentido negativo na medida em que não lhe estão vedadas alternativas de ação. Nas exatas palavras de Alexy[20], "o conceito de liberdade negativa não diz nada acerca do que deve fazer uma pessoa livre no sentido negativo ou fará sob determinadas condições, tão somente diz sobre sua capacidade para fazer algo."

Liberdade positiva e liberdade negativa, nas acepções que lhe conferem Alexy, se diferenciam somente porque, na *liberdade positiva,* o objeto da liberdade é uma ação. Enquanto que, na *liberdade negativa,* consiste em uma alternativa de ação. E, é neste último aspecto que, como demonstrarei, a liberdade é elemento fundamental de limitação da atuação penal com relação às mulheres, pois, sob o prisma do direito das mulheres[21], a liberdade

19. ALEXY, Robert. *Teoría de los Derechos Fundamentales*. Madrid: Centro de Estudíos Políticos y Constitucionales, 2002.

20. *Op. Cit.*, p. 214.

21. Segundo Pitch (p. 261), o direito das mulheres se constitui como uma disciplina científica e acadêmica a partir dos fracassos das políticas de igualdade tanto formal quanto substancial e com um impulso cognoscitivo e político. Segundo ela, Tove Stang Dahl indica três fontes de conhecimento fundamentais para a construção da nova disciplina: as doutrinas jurídicas, os dados empíricos, e os valores morais e políticos. O direito das mulheres não pode tão somente inverter e atravessar os limites do dos diversos ramos do direito, precisamente porque as vidas concretas das mulheres não se deixam encerrar nem compreender pelas rígidas regras do privado ou do direito público. Estas, de outro lado, devem ser entendidas – e aí a necessidade de recorrer a instrumentos das ciências sociais – e interpretadas politicamente à luz de valores como justiça e liberdade. E justiça e liberdade não são somente valores axiomáticos como nas doutrinas do direito natural, mas valores que se constroem "desde baixo", quer dizer, cabendo

se define no contexto de vidas concretas, e na exata medida destas mesmas vidas. E é neste contexto que se coloca a discussão, no campo do direito penal, sobre a (des)criminalização do aborto.

O direito à autodeterminação, especificamente quanto ao direito de decidir sobre ser ou não mãe, é um direito que é, ao mesmo tempo, fundamental e exclusivo[22] das mulheres porque forma um todo com a liberdade pessoal (autodeterminação) da mulher em optar em se tornar mãe ou não. Trata-se, portanto, de uma liberdade negativa, de uma alternativa de ação.

De fato, qualquer decisão heterônoma, justificada a partir de interesses estranhos aos da mulher, equivale a uma lesão do segundo imperativo kantiano, segundo o qual nenhuma pessoa pode ser tratada como meio ou instrumento (neste caso, de procriação) para fins não próprios. Pois, enfim, diferente de outras proibições, a do aborto equivale a uma obrigação que é de tornar-se mãe, suportar a gravidez, dar à luz, criar um filho. E isso contrasta com todos os princípios liberais do direito penal. Conforme Ferrajoli[23]:

> De fato, não somente se trata de uma liberdade fundamental negativa (de não tornar-se mãe e, portanto, de abortar), mas uma imunidade contra construções e servidões pessoais que é complementar de uma liberdade positiva: o direito-poder de gerar, de trazer pessoas ao mundo, que é um poder por assim

---

admiti-los como resultados das experiências concretas e das valorações que emergem, tanto do movimento de mulheres em geral como de práticas específicas.

22. Segundo Ferrajoli o direito à autodeterminação em relação à maternidade constitui o único direito fundamental exclusivo das mulheres. Para o autor (2010, p.86), (...) "el derecho a la maternidad voluntaria como autodeterminación de la mujer sobre el propio cuerpo le pertenece de manera exclusiva porque en materia de gestación los varones no son iguales a las mujeres, y es sólo desvalorizando a éstas como personas y reduciéndolas a instrumentos de procreación como los varones han podido expropiarlas de esa su personal potencia sometiéndola al control penal. No puede, por tanto, configurarse un «derecho a la paternidad voluntaria» análogo y simétrico al «derecho a la maternidad voluntaria», por la simple razón de que la gestación y el parto no pertenecen a la identidad masculina sino sólo a la femenina. Allí donde la decisión de traer o no al mundo a través de un cuerpo femenino estuviera subordinada también al acuerdo con los potenciales padres, la decisión de éstos sería sobre el cuerpo de otra persona y equivaldría, pues, al ejercicio de un poder del hombre sobre la mujer que violaría al mismo tiempo la libertad de las mujeres y el igual valor de las personas."

23. FERRAJOLI, Luigi. *Derechos y Garantías: la ley del más débil*. Madrid: Trotta, 2010, p. 85.

> dizer *constituinte*, de tipo pré ou meta-jurídico, posto que é o reflexo de uma capacidade natural inerente de maneira exclusiva à diferença feminina. Não se trata só de um direito de liberdade, como também de um direito-pretensão ao que devem corresponder obrigações públicas, concretamente exigíveis, de assistência e de cuidado, tanto no momento da maternidade como do aborto.[24]

Uma *injustiça*, como ensina Habermas[25], define-se a partir da exata medida em que a liberdade é limitada e a dignidade humana é atingida por restrições que retira dos/as "oprimidos/as" e "submetidos/as" a possibilidade de exercer sua autonomia privada e pública. Significa que os direitos fundamentais, cuja tarefa é garantir às mulheres um delineamento autônomo para suas próprias vidas, não podem ser formulados de modo adequado à revelia das próprias envolvidas. Sem que estas articulem e fundamentem os aspectos considerados relevantes para o tratamento igual ou desigual em casos típicos. Ou seja, que a autodeterminação seja elaborada a partir do que ela significa para as próprias mulheres.

Nos marcos de um Estado (laico) Democrático de Direito, em que está garantida a liberdade (como direito à autodeterminação) a criminalização do aborto tal, como hoje prevista no Código de 1940, sequer foi recepcionada pela Constituição de 1988. Entendo, pois, que à luz da Constituição Federal, a manutenção do aborto como crime é juridicamente insustentável, em qualquer caso.

Lembremos que, no julgamento da ADPF n. 54 pelo Supremo Tribunal Federal, nos termos do voto do Relator Min. Marco Aurélio, a discussão sobre a interrupção da gravidez, em caso de anencefalia, envolveria a *dignidade humana, a liberdade, a autodeterminação, a saúde e o reconhecimento pleno de direitos individuais, especificamente, os direitos sexuais e reprodutivos de milhares de mulheres.* Ou seja, direitos fundamentais das mulheres, cujo respeito é necessário para que se conforme o princípio da dignidade da pessoa humana.

---

24. Tradução livre.
25. HABERMAS, Jürgen. *Direito e Democracia – Entre Facticidade e Validade.* Vol. II. Rio de Janeiro: Tempo Brasileiro, 2003.

É bem verdade que, assim como alguns outros/as Ministros/as, o Relator Min. Marco Aurélio, sustentou que não se estava a decidir de forma genérica sobre a *descriminalização* do aborto. Contudo, sob outro ângulo, é de observar-se que em sua fundamentação o Ministro poderia ter motivado a decisão na esfera do direito à saúde. O que, em princípio, bastaria. Mas, foi além. Restando claro que interromper uma gravidez não se trata somente de um direito à saúde, mas de uma ampla gama de direitos a serem considerados. Enfim, na concepção do aqui defendido, de direitos fundamentais das mulheres dentre os quais está o de autodeterminar-se.

O direito de livremente decidir sobre a maternidade trata-se de um direito fundamental e exclusivo das mulheres. Um direito que expressa aquilo que Stuart Mill chamava de a "soberania" de cada um para decidir sobre a própria mente e o próprio corpo.

Por outro lado, e isso é vital mencionar, também está no voto que as garantias do Estado secular e da liberdade religiosa impedem que o Estado *endosse concepções morais religiosas, vindo a coagir, ainda que indiretamente, os cidadãos a observá-las.* Que a conciliação entre a liberdade religiosa e o Estado laico significa que *as religiões não guiarão o tratamento estatal dispensado a outros direitos fundamentais, tais como o direito à autodeterminação, o direito à saúde física e mental, o direito à privacidade, o direito à liberdade de expressão, o direito à liberdade de orientação sexual e o direito à liberdade no campo da reprodução.*

Ou seja, não é juridicamente possível que num Estado laico uma lei tenha como conteúdo uma concepção moral e religiosa. Muito menos é possível obrigar alguém a obedecer a uma lei que parta daí.

A Constituição não diz quando começa a vida. Esta é uma construção moral/religiosa de cada um. E, de outro lado, o Código Penal não pode ser um repositório de condutas morais e religiosas que se materializam em obrigações tipificadas. Diferente de qualquer outra proibição penal, como já disse Ferrajoli, a que se refere ao aborto equivale a uma obrigação. A obrigação de tornar-se mãe, de dar à luz, de criar um filho.

A legislação penal tem por fim tutelar bens jurídicos definidos nos marcos de um Estado laico. Um Estado que precisa observar os direitos fundamentais, em particular, na seara criminal, para justamente poder afirmar-se como democrático.[26]

3. O DIREITO FUNDAMENTAL DAS MULHERES À PROTEÇÃO CONTRA A VIOLÊNCIA DE GÊNERO

O reconhecimento dos direitos fundamentais é uma exigência da dignidade da pessoa humana que impõe ao Estado um dever maior do que o de meramente abster-se de afetar, de modo desproporcional e desarrazoado, a esfera patrimonial das pessoas sob a sua autoridade. São exigíveis do Estado, também, ações positivas[27] no sentido de assegurar a dignidade humana. E, dentre estas ações está o dever proteção que outorga ao indivíduo o correspondente direito de exigir do Estado que este o proteja[28] (ALEXY, 2002).

São variados os modos de realização desta proteção. Segundo Alexy, a ação protetiva estatal pode concretizar-se tanto por meio de normas penais, de normas procedimentais, de atos administrativos ou até mesmo por uma atuação concreta dos poderes públicos.

De um modo geral, incumbe ao Estado zelar, inclusive preventivamente, pela proteção dos indivíduos, não somente contra ingerências indevidas de parte dos poderes públicos, mas também contra agressões provenientes de particulares. Essa esfera protetiva toma especial relevo quando se trata de definir o que se deve exigir do Estado para que proteja a mulher vítima, ré ou condenada.

É dever estatal proteger todo/a aquele/a que está sob sua guarda. O que impõe o dever de adotar ações concretas para que normas de

26. MENDES, Soraia da Rosa. *Criminologia Feminista: novos paradigmas.* São Paulo: Saraiva, 2014.

27. Como exemplos da conduta positiva exigida do Estado são recorrentes em nossa literatura constitucional as citações referentes ao sistema previdenciário, ao de seguridade social, à proteção da infância e ao adolescente ou ao idoso. Entretanto, se de um lado prisão não é (e não pode ser) política pública, de outro lado, o sistema carcerário não pode ser excluído das responsabilidades do Estado decorrentes da dignidade da pessoa humana. Daí a importância, ainda que limitada, da declaração do estado de coisas inconstitucional nos autos da ADPF 347.

28. ALEXY, *op. cit.*

execução penal subterrânea[29] não submetam as presas ao tratamento desumano de, por exemplo, permanecerem algemadas no momento do parto.

De outra banda, o dever de proteção também se concretiza com a edição de normas penais e/ou processuais penais, como se deu com a Lei 11.340 de 07 de agosto de 2006. A Lei Maria da Penha, como ficou conhecida, é fruto de um longo período de gestação, mas que foi positivamente destacado pelo amplo debate na esfera pública que lhe antecedeu, e pelo processo legislativo participativo impulsionado e acompanhado pela sociedade civil em todas as suas etapas.

Nos termos do § 8º do art. 226 da Constituição Federal de 1988 compete ao Estado assegurar a assistência à família mediante mecanismos que coíbam a violência no âmbito de suas relações. E a Lei 11.340/06 é a norma que reconhece a violência doméstica e familiar contra a mulher como impeditiva ao exercício efetivo, dentre outros, dos direitos à vida, à segurança, ao acesso à justiça, à cidadania, à liberdade, à dignidade, ao respeito e à convivência familiar e comunitária. Prevendo, a partir deste reconhecimento, a criação de medidas de assistência e proteção às mulheres em situação de violência doméstica e familiar, assim como a instalação de Juizados de Violência Doméstica e Familiar contra a Mulher.

A partir da discussão sobre a Lei Maria da Penha o tema do direito de proteção foi objeto de julgamento[30], perante a Suprema Corte Brasileira,

---

29. Conforme Lola Aniyar de Castro, embora proibidos pelo que a autora denomina de sistema penal aparente, há procedimentos que nos marcos de um sistema penal subterrâneo a execução penal à margem dos direitos humanos e a imposição de sofrimentos físicos e morais que ultrapassam os previstos em lei. Ver: ANIYAR DE CASTRO, Lola. *Criminologia da Libertação.* Rio de Janeiro: Revan, 2005.

30. No âmbito do Supremo Tribunal Federal, o princípio da proteção deficiente já era aventado desde o Recurso Extraordinário n. 418.376/MS, que teve como relator para o acórdão o Ministro Joaquim Barbosa, julgado em fevereiro de 2006. Nestes autos, a partir de voto vista da lavra do Ministro Gilmar Mendes, com base neste princípio, assentou a incidência do direito penal no caso. Em linhas gerais, buscava-se com o RE extinguir a punibilidade de um agente condenado por atentado violento ao pudor, praticado contra uma menina de nove anos, de quem havia abusado por quatro anos e que, aos doze anos engravidou, momento a partir do qual iniciou-se, no dizer do recorrente, uma "união estável". A partir desta trágica situação de fato, em seu voto o Ministro Gilmar Mendes, assim asseverou sobre o princípio da proibição de proteção deficiente: "Quanto à proibição de proteção deficiente, a doutrina vem apontando para uma espécie de garantismo positivo, ao contrário do garantismo negativo (que se consubstancia

nos autos da Ação Direta de Inconstitucionalidade n. 4424/DF e da Ação Declaratória de Constitucionalidade n. 19/DF.

Na ADI n. 4424, ajuizada pelo Procurador Geral da República, sustentou-se a tese de que a única interpretação compatível com a Constituição é aquela que entende ser o crime de ação penal pública incondicionada, pois interpretação contrária corresponderia à proteção deficiente dos direitos fundamentais das mulheres. Nos exatos termos da petição inicial, afirmou o Ministério Público que:

> A interpretação que faz a ação penal depender de representação da vítima, por outro lado, importa em violação ao princípio constitucional da dignidade da pessoa humana (art. 1º, III), aos direitos fundamentais de igualdade (art. 5º, I) e de que a lei punirá qualquer discriminação atentatória dos direitos e liberdades fundamentais (art. 5º, XLI), à **proibição de proteção deficiente dos direitos fundamentais**, e ao dever do Estado de coibir e prevenir a violência no âmbito das relações familiares (art. 226, § 8º).

O Supremo Tribunal Federal, em fevereiro de 2012, por maioria e nos termos do voto do Relator, julgou procedente a ação direta para, dando interpretação conforme aos artigos 12, inciso I, e 16, ambos da Lei nº 11.340/2006, assentar a natureza incondicionada da ação penal em caso de crime de lesão, pouco importando a extensão desta, praticado contra a mulher no ambiente doméstico. E, nesta mesma oportunidade de julgamento conjunto, nos autos da ADC, manifestou-se o Ministro Luiz Fux dizendo que:

> Uma Constituição que assegura a dignidade humana (art. 1º, III) e que dispõe que o Estado assegurará a assistência à família na pessoa de cada um dos que a integram, criando mecanismos para coibir a violência no âmbito das suas relações (art. 226, § 8º), não se compadece com a realidade da sociedade brasileira, em que salta aos olhos a alarmante cultura de subjugação da mulher.

---

na proteção contra os excessos do Estado) já consagrado pelo princípio da proporcionalidade. A proibição de proteção deficiente adquire importância na aplicação dos direitos fundamentais de proteção, ou seja, na perspectiva do dever de proteção, que se consubstancia naqueles casos em que o Estado não pode abrir mão da proteção do direito penal para garantir a proteção de um direito fundamental. (...)"

> A impunidade dos agressores acabava por deixar ao desalento os mais básicos direitos das mulheres, submetendo-as a todo tipo de sevícias, em clara afronta ao **princípio da proteção deficiente** (Untermassverbot). Longe de afrontar o princípio da igualdade entre homens e mulheres (art. 5º, I, da Constituição), a Lei nº 11.340/06 estabelece mecanismos de equiparação entre os sexos, em legítima discriminação positiva que busca, em última análise, corrigir um grave problema social. Por óbvio, todo *discrímen* positivo deve se basear em parâmetros razoáveis, que evitem o desvio de propósitos legítimos para opressões inconstitucionais, desbordando do estritamente necessário para a promoção da igualdade de fato. Isso porque somente é possível tratar desigualmente os desiguais na exata medida dessa desigualdade.

Importa lembrar, no que toca a violência doméstica e familiar, que, como diz Heleieth Saffioti[31], as mulheres recebem desde o nascimento um treinamento específico para conviver com a impotência. Ou seja, a mulher aprende a suportar a violência específica que lhe é dirigida, principalmente no lar. As mulheres são educadas para ter um papel fundamental na manutenção da vida familiar. Em suma, como ressalta Glaucia Starling Diniz[32] (2006, p. 238), as mulheres são:

> [...] ensinadas a se sacrificar e a negligenciar suas necessidades para apoiar as necessidades dos outros e para potencializar os projetos de vida do marido e dos filhos. O esquecimento de si e o cuidado com o outro passam a ser marcas registradas do comportamento das mulheres. Seu trabalho cotidiano é invisível, e com isso, aos poucos sua história e sua identidade vão se tornando também invisíveis, diluídas na vida dos outros membros da família.
>
> Esse é o modelo prevalente de funcionamento, traçado para a mulher no contexto do patriarcado.

31. SAFFIOTI, Heleieth I.B. ALMEIDA, Suely Souza de. *Violência de Gênero: poder e impotência.* Rio de Janeiro: Revinter, 1995.

32. DINIZ, Glaucia Ribeiro Starling. PONDAAG, Miriam Cássia Mendonça. *A Face Oculta da Violência contra a Mulher: o silêncio como estratégia de sobrevivência.* In: DINIZ, Glaucia Ribeiro Starling. et al (orgs.). *Violência, Exclusão Social e Desenvolvimento Humano: estudos em representações sociais.* Brasília: Editora Universidade de Brasília, 2006, pp. 233-259.

Impotência, nos termos de Saffioti, ou dependência, nos termos de Diniz, entretanto, não são características intrínsecas da mulher. Elas são decorrências de uma construção de gênero apoiada por uma estrutura social, econômica e legal da qual resulta uma forma de relação entre homens e mulheres marcada pela dominação de um sobre o outro (DINIZ, 2006).

Segundo Maria Amélia Teles e Mônica de Melo[33] é de se entender por violência de gênero a relação de poder de dominação do homem e de submissão da mulher. Essa relação demonstra que os papéis impostos às mulheres e aos homens, consolidados ao longo da história e reforçados pelo patriarcado e sua ideologia, induzem relações violentas entre os sexos e indica que a prática desse tipo de violência não é fruto da natureza, mas sim do processo de socialização das pessoas[34]. Segundo as autoras a violência de gênero pode ser entendida como violência contra a mulher.

A dinâmica da violência contra a mulher é extremamente complexa. Observe-se, por exemplo, que segundo o Comitê responsável pelo monitoramento da Convenção para a Eliminação de Todas as Formas de Discriminação contra a Mulher, na Recomendação Geral n. 19, sobre violência contra a mulher, a discriminação inclui a violência de gênero entendida como a violência dirigida especificamente contra a mulher por ser mulher ou que a afeta de maneira desproporcional. Essa violência inclui atos que causem ou possam causar dano ou sofrimento físico, sexual, ou psicológico às mulheres, incluindo ameaças, coerção e outras formas de liberdade.

A violência torna-se ainda mais complexa quando os agressores são homens com os quais as mulheres se relacionam afetiva e sexualmente. Os autores, nestes casos, conhecem bem as vitimas e seus pontos mais vulneráveis. Dominam a situação e sabem como e onde ameaçá-las, como espancá-las, humilhá-las e cometer outras praticas de agressão e lesão. Sob esta ótica específica tem-se a violência doméstica e familiar que, entre nós, nos termos da Lei 11.340/2006, Lei Maria da Penha, ocorre tanto quando há violência física, psicológica, sexual, patrimonial ou moral.

---

33. TELES, Maria Amélia de Almeida. MELO, Mônica de. *O Que é Violência contra a Mulher*. São Paulo: Brasiliense, 2002.

34. TELES, Maria Amélia de Almeida. MELO, Mônica de. *Op. Cit.*, p. 18.

A prática ou o uso da violência contra a mulher constitui em um elemento fundamental para entender as desigualdades que caracterizam homens e mulheres em nossa sociedade (BANDEIRA e THURLER, 2009, p.162). No caso da violência doméstica o objetivo fundamental não é nem tanto, prioritariamente, o de ferir, mas o demarcar poder e autoridade, pois segundo BANDEIRA e THURLER[35]:

> Fica evidente que o objetivo de tal conduta é a de introduzir o controle, o medo e, até mesmo, o terror na companheira, caso ela não siga as regras de conduta e dos mandatos que lhe são impostos pelo marido/companheiro. Em tais situações o fiel da balança centra-se nas ameaças constantes para manter o equilíbrio da situação de controle na conjugalidade. As consequências são imediatas e visíveis, com sofrimentos físicos e psíquicos (...)

Prosseguem BANDEIRA e THURLER dizendo que:

> a especificidade das práticas de violência contra a mulher é lhes deixar bem explicitado quem é o detentor da autoridade no espaço doméstico-familiar e que a "sua" mulher deve estar submetida a tais normas, sabendo, inclusive, que a qualquer momento poderá prestar contas a seu marido/companheiro, caso ele assim o desejar. [36]

O caráter histórico, social, cultural e familiar perverso da violência de gênero justifica seja o direito à proteção contra este tipo de violação um direito fundamental exclusivo das mulheres, no mesmo sentido do direito à autodeterminação, no que concerne ao aborto. É sob esse ponto de vista que devem circunscrever-se os limites de atuação da lei penal em relação às mulheres.

Dentro dos limites constitucionais, a resposta punitiva não pode ser mais do que um elemento excepcional, mas possível. Admito o direito penal mínimo como o único direito penal possível em acordo com os princípios constitucionais. Seu restrito complexo de atuação, contudo, por não retira do

35. BANDEIRA, Lourdes. THURLER, Ana Liési. *A vulnerabilidade da mulher à violência doméstica: aspectos históricos e sociológicos.* In: LIMA, Fausto Rodrigues. SANTOS, Claudiene. *Violência Doméstica: vulnerabilidades e desafios na intervenção criminal e multidisciplinar.* Rio de Janeiro: Lúmen Juris, 2009, p. 163.

36. *Op. Cit.*, p. 164.

Estado e da sociedade a obrigação de empenharem-se na busca de soluções relativas a situações de violência e de violações de direitos, ou de resolver conflitos e problemas sociais que necessitam de respostas justas e adequadas.

Neste sentido, entendo que caminhar em direção a mecanismos protetivos das mulheres em todos os âmbitos da violência de gênero é tarefa mais do urgente. Daí porque proponho que pensemos sobre depoimento único e especial de mulheres vítimas de violência. Uma outra – e nova – matriz epistemológica processual penal[37], fundada nos direitos (humanos) fundamentais das mulheres é necessária[38].

Nesse contexto, considerando que o direito penal (como de resto todo o Direito) reflete relações de poder hegemônicas, não é possível desconsiderar que os direitos tenham de ser tomados como uma proteção dos mais fracos contra os mais fortes dentre os quais está o Estado, mas não somente este. Perder direitos é perder poder e, consequentemente, proteção. Daí porque ser necessário afirmar-se direito fundamental das mulheres à proteção, por menos efetivo que algumas vezes transpareça dada cultura machista ainda existente e, não raras vezes preponderante, no âmbito da cultura jurídica.

CONSIDERAÇÕES FINAIS

Segundo Zaffaroni é corriqueiro que os grupos que lutam contra a discriminação critiquem severamente o discurso legitimador do poder punitivo, mas, por outro lado, estes mesmos grupos não tardam em reivindicar o uso pleno daquele mesmo poder quando o assunto é a necessidade de combater a discriminação que sobre estes recai em particular. Essa aparente dissintonia, para o autor, configura-se em uma armadilha neutralizante e retardatária, pois o poder punitivo opera sempre seletivamente, atuando conforme a vulnerabilidade e com base em estereótipos. A seleção criminalizante é o produto último de todas as discriminações[39].

---

37. Neste sentido ver FERRAJOLI, Luigi. *Processo Penal Feminista* (2020).
38. *Op. Cit.*
39. ZAFFARONI, E. Raúl. *Discurso Feminista e Poder Punitivo*. In: PIERANGELI, José Henrique (coord.). *Direito Criminal*. Belo Horizonte: Del Rey, 2001. Pp. 49-84, p. 66.

Embora seja verdadeiro muito do que afirma Zaffaroni, parece mais adequado seguir os passos de Gerlinda Smaus[40] quando diz que a violência contra as mulheres não pode ser um problema a ser debatido fora do âmbito do direito penal, por que isso só serviria para estabilizar mais as relações de poder. Para a autora (2008):

> Do mesmo modo que os trabalhadores organizados tem tratado de buscar a tutela de seus interesses no direito, as mulheres não podem renunciar a este instrumento. (...) Em vez de adotar uma posição defensiva, deve ter-se em conta que a melhora da situação das mulheres na organização jurídica e na sociedade tem um caráter progressivo: o movimento deve permanecer em movimento. O mesmo vale para o direito penal.[41]

De tal sorte a legitimação do direito penal é, antes de qualquer coisa, o discurso sobre sua adaptação material à Constituição. Devendo a resposta punitiva dar-se em um marco conceitual a partir do qual será também possível contribuir com a construção de uma cultura garantista, entendida não somente como uma limitação formal que concerne unicamente à área penal, mas, sobretudo, como um projeto substancial, estendido a toda à política de proteção dos direitos, própria da sociedade democrática.

De fato, a legitimidade do direito penal não é democrática no sentido de que provenha da maioria. Ela é, sim, *garantista,* na linha de que se assenta nos vínculos impostos pela lei à função punitiva e à tutela dos direitos de todos. Assiste razão à Ferrajoli, quando diz que somente concebendo desta forma o objetivo do direito penal seja possível obter uma adequada doutrina de justificação e, conjuntamente, uma teoria garantista dos vínculos e dos limites – e, consequentemente, dos critérios de deslegitimação – do poder punitivo do Estado.

É bem verdade que uma apelação indiscriminada do discurso feminista, como de outros discursos contra-discriminatórios, ao poder punitivo

---

40. SMAUS, Gerlinda. *Abolicionismo: el punto de vista feminista.* Trad. Mary Beloff en *No hay derecho,* Año III (7), 10-12. Buenos Aires: Departamento de Publicaciones de la Facultad de Derecho de la UBA). Disponível em http://www.pensamientopenal.com.ar/dossier/0202%5B1%5D._Smaus.pdf. Acesso em: 18 jun 2008.

41. Tradução livre.

pode reforçá-lo. Assim como também é verdadeiro que a sociedade hierarquizante pode tão somente incorporar tais discursos, limitar-se a reconhecê-los, usá-los para legitimar o próprio poder punitivo, e os neutralizar em seu potencial transformador[42].

Sendo possível que, como também diz Zaffaroni [43], como poucas vezes na história, frente aos dados das ciências sociais, o poder punitivo esteve tão carente de legitimidade e, como nunca, precisou racionalizar em altíssimo grau disparates políticos traduzidos em leis penais incoerentes, superabundantes, notoriamente ineficazes para seus propósitos declarados, meramente sensacionalistas e demonstrativas de uma quebra sem precedentes do poder dos Estados Nacionais.

Há, enfim, um risco de entregar ao poder punitivo certo grau de legitimidade, que talvez lhe faça falta.

Entretanto, o problema aqui trazido ao debate está em encontrar uma resposta que, de um lado, não seja *meramente* legitimadora do poder punitivo (do qual as mulheres são alvo quando se trata do direito à autodeterminação sobre o próprio corpo), mas que também não seja, por outro lado, a manutenção do déficit de proteção do qual as mulheres historicamente são vítimas (quando se trata da violência de gênero, especificamente a doméstica e familiar).

Na linha que defende Alessandro Baratta[44] a ampliação da perspectiva do direito penal constitucional enquanto uma política integral de proteção dos direitos significa também definir o garantismo tanto no sentido negativo, como limite do sistema positivo, isto é, como expressão dos direitos de proteção em relação ao Estado, mas também como um *garantismo positivo.*[45]

42. *Ob. Cit*, p, 81.

43. *Ob. Cit*, p, 81.

44. BARATTA, Alessandro. *La política criminal y el Derecho Penal de la Constitución: nuevas reflexiones sobre el modelo integrado de las Ciencias Penales*. Revista de La Facultad de Derecho de La Universidad de Granada, n. 2, 1999.

45. Esto significa la respuesta a las necesidades de seguridad de todos los derechos, también de los de prestación por parte del Estado (derechos económicos, sociales y

Enfim, com tudo o que foi acima exposto não é intenção deste artigo, acriticamente, legitimar o direito penal, pois, sem exagero, o direito penal não é só a mais violenta forma de intervenção do Estado na vida dos cidadãos, mas é também, seguramente – e talvez por isso mesmo –, a mais desastrosa forma de intervenção do Estado na vida social. De maneira que restringir tanto quanto seja possível, o marco de intervenção do sistema penal, é uma exigência de racionalidade.

Para as mulheres não se trata de abandonar, mas de (re)pensar a resposta punitiva de modo a que esta signifique não a mera defesa social dos interesses constituídos. Sendo tanto possível, quanto necessário, que os direitos fundamentais das mulheres sejam os fios condutores de um programa que se construa nos marcos de um direito penal mínimo[46].

---

culturales) y no sólo de aquella parte de ellos, que podríamos denominar derechos de prestación de protección, en particular contra agresiones provenientes de comportamientos delictivos de determinadas personas. No se puede ignorar aquella parte de la inseguridad urbana debida efectivamente a comportamientos delictivos. No obstante, la necesidad de seguridad de los ciudadanos no es solamente una necesidad de protección de la criminalidad y de los procesos de criminalización. La seguridad de los ciudadanos corresponde a la necesidad de estar y de sentirse garantizados en el ejercicio de todos los derechos: derecho de la vida, a la libertad, al libre desarrollo de la personalidad y de las propias capacidades, derecho a expresarse y a comunicarse, derecho a la calidad de vida, así como el derecho a controlar y a influir sobre las condiciones de las cuales depende, en concreto, la existencia de cada uno. La relación existente entre garantismo negativo y garantismo positivo equivale a la relación que existe entre la política de derecho penal y la política integral de protección de los derechos. El todo se sirve de cada uno de los elementos que cada vez lo conforman, pero cada uno de estos elementos necesita del todo. Ver: FERRAJOLI, 1999b, p. 110.

46. *Op. Cit.*

26

RECONHECIMENTO JUDICIAL DO DIREITO À INTERRUPÇÃO VOLUNTÁRIA DA GRAVIDEZ: ENTRE O DIREITO QUE PUNE E O DIREITO QUE EMANCIPA

Melina Girardi Fachin

Professora Adjunta dos Cursos de Graduação e Pós-Graduação da Faculdade de Direito da Universidade Federal do Paraná (UFPR). Estágio de pós-doutoramento em curso pela Universidade de Coimbra no Instituto de direitos humanos e democracia (2019/2020). Doutora em Direito Constitucional, com ênfase em direitos humanos, pela Pontifícia Universidade Católica de São Paulo (PUC/SP.) Visiting researcher da Harvard Law School (2011).

Ketline Lu

Advogada da Secretaria de Estado da Saúde. Graduada em Direito Pela Universidade Federal do Paraná (UFPR). Especialista em Direito Constitucional pela Fundação Escola do Ministério Público (FEMPAR). Especialista em Direito Ambiental pela Uninter.

1. INTRODUÇÃO: CENÁRIO DE UMA TRAGÉDIA, O DIREITO QUE PUNE

Um corpo carbonizado, abandonado na rua às pressas[1]; uma adolescente grávida de trigêmeos que, sozinha, realiza aborto no banheiro da escola[2]; uma menina de 11 anos, estuprada pelo marido de sua avó, e sem ter condições fisiológicas para ter um bebê, é obrigada a gestar e, em vez do aborto, a médica sem a sua permissão ou de sua responsável realiza cesárea[3]. Essa triste e desumana situação de descaso à condição feminina e do desinteresse do Estado em protegê-las é vivida hodiernamente por nós, mulheres, mães, filhas, trabalhadoras.

A criminalização da interrupção voluntária da gravidez (IVG), de forma absoluta e sem permitir amparo à mulher, evidencia a discriminação de gênero que, inexoravelmente, viola os direitos humanos das mulheres. Isto tem efeitos profundos na vida das mulheres que enfrentam obstáculos que lhes são impostos por sua condição de mulher.

Historicamente, um desses reflexos é a forma como a IVG é regulada pela legislação brasileira, sendo que, independente da época, as mulheres são deixadas à margem da discussão desse tema, tão próprio da condição de mulher. A razão dessa criminalização da IVG, reproduzida pela legislação penal vigente, que data da década de 40 do século passado, se dera sob a ideia de que a mulher, ao praticar tal procedimento, destrói "a esperança do pai, a memória de um nome, a garantia de uma raça, o herdeiro, de uma

1. MENDONÇA, Alba Valéria. *Emoção e revolta marcam enterro de Jandira no Subúrbio do Rio*. G1, Rio de Janeiro, 28 set. 2014. Disponível em: <http://g1.globo.com/rio-de-janeiro/noticia/2014/09/emocao-e-revolta-marcam-enterro-de-jandira-no-suburbio-do-rio.html>. Acesso em: 15 set. 2016.

2. *MENINA de 15 anos grávida de trigêmeos tem aborto em banheiro de colégio em Apucarana*. TNOnline, Apucarana, 21 jun. 2016. Disponível em :<http://tnonline.uol.com.br/noticias/cotidiano/67,376978,21,06,menina-de-15-anos-gravida-de-trigemeos-tem-aborto-em-banheiro-de-colegio-em-apucarana.shtml>. Acesso em: 20 out. 2016.

3. COLOMBO, Sylvia. *Em vez de aborto, médica faz cesárea em menina de 11 anos violentada na Argentina*. Folha de São Paulo, Buenos Aires, 27 de fevereiro de 2019. Disponível em <https://www1.folha.uol.com.br/mundo/2019/02/em-vez-de-aborto-medica-faz-cesarea-em-menina-de-11-anos-violentada-na-argentina.shtml >. Acesso em 19/09/2019.

família e um cidadão destinado ao Estado"[4], sendo o sentimento religioso, nesse aspecto, propulsor da reprovação da IVG. Para esse posicionamento, é evidente que a mulher é reduzida à mera reprodutora a serviço de interesses alheios a si.

Atualmente, fora as duas hipóteses de extinção de punibilidade, é possível recorrer à IVG nos casos de anencefalia, hipótese acrescida pela ADPF 54[5]. Mas, infelizmente, além da anencefalia, existem outras patologias graves e, muitas vezes, incompatíveis com a vida social que legisladores e juristas se esforçam por desconhecer em seus raciocínios sobre a questão da IVG.

O avanço nos estudos da medicina quanto ao diagnóstico pré-natal de desordens congênitas[6] abre espaço para o conceito de Interrupção Seletiva da Gestação (ISG). A questão do direito à autonomia do casal para decidir sobre o prosseguimento ou não de uma gestação é largamente ampliado quando se põe em tela o conceito de Interrupção Seletiva da Gestação (ISG). Este é o conceito do Conselho Federal de Medicina para a justificação das interrupções da gestação motivadas por anomalias e doenças fetais[7].

4. HUNGRIA, Nélson; FRAGOSO, Heleno Cláudio. *Comentários ao Código Penal*. Volume V, arts.121 a 136. 6.ed. Rio de Janeiro: Editora Forense, 1981, p. 271.

5. BRASIL. SUPREMO TRIBUNAL FEDERAL. ADPF 54. RELATOR: Ministro Marco Aurélio. DJ 12/04/2012. Disponível em <http://redir.stf.jus.br/paginadorpub/paginador.jsp?docTP=TP&docID=3707334>. Acesso em 18/11/2019.

6. Para os médicos, o ideal a se buscar no diagnóstico pré-natal é: identificar alterações fetais comuns ou importantes; testar positivo em um período suficientemente precoce da gestação de modo a permitir a adoção de medidas seguras e legais para terminar a gestação, caso desejado. Resta claro que a intenção médica é permitir que os pais tenham controle sobre sua reprodução e possam planejar de forma responsável a vinda de seu futuro bebê. (WAPNER, Ronald J. Diagnóstico pré-natal de desordens congênitas. In: CREASY, Robert K. Creasy e Resnik. *Medicina materno fetal: princípios e práticas*. 7. ed. Trad. Gabriella da Silva Mendes. Rio de Janeiro: Editora Elsevier, 2016, p. 419).

7. Além da conceituação da ISG, o Conselho Federal de Medicina se posicionou a favor da IVG, ao encaminhar ao Congresso Nacional parecer favorável a PLS 236 2012, advogando pelo afastamento da ilicitude da IVG nos seguintes casos: a) quando "houver risco à vida ou à saúde da gestante"; b) se a "gravidez resultar de violação da dignidade sexual, ou do emprego não consentido de técnica de reprodução assistida"; c) se for "comprovada a anencefalia ou quando o feto padecer de graves e incuráveis anomalias que inviabilizem a vida independente, em ambos os casos atestados por dois médicos"; e d) se "por vontade da gestante até a 12º semana de gestação". Para o então presidente do CFM, Roberto Luiz d´Avila, deve-se respeitar a autonomia da vontade feminina. (*CFM esclarece posição a favor da autonomia da mulher no caso de interrupção da gestação*. Conselho Federal de Medicina, 21 mar. 2013. Disponível em: <http://portal.cfm.org.br/

Em diversos países, uma vez apresentado o diagnóstico fetal dessas patologias, é dado às famílias o direito de escolha enquanto ao prosseguimento da gestação ou à ISG legal e assistida pelo Estado, como Dinamarca, Suécia, Noruega, França, Inglaterra, Alemanha, Espanha. No Brasil, a única hipótese cabível à ISG foi o caminho dos pedidos liminares na Justiça.

O Brasil é o quarto país no cenário mundial que mais apresenta partos de fetos anencefálicos, sinal flagrante de que as mulheres brasileiras estão, por conta da legislação restritiva, obrigadas a gestar a despeito do diagnóstico da inviabilidade fetal[8]. Aqui encontramos uma dupla orfandade: Não se lhes é permitida a opção da IVG ou da ISG, e seus filhos doentes que lhes são impostos não desfrutarão de uma infraestrutura mínima que lhes possibilite uma vida digna[9].

A proibição da IVG, portanto, é usada como um fator de discriminação contra as mulheres. Para Sílvia Pimentel, a criminalização revela uma dupla discriminação: num primeiro instante, fere a todas as mulheres porque fere a autonomia, os direitos e as liberdades fundamentais; já num segundo olhar, percebe-se que se discrimina de forma mais acentuada e distinta àquelas que têm à disposição escassos recursos econômicos, violando, dessa forma, os princípios da justiça e da equidade[10].

Exsurge, ao lado destes, ainda, um terceiro nível discriminatório de negação de direitos, em que se encontram as adolescentes, sendo a idade mais um fator de vulnerabilidade. O Relatório "Maternidade Precoce: enfrentando o desafio da gravidez na adolescência", produzido pelo Fundo de População das Nações Unidas (UNFPA), reúne considerações muito

---

index.php?option=com_content&view=article&id=23663:cfm-esclarece-posicao-a-favor-da-autonomia-da-mulher-no-caso-de-interrupcao-da-gestacao&catid=3>. Acesso em: 21 set. 2013).

8. DINIZ, Débora; VÉLEZ, Ana Cristina Gonzalez. *Aborto na suprema corte: o caso da anencefalia no Brasil*. Revista Estudos feministas, Florianópolis, v. 16, n. 2, p. 647-652, mai./ago. 2008, p.648. Disponível em:<https://periodicos.ufsc.br/index.php/ref/article/view/S0104-026X2008000200019/8797>. Acesso em: 05 nov. 2016.

9. GOLLOP, Thomaz Rafael. Abortamento por anomalia fetal. In: CAVALCANTI, Alcilene. XAVIER, Dulce (Orgs.). *Em defesa da vida: aborto e direitos humanos*. São Paulo: Católicas pelo direito de decidir, 2006, p. 85.

10. PIMENTEL, Silvia; PANDJIARJIAN, Valéria. *Aborto: descriminar para não discriminar*. Jornal da Rede saúde, São Paulo, n. 21, set. 2000.

preocupantes com relação à maternidade precoce e que corroboram a ideia de que a idade é um fator de discriminação em relação à IVG e ao gozo dos direitos sexuais e reprodutivos.

De acordo com a UNFPA, 95% dos partos adolescentes ocorrem em países pobres; 19% das mulheres jovens nestes mesmos países engravidam antes dos 18 anos; meninas menores de 15 anos contabilizam 2 milhões dos 7,3 milhões de partos adolescentes todos os anos, ou 20 mil partos adolescentes por dia; destas, 70 mil adolescentes morrem anualmente por causas relacionadas com a gravidez e com o parto precoces; são realizados 3,2 milhões de procedimentos abortivos inseguros entre adolescentes ao ano[11].Os números são expressivos e demonstram o descaso quanto aos direitos das mulheres, das jovens e das meninas vulneráveis. Levando em consideração o fator idade, destarte, percebe-se que o perigo a que jovens estão expostas apenas se agrava. Ser mulher torna-se um risco, ser mulher e jovem é um risco maior ainda.

Para Nancy Williamson, autora desse relatório, os prejuízos relacionados à gravidez precoce giram em torno de casamentos e de uniões estáveis muito precoces, da violência e da desigualdade de gênero, da pobreza, da violência e da coerção sexual que as meninas sofrem cotidianamente, das políticas nacionais que restringem o acesso à contracepção e à educação sexual apropriada à idade, da falta de acesso a serviços de saúde reprodutiva. Isso ilustra o cenário de que ao gozo dos direitos humanos são criados obstáculos[12].

Historicamente colocadas em um "não lugar", as mulheres são concebidas como seres domésticos, dóceis, educadas para a maternidade e para cuidar dos outros, assim, impedidas de ter acesso à educação e ao trabalho remunerado[13]. Os resultados disso na vida das mulheres são preocupantes.

No Brasil, a proporção de mulheres que realizam aborto cresce de acordo com a idade: entre mulheres com 18 e 19 anos, a proporção é de 6%

11. WILLIAMSON, Nancy. *Situação da população Mundial 2013*. Maternidade Precoce: Enfrentando desafios da gravidez na adolescência. Brasil, p.v. 2013.
12. Ob.cit.p.vi.
13. BARWINSKI, Sandra Lia Leda Bazzo. Não sou ninguém. In: *A mulher e o direito*. Curitiba: OAB/PR, 2012. p.182.

ao passo que entre mulheres de 35 a 39 anos essa proporção cresce e chega a 22%. Além de demonstrar que a interrupção voluntária da gravidez é algo comum à vida reprodutiva das brasileiras, estes dados corroboram a afirmação de que, até os 40 anos de idade, mais de uma em cada cinco mulheres já recorreram a essa prática[14]. Lamentavelmente, até em situações de hipóteses legais do aborto, a maioria das mulheres (cerca de 95%) não tem nem o conhecimento acerca de quais serviços são prestados em sua defesa em casos de violência sexual, sendo que 48% da população desconhece as hipóteses nas quais o aborto é legalmente permitido.

Mais uma vez, fica evidente o descaso estatal, haja vista que não existe uma lista oficial, amplamente publicizada, de estabelecimentos de saúde que realizem tal procedimento[15],[16] , capaz de permitir a existência de uma escolha livre, informada e responsável sobre questões de saúde. Mulheres encontram dificuldades quando procuram pelo procedimento legal, porque as unidades de saúde que, em tese, deveriam estar preparadas e equipadas para realizarem abortos legais em caso de estupros não apresentam condições mínimas necessárias para realização da interrupção da gravidez[17].

Diante dessa realidade brasileira e mundial, desvela-se que, por de baixo do véu do discurso da suposta proteção à vida, esconde-se o discurso

---

14. DINIZ, Debora; MEDEIROS, Marcelo. Aborto no Brasil: uma pesquisa domiciliar com técnica de urna. Ciênc. saúde coletiva [online], Rio de Janeiro, v. 15, supl. 1, p. 959-966, jun. 2010. Disponível em: <http://dx.doi.org/10.1590/S1413-81232010000700002.>. Acesso em: 10 jul. 2015.

15. Breve panorama sobre o aborto legal e transparência no Brasil. Disponível em <http://catolicas.org.br/wp-content/uploads/2017/10/Pesquisa-de-Opini%C3%A3o-P%C3%BAblica-2017-CDD-e-IBOPE-Percep%C3%A7%C3%B5es-sobre-aborto-e-educa%C3%A7%C3%A3o-sexual_3-MB.pdf >. Acesso em 18/09/2019.

16. Por outro lado, em pesquisa realizada pelo Ibope e pelas Católicas pelo Direito de Decidir indica-se que, da amostragem utilizada no estudo, cerca de 42% dos entrevistados pensam que as escolas públicas deveriam ensinar conteúdos acerca de educação sexual, um dado muito positivo se interpretado no contexto social atual. In: Percepções sobre o aborto e educação sexual. Disponível em <http://catolicas.org.br/wp-content/uploads/2017/10/Pesquisa-de-Opini%C3%A3o-P%C3%BAblica-2017-CDD-e-IBOPE-Percep%C3%A7%C3%B5es-sobre-aborto-e-educa%C3%A7%C3%A3o-sexual_3-MB.pdf>. Acesso em 18/09/2019.

17. ABRANTES, Talita. Hospitais barram aborto até em casos previstos por lei. Exame.com, 21 jun. 2016. Disponível em: <http://exame.abril.com.br/brasil/hospitais-barram-aborto-ate-em-casos-previstos-por-lei/>. Acesso em: 21 de outubro de 2016.

da punição moral às mulheres pelo seu gozar sexual, de modo que, se a mulher consentiu com a relação sexual, ela deve arcar com todas as consequências, inclusive uma gestação indesejada. Nota-se do acima exposto que quanto maior influência de fatores de vulnerabilidades (como situação econômica, social, adolescência, infância, desemprego, falta de acesso à educação), maiores os impactos sofridos por mulheres que buscam a IVG ou que mantenham a gestação.

Ainda que o discurso jurídico seja muitas vezes reprodutor destes preconceitos, como, por exemplo, no discurso penal punitivista ou mesmo na leitura tendenciosa do direito internacional dos direitos humanos, todavia, há caminhos da emancipação feminina que também passam pelo direito dos direitos humanos, conforme abaixo se delineará.

2. DIREITO INTERNACIONAL DOS DIREITOS HUMANOS: O DIREITO QUE PODE EMANCIPAR

No direito internacional dos direitos humanos, existe uma constelação de argumentos normativos e consultivos que permitem inferir a proteção da mulher à realização do aborto seguro.

Dentre eles, destaca-se aqui a Convenção Americana de Direitos Humanos[18], assinada em 22 de novembro de 1969, na cidade de San José, na Costa Rica, e ratificada pelo Brasil em setembro de 1992. A escolha é justamente porque, em leitura míope, este tratado é convenientemente invocado como limitador da prática de IVG já que, no seu art. 3º, estabelece a proteção da vida em geral – frise-se – desde a concepção.

Isso posto, busca-se demonstrar que descriminalizar e permitir o aborto é legítimo e perfeitamente compatível com o sistema interamericano de proteção dos direitos humanos.

Em 2010, no relatório temático "*Acceso a Servicios de Salud Materna desde una perspectiva de Derechos Humanos*"[19], a CIDH se manifestou sobre

18. Disponível em <https://www.conjur.com.br/dl/pacto-san-jose-costa-rica.pdf>. Acesso em 22/11/2019.

19. Disponível em <http://cidh.org/women/SaludMaterna10Sp/SaludMaternaINDICE.htm>. Acesso em 10/09/2019.

a realidade americana a respeito da saúde materna, ressaltando o direito de todos terem sua saúde preservada a partir de medidas sanitárias e sociais, particularmente das mulheres que foram historicamente marginalizadas (por motivo de raça, etnia, idade ou condições econômicas). No documento, a CIDH reconheceu o aborto inseguro como um problema grave, não apenas do ponto de vista da saúde, mas também no que se refere aos direitos à integridade e à privacidade, apontando, ainda, a mortalidade materna na região enquanto reflexo do nível de pobreza e de exclusão das mulheres.

Ao citar as obrigações dos Estados de respeitar e de garantir o direito à integridade pessoal, sem discriminação, e de promover a superação das desigualdades sociais, particularmente no acesso aos serviços de saúde materna, a CIDH buscou demonstrar a estreita relação entre a realização de abortos inseguros e a falta de acesso a serviços de saúde materna, a qual tende a afetar principalmente mulheres em situação de vulnerabilidade. De fato, tais direitos estão previstos na CADH, na Declaração Americana dos Direitos e Deveres do Homem[20] e no Protocolo de San Salvador[21], os quais estabelecem expressamente o direito à integridade pessoal, que inclui o direito à saúde sem discriminação, entendida como o gozo do mais alto nível de saúde física, mental e social.

No mesmo sentido, o Comitê CEDAW, na Recomendação Geral nº 24/1999[22], sobre o direito ao acesso sem discriminação à saúde, apontou que os Estados-parte devem se abster de obstruir ações de mulheres que buscam atingir os seus objetivos de saúde, caracterizando a criminalização de procedimentos médicos que só as mulheres necessitam como uma das possíveis obstruções. Posteriormente, na Recomendação Geral nº 35[23], aconselhou-se os Estados a abolir medidas que criminalizam o aborto, na medida em que são normas que permitem, toleram ou aceitam formas de violência de gênero.

---

20. Disponível em <https://www.cidh.oas.org/basicos/portugues/b.Declaracao_Americana.htm >. Acesso em 22/11/2019.
21. Disponível em <http://www.cidh.org/Basicos/Portugues/e.Protocolo_de_San_Salvador.htm >. Acesso em 22/11/2019.
22. Disponível em <https://tbinternet.ohchr.org/Treaties/CEDAW/Shared%20Documents/1_Global/INT_CEDAW_GEC_4738_E.pdf >. Acesso em 22/11/2019.
23. Disponível em <https://tbinternet.ohchr.org/_layouts/15/treatybodyexternal/Download.aspx?symbolno=CEDAW/C/GC/35&Lang=en >. Acesso em 22/11/2019.

A CIDH ainda reúne dados do Conselho de Direitos Humanos das Nações Unidas e do Banco Mundial, os quais definem, respectivamente, que uma média de 1.500 mulheres e meninas morrem todos os dias como consequência de complicações evitáveis relacionadas à gravidez e ao parto, e que se todas as mulheres tivessem acesso a intervenções médicas para tratar tais complicações, as quais envolvem especialmente cuidados obstétricos de emergência, 74% das mortes maternas poderiam ser evitadas. Ademais, para cada óbito, outras 30 mulheres sofrem lesões permanentes ou doenças que podem resultar em dor ao longo da vida, em incapacidade e em exclusão socioeconômica.

Nesse sentido, a CIDH indicou a necessidade de promover políticas que proponham medidas e programas específicos para a prevenção e para o cuidado da saúde materna e recomendações para mulheres, especialmente pobres e indígenas, serviços de saúde adequados, bem como programas de informação e de assistência em saúde reprodutiva. Além disso, recomendou a implementação de medidas e de campanhas de divulgação destinadas ao público sobre o dever de respeitar os direitos das mulheres nas áreas civil, política, econômica, social, cultural, sexual e reprodutiva.

No mesmo relatório, a CIDH mencionou a recomendação do Comitê CEDAW para que os Estados assegurassem "que as mulheres não fossem obrigadas a procurar procedimentos médicos de risco, como abortos ilegais, por falta de serviços apropriados na área de controle de natalidade". Por conseguinte, a Comissão considera que os Estados devem criar políticas e programas para este grupo específico, de acordo com suas necessidades específicas relativas à saúde materna, respeitando seus direitos à privacidade e à confidencialidade.

Adotando posição semelhante, a CIDH publicou, em 2011, o informe "*Estándares jurídicos vinculados a la igualdad de género y a los derechos de las mujeres en el sistema interamericano de derechos humanos: desarrollo y aplicación*"[24], no qual avalia os posicionamentos legais adotados pelo Sistema Interamericano de Direitos Humanos (SIDH) sobre direitos das mulheres e sobre igualdade de gênero, verificando seu impacto nas decisões proferidas

24. Disponível em <https://www.acnur.org/fileadmin/Documentos/BDL/2015/10240.pdf >. Acesso em 22/11/2019.

internamente por cortes dos países-membros. A partir dessa análise, a CIDH identificou um número expressivo de sentenças judiciais nas quais as normas e interpretações do SIDH foram citadas explicitamente, o que demonstra um grande avanço da discussão e proteção dos direitos das mulheres na região, ainda que existam obstáculos visíveis para a implementação e plena vigência dessas medidas.

A expressão "em geral" aponta para a perspectiva de que nem sempre o direito à vida será protegido desde a concepção, embora alguns autores aleguem equivocadamente que há "clareza solar quando protege a vida do nascituro"[25]. Há, pois, necessariamente exceções a essa proteção, sobretudo se a saúde e a vida da mulher estão em risco. Além do mais, em primeiro lugar, esclarece-se com convicção que não é possível que se ignore a expressão "em geral", pois está expressa no *caput* do mencionado artigo. Segundo, mas não menos importante, em consulta ao dicionário, o vocábulo "geral" tem a significação de "que abrange a totalidade ou a maioria de um conjunto de coisas ou pessoas", que é "genérico", que é "não específico, não definido; superficial, vago"[26]. A interpretação semântica, destarte, deixa "claro como o sol" que há exceções à regra.

Se não for suficiente a gramática, pode-se também interpretar holisticamente a aplicação do artigo 4º na jurisprudência internacional, com o que só se pode compreender que se protege a mulher, em sua condição como tal e em primeiro lugar e, num segundo momento, o feto, que recebe proteção de acordo com o seu desenvolvimento. O direito à vida, então, se mirado através das lentes do Direito Internacional dos Direitos Humanos e do Direito Constitucional interno, não é um valor absoluto.

No caso penal *Miguel Castro Castro vs. Peru*[27], a Comissão Interamericana assinalou que o direito à vida é um direito humano fundamental ao exercício dos demais direitos humanos, sendo que sua concretização depende não somente do direito de não ser privado arbitrariamente de sua vida,

---

25. Tutela coletiva e direitos fundamentais: uma hermenêutica do equilíbrio. In: Vitorelli, Edilson. *Manual de Direito Difusos*. Editora Juspodivm, 2ª.ed. p.93-101.
26. "Geral". Def.2,3,5. Dicionário Houaiss. 2004. Editora Objetiva.
27. Disponível em <http://www.corteidh.or.cr/docs/casos/articulos/seriec_160_esp.pdf >. Acesso em 22/11/2019.

mas também da garantia de uma existência digna que, por sua vez, só será possível caso haja acesso a condições que promovam uma existência digna. O direito à vida aqui é observado a partir de um enfoque não restritivo.

Soma-se a não interpretação restritiva à de que, ligada à vida, está a existência digna. A IVG, nessa linha de raciocínio, é instrumento para concretizá-las, porque é condição para o exercício de outros direitos humanos das mulheres. Outro caso que corrobora a esse entendimento é o caso *Ximenes Lopes vs. Brasil*[28]. Nesta sentença, a Corte reafirmou que sua jurisprudência tem se posicionado no sentido de que o direito à vida se liga, inegavelmente, à obrigação dos Estados de criar um marco normativo com vistas a dissuadir qualquer ameaça ao direito à vida, sendo que abortos clandestinos são causa da morte de muitas brasileiras. Nesta visão, o direito à vida inclui, portanto, a adoção das medidas necessárias com vistas a criar um marco normativo adequado que, por sua vez, seja capaz de dissuadir qualquer ameaça à vida e salvaguardar o direito de acessar as condições que garantam uma vida digna[29].

Adotando o entendimento, portanto, de que o direito à vida não será sempre protegido desde a concepção, que deve também ser percebido através de uma interpretação que ligue a vida digna à existência digna, o sistema interamericano revela que a proteção ao direito à vida implica adoção de políticas públicas que, por sua vez, garantam o exercício dos direitos reprodutivos.

No sistema interamericano, uma das decisões mais importantes sobre o tema, proferida, em novembro de 2012, é a do caso *Artavio Murillo v. Costa Rica*. Versa sobre a proibição geral de se realizar fertilização *in vitro* na Costa Rica, tendo em vista que a proibição absoluta constituiria uma ingerência arbitrária nos direitos à vida privada e familiar e do direito de se planejar uma família.

---

28. CORTE INTERAMERICANA DE DIREITOS HUMANOS. Caso Ximenes Lopes versus Brasil. Sentença de 04 de julho de 2006. Disponível em: <http://www.corteidh.or.cr/docs/casos/articulos/seriec_149_por.pdf>. Acesso em: 10 set. 2016.

29. CORTE INTERAMERICANA DE DIREITOS HUMANOS. *Caso Artavia Murillo* y Otros ("Fecundación in vitro") vs. Costa Rica. Sentença de 28 de novembro de 2012, p. 48. Disponível em: <http://www.corteidh.or.cr/docs/casos/articulos/seriec_257_esp.pdf>. Acesso em: 17 set. 2016.

O caso foi submetido pela Comissão Interamericana de Direitos Humanos, considerando que a proibição geral e absoluta de praticar a "fecundação *in vitro*" na Costa Rica desde 2000 estaria a implicar violação à direitos humanos. No caso em comento, a Corte IDH, ao interpretar o artigo 4.1 da Convenção Americana sobre Direitos Humanos, decidiu que, considerando a expressão "em geral", a proteção do direito à vida não pode ser absoluta, "sendo gradual e incremental segundo seu desenvolvimento" (do feto). A expressão "em geral", segundo a Corte, estaria no artigo 4.1 da Convenção para permitir o balanço entre "direitos e interesses em conflito".

Ademais, realizando a interpretação desse dispositivo convencional conforme o sentido corrente de seus termos e de acordo com a interpretação sistemática e histórica, evolutiva e mais favorável ao objeto e fim do Tratado, a Corte afirmou, na mesma decisão, que o objeto de proteção do direito à vida *é, fundamentalmente, a mulher grávida, em vista de que a defesa do não nascido se realiza essencialmente através da proteção da mulher.*

Para a Corte IDH, não é factível argumentar que um embrião seja titular e exerça os direitos consagrados nos artigos da Convenção Americana de Direitos Humanos, além de afirmar que *o termo "concepção" não pode ser compreendido como um momento ou processo excludente do corpo da mulher, em vista de que um embrião não tem nenhuma possibilidade de sobrevivência se a implantação não acontece.* Ainda, a Corte observou que *as tendências de regulamentação no Direito Internacional não levam à conclusão de que o embrião seja tratado de maneira igual a uma pessoa ou que tenha um direito à vida.*

Deste modo, mostra-se inverídico que o Pacto de São José da Costa Rica (Convenção Americana de Direitos Humanos), por força de seu artigo 4.1, que dispõe que a vida deve ser protegida desde a concepção, estaria a impedir a descriminalização do aborto.

Além de não impedir a descriminalização do aborto, a Corte Interamericana de Direitos Humanos, no mencionado caso, traz argumentos que se demonstram a favor da descriminalização, ao afirmar: (1) que o embrião, posto que passível de proteção, não pode ser equiparado à "pessoa", (2) que a sua proteção não pode inviabilizar a realização de outros direitos e, ainda, (3) que afirmar que o embrião goza do mesmo *status* que uma pessoa implicaria admitir restrições desproporcionais aos direitos fundamentais das mulheres.

Expressamente, assim, a Corte decidiu, em *Artavia Murillo v. Costa Rica,* que o artigo 4.1 da Convenção "busca proteger os direitos da mulher grávida", não os direitos do embrião ou do feto. Nesse mesmo sentido, a Corte Interamericana citou os relatórios do Comitê para a Eliminação da Discriminação Contra a Mulher (Comitê "CEDAW"), afirmando que eles *deixam claro que os princípios fundamentais de igualdade e não discriminação exigem privilegiar os direitos da mulher grávida sobre o interesse de proteger a vida em formação.*

É importante mencionar, ademais, o caso *Assunto B sobre El Salvador*[30], julgado em 29 de maio de 2013, no qual há Resolução da Corte IDH deferindo medida cautelar para autorizar a interrupção de gravidez com fins humanitários. Trata-se de análise, pela Corte, de relatório da Comissão Internacional de Direitos Humanos sobre requerimentos cautelares para que fosse determinado ao Estado de El Salvador a adoção de medidas urgentes para a proteção da vida, da integridade pessoal e da saúde de uma gestante de 22 anos[31]. Importa realizar breve relato do caso para que, em seguida, os argumentos e posicionamentos da Corte possam ser concatenados de forma a transparecer sua aplicabilidade ao cenário brasileiro.

Trata-se de mulher à época grávida de feto anencefálico, com quadro clínico de "lúpus eritematoso discóide" agravado com "nefrite lúpica". Segundo o relatório da Comissão, a mulher – "B" – havia obtido medidas judiciais no âmbito da justiça interna autorizando tratamento médico para fazer prevalecer seu direito à vida. Contudo, nenhum procedimento para a interrupção da gravidez foi iniciado, havendo apenas a internação e a medicação da gestante. Para a Comissão, o Estado foi negligente ao não prover medidas necessárias à interrupção da gestação para cessar o risco de morte

30. Alto Comissariado das Nações Unidas para os Refugiados. MC 114/13- B, El Salvador.p.71. Disponível em <https://www.acnur.org/fileadmin/Documentos/BDL/2016/10488.pdf >. Acesso em 22/11/2019.

31. Women's link Worldwide. *Guía para poteger los derechos sexuales y reprodutivos de las mujeres ante el sistema interamericano.* P. 50-55. Disponível em <https://www.womenslinkworldwide.org/files/3041/guia-para-proteger-los-derechos-sexuales-ante-el-sistema-interamericano.pdf >. Acesso em 22/11/2019.

da mulher, uma vez que, no ordenamento jurídico interno do país, o aborto era criminalizado de forma absoluta.

A Corte solicitou, então, informações ao Estado de El Salvador sobre o caso. Considerando sua competência para concessão de cautelares, a Corte restringiu-se ao exame dos argumentos relativos à extrema gravidade, à urgência e à necessidade de evitar danos irreparáveis à pessoa. Restou comprovada a enfermidade do feto e a inviabilidade de vida extrauterina, bem como que a enfermidade da gestante, agravada pela anencefalia fetal, incorreu em risco a sua vida. Concomitantemente, concluiu-se que a Corte Suprema de Justiça do país garantiu apenas o monitoramento da saúde da gestante, não abrangendo a possibilidade de interrupção da gestação para proteção da vida da mulher.

A partir da análise de relatórios médicos, portanto, a Corte entendeu presentes a extrema gravidade, o risco de dano irreparável e a urgência no caso, determinando que o Estado garantisse imediatamente a atuação médica de maneira a assegurar a proteção ao direito à vida, à integridade pessoal e à saúde da Senhora "B", em homenagem aos artigos 4º e 5º da Convenção Americana.

Em que pese o caso acima narrado trate da possibilidade de aborto especificamente no caso de risco à saúde e à integridade pessoal da gestante, extrai-se dele a preocupação do sistema para com a temática dos direitos das mulheres. Aliás, é de se destacar que a decisão da Corte não fez ressalva alguma à possibilidade e à compatibilidade com a Convenção Americana da descriminalização do aborto. Ao revés, incontestadamente incompatível com referida Convenção é a criminalização do aborto em toda e qualquer hipótese.

Por todo o exposto, descriminalizar e permitir o aborto é legítimo e perfeitamente compatível com o sistema interamericano de proteção dos direitos humanos, não sendo cabível afirmar que o artigo 4.1 da Convenção impediria a descriminalização. Manter a criminalização do aborto coloca, diretamente, o Estado Brasileiro em uma posição contrária aos precedentes da Corte Interamericana de Direitos Humanos, sendo incontestavelmente incompatível com a Convenção Americana de Direitos Humanos a criminalização do aborto em toda e qualquer hipótese.

Considerando a competência de aplicação e da interpretação final da CADH, e a vinculação das decisões da Corte IDH, tribunais órgãos e poderes internos dos países signatários da convenção são obrigados a aplicar a convenção e a jurisprudência da Corte, devendo o controle da convenção também ser realizado pelos Estados, em especial pela via do controle de convencionalidade no âmbito judicial.

3. CAMINHOS DO PORVIR: PREVALECERÁ O DIREITO QUE PUNE OU AQUELE PODE EMANCIPAR?

O tema do aborto no Brasil teve sensíveis avanços na via da interpretação judicial, nos últimos anos. O primeiro e mais importante destes precedentes foi o julgamento da ADPF 54[32] pelo Supremo Tribunal Federal que permitiu a IVG de fetos anencefálicos.

De acordo com o entendimento firmado pelo STF, o feto sem cérebro, mesmo que biologicamente vivo, é juridicamente morto, não gozando de proteção jurídica e, principalmente, de proteção jurídico-penal. Na expressão do Ministro Joaquim Barbosa, constante do voto que chegou a elaborar no Habeas Corpus nº 84.025/RJ[33], é inadmissível que o direito à vida de um feto que não tem chances de sobreviver prevaleça em detrimento das garantias à dignidade da pessoa humana, à liberdade no campo sexual, à autonomia, à privacidade, à saúde e à integridade física, psicológica e moral da mãe, todas previstas na Constituição.

Em voto longo e baseado nas informações colhidas durante quatro dias de audiência pública realizada pelo STF para debater o tema, o Ministro Marco Aurélio concluiu que a imposição estatal da manutenção de gravidez cujo resultado final será a morte do feto vai de encontro aos princípios basilares do sistema constitucional. Para ele, obrigar a mulher a manter esse

32. BRASIL. Supremo Tribunal Federal. Arguição de Descumprimento de Preceito Fundamental 54. Relator Ministro Marco Aurélio. Dje 12/04/2012. Disponível em <http://redir.stf.jus.br/paginadorpub/paginador.jsp?docTP=TP&docID=3707334 >. Acesso em 22/11/2019.

33. BRASIL. Supremo Tribunal Federal. Habeas Corpus nº 84.025-6 – Rio de Janeiro. Relator Ministro Joaquim Barbosa. Dje 04/03/2004. Disponível em <http://redir.stf.jus.br/paginadorpub/paginador.jsp?docTP=AC&docID=384874 >. Acesso em 22/11/2019.

tipo de gestação significa colocá-la em uma espécie de "cárcere privado em seu próprio corpo", deixando-a desprovida do mínimo essencial de autodeterminação, o que se assemelha à tortura.

Na interpretação desse Ministro, ao Estado cabe o dever de informar e prestar apoio médico e psicológico à paciente antes e depois da decisão, independente de qual seja ela, o que hoje é perfeitamente viável no Brasil. Quanto ao direito à vida, o Ministro Marco Aurélio sustentou que na ADPF 54 não se discute a descriminalização do aborto, já que existe uma clara distinção entre este e a antecipação de parto no caso de anencefalia. "Aborto é crime contra a vida. Tutela-se a vida potencial. No caso do anencéfalo, repito, não existe vida possível"[34], frisou. A anencefalia, que pressupõe a ausência parcial ou total do cérebro, é doença congênita letal, para a qual não há cura e tampouco possibilidade de desenvolvimento da massa encefálica em momento posterior.

Nesse sentido, no entendimento do relator, não há que se falar em direito à vida ou garantias do indivíduo quando se trata de um ser natimorto, com possibilidade quase nula de sobreviver por mais de 24 horas, principalmente quando do outro lado estão em jogo os direitos da mulher. Dados apresentados na audiência pública demonstram que a manutenção da gravidez nesses casos impõe graves riscos para a saúde da mãe, assim como consequências psicológicas severas e irreparáveis para toda a família.

Em relação ao fato de não haver menção no Código Penal aos casos de anencefalia como quesito autorizador de interrupção de gravidez, o ministro Marco Aurélio argumentou que nas décadas de 30 e 40, quando foi editado o Código Penal hoje vigente, a medicina não possuía os recursos técnicos necessários para identificar previamente esse tipo de anomalia fetal. "Mesmo à falta de previsão expressa no Código Penal de 1940, parece-me lógico que o feto sem potencialidade de vida não pode ser tutelado pelo tipo penal que protege a vida"[35], afirmou. Além disso, ele lembrou que, naquela época, o legislador, para proteger a honra mental e a saúde da mulher, estabeleceu que o aborto em gestação oriunda do estupro não seria crime, situação em que o feto é plenamente viável.

34. *Ibidem*, p. 23.

35. *Ibidem*, p. 25.

Para o Ministro Joaquim Barbosa, o assunto deve ser visto através de duas lentes: a lente da liberdade individual da mulher, da qual deriva a autodeterminação da gestante; e a lente da diferença de graus de proteção que o Direito Penal traz à vida humana. Nos casos em que legalmente se permite à mulher recorrer ao aborto, a lei está preservando o direito de escolha, não a (in)viabilidade do feto, tratando-se, *pari passu*, de tutela jurídica expressa da liberdade e da autonomia privada da mulher. Reconhece que os direitos reprodutivos da mulher são componentes indissociáveis do direito fundamental à liberdade e ao princípio da autodeterminação.

Nesse sentido, a Ministra Rosa Weber complementa em seu voto que é direito de escolha da mulher decidir sobre o futuro de sua gestação, sendo que um feto sem viabilidade vital não é aborto em linguagem depuradamente jurídica, pois não corresponde a um fato alojado no mundo do dever-ser em que o Direito consiste.

A Ministra Carmen Lúcia afirma que a ADPF 54 trata da liberdade de escolha da mulher em prosseguir ou em interromper a gestação, de escolher qual o melhor caminho a se tomar. Argumenta que a mulher não pode ser forçada a gerar e que sua função procriacional não pode lhe ser um fardo. Acentua que existem tratados internacionais celebrados pelo Brasil e que nesses diplomas legais há previsão de que os Estados signatários respeitarão os direitos humanos, erradicando a violência contra a mulher e assegurando o direito à saúde feminina. Cita *exempli gratia* a Declaração de Pequim, o Pacto de São José da Costa Rica, a Convenção Americana para prevenir, punir e erradicar a violência contra mulher.

O voto do Ministro Celso de Mello também é de fundamental importância, haja vista que afirma que obrigar a mulher a gestar é uma maneira de subjugá-la, pois se suprime seus direitos e se impede que ela exerça seus papéis que a moderna sociedade lhe atribuiu por legítimo direito de conquista. Para o ilustre ministro, o papel do Supremo Tribunal Federal é a concretização das liberdades civis e dos direitos fundamentais, destacando de mesma forma sua função contra majoritária, essencial num Estado Democrático de Direito, que deve proteger os mais vulneráveis dos excessos das maiorias, sob a perspectiva de uma concepção material de democracia constitucional. Não se exclui, destarte, vítimas de preconceito, de discriminação e de exclusão jurídica, nem se permite a supressão, a frustração ou a aniquilação dos direitos fundamentais como a liberdade, a intimidade e os direitos sexuais e reprodutivos.

Destacam-se os Ministros que votaram pela improcedência da ADPF 54, sendo eles Ricardo Lewandowski e Cezar Peluso. Sob uma fundamentação *pro forma*, apenas alegam que não há na lei expressão que permita a realização da IVG.

Assim como ocorreu no julgamento da Ação Direta de Inconstitucionalidade (ADI) 3510[36] – sobre possibilidade de realização das pesquisas científicas com células-tronco embrionárias, em que o STF primou pela laicidade do Estado – no âmbito da ADPF 54, para o Ministro, as concepções morais e religiosas não podem guiar as decisões estatais, devendo ficar circunscritas à esfera privada.

Ao sustentar seu entendimento, o ministro Marco Aurélio também afastou a premissa utilizada em prol da defesa do anencéfalo de que os seus órgãos poderiam ser doados. Segundo ele, além de ser vedada a manutenção de uma gravidez somente para viabilizar a doação de órgãos, essa possibilidade é praticamente impossível no caso de anencefalia, pois o feto terá outras anomalias que inviabilizariam a prática. Obrigar a mulher a manter a gravidez apenas com esse propósito, para o relator, seria tratá-la a partir de uma perspectiva utilitarista, de instrumento de geração de órgãos para doação, o que também fere o princípio da dignidade da pessoa humana.

Mais recentemente, a Primeira Turma do Supremo Tribunal Federal (STF) afastou no HC 124306[37] a prisão preventiva de E.S. e R.A.F., denunciados pelo Ministério Público do Estado do Rio de Janeiro, pela suposta prática do crime de aborto com o consentimento da gestante e formação de quadrilha (artigos 126 e 288 do Código Penal). De acordo com o voto

36. BRASIL. Supremo Tribunal Federal. Ação Indireta de Inconstitucionalidade nº 3510. Relator Ministro Ayres Britto. Brasília, Dje 29/05/2008. Disponível em <http://redir.stf.jus.br/paginadorpub/paginador.jsp?docTP=AC&docID=611723>. Acesso em 22/11/2019.

37. BRASIL. Supremo Tribunal Federal. Habeas Corpus nº 124.306 – Rio de Janeiro. Relator Ministro Marco Aurélio. Brasília, Dje 09/08/2016. Disponível em <http://redir.stf.jus.br/paginadorpub/paginador.jsp?docTP=TP&docID=12580345>. Acesso em 22/11/2019.

do Relator Ministro Luís Roberto Barroso[38], que alcançou a maioria, além de não estarem presentes no caso os requisitos que autorizam a prisão cautelar, a criminalização do aborto é incompatível com diversos direitos fundamentais, entre eles os direitos sexuais e reprodutivos e a autonomia da mulher, a integridade física e psíquica da gestante e o princípio da igualdade, os quais informam o núcleo essencial dos direitos fundamentais consagrados na Constituição da República das mulheres.

Para o Ministro, o bem jurídico protegido (a vida potencial do feto) é "evidentemente relevante", mas a criminalização do aborto antes de concluído o primeiro trimestre de gestação viola diversos direitos fundamentais da mulher, além de não observar suficientemente o princípio da proporcionalidade. Entre os bens jurídicos violados, apontou a autonomia da mulher, o direito à integridade física e psíquica, os direitos sexuais e reprodutivos da mulher, a igualdade de gênero – além da discriminação social e o impacto desproporcional da criminalização sobre as mulheres pobres, sublinhando que, em países democráticos e desenvolvidos, como Estados Unidos, Alemanha, Reino Unido, Canadá, França, Itália, Espanha, Portugal, Holanda e Austrália, *exempli gratia*, a interrupção voluntária da gravidez durante o primeiro trimestre não é crime.

Advertiu o Relator que não se trata de fazer a defesa da disseminação do procedimento – "*pelo contrário, o que se pretende é que ele seja raro e seguro*"[39], afirmou. Defendeu-se no voto que a criminalização absoluta da interrupção voluntária da gravidez viola o princípio da proporcionalidade, bem como seus subprincípios da adequação, da necessidade, e da proporcionalidade em sentido estrito. Em relação à adequação, trata-se do questionamento quanto à suposta proteção do feto. Comparou dados dos países onde o procedimento é permitido com os de países onde não é permitido o aborto, sendo que se constatou que o número de abortos em ambos grupos

38. BRASIL. Supremo Tribunal Federal. Habeas Corpus nº 124.306 – Rio de Janeiro. Ministro Relator Marco Aurélio. Disponível em <https://www.stf.jus.br/arquivo/cms/noticiaNoticiaStf/anexo/HC124306LRB.pdf >. Acesso em 22/11/2019.

39. Brasil. Supremo Tribunal Federal. HABEAS CORPUS 124.306 RIO DE JANEIRO. Pacientes: EDILSON DOS SANTOS; ROSEMERE APARECIDA FERREIRA. Relator: Ministro Marco Aurélio. Brasília, 12 de abril de 2012. Disponível em <http://www.stf.jus.br/arquivo/cms/noticiaNoticiaStf/anexo/HC124306LRB.pdf >. Acesso em 20/11/2019.

é praticamente o mesmo[40]. Quanto ao subprincípio da necessidade, infere que a criminalização do aborto, além de não proteger a vida do nascituro, produz restrição do gozo de direitos das mulheres.

No referido julgado, a liberdade religiosa de reprovação da prática está assegurada, todavia, ressalta-se que é papel do Estado apoiar qualquer lado, antes deve permanecer do lado da parte mais vulnerável, para que seja possível a escolha. Em diálogo comparado, traz-se à baila o Tribunal Federal Alemão que reconhece que a proteção do feto só será possível se realizada em conjunto com a gestante[41], sendo que a criminalização é medida duvidosa de proteção do feto.

Como alternativa à atual criminalização, defende que o Estado deve garantir uma rede de proteção e de apoio à grávida, para ter acesso às creches e à assistência social, bem como a garantia de informação e de acessos a métodos contraceptivos. Nesse sentido, reitera a importância da promoção de programas de planejamento familiar, com distribuição gratuita de anticoncepcionais e assistência especializada à gestante. A educação sexual, portanto, é de suma relevância no combate ao aborto.

Para o Ministro Relator, é preciso conferir interpretação conforme à Constituição aos artigos 124 a 126 do Código Penal - que tipificam o crime de aborto - para excluir do seu âmbito de incidência a interrupção voluntária da gestação efetivada no primeiro trimestre.

Pendem ainda de julgamento - no âmbito do STF - importantes feitos sobre o tema que descortinaram os caminhos - da punição ou da emancipação - que se seguirão.

Destaca-se a Ação Direta de Inconstitucionalidade 5541, cumulada com Arguição de Descumprimento de Preceito Fundamental, com pedido de medida cautelar[42], em que se questiona dispositivos da Lei Federal

40. SEDGH, G. *Abortion incidence between 1990 and 2014: global, regional, and subregional levels and trends. The lancet*, 2016. Disponível em: <https://www.guttmacher.org/infographic/2018/highly-restrictive-laws-do-not-eliminate-abortion>. Acesso em 28/09/2019.

41. Alemanha, Tribunal Federal Alemão, 88 BVerfGE 203, note 25, at para. 189.

42. A petição, bem como demais documentos que instruem esta ação, estão disponíveis em <http://redir.stf.jus.br/estfvisualizadorpub/jsp/consultarprocessoeletronico/ConsultarProcessoEletronico.jsf?seqobjetoincidente=5037704 >. Acesso em 28/09/2019.

nº 13.301/2016, que trata da adoção de medidas de vigilância em saúde relativas aos vírus da dengue, da chikungunya e da zika. O principal ponto questionado é o artigo 18 do mencionado diploma, que trata dos benefícios assistenciais e previdenciários para as crianças e para as mães vítimas de sequelas neurológicas.

Nesse feito se pede interpretação conforme à Constituição da República aos artigos do Código Penal que tratam das hipóteses de interrupção da gravidez. Na Arguição de Descumprimento de Preceito Fundamental, a Associação Nacional dos Defensores Públicos legitimada aponta diversas omissões do Poder Público no acesso à informação, aos cuidados de planejamento familiar e aos serviços de saúde, além de omissão sobre a possibilidade de interrupção da gravidez nas políticas de saúde estatais para mulheres grávidas infectadas pelo vírus zika.

Nesse sentido, o pedido é de que se determine ao Poder Público a adoção de diversas políticas públicas visando sanar tais omissões, entre elas a garantia de tratamentos a crianças com microcefalia em centros especializados em reabilitação, distantes no máximo de 50 km de suas residências, a entrega de material informativo e a distribuição de contraceptivos de longa duração às mulheres em situação vulnerável. A Anadep pede ainda que se declare a inconstitucionalidade do enquadramento da interrupção da gestação em relação à mulher infectada pelo vírus zika no artigo 124 do Código Penal.

Alternativamente, o pedido é de que se julgue constitucional a interrupção nesses casos, "em função do estado de necessidade com perigo atual de dano à saúde provocado pela epidemia de zika e agravada pela negligência do Estado brasileiro na eliminação do vetor", com a sustação dos inquéritos policiais, prisões em flagrante e processos em andamento que envolvam a interrupção da gravidez quando houver comprovação da infecção da gestante.

Paralelamente, tramita a mais importante discussão do controle concentrado de constitucionalidade sobre o tema, que é a Arguição de Descumprimento de Preceito Fundamental 442[43], a qual questiona a recepção,

43. BRASIL. Supremo Tribunal Federal. Arguição de Descumprimento de Preceito Fundamental 442. Requerente: Partido Socialismo e Liberdade. Relator: Ministra Rosa

pela Constituição Federal de 1988, dos artigos 124 e 126 do Código Penal, que instituem a criminalização da interrupção voluntária da gravidez, pela ordem normativa vigente.

Sustenta a inicial da ADPF 442 que os dois dispositivos do Código Penal afrontam postulados fundamentais como a dignidade da pessoa humana, a cidadania, a não discriminação, a inviolabilidade da vida, a liberdade, a igualdade, a proibição de tortura ou o tratamento desumano e degradante, a saúde e o planejamento familiar das mulheres e os direitos sexuais e reprodutivos[44].

A pretensão é que o STF exclua do âmbito de incidência dos dois artigos a interrupção da gestação induzida e voluntária realizada nas primeiras 12 semanas, "de modo a garantir às mulheres o direito constitucional de interromper a gestação, de acordo com a autonomia delas, sem necessidade de qualquer forma de permissão específica do Estado, bem como garantir aos profissionais de saúde o direito de realizar o procedimento", haja vista que "ter um filho é um evento central na vida das mulheres; portanto, as condições de que dispõe para decidir se como ou quando fazê-lo concretizam princípios fundamentais da dignidade da pessoa humana e da cidadania, na medida que conforma capacidade delas de se autodeterminar, de forma a realizar o projeto de vida" e sendo que "a criminalização do aborto, as condições são injustas: submetem as mulheres a riscos evitáveis de adoecimento e morte, bem como a tratamentos humilhantes e degradantes em momentos de intensa vulnerabilidade".

Em novembro de 2017, a relatora indeferiu pedido de medida cautelar de urgência que visava à suspensão de prisões em flagrante, de inquéritos policiais e de andamento de processos ou decisões judiciais, baseadas na aplicação dos artigos 124 e 126 do Código Penal, a casos de aborto voluntário realizado nas primeiras 12 semanas de gravidez. A fim de instaurar o debate constitucional e a configuração e o alcance do problema jurídico, a Ministra Rosa Weber solicitou informações à Presidência da República,

---

Weber. Brasília. Disponível em <https://portal.stf.jus.br/processos/detalhe.asp?incidente=5144865 >. Acesso em 20/11/2019.

44. A petição inicial está disponível para leitura em <https://www.conjur.com.br/dl/psol-stf-descriminalize-aborto-meses.pdf >. Acesso em 28/09/2019.

ao Senado Federal, à Câmara dos Deputados, à Advocacia-Geral da União (AGU) e à Procuradoria-Geral da República (PGR).

Além disso, segundo a Ministra, a questão da interrupção voluntária da gravidez nas 12 primeiras semanas envolve diferentes valores públicos e direitos fundamentais. A discussão, a seu ver, é um dos temas jurídicos "mais sensíveis e delicados", pois envolve razões de ordem ética, moral, religiosa e de saúde pública e a tutela de direitos fundamentais individuais:

Em resposta ao pedido, a Presidência da República sustenta a existência de "desacordo moral razoável" sobre a questão na sociedade brasileira, diante da ausência de consenso mínimo acerca das concepções morais, filosóficas e mesmo religiosas sobre a matéria. Por isso, defende que o espaço adequado para discutir e decidir politicamente a matéria é o Poder Legislativo, responsável "por tutelar o pluralismo político, premissa para a legitimidade das decisões políticas majoritárias".

O Senado Federal, por sua vez, esclarece que os artigos questionados na ADPF não foram objeto da reforma legislativa empreendida no Código Penal (Lei 7.209/1984) e assinala que o artigo 2º do Código Civil de 2002 assegura direitos ao feto viável. Afirma também que o Parlamento está promovendo as discussões pertinentes para eventual modificação do parâmetro legal (petição 17722/2017).

No mesmo sentido, a Câmara dos Deputados defende que a descriminalização da conduta, se for o caso, deverá ocorrer por intermédio do Poder Legislativo, e lembra que, ao analisar o Projeto de Lei 1.135/1991, a Câmara considerou a proposta "inconstitucional e inoportuna". Informa ainda que tramitam naquela Casa diversas proposições que preveem a proteção da vida desde a concepção e, por outro lado, projetos que descriminalizam o aborto.

Em março de 2018, a Ministra Relatora proferiu decisão em que convoca audiência pública[45], de forma a enfrentar a complexidade constitucional ora *sub examine*, ressaltando-se que houve intensa participação da sociedade, cerca de 40 representantes de diversos setores envolvidos, desde

45. A petição inicial está disponível para leitura em <https://www.conjur.com.br/dl/psol-stf-descriminalize-aborto-meses.pdf >. Acesso em 28/09/2019.

especialistas, instituições e organizações nacionais e internacionais, em busca de efetiva participação na formação da razão pública a qual fundamentará a sentença no âmbito desta ADPF, que ainda está em trâmite e, desde 11/09/2019, tem os autos conclusos à Relatora Rosa Weber.

Nota-se, portanto, que pende ainda de decisão qual das vias o judiciário brasileiro seguirá em matéria de regulamentação do aborto – entre o direito que pune e aquele que pode emancipar.

4. CONCLUSÃO: (DES)IGUALDADE DE GÊNERO

O aborto de titularidade masculina já existe no Brasil: hoje existem cerca de 5,5 milhões de crianças sem pai em suas certidões de nascimento[46]. A proibição da IVG é, *ergo*, uma questão de igualdade, porque se fere a igualdade de gêneros, na medida em que as mulheres são subjugadas a ônus que não seriam impostos em nenhum contexto ao homem, seus impactos atingem mais aquelas que estão nas camadas sociais mais desfavorecidas[47].

Essa forma de enfrentar o problema da desigualdade entre homens e mulheres, em relação aos cuidados com a prole, repercutiu na legalização da interrupção voluntária da gravidez na França, por exemplo, onde se conquistou tal direito ante falhas no funcionamento dos métodos anticoncepcionais[48], bem como em prol da igualdade entre homens e mulheres. Nos Estados Unidos, inclusive, o aborto, assim como na França, é legal.

Desde o caso *Roe versus Wade*[49], a interrupção voluntária da gravidez é um direito que passou a ser gozado pelas norte-americanas. Não obstante

46. BRASIL tem 5,5 milhões de crianças sem pai no registro. UOL Notícias, 11 ago. 2013. Disponível em: <http://noticias.uol.com.br/ultimas-noticias/agencia-estado/2013/08/11/brasil-tem-55-milhoes-de-criancas-sem-pai-no-registro.htm>. Acesso em: 30 jul. 2015.

47. SARMENTO, Daniel. Legalização do aborto e Constituição. Mundo Jurídico. Disponível em: <http://www.clam.org.br/bibliotecadigital/uploads/publicacoes/982_342_abortosarmentodaniel.pdf>. Acesso em: 03 jul. 2014.

48. CHATÉL, Marie Magdeleine. *Mal-estar na procriação: as Mulheres e a Medicina da Reprodução*. Rio de Janeiro: Editora Campo Matêmico, 1995.

49. É possível ouvir aos áudios das sustentações orais do caso Roe v. Wade em <https://supreme.justia.com/cases/federal/us/410/113/>. Acesso em 22/11/2019.

as manifestações conservadoras daquele país, o aborto é considerado como uma forma de expressão de um direito, valor e princípio norteador de todo ordenamento jurídico estadunidense: a liberdade. Para Ruth Bader Ginsburg, a decisão no âmbito de *Roe versus Wade*, ainda que um avanço em defesa aos direitos das mulheres, pecou em ter escolhido argumentos biomédicos em vez de utilizar uma perspectiva constitucional de igualdade entre gêneros[50].

Ressaltamos, porém, que infelizmente a questão da violência de gênero não se circunscreve apenas ao impedimento do exercício dos direitos sexuais e reprodutivos das mulheres: impedimentos de acesso à justiça e a serviços de saúde, à vida profissional e social também são efeitos nocivos vividos por mulheres e meninas e decorrentes deste sistema de dominação androcêntrica. Constata-se, pois, que a dominação masculina sobre a condição feminina não só é naturalizada, como é ocultada[51], de forma que seus efeitos são velados. Esse fenômeno generalizado alcança elevado número de mulheres[52].

A igualdade entre homens e mulheres deve ser enfrentada como importante chave interpretativa para a condição da mulher em nossa sociedade. A luta contra a violência contra mulheres e a favor da igualdade de gêneros, na realidade, constitui a base do desenvolvimento social e econômico[53], pois a desigualdade de gêneros é verdadeiro entrave ao progresso[54], uma vez que se impede o desenvolvimento de pessoas capazes e que muito tem a contribuir com a sociedade e com o futuro da humanidade.

---

50. GINSBURG, Ruth Bader. *Some Thoughts on Autonomy and Equality in Relation to Roe v. Wade*. Hein Online, n. 375, 1984-1985. Disponível em: <http://heinonline.org/HOL/LandingPage?collection=journals&handle=hein.journals/nclr63&div=20&id=&page=>. Acesso em: 20 mai. 2015.

51. VARIKAS, Eleni. Igualdade. In: HIRATA, Helena; e outras. (org.). *Dicionário Crítico do Feminismo*. São Paulo: Editora UNESP, 2009. p. 117.

52. PIOVESAN, Flavia; PIMENTEL, Silvia. *Conspiração contra a impunidade*. Folha de São Paulo, São Paulo, 25/11/2002. Opinião. Disponível em <https://www1.folha.uol.com.br/fsp/opiniao/fz2511200210.htm >. Acesso em 09/10/2019.

53. UNFPA. Annual Report 2018. One vision: Three zeros. Disponível em <https://www.unfpa.org/sites/default/files/pub-pdf/UNFPA_PUB_2018_EN_Annual_Report_3.pdf >. Acesso em 03 de outubro de 2019.

54. MILL, John Stuart. *The Subjection of Women*. Kindle Edition. London, 1869.

5. REFERÊNCIAS

ABRANTES, Talita. Hospitais barram aborto até em casos previstos por lei. Exame.com, 21 jun. 2016. Disponível em: <http://exame.abril.com.br/brasil/hospitais-barram-aborto-ate-em-casos-previstos-por-lei/>. Acesso em: 21 de outubro de 2016.

Alto Comissariado das Nações Unidas para os Refugiados. MC 114/13- B, El Salvador.p.71. Disponível em <https://www.acnur.org/fileadmin/Documentos/BDL/2016/10488.pdf >. Acesso em 22/11/2019.

BARWINSKI, Sandra Lia Leda Bazzo. Não sou ninguém. In: *A mulher e o direito*. Curitiba: OAB/PR, 2012.

BRASIL tem 5,5 milhões de crianças sem pai no registro. UOL Notícias, 11 ago. 2013. Disponível em: <http://noticias.uol.com.br/ultimas-noticias/agencia-estado/2013/08/11/brasil-tem-55-milhoes-de-criancas-sem-pai-no-registro.htm>. Acesso em: 30 jul. 2015.

BRASIL. Supremo Tribunal Federal. Ação Indireta de Inconstitucionalidade nº 3510. Relator Ministro Ayres Britto. Brasília, Dje 29/05/2008. Disponível em <http://redir.stf.jus.br/paginadorpub/paginador.jsp?docTP=AC&docID=611723>. Acesso em 22/11/2019.

BRASIL. SUPREMO TRIBUNAL FEDERAL. ADPF 54. RELATOR: Ministro Marco Aurélio. DJ 12/04/2012. Disponível em <http://redir.stf.jus.br/paginadorpub/paginador.jsp?docTP=TP&docID=3707334>. Acesso em 18/11/2019.

BRASIL. Supremo Tribunal Federal. Arguição de Descumprimento de Preceito Fundamental 442. Requerente: Partido Socialismo e Liberdade. Relator: Ministra Rosa Weber. Brasília. Disponível em <https://portal.stf.jus.br/processos/detalhe.asp?incidente=5144865 >. Acesso em 20/11/2019.

BRASIL. Supremo Tribunal Federal. Habeas Corpus nº 124.306 – Rio de Janeiro. Relator Ministro Marco Aurélio. Brasília, Dje 09/08/2016. Disponível em <http://redir.stf.jus.br/paginadorpub/paginador.jsp?docTP=TP&docID=12580345>. Acesso em 22/11/2019.

BRASIL. Supremo Tribunal Federal. Habeas Corpus nº 84.025-6 – Rio de Janeiro. Relator Ministro Joaquim Barbosa. Dje 04/03/2004. Disponível em <http://redir.stf.jus.br/paginadorpub/paginador.jsp?docTP=AC&docID=384874 >. Acesso em 22/11/2019.

Breve panorama sobre o aborto legal e transparência no Brasil. Disponível em <http://catolicas.org.br/wp-content/uploads/2017/10/Pesquisa-de-Opini%C3%A3o-P%C3%BAblica-2017-CDD-e-IBOPE-Percep%C3%A7%C3%B5es-sobre-aborto-e-educa%C3%A7%C3%A3o sexual_3-MB.pdf >. Acesso em 18/09/2019.

CHATÉL, Marie Magdeleine. *Mal-estar na procriação: as Mulheres e a Medicina da Reprodução*. Rio de Janeiro: Editora Campo Matêmico, 1995.

COLOMBO, Sylvia. *Em vez de aborto, médica faz cesárea em menina de 11 anos violentada na Argentina.* Folha de São Paulo, Buenos Aires, 27 de fevereiro de 2019. Disponível em <https://www1.folha.uol.com.br/mundo/2019/02/em-vez-de-aborto-medica-faz-cesarea-em-menina-de-11-anos-violentada-na-argentina.shtml >. Acesso em 19/09/2019.

Conselho Federal de Medicina, 21 mar. 2013. Disponível em: <http://portal.cfm.org.br/index.php?option=com_content&view=article&id=23663:cfm-esclarece-posicao-a-favor-da-autonomia-da-mulher-no-caso-de-interrupcao-da-gestacao&catid=3>. Acesso em: 21 set. 2013.

CORTE INTERAMERICANA DE DIREITOS HUMANOS. *Caso Artavia Murillo y Otros ("Fecundación in vitro") vs. Costa Rica.* Sentença de 28 de novembro de 2012, p. 48. Disponível em: <http://www.corteidh.or.cr/docs/casos/articulos/seriec_257_esp.pdf>. Acesso em: 17 set. 2016.

CORTE INTERAMERICANA DE DIREITOS HUMANOS. *Caso Ximenes Lopes versus Brasil.* Sentença de 04 de julho de 2006. Disponível em: <http://www.corteidh.or.cr/docs/casos/articulos/seriec_149_por.pdf>. Acesso em: 10 set. 2016.

DINIZ, Debora; MEDEIROS, Marcelo. *Aborto no Brasil: uma pesquisa domiciliar com técnica de urna.* Ciênc. saúde coletiva [online], Rio de Janeiro, v. 15, supl. 1, p. 959-966, jun. 2010. Disponível em: <http://dx.doi.org/10.1590/S1413-81232010000700002.>. Acesso em: 10 jul. 2015.

DINIZ, Débora; VÉLEZ, Ana Cristina Gonzalez. *Aborto na suprema corte: o caso da anencefalia no Brasil.* Revista Estudos feministas, Florianópolis, v. 16, n. 2, p. 647-652, mai./ago. 2008, p.648. Disponível em:<https://periodicos.ufsc.br/index.php/ref/article/view/S0104-026X2008000200019/8797>. Acesso em: 05 nov. 2016.

É possível ouvir aos áudios das sustentações orais do caso Roe v. Wade em <https://supreme.justia.com/cases/federal/us/410/113/>. Acesso em 22/11/2019.

GINSBURG, Ruth Bader. *Some Thoughts on Autonomy and Equality in Relation to Roe v. Wade.* Hein Online, n. 375, 1984-1985. Disponível em: <http://heinonline.org/HOL/LandingPage?collection=journals&handle=hein.journals/nclr63&div=20&id=&page=>. Acesso em: 20 mai. 2015.

GOLLOP, Thomaz Rafael. Abortamento por anomalia fetal. In: CAVALCANTI, Alcilene. XAVIER, Dulce (Orgs.). *Em defesa da vida: aborto e direitos humanos.* São Paulo: Católicas pelo direito de decidir, 2006.

HUNGRIA, Nélson; FRAGOSO, Heleno Cláudio. *Comentários ao Código Penal.* Volume V, arts.121 a 136. 6.ed. Rio de Janeiro: Editora Forense, 1981.

MENDONÇA, Alba Valéria. *Emoção e revolta marcam enterro de Jandira no Subúrbio do Rio.* G1, Rio de Janeiro, 28 set. 2014. Disponível em: <http://g1.globo.com/rio-de-janeiro/noticia/2014/09/emocao-e-revolta-marcam-enterro-de-jandira-no-suburbio-do-rio.html>. Acesso em: 15 set. 2016.

MENINA de 15 anos grávida de trigêmeos tem aborto em banheiro de colégio em Apucarana. TNOnline, Apucarana, 21 jun. 2016. Disponível em :<http://tnonline.uol.com.br/noticias/cotidiano/67,376978,21,06,menina-de-15-anos-gravida-de-trigemeos-tem-aborto-em-banheiro-de-colegio-em-apucarana.shtml>. Acesso em: 20 out. 2016.

MILL, John Stuart. *The Subjection of Women*. Kindle Edition. London, 1869.

Percepções sobre o aborto e educação sexual. Disponível em <http://catolicas.org.br/wp-content/uploads/2017/10/Pesquisa-de-Opini%C3%A3o-P%C3%BAblica-2017-CDD-e-IBOPE-Percep%C3%A7%C3%B5es-sobre-aborto-e-educa%C3%A7%C3%A3o-sexual_3-MB.pdf >. Acesso em 18/09/2019.

PIMENTEL, Silvia; PANDJIARJIAN, Valéria. *Aborto: descriminar para não discriminar*. Jornal da Rede saúde, São Paulo, n. 21, set. 2000.

PIOVESAN, Flavia; PIMENTEL, Silvia. *Conspiração contra a impunidade*. Folha de São Paulo, São Paulo, 25/11/2002. Opinião. Disponível em <https://www1.folha.uol.com.br/fsp/opiniao/fz2511200210.htm >. Acesso em 09/10/2019.

SARMENTO, Daniel. *Legalização do aborto e Constituição*. Mundo Jurídico. Disponível em: <http://www.clam.org.br/bibliotecadigital/uploads/publicacoes/982_342_abortosarmentodaniel.pdf>. Acesso em: 03 jul. 2014.

SEDGH, G. *Abortion incidence between 1990 and 2014: global, regional, and subregional levels and trends. The lancet*, 2016. Disponível em: <https://www.guttmacher.org/infographic/2018/highly-restrictive-laws-do-not-eliminate-abortion>. Acesso em 28/09/2019.

UNFPA. Annual Report 2018. *One vision: Three zeros*. Disponível em <https://www.unfpa.org/sites/default/files/pub-pdf/UNFPA_PUB_2018_EN_Annual_Report_3.pdf >. Acesso em 03/10/2019.

VARIKAS, Eleni. Igualdade. In: HIRATA, Helena; e outras. (org.). *Dicionário Crítico do Feminismo*. São Paulo: Editora UNESP, 2009.

VITORELLI, Edilson. *Manual de Direito Difusos*. Editora Juspodivm, 2ª.ed.

WAPNER, Ronald J. Diagnóstico pré-natal de desordens congênitas. In: CREASY, Robert K. Creasy e Resnik. *Medicina materno fetal: princípios e práticas*. 7. ed. Trad. Gabriella da Silva Mendes. Rio de Janeiro: Editora Elsevier, 2016.

WILLIAMSON, Nancy. *Situação da população Mundial 2013*. Maternidade Precoce: Enfrentando desafios da gravidez na adolescência. Brasil, p.v. 2013.

Women's link Worldwide. *Guía para poteger los derechos sexuales y reprodutivos de las mujeres ante el sistema interamericano*. P. 50-55. Disponível em <https://www.womenslinkworldwide.org/files/3041/guia-para-proteger-los-derechos-sexuales--ante-el-sistema-interamericano.pdf >. Acesso em 22/11/2019.

27

NEM BODES EXPIATÓRIOS, NEM COMPLACÊNCIA: EM BUSCA DA RESPONSABILIZAÇÃO EFETIVA EM CASOS DE ASSÉDIO SEXUAL

Mayra Cotta

Advogada formada pela Universidade de Brasília. Mestre em Direito Penal pela Universidade Estadual do Rio de Janeiro. Mestre e Doutoranda em Política pela New School for Social Research

1. INTRODUÇÃO

Cada vez mais estamos tomando consciência da extensão e gravidade do problema do assédio sexual no trabalho. O paradigmático caso de Harvey Weinstein, nos Estados Unidos, cuja força das revelações de assédios sexuais cometidos em série por ele animou a exposição de centenas de outros assediadores e nos apresentou, com detalhes, ao *modus operandi* de um chefe abusador típico. As denúncias contra o ex-produtor e dono da Miramax são mais um exemplo da pletora de violências e microagressões diárias que as mulheres ainda enfrentam para conseguirem ocupar o mercado de trabalho. O enfrentamento desta questão tão séria passa por uma compreensão mais sofisticada e complexa do que é o assédio sexual no trabalho, como ele acontece e por que tipo de estruturas se reproduz. É também urgente a reflexão sobre as estratégias para responsabilizar não apenas os assediadores, mas também as empresas, organizações e instituições dentro das quais o assédio sexual acontece. Por certo, a responsabilização efetiva também passa pelo questionamento dos instrumentos disponíveis de punição, contextualizados na realidade do sistema de justiça criminal brasileiro. É portanto sobre estes dois pontos – complexificação conceitual-teórica do assédio sexual e estratégias para a sua efetiva respo-sabilização – que o presente artigo se concentra.

Para esta análise, os acúmulos teóricos e práticos que o enfrentamento à violência doméstica nos proporciona se mostram pertinentes e serão, portanto, explorados nas elaborações aqui apresentadas. Há muitas semelhanças entre as dinâmicas de assédio sexual e as de violência doméstica, o que não deveria ser surpreendente. Afinal, apesar da separação artificial entre a casa e o trabalho, construída desde a Modernidade como garantia de manutenção do acesso exclusivo dos homens aos espaços públicos e do confinamento da mulher aos espaços domésticos, sabemos que as relações entre o mundo produtivo e o reprodutivo são muito mais de interdependência do que de autonomia.[1] A mim parece que as práticas de assédio sexual são tão presentes e continuamente difundidas precisamente porque os assediadores compartilham com outras formas de violência baseada em gênero um leque de instrumentos que vulnerabilizam as mulheres e protegem os agressores. Não só isso como a naturalização de práticas violentas nas relações interpessoais com marcas de gênero se dá por meio da construção artificial de espaços privados, ainda que em ambientes públicos. Dessa forma, um assédio sexual de um superior hierárquico contra uma funcionária é simbolicamente apresentado como um flerte e colocado, portanto, como um tema privado, que não diz respeito a ninguém mais além das duas pessoas envolvidas. Se quisermos de fato enfrentar o assédio sexual precisaremos, tal qual o fizemos com

1. Fraser, 2014, p. 5. Neste artigo, Nancy Fraser apresenta o mundo doméstico do trabalho reprodutivo e cuidado como uma das esferas invisibilizadas da exploração capitalista. As mulheres realizam uma série de trabalhos neste espaço, os quais, todavia, não são reconhecidos como tais e permanecem excluídos do olhar econômico da produção e não-remunerados. Esta exclusão e gratuidade deste tipo de trabalho é condição para que a economia capitalista se desenvolva.

a violência doméstica, romper as barreiras invizibilizantes de determinadas relações e começar a expô-las em toda a sua violência.

Frequentemente, no dia-a-dia de trabalho lidando com casos de assédio sexual em empresas e organizações, as descrições de chefes assediadores se apresentam de forma muito semelhante, às vezes idêntica, aos comportamentos de maridos abusadores. De fato, a escuta de mulheres trabalhadoras em situação de assédio traz relatos muito parecidos com os das sobreviventes de violência doméstica em relação à maneira como as vítimas se sentem, os motivos pelos quais demoram para buscar ajuda ou para denunciar e as ambivalências típicas das reações às violências praticadas por pessoas de dentro do nosso círculo de convivência. O chefe e o marido são, afinal, peões do mesmo patriarcado. Definitivamente, as fronteiras entre as diversas categorias de violências cometidas contras as mulheres são porosas e os limites institucionais para garantir os direitos das mulheres permanecem significantes. Podemos, contudo, aprender com as tradições críticas e analíticas que há décadas tentam trazer o referencial teórico de gênero para o campo do Direito, como maneira de construir caminhos para o enfrentamento do assédio sexual no trabalho. A seguir, apresento então algumas considerações para avançarmos nesta discussão.

2. O ASSÉDIO SEXUAL COMO VIOLÊNCIA DE GÊNERO

O assédio sexual deve ser propriamente entendido como uma violência de gênero. Isso significa posicioná-lo como parte de um conjunto de práticas que se apoiam tanto na assimetria de poder típica das relações de trabalho quanto na posição da mulher nessas relações. Esta assimetria evidentemente não começa nem termina no mundo do trabalho e também é afetada por outras estruturas de poder, como as baseadas em raça e classe. O fenômeno do assédio sexual, contudo, e sua manifestação generalizada é um caso indiscutível de experiência de dominação masculina que atinge mulheres em diferentes posições sociais. Há algumas décadas, o movimento feminista denuncia a complacência da sociedade com a violência diária que as mulheres enfrentam no mundo do trabalho. O estudo crítico do assédio sexual, a partir de uma perspectiva de gênero, elucida assim um mecanismo fundamental através do qual se garante a reprodução quotidiana de uma forma de privilégio masculino no mundo do trabalho.

O movimento feminista, que desde os anos 1970 passou a ocupar espaço relevante no desenvolvimento das disciplinas das ciências sociais, teve até aqui sucesso parcial neste caminho. No Brasil, principalmente a partir da década de 1990, a categoria gênero passou a fazer parte das discussões no mundo jurídico, e muitos esforços têm sido empregados para superar o paradigma masculino no Direito. A enxurrada de denúncias que acompanharam a barragem rompida a partir das primeiras denúncias no contexto de surgimento do #metoo, contudo, nos mostra o tanto que ainda precisamos avançar. Desde que este movimento começou a expor assediadores e seus cúmplices, o assédio sexual contra as mulheres deixou de ser algo vivido em silêncio pelas vítimas. Esse movimento discutiu principalmente as fronteiras entre o visível e o invisível na esfera pública, questionando e superando as práticas sociais típicas de uma sociedade estruturalmente machista. Isso significa que questões antes sistematicamente invisibilizadas, naturalizadas e virtualmente imunes à ação do Estado agora estão no centro das atenções públicas. Não só isso, mas as lutas que surgiram para o enfrentamento do assédio sexual também politizaram as relações profissionais, revelando como a hierarquia no trabalho é correntemente instrumentalizada para a manutenção de práticas violentas que controlam as mulheres nesses espaços.

Especificamente no Brasil, a criminalização do assédio sexual é relativamente recente, ainda não tendo completado sequer duas décadas. No ordenamento jurídico, por certo, a responsabilização nos casos de assédio sexual pode se dar tanto na esfera penal, em relação ao superior hierárquico assediador, quanto na esfera cível, em relação a ele e à pessoa jurídica empregadora. A responsabilidade criminal está prevista, desde 2001, no artigo 216-A do Código Penal Brasileiro, que dispõe como crime constranger alguém com o intuito de obter vantagem ou favorecimento sexual, prevalecendo-se o agente da sua condição de superior hierárquico ou ascendência inerentes ao exercício de emprego, cargo ou função. A pena é de detenção de um a dois anos. Apesar de a punição ser considerada leve, uma condenação no âmbito criminal pode trazer consequências graves, e ensejar a reparação pecuniária no âmbito da responsabilidade civil. Porque o assédio sexual pode configurar um ato ilícito, seu reconhecimento pode ensejar indenização por danos morais conforme o artigo 186, do Código Civil. A responsabilidade civil por danos morais decorrente de assédio sexual pode também recair sobre a empresa, de acordo com o artigo 932, inciso III, do Código Civil.

Desde a aprovação do crime de importunação sexual, em 2018, que tipificou a prática contra alguém e sem a sua anuência de ato libidinoso com o objetivo de satisfazer a própria lascívia ou a de terceiro, houve um considerável enrobustecimento dos instrumentos voltados ao combate de microviolências e violências sexuais cotidianamente enfrentadas pelas mulheres. O intuito desta lei foi de passar uma mensagem contundente sobre o fim da complacência do Estado com a violência corriqueira que vitimiza as mulheres e vulnerabiliza seus corpos nas ruas e espaços públicos. Essa legislação ofereceu uma resposta institucional que enfim abordou o problema como forma de opressão de gênero. Tal qual o assédio sexual, tratam-se de crimes comumente praticados por homens contra mulheres. Ambas as leis tentam reconhecer as peculiaridades da violência contra a mulher, principalmente no âmbito público. Isto não significa, contudo, que são bem sucedidas neste escopo.

Para compreendermos os limites dos remédios hoje oferecidos pelo sistema de justiça, a comparação com a violência doméstica é bastante elucidativa. Há diversas semelhanças entre o fenômeno da violência doméstica e o do assédio sexual. Muitas vezes, a experiência diária de enfrentamento e prevenção ao assédio sexual revela que o chefe assediador adota estratégias de violência típicas da cartilha do marido agressor. Os relatos que ouvimos das vítimas do primeiro se assemelham profundamente com os das vítimas do segundo. Tal qual o marido agressor, o chefe assediador vai, em diversos casos, aos poucos isolando as suas vítimas no local de trabalho; ele as manipula emocionalmente, progressivamente fragilizando sua auto-estima; ele se comporta como a pessoa que mais protege os interesses da vítima, fazendo-a duvidar da necessidade de buscar ajuda; quando ele pratica um ato muito abjeto, ele até mesmo se desculpa e promete que nunca mais repetirá este comportamento.

Há ainda outro aspecto que aproxima muito o chefe assediador do marido agressor: na maioria dos casos, nenhum dos dois começa com ações manifestamente violentas. Ao contrário, o mais comum é que se desdobre um processo lento mas constante de normalização de abusos. Aos poucos, tanto o chefe assediador quanto o marido agressor vão construindo um ambiente de trabalho ou doméstico em que os limites são testados e ultrapassados, por meio de um repertório de escusas que conhecemos bem:

"você está exagerando", "foi apenas uma brincadeira", "não se pode nem mais elogiar", "não foi bem assim o que aconteceu", "ela é louca", "será que um cara tão simpático e legal seria mesmo capaz disso", "você é muito pudica". A normalização do assédio é tão bem feita, que a vítima, imersa nesse contexto, tem dificuldades de perceber a sua situação de violência. O mesmo frequentemente acontece com a esposa de um marido abusador.

Esta naturalização da violência conta com práticas sistêmicas de silenciamento e invisibilização. Tal qual na violência doméstica, o assédio sexual é protegido por ser construído como uma relação privada, algo que acontece entre duas pessoas e só a elas diz respeito, ainda que desdobrada em um espaço público, como se fosse possível abstrair o poder advindo da ascensão hierárquica de um homem-chefe sobre a mulher. Mas se as décadas de lutas pela visibilização da violência doméstica acabaram por finalmente sedimentar o entendimento jurídico de que o casamento é uma relação na qual as mulheres temem o abuso praticado por seus maridos,[2] nós hoje avançamos para o entendimento de que o mundo do trabalho é igualmente hostil, senão mais, para nós, merecendo um olhar crítico e protetivo a partir da incorporação da teoria crítica de gênero.

Assim como na violência doméstica, ainda existem muitos mitos e obstáculos estruturais que devem ser superados no enfrentamento ao assédio sexual. Afinal, na tentativa de encontrar explicações causais para esta questão, muitas elaborações simplistas foram testadas, ignorando-se a complexidade do fenômeno. As lutas enfrentadas pelas mulheres em contextos de assédio no trabalho muitas vezes colocam em risco sua própria saúde física e psicológica. Por razões distintas, as mulheres podem não ser capazes de enfrentar um superior hierárquico assediador. Afinal, a desigualdade estrutural de gênero se reproduz também – e talvez especialmente – no trabalho. Isso porque ainda nem trouxemos para a discussão o fato de que vivemos em uma sociedade que não apenas naturaliza, mas que até mesmo incentiva a violência sexual contra as mulheres. Tal discussão, infelizmente, é ampla demais para este artigo, mas fica o registro desta relevante ponderação.

2. Suk, 2009, p. 127.

Estes obstáculos estruturais acabam influenciando a forma como a sociedade e as instituições jurídicas lidam com o assédio sexual. Nesse sentido, há uma característica deste problema que é peculiar das violências de gênero: assim como a violência doméstica, o assédio sexual também acontece costumeiramente de maneira cíclica. É possível até mesmo identificar as mesmas três fases que tipicamente observamos em casos de violência doméstica. Em um primeiro momento, ocorre um aumento constante e progressivo de piadas e comentários inapropriados, culminando em um segundo momento o qual consiste em uma investida mais agressiva e incisiva. O terceiro e último momento do ciclo é identificado pela demonstração de arrependimento do assediador, que também vem acompanhada de promessas de mudança em seu comportamento. É possível até que ocorram estágios de tranquilidade em meio ao ciclo, fazendo com que a mulher acredite que a situação vai melhorar. Raramente, entretanto, um chefe assediador muda seu comportamento.

É normalmente neste segundo momento do ciclo, de uma investida mais agressiva e incisiva, que as mulheres costumam procurar ajuda, pois é o momento em que elas percebem que a linha foi ultrapassada. Raramente ocorrem intervenções em momentos de piadas ou comentários inapropriados, ainda que costumem deixar as mulheres desconfortáveis. À medida que esse ciclo se repete, no entanto, os limites são esticados e as linhas do aceitável vão sendo traçadas cada vez mais longe, o que leva a episódios de tensão máxima progressivamente mais violentos. A repetição do ciclo também tende a encolher a rede social de apoio à vítima, que vai se isolando no local de trabalho cada vez mais.

O impacto, portanto, deste tipo de violência sexual tem um efeito perverso na vida das mulheres e não são isolados, nem acontecem apenas eventualmente. Bem ao contrário, o assédio sexual é uma complexa trama de situações que se repetem. E é precisamente esta repetição que faz com que estas práticas violentas se tornem corriqueiras e até mesmo banais, construindo assim a sua invisibilidade. Sabemos que os episódios de assédio sexual são repetitivos e progressivamente mais graves, caracterizados por uma crescente toxicidade do ambiente de trabalho. São vários os fatores decisivos que contribuem para a manutenção do ciclo de violência. Todos eles estão mais ou menos enraizados em estereótipos de gênero, que mantém homens e mulheres em uma posição de autoridade e submissão, respectivamente.

3. RESPONSABILIZAÇÃO EFETIVA

Tratar problemas de gênero dentro do sistema de justiça sempre envolve complexidades e consiste em um exercício constante de elaboração crítica. Perspectivas feministas sobre o Direito compõem um espectro analítico o qual oferece distintas abordagens estratégicas para o enfrentamento das questões relacionadas ao gênero e aos direitos das mulheres. Em um ponta deste espectro, está a perspectiva que acredita em "mudar o sistema por dentro" e a defesa da Lei e das instituições formais como instrumentos efetivos para a promoção de mudanças sociais e culturais. Na outra ponta, esta mesma Lei e instituições formais são entendidas como estruturas que simplesmente espelham as opressões sistêmicas, seja no campo simbólico, seja no exercício concreto do controle de Estado. Entre uma ponta e outra, evidentemente, encontramos diversas gradações, que geram distintas expectativas e possibilidades sobre as relações entre Direito e Gênero.

Aqui, entendo o Direito – e todas as suas instituições formais e espaços de manifestação – não como simplesmente uma estrutura de poder reificada, nem um mero instrumento para atingir determinados fins, nem mesmo um sistema fechado que se legitima em si mesmo. O Direito é, ao meu ver, um componente político da vida social, um campo de batalhas onde o senso comum é formado e transformado. Na pertinente e muito bem elaborada definição do antropólogo Philippe Descola, o Direito "é o domínio que sem dúvidas atesta mais fielmente que qualquer outro tratado filosófico ou ético sobre a mutação dos princípios que governam nossos estados, nossas práticas e nossas relações com o mundo."[3] Como um bom barômetro cultural, portanto, a discussão do tratamento jurídico do assédio sexual pode ser reveladora.

Se o ordenamento jurídico parece estar minimamente preparado para lidar com casos de assédio sexual, a realidade é que chefes e outros superiores hierárquicos seguem com esta prática impunemente em nossa sociedade. Pesquisa recente, de 2020, elaborada pelo Linkedin em parceria com a consultoria Think Eva ouviu mulheres de diferentes raças e classes sociais no Brasil e descobriu que 47% das participantes já haviam sido vítimas de

3. Descola, 2013, p. 198.

assédio sexual no trabalho. Este número é quatro pontos percentuais maior em caso de mulheres negras, e dois pontos percentuais maior em casos de mulheres que ganham até dois salários mínimos. Além das diversas consequências danosas às mulheres vítimas – perda de autoestima, depressão e até mesmo demissão do emprego – a pesquisa também mostra que apenas 5% das vítimas no ambiente de trabalho recorrem à área de Recursos Humanos das empresas para denunciar, pois 78% delas acreditam que nada será feito para responsabilizar o agressor. A opção por procurar o sistema de justiça também é rejeitada pela maioria das mulheres.

Também na jurisprudência, o reconhecimento do assédio sexual encontra diversos obstáculos. Assim como a violência doméstica, o assédio sexual no trabalho também desafia os instrumentos de punição disponíveis, especialmente os oferecidos pelo sistema de justiça criminal. Qualquer discussão sobre estratégias de responsabilização que não reconheça o racismo estrutural nas nossas instituições punitivas vai acabar por fortalecer uma engrenagem que só enxerga mulheres brancas como vítimas e homens negros como criminosos. Afinal, além da evidente seletividade criminal que pune quase exclusivamente homens negros, os instrumentos penais também se somaram historicamente às práticas desuminazantes das mulheres negras, as quais dificilmente são reconhecidas como vítimas.[4] Apostar no sistema de justiça criminal como o único instrumento de responsabilização de assediadores é arriscar a invisibilização das vítimas que são mulheres negras e indígenas, e é também arriscar a criminalização seletiva de homens negros e a total desresponsabilização de homens brancos.

Sob essas considerações combina-se ainda a dimensão de o assédio ser um crime sexual e, portanto, sujeito às falhas estruturais dos sistemas de justiça em geral para lidar com os crimes desta natureza. Revitimização, revivência do trauma pela necessidade de recontá-lo diversas vezes, exposição da vítima como estratégia de defesa e descrédito sistêmico de relatos de abusos são alguns exemplos das questões estruturais que evidenciam como a abordagem criminalizante desse tipo de conflito muitas vezes deixa de ser eficaz, pois pode agravar ainda mais o sofrimento das mulheres que buscam a proteção da lei. Uma das pesquisas mais extensas e reconhecidas

4. Haley, 2016, p. 251.

sobre vítimas de estupro e os sistemas de justiça feita nos Estados Unidos revela como as respostas institucionais têm sistematicamente levado as mulheres vítimas a mais frustrações e dores do que ao acesso a instrumentos efetivos de reparação e responsabilização.[5]

Ainda além, o direito penal é incapaz de lidar com problemas que são sistêmicos. O seu tipo de intervenção se foca em ações pontuais, punindo condutas específicas, com um autor e uma vítima definidos e uma ação com evidente início, meio e fim delimitada no tempo e espaço. Não há instrumentos penais suficientes para construir como crime algo que é tão difuso – tanto em termo de responsáveis quanto em termo de condutas, atos e gestos – e infiltrado nas práticas cotidianas na vida das mulheres. Nós não resolveremos este enorme problema que é a realidade do assédio sexual no trabalho para tantas mulheres enquanto não lidarmos com ele de maneira estrutural. A sua complexidade é deixada de lado quando o direito penal é a estratégia exclusiva para lidar com elas. Na verdade, uma intervenção do Estado por meio de lentes jurídicas muito provavelmente ignorará a dinâmica de opressão das mulheres que se manifesta em episódios de assédio sexual, o qual é, em última análise, muito complexa para a estratégia de criminalização.

Há ainda mais um questão que precisa ser endereçada nesse sentido. Apesar de o senso-comum da maioria das pessoas de que a emoção está longe de ser simples, a abordagem da emoção pelas leis penais é, na maior parte, simplista. A lei criminal até consegue reconhecer reações mecanicistas – aquelas que são imediatas, claras ou aparentemente instintivas – mas frequentemente ignora ou descarta estados emocionais mais complexos. A lei penal é bastante inepta em apreciar as situações emocionais mais complicadas e multifacetadas em que as pessoas muitas vezes se encontram, situações em que sentem emoções concorrentes e diversas ao mesmo tempo.[6] Impossível ignorar como o medo funciona como uma mordaça para as mulheres vítimas de assédio sexual. "Não posso perder meu emprego", "não quero sofrer ainda mais com retaliações vindas do meu superior e dos que o protegem", "não quero que minha família saiba", "não vão acreditar

5. Bumiller, 2008.

6. Baker, 2005, p. 447.

em mim" são exemplos típicos do que ouvimos das mulheres que buscam explicar por que não denunciaram.

Nesse sentido, mais uma vez os acúmulos de estudos sobre violência doméstica nos apontam possíveis caminhos. Afinal, a teoria crítica de gênero vem há décadas desconstruindo as cobranças relativas a uma suposta inação das mulheres vítimas de violência. Hoje sabemos que as mulheres agredidas que permanecem num relacionamento violento não podem ser consideradas culpadas ou cúmplices, tampouco consentem com a violência. Para que isso fosse verdade, as mulheres precisariam ter, no âmbito doméstico, o mesmo poder que os homens, o que não acontece.[7] O mesmo evidentemente vale para as mulheres submetidas às investidas sexuais de seus chefes e superiores hierárquicos. Falar em consentimento nesse contexto remete à famosa formulação Hobbesiana sobre a liberdade das pessoas para aderirem ao contrato social ou não: quem não quisesse, teria a opção de ir morar em uma ilha deserta. É fundamental, portanto, considerarmos o tamanho do desequilíbrio de poder ao qual as mulheres ainda estão submetidas no local de trabalho. Além disso, necessário ressaltar que as mulheres, freqüentemente, não ficam passivas à situação de violência, mas reagem a ela, mesmo sabendo que assumem sérios riscos para fazê-lo.

Esta é certamente uma das consequências da estratégia cada vez mais comum de recorrer a leis criminais para resolver complicados problemas sociais que nem as instituições políticas nem os grupos sociais foram capazes de resolver. Ainda que não se possa negar a importância simbólica da criminalização do assédio sexual e da importunação sexual, a intensificação do direito penal reforça uma lógica punitiva insuficiente para lidar com a complexidade das situações de violência de gênero no trabalho. Essa demanda por incremento punitivo para tratar das questões de gênero, infelizmente, pode desviar os esforços dos movimentos de mulheres, que poderiam elaborar soluções mais criativas, radicais e eficazes, especialmente medidas preventivas para evitar a violência. No entanto, apesar das falhas do sistema de justiça criminal e de sua aplicação seletiva, parece que ainda não desistimos de exigir leis criminais como forma de afirmar certos valores políticos ou ideológicos ou de repudiar práticas sexistas prejudiciais.

7. Saffioti, 2004, p. 63.

Parte da luta das mulheres, infelizmente, parece passar por simplesmente ignorar o caráter potencialmente nefasto das leis criminais e aumentar os discursos punitivos para dar a impressão de que algo está sendo feito para resistir às práticas diárias que nos vitimizam.

Isso significa reconhecer que episódios individuais de assédio sexual, violência de gênero e microagressões, e qualquer tipo de comportamento inadequado são sinais significativos de um ambiente de trabalho sistemicamente problemático. Isso não significa, evidentemente, abdicar da responsabilização individual – e às vezes até mesmo criminal, claro – dos assediadores. O foco, contudo, não pode ser apenas esse. O assédio sexual, sustentado e reproduzido por ambientes de trabalhos tóxicos, deixa para trás uma terra arrasada que precisa ser endereçada. Assim como na violência doméstica, as mulheres vítimas destas práticas, em geral, buscam muito mais do que a punição específica do agressor, mas principalmente o restabelecimento de uma vida livre de violência e a possibilidade de trabalharem sem serem submetidas a constrangimentos morais e sexuais pelos seus chefes.

4. CONCLUSÃO: POSSÍVEIS CAMINHOS

Todos nós estamos imbricados nessa estrutura perversa que construiu, como regra geral, ambientes de trabalho extremamente hostis, violentos e opressores para mulheres. Exploração é a condição geral de qualquer trabalho no capitalismo, e a posição das mulheres na sociedade leva essa exploração a um patamar mais profundo de precariedade. Ao adicionarmos o racismo e o classismo, o problema se torna ainda mais profundo e vicioso. Tratar o assédio sexual como uma forma de violência de gênero e reconhecer os limites do sistema penal seletivo e estruturalmente racista para se lidar com esta questão são passos fundamentais para que a gente construa de fato uma sociedade livre de assédio. As soluções atuais disponíveis hoje por parte de empresas e organizações são, na melhor das hipóteses, insuficientes e tímidas quando não são, na pior das hipóteses, meras reproduções das práticas que buscam combater. Às vezes, são apenas cosméticas, e quase sempre pontuais, criadas apenas para responder a uma situação de emergência específica, sem considerar outros casos possíveis, nem as causas estruturais que levaram ao incidente. Também parecem ser insuficientes os instrumentos ofertados pelo sistema de justiça. Precisamos ainda pensar em respostas imediatas para abordar episódios específicos de assédio sexual, responsabilizar os diretamente envolvidos e reparar as vítimas, ao mesmo tempo em que se reflete também a respeito de soluções de longo prazo para corrigir o ambiente de trabalho.

Proponho aqui, portanto, alguns princípios básicos para o enfrentamento efetivo do assédio sexual no trabalho. O primeiro deles é o reconhecimento extensivo e categórico das formas de manifestação do assédio sexual, que pode acontecer na forma de comportamentos inapropriados, microagressões, estímulo e manutenção de ambientes tóxicos e outras formas de violência de gênero. Reconhecer que o assédio sexual não é apenas uma ação específica que acontece em um tempo determinado, mas também um complexo conjunto de práticas que se combinam de maneira sustentada é um passo fundamental para o seu enfrentamento efetivo. O segundo princípio deve ser o compromisso com uma abordagem estrutural do assédio sexual. Isso significa que comportamentos individuais devem ser propriamente contextualizados e casos específicos devem ser lidos como reflexos de estruturas, as quais também devem ser endereçadas. A partir deste princípio, entende-se que conflitos interpessoais são também sinais de problemas ainda mais amplos, e que muito dificilmente um episódio dentro de um local de trabalho será um fato isolado.

Evidentemente, a abordagem estrutural não pode ser feita em prejuízo da responsabilização individual. Nem bodes expiatórios, nem complacência podem ser caminhos aceitáveis para lidar com os casos específicos. Não podemos em nenhum momento abrir mão do reconhecimento formal dos problemas e das pessoas afetadas, além da distribuição adequada de responsabilidade. Para tanto, o paradigma da justiça restaurativa nos tem muito a ensinar, pois supera a abordagem adversarial, em busca de uma responsabilidade coletiva pelos problemas individuais. As empresas, organizações e instituições, junto com o sistema de justiça, tem, portanto, um papel importante a ser desempenhado na prevenção e enfrentamento ao assédio sexual. Elas precisam lidar com os problemas resultantes das relações de gênero no trabalho em momentos de crises, que em geral decorrem de uma queixa individual de um caso de assédio sexual ou de uma demanda coletiva de algumas mulheres direcionada aos seus superiores. Nestes casos, os gestores responsáveis precisam ou estar já capacitados para implementar as medidas necessárias para resolver imediatamente os problemas urgentes ou prontos para contratarem uma consultoria para o fazer. Evidentemente, nem sempre é possível encontrar soluções internas para comportamentos e práticas que estão entrelaçados em estruturas hierárquicas, sendo que raramente existe alguém de dentro da empresa, organização ou instituição com a autonomia e objetividade necessárias para lidar com este tipo de problema. Por esse motivo, muito provavelmente veremos em breve também no Brasil o surgimento de novas consultorias de *compliance* com foco nas relações de gênero.

Dentre estas medidas que devem estar prontamente disponíveis às empresas, seja por meio de estruturas internas ou pela terceirização de serviços capaz de lidar com estas demandas, estão a possibilidade de investigação de casos específicos e de mediação e resolução de conflitos. Neste sentido, temos observado no nosso dia-a-dia de trabalho o sucesso da utilização dos círculos de Justiça Restaurativa como forma de endereçar casos específicos de assédio sexual e outras violências de gênero no trabalho. É também necessário que este processo gere recomendações de punições e admoestações, bem como ofereça suporte a vítimas e testemunhas. Se este processo revelar outros comportamentos problemáticos, é preciso que seja imediatamente estabelecido um espaço de comunicação para que as conversas difíceis com aqueles que se comportam de maneira problemática possam acontecer.

Algumas empresas e instituições têm adotado posturas mais proativas para o enfrentamento do assédio sexual. Um exemplo desta proatividade que tem se provado eficaz no enfrentamento das violências de gênero no trabalho é a realização periódica de uma auditoria externa. Por meio desta, as empresas, organizações e instituições podem antecipar os problemas em vez de terem que buscar soluções uma vez que eles ocorram. Afinal, em todo local de trabalho, até mesmo nos bem-intencionadas e preocupados com questões de gênero, tem pontos cegos, os quais apenas uma observação externa é capaz de identificar. Certamente, haverá distintas metodologias para esta auditoria, assim como consultorias tradicionais de *compliance* foram ao longo dos últimos anos desenvolvendo caminhos distintos e complementares para suas áreas. Uma possibilidade que tem se mostrado bastante eficaz para a compreensão das relações de gênero dentro de uma empresa, organização ou instituição é o que chamamos de etnografia institucional. Esta metodologia permite que pesquisadores treinados e sensíveis ao tema façam observações e estudos no ambiente de trabalho, combinando distintos métodos de coleta de dados e análise, os quais têm por princípio básico guiador a escuta qualificada. A etnografia institucional permite não apenas a avaliação geral do estado das relações de gênero em um determinado espaço institucional, como também consegue identificar os comportamentos individuais problemáticos e endereçá-los.

Por certo, a maneira mais eficaz de se lidar com o assédio sexual no trabalho é investir em prevenção. Pode ser que uma empresa, organização ou instituição jamais tenha precisado lidar com uma denúncia de assédio sexual, mas isso não significa que não haja problemas internos que precisem ser endereçados para prevenir que situações de assédio um dia venham a acontecer. Ainda, as empresas, organizações e instituições que tenham passado por um processo interno de ter de lidar com denúncias de assédio sexual precisam também se preparar para que problemas resultantes das relações de gênero no trabalho não se repitam. Não obstante a relevância do paradigma adversarial típico do trato judicial dos problemas, o que observamos é que processos coletivos que geram resultados mutuamente acordados têm mais chances de efetivamente durar e conseguem criar e implementar procedimentos que fornecem soluções sustentáveis no tempo. O estabelecimento de novos acordos coletivos e regras de comportamento, por meio da facilitação de dinâmicas coletivas, nos parece um caminho promissor, capaz também de criar procedimentos internos para recebimento de reclamações e acompanhamento de casos de assédio sexual e outras violências de gênero.

É também parte fundamental da solução estrutural educar as pessoas sobre problemas relacionados ao gênero no local de trabalho, por meio do treinamento de funcionários, gestores e diretores sobre a conduta adequada no local de trabalho. Espaços permanentes de diálogos sobre as relações de gênero e avaliações regulares para determinar se os problemas estão sendo efetivamente endereçados devem fazer parte do cotidiano de qualquer empresa, organização ou instituição seriamente comprometida com este tema. Grupos autoorganizados de mulheres institucionalmente apoiados, por exemplo, têm se mostrado potentes mecanismos de prevenção de problemas.

Existe certamente uma falsa relação de necessidade entre buscar formas de responsabilização e reparação ou judicializar. Definitivamente a judicialização não é o único caminho, apesar de ser um caminho a qualquer tempo disponível para as vítimas, observadas as regras sobre prescrição.

A reparação e a responsabilização estão além da punição. Outro falso dilema é: ou você judicializa ou você busca diálogo dentro da empresa. Ambos podem acontecer em paralelo. Em investigações criminais, os gestores podem inclusive estar ao lado das vítimas. E especialmente em casos de crimes sexuais é uma decisão muito difícil essa de buscar no Judiciário uma solução para a sua dor, uma possível reparação para a violência que você sofreu. Você sabe que a sua palavra vai ser constantemente desacreditada, que a estratégia de defesa vai ser te humilhar e te desacreditar. Em casos de crimes sexuais, frequentemente é a vítima que acaba sendo julgada e exposta. É preciso muita coragem para denunciar um crime sexual e é uma violência muito grande demandar essa coragem de mulheres que já estão muito fragilizadas pelos abusos que sofreram. É nosso papel urgente construir caminhos para que a prevenção do assédio sexual seja a regra e a sua responsabilização seja efetiva, sem revitimização.

5. SUGESTÕES DE LEITURA PARA REFLEXÃO SOBRE O TEMA E PARA RODAS DE CONVERSA

Para maior aprofundamento nas reflexões que trago nesse capítulo, compartilho, neste último tópico, os textos que utilizei de base para elaboração do texto. A lista segue por ordem alfabética:

BAKER, Katharine K. 2005. Gender and emotion in criminal Law. In: Harvard Journal of Law and Gender, Volume 28:2, Summer;

BUMILLER, Kristin. 2008. In an Abusive State: How Neoliberalism Appropriated the Feminist Movement Against Sexual Violence. Durham, NC: Duke University Press;

DESCOLA, Philippe. 2013. Beyond Nature and Culture. Translated by Janet Lloyd. Chicago, IL: University of Chicago Press;

FRASER, Nancy. 2014. Behind Marx's Hidden Abode: For an Expanded Conception of Capitalism. In New Left Review 86;

HALEY, Sarah. 2016. No Mercy Here: Gender, Punishment, and the Making of Jim Crow Modernity. Chapel Hill, NC: The University of North Carolina Press;

SAFFIOTTI, Heleieth I. B. 2004. Gênero, patriarcado, violência. São Paulo, SP: Fundação Perseu Abramo;

SUK, Jeannie. 2009. At Home in the Law: How the Domestic Violence Revolution is Transforming Privacy. New Haven, CT: Yale University Press.

28

NÃO É NÃO: O CRIME DE IMPORTUNAÇÃO SEXUAL

Renata Andrade Lotufo

Juíza Federal. Mestra em Direito pela PUC/SP. Especialista em Processo Civil pela PUC/SP.

Nossa premissa feminista é: eu tenho valor.
Eu tenho igualmente valor.
Não "se".
Não "enquanto".
Eu tenho igualmente valor.
E ponto final.[1]

1. ALFINETE DE GANCHO

Eu dei alguma informação involuntária no sentido de que estaria disponível e aberta? O que eu fiz de errado? Será que foi o decote? Será que foi a cor do cabelo? Bem que minha mãe falou que a calça era justa demais...

1. ADICHIE, CHIMAMANDA NGOZI. Para educar crianças feministas. Um manifesto. São Paulo: Companhia das Letras, 2017, p. 12.

Esses e outros pensamentos já passaram na cabeça de muitas mulheres. Talvez muitas delas não tenha tido sequer a coragem de verbaliza-los. Porém, tais frases ditas em uma oportunidade fraternal feminina trazem imediata identificação coletiva.

Aproximadamente em 1985, certa adolescente clamava aos pais por sua independência. Quinze anos de idade, branca e de classe média alta, ela tinha o grande desejo de voltar sozinha de ônibus da escola particular onde estudava. O trecho entre o colégio e sua residência era de aproximadamente três quilômetros.

Empolgada com a nova conquista, sua tia e madrinha deu-lhe um presente: "Tome, coloque sempre este alfinete de gancho embaixo da camiseta. Quando um homem te der uma encoxada no ônibus, você discretamente espeta nele onde puder". A tia em questão, nascera em 1941, o que significava que já usava o alfinete de gancho no transporte público há um bom tempo.

O alfinete foi extremamente útil. Porém, a pequena "arma" não teve aplicabilidade em outras situações da vida, seja quando a garota estava despreparada para o assédio, ou quando a importunação fora realizada de forma diferente daquela esperada no transporte público. Daí porque, como quase toda mulher, a garota do alfinete viveu muitos momentos de paralisia, seguido de raiva posterior. O momento da inação e congelamento é um entorpecimento, e, no máximo a mulher pensa "o que fiz de errado para ele achar que poderia avançar o sinal?". Depois, a depender da ação realizada pelo agressor, a reação pode ser de *pânico, medo, ou extrema raiva.*

O que fazer então em toda a infinidade de momentos que não temos o alfinete de gancho à mão? Ou, o que é pior e infinitamente mais frequente: o que nos resta quando o alfinete não for suficiente?

2. O DIREITO DE NÃO SOFRER ASSÉDIO É GARANTIA FUNDAMENTAL

A Constituição Federal já trouxe em sua redação originária de outubro de 1988 a norma do artigo 5º, XLI que assegura que *a lei punirá qualquer discriminação atentatória dos direitos e liberdades fundamentais.* Elas foram asseguradas no próprio corpo do artigo 5º da CF/88, a saber: intimidade, vida privada, honra, imagem (inciso X) e locomoção (inciso XV).

A Convenção Americana sobre Direitos Humanos (Pacto de São José da Costa Rica, de 22 de novembro de 1969), a qual o Brasil é signatário (CF, art. 5º, §3º e promulgada pelo Decreto 678, de 06 de novembro de 1992) traz em seu artigo 5º o direito à *integridade pessoal*, que se subdivide em integridade física, psíquica e moral[2].

Segundo o dicionário Michaelis[3], *integridade*, como o próprio nome já diz, se refere ao *estado ou característica de algo que está inteiro.* Assim, ao explicitar que toda pessoa tem direito à integridade pessoal, tanto física, como psíquica e moral, o princípio abrange também toda a noção de autoestima do sujeito de direito.

Como ressaltado por Omar Huertas Díaz[4], o direito à integridade pessoal é assegurado na grande maioria dos países democráticos, e em vários instrumentos internacionais. É um direito de duas faces: implica no sentido positivo de *gozar* de sua integridade pessoal, e no sentido negativo, o dever de não ofender – de nenhuma forma – a integridade física, moral e psíquica de outrem.

Esmiuçando, o autor refere que a integridade física tem relação com a conservação e cuidado com o corpo humano e todos seus órgãos e saúde. Já a integridade psíquica é entendida como a *preservação total e sem menosprezo da psique de uma pessoa*, ou seja, perder ou ter suas faculdades mentais cerebrais diminuídas por ação ou omissão de uma pessoa pode configurar violação a este importante direito fundamental.

Entende-se pelo aspecto moral da integridade pessoal, a *capacidade e autonomia do indivíduo para manter, mudar e desenvolver seus valores pessoais.*

---

2. Artigo 5.1. Comissão Interamericana de Direitos Humanos. Disponível em: < https://www.cidh.oas.org/basicos/portugues/c.convencao_americana.htm> Acesso em 11 agosto 2020.
3. Michaelis – Dicionário Brasileiro de Língua Portuguesa. Disponível em: < http://michaelis.uol.com.br/> Acesso em 11 agosto 2020.
4. DÍAS, Omar Huertas. A integridade pessoal e sua proteção efetiva perante a Corte Interamericana de Direitos Humanos: Caso Wilson Gutiérrez Soler vs. a Colômbia. Meritum – Belo Horizonte – v. 2 – n. 2 – p. 05-51 – jul./dez. 2007, ps. 9-11. Disponível em: < http://fumec.br/revistas/meritum/article/view/768> Acesso em 11 agosto 2020.

Nathaniel Branden[5] elencou os seis pilares da autoestima como sendo: a) viver conscientemente; b) aceitar a si mesmo; c) ser responsável por tudo que envolva sua própria pessoa (ações, omissões, desejos, projetos, felicidade, etc.); d) autoafirmação (viver de forma autêntica); e) viver com um propósito; e f) integridade pessoal (no sentido de ter congruência entre as palavras e os comportamentos).

Assim, estar inteiro física, psíquica e moralmente tem também relação direta com a autoestima.

Ao dispor sobre a direito à *liberdade pessoal*, o Pacto de São José da Costa Rica preceitua em seu artigo 7.1. que *toda pessoa tem direito à liberdade e à segurança pessoais.* Daí se conclui que o direito à liberdade de locomoção só é possível se houver *segurança.* Locomover-se com constante medo ou necessitando da presença de outrem por receio de violação à sua integridade pessoal, não é o exercício completo da liberdade. É uma liberdade relativa, e, portanto, "não-liberdade".

É certo, assim, que é direito fundamental do ser humano: ter liberdade de se locomover em segurança sem abalo de sua integridade pessoal.

3. ALGUNS ASPECTOS SOBRE A HISTÓRIA DA VIOLÊNCIA CONTRA AS MULHERES E A DESCONSIDERAÇÃO DO CONSENTIMENTO DA MULHER

Muito embora a importunação sexual não seja um problema exclusivo das mulheres, historicamente sabe-se que o consentimento feminino foi aniquilado em muitas oportunidades[6].

---

5. BRANDEN, Nathaniel. Autoestima e os seus seis pilares. Tradução de Vera Caputo. 7ª ed. São Paulo: Saraiva, 2002.

6. Interessante quando paramos para pensar que a história, a mitologia e a religião por muito tempo trouxeram o sexo sem o consentimento como uma relação direta de manutenção de poder. Maria Beatriz Nader da Universidade Federal do Espírito Santo tem como projeto de pesquisa "O sexo violado: estupro nas entrelinhas da história, da mitologia e da religião". Disponível em: < http://buscatextual.cnpq.br/buscatextual/visualizacv.do?id=K4707041A3> Acesso em 15 agosto 2020. Na Idade Média, o senhor feudal tinha o chamado "direito da primeira noite". Cabia-lhe passar a primeira noite e tirar a virgindade da sua serva recém casada. Disponível em: < https://www.oprotagonistapolitico.com.br/o-direito-da-primeira-noite-os-costumes-de-diferentes-nacoes-e-a-opres-

O direito do homem importunar uma mulher sempre teve relação com o fato dela não ser vista como um sujeito de direitos. A própria interpretação bíblica da origem da mulher[7], foi (e ainda é em algumas culturas) interpretada como forma de subjugá-la. A visão da mulher como assessório remanesceu por séculos, e, aqui no Brasil estava claramente prevista no antigo Código Civil de 2016, pois a menor de idade e a mulher casada só eram capazes para os atos da vida civil se assistidas respectivamente por seus pais ou maridos. Passaram-se 16 anos até a mulher ter sua conquista ao voto (Código Eleitoral de 1932); mais 11 anos, e a lei trouxe proteções trabalhistas para a maternidade (CLT de 1943); até que adveio o Estatuto da Mulher Casada, Lei 4.121/62, que há apenas 58 anos previu a plena capacidade civil para a mulher casada.

Se até 1962 uma mulher casada era relativamente incapaz, a palavra "consentimento" demorou para chegar na ordem do dia. Afinal, o acessório não precisa consentir, se é um mero apêndice, não tem voz e nem vontades.

O Brasil avançou com a Lei do Divórcio em 1977, oportunidade em que acrescer o sobrenome do marido tornou-se opcional. Mas, a Constituição Federal de 1988 foi o verdadeiro divisor de águas. O artigo 5º, I trouxe a igualdade literal entre homens e mulheres, e, a partir do art. 226 e seguintes foram feitas importantes correções na igualdade entre cônjuges e pais.

---

sao-da-mulher/> Acesso em 15 agosto 2020. Durante séculos, vê-se que as conquistas de territórios aconteceram (e ainda ocorrem) no mundo através de inúmeras guerras. Mudam-se as armas, alteram-se os locais e os guerreiros, mas permanece o estupro como "estratégia bélica", estimulado entre os combatentes e tolerado pelas sociedades. Os estupros das mulheres dos territórios dominados serviam para reafirmar a derrota psicológica e moral dos perdedores. Daí porque eram realizados às escâncaras, para deixar claro o que passou a pertencer ao novo dono e conquistador: a terra, os corpos, a honra e as vidas. Para aprofundar: SEGATO, Rita Laura. Território, soberania e crimes de segundo Estado: a escritura nos corpos das mulheres de Ciudad Juarez. Rev. Estud. Fem., Florianópolis, v. 13, n. 2, p. 265-285, Agosto 2005. Disponível em <http://www.scielo.br/scielo.php?script=sci_arttext&pid=S0104-026X2005000200003&lng=en&nrm=iso>. Acesso em 15 agosto 2020. PASSOS, Kennya Regyna Mesquita; e LOSURDO, Federico. ESTUPRO DE GUERRA: O SENTIDO DA VIOLAÇÃO DOS CORPOS PARA O DIREITO PENAL INTERNACIONAL. Revista de Gênero, Sexualidade e Direito | e-ISSN: 2525-9849 | Maranhão | v. 3 | n. 2 | p. 153 – 169 | Jul/Dez 2017, Disponível em: < https://core.ac.uk/download/pdf/210565155.pdf> Acesso em 15 agosto 2020.

7. E da costela que o Senhor Deus tomou do homem, formou uma mulher, e trouxe-a a Adão. Gênesis 2:22. Bíblia Online. Disponível em: < https://www.bibliaonline.com.br/acf/busca?q=costela> Acesso em 15 agosto 2020.

No campo criminal, por sua vez, a violência sexual escancarada e visceral sempre foi criminalizada no Brasil. Porém, como se observará a seguir, demorou muito até que o bem jurídico tutelado no crime de estupro fosse efetivamente a dignidade e liberdade sexual da vítima.

Até 2009, o crime de estupro no Brasil previa apenas a mulher como vítima. Embora a mulher fosse a primeira vítima do estupro, a lei por muito tempo tutelou a honra, a família e os costumes como sujeitos passivos do tipo penal.

O Código Criminal do Império de 1830[8] reforçava os valores da época tanto em relação ao estupro, o defloramento da mulher virgem, como o conceito de "mulher honesta". Os artigos 219, 220 e 221 preocupavam-se muito com a questão da virgindade e o "defloramento". A pena para "ter cópula carnal" através de violência ou ameaças com mulher honesta era de 3 a 12 anos de prisão e também era parte da pena "dotar" a ofendida (já que ela poderia não ser mais digna de um bom casamento). Já se a vítima fosse prostituta a pena era de 1 mês a dois anos de prisão (art. 222 e Parágrafo único). Fica claro, então, que a questão da honestidade e da virgindade tinham um peso enorme sobre a configuração do tipo penal e sua punição. Mas, o pior de tudo é que se os ofensores se casassem com as vítimas eram isentos de pena (art. 219 e 225).

O Código Penal da República de 1890 manteve a significação ao dispor nos artigos 268 e 269 uma pena maior para o estupro realizado contra mulher, "virgem ou não, mas honesta" (prisão, de 1 a 6 anos); e o estupro cometido contra "mulher pública ou prostituta" (prisão, de 6 meses a dois anos). Isso tinha importante relação com a honra[9] e as hierarquias, muito mais do que com a ausência de consentimento da mulher. O Título VIII trazia os "crimes contra a segurança da honra e honestidade das famílias" e o "ultraje público ao pudor". O Código trouxe também a definição do estupro e da violência da seguinte forma:

8. Código Criminal do Império do Brazil. Lei 16 de dezembro de 1830. Disponível em: <http://www.planalto.gov.br/ccivil_03/leis/lim/lim-16-12-1830.htm> Acesso em 16 agosto 2020.

9. LIMA, Daniel. Estupro e gênero: evolução histórica e perspectivas futuras do tipo penal no Brasil. Canal de Ciências Criminais. Agosto de 2018. Disponível em <https://canalcienciascriminais.com.br/estupro-genero-brasil/> Acesso em 15 agosto 2020.

> Art. 269. Chama-se estupro o acto pelo qual o homem abusa com violencia de uma mulher, seja virgem ou não.
>
> Por violencia entende-se não só o emprego da força physica, como o de meios que privarem a mulher de suas faculdades psychicas, e assim da possibilidade de resistir e defender-se, como sejam o hypnotismo, o chloroformio, o ether, e em geral os anesthesicos e narcóticos.

Percebe-se, assim, que o famoso "boa noite, Cinderela"[10] é bastante antigo, e, por ser um ardil, sempre foi entendido como violência.

Embora tenha tirado o adjetivo "honesta", o Código Penal de 1940, em sua redação original definiu o estupro apenas como a conjunção carnal, realizada sob violência ou grave ameaça. Mesmo assim, o CP de 1940 categorizou o estupro como crime contra os costumes, ou seja, atribuindo o bem jurídico protegido à sociedade e à família, ignorando ainda a liberdade sexual da mulher agredida.

Até ao menos a Constituição Federal, ainda havia debate jurídico sobre a questão do estupro cometido pelo marido contra a mulher. Como a manutenção de relações sexuais era um dos deveres do casamento, era entendido que a recusa ao sexo pela mulher não configuraria estupro.

Segundo Nelson Hungria[11]:

> O marido violentador, salvo excesso inescusável, ficará isento até mesmo da pena correspondente à violência física em si mesma (excluído o crime de exercício arbitrário das próprias razões, porque a prestação corpórea não é exigível judicialmente), pois é lícita a violência necessária para o exercício regular de um direito.

A jurisprudência paulatinamente foi mudando esse entendimento, principalmente depois do advento da Constituição de 1988.

---

10. "Homens e mulheres podem ser vítimas do "Boa noite, Cinderela", um golpe aplicado por pessoas mal-intencionadas com o intuito de realizar assaltos, sequestros ou abusar sexualmente da vítima. Ao ingerir a bebida misturada com a droga, a pessoa tem sua atenção e memória afetadas, o que a torna submissa ao criminoso." Em: Substâncias químicas do "Boa noite, Cinderela". Disponível em: <https://mundoeducacao.uol.com.br/drogas/do-que-composto-boa-noite-cinderela.htm> Acesso em 16 agosto 2020.

11. HUNGRIA, Nelson. Comentários ao Código Penal. Rio de Janeiro: Forense,1959, v.8, p. 159.

A Lei Maria da Penha (Lei 11.340/2006) ao elencar as formas de violência doméstica contra a mulher, dispôs no seu artigo 7º, III que se entende como violência sexual qualquer conduta que a mulher seja obrigada a presenciar, manter o participar de relação sexual não desejada, abarcando qualquer ato que limite ou anule o exercício de seus direitos sexuais ou reprodutivos.

É costumeiro se dizer que "o perigo mora ao lado" para referir que situações de risco que estão muito mais perto do que imaginamos. No caso do estupro, é de se observar os percentuais trazidos pelo IPEA (Instituto de Pesquisa Econômica Aplicada) sobre os casos de estupros no Brasil entre 2011 e 2014, com enfoque nas vítimas, autores, fatores situacionais e evolução das notificações[12]:

> De fato, verificou-se que 73,0% dos perpetradores eram pessoas conhecidas, com destaque para pais ou padrastos (15,7%) e cônjuges ou namorados (10,5%). As principais vítimas foram crianças e adolescentes (69,9%), sendo que 10,2% das vítimas possuíam alguma deficiência física e/ou mental, numa dupla vulnerabilidade. Outro ponto que chamou a atenção foi o processo de revitimização a que estão sujeitas as vítimas de algozes conhecidos: 56,5% já haviam sofrido estupro anteriormente.

Desta pesquisa podemos inferir como a questão do consentimento fica ainda mais mitigada quando de alguma forma o agressor sente-se detentor de "direitos" sobre a vítima. É grave o fato de que a maioria dos agressores sexuais dentre as crianças e adolescentes são pessoas do círculo de confiança da família. O pai, tio, padrasto, avô, marido, namorado frequentemente se sente dono daquela menina ou mulher[13], suprimindo sua vontade apenas para satisfazer sua volúpia.

Após três anos do advento da Lei Maria da Penha, a Lei 12.015, de 7 de agosto de 2009 alterou o sujeito passivo do crime de estupro, para "qualquer pessoa" que seja obrigada a ter "conjunção carnal ou praticar ou

12. Cerqueira, Daniel; Coelho, Danilo Santa Cruz; e Ferreira, Helder. Texto para Discussão 2313, Estupro no Brasil: vítimas, autores, fatores situacionais e evolução das notificações no sistema de saúde entre 2011 e 2014, Rio de Janeiro, Junho de 2017, RCIPEA (Repositório do Conhecimento do IPEA). Disponível em: < http://repositorio.ipea.gov.br/handle/11058/7973> Acesso em 15 agosto 2020.

13. O mesmo se refere a meninos e jovens do sexo masculino, igualmente vítimas e possivelmente mais sujeitos à subnotificação dos casos, já que em muitos casos se sentem muito mais envergonhados e constrangidos para denunciar.

permitir que com que ele se pratique outro ato libidinoso", mediante violência ou grave ameaça. Além disso, a nova lei alterou o título VI do Código Penal para que passasse a ser sobre os crimes contra a dignidade sexual, e o Capítulo I sobre os crimes contra a liberdade sexual. Tem pouco mais de dez anos, portanto, o reconhecimento legislativo no âmbito penal de que a liberdade sexual é um bem jurídico a ser tutelado. Reconheceu-se, assim, que toda pessoa, independentemente de seu gênero, tem o direito a exercer livremente sua liberdade sexual, sua vontade, e seu consentimento.

Passemos para o ano de 2013, quando o IPEA (Instituto de Pesquisa Econômica Aplicada) trouxe importantes indicadores sobre a tolerância social à violência contra as mulheres[14].

Voltando ao tema do estupro dentro do casamento, é certo que ainda temos muito a evoluir. Foi apresentada a afirmação "a mulher casada deve satisfazer o marido na cama, mesmo quando não tem vontade. Embora a tendência a discordar foi maior que a de concordar, 14% dos entrevistados concordaram totalmente, e 27,11% concordaram total ou parcialmente. Daí se conclui que 41,11% dos entrevistados concordaram total ou parcialmente com o estupro do marido contra a mulher! Confira-se:

Gráfico 8
A mulher casada deve satisfazer o marido na cama, mesmo quando não tem vontade. Brasil (maio/junho 2013)
(Em %)

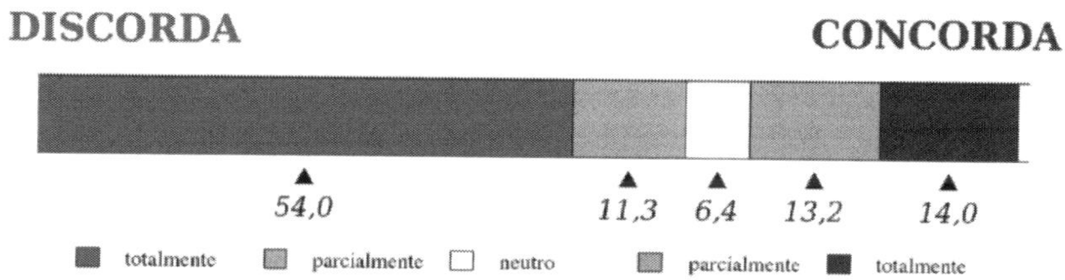

Fonte: Ipea/SIPS Tolerância social à violência contra as mulheres.

14. Brasil (maio/junho 2013) (Em %) Tolerância social à violência contra as mulheres, IPEA (Instituto de Pesquisa Econômica Aplicada), 04 de abril de 2014. SIPS (Sistema de Indicadores de Percepção Social). Disponível em: <https://www.ipea.gov.br/portal/images/stories/PDFs/SIPS/140327_sips_violencia_mulheres.pdf> Acesso 16 agosto 2020. Ps. 10-11.

Segundo o IPEA, entre as características que aumentam a concordância parcial ou total no sentido de que mulher deve, literalmente, servir sexualmente seu marido são: religião, região, nível educacional e o fato da pessoa morar em metrópoles ou não. Percebe-se, assim, que remanescem, ainda, muitos feudos no Brasil, bem como a ideia da desnecessidade do consentimento da esposa nos atos sexuais ocorridos dentro do matrimônio.

Na mesma pesquisa foi percebido que:

> O fenômeno da violência contra as mulheres, entendido como importante e persistente mecanismo de submissão feminina e perpetuação de uma ordem baseada no primado masculino na sociedade, normalmente está relacionado a algumas características: é visto como aceitável (dentro de alguns limites); é naturalizado como algo pertencente à sociedade e inerente às relações entre homens e mulheres; o agressor tem sua responsabilidade atenuada, seja porque não estava no exercício pleno da consciência, ou porque é muito pressionado socialmente, ou porque não consegue controlar seus instintos; e a mulher é vista como responsável pela violência, porque provocou o homem, porque não cumpriu com seus deveres de esposa e de mãe de família, porque de alguma forma não se comportou de maneira devida[15].

Dita a frase "é da natureza do homem ser violento", 11,3% concordaram parcialmente, e 10,2% concordaram totalmente, dando-nos um total de 22,5% dos entrevistados que acreditam em uma escusa "orgânica" para a violência do homem.

Em se tratando de violência reiterada, a maior parte da sociedade ainda atribui a culpa ou um prazer sadomasoquista à mulher. Diante da frase "mulher que é agredida e continua com o parceiro gosta de apanhar", 65,1% dos entrevistados concordaram, sendo que espantosos 42,7% concordaram totalmente e 22,4% concordaram parcialmente[16].

Absolutamente chocante também foi o resultado diante da sentença: "se as mulheres soubessem se comportar, haveria menos estupros". A maioria dos entrevistados concordou com a assertiva, sendo que 35,3%

---

15. *Op. cit.*, p. 19.
16. *Op. cit.* p. 22.

concordaram totalmente e 23,2% concordaram parcialmente, gerando um total de 58,5% de concordância[17]. Ou seja, ainda há poucos anos uma parcela da população ainda atribui a culpa do estupro à vítima. O ranço do conceito de "mulher honesta" do nosso Código Criminal do Império de 1830 infelizmente ainda permanece forte e presente na mente dos brasileiros e brasileiras.

Chegamos em um assunto polêmico da importunação sexual. Além da liberdade de ir e vir, a liberdade de transitar com as roupas e acessórios que bem quiser. A pesquisa apresentou o seguinte gráfico:

Gráfico 24
Mulheres que usam roupas que mostram o corpo merecem ser atacadas.
Brasil (maio/junho 2013)
(Em %)

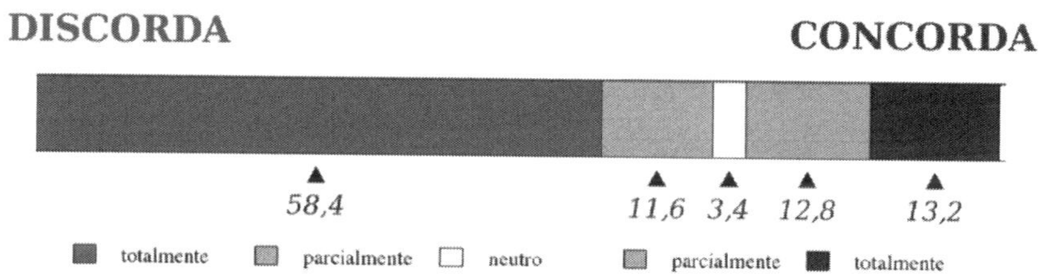

Fonte: Ipea/SIPS Tolerância social à violência contra as mulheres.

Aproximadamente um quarto dos entrevistados concorda com isso. Ou seja, em casos de importunação sexual, a depender do local e das circunstâncias do caso, pode ser que 26% ou mais dos presentes considere que a mulher contribuiu para ação; ou ainda, o que é pior, merecia ser atacada. Voltamos ao conceito de mulher honesta, recatada, e do lar do Código Criminal do Império de 1830, presente na mente de parcela significativa da população. Será que nunca abandonaremos as concepções de 1830?

É certo que já melhoramos, uma vez que quase 60% dos entrevistados repudia totalmente a frase e a culpa da mulher diante de sua aparência. Mas, não é demais esperar que avancemos um pouco mais na questão da liberdade feminina.

---

17. *Op. cit.* p. 23.

4. O CRIME DE IMPORTUNAÇÃO SEXUAL

Quando referimos à expressão "avançar o sinal" dentro do tema da importunação sexual, verificamos que durante muito tempo não houve qualquer previsão de punição específica, justamente porque estavam dentro das condutas que a sociedade considerava tolerável.

Caberia às mulheres saberem se defender, ou suportar todas as investidas sexuais. Como vimos na pesquisa do IPEA, observamos concordâncias significativas com as frases: "a mulher casada deve satisfazer o marido na cama", "é da natureza do homem ser violento", "mulher que é agredida e continua com o parceiro gosta de apanhar", e, quase 60% de anuência total ou parcial com a frase: "mulheres que usam roupas que mostram o corpo merecem ser atacadas".

Neste novo século, porém, cada vez mais tais investidas passaram a ser inaceitáveis.

Novas leis vieram para elucidar aquilo que a doutrina e a jurisprudência identificavam como "limbos legais", isto é, situações não enquadradas em uma lei exata, mas que demandava a interpretação de mais de uma norma. Dito em outras palavras: as situações fáticas não se encaixavam propriamente nas leis até então existentes, o que acabou trazendo casos de revoltas e indignações em boa parte da sociedade. Vejamos.

Primeiro, há dez anos adveio a Lei 10.224/2010 que alterou o Código Penal para incluir o artigo 216-A e criminalizar o assédio sexual como "constranger alguém com o intuito de obter vantagem ou favorecimento sexual, prevalecendo-se o agente da sua condição de superior hierárquico ou ascendência inerentes ao exercício de emprego, cargo ou função."

Muito se discutiu sobre a necessidade da norma incriminadora do assédio sexual, entendido como constrangimento ilegal praticado em circunstâncias laborais com finalidade sexual específica. Mesmo com outras normas incriminadoras em tese cabíveis à situação, segundo Luiz Flávio Gomes[18], é inegável o valor da nova norma para dissipar as dúvidas de

18. GOMES, Luiz Flávio. Lei do Assédio Sexual (10.224/01). Primeiras Notas Interpretativas. Revista de Estudos Criminais 3 – Doutrina, Ministério Público do Estado de São Paulo, p.

interpretação, e também: a) motivar no plano concreto que as pessoas se guiem positivamente de acordo com a norma punitiva; b) definir especificamente o tipo penal; e c) desencadear providências ativas das empresas para prevenir o delito, inserindo o tema dentro de importantes medidas de *compliance*[19].

Como se começam a discutir tais assuntos como assédio sexual e a importunação sexual a pontos de levá-los para a ordem do dia e, inclusive, impulsionar a criação de normas protetoras e/ou incriminadoras?

Duas são as formas: via *think tank* ou mediante a repercussão de casos públicos somados à força popular (Lei Maria da Penha, por exemplo).

Think tank é expressão advinda do vocabulário empreendedor da nova economia. O conceito perpassa por um laboratório de ideias que através de uma instituição, passa a produzir, difundir e traçar estratégias sobre assuntos caros à sociedade, seja da natureza que for[20]. Através dos *think tanks* é possível inserir debates através de estudos, artigos com a presença da mídia. A partir daí, com estudos sérios e ampla participação, pensam-se

---

12. Disponível em: <http://www.mpsp.mp.br/portal/page/portal/documentacao_e_divulgacao/doc_biblioteca/bibli_servicos_produtos/bibli_boletim/bibli_bol_2006/SRC%2002_11.pdf> Acesso em 16 agosto 2020.

19. *Compliance* é termo oriundo do inglês, mas já totalmente utilizado no meio corporativo brasileiro. "To comply", em inglês significa estar de acordo com uma regra. O *compliance* das empresas é um compromisso ético da instituição em agir de acordo com as leis e regulamentos, exigindo a mesma conduta de todos seus funcionários. No caso do assédio sexual, destacam-se tantos as medidas punitivas (demissão com justa causa, denúncia cível e criminal), como também as medidas preventivas, tais como a publicidade e diferenciação de todas as formas de assédio, assim como a presença de um Canal de Denúncias, preferencialmente administrado por terceiros especializados, para transmitir segurança ao(à) delator(a). Disponível em:< https://www.siteware.com.br/processos/o-que-e-compliance-nas-empresas/> e O Papel do *Compliance* na luta contra o assédio no ambiente do trabalho (setembro de 2018), disponível em: <http://www.eticca.com.br/artigos-e-noticias/o-papel-do-compliance-na-luta-contra-o-assedio-no-ambiente-de-trabalho> Acessos em 16 agosto 2020.

20. "O conceito de *think tank* faz referência a uma instituição dedicada a produzir e difundir conhecimentos e estratégias sobre assuntos vitais – sejam eles políticos, econômicos ou científicos. Assuntos sobre os quais, nas suas instâncias habituais de elaboração (estados, associações de classe, empresas ou universidades), os cidadãos não encontram facilmente insumos para pensar a realidade de forma inovadora." O que significa Think Tank no Brasil de hoje. 30 de Julho de 2009. Disponível em: <https://www.institutomillenium.org.br/o-que-significa-um-think-tank-no-brasil-de-hoje/> Acesso em 16 agosto 2020.

em alternativas diversas para serem implementadas no enfrentamento do problema central[21].

Em 2013 a jornalista Juliana de Faria lançou a campanha "Chega de Fiu Fiu" através da ONG Think Olga[22], ou seja, um *think tank* disposto a repensar o papel da mulher:

> É um projeto que, por meio de conteúdo, ações, eventos e pesquisas, se dispõe a abordar o universo feminino com um olhar investigativo sobre quem é a mulher contemporânea e quais são as suas aspirações. Entre os temas, estão carreira, padrões de beleza, saúde, arte e maternidade. Uma de suas principais bandeiras é a campanha Chega de Fiu Fiu, que combate o assédio sexual em locais públicos.

Em agosto de 2013, a jornalista Karin Hueck lançou uma pesquisa online para avaliar como as mulheres se sentiam ao sair nas ruas. Foram ouvidas 7.762 mulheres em duas semanas, com os seguintes resultados: 98% delas já sofreram assédio; 83% não acham a atitude legal; 90% já trocaram de roupa antes de sair de casa para evitar o assédio, e 81% já deixaram de fazer algo (como ir a algum lugar ou até sair a pé) pelo mesmo motivo. Quase todas as entrevistadas já passaram por tais desconfortos, tiveram sua liberdade cerceada, mas nunca tiveram nenhum canal para expressar abertamente suas restrições cotidianas[23].

O ensinamento antigo passado de avós para mães, e de mães para filhas é de que "a rua é dos homens". Mas, aos poucos, com retrocessos, mas alguns ganhos, as mulheres conseguiram algumas conquistas nos espaços públicos. O precursor do vagão rosa, um vagão de trem/metrô exclusivo para mulheres no horário de pico foi implementado na cidade do Rio de

21. Verbete Draft: o que é think tank. Insper, 19 de abril de 2017. Disponível em: <https://www.insper.edu.br/noticias/verbete-draft-o-que-e-think-tank/> Acesso em 16 agosto 2020.
22. THINK OLGA, Meu corpo não é seu: Desvendando a violência contra a mulher (Breve Companhia), Junho de 2014, eBook Kindle, p. 2.
23. Feminismo para todos | Revista Fleury Ed. 35, Março de 2016. Disponível em:< https://www.fleury.com.br/noticias/feminismo-para-todos-revista-fleury-ed-35> Acesso em 17 agosto 2020.

Janeiro em 2006, e regulamentado em agosto de 2017[24], seguido em novembro de 2016 em Belo Horizonte e Contagem[25]. Na mesma época, em 2016, em Porto Alegre, uma lei estadual obrigou a reserva de 20% das vagas de motoristas do aplicativo Uber às motoristas mulheres[26]. São Paulo e Curitiba não tiveram as mesmas vitórias, mas, agora, em 2019, o aplicativo Uber ganhou uma função para as motoristas terem a opção de só aceitarem passageiras através da opção "U-Elas"[27].

A partir da última década o incômodo pela ausência de liberdade das mulheres nas ruas começou a incomodar mais. Mulheres passaram a exigir mais proteção nas ruas, e a discutir mais o seu papel através de *think tanks*.

E, em 2017, aconteceu um caso que foi o grande estopim para a discussão de um limbo legislativo que propiciou a Lei de Importunação Sexual: o caso "Diego Novaes", o homem que ejaculou no pescoço de uma mulher que estava adormecida em um transporte público em São Paulo e gerou comoção nacional.

De acordo com o manual "tudo sobre a lei de importunação sexual", de parceria entre o TRF3 e a ONG Think Olga, a sequência do caso do ejaculador do ônibus aconteceu da seguinte forma: a vítima dormia e acordou quando Diego Novaes ejaculou no seu pescoço. Ele foi preso e a polícia registrou o caso como *estupro*. Ele já tinha o histórico de 16 casos semelhantes e o magistrado na audiência de custódia o soltou porque entendeu que a figura típica seria o artigo 61 da Lei de Contravenções Penais, a saber: *importunar alguém, em lugar público, de modo ofensivo ao pudor*, passível de multa. Diego reincidiu. E não demorou. Na mesma semana inseriu o dedo na vagina de outra mulher no ônibus. Desta vez foi condenado nas

24. Disponível em: < https://www.conjur.com.br/2017-ago-31/decreto-regulamenta-vagao-mulheres-trens-metro-rio> Acesso em 18 agosto 2020.

25. Disponível em: < http://g1.globo.com/minas-gerais/noticia/2016/11/vagao-rosa-exclusivo-para-mulheres-comeca-funcionar-no-metro-de-bh.html> Acesso em 18 agosto 2020.

26. Disponível em: < https://www.gazetadopovo.com.br/vida-e-cidadania/futuro-das-cidades/lei-obriga-uber-a-ter-20-de-motoristas-mulheres-5bkkotpkq6hvprmtuxhfrihsi/> Acesso em 18 agosto 2020.

27. Disponível em: < https://tecnoblog.net/312103/uber-ganha-funcao-para-motoristas-mulheres-so-aceitarem-passageiras/> Acesso em 18 agosto 2020.

penas do artigo 215 do Código Penal (violação sexual mediante fraude), ou seja: ter conjunção carnal ou praticar outro ato libidinoso com alguém, mediante fraude ou outro meio que impeça ou dificulte a livre manifestação de vontade da vítima, com pena de 2 a 6 anos de reclusão.

Mas, é fato que as encoxadas, demonstrações de pênis eretos, e ejaculadas ainda estavam indefinidas na legislação penal. Não eram desprezíveis a ponto de não serem crimes, não eram meras contravenções, mas também não poderiam ser equiparáveis ao estupro na escala de ofensa à vítima.

Outro caso de repercussão teve destaque na imprensa em 2017 sobre a questão da importunação sexual, porém desta vez o acusado era pessoa de posses e conhecida na mídia.

Nuno Cobra, o antigo preparador físico de Ayrton Senna, foi preso por ocasião da sentença proferida nos autos do processo 0013890-09.2016.403.6181, ocasião em que foi condenado a 3 anos e 9 meses de reclusão pela infringência ao artigo 215 do Código Penal (violação sexual mediante fraude).

Disse a sentença que em 2015, Nuno entabulou conversa com R., uma moça de 21 anos à época, no ônibus que os levava do terminal do aeroporto de Congonhas/SP até a aeronave da Gol estacionada no pátio. Assim que chegou no avião, Nuno pediu para um passageiro trocar de lugar para que pudesse sentar-se ao lado da jovem. Durante a decolagem e a turbulência que se seguiu, importunou-a sexualmente e tocou-a nas pernas e na lateral dos seios[28]. Assim que o voo estabilizou, a vítima se levantou e pediu auxílio, em pânico, aos comissários de bordo.

---

28. "NUNO disse que quando a viu subir as escadas sentiu uma energia tão forte em seu corpo que despertou pontos que não sentia há anos. Enquanto falava com a depoente, NUNO fazia gestos simulando o contorno do corpo dela, que estava com um vestido de alças, e pegava em seu braço com o dedão do lado externo e os outros quatro dedos roçando na lateral de seu seio, em movimentos de cima para baixo e de baixo para cima. Ele dizia que o toque despertava os sentidos. NUNO também falava da importância do coração e punha a mão em seus seios. A depoente estava com uma revista nas mãos e se protegia, colocando-a sobre seu seio, mas NUNO colocava a mão sobre sua perna, o que obrigava a depoente a proteger a perna com a revista, mas permitia que ele conseguisse tocar seu ombro. Afirma que isso ocorreu diversas vezes e que ele dizia que ela nunca mais esqueceria aquele voo." Disponível em: < http://www.jfsp.jus.br/foruns-federais/> Acesso 19 agosto 2020. Processo n. 0013890-09.2016.4.03.6181, Consulta da Movimentação Número: 109.

Destaca-se na referida sentença que a vítima ficou em pânico, paralisada e posteriormente envergonhada, o que foi assim descrito pela juíza sentenciante[29]:

> Não é por acaso que o crime previsto no artigo 215 da lei penal sempre envolve situações que ocorrem em transporte público – ônibus, trens, metrô, aeronaves e embarcações – porque nessas situações a vítima tem a sensação de que está protegida porque não está sozinha e, ao mesmo tempo, não tem possibilidade de escapar porque se encontra em um espaço limitado e em movimento. Além disso, nesse ambiente a surpresa é inevitável, porque não se imagina que haverá uma violação na frente de outras pessoas, contando o agente com o fato de que a vítima, na maior parte das vezes, sente medo e vergonha da situação, deixando de reagir imediatamente.

A decretação da prisão preventiva neste caso em especial, se deu em virtude do comportamento do acusado na própria audiência, e em outra oportunidade logo após o ato processual, o que teria revelado a reiteração da conduta:

> Observo que o comportamento do réu em audiência já se revelou extremamente inadequado em relação ao juízo, não tendo sido adotadas providências naquele momento em face do encerramento da instrução processual e porque se concluiu erroneamente que se tratou de um incidente isolado, provocado pela tensão do momento. Entretanto, após a notícia de novo crime praticado dias após aquela audiência, entendo que a ousadia do réu não tem limites, o que exige sua retirada do convívio em sociedade até que os fatos narrados no documento apresentado sejam apurados.

Nos dois casos citados, tanto Diego como Nuno importunaram mulheres no transporte público, e apresentaram, como característica, a reincidência específica.

O artigo 215 do Código Penal resolvia boa parte das situações mais ousadas, porém, recebia muitas críticas. Isso porque o tipo penal dispõe "ter

29. Disponível em: < http://www.jfsp.jus.br/foruns-federais/> Acesso em 19 agosto 2020. Processo n. 0013890-09.2016.4.03.6181, Consulta da Movimentação Número: 109.

conjunção carnal ou praticar outro ato libidinoso *com* alguém, mediante *fraude* ou outro meio que impeça ou dificulte a livre manifestação de vontade da vítima. O tipo era mais conhecido como o estelionato sexual[30], tal como o caso em que o agressor convencia a vítima a deixar tocá-la.

Assim, vários movimentos de conscientização da sociedade e fatos descritos na mídia culminaram em uma especial ebulição aproximadamente em 2017, tornando-se inadiável a criação de crime específico para qualquer importunação, privilegiando-se o direito das pessoas andarem livremente sem serem perturbadas. Chega de fiu fiu, MESMO.

Tornou-se urgente se pensar em sanar a lacuna que dificultava o enquadramento de determinadas condutas, nas modalidades criminosas até então existentes: contravenção de importunação ofensiva ao pudor, com previsão de pena ínfima; ou crime de estupro, com pena de seis a dez anos de reclusão, conforme Silvia Chakian de Toledo Santos[31].

A Lei de Importunação Sexual recebeu as siglas LIS, que curiosamente tem mesma sonoridade do nome "Liz", nome próprio bastante feminino e popular com vários significados[32], dentre eles: "meu Deus é um juramento", "meu Deus é abundância", ou referência à famosa flor-de-lis, muito utilizada na antiga realeza francesa como símbolo de poder, soberania, honra e lealdade.

A sonoridade das siglas da nova lei curiosamente trouxe esse viés e significado feminino.

Dispôs o novo tipo penal no artigo 215-A do Código Penal que se trata de "importunação sexual", *praticar contra alguém e sem a sua anuência ato libidinoso com o objetivo de satisfazer a própria lascívia ou a de terceiro.* A presença da palavra "anuência" no tipo penal é um ganho significativo para a liberdade sexual das mulheres: seu consentimento é condição prévia para qualquer tipo de investida sexual.

---

30. Disponível em< http://www.justicadesaia.com.br/entenda-as-diferencas-juridicas-entre-crimes-sexuais/> Acesso em 19 agosto 2020.

31. SANTOS, Silvia Chakian de Toledo. Os Novos Crimes Sexuais. Opinião. Folha de São Paulo, 1º de outubro de 2018. Disponível em: <https://www1.folha.uol.com.br/opiniao/2018/10/os-novos-crimes-sexuais.shtml?origin=folha> Acesso em 18 agosto 2020.

32. Dicionário de Nomes Próprios. Disponível em: < https://www.dicionariodenomesproprios.com.br/liz/> Acesso em 15 agosto 2020.

O crime ficou inserido no rol dos crimes contra a liberdade sexual (Capítulo I do Título VI, ou seja, os crimes contra a dignidade sexual do CP), dentro da seguinte escala de gravidade decrescente: a) estupro seguido de morte: pena de 12 a 30 anos de reclusão; b) estupro de vulnerável ou seguido de lesão corporal grave: 8 a 12 anos de reclusão; c) estupro: 6 a 10 anos de reclusão; d) violação sexual mediante fraude: 2 a 6 anos de reclusão; e) importunação sexual: 1 a 5 anos de reclusão; e, f) assédio sexual: 1 a 2 anos de reclusão.

Com isso, percebe-se a correlação entre os crimes sexuais e as *parafilias*, ou seja, o termo médico que indica preferências e condutas sexuais que se distanciam do que é normalmente aceito por uma sociedade em certo momento histórico-cultural.

Isso não significa que as atitudes são todas escusáveis e produtos de doenças mentais, o que, obviamente só pode ser aferível caso a caso por profissionais competentes. O que se pretende afirmar é que vivemos um momento histórico-cultural em que a parafilia conhecida como *frotteurismo*[33], ou seja, tocar ou se esfregar em outra pessoa sem o seu consentimento não é mais minimamente aceitável pela sociedade, seja fruto de doença mental ou não.

A própria medicina reconhece que a sociedade frequentemente revê e modifica quais são as condutas sexuais aceitáveis, sempre através de muitos debates. Foi exatamente o que aconteceu no caso da importunação sexual. O tema foi debatido pela sociedade brasileira seja através de ONGs, imprensa, redes sociais, como também via reação de notícias de fatos veiculados pela imprensa com lançamentos de *hashtags*, tais como #naoénão ou #metoo.

Embora possa se usar o termo *frotteurismo* para identificar a conduta da encoxada, passada de mão, ejaculada, entre outros, estudos médicos especializados afirmaram que a maioria das pessoas com interesses sexuais atípicos não tem um transtorno mental[34].

33. *Frotteurismo:* termo de origem francês. O verbo "frotter" significa "roçar", "esfregar". Disponível em: < http://gazetaweb.globo.com/gazetadealagoas/noticia.php?c=270344#:~:text=O%20que%20mais%20se%20caracteriza,o%20consentimento%20da%20outra%20pessoa.> Acesso em 19 agosto 2020.

34. LUCENA, Bárbara Braga de e ABDO, Helena Najjar. Transtorno parafílico: o que mudou com o Manual Diagnóstico e Estatístico de Transtornos Mentais 5a edição (DSM-5).

O *frotteurismo* não patológico é agora crime. E, com mais um detalhe. Com a aprovação do chamado Pacote Anticrime (Lei 13.964/2019) que alterou vários dispositivos penais e processuais penais, foi introduzido no artigo 28-A do Código de Processo Penal o acordo de não persecução penal (ANPP). Muitos processos, em tese, poderão se beneficiar do ANPP, já que além da confissão, reparação do dano, entre outros requisitos, o acordo abarca todos os tipos penais com pena mínima inferior a quatro anos.

No caso da importunação sexual, porém, mesmo com a previsão de pena mínima de um ano de reclusão, não se admite o ANPP por dois motivos: o tipo penal prevê a prática de ato libidinoso contra alguém sem a sua anuência, e, portanto, é caso de violência (vedado pelo *caput* do art. 28-A do CPP); e, também não e aplica o ANPP a crimes praticados contra a mulher por razões de condição de sexo feminino (art. 28-A, §2º, IV do CPP).

5. PREVENÇÃO E EDUCAÇÃO

A criminalização da importunação sexual tem notável valor educativo. Pelo enraizamento machista da sociedade percebido nas pesquisas trazidas pelo IPEA, vê-se que ainda temos muito a evoluir.

Dois meses após a promulgação da LIS, a Prefeitura de Florianópolis lançou uma campanha para encorajar as denúncias de importunação dentro dos ônibus através do número telefônico 153. Foi criado o slogan "Assédio no ônibus é crime, e o ponto final é a cadeia" para estimular as mulheres – principais vítimas – a denunciarem seus agressores.

Com isso, após passado um ano da promulgação da LIS, Florianópolis registrou 17 casos em ônibus e vias públicas[35].

REVISTA DIAGNÓSTICO TRATAMENTO APM_AMB. Diagn Tratamento. 2014;19(2):94-6. Disponível em< http://www.apm.org.br/imagens/Pdfs/revista-120.pdf#page=42> Acesso em 19 agosto 2020.

35. Lei de importunação sexual completa 1 ano com 17 casos registrados em Florianópolis. NSC Total. 27/09/2019. Disponível em: <https://www.nsctotal.com.br/noticias/lei-de-importunacao-sexual-completa-1-ano-com-17-casos-registrados-em-florianopolis> Acesso em 19 agosto 2020.

Segundo o jornal Folha de São Paulo[36], em Fortaleza foi criado a "Nina", que nada mais é do que um canal de denúncia de importunação sexual dentro do aplicativo "Meu Ônibus" que pode ser usado por vítimas ou testemunhas. O alerta obriga a empresa de ônibus a enviar as imagens de câmera para a Polícia.

No Estado de São Paulo, também um ano após a aprovação da LIS, foram registrados 3.090 casos do tipo, sendo 31% em vias públicas, 26% em residências e 12% em transportes públicos.

O Tribunal de Justiça paulista registrou 67 prisões em flagrante, 52 ações penais, 16 inquéritos policiais e 5 medidas protetivas de urgência ligados à importunação sexual desde a promulgação da LIS.

O fato da importunação sexual passar a ser criminalizada acaba por educar e prevenir um pouco as ações nas ruas, já que as testemunhas e vítimas se sentem mais respaldas para denunciar.

Porém, a prevenção desse tipo de atitude não se resolve apenas com a criminalização. Ao contrário, chegamos a esse ponto porque não toleramos mais as encoxadas, cantadas vulgares e ejaculações públicas.

A educação começa é claro, no berço, e começa cedo.

Podemos elencar várias necessárias mudanças de paradigmas para que no futuro, a práticas de importunação e outras violências de gênero sejam impensáveis:

1) Quebrar o ciclo de violência e entendê-la como problema social

Nenhuma violência pode ser tolerada, e a sociedade deve evoluir para dissipá-la na sua raiz. As soluções para a violência devem ser pensadas coletivamente. A violência contra as mulheres especificamente deve ser encarada como uma doença de um povo, e não um problema doméstico,

36. Lei de importunação sexual completa 1 ano com 3.090 casos em SP. Folha de São Paulo, 26 de setembro de 2019. Disponível em: <https://www1.folha.uol.com.br/cotidiano/2019/09/lei-de-importunacao-sexual-completa-1-ano-com-3090-casos-em-sp.shtml> Acesso em 19 agosto 2020.

porque a afirmação, invariavelmente recai na culpa da vítima em maior ou menor grau[37].

Devemos refletir profundamente sobre o tema. Violência contra segmento identificado, seja de gênero, raça[38] ou qualquer outro motivo, não é e nem nunca foi um problema apenas de uma vítima, um conjunto de vítimas, uma família, ou uma parcela da população. É uma moléstia de toda uma sociedade e deve ser tratada coletivamente, como já afirmaram Juliana de Faria e Bárbara Castro da ONG Think Olga[39]:

A consequência política desse mecanismo é gravíssima: os casos de violência contra a mulher passam a ser tratados como disfunções originadas dentro do seio das famílias, como resultado de um núcleo desestruturado, carente de educação ou de formação cultural tradicional. Não à toa, a responsabilidade de resolver e solucionar o problema recai sobre a esfera privada, e não à toa as mulheres se sentem responsáveis pela violência que sofreram ou que, apesar de existir uma legislação protetiva, esta não as acolhe.

2) Já foi o tempo em que a recusa era artifício de sedução

Antigamente nos filmes em branco e preto, tal como E o Vento Levou de 1939, entre outros, o não era sim. Os papéis de conquista eram muito definidos. E tal como já citado no nosso Código Criminal do Império de 1830 e no Código Penal da República de 1890 os conceitos de "mulher honesta" e "prostituta" eram muito definidores das condutas masculinas.

As ditas "mulheres honestas", "moças de família, recatadas e do lar" sempre tinham de ter o "não" na ponta da língua, sob pena de serem "fáceis", e confundidas com as prostitutas.

---

37. Think Olga. Meu corpo não é seu (Breve Companhia) (p. 25). Companhia das Letras. Edição do Kindle.
38. Observe-se, por exemplo, o movimento Black Lives Matter, que mostrou que o racismo é um problema de todos os seres humanos. Disponível em: < https://blacklivesmatter.com/> Acesso em 19 agosto 2020.
39. Think Olga. Meu corpo não é seu (Breve Companhia) (p. 24). Companhia das Letras. Edição do Kindle.

E ao homem cabia o papel de conquistador, desbravador; e, portanto, tal como o ditado "água mole em pedra dura, tanto bate até que fura", cabia-lhe conquistar a relutante mulher, que, no fundo, no fundo, o queria.

Isso é um duplo perigo: gera uma arrogância no homem no sentido de que ele pode ter a mulher que quiser e que tudo é uma questão de insistência; e, ainda, pode gerar delírios e fantasias sérios sobre o consentimento da mulher, ao considerar que o "não" era apenas um charme.

Como já vimos, 2017 foi um ano que houve um levante geral para a questão da importunação sexual em vários cantos do país e do mundo. Foi o ano dos episódios narrados do ejaculador do ônibus e do assediador do avião, e também quando nasceu a campanha "Não, é não!" na cidade do Rio de Janeiro[40]. Após três amigas constarem a violência e o grande assédio sexual sofrido pelas mulheres em situações do cotidiano, foram distribuídas quatro mil tatuagens durante o carnaval no Rio de Janeiro com os dizeres "não, é não!". A campanha disseminou nos anos seguintes através de vários veículos de comunicação, locais diversos e *hashtags*. A ação continuou nos carnavais seguintes, até 2020, pelo menos.

Então, chegou a hora de acabar com papéis antiquados e de tratar a mulher como uma acéfala que não sabe o que quer. A negativa, seja ela mais sutil, mais educada, dita em voz baixa, gritada em altos brados, ou silenciosa, de cara feia não precisa de muita interpretação. Isso tem de ser inserido na educação de todos. O não é não, e isso é óbvio.

3) Chega de meninas boazinhas

É comum os pais pensarem que existe um jeito diferente de educar e passar valores para seus filhos a depender do gênero. E, as meninas são criadas para serem educadas, boazinhas, ainda no mantra da "moça de família, recatada e do lar".

O grande problema é que meninas boazinhas são preocupadas em agradar, e empenham-se sempre em manter as boas aparências. Para isso,

40. Disponível em: < https://www.furg.br/noticias/noticias-institucional/furg-adere-a-campanha-nao-e-nao> Acesso em 19 agosto 2020.

está ínsita a necessidade de fingir: simular que gostou ou deixou de gostar de alguma coisa, fingir sentimentos, tudo em prol dos bons modos.

No manifesto para educar crianças feministas, a nigeriana Chimamanda Ngozi Adichie[41] alerta para o fato de que a menina ou mulher boazinha é um prato cheio para um predador sexual:

> Muitas meninas ficam quietas quando são abusadas, porque querem ser boazinhas. Muitas meninas passam tempo demais tentando ser "boazinhas" com pessoas que lhe fazem mal. Muitas meninas pensam nos "sentimentos" de seus agressores. Esta é a consequência catastrófica de querer agradar. Temos um mundo cheio de mulheres que não conseguem respirar livremente porque estão condicionadas demais a assumir formas que agradem aos outros.

Adichie incentiva que ensinemos nossas filhas a serem honestas no lugar de meramente "agradáveis". Que as incentivemos a serem bondosas, corajosas e a exporem suas opiniões com sentimento em sinceridade, elogiando-as quando assim agirem. E mesmo assim agindo, e talvez esse seja um grande desafio: ensinar nossas filhas que não tem problema que elas não agradem a todos com o seu jeito, desde que sejam íntegras e honestas consigo mesmas e com os outros nas suas vidas.

4) Meu corpo, minhas regras!

Todas as pessoas devem ser educadas desde cedo para ter essa frase fixada na mente: cada um dita as regras do seu corpo. O que, quando e como fazer.

Em especial, é importante que meninas saibam logo que seus corpos pertencem apenas e tão somente a elas, e que nunca – em nenhuma hipótese – devem dizer sim para algo que se sintam pressionadas. Dizer "não", é absolutamente natural.

A escritora e jornalista Peggy Orenstein, em sua obra Garotas & Sexo[42] descortinou a cultura do estupro de muitos campi de universidades norte-americanas.

41. ADICHIE, CHIMAMANDA NGOZI. Para educar crianças feministas. Um manifesto. São Paulo: Companhia das Letras, 2017, pp. 48-49.
42. ORENSTEIN, Peggy. Garotas & Sexo, 2016, Rio de Janeiro: Ed. Zahar, pp. 194-195.

Ainda que ensinemos nossas filhas a se defenderem, sabemos que geralmente a mulher é fisicamente mais frágil. Isso facilita que em algumas situações a mulher possa ser acuada por mais de um agressor, ou ter seus instintos de defesa total ou parcialmente sublimados por algum motivo (bebida, droga, pânico, etc.). Daí porque, neste aspecto devemos ensinar nossas filhas a se defenderem, mas também prepará-las a interceder por outras pessoas em situação de perigo, criando verdadeira sororidade.

Para pensarmos em futuras políticas públicas, Peggy Orenstein trouxe importante dado acerca da inversão do ônus da prova do caso do "não" que muitas vezes é dito entre lágrimas e boca cerrada:

> Políticas de 'consentimento afirmativo', versões das quais a Antioch[[43]] foi pioneira, se tornaram uma vez mais a esperança de transformação. Em 2014, a Califórnia foi o primeiro estado a aprovar uma lei 'sim significa sim' direcionada a faculdades e universidades que recebiam financiamento estatal. Em vez de exigir uma testemunha para provar que a menina disse não, a lei demanda que o suposto agressor prove que houve uma 'decisão afirmativa, inequívoca e consciente de cada participante de se envolver em atividade sexual mutualmente consentida'. Em outras palavras, que tenha havido um entusiástico e claro 'com certeza', seja por meio de palavras, seja por meio da linguagem corporal.

É importante, assim, que o não seja a regra, e que o sim seja precedido de permissão expressa.

5) A culpa NUNCA é da vítima

Desde 1988 quando foi lançado o filme "Acusados" (The Accused), Sarah Tobias, a personagem interpretada pela atriz Jodie Foster, teve que

43. Segundo o jornal The New York Times na reportagem "The Reinvention of Consent, de Katherine Rosman, datada de 24 de fevereiro de 2018, em 1990, os alunos da ANTIOCH, uma universidade em Ohio foram os pioneiros na criação de uma política de consentimento sexual afirmativo, realizado através de um documento denominado Política de Prevenção de Ofensas Sexuais. Esse documento foi ridicularizado por grande parte do mundo na ocasião, mas agora tomou novas dimensões, tal como pedir permissão para abraçar outrem, como forma de respeito pelo corpo e espaços alheios. Disponível em: <https://www.nytimes.com/2018/02/24/style/antioch-college-sexual-offense-prevention-policy.html> Acesso em 20 agosto 2020.

comprovar que não teve culpa em ter sido estuprada por três homens em um bar enquanto outras pessoas assistiam e incentivavam o ato.

Trata-se de filme com cenas fortes de julgamento moral da vítima sobre sua pessoa, suas vestimentas, aspecto físico e eventual embriaguez. Passados mais de 30 anos, o filme ainda é atualíssimo[44]. Seja no Judiciário, seja nos noticiários, e agora nas redes sociais vemos ainda hoje novas mulheres no papel de Sarah Tobias do filme *The Accused.*

Devemos então reforçar a educação geral, mas aqui em especial em relação aos nossos jovens (filhos e alunos), no sentido de que, havendo qualquer tipo de violência sexual, seja ela qual for, da mais leve à mais grave, NUNCA a culpa é da vítima.

Nunca, nada justifica uma violência sexual. As vítimas **nunca** são responsáveis pelas ações do agressor e não devem se envergonhar ou deixar que quem quer que seja as silenciem[45], acusem ou zombem delas. É um tema que não há negociação.

6) A educação sexual dos meninos

Para educarmos as novas gerações com pleno respeito à liberdade sexual de todos, não basta pensarmos na educação das meninas e futuras mulheres.

A educação sexual dos jovens, baseadas em preceitos éticos e de respeito deve ocorrer em casa e na escola, sem diferenciações de gênero para um ponto central sobre o sexo: toda abordagem e todo ato deve implicar em *consentimento.*

Assim como se deve abolir a educação de meninas programadas para serem boazinhas, igualmente acabou a educação de meninos para serem o "homem que não chora", o "machão", ou o "desbravador do tempo das cavernas". Não se trata de sublimar ou anular a testosterona, ou a masculinidade, longe disso. Apenas a ensinar a ter respeito e se dar ao respeito.

44. Cfr. Interessante análise entre o filme e os fatos reais em "Os verdadeiros Acusados e os Verdadeiros Acusadores", por Carla Cook, em 27 de junho de 2019. Disponível em: <https://capitalmag.pt/2019/06/27/os-verdadeiros-acusados-e-os-verdadeiros-acusadores/> Acesso em 20 agosto 2020.

45. ORENSTEIN, Peggy, *Op. cit.*, p. 185.

Meninos e futuros homens não podem jamais presumir que mulheres que estão com uma roupa sexy, ou que eventualmente baixaram a guarda porque estão alcoolizadas são "presas fáceis". Não estamos na época medieval em que mulheres eram comparáveis a coelhos de caça, prontas para serem abatidas.

Em seu livro Garotas & Sexo[46], Peggy diz que daria o seguinte conselho aos rapazes: meninas bêbadas são seu passe livre para o sexo. O álcool pode atrapalhar também a capacidade dos meninos detectarem ou respeitarem a falta de consentimento das garotas. Então, havendo qualquer *dúvida* sobre a capacidade da menina dizer "sim", por menor que seja, *não se deve presumir nada,* o melhor é se afastar pela segurança de ambos. Futuramente surgirão muitas outras oportunidades de sexo mais seguro e melhores.

Esse conselho é valioso. O consentimento vem mais uma vez para a ordem do dia como o aspecto mais valioso de qualquer investida sexual.

Precisamos falar abertamente sobre sexo, sobre o consentimento e sobre o papel dos homens, mulheres, e de todas as variações de gêneros na nossa sociedade. Essa conversa precisa cada vez mais ser aberta e franca nas famílias e nas escolas, sem julgamentos e preconceitos. Respeito sempre em primeiro lugar.

Essa educação é primordial para que a partir daí se fale da violência sexual: quais seus níveis, porque e quando ocorrem e como fazemos para evitá-la e combatê-la.

Educação e prevenção, sempre.

6. CONCLUSÕES

Voltando ao tema inicial do alfinete de gancho, foi muito curioso descobrir que em 2014 o grupo feminista "Movimento Mulheres em Luta" distribuiu alfinetes no metrô de São Paulo embrulhados com a frase "não me encoxa que eu não te furo"[47]. Ou seja, praticamente 30 anos depois do caso

46. ORENSTEIN, Peggy, *Op. cit.*, p. 186.

47. Folha de São Paulo, Feministas distribuem alfinete contra 'encoxadores' no metrô de SP, 04/04/2014. Disponível em: <https://www1.folha.uol.com.br/cotidiano/2014/04/1435625-feministas-distribuem-alfinete-contra-encoxadores-no-metro-de-sp.shtml> Disponível em 25 agosto 2020.

relatado da adolescente dos anos 80, que aprendeu a usar alfinete de gancho com a tia, agora o instrumento de defesa das encoxadas foi promovido a medida coletiva feminista, com ares de sororidade.

Ainda que por muito tempo as mulheres tenham lidado com a máxima de que "a rua é dos homens", hoje temos a consciência de que o direito de não sofrer assédio e andar livremente pelas ruas sem ser importunada é um direito fundamental de todas as mulheres. É garantia constitucional.

A História mostra que o direito do consentimento da mulher foi conquistado pouco a pouco. Inicialmente, até algumas interpretações bíblicas corroboraram para a acepção de que a mulher estaria à sombra do homem. Os direitos civis femininos foram alcançados de forma gradativa em todo o mundo, e aqui no Brasil não foi diferente.

A cultura do estupro quando analisada historicamente é bastante reveladora. Percebe-se que é um crime ligado ao poder, à dominação dos povos, e um importante movimento bélico de conquista entre o dominador e dominado. Essa analogia é relevante para se observar os ângulos da violência contra a mulher. Quando esta violência na verdade é uma declaração de supremacia de poder? Como fazemos para entender o que mais tem por trás dessa cultura e essa motivação?

A lei criminal brasileira sempre penalizou o estupro, mas por muitas e muitas décadas esteve mais preocupada com o defloramento, e com a diferenciação entre a mulher honesta e a prostituta. O casamento, porém, era um fator superveniente que antigamente isentava o agente da pena. E, dentro dessa linha de pensamento, durante muito tempo a doutrina e a jurisprudência admitiram o estupro do marido contra a mulher. No Direito Penal, a liberdade sexual da mulher só foi erigida a bem jurídico neste século XXI, em 2009.

Pesquisas relativamente recentes de comportamento e pensamento da sociedade brasileira realizados pelo IPEA mostram que ainda remanesce um machismo arraigado, e um julgamento implacável na pessoa da mulher. O julgamento é moral, acompanhado da avaliação de toda sua aparência externa e seu comportamento.

2017 foi um ano em que muitos fatos aconteceram ao mesmo tempo, o que acabou clamando para a reparação de um mal jurídico, ou seja, a não adequação de um tipo penal próprio para a importunação sexual. O artigo

61 da Lei de Contravenções Penais era insuficiente, e o crime de estupro era exacerbado. Por outro lado, as encoxadas e a importunação sexual não eram mais toleradas.

Ocorreram fatos noticiados na imprensa, tais como um homem que ejaculou no ônibus sobre o pescoço de outra passageira, e também um renomado preparador físico que assediou acintosamente uma jovem no avião. Concomitantemente, a ONG Think Olga trouxe valiosas reflexões através de *think tank*, mais pesquisa, e a campanha "Chega de Fiu-fiu". No Rio de Janeiro começou a ação "Não é não!". Proliferaram-se os vagões rosas em algumas cidades brasileiras, e, em outras, foram adotadas diversas medidas de proteção às mulheres nas ruas e transporte público.

O crime de importunação sexual teve como nascedouro essa situação fática. E entrou no nosso ordenamento jurídico em setembro de 2018.

A criminalização da importunação sexual foi necessária para colocar os pingos nos "is". Trata-se de medida indispensável para compor uma escala de criminalização proporcional entre as condutas criminais culpáveis: sejam elas entendidas como tipos de parafilias ou não. A criminalização da importunação sexual, acredita-se, é igualmente fundamental para trazer um caráter preventivo e educativo de atitude indesejada e intolerada pela nossa sociedade.

Mas, o que se espera e se sonha realmente para uma sociedade mais justa no futuro é uma educação igualitária. O ideal é a prevenção e pensarmos no futuro. De nada adianta punir, sem valorizar a educação sexual nas escolas e nas famílias, com a quebra do ciclo da violência. Além disso, se faz necessário assumirmos que se trata de um problema social, e sob o aspecto educacional: o fim da noção de que a negativa é artimanha de sedução, a consciência e respeito dos jovens em relação aos seus corpos e corpos alheios, a ideia de que a negativa é natural, o entendimento de que o não é a regra e o sim é categórico, e, por fim, a convicção de que a culpa, nunca, em hipótese alguma é da vítima.

A punição da importunação sexual é a resposta de muito tempo de opressão: tem claro caráter libertador para a mulher, e função punitiva e educativa para os abusadores, mas não pode ser um fim em si mesmo. É apenas um primeiro passo para a construção de uma futura sociedade pacífica.

29

PAPÉIS DE GÊNERO NA SOCIEDADE PATRIARCAL E CRIMINALIDADE FEMININA

Louise Vilela Leite Filgueiras Borer

Juíza Federal, Mestre em Direito pela PUC/SP.

A transgressão é democrática. É algo que sempre existiu e independe de gênero, raça, cor ou etnia, orientação sexual, religião ou classe social ou qualquer tipo de classificação que se possa criar para identificar e agrupar seres humanos em categorias. Contudo, adquire contornos diferenciados, ao analisarmos as estatísticas existentes. Aqui quero convidar o leitor a refletir sobre *o quanto*, *como* e mesmo *se* as condicionantes sociais, as mesmas que constroem a noção de gênero[1], têm influência na criminalidade feminina.

Hoje muito se fala do crescente aumento da delinquência feminina, que se concentra, principalmente, no tráfico de drogas e crimes patrimoniais, sem emprego de violência. Os dados estatísticos mostram que há algumas transgressões mais comuns ao gênero feminino e outras ao masculino[2].

1. Sobre gênero enquanto construção social, vide Buttler, Judith, *Problemas de gênero: feminismo e subversão da identidade*, tradução Renato Aguiar, RJ ed. Civilização Brasileira, 2003.
2. Os dados utilizados nesse artigo foram extraídos do Relatório do INFOPEN do Ministério da Justiça. Brasil, Ministério da Justiça, http://depen.gov.br/DEPEN/depen/sisdepen/infopen/relatorios-sinteticos/infopen-jun-2017-rev-12072019-0721.pdf

É sabido, por exemplo, que homens cometem mais homicídios e crimes contra a pessoa que as mulheres – e são suas principais vítimas também.

O modo de vida patriarcal, que gera a atribuição, através da educação desde o berço, e, consequentemente, a assunção de certos papéis sociais de forma diferenciada entre gêneros, nos parece agir como causa determinante das escolhas que fazemos, e acaba por refletir também na gênese do crime e mesmo nas estruturas das organizações criminosas.

Para designar essas condicionantes sociais me agrada a expressão "papeis de gênero", pois nos remete a personagens incorporados em um palco, uma representação construída, não necessariamente vinculada à realidade. Segundo Judith Buttler, que chama o exercício desses papeis de *performatividade de gênero*, eles são a forma através da qual esse conceito, gênero, se constrói socialmente[3].

As necessidades criadas nesse palco informam os motivos determinantes de nossas escolhas e bem assim das escolhas por delinquir e de que modo. Como tais necessidades e interesses são criados a partir de uma estrutura patriarcal, com divisões claras entre os papeis que se espera sejam desempenhados pelo masculino e feminino, as escolhas em relação ao crime igualmente refletem esse contexto em que homens e mulheres foram condicionados a atuar.

1. MENINAS DE ROSA, MENINOS DE AZUL

A vestimenta, o adereço, os brinquedos que nos dão, logo tratam de nos conformar ao que o mundo espera de nós. As meninas logo ganham a boneca e suas roupinhas, a casinha, as panelinhas e os jogos de chá, miniaturas de eletrodomésticos, os meninos, o carrinho, a bola, o dinossauro, o estilingue, os jogos e a arma de brinquedo. Há livros diferentes para

---

3. Segundo Buttler, *ob cit.* Pgs 200,201: *O gênero não deve ser construído como uma identidade estável ou um locus de ação do qual decorrem vários atos; em vez disso, o gênero é uma identidade tenuemente constituída no tempo, instituído no espaço externo por meio de uma repetição estilizada de atos. (...) Significativamente, se o gênero é instituído mediante atos internamente descontínuos, então a aparência de substância é precisamente isso, uma identidade construída, uma realização performativa em que a plateia social mundana, incluindo os próprios atores, passa a acreditar, exercendo sobre a forma de uma crença.*

meninas e para meninos. Tudo aparentemente muito natural. Mas são direcionamentos, cuja força da repetição, desde cedo, é enorme. Eles treinam desde cedo a competição e a emancipação. Elas, o cuidado, o resguardo, a dependência. Repetiremos esses padrões ao longo da vida, sentindo que certas atividades são para nós, e outras simplesmente, não são.

Adulta, a mulher que assume e cumpre plenamente os tais clássicos papéis de gênero, que lhes são historicamente impostos, obtém sucesso social reconhecido. Hoje ainda, no ideário coletivo, isso significa manter o casamento e ser boa mãe. O sucesso continua sendo ditado pelos estereótipos de feminilidade: bem servir à família tradicionalmente constituída, ser mãe zelosa e boa esposa. Atributos femininos desejáveis são, no imaginário coletivo, a submissão, o altruísmo, a polidez, o recato, a docilidade, a sensibilidade. Apesar de todos os avanços, ainda se define o feminino dessa forma.

Vamos então aprendendo a exercer certos papeis que nos são exigidos, num palco previamente montado, ao qual devemos nos adaptar, como se outra maneira de existir não houvesse. Cada qual com sua particularidade desenhada pela condição individual, porém conformada em caixas etiquetadas de "feminino". Como no mito da caverna de Platão, são só essas sombras que enxergamos como o modo de ser mulher.

Outro aprendizado que a sociedade nos incute é o de como manejar a violência do homem e sobreviver. Desde cedo, aprende-se a lidar com essa realidade. A violência do assédio, tão presente que se torna um componente do dia-a-dia, já incorporado e até inconscientemente manejado por todas. Aprende-se a tolerar, ignorar e a, até mesmo, manipular a situação. Como se exercer certas violências fosse um direito natural masculino, e saber suportá-las, um dever feminino.

São muitas as violências, físicas e morais, com as quais a mulher tem que conviver e aprender a evitar. Importunação, assédio, violência doméstica, estupro e as violências morais, estas últimas presentes nas diversas imposições de uma posição subalterna, ou de restrições à liberdade, desde cedo infligidas e que preparam o terreno para a sua submissão às mais graves. Tais agressões possuem graus, podem ser mais ou menos evidentes. Reunidas, desde as mais horrendas e repugnantes até as micro agressões mais imperceptíveis e sub-reptícias, seu conjunto é um poderoso instrumento conformador da submissão e invisibilidade femininas.

São exemplos dessas violências subliminares e poderosas o aprender desde pequena a calar-se diante da fala do homem, se não por imposição explícita, por ser constantemente por eles interrompida ou ignorada ao falar; ser tratada publicamente como um acessório do homem em cuja companhia se apresenta, como naquelas várias situações sociais em que homens se dirigem a homens apenas, de forma a respeitar "a propriedade alheia".

Mais evidente é a violência do costume de não se permitir à mulher que decida a própria vida sem a anuência do homem, praticada em muitas famílias ainda. Desconstruída a sua capacidade de decidir e internalizada a sensação de incapacidade, acaba até mesmo voluntariamente requisitando essa intervenção para decidir a própria vida. São restrições que os homens não experimentam, pois são educados para a emancipação, e que permanecem ancorando as mulheres até mesmo em idade adulta.

Essas situações exemplificativas se reproduzem dentre outros tantos costumes e tradições, que, amparados nessa qualidade, minimizam as agressões morais cotidianas. São costumes internalizados por nós, naturalizados e incorporados em nossas práticas. Também as nossas leis os reproduziram e ainda não nos auxiliam a transformá-los como deveriam.

2. A LEI, OS COSTUMES E A DESIGUALDADE DE GÊNERO

A desigualdade de gênero era no Brasil, num passado recente, obrigatória por lei. Sabemos que a lei incorpora o costume e o preserva. As transformações sociais só muito lentamente vão se infiltrando no arcabouço quase impermeável da legislação, de modo a transformá-la.

Nesse sentido, vale transcrever a excelente síntese de Maria Berenice Dias:

> "O Código Civil de 1916 era uma codificação do século XIX, pois foi no ano de 1899 que Clóvis Beviláqua recebeu o encargo de elaborá-lo. Retratava a sociedade da época, marcadamente conservadora e patriarcal. Assim, só podia consagrar a superioridade masculina. Transformou a força física do homem em poder pessoal, em autoridade, outorgando-lhe o comando exclusivo da família. Por isso, a mulher ao casar perdia sua plena capacidade, tornando-se relativamente capaz, como os índios, os

> pródigos e os menores. Para trabalhar precisava da autorização do marido. A família se identificava pelo nome do varão, sendo a mulher obrigada a adotar os apelidos do marido. O casamento era indissolúvel. Só havia o desquite – significando não quites, em débito para com a sociedade – que rompia a sociedade conjugal, mas não dissolvia o casamento. Só o casamento constituía a família legítima. Os vínculos extramatrimoniais, além de não reconhecidos, eram punidos. Com o nome de concubinato, eram condenados à clandestinidade e à exclusão não só social, mas também jurídica, não gerando qualquer direito. Em face da posição da mulher, às claras, era ela a grande prejudicada. A condição matrimonial dos pais levava a uma cruel divisão entre os filhos. Era alijada de qualquer direito a prole concebida fora do casamento. Nominados de naturais, adulterinos, incestuosos, todos eram rotulados como filhos ilegítimos, sem direito de buscar sua identidade. Não podiam ser reconhecidos enquanto o pai fosse casado. Só o desquite ou morte permitia a demanda investigatória de paternidade. Os filhos eram punidos pela postura do pai que saia premiado, pois não assumia qualquer responsabilidade pelo fruto de sua aventura extramatrimonial. Quem era onerada era a mãe que acabava tendo que sustentar sozinha o filho, pagando o preço pela "desonra" de ter um filho "bastardo". O primeiro grande marco para romper a hegemonia masculina foi em 1962, quando da edição da Lei 6.121. O chamado Estatuto da Mulher Casada, devolveu a plena capacidade à mulher, que passou à condição de colaboradora na administração da sociedade conjugal. Mesmo tendo sido deixado para a mulher a guarda dos filhos menores, sua posição ainda era subalterna. Foi dispensada a necessidade da autorização marital para o trabalho e instituído o que se chamou de bens reservados, que se constituía do patrimônio adquirido pela esposa com o produto de seu trabalho. Esses bens não respondiam pelas dívidas do marido, ainda que presumivelmente". [4]

Assim é que a lei tarda a incorporar novos costumes, mas há leis que fazem tardar a evolução dos costumes. O respaldo legal, ainda recente, à discriminação da mulher não colabora para a mudança de paradigmas

4. Dias, Maria Berenice, *A mulher no Código Civil, 2010.* Disponível em http://www.mariaberenice.com.br/uploads/18_-_a_mulher_no_c%F3digo_civil.pdf, página consultada em 27/08/2020.

sociais; ao contrário, os retarda. Não por acaso, as leis foram historicamente feitas por homens, maioria esmagadora nos parlamentos. Só mais recentemente, as mulheres passaram a integrá-los. No Brasil, apenas em 1933 uma mulher foi eleita deputada.

A sub-representação feminina em nosso parlamento sempre foi e ainda é uma realidade, apesar dos avanços. Segundo informação da Câmara dos Deputados:

> Nas eleições de 2018, 77 mulheres foram eleitas para a Câmara dos Deputados, ou 15% do total. O número baixo representa uma melhora com relação à história do país, tendo em vista que, desde 1933 – primeiro ano de uma mulher na Câmara –, esse percentual não ultrapassou 10%. Ainda assim, é inegável o quadro de profunda dominância masculina na Casa, o que deixa o Brasil bem abaixo da média de representação de mulheres nas câmaras federais de países da América Latina e Caribe, de cerca de 30%. A sub-representação feminina na história da Câmara dos Deputados no Brasil é evidente no número de cadeiras ocupadas, mas também em outras diversas dimensões da vida parlamentar.[5]

Só em 1988 o primado da igualdade de gênero foi expressamente consignado na Constituição Federal, artigo 5º, inciso I, e reforçado pelas normas do artigo 2º, inciso IV, e 226, § 5º. A lei ordinária demorou a se adequar ao princípio, o que já se fazia implícito desde a consagração do princípio da igualdade pela Constituição de 1937, mas que não recebia a interpretação que hoje recebe. Foi preciso fazê-lo expresso com todas as letras e mesmo assim alguns conceitos legais demoraram a se adequar. O Novo Código Civil, de 2003, procurou eliminar as normas discriminatórias. No Código Penal, a expressão "mulher honesta" perdurou até 2005, no dispositivo do artigo 215 que tipifica a posse sexual mediante fraude.

Há ainda muito a ser feito, contudo. Segundo Maria Berenice Dias: *Na ânsia em estabelecer a igualdade, olvidou-se o Código Civil de marcar a diferença. A mulher ainda está fora do mercado de trabalho mais qualificado,*

5. Brasil, Câmara dos Deputados, disponível em https://olb.org.br/camara-dos-deputados-no-brasil-uma-historia-de-sub-representacao-das-mulheres/, página consultada em 28/08/2020.

ganha menos no desempenho das mesmas funções, tem dupla jornada de trabalho, ou seja, ainda não dá para falar em igualdade.[6]

Segue a autora apontando omissões em nossa legislação que são causa de iniquidades e prejuízos na situação da mulher em relação ao homem nas relações familiares, e que se refletem em sua autonomia e desenvolvimento pessoal:

> Outra realidade que se impõe, em números quase absolutos, é que os filhos ficam sob a guarda da mãe. A essa realidade deveria estar atento o codificador, mas omissões não faltam. Não foram regulamentadas as novas estruturas familiares. Deixou a lei de atentar que a Constituição Federal reconheceu as famílias monoparentais. Tal omissão prejudica o universo de 32% das famílias brasileiras que são chefiadas por mulheres. Injustificável a falta de responsabilização de quem descumpre os deveres inerentes ao poder familiar. Nenhuma sequela é imposta a quem não cumpre a obrigação de visitar os filhos. Também não há qualquer punição a quem se exime de pagar alimentos de forma reiterada. Não gera a lei, por exemplo, a obrigação solidária de quem omite ou dá informações falsas, causando prejuízos ao credor de alimentos, não cumpre a ordem de desconto ou auxilia o alimentante a ocultar ou dissimular bens. De outro lado, a falta de regulamentação da filiação socioafetiva, impede que sejam estabelecidos vínculos de filiação com quem exerce as funções parentais. Os exemplos são por demais frequentes. Completamente abandonados pelo pai, os filhos passam a ter estreita vinculação com o companheiro ou marido da mãe. O impedimento da adoção, sem o consentimento expresso do pai, a falta de previsão de concessão da guarda, são silêncios que não se justificam. Revelam a sacralização do vínculo familiar originário, ainda que desfeito, em detrimento do elo de afetividade que se estabeleceu. Igualmente não foi regulamentada de forma mais explícita as obrigações dos avós, não tendo sequer sido assegurado a eles o direito de visita. Assim, não auxiliam a genitora quer nos cuidados, quer na subsistência dos netos. Tais falhas revelam profunda insensibilidade e a tendência generalizada de fingir que não existe o que desagrada à sociedade. É fácil fazer de conta que o normal é ser igual e o que é majoritário é aceitável. Essa é uma forma cruel e

6. Dias, M. B, *ob cit. Idem, ibidem.*

> perversa de excluir o que não se quer ver. Essa é uma postura que dispõe de caráter punitivo ou vingativo. Mas o juiz tem por missão fazer justiça, precisa emprestar juridicidade às situações que lhe são trazidas a julgamento, mesmo na hipótese de inexistir previsão legal. Relegar à invisibilidade o que existe não faz nada desaparecer(...)"[7]

Como se infere, a propalada igualdade nos termos da lei ainda é bastante frágil. A lei a expressa, mas está longe de promovê-la, pois não cria mecanismos suficientes para atingi-la. Na competição por empregos e salários, nas disputas de poder, as mulheres largam por último, e correm com pesos nos pés.

A igualdade nos termos dos costumes sociais também é distante. Percebe-se ainda a permanência de normas de conduta, interpretações e costumes que reforçam o peso maior sobre as mulheres em relação às obrigações familiares, mesmo diante do seu ingresso massivo no mercado de trabalho e o aumento das famílias monoparentais sustentadas por mulheres.

Em suma, a desigualdade na assunção dos papeis perante a família entre homens e mulheres faz repousar sobre elas um fardo maior, que as retarda na competição por trabalho e remuneração, e nos espaços de poder.

Esses são problemas que atingem as mulheres em geral. E o que tem isso a ver com a criminalidade feminina? Na verdade, é muito simples: a conformação dos papéis de gênero tem reflexos nos recortes das estatísticas criminais. O machismo estrutural é algo tão poderoso que se reflete mesmo no âmbito da transgressão. Está presente mesmo na estrutura das organizações criminosas.

3. PAPÉIS DE GÊNERO E A ECONOMIA DO CRIME

Transgredir as regras do patriarcado parece ser mais perigoso, ou menos vantajoso, do que violar a lei. Essas regras as mulheres tendem a obedecer, mesmo quando transgridem.

---

7. *Idem, ibidem.*

A análise econômica do direito penal sustenta que os que cometem delitos são sujeitos racionais, os quais, em sua ação delitiva, também obedecem a considerações de eficiência, isto é, calculam os custos e as vantagens que cada ação lhes proporciona, como propõe Jesus Maria Silva-Sanchez[8]. Não é por outra razão que, segundo a teoria econômica da criminalidade, o delito é uma atividade econômica que se rege pela lei da oferta e da procura. Segundo o citado autor: *um sujeito cometerá um fato delitivo se, e somente se, a sanção esperada for inferior às vantagens privadas esperadas com a realização do ato.*[9]

É dizer, no imaginário do delinquente opera-se o cálculo das vantagens privadas que pretende obter e dos custos com os quais espera arcar. Do que se extrai que o contexto social em que o indivíduo se insere é fator determinante da espécie de delito a que estará mais inclinado a praticar.

Nessa linha de ideias, é adequado inferir que o meio social e, portanto, os papéis sociais definidos desde a infância interferem em nossas escolhas, na medida em que nos ditam necessidades sociais – e econômicas. Da mesma forma, refletem-se nas regras que transgredimos, já que nos impõem necessidades específicas e, a partir destas necessidades, reais ou imaginárias, ou criadas por um substrato cultural, aceitamos algumas regras e outras consideramos transgredir.

Os papeis de gênero, como outros papéis sociais, têm reflexo, portanto, na lógica do crime.

Segundo dados do Infopen,

> *"a população feminina privada de liberdade aumentou 594% de 2000 a 2015, chegando a um patamar de 39.134 mulheres presas. (...)* O perfil dessas mulheres revela que 50% se concentram na faixa etária de 18 a 29 anos; 68% são da raça negra; e 86% não possuem a educação básica completa.(...) Esse aumento alarmante da população prisional feminina está diretamente relacionado ao tipo de crime cometido por essas mulheres. O encarceramento feminino obedece a padrões de criminalidade muito distintos se comparados ao do público masculino. O Tráfico de

8. Silva-Sanchez, J. M., *Eficiência e Direito Penal*, 2004, Barueri, Manole, p. 11.
9. *Idem, ibidem*.

entorpecentes, por exemplo, corresponde a 60% das ações penais pelas quais essas mulheres respondem".[10]

Segundo dados do Infopen, de 2017, das 20.131 pessoas presas por homicídio simples (Art. 121, *caput*, do Código Penal) apenas 648 são mulheres. Em relação ao homicídio qualificado (Art. 121, § 2º), das 30.827 pessoas presas, 1.168 são mulheres, no caso das lesões corporais (Art. 129 *caput* e § 1º, 2º, 3º e 6º), são 112 mulheres, num total de 3.713 pessoas.

Como se nota, a proporção de mulheres presas por crimes contra a pessoa é uma pequena parte do todo, pelos dados de 2017.

A diferença entre o número de crimes contra a pessoa praticados mediante violência, selecionados acima, por homens e mulheres, parece refletir à cultura machista e a educação violenta e para a violência, para o uso da força, que os homens recebem desde tenra idade, e através da qual passam a definir a própria masculinidade, o seu "eu" masculino. Decorreria, portanto, daquela que se convencionou chamar masculinidade tóxica, passada de geração a geração, a que são submetidos os meninos, desde cedo. Os papeis de gênero também valem para eles.

Os dados do Infopen de 2019 não trazem esse recorte específico por tipo penal, mas a desproporção entre crimes contra a pessoa praticados por homens e mulheres permanece: o total de presos em 2019 por crimes contra a pessoa está na faixa dos 172 mil; dentre estes, apenas 5 mil são mulheres.[11]

Os dados de 2020 não mostram discriminação por tipo penal, mas continuam demonstrando que as mulheres cometem menos crimes contra a pessoa que os homens, e que cometem em grande parte delitos patrimoniais, mas, especialmente, a grande maioria é presa por tráfico de drogas.[12]

---

10. Brasil, Ministério da Justiça, Disponível em https://www.justica.gov.br/mulheres-livres/estatisticas, página consultada em 09/11/2020.

11. "Salienta-se que não são contempladas neste relatório as pessoas monitoradas exclusivamente pelo Poder Judiciário, uma vez que os dados são coletados com os órgãos penitenciários. Um exemplo é a parcela da população privada de liberdade em regime aberto que tem vínculo direto com as Varas de Execução Penal, sem o intermédio do órgão penitenciário" Brasil, Ministério da Justiça, disponível em http://depen.gov.br/DEPEN/depen/sisdepen/infopen/infopen, página consultada em 28.04.2020.

12. Ministério da Justiça, http://antigo.depen.gov.br/DEPEN/depen/sisdepen/infopen, pg visitada 11/11/2020.

As estatísticas atuais mostram uma mudança de perfil da mulher delinquente, portanto. Em que pese serem elas ainda uma pequena minoria em relação aos homens no sistema penal e confirmar-se a tendência a cometerem menos crimes violentos, com a necessidade de independência financeira e maior apropriação feminina do espaço público, crescem as estatísticas de crimes patrimoniais e tráfico de drogas.

Estereótipos ainda ditam a crença de que os crimes praticados por mulheres são, em maioria, ligados ao espaço privado, como demonstram Debastiani, Faria e Debastiani em artigo de que se extrai o texto a seguir:

> Ressalte-se que a maioria dos operadores do Direito ainda tem a visão de que os crimes praticados por mulheres, geralmente, estão ligados ao seu estado fisiológico e que tais delitos são cometidos em locais mais restritos, privados, posto que os lugares públicos ainda são de domínio masculino. A criminalidade feminina estaria reduzida aos crimes de gênero, por exemplo, homicídio passional, o infanticídio, o aborto, a exposição ou abandono de recém-nascido para ocultar desonra própria. Além dessas condutas criminosas, as mulheres estariam destinadas a praticar somente outros crimes relacionados aos maridos e companheiros, em que figurariam como cúmplices, com a presença masculina constituindo um fator propulsor para o ingresso da mulher na criminalidade.(...)"[13]

O texto mostra também que a relação com o confinamento no espaço privado e não apropriação do espaço público foram determinantes das incidências estatísticas que reforçaram esse conceito, bem como da conformação dos tipos penais que definiram as condutas transgressoras mais graves em relação a esse espaço, conformando também por esse caminho, as incidências criminais. Para os citados autores, (...) *as estatísticas de que as mulheres delinquem menos que os homens não é um fato relacionado especificamente à causalidade sexual, mas sim ao modo de vida doméstico, privado, em que as relações vitais e o conjunto de compulsões as obrigam a ser boas e obedientes.*

---

13. Debastiani, J.S.M., Faria, J.P. e Debastiani V. P. *A criminalidade feminina à luz das diferentes correntes criminológicas*, 2018, disponível em https://7seminario.furg.br/images/arquivo/243.pdf, página consultada em 28/08/2020.

É dizer, no ideário corrente, reforçado pelos dados existentes, as transgressões femininas relacionavam-se aos deveres de recato sexual, ou da maternidade, ao confinamento ao espaço privado e aos clássicos papeis de gênero atribuídos às mulheres ao longo dos séculos, aqueles que geravam sua aceitação, ou repúdio, caso os transgredissem.[14]

No trabalho citado, contudo, Debastiani Faria e Debastiani apontam que a criminologia crítica, ao longo dos séculos, pouco se dedicou ao estudo da criminalidade feminina: *O baixo índice de criminalidade feminina afastou a mulher dos estudos criminológicos, porém, atualmente a sua inserção na criminalidade vem crescendo substancialmente, o que demonstra a pertinência do estudo.*

As crenças mais comuns sobre a delinquência feminina originam-se também do estereótipo de "La donna delinquente" de Cèsare Lombroso, clássico da criminologia escrito em 1893. Como aponta Edejane E. Dias Silva:

> Lombroso em seu livro The Female Offender (1895) classificou a mulher criminosa em oito categorias, foram elas: criminosas natas, criminosas ocasionais, ofensoras histéricas, criminosas de paixão, suicidas, mulheres criminosas lunáticas, epilépticas e moralmente insanas. A partir da tese de que a mulher normal é um ser inferior ao homem, dada ao instinto e não à inteligência, próxima aos selvagens e menos propícia para o crime, os crimes passionais seriam os mais afeitos as mulheres, esses movidos por ciúme, vingança ou motivos fúteis, segundo Lombroso, uma tendência presente no caso da mulher prostituta. Com esses argumentos fundamentou-se a tese de que existe uma relação entre o crime e as diferenças de sexo e que existe crimes tipicamentes femininos. Observa-se que a construção de uma identidade de mulher normal para Lombroso estava associada a posição que a mulher assume na família, como esposa e mãe, um ser de condição inferior ao homem em inteligência que se aproxima um pouco dos selvagens e que deveria se dedicar mais a religião do que a ciência. Zaffaroni (1993) comenta que, segundo o pensamento de Lombroso, a mulher mais ou menos normal não era capaz de

14. Sobre a mulher, o espaço público e o privado vide: RODRÍGUEZ, Lilia Mabel. *Entre o lar e a rua: os territórios das mulheres na casa e na cidade.* 2006. 121 f. Dissertação (Mestrado em Geografia)-Universidade de Brasília, Brasília, 2006. Disponível em https://repositorio.unb.br/bitstream/10482/3707/1/dissertacao_Lilia%20Mabel%20Rodriguez.pdf. Página consultada em 28/08/2020.

> cometer crimes. (...)As ideias lombrosianas foram recepcionadas no Brasil a partir da associação entre sexo, criminalidade e raça, partindo do pressuposto de que o crime foi pensado como uma prática associada ao gênero masculino e quando há problematização da participação da mulher como protagonista no mundo do crime esta se apresenta como uma exceção associada a identidades moralmente desconsideradas, tais como: prostitutas, lésbicas, descendentes de criminosos ou uma pessoa anormal, próximo de uma figura monstruosa.[15]

As mudanças socioeconômicas têm mudado essa perspectiva. As estatísticas passaram a produzir recortes de gênero e vêm demonstrando que os crimes praticados por mulheres se expandem, na mesma proporção e com perfil semelhante à sua participação nos espaços públicos.

Nesse passo, é importante considerar que esse deslocamento da transgressão para o espaço público esteja atuando como um fator de maior visibilidade da delinquência feminina, pois a limitação de suas relações ao âmbito privado possivelmente contribuiu para que as estatísticas não refletissem acuradamente as incidências.

De qualquer forma, o percentual de mulheres delinquentes é ainda muito menor que o de homens. Apesar disso, o gráfico do INFOPEN 2019 mostra aumento drástico desse percentual até 2016, com oscilações até o final de 2019, representando uma ligeira queda percentual no total do período, comparado com o pico de 2016. Porém é importante notar que o gráfico do encarceramento feminino acompanha a tendência do geral, de subida, mas depois de 2016 difere dele em ligeira queda até o final de 2019. Mas, enquanto o encarceramento geral teve alta de 310% até 2016 (pico), o feminino bate a marca de alta de 731% até aquele ano, sofrendo ligeira queda e acumulando no período 664% de aumento[16].

---

15. Silva, E. E. D. *A (des) construção da identidade social de mulher criminosa: estigmas, negociações e diferenças*. Tese de doutorado, Universidade Federal de Campina Grande disponível em http://dspace.sti.ufcg.edu.br:8080/jspui/bitstream/riufcg/4206/1/EDJANE%20ESMERINA%20DIAS%2A%20SILVA%20-%20TESE%20%28PPGCS%29%202012.pdf, página consultada em 28/08/2020.

16. Dados do levantamento nacional até dezembro de 2019, valores percentuais calculados e arredondados para menos. Brasil, Ministério da Justiça, http://depen.gov.br/DEPEN/depen/sisdepen/infopen/infopen

A lógica econômica do crime impõe concluir que tais números sejam reflexo do surgimento de maiores necessidades, aliadas aos benefícios que essas mulheres imaginam obter com o crime. Certamente guardam relação com o aumento de famílias chefiadas apenas por mulheres, o que agrava a situação de pobreza das que são provedoras de suas famílias. Aumento das necessidades e da escassez, consideradas na equação custo-benefício do crime.

Nessa esteira, estudo do IPEA, realizado entre 1983 e 2003, em que pese negar a existência de uma feminização da pobreza ou de uma sobrerrepresentação (de modo geral) feminina na pobreza, já concluía que:

> É importante notar ainda que foi encontrada uma sobre-representação na pobreza de famílias do tipo "mulher sem cônjuge" em que há presença de filhos. Mulheres responsáveis por famílias com filhos e na qual não há outro provedor certamente têm necessidades insatisfeitas distintas daquelas famílias chefiadas por casais.

Outro aspecto a ressaltar é que a questão de gênero, permeada pelo chamado *machismo estrutural*, tem conformado a delinquência feminina não só em relação às espécies de delitos praticados, mas também se reflete na posição assumida em grupos criminosos, ou quando em coautoria com um homem.

A mulher costuma ter atribuições de menor importância nas estruturas das organizações criminosas. Não raro adere à conduta do homem que a utiliza como disfarce ou age como sua preposta. É dizer: a estruturação de grupos sociais que vivem de atividades ilícitas repete as características de gênero do mercado de atividades lícitas, evidenciando a força conformadora dos papéis tradicionalmente atribuídos às mulheres em sociedade.

Na prática forense na justiça federal, cuja competência se define simplificadamente como adstrita a causas em que há interesse de ente federal, apesar do recorte da competência, que nos afasta da competência para julgamento da maioria dos crimes contra a pessoa, temos uma miríade de casos de crimes essencialmente patrimoniais. Além desses são recorrentes crimes cibernéticos e o tráfico de drogas, este último, comprovadamente, de longe a maior causa do encarceramento feminino no Brasil atualmente, pelos dados do Infopen.

Apesar da falta de dados estatísticos por infração e com recorte de gênero na Justiça Federal, é possível afirmar, de nossa experiência, que os roubos, crimes patrimoniais caracterizados pela violência ou grave ameaça, são cometidos essencialmente por homens.

Em relação aos crimes patrimoniais cometidos sem violência, também no universo da jurisdição em que atuo, o quadro se altera. A participação das mulheres passa a ser relevante. Refiro-me a crimes de furto mediante fraude, praticados contra instituição financeira, cartões de crédito clonados, estelionatos contra a previdência social, inclusos aí os recebimentos indevidos de pensões por morte após o óbito do instituidor, crimes contra a administração pública, como peculato, e os mais variados crimes contra a fé pública.

Verifica-se, durante as oitivas das acusadas, a tese recorrente de dificuldades financeiras e necessidade de sustentar a família. Sem embargo do fato de que integra o direito pleno de defesa o direito de mentir, trata-se de alegações plausíveis, que em geral vêm ao encontro da prova dos autos e bastante frequentes. Mas pode-se inferir de alguns casos que o desejo por bens de consumo e *status* fortemente incentivados pela mídia e interações em redes sociais também o seja, e, neste caso, não se trata de um motivador específico de gênero. Trarei alguns diálogos interceptados, preservando a identidade dos interlocutores. O desejo de *status* e acesso a bens de consumo se reflete no diálogo abaixo, regularmente interceptado em caso de furto mediante fraude, que trazemos a título ilustrativo. Observa-se também que uma das mulheres exerce papel de auxiliar do marido na organização, ele, o chefe, ela, uma espécie de secretária. A outra mulher no diálogo, (mulher 01) tem papel operacional.

Os nomes dos envolvidos foram suprimidos. CHEFE substitui o nome do líder da quadrilha. MULHER02 o de sua companheira, que ocupava posição de liderança, como uma espécie de gerente[17]:

17. 15 Autos nº 0010568-83.2013.403.6181, 8ª Vara Criminal Federal.

> ***MULHER01**: Tá. Deixa eu te falá. Quanto que deu esse final de semana? Eu tenho alguma coisa pra receber?*
>
> ***MULHER02**: Não. Não tá mais ficando comigo não, ô (...). Eu falei com o **CHEFE** que eu não quero ficar com o dinheiro de ninguém não porque... É melhor ficar com ele. Não é melhor ficar na minha mão, não.*
>
> ***MULHER01**: Não tô perguntando se tá com ele. Tô perguntando se você sabe quanto que deu.*
>
> ***MULHER02**: Não sei, (...). Tá tudo com ele agora. Não fico mais com dinheiro de ninguém. Porque eu tava ficando com o dinheiro seu, o dinheiro da menina, e... daí tinha toda hora... tinha que tá buscando na minha casa porque eu não posso tá levando... você entendeu? Aí... o porteiro já tava olhando estranho, já.*
>
> ***MULHER01**: Tá bom. Depois eu... eu falo com ele.*
>
> ***MULHER02**: Pergunta pra ele. Tá com ele. O de hoje, se tiver alguma coisa hoje, aí eu...*

No caso em tela, tratava-se de organização criminosa, composta por homens e mulheres, que cometiam crimes como modo de vida, como atividade econômica a prover-lhes o sustento, e os desejos de consumo, como se infere do diálogo acima. Ir trabalhar, no diálogo acima, significava praticar furtos mediante fraude com cartões bancários. Havia envolvimento com facção criminosa e algumas mulheres ali eram as esposas de "soldados" da facção, vulgas "cunhadas", o que significa *status* para a mulher no mundo do crime.

O aspecto que aqui se ressalta é a submissão, na hierarquia do crime, das mulheres, bastante clara nesse grupo: eles os poderosos, elas as cunhadas, poderosas apenas enquanto mulheres deles e colaboradoras, não de forma autônoma.

Observe-se no diálogo abaixo a relação de subordinação da "MULHER 03" com o marido, aqui chamado "HOMEM 01", que estava preso e continuava, da cadeia, dando ordens à esposa para lograrem, ambos, proveito com o crime. Note-se que ela reforça agir em seu nome, e respalda-se na posição dele no grupo, no diálogo com o líder. Mantenho a denominação de CHEFE ao líder do grupo, como no diálogo anterior:

(...).

***MULHER03**: Tá bom. Ela trabalha bem?*

***CHEFE**: Trabalha! Trabalha bem, ué. Ela trabalha pra mim! Quando não é a **MULHER01** que tá trabalhando, ela trabalha pra mim. Essa semana mesmo, quem trabalhou pra mim foi ela. Ela trabalha bem. Pode ficar tranquilo que ela trabalha bem.*

***MULHER03**: Tá bom. Fala pra **MULHER01** não ficar chateada comigo não, mas... **Sabe, né, o HOMEM01 é o meu marido. Então, tudo que vai acontecendo, a gente vai conversando. Que nem eu falei pra ela outro dia. Falei... MULHER01, o HOMEM01 só não tá na rua. Mas até trabalhar, praticamente ele trabalha comigo porque... Meu, a gente tá na rua trabalhando e ele vai me ligando o dia inteiro, e tudo que vai acontecendo a gente vai conversando, a gente vai se falando, entendeu.** (...)*

CHEFE**: Não, não esquenta a cabeça não. Se você não falar pro seu marido, você vai falar pra quem? Seu marido tem mais é que falar." **(...)

Da experiência forense é raro extrair alguma posição de liderança feminina em organização voltada ao crime, como nesse exemplo acima, em que as mulheres estavam todas em posições intermediárias ou subalternas. Isso mostra a hegemonia masculina reproduzida também nessas estruturas paraestatais organizadas e, por que não dizer, especialmente nessas, em que o uso da força é modo de coerção para manter a ordem estabelecida. Em relação ao tráfico internacional, nas organizações criminosas essa lógica muitas vezes se repete.

Como já assinalado, a tese de defesa recorrente entre as mulheres em geral são as necessidades financeiras, o sustento da família e inúmeras vicissitudes, vividas dentro do espectro familiar e também como indivíduos, como doenças e miséria. Não só das brasileiras, mas de mulheres provenientes de outros países da América do Sul e também, recorrentemente, da África e Ásia.

Chamaram-me a atenção alguns casos, experiências colhidas em audiências da subseção de Guarulhos, relativas a processos em que se apurava tráfico internacional de drogas: da Filipina, grávida, que transportava drogas para a custear o tratamento da primeira filha, cuja doença congênita não era tratável pela rede pública naquele país, e sobrevivia, até os 5 anos de idade com uma colostomia[18]; da africana, portadora do HIV, cardiopata, com insuficiência cardíaca GII, diabética e portadora de hipotireoidismo, que após o cumprimento da pena por tráfico foi solta em território nacional, sem documentos de imigração, amparo médico ou condições de voltar ao país de origem, e declarou ter retornado ao tráfico como forma de voltar para casa, já que não tinha a quem recorrer, e tornou a ser presa[19]; da muçulmana que de forma subserviente auxiliava o marido, aliciador de mulas, hospedando-as e vigiando-as em sua casa e terminou presa com o restante do grupo criminoso[20]; da jovem recém-casada que viajava em lua-de-mel, mas que servia de fachada para o marido traficar drogas e foi presa ao tentar embarcar[21].

São alguns casos de mulheres do tráfico internacional, dentre tantos outros, motivados, essencialmente, por questões econômicas, mas também influenciados pelas questões de gênero. Não raro, ingressam no crime por influência de algum familiar ou relacionamento amoroso.

Dificilmente, têm elas alguma posição de destaque na organização criminosa do tráfico. No máximo, a posição de relevo decorre de atribuições financeiras, mas mesmo assim, ligada à posição do marido ou companheiro dentro do grupo criminoso, como no exemplo da "MULHER02".

Também elas, as "mulas" do tráfico, funcionam muitas vezes a serviço dos companheiros traficantes. São usadas por causarem menos desconfiança, ou mesmo como acompanhantes, para disfarçar o motivo da viagem, ou prestam-se a fazer pequenas remessas postais em seus nomes.

No sentido do exposto, destaco alguns casos extraídos de reportagens.

Recente reportagem veiculada no site G1, nos traz três casos de mulheres procuradas pela polícia, todas por ligação com o tráfico de drogas e todas de alguma forma conectadas ao crime por laços afetivos e/ou familiares. Chamam atenção por ter algum poder nas organizações, mas mesmo essas operam em relação de subordinação dentro das estruturas do crime. Abaixo, um breve resumo:

18. Autos nº 2009.61.19.001233-3, 6ª Vara Federal de Guarulhos.
19. Autos nº 2009.61.19.001233-3, 6ª Vara Federal de Guarulhos.
20. Autos nº 0009250-96.2009.403.6119, 6ª Vara Federal de Guarulhos.
21. Autos nº 2008.61.19.000717-5, 6ª Vara federal de Guarulhos.

"Rayane Nazareth Cardozo da Silveira, de 20 anos, a Hello Kitty, está entre as 38 foragidas divulgadas no Portal dos Procurados. Investigada por crimes que vão de roubos a homicídios, Hello Kitty é apontada pela Polícia Civil como gerente do tráfico de drogas da comunidade Nova Grécia, em São Gonçalo, na Região Metropolitana do Rio.(...) "Ela perpetrou vários roubos com o comparsa que faleceu em Minas Gerais, o namorado dela. Depois, ela se refugiou em comunidades em São Gonçalo e passou a atuar efetivamente como um braço do tráfico de drogas. As testemunhas foram unânimes porque ela tem características muito peculiares, até por ser uma mulher na ação, facilitou o reconhecimento", afirma a doutora.

(...)

Entre as foragidas mais procuradas no sistema, também está Eduarda dos Santos Lopes, de 19 anos, a Duda da Rocinha. Com recompensa de R$ 1 mil, a polícia tenta prender a filha do traficante Antônio Francisco Bonfim Lopes, o Nem da Rocinha, detido em um presídio federal em Rondônia. Segundo o Portal dos Procurados, Duda é acusada de tentar retomar pontos de drogas da maior favela do país, que fica na Zona Sul do Rio. Em 2018, policiais da Delegacia de Combate às Drogas (Dcod) interceptaram um plano de invasão à favela da Rocinha, ordenado por Nem e comandado por Duda. As investigações apontaram que ela pretendia retomar o território perdido pelo pai com o apoio de uma facção criminosa de São Paulo.

(...)

Outra divulgada no Portal dos Procurados é a irmã do ex-policial militar Eugênio de Souza Freitas, o Batoré, apontado como líder da quadrilha de milicianos que extorquia motoristas de vans na Ilha do Governador, na Zona Norte do Rio. Marilene e o irmão, que foi morto durante uma operação da Polícia Civil em junho de 2019 – chegou a ser presa em abril do mesmo ano, mas foi solta após uma decisão do plantão judiciário. Ela é acusada pelo Ministério Público estadual de lavar dinheiro para a quadrilha. Na época, segundo a Subsecretaria de Inteligência da Secretaria de Segurança (SSinte), a quadrilha arrecadou R$ 27 milhões com extorsões semanais a motoristas de vans e kombis das 13 linhas que circulavam na Ilha do Governador.(...)[22]

22. Disponível em https://g1.globo.com/rj/rio-de-janeiro/noticia/2020/01/13/mulheres-no-crime-em-10-anos-cresce-numero-de-presas-e-de-foragidas-no-rj.ghtml, pg. consultada em 12/11/2020.

Em entrevista ao site G1, veiculada na mesma reportagem acima referida, a socióloga Julita Lemgruber afirma:

> O aumento de mulheres presas pelo tráfico de drogas não é exclusivo no Brasil, mas sim um fenômeno mundial, sendo responsável por aproximadamente 70% das detenções femininas no país, contra cerca de 30% das masculinas. (...) Isso está intimamente ligado ao envolvimento delas no tráfico de drogas, de diferentes formas. No entanto, essas mulheres ainda ocupam posições muito subordinadas na estrutura do tráfico. Pesquisas fora do Brasil indicam que essas mulheres são aquelas em que, no momento da prisão, vão ter pouco para trocar com o policial para garantir a sua liberdade, ao contrário dos homens".

No mesmo sentido, reportagem veiculada pela revista Veja:

> Nunca tivemos um número tão alto de mulheres. A maioria tem envolvimento com o tráfico de drogas. Muitas se envolveram porque se tornaram sucessoras de namorados e maridos traficantes presos pela polícia, diz Zeca Borges, superintendente do órgão. É o caso de Deise Mara de Souza Rodrigues, conhecida como Deise da Vila Vintém. Integrante da facção Amigos dos Amigos, ela está no comando do tráfico de drogas na Vila Vintém, em Padre Miguel, zona oeste, desde que o marido foi preso – Celso Luiz Rodrigues, o Celsinho da Vila Vintém. Segundo a polícia, ela comanda o tráfico sob as ordens dele. [23]

Os números do INFOPEN nos auxiliam também a identificar a perspectiva interseccional da mulher apenada, cuja maioria é composta de jovens, com baixa instrução escolar e negras. Segundo Alcântara, Sousa e Silva:

> Existe um perfil de aprisionamento estreitamente relacionado com nossa organização social fora dos muros das prisões. Mulheres negras, mães solteiras, pobres, expostas ao processo histórico e social de marginalização interseccional. O crime e o aprisionamento são consequências. Antes, há um processo de direcionamento específico deste "perfil" de mulher para marginalização social, determinado pela desigualdade social, pelo racismo e pelo patriarcalismo. A partir desta perspectiva, os Infopen apontam que um problema a ser discutido é esse processo demarcado historicamente que

23. Disponível em https://veja.abril.com.br/brasil/dez-mulheres-estao-entre-os-criminosos-mais-procurados-do-rio, pg. consultada em 10/11/2020.

> vem produzindo mulheres no contexto criminal. Antes de ser uma questão de polícia e jurídica, é uma questão de organização social, que através da análise interseccional, poderá ser problematizada. Assim, mais que pensar sobre o aumento da população carcerária feminina, faz-se necessário entender que mecanismos sociais direcionam mulheres negras e pobres ao sistema penitenciário, e intervir sobre estes.[24]

Uma vez presas, são em geral deixadas ao desamparo por aqueles que contribuíram para o seu encarceramento. Estatisticamente, as mulheres recebem menos visitas na prisão do que os homens. Como pontua Tani M. Wurster: *se o cárcere é um espaço de invisíveis, a invisibilidade que qualifica o feminino aprofunda a circunstância de abandono às mulheres, e as destina à condição de "sujeitos apagados de vista", ou o refugo do refugo.* [25]

A posição inferiorizada da mulher também no contexto das estruturas criminosas só prova a presença e a força do patriarcado em nossa sociedade, alimentado por um machismo que lhe é fundante.

Sobre essa estrutura de crenças que condiciona as relações sociais em todos os níveis, o machismo estrutural, o texto abaixo de autoria de Marília Moschkovich é bastante elucidativo e vale a transcrição:

> Quando dizemos que nossa sociedade é "machista" em geral, não estamos falando de indivíduos declaradamente machistas. Nem de atitudes isoladas de machismo explícito, ou de discriminação proposital, racionalizada, das mulheres. Estamos falando das associações que fazemos com "ser mulher" e "ser homem" e o que elas significam em nossa sociedade. Por exemplo, nós associamos "ser mulher" a uma característica de "emotividade" e ensinamos as mulheres a "serem mulheres" portanto "emotivas", reforçando positivamente esse tipo de comportamento.

24. ALCANTARA, Ramon Luis de Santana; SOUSA, Carla Priscilla Castro; SILVA, Thaís Stephanie Matos. Infopen Mulheres de 2014 e 2018: Desafios para a Pesquisa em Psicologia. Psicol. cienc. prof., Brasília, v. 38, n. spe2, p. 88-101, 2018. Disponível em <http://www.scielo.br/scielo.php?script=sci_arttext&pid=S1414-98932018000600088&lng=en&nrm=iso>. access on 09 Nov. 2020. https://doi.org/10.1590/1982-3703000212154

25. WURSTER, T. M. *O OUTRO ENCARCERADO: Ser mulher importa para o sistema de justiça?* Dissertação apresentada ao Programa de Pós-graduação em Direito, Setor de Ciências Jurídicas, Universidade Federal do Paraná, Curitiba 2019, Pg 41. Disponível em <prppg.ufpr.br/siga/visitante/trabalho.ConclusaoWS?idpessoal=57594&idprograma=40001016017P3&anobase=2019&idtc=103>, página consultada em 27/08/2020.

> Isso poderia ser apenas uma diferença de gênero – e não uma desigualdade. A suposta diferença se converte em desigualdade quando essa "emotividade" (por exemplo) que associamos ao "ser mulher" é entendida como negativa em espaços que concentram poder e prestígio em nossa sociedade (topo da carreira corporativa e política, por exemplo). Isso é, senhoras e senhores, o machismo estrutural: nossos esquemas mentais mais elementares entendem que diversas características que associamos às mulheres sejam negativas nas posições de maior poder em nossa sociedade. Assim, discriminamos sem perceber candidatas mulheres, exigindo mais delas do que de candidatos homens, especialmente em carreiras pouco feminizadas.[26]

Do exposto, me resta concluir que, apesar dos esforços feministas, o patriarcado e o machismo que o sustenta, compõem um sistema de poder estruturado e extremamente sólido que condiciona as escolhas de homens e mulheres em sociedade, lhe impõem papeis a desempenhar, necessidades a satisfazer e determinam as ações a realizar. Lícitas ou mesmo ilícitas. Desconstruir esses sistemas mentais que amparam a ordem de poder do patriarcado é um tipo de transgressão que nem as mulheres mais desafiadoras da ordem social e jurídica conseguiram fazer.

4. E POR QUAL RAZÃO OS HUMANOS E AS HUMANAS SE ORGANIZARAM DESSA FORMA?

Não poderia finalizar essas ponderações sem essa indagação. Por quais razões a sociedade se estruturou dessa forma? Pensar sobre as causas de um problema é algo importante para encontrarmos a solução, os caminhos da mudança.

Muitas são as teorias, a remontar à pré-história. Em que pese não ter a pretensão de investigar de forma mais aprofundada essa questão aqui, acho que vale a pena provocar a reflexão.

Na conhecida obra "Sapiens, uma história da humanidade", Yuval Noah Harari dedica um capítulo à investigação da questão de gênero.

26. Moschkovich, M. *"Machismo estrutural", oculto e terrível.* Revista eletrônica OUTRASPALAVRAS, disponível em https://outraspalavras.net/sem-categoria/machismo-estrutural-oculto-e-terrivel/ página consultada em 28/08/2020.

Dá como fato inconteste a hegemonia masculina ao longo da história. Formula a pergunta: *o que há de tão bom nos homens?* [27]

Logo de início o autor anuncia que, ao investigar as razões dessa histórica distribuição desigual de poder, não chegou a uma conclusão definitiva, mas discorre sobre as várias teorias existentes para explicar o fenômeno. E passa a tratar de três possíveis explicações: o poder da força física, da maior inclinação masculina à violência e agressão e de supostos *genes patriarcais*, fruto da evolução da espécie.

Mas descarta todas essas teorias. Resumidamente, aponta que não existe relação direta entre poder social e força física entre humanos. Quanto à tendência dos homens a serem mais violentos e agressivos, aponta que isso apenas faria dos homens melhores soldados, e não melhores generais ou políticos. E que isso não explica porque as mulheres não exercem postos de poder, já que costumam possuir habilidades sociais até mais desenvolvidas.

Sobre os tais genes patriarcais, o autor aponta que tal teoria, de bases darwinistas, acaba por concluir que os homens foram programados para serem ambiciosos e competitivos e se sobressair na política e nos negócios, enquanto mulheres tenderiam a se recolher a dedicar a vida a apoiar a carreira do marido e dos filhos. Isso porque, durante a evolução, *mulheres que passavam tempo excessivo em disputas por poder não deixaram nenhum desses genes poderosos para as gerações futuras*[28]. Refuta a teoria, contudo, sob o argumento de que evidências empíricas a desmentem. Reporta-se à dinâmica da sociedade de elefantes e macacos bonobos, em que a disputa de poder resultou em uma sociedade matriarcal:

> A dinâmica entre fêmeas dependentes e machos competitivos resultou numa sociedade matriarcal(...) Sociedades de bonobos e elefantes são controladas por fortes redes de fêmeas colaborativas, enquanto os machos egocêntricos e não colaborativos são jogados para escanteio. Embora as fêmeas dos bonobos sejam geralmente mais fracas que os machos, elas costumam formar grupos para subjugar os machos que passam dos limites.[29]

27. Harari, Yuval N. *Sapiens, uma breve história da humanidade*, 1976, tradução Janaína Marcoantonio, Porto Alegre/RS, Ed L&PM. 2016, pg 158.

28. *Idem*, pg 166.

29. Harari, N. Y *ob cit* pg 167.

Ao final do capítulo, Harari novamente nos pergunta:

> Como foi que em uma espécie cujo sucesso depende sobretudo da cooperação, os indivíduos supostamente menos colaborativos (homens) controlaram os indivíduos supostamente mais colaborativos (mulheres)? Até o momento presente, não temos uma resposta satisfatória. Talvez as suposições comuns estejam simplesmente erradas. Quem sabe os machos da espécie Homo Sapiens não são caracterizados pela força física, agressividade e competitividade, e sim por habilidades sociais superiores e uma tendência maior a cooperar? Simplesmente não sabemos".

Não sabemos, mas é possível que tenha sempre faltado às mulheres a tão falada sororidade, no sentido de uma identidade compartilhada como grupo e da cooperação política na defesa de interesses comuns. Com Simone de Beauvoir, refletimos:

> "O privilégio econômico detido pelos homens, seu valor social, o prestígio do casamento, a utilidade de um apoio masculino, tudo impele as mulheres a desejarem ardorosamente agradar aos homens. Em conjunto, elas ainda se encontram em situação de vassalas. Disso decorre que a mulher se conhece e se escolhe, não tal como existe para si, mas tal qual o homem a define." [30]

De fato, ainda que a força física e a agressividade tenham sido importantes para que os homens, ao longo da história, tenham subjugado as mulheres, certamente, outros fatores associados a isso foram relevantes.

A crítica que entendo pertinente a essas afirmações do historiador é que ele analisa esses fatores de forma estanque e não como forças que atuam em conjunto. Compartimenta-os e os desmerece como incapazes de atuar sozinhos, mas não os relaciona. A interação desses fatores pode ser a resposta. Sem embargo, a melhor pista que nos deixa Harari está na capacidade de colaboração entre pessoas do mesmo gênero.

De fato, parece inegável que entre os *homo sapiens*, os machos desenvolveram suas habilidades colaborativas de um modo mais eficaz do ponto de vista político e, assim, como grupo, passaram a definir o modelo, o *standard*, a partir do qual a mulher, *o outro*, se define.

30. Beauvoir S., *ob cit*, vol 1, pg, 196.

A crítica de Simone de Beauvoir é ainda pertinente e direta: a mulher se definiu ao longo da história, a partir do modelo masculino e não a partir de uma ideia de feminino, de si mesma.

CONCLUSÕES

Concluir significa aqui terminar o texto apenas. Não pretendo chegar à solução de um problema, como quem resolve um teorema. Não há C.Q.D. no final desse artigo, nunca houve essa pretensiosa ambição pela autora dessas linhas, mas apenas o prazer de escrevê-las.

As breves considerações sobre a mulher e sobre ela quando transgridem normas estatais, neste início de século XXI, trazidas aqui, pretenderam lançar luzes sobre os efeitos da atribuição de papeis de gênero aos indivíduos pela família e pela sociedade e o quanto essa *performatividade de gênero*, nas já citadas palavras de Judith Buttler, age sobre nossas escolhas factuais.

Os papeis de gênero continuam sendo reforçados em nossa sociedade, em que criamos meninos e meninas de forma diferente, exigindo deles padrões diferentes de comportamento, direcionando suas ações. Dessa forma, limitamos suas escolhas para toda a vida. Condicionamos nossas crianças ao exercício de certos papeis no palco social e reproduzimos assim a desigualdade de gênero. Esses papeis, internalizados, moldam comportamentos e necessidades, e conformam nossos atos, sejam lícitos ou ilícitos, como uma parte constante de seu pano de fundo.

As mulheres continuam as maiores responsáveis pelo trabalho doméstico, pela criação e educação dos filhos. Homens em geral exercem papel secundário nessas tarefas da subsistência familiar. Explica-se, só pela constatação desse fato, a razão pela qual as mulheres seguem em desvantagem no mercado de trabalho, pois as 24 horas do dia são iguais para ambos os sexos. E o que dita isso é a cultura, nada mais. Fatos cotidianos moldam o que somos: *a existência precede a essência.*[31]

Os papéis de gênero desde cedo atribuídos às mulheres e sua posição na sociedade em virtude deles são fatores que agem sobre as escolhas femininas e conformam também as estatísticas criminais, num reflexo fiel das

31. SARTRE, Jean-Paul. *O existencialismo é um humanismo*. Trad. Vergílio Ferreira. São Paulo: Abril Cultural, 1978 [1946]. (Os Pensadores)

relações entre os gêneros. A criminalidade feminina reproduz essas divisões e estruturas patriarcais nas espécies de delitos praticados.

A maior participação no espaço público e o aumento das famílias monoparentais providas por mulheres vem alterando o perfil da criminalidade feminina e lhe dá maior visibilidade. Esse fenômeno vem alterando a percepção de que a criminalidade feminina se concentrava em delitos ligados ao âmbito privado, às relações familiares e afetivas para relacioná-la aos crimes patrimoniais e ao tráfico de drogas. Também é causa de seu aumento, em números.

Porém, é interessante constatar que, mesmo na estrutura do crime, as mulheres exercem papéis subordinados e inferiores, reproduzindo a situação da mulher no mercado de trabalho e nos espaços de poder legitimados. Não raro ingressam na criminalidade por influência de homens da família ou em virtude de relacionamentos amorosos. No cárcere, esses mesmos relacionamentos não as acompanham. Mas a invisibilidade, sim. Tornam-se o *refugo do refugo* nas palavras de Tani M. Wusrter.[32]

O patriarcado, portanto, parece uma estrutura mais difícil de se afrontar que a lei do Estado, enquanto até as mulheres que a transgridem parecem se adequar à estrutura patriarcal e submeter-se a ela.

Sobre as causas de tudo isso e como equilibrar forças e procurar igualdade, procurei também apenas lembrar que precisamos ainda muito refletir, e que talvez já tenha chegado a hora de as mulheres encararem a necessidade de incrementar tais habilidades de cooperação, pois a sua falta parece ser uma causa bastante importante para a manutenção do *status quo*. Isso se realmente lhes interessam ônus e bônus da igualdade, o que é preciso também, como grupo, decidir. Há tantos feminismos que não se entendem que fica fácil dividir as mulheres. Enquanto isso, continuaremos pensando que escolhemos, enquanto o sistema patriarcal faz as escolhas por nós, antes mesmo de nascermos.

32. *Ob cit* pg.40.

30

A INVISIBILIDADE E O CONTROLE DO CORPO COMO MARCAS DO APRISIONAMENTO FEMININO[1]

Tani Maria Wurster

Juíza Federal. Mestra em Direito pela Universidade Federal do Paraná. Coordenadora da Comissão Ajufe Mulheres

A invisibilidade e o controle dos corpos são marcas que caracterizam o aprisionamento feminino.

Embora o aumento da população carcerária feminina em números absolutos nas últimas duas décadas tenha correspondido proporcionalmente a mais do que o dobro do aumento do encarceramento masculino, 656% e 293% respectivamente[2], uma prisão de mulheres ainda é um lugar de esquecimento institucional, social e familiar.

---

1. Este trabalho é resultado da pesquisa e compõe parcialmente a dissertação apresentada no curso de Mestrado, do Programa de Pós-Graduação em Direito da Universidade Federal do Paraná.

2. MINISTÉRIO DA JUSTIÇA. Levantamento Nacional de Informações Penitenciárias. Infopen Mulheres, 2018. Disponível em: <http://depen.gov.br/DEPEN/depen/sisdepen/infopen-mulheres/infopenmulheres_arte_07-03-18.pdf> Último acesso em 19 de fevereiro de 2019.

Em números absolutos, o Brasil é o quarto país no mundo que mais encarcera mulheres. Em termos relativos, ou seja, na comparação entre o aprisionamento feminino e o número de habitantes no país, o Brasil encontra-se na terceira posição, atrás apenas dos Estados Unidos e da Tailândia[3].

A expansão do encarceramento feminino no Brasil, no entanto, não encontra paralelo entre os grupos de países que mais aprisionam mulheres no mundo. Na comparação entre os anos de 2000 e 2016, enquanto a taxa de aprisionamento no Brasil aumentou 455%, as taxas nos Estados Unidos, China e Tailândia aumentaram apenas 18%, 105% e 14%, respectivamente, enquanto na Rússia houve uma diminuição de 2%.

O aumento exponencial de mulheres presas, no entanto, não foi suficiente para excluí-las do espaço da "não-existência".

A mulher presa é em sua maioria jovem (50% têm entre 18 e 29 anos), negra (62%), apresenta baixa escolaridade (50% não possuem o ensino fundamental completo) e tem filhos (74%)[4].

Na apresentação do Infopen Mulheres de 2014, o primeiro levantamento oficial com recorte de gênero, informou-se que elas são oriundas dos extratos sociais mais desfavorecidos economicamente, exercem trabalho informal em período anterior ao aprisionamento e são as principais responsáveis pela provisão do sustento familiar[5].

As particularidades que caracterizam o encarceramento feminino, sobretudo aquelas relacionadas à expansão do número de mulheres presas e ao respectivo grupo social a que pertencem, estão entrelaçadas a

3. . Levantamento Nacional de Informações Penitenciárias. Infopen Mulheres, 2018. Disponível em: <http://depen.gov.br/DEPEN/depen/sisdepen/infopen-mulheres/infopen-mulheres_arte_07-03-18.pdf> Último acesso em 19 de fevereiro de 2019.

4. MINISTÉRIO DA JUSTIÇA. Levantamento Nacional de Informações Penitenciárias. Infopen Mulheres, 2018. Disponível em: <http://depen.gov.br/DEPEN/depen/sisdepen/infopen-mulheres/infopenmulheres_arte_07-03-18.pdf> Último acesso em 19 de fevereiro de 2019.

5. MINISTÉRIO DA JUSTIÇA. Levantamento Nacional de Informações Penitenciárias. Infopen Mulheres, 2014. Disponível em: <https://www.justica.gov.br/news/estudo-traca-perfil-da-populacao-penitenciaria-feminina-no-brasil/relatorio-infopen-mulheres.pdf> Último acesso em 19 de fevereiro de 2019.

condicionamentos de ordem cultural e social que imputaram à mulher singularidades relacionadas à sua saúde, à relação com a família, cuidado com os filhos, gravidez e amamentação.

Tais singularidades, de modo especial sua destinação cultural como principal responsável pelo espaço doméstico, que por tanto tempo lhes roubou o direito ao trabalho, à voz, às decisões sobre sua própria vida e seu corpo, continuam a impor ao feminino especial condição de invisibilidade, circunstância estruturante da perspectiva de tratamento adotado pelo sistema de justiça.

Do mesmo modo, procura-se vincular as expectativas que recaem às mulheres, relacionadas à sua sexualidade e ao seu corpo, notadamente a decência, o pudor e o recato, com as estruturas que determinam o controle dos corpos das mulheres. Da culpa que se atribui culturalmente às mulheres decorrem presunções que sustentam a disposição estatal de manter e reproduzir ferramentas de controle dos seus corpos, as quais persistem no tempo e podem ser localizadas nas dinâmicas do sistema penitenciário.

Nesse contexto, torna-se necessário discutir em que medida gênero (não) importa para o sistema de justiça, de modo especial aquele desenhado para selecionar os que adentram ao sistema penitenciário, bem como de que maneira a o *silenciamento* das particularidades que caracterizam o feminino, de modo muito particular aquelas relacionadas à gravidez e à maternidade, atuam no sistema penitenciário e produzem violações de direitos humanos das mulheres.

O presente trabalho explora como o apagamento ao qual foi histórica e culturalmente submetida a mulher acompanha a sua existência na prisão. Procura-se demonstrar como o lugar em que a mulher foi alocada na sociedade é determinante para a sua *invisibilidade* no espaço público e, como consequência, no sistema de justiça penal e no cárcere.

Aprecia-se, ainda, o entrelaçamento entre corpo, especialmente o corpo marcado pela gravidez e pela maternidade, e o espaço prisional, no qual se produzem e se renovam ferramentas de controle, as quais remetem a antigas práticas de domínio que procuram estabelecer um determinado *status* à mulher e mantê-la em seu devido lugar.

1. A CONSTRUÇÃO HISTÓRICA DA INVISIBILIDADE FEMININA

Na tarefa de procurar compreender fatores sociais e culturais que determinam a *invisibilidade* das particularidades que caracterizam o feminino, bem como o controle dos corpos das mulheres encarceradas, circunstâncias que atuam sobre o sistema de justiça e produzem violações de direitos humanos, necessário reconhecer o papel que o mito da criação e do pecado original presente no Gênesis e na tradição judaico-cristã desempenharam na construção de um lugar no qual a mulher é alocada social e culturalmente; e, ainda, como essa posição é determinante para sua invisibilidade no espaço público e, por consequência, no sistema de justiça penal e no cárcere.

Antonio Manuel Hespanha, na obra *Imbecillitas*[6], afirma que o relato da criação, bem como o papel de Eva no pecado original, e sua parte na tentação de Adão (Gênesis, I, 3, 16), "têm efeitos devastadores muito duradouros sobre a imagem da indignidade da mulher"[7], e fundamentam as premissas atuais de sua inferioridade e menor dignidade.

A curiosidade[8] e a lascívia das mulheres[9], presentes nos mitos do pecado original, são, portanto, características do espírito feminino que teriam dado origem a todos os males do mundo. A descrição do mito da criação, explica Rose Marie Muraro, narrativa básica da cultura patriarcal, tem servido há milênios ao propósito de garantir um *status* à mulher e, desde a época do Gênesis, de mantê-la, com muita eficiência, aliás, em seu "devido lugar"[10].

---

6. HESPANHA, António Manuel. Imbecillitas. As bem-aventuranças da inferioridade nas sociedades do Antigo Regime. São Paulo: Annablume, 2010.

7. *OP. cit.*, p. 107.

8. "A luxúria chamava a curiosidade – que já perdera a mulher do Éden – e a astúcia." (HESPANHA, António Manuel. Imbecillitas. As bem-aventuranças da inferioridade nas sociedades do Antigo Regime. São Paulo: Annablume, 2010, p. 114.)

9. "Carente, vulnerável, seu desejo é o centro da sua punição." (MURARO, Rose Marie. Introdução. In: KRAMER, Heinrich; SPRENGER, James. O martelo das feiticeiras. Tradução Paulo Fróes; Rose Marie Muraro; Varlos Byingotn. 3 ed., Rio de Janeiro: Bestbolso, 2016, p. 16).

10. MURARO, Rose Marie. Introdução. KRAMER, Heinrich; SPRENGER, James. O martelo das feiticeiras. Tradução Paulo Fróes; Rose Marie Muraro; Varlos Byingotn. 3 ed. Rio de Janeiro: Bestbolso, 2016, p. 16.

É deste lugar construído historicamente que derivam as pré-compreensões que influenciaram a construção jurídica do feminino.

Não surpreende, portanto, a vigilância religiosa e a repressão sexual que se impõem às mulheres, como que uma forma de expurgar o mal que habita o seu corpo.

A historiadora francesa Michelle Perrot explica a obsessão pela virgindade das mulheres. A virgindade é consagrada pela Igreja como virtude suprema porque é a partir dela que a mulher pode se redimir do pecado original que a acompanha histórica e culturalmente. A castidade afasta a mulher do pecado de Eva, e a aproxima do modelo de Maria, virgem e mãe[11].

O véu constitui um dos símbolos mais fortes da imprescindibilidade da vigilância, que determina, por sua vez, a sua invisibilidade. Constitui também uma marca do pertencimento da mulher ao homem, bem como sinal da sua pureza. Como a mulher traz, por natureza, o pecado, o véu simboliza a negação desse defeito ou fraqueza.[12]

Perrot[13] esclarece os múltiplos sentidos do uso do véu. É sinal de autoridade, a marca de propriedade: como a mulher é propriedade de alguém, de um homem ou de Deus, deve ser velada. É também sinal de pudor: o corpo e os cabelos das mulheres, sinais de tentação, devem ser escondidos. É símbolo da virgindade, e representa o hímen, que apenas o marido deve retirar.

Constitui simbolicamente, ainda, o afastamento da mulher do espaço público, representando uma forma de confinamento. É peça de um jogo entre aprisionamento e liberdade. Ao mesmo tempo em que a confina, também a liberta: "num mundo de homens, o véu é, para elas, a única possibilidade de circular no espaço público"[14].

---

11. PERROT, Michelle. Minha história das mulheres. Tradução Angela M. S Corrêa. São Paulo: Contexto, 2016, p. 45.

12. Assim, o véu reveste-se de significações múltiplas, religiosas e civis, para com Deus, e para com o homem, seu representante. Ele é sinal de dependência, de pudor e de honra. (PERROT, Michelle. Minha história das mulheres. Tradução de Angela M. S. Corrêa. São Paulo: Contexto, 2016, p. 56).

13. PERROT, Michelle. Minha história das mulheres. Tradução de Angela M. S Corrêa. São Paulo: Contexto, 2016, p. 56 e 57.

14. PERROT, Michelle. Minha história das mulheres. Tradução de Angela M. S. Corrêa. São Paulo: Contexto, 2016, p. 57.

Hespanha evidencia essa correlação entre o mal que habita o corpo da mulher e a imperiosidade de vigiar[15] suas atitudes e pensamentos. Ele afirma que se impõem o pudor e a honestidade às mulheres como um remédio contra seus defeitos, os quais provêm da natureza. Justifica-se, assim, "uma constante vigilância sobre os seus costumes e seu rigoroso confinamento ao mundo doméstico"[16]. Tais preceitos influenciaram historicamente as presunções de incapacidade e da menor dignidade das mulheres.

Tal situação acompanhou os séculos e já no Antigo Regime a mulher deixava de ser sujeito, passando a ser um *estado*, que lhe atribuía um lugar na "ordem do mundo": o lugar da inferioridade e da indignidade, o que a incapacitava para o exercício de direitos, os quais se reservava a alguns homens: os poderes de mando, a capacidade de herdar, de testemunhar, de dar fiança e de julgar.

Para a compreensão do fenômeno não basta revelar, porém, a mera existência de tal lugar, pois é necessário sobretudo assimilar que esse *locus* era percebido como natural, derivado da própria criação do mundo, imutável e predeterminado, o que implicava a impossibilidade de discuti-lo e colocá-lo em questão. Não surpreende, portanto, que a determinação de um espaço específico às mulheres seja profundamente resistente à passagem do tempo.

As presunções de menor dignidade e fraqueza de caráter impuseram ainda a necessidade da eterna vigilância sobre seus costumes e seu rigoroso confinamento ao mundo doméstico.

O especial pertencimento da mulher ao espaço doméstico constitui as bases das expectativas em relação ao seu papel social e cultural. Essas expectativas permeiam as dinâmicas relacionadas ao trabalho reprodutivo e à divisão sexual do trabalho, que pavimentam seu caminho até a prisão.

---

15. "Mesmo esposa, mãe ou filha dedicada carregava consigo o peso do pecado original e, por esse motivo, era vigiada muito de perto. Daí porque, no tempo colonial, vigorar a regra segundo a qual a mulher somente podia sair de casa três vezes durante toda a sua vida: para ser batizada, para casar e para ser enterrada." (MENDES, Soraia da Rosa. Criminologia feminista: novos paradigmas. 2 ed. São Paulo: Saraiva, 2017, p. 147).

16. HESPANHA, António Manuel. Imbecillitas. As bem-aventuranças da inferioridade nas sociedades do Antigo Regime. São Paulo: Annablume, 2010, p. 115.

A determinação de um estado de invisibilidade do feminino pressupõe a constituição de um lugar para a mulher, onde é alocada e confinada, um lugar onde possa (não) existir. Na constituição desse espaço, a distinção entre o público e o privado desempenha um papel fundamental.

Historicamente à mulher foi reservado o espaço privado, do lar, do recato, da maternidade. O espaço público, da luta, da razão e do pensamento, aquele que merece destaque e interesse, é histórica e socialmente associado ao masculino.

Susan Moller Okin[17] afirma que os conceitos de esfera pública e privada ganharam centralidade no pensamento político do Ocidente desde o século XVII. Sustenta que a dicotomia público/privado pode ser utilizada tanto para referir-se à distinção entre Estado e sociedade, como para distinguir um espaço doméstico (privado) do espaço não doméstico (público). Interessa, para o presente estudo, a segunda configuração.

Segundo a autora, a divisão sexual do trabalho tem sido fundamental para essa dicotomia: "os homens são vistos como vinculados e responsáveis pelas ocupações da esfera da vida econômica e política, enquanto as mulheres seriam responsáveis pelas ocupações da esfera privada da domesticidade e da reprodução"[18].

Para a autora, na mesma esteira, as mulheres são vistas como "naturalmente inadequadas" à esfera pública, além de dependentes dos homens e subordinadas à família[19]. Essa inadequação ao espaço público, construída social e culturalmente, sujeita a mulher à especial condição de invisibilidade.

Assim, se é a aparência que constitui a existência, o que não aparece não existe historicamente ou socialmente. O confinamento ao espaço privado desconstrói a existência e torna invisível o sujeito que o habita, dada sua irrelevância.

---

17. OKIN, Susan Moller. Gender, the Public and the Private. In PHILLIPS, Anne. Feminism and Politics. New York: Oxford University Press, 1998, p. 116-141.

18. OKIN, Susan Moller. Gender, the Public and the Private. In PHILLIPS, Anne. Feminism and Politics. New York: Oxford University Press, 1998, p. 118. [Do trecho original em inglês, em tradução nossa.]

19. OKIN, Susan Moller. Gender, the Public and the Private. In PHILLIPS, Anne. Feminism and Politics. New York: Oxford University Press, 1998, p. 118). [Do trecho original em inglês, em tradução nossa.]

Ao se construir um espaço cultural de confinamento para a mulher, ela passa a ser constituída culturalmente como *invisível*. O lugar da invisibilidade, assim, como um (não) espaço deliberadamente construído, fica reservado para aquilo que é irrelevante, e para aquilo que deve ser mantido fora do olhar público.

O silêncio, o confinamento, o apagamento acompanham, portanto, a (não) história das mulheres. Esse apagamento acompanha as mulheres em diversos ambientes públicos, no trabalho, na política, nos espaços de poder. No espaço do cárcere, não é diferente.

Do mesmo modo, das expectativas que recaem às mulheres, relacionadas à sua sexualidade e ao seu corpo, notadamente a decência, o pudor e o recato, assim como da culpa que se atribui culturalmente a elas, decorrem presunções que sustentam a disposição estatal de manter e reproduzir ferramentas de controle dos seus corpos, as quais persistem no tempo e podem ser localizadas nas dinâmicas do sistema penitenciário.

A invisibilidade das singularidades que acompanham o feminino são uma marca do sistema de justiça. A *neutralidade* desse sistema, que apaga as experiências femininas determinadas pelo seu espaço de pertencimento, promove a violação de direitos das mulheres, conforme será exposto a seguir.

2. A AUSÊNCIA DE DADOS E A "NEUTRALIDADE" DAS ESTATÍSTICAS

Dados oficiais sobre encarceramento no Brasil são historicamente precários.

A omissão de dados sobre o encarceramento feminino, no entanto, assim como uma suposta neutralidade das estatísticas oficiais desse grupo específico, contribuem para violações de direitos humanos das mulheres, sob uma perspectiva de gênero.

O sistema penitenciário se sustenta sob um modelo em que o Poder Judiciário decreta a prisão e inspeciona seu cumprimento, enquanto cabe ao Poder Executivo, em geral através dos estados da federação, cumprir a ordem de prisão. O Departamento Nacional Penitenciário depende de informações prestadas pelos sistemas penitenciários estaduais, os quais não dispõem de dados precisos sobre os presos, ou não os repassam com exatidão. Os sistemas não eram integrados, e a coleta de informações depende de dados nem sempre atualizados. O número de presos é estimado.

No ano de 2018, o Conselho Nacional de Justiça deu um importante passo no sentido de preencher uma grave lacuna no sistema de informações sobre o número de presos no país. Em 04/09/2018, foi editada a Resolução nº 251 do Conselho Nacional de Justiça, que instituiu e regulamentou o Banco Nacional de Monitoramento de Presos – BNMP[20], o qual tem por objetivo identificar, em tempo real e de forma individualizada, as pessoas privadas de liberdade, procuradas e foragidas, com a listagem nominal e identificação única, com atribuição de número de Registro Judiciário Individual – RJI.

O primeiro Cadastro Nacional de Presos foi publicado em agosto de 2018[21]. A demora para a formulação de uma política pública no sentido de prover informações sobre os sujeitos encarcerados constitui uma das facetas da segregação e do esquecimento a que se atribui socialmente à população carcerária, produto da seletividade do sistema penal.

Sobre o sistema de encarceramento como uma resposta do Estado ao fenômeno da criminalidade, Zygmunt Bauman alerta que o "refugo humano" necessita ser "lacrado em contêineres fechados com rigor"[22], contêineres esses fornecidos pelo sistema penal.

Na obra *Vidas Desperdiçadas*, Bauman trata da questão da produção de pessoas,[23] a quem ele chama de "refugo humano, excessivos ou redundantes", serem humanos em excesso, que não foram e jamais serão reconhecidos ou terão "permissão para ficar", como um produto da modernidade, "um efeito colateral da construção da ordem" ou do "progresso econômico".

---

20. Íntegra da Resolução disponível em: <http://www.cnj.jus.br/busca- atos- adm?documento=3545 >.

21. CONSELHO NACIONAL DE JUSTIÇA. <Banco Nacional de Monitoramento de Prisões. Cadastro Nacional de Presos. Disponível em: http://www.cnj.jus.br/files/conteudo/arquivo/2018/08/987409aa856db291197e81ed314499fb.pdf> . Último acesso em 19 de fevereiro de 2019.

22. BAUMAN, Zygmunt. Vidas desperdiçadas. Tradução de Carlos Alberto Medeiros. Rio de Janeiro: Zahar, 2005, p. 108.

23. BAUMAN, Zygmunt. Vidas desperdiçadas. Tradução. Carlos Alberto Medeiros. Rio de Janeiro: Zahar, 2005, p. 12.

São seres humanos destituídos de meios de sobrevivência, que tornam-se "sobras do processo do desenvolvimento humano". São pessoas para as quais, tal qual o lixo, não há mais espaço. Entre esses sujeitos estão aqueles marcados pelo sistema penal.

A condição de preso, qualquer que seja seu sexo, lança o indivíduo à situação de invisibilidade[24], caracterizado como "refugo humano, excessivo e redundante"[25].

Historicamente, a prisão produz a uniformização dos indivíduos e o apagamento das suas identidades pessoais, por meio do controle dos comportamentos[26]. Segundo Michel Foucault, a prisão exerce seu poder sobre o corpo do apenado e a disciplina fabrica "corpos submissos e exercitados, corpos dóceis"[27].

A prisão é, por natureza, um espaço de segregação e esquecimento.

Nesse contexto, se a invisibilidade é uma peculiaridade que acompanha a história das mulheres em geral, e se a prisão é o depósito por excelência "daqueles de quem preferimos não lembrar"[28], uma prisão de mulheres constitui-se em um lugar de esquecidas, "cemitério dos vivos"[29].

Nas palavras de Priscilla Placha Sá, "se o cárcere é o lugar último do real e da concretização do direito penal com seus muros, seus cadeados e sua disciplina, o cárcere feminino é a essência das permanências de um modelo hegemônico excludente"[30].

---

24. SÁ, Priscilla Placha. Eles não são recicláveis. Revista da Faculdade de Direito. Curitiba, n. 53, p. 68 e ss. 2011.
25. BAUMAN, Zygmunt. Vidas desperdiçadas. Tradução. Carlos Alberto Medeiros. Rio de Janeiro: Zahar, 2005, p. 12.
26. BARCINSKI, Mariana; CÚNICO, Sabrina Daiana. Os efeitos (in)visibilizadores do cárcere: as contradições do sistema prisional. Revista Psicologia. 2014, Vol. 28 (2), p.63.
27. FOUCAULT. Michel. Vigiar e Punir: nascimento da prisão. Tradução de Raquel Ramalhete. 42 ed. Petrópolis: Vozes, 2014, p. 135.
28. SÁ, Priscilla Placha. Eles (não) são Recicláveis". Revista da Faculdade de Direito nº 53, UFPR: Curitiba, 2011.
29. LEMGRUBER, Julita. Cemitério dos Vivos: análise sociológica de uma prisão de mulheres. 2 ed. Rio de Janeiro: Forense, 1999.
30. SÁ, Priscilla Placha. O que é o projeto mulheres pelas mulheres? In: SÁ, Priscilla Placha (coord. e org.). Diário de uma Intervenção: sobre o cotidiano de mulheres no cárcere. Florianópolis: EMais, 2018, p. 22.

Dados sobre o encarceramento feminino são, portanto, ainda mais escassos do que as informações sobre presos em geral. A primeira estatística oficial sobre encarceramento realizada sob uma perspectiva de gênero foi publicada apenas em 2014, o Levantamento Nacional de Informações Penitenciárias – Infopen Mulheres.[31]

Em se tratando de um levantamento específico sobre mulheres, não surpreende que tenha sido parcial e que contivesse injustificáveis omissões. Para a análise do perfil[32] da população feminina encarcerada, foram desconsideradas as informações de vários estados da federação, inclusive do Estado de São Paulo.[33] Historicamente, São Paulo é o estado da federação que apresenta o maior percentual de presos no país, cuja porcentagem atingiu 39% do total de mulheres presas no país no mesmo levantamento[34].

O Departamento Penitenciário Nacional reconheceu no relatório do Infopen que havia "uma deficiência grande de dados e indicadores sobre o perfil de mulheres em privação de liberdade nos bancos de dados oficiais dos governos, o que contribui para a invisibilidade das necessidades dessas pessoas"[35].

31. MINISTÉRIO DA JUSTIÇA. Levantamento Nacional de Informações Penitenciárias. Infopen Mulheres. Junho de 2014. Disponível em: <https://www.justica.gov.br/news/estudo-traca-perfil-da-populacao-penitenciaria-feminina-no-brasil/relatorio-infopen-mulheres.pdf> Último acesso em 19 de fevereiro de 2019.

32. A omissão do Estado de São Paulo se refere às informações quanto ao perfil das mulheres presas, o que exclui dados em relação à faixa etária, raça, cor ou etnia, estado civil, escolaridade, tempo total de pena, atividade laboral, atividade educacional e agravos.

33. MINISTÉRIO DA JUSTIÇA. Levantamento Nacional de Informações Penitenciárias. Infopen Mulheres. Junho de 2014. Disponível em:<http://www.justica.gov.br/noticias/estudo-traca-perfil-da-populacao-penitenciaria-feminina-no-brasil/relatorio-infopen-mulheres.pdf> Último acesso em 19 de fevereiro de 2019.

34. MINISTÉRIO DA JUSTIÇA. Levantamento Nacional de Informações Penitenciárias. Infopen Mulheres. Junho de 2014. Disponível em:<http://www.justica.gov.br/noticias/estudo-traca-perfil-da-populacao-penitenciaria-feminina-no-brasil/relatorio-infopen-mulheres.pdf>, p. 13. Último acesso em 19 de fevereiro de 2019.

35. MINISTÉRIO DA JUSTIÇA. Levantamento Nacional de Informações Penitenciárias. Infopen Mulheres. Junho de 2014. Disponível em:<http://www.justica.gov.br/noticias/estudo-traca-perfil-da-populacao-penitenciaria-feminina-no-brasil/relatorio-infopen-mulheres.pdf>, p. 05. Acesso em 06/02/2019.

Uma pesquisa realizada pelo Instituto Terra, Trabalho e Cidadania – ITTC sobre aprisionamento feminino[36] apontou que o Infopen Mulheres "não foi capaz de reverter a desatenção sistêmica às mulheres, afinal, dados há muito aguardados continuam ausentes, como o número de filhos das mulheres presas – informação essa que aparece no relatório de junho em relação aos homens"[37].

Um segundo relatório oficial com recorte de gênero foi apresentado apenas em 2018, o Infopen Mulheres, 2ª edição[38]. Em ambos os levantamentos ficou evidenciada, no entanto, a desproporção entre o aumento do encarceramento masculino e do feminino, bem como a expansão do encarceramento feminino em níveis que não se encontram nem mesmo entre os países que mais encarceram mulheres no mundo.

O aumento desproporcional da população carcerária feminina em comparação com o aprisionamento masculino, no entanto, não foi suficiente para apagar o silêncio e a invisibilidade que marcam a condição das mulheres presas. Ao contrário, o baixo percentual de mulheres encarceradas em comparação aos homens colabora para o seu desprezo.

No levantamento publicado em 2018, também há omissões relevantes. A principal delas diz respeito à ausência, em grande parte dos estados brasileiros,[39] de dados sobre mulheres custodiadas em delegacias ou outros ór-

---

36. ITTC (Instituto Terra Trabalho e Cidadania). Relatório Mulheres sem prisão. Disponível em < http://ittc.org.br/wp-content/uploads/2017/03/relatorio_final_online.pdf>, p. 14. Acesso em 06/02/2019.

37. ITTC (Instituto Terra Trabalho e Cidadania). Relatório Mulheres sem prisão. Disponível em <http://ittc.org.br/wp-content/uploads/2017/03/relatorio_final_online.pdf>, p. 14. Acesso em 06/02/2019.

38. MINISTÉRIO DA JUSTIÇA. Levantamento Nacional de Informações Penitenciárias. Infopen Mulheres, 2018. Disponível em <http://depen.gov.br/DEPEN/depen/sisdepen/infopen-mulheres/infopenmulheres_arte_07-03-18.pdf> Último acesso em 19/02/2019.

39. "Os estados do Acre, Espírito Santo, Pernambuco, Piauí, Rondônia e Tocantins não informaram o total de pessoas custodiadas em carceragens de delegacias em junho de 2016. Esses estados somam 11% da população presente nas unidades do sistema prisional. No caso dos estados de Amazonas, Ceará, Maranhão, Minas Gerais, Rio Grande do Norte e Sergipe, a informação disponível sobre o total de pessoas custodiadas em carceragens de delegacias não apresentava o recorte de gênero, considerado pelo levantamento do INFOPEN em todas as suas categorias. Esses estados somam 17% da população presente nas unidades do sistema prisional." (MINISTÉRIO DA JUSTIÇA. Levantamento Nacional de Informações Penitenciárias. Infopen Mulheres, 2018.

gãos destinados à custódia de pessoas, administrados por órgãos do sistema de segurança pública estaduais. A subnotificação desses dados gera impacto, sobretudo, na taxa geral de encarceramento feminino, podendo mitigar a posição ocupada pelo país no ranking mundial do encarceramento[40].

É a invisibilidade feminina determinando o déficit no tratamento de dados sobre presas no país.

Sujeitos encarcerados são em geral, mas de modo especial em delegacias, contabilizados apenas como presos. A ausência de problematização quanto ao gênero desses sujeitos faz supor que sejam eles homens, e o sistema carcerário atua sobre eles a partir da perspectiva do masculino. A "suposta" neutralidade do sistema age para invisibilizar as mulheres e as suas singularidades. É que o sistema não é neutro, é masculino.

A ausência de dados sobre o número de presas em delegacias de polícia é simbólica não apenas em razão da simples omissão quanto aos dados, mas sobretudo porque as delegacias de polícia costumam ser os lugares nos quais é característica a ausência de atendimento às particularidades dos presos. São em geral meros "depósitos" de pessoas, sem que seja possível o exercício de direitos básicos, como banho de sol e a separação adequada de custodiados.

Se o atendimento às necessidades específicas das mulheres relacionadas à sua saúde, gravidez, amamentação, presença de filhos, é inadequado nos presídios, a presença delas em delegacias de polícia é um agravante da ausência de tratamento adequado às necessidades relacionadas ao gênero.

Como enunciado por Antonio Manuel Hespanha, a gramática é constitutiva da realidade, e o todo jamais é designado pela parte. Assim, ao contrário das prisões cujos internos são homens, que são denominadas apenas prisões, as prisões de mulheres são sempre "prisões femininas". Ou seja,

---

Disponível em <http://depen.gov.br/DEPEN/depen/sisdepen/infopen-mulheres/infopenmulheres_arte_07-03-18.pdf> p. 12. Último acesso em 19/02/2019.

40. MINISTÉRIO DA JUSTIÇA. Levantamento Nacional de Informações Penitenciárias. Infopen Mulheres, 2018. Disponível em <http://depen.gov.br/DEPEN/depen/sisdepen/infopen-mulheres/infopenmulheres_arte_07-03-18.pdf>, p.09. Último acesso em 19/02/2019.

quando a "palavra prisão é mencionada, ela parece se referir invariavelmente ao universo masculino"[41].

Michelle Perrot já denunciava que as estatísticas, por serem assexuadas, sempre colaboraram para o apagamento da mulher. Desse modo, não haveria por que esperar alguma diferença no que diz respeito às estatísticas sobre prisões de mulheres.

A reserva histórica e cultural de um espaço às mulheres, relacionado às tarefas domésticas e ao cuidado da casa, de crianças, doentes e idosos, impõe a elas singularidades que foram reconhecidas pela Constituição Federal e pela legislação ordinária, especificamente na lei de execução penal. Tais garantias não são observadas, todavia, no cotidiano das mulheres em cárcere.

A Constituição Federal garante no Art. 5º a igualdade entre homens e mulheres (I), a proibição de tortura e tratamento desumano e degradante (III), o direito à individualização na pena (XLVI), a integridade física e moral (XLIX) e a proibição de penas cruéis (XLVI, e).

O texto constitucional prevê ainda que nenhuma pena passará da pessoa do condenado (XLV) e, especificamente sobre as mulheres, que a pena será cumprida em estabelecimentos distintos de acordo com o sexo (XLVIII), e que às presidiárias serão asseguradas condições para que possam permanecer com seus filhos durante o período de amamentação (L).

A Lei de Execução Penal, a seu turno, embora tímida no reconhecimento das especificidades da condição feminina, garante à mulher presa acompanhamento médico específico, principalmente no pré-natal e no pós-parto, extensivo ao recém-nascido (Art. 14, §3º), assim como espaço adequado para gestante (Art. 89), e berçário, onde as presas possam cuidar de seus filhos e amamentá-los (Art. 83, §2º). Prevê, ainda, a existência de creche para abrigar crianças maiores de seis meses e menores de sete anos, assegurado atendimento por pessoal qualificado, e horário de funcionamento que garanta melhor assistência à criança e à mãe (Art. 89).

41. BARCINSKI, Mariana; CÚNICO, Sabrina Daiana. Os efeitos (in)visibilizadores do cárcere: as contradições do sistema prisional. Revista Psicologia, 2014, Vol. 28 (2), p. 64.

O Estatuto da Primeira Infância, Lei 13.257/16, incluiu novos dispositivos à Lei 8.069/90, o Estatuto da Criança e do Adolescente, para assegurar a todas as mulheres acesso a programas e políticas de saúde da mulher e planejamento reprodutivo, e às gestantes nutrição adequada, atenção humanizada à gravidez, ao parto, ao puerpério e atendimento pré-natal, perinatal e pós-natal no âmbito do Sistema Único de Saúde (art. 8º da Lei 8.069/90).

Apesar de alguns esforços do sistema de justiça para mapear o número de mulheres encarceradas, e embora existam prescrições legais que atentem para a condição feminina, a realidade da execução penal é reveladora de um universo completamente diferente. Ser mulher ainda é irrelevante para o sistema penitenciário[42].

A invisibilidade do feminino não se resume à omissão quanto aos dados sobre encarceramento de mulheres. Ela está presente também no descumprimento das normas constitucionais e legais editadas com propósito de atender às singularidades do feminino, de modo especial, na falta de estrutura física das unidades prisionais, bem como no modelo de confinamento, que reproduz a lógica do aprisionamento masculino.

3. MULHERES, ESPAÇO E PRISÃO

A circunstância de estar/ser preso conecta o sujeito de um modo muito particular com o espaço. O preso se constitui entre as paredes de seu confinamento. É também constituído por elas.

A mulher, como já referido, também é constituída enquanto sujeito feminino na sua relação com o espaço, nas convergências entre o espaço privado e o espaço público. Ela se constitui no pertencimento social e cultural

42. "Dada a histórica construção hierárquica dos papéis sociais de gênero, as mulheres, de modo geral, carregam sozinhas a pesada carga da sobrevalorização da maternidade em relação à paternidade, a realização de tarefas de cuidado, o trabalho doméstico, o menor acesso ao mercado formal de trabalho e as remunerações mais baixas(...). Também não é por acaso que o encarceramento das mulheres traz duras consequências sobre a família, principalmente para suas mães e seus filhos". (ITTC –Instituto Terra Trabalho e Cidadania). Relatório Mulheres sem prisão. Disponível em < http://ittc.org.br/wp-content/uploads/2017/03/relatorio_final_online.pdf>, p. 108. Acesso em 06/02/2019).

ao espaço privado e na ousadia de "aparecer em público". Ser mulher é, antes de tudo, pertencer a um lugar. A relação da mulher presa com as paredes da prisão é, no entanto, mediada por fatores estranhos à sua relação com *as paredes* do espaço privado.

O confinamento masculino é a matriz do histórico das prisões, e essa moldura se torna presente na vida cotidiana das mulheres encarceradas. A conformação ao modelo masculino vai desde questões menos visíveis, como o uso do mesmo uniforme dos presídios masculinos, até outras mais aparentes, como a falta de infraestrutura para abrigar gestantes, lactantes, e crianças[43].

Do total dos estabelecimentos prisionais no país, 74% são masculinos e 16% são caracterizados como mistos. Os estabelecimentos mistos contam com alas ou celas específicas para o aprisionamento de mulheres dentro de um estabelecimento originariamente masculino.

Apenas 7% dos estabelecimentos prisionais são voltados exclusivamente ao público feminino, o que não significa dizer que tenham sido projetados para abrigar mulheres. Em geral, são espaços criados para encarcerar homens que foram (mal) adaptados para confinar mulheres.

Ou seja, mais do que o dobro dos estabelecimentos que abrigam presas são estabelecimentos mistos, cuja administração, arquitetura prisional e serviços foram formulados a partir do paradigma de funcionamento do estabelecimento masculino, compatível com a lógica patriarcal, portanto. Nas palavras do relatório do Departamento Penitenciário Nacional, incapazes de observar as especificidades de espaços e serviços destinados às presas[44].

A arquitetura configura, a partir da premissa de uma suposta neutralidade, um espaço que invisibiliza a condição feminina e produz efeitos

43. TEIXEIRA, Alessandra; FERNANDES, Marisa. Presidiárias: equidade e liberdade, difíceis caminhos. Apud ESPINOZA, Olga. A mulher encarcerada em face do poder punitivo. São Paulo: IBCCRIM, 2004, p. 122-123. [Em nota de rodapé].

44. MINISTÉRIO DA JUSTIÇA. Levantamento Nacional de Informações Penitenciárias. Infopen Mulheres, 2018. Disponível em <http://depen.gov.br/DEPEN/depen/sisdepen/infopen-mulheres/infopenmulheres_arte_07-03-18.pdf> , p. 22. Acesso em 19/02/2019.

muito profundos na vivência das mulheres na prisão, de modo especial no que diz respeito ao exercício da maternidade.[45]

Segundo dados do Infopen Mulheres 2018, 74% das presas são mães[46]. Pesquisas indicam que muitas delas são as principais responsáveis pelos cuidados dos filhos[47]. Os estabelecimentos prisionais, no entanto, carecem de espaços que viabilizem o aleitamento materno, o atendimento dos filhos menores, a custódia das gestantes e a presença de equipes de atenção à saúde da mulher[48].

Nesse contexto, não surpreende que apenas 16% das unidades prisionais que abrigam mulheres (mistas ou exclusivamente femininas) disponham de cela ou dormitório adequado para custodiar gestantes e que apenas 14% possuam berçário ou centro de referência materno-infantil, que compreendem espaços destinados a bebês de até 2 anos de idade[49].

45. "O fato de a prisão em si ser masculina e masculinizante em grande parte de suas práticas torna as mulheres presas mais invisíveis. Tal afirmação se reflete no improviso institucional que marca a situação da mulher no cárcere, a qual é tratada a partir das adaptações do sistema já existente, refletindo o caráter androcêntrico do sistema prisional." (BARCINSKI, Mariana; CÚNICO, Sabrina Daiana. Os efeitos (in)visibilizadores do cárcere: as contradições do sistema prisional. In: Revista Psicologia, 2014, Vol. 28 (2), 65).

46. MINISTÉRIO DA JUSTIÇA. Levantamento Nacional de Informações Penitenciárias. Infopen Mulheres, 2018. Disponível em <http://depen.gov.br/DEPEN/depen/sisdepen/infopen-mulheres/infopenmulheres_arte_07-03-18.pdf>, p. 51. Acesso em 19/02/2019.

47. A pesquisa "Saúde materno-infantil nas prisões" realizada pela Fiocruz, que se debruçou sobre a realidade de gestantes em situação de privação de liberdade e traçou um perfil da população feminina encarcerada que vive com seus filhos, bem como as condições e práticas relacionadas à atenção à gestação e ao parto durante o encarceramento, indica que um terço das mães pesquisadas são chefes de família. (LEAL, Maria do Carmo *et al.* "Nascer na prisão: gestação e parto atrás das grades no Brasil". In Ciênc. saúde coletiva [online], 2016, vol.21, n.7, 2061-2070. Disponível em: <http://dx.doi.org/10.1590/1413-81232015217.02592016>, p. 2064.). Acesso em 19/02/2019.

48. "O encarceramento amplia a vulnerabilidade social, individual e programática desta população, dificulta o acesso aos serviços de saúde seja para prevenção, assistência ou vigilância, bem como compromete o bem-estar e o exercício pleno da cidadania. (...) Esta vulnerabilidade se agrava pelas especificidades ligadas à maternidade e ao nascimento dos seus filhos no ambiente da prisão. A maioria dessas mulheres está em idade fértil e estima-se que 6% estejam grávidas." (Cf.: LEAL, Maria do Carmo et al. Nascer na prisão: gestação e parto atrás das grades no Brasil. In: Ciênc. saúde coletiva [online], 2016, vol.21, n.7, 2061-2070. Disponível em: <http://dx.doi.org/10.1590/1413-81232015217.02592016>. Acesso em 19/02/2019.

49. MINISTÉRIO DA JUSTIÇA. Levantamento Nacional de Informações Penitenciárias. Infopen Mulheres, 2018. Disponível em: <http://depen.gov.br/DEPEN/depen/sisdepen/infopen-mulheres/infopenmulheres_arte_07-03-18.pdf>, p. 32-33.

A lei garante a permanência das crianças no cárcere com suas mães até os sete anos de idade. As unidades que contam com espaço destinado para receber crianças acima de 2 anos somam, no entanto, apenas 3%[50].

Um levantamento realizado pela Fiocruz se debruçou sobre a realidade de gestantes em situação de privação de liberdade[51] e traçou um perfil da população feminina encarcerada que vive com seus filhos, bem como as condições e práticas relacionadas à atenção à gestação e ao parto durante o encarceramento.

Entre as mulheres presas que compuseram a população pesquisada, mais de um terço delas tiveram quatro ou mais gestações[52], 20% tinham cinco filhos ou mais e 8% já haviam tido outro filho durante encarceramento anterior. Do total, 61% delas não pretendiam engravidar[53].

O relatório demonstra com precisão as consequências que a lógica patriarcal imprime nas prisões de mulheres.

Segundo o relatório da pesquisa, embora 93% das mães tenham tido acesso à atenção pré-natal, o atendimento foi inadequado para 36% delas[54].

---

50. MINISTÉRIO DA JUSTIÇA. Levantamento Nacional de Informações Penitenciárias. Infopen Mulheres, 2018. Disponível em: <http://depen.gov.br/DEPEN/depen/sisdepen/infopen-mulheres/infopenmulheres_arte_07-03-18.pdf>, p. 33. Acesso em 19/02/2019.

51. "O projeto *Saúde materno-infantil nas prisões* foi um censo de base institucional realizado entre agosto de 2012 e janeiro de 2014 nas unidades prisionais femininas que abrigavam mães vivendo com seus filhos, localizadas nas capitais e regiões metropolitanas de 24 estados brasileiros e Distrito Federal." (Cf.: LEAL, Maria do Carmo *et al.* Nascer na prisão: gestação e parto atrás das grades no Brasil. In*:* Ciênc. saúde coletiva [online], 2016, vol.21, n.7, 2061-2070. Disponível em: <http://dx.doi.org/10.1590/1413-81232015217.02592016>. Acesso em 19/02/2019.

52. Pesquisa realizada pelo projeto de extensão universitária *Mulheres pelas Mulheres* revelou que, em entrevista com 20 mulheres grávidas, em tratamento por doença, ou cumprindo medida de segurança, custodiadas no Complexo Médico Penal do Paraná em 2015, 80% tinham até 3 filhos.

53. A população entrevistada foi de 495 mulheres presas, 206 gestantes e 289 mães. A população pesquisada era de mães vivendo com seus filhos, o que exclui mulheres presas mães, mas cujos filhos se encontravam fora da prisão. (LEAL, Maria do Carmo et al, Nascer na prisão: gestação e parto atrás das grades no Brasil In Ciênc. saúde coletiva [online], 2016, vol.21, n.7, 2061-2070. Disponível em: <http://dx.doi.org/10.1590/1413-81232015217.02592016>. Acesso em 19/02/2019.

54. O índice de atendimento adequado de mulheres fora do sistema prisional, atendidas pelo SUS, Sistema Único de Saúde, foi de 76%, segundo a pesquisa *Nascer no Brasil*. (LEAL, Maria do Carmo. et al. Nascer na prisão: gestação e parto atrás das grades no

Um parcela de 8% dessas mulheres relataram a demora no atendimento de mais de 5 horas a contar do início do trabalho de parto[55]. Durante o período de hospitalização, 15% declararam ter sofrido algum tipo de violência física, verbal ou psicológica[56] e 36% delas foram transportadas em viaturas policiais e não em ambulâncias.

A pesquisa da Fiocruz confirma o que acabou por revelar o Infopen Mulheres 2014, segundo o qual, nos estados do Acre e do Rio de Janeiro, mais de 70% da população feminina encontra-se em unidades que não contam com módulo de saúde.

A ausência de módulos de saúde nas unidades prisionais sujeita as presas à discricionariedade da direção do estabelecimento para que obtenham autorização de saída e acesso à saúde básica. Neste caso, ficam sujeitas às dificuldades logísticas de movimentação pelos agentes do Estado para terem acesso aos equipamentos públicos de saúde da localidade próxima ao estabelecimento penal.

A submissão das mulheres grávidas à discricionariedade dos agentes do Estado quanto à decisão sobre o encaminhamento da presa a um atendimento médico, bem como o modo como a liberdade de decidir a respeito da necessidade ou não de atendimento hospitalar, podem vir a ser utilizados pelo Estado como uma forma extralegal de punição à mulher, e tal situação constatada por Heloisa Vieira Simões e Priscila Conti Bartolomeu[57]:

Brasil, in Ciênc. saúde coletiva [online], 2016, vol.21, n.7, pp.2061-2070. Disponível em: <http://dx.doi.org/10.1590/1413-81232015217.02592016>. Acesso em 19/02/2019.

55. Segundo o relatório, "a demora observada em nosso estudo entre o início do trabalho de parto e o primeiro atendimento, ainda na unidade prisional (em um quarto dos casos o tempo foi de 1 a 5 ou mais horas), mostra a incapacidade do sistema de saúde prisional de atender de maneira adequada as gestantes, que são, muitas vezes, dependentes da avaliação dos agentes de segurança penitenciária quanto à necessidade de transferência para a maternidade." (LEAL, Maria do Carmo et al. Nascer na prisão: gestação e parto atrás das grades no Brasil, in Ciênc. saúde coletiva [online], 2016, vol.21, n.7, pp.2061-2070. Disponível em: <http://dx.doi.org/10.1590/1413-81232015217.02592016>. Acesso em 19/02/2019.

56. LEAL, Maria do Carmo et al. Nascer na prisão: gestação e parto atrás das grades no Brasil. In: Ciênc. saúde coletiva [online], 2016, vol.21, n.7, pp.2061-2070. Disponível em: <http://dx.doi.org/10.1590/1413-81232015217.02592016>. Acesso em 19/02/2019.

57. SIMÕES, Heloisa Vieira. BARTOLOMEU, Priscila Conti. O que leva (m) mulheres grávidas à prisão? In: SÁ, Priscilla Placha (coord. e org.). Diário de uma Intervenção: sobre o cotidiano de mulheres no cárcere. Florianópolis: EMais, 2018, p. 94.

> Tal situação parece ser resultado da necessidade de as mulheres serem obrigadas - por um enfermeiro - a "comprovar" que estavam em trabalho de parto, usando um absorvente íntimo para demonstrar o sangramento. (...) A necessidade de observação desse "método" foi responsável por muitos partos terem ocorrido dentro das próprias celas. (...) A necessidade da escolta policial, entretanto, muitas vezes atrasava tal encaminhamento, e por isso ouvimos relatos de que uma mulher havia dado à luz dentro da ambulância enquanto esperava a viatura policial que a escoltaria até o hospital.

As autoras relataram que a necessidade de escolta policial muitas vezes atrasava o encaminhamento da mulher até à maternidade, o que impedia que chegassem a tempo para o atendimento médico. O cárcere é um misto de muitas violências: entre a violência institucional, embrenha-se a violência obstétrica, seja através da discricionariedade dos agentes do Estado no encaminhamento da grávida à unidade hospitalar, seja em razão da violência verbal ou psíquica, sendo as mulheres vítimas de humilhação pelos agentes penitenciários ou pelos profissionais da saúde. O relatório da pesquisa Fiocruz descortinou a avaliação que as presas fizeram a respeito da atenção recebida nas maternidades, a qual está muito aquém da avaliação feita pelas mães não presas atendidas pelo SUS. Entre as mães encarceradas, apenas 14% avaliaram o atendimento como excelente, em contrapartida a 42% do outro grupo.[58]

4. PRISÃO E PARTO: O CORPO EM QUESTÃO

A ausência de módulo de saúde nas unidades prisionais constitui grave violação dos direitos de qualquer preso, independentemente do seu sexo. No caso das mulheres, no entanto, a eventual condição de se encontrar presa e grávida eleva a uma outra categoria a lesão à dignidade humana: à categoria de discriminação em razão do sexo. Isso revela uma das práticas mais cruéis de tortura estatal contra as presas: a falta de atendimento médico durante o parto[59] e o uso de algemas durante o procedimento.

58. LEAL, Maria do Carmo et al. Nascer na prisão: gestação e parto atrás das grades no Brasil. In: Ciênc. saúde coletiva [online], 2016, vol.21, n.7, pp.2061-2070. Disponível em: <http://dx.doi.org/10.1590/1413-81232015217.02592016>. Acesso em 19/02/2019.

59. Este trabalho não se debruçou sobre dados de presas que tenham dado à luz dentro da prisão, sem atendimento médico, mas há relatos na imprensa de que eventos

A mulher é antes de tudo uma imagem. Um rosto, um corpo, vestido ou nu[60]. A diferença dos sexos marca o corpo, mas não qualquer corpo; marca o corpo feminino, aquele que é desviante do corpo masculino, o modelo-padrão-absoluto.

Luigi Ferrajoli relaciona a liberdade das mulheres à liberdade do seu corpo, um corpo sexuado. As prisões e opressões do feminino são também as opressões e prisões do seu corpo. Um corpo subordinado, objeto de alguém, e submetido a toda sorte de discursos e intervenções:

> A liberdade feminina se concebe, se teoriza, como uma reivindicação em estreita conexão com o corpo. A liberdade feminina é, direta ou indiretamente, uma liberdade do corpo, e precisamente, do corpo sexuado, se um corpo feminino: quer se trate de liberdade sexual, isto é, de imunidade do corpo feminino frente às violações, abusos sexuais, assédios, mutilações genitais ou servidões conjugais; quer se trate de autodeterminação da maternidade e de suas formas e, em qualquer caso, da não constrição a gravidezes forçadas[61].

Para o autor italiano, ainda, a liberdade feminina é uma liberdade paradigmática: a mulher constitui o paradigma do outro. Por tal motivo, "sua opressão e discriminação são paradigmáticas de todas as desigualdades que hoje persistem sob o véu da igualdade de direitos"[62].

---

como esse ainda não desapareceram do sistema penitenciário nacional. A respeito, vide notícia sobre um parto ocorrido dentro de uma solitária, em isolamento, na Penitenciária Talavera Bruce, no Rio de Janeiro, apesar dos gritos de socorro das demais detentas. O jornal ainda informa que outra detenta deu à luz na mesma unidade prisional porque a escolta não chegou a tempo para o parto: Cf.: <https://brasil.estadao.com.br/noticias/geral,presa-da-a-luz-dentro-de-solitaria-em-penitenciaria-do-rio,1786404> . Acesso em 19/02/2019.

60. PERROT, Michelle. Minha história das mulheres. Tradução de Angela M. S. Corrêa. São Paulo: Contexto, 2016, p. 49.

61. FERRAJOLI, Luigi. Prólogo. In PITCH, Tamar. Um derecho para dos. La construção jurídica de gênero, sexo y sexualidad. Trad. De Cristina Garcia Macual. Madrid: Editorial Trotta, 2003.

62. FERRAJOLI, Luigi. Prólogo. In PITCH, Tamar. Um derecho para dos. La construção jurídica de gênero, sexo y sexualidad. Trad. De Cristina Garcia Macual. Madrid: Editorial trotta, 2003.

É através do seu corpo, que carrega a culpa, que a mulher deve expiá-la. Após a descoberta do pecado capital, Deus dá um castigo a Eva: "com sofrimento você dará à luz filhos. Seu desejo será para o seu marido, e ele a dominará"[63]. No curso da história, um corpo dominado e subjugado[64]. Um corpo que dá à luz.

A prisão aprisiona o corpo. O corpo feminino, porém, é ele mesmo objeto de opressões e apreensões, de controles formais e informais extramuros. A prisão feminina confina um corpo já aprisionado pela violência simbólica.

Se as paredes do cárcere constituem violentamente a vivência das presas, e se a maternidade é "o grande caso das mulheres"[65], a dominação masculina apresenta seu símbolo mais cruel e infame na prática estatal de restringir a liberdade corporal enquanto estão a dar à luz, ao submeter as gestantes ao uso de algemas durante o trabalho de parto.

O mito do pecado original na face em que pune a mulher pela traição a Deus permanece constitutivo das práticas estatais por meio da tortura do seu corpo no ato mais simbólico da condição feminina: a gestação e o parto.

Na pesquisa realizada pela Fiocruz[66], o uso de algemas em algum momento da internação para o parto foi relatado por mais de um terço das mulheres, sendo que, em 8% dos casos[67], a gestante permaneceu algemada mesmo durante o parto, "não lhes tendo sido permitidos os benefícios da deambulação e da livre movimentação que são recomendados para o melhor desempenho nessa ocasião".[68]

---

63. Gênesis, 3:16.
64. PERROT, Michelle. Minha história das mulheres. Tradução de Angela M. S. Corrêa. São Paulo: Contexto, 2016, p. 76.
65. *Op. cit.*, p. 68.
66. Os dados da pesquisa foram coletados entre os anos de 2012 e 2014.
67. LEAL, Maria do Carmo et al. Nascer na prisão: gestação e parto atrás das grades no Brasil. In*:* Ciênc. saúde coletiva [online], 2016, vol.21, n.7, 2068. Disponível em: <http://dx.doi.org/10.1590/1413-81232015217.02592016>. Acesso em 19/02/2019.
68. LEAL, Maria do Carmo et al. Nascer na prisão: gestação e parto atrás das grades no Brasil. In*:* Ciênc. saúde coletiva [online], 2016, vol.21, n.7, 2068. Disponível em: <http://dx.doi.org/10.1590/1413-81232015217.02592016>. Acesso em 19/02/2019.

Com o propósito de coibir a prática estatal do uso de algemas em grávidas, em 26 de setembro de 2016 foi editado o Decreto 8.858/16, e posteriormente, em abril de 2017, a Lei 13.434/17, que vedaram o emprego de algemas em mulheres presas em qualquer unidade do sistema penitenciário nacional, durante o trabalho de parto, no trajeto da parturiente entre a unidade prisional e a unidade hospitalar e após o parto, enquanto a mulher permanecer hospitalizada.

É sintomático da dominação masculina que as presas permaneçam algemadas durante o trabalho de parto. Em primeiro lugar, porque o uso de algemas constitui uma restrição à liberdade do sujeito que apenas se justifica nos casos de resistência e de fundado receio de fuga ou perigo à integridade física própria ou alheia. É evidente que tais requisitos materiais não estão presentes no momento do trabalho de parto, o que dispensaria a edição de qualquer ato normativo para regulamentar a prática de atos estatais de restrição física no momento em que a mulher dá à luz. Em segundo lugar, porque muito antes da edição da lei e do decreto acima citados já havia previsão constitucional dos princípios da proteção e promoção da dignidade da pessoa humana e da proibição de submissão à tortura e ao tratamento desumano e degradante (Art. 1º, III e Art. 5º, III).

Está presente no sistema jurídico vigente também a *Convenção sobre a Eliminação de todas as formas de Discriminação contra a Mulher*. Entre as prescrições da convenção, encontra-se a obrigação dos Estados Parte de proteger a mulher contra todo ato de discriminação, assim como de abster-se de praticar atos discriminatórios contra elas.

Constitui discriminação, nos termos da Convenção:

> Toda a distinção, exclusão ou restrição baseada no sexo e que tenha por objeto ou resultado prejudicar ou anular o reconhecimento, gozo ou exercício pela mulher, independentemente de seu estado civil, com base na igualdade do homem e da mulher, dos direitos humanos e liberdades fundamentais nos campos político, econômico, social, cultural e civil ou em qualquer outro campo.

Do mesmo modo, as Regras de Bangkok, regras das Nações Unidas para tratamento de mulheres presas e medidas não privativas de liberdade para mulheres infratoras, reconhecem a presença de necessidades distintas das presas e impõem adequado tratamento a tais condições, inclusive no que diz respeito à proibição do uso de algemas durante o parto.

Neste caso, submeter a gestante à restrição corporal desnecessária e desproporcional, mediante o uso de algemas durante o trabalho de parto, constitui evidentemente prática discriminatória, uma vez que se trata de restrição baseada no sexo, que tem por resultado anular o reconhecimento dos direitos humanos e liberdades fundamentais.

"É, sobretudo, no corpo e através dele que se estabelece o controle institucional às mulheres encarceradas"[69]. Não se trata de mero acaso, portanto, o uso de algemas durante o parto. A prática é desnecessária e vedada pela Constituição Federal. A violência simbólica e a dominação masculina, no entanto, atuam à margem do sistema jurídico e apesar dele. Trata-se em medida estatal institucionalizada que cumpre uma função não declarada do direito penal, qual seja, promover e manter o controle dos corpos das mulheres, um corpo que deve ser vigiado e punido em razão do seu sexo.

5. DISTANTE E INVISÍVEL

A condição de estar grávida ou acompanhada de filhos na prisão é constitutiva para as mulheres, ainda, de uma outra realidade: o distanciamento da família, que aprofunda a marca do seu confinamento e solidão.

As delegacias de polícia, unidades prisionais existentes na maioria dos municípios brasileiros, são locais inadequados para abrigar grávidas e com filhos, uma vez que não dispõem de condições mínimas de atendimento médico e abrigo de crianças.

O baixo número de mulheres presas em comparação ao encarceramento masculino, por sua vez, não justifica, sob os olhos da administração penitenciária, a criação de espaços especiais para encarcerá-las nas cidades do interior. Elas são, assim, encaminhadas a presídios femininos, geralmente localizados nas capitais, unidades prisionais que possibilitam a segregação entre homens e mulheres. A transferência, no entanto, significa distanciá-las do seu domicílio.

69. BARCINSKI, Mariana; CÚNICO, Sabrina Daiana. Os efeitos (in)visibilizadores do cárcere: as contradições do sistema prisional. In: Revista Psicologia, 2014, Vol. 28 (2), 65.

Esse deslocamento priva a detenta da convivência com os seus familiares no momento da gestação e do parto, e intensifica a lógica da invisibilidade que as acompanha desde o momento anterior à prática do crime. O fato de ser mãe de inúmeros filhos e de ser majoritariamente a responsável pelo seu sustento não impede, portanto, que venham a ser deles separadas.

Assim, reserva-se à mulher presa dois destinos igualmente violadores de direitos: ou é detida em unidade prisional localizada próximo à família, mas ausente de estrutura para atender às singularidades que caracterizam o feminino, ou é transferida para uma unidade específica de aprisionamento feminino, distante dos parentes e amigos.

Assim, se o cárcere é um espaço de invisíveis, a *invisibilidade* que qualifica o feminino aprofunda a circunstância de abandono às mulheres, e as destina à condição de "sujeitos apagados de vista"[70], ou o refugo do refugo.

A pesquisa *Nascer na prisão: gestação e parto atrás das grades no Brasil* evidenciou o desprezo e o esquecimento a que são submetidas as mulheres grávidas ou com filhos. Segundo o relatório, 40% das mulheres não receberam visita de parentes ou amigos durante a gestação[71] e o início do trabalho de parto foi informado à família em apenas 10% dos casos, sendo que apenas 16% delas receberam a visita do pai da criança. Somente 3% tiveram assegurado o direito a um acompanhante durante o parto[72], em flagrante violação ao Art. 8º, § 6º do Estatuto da Criança c do Adolescente, que garante o direito da parturiente a um acompanhante de sua preferência durante o trabalho de parto e o pós-parto imediato.

---

70. CAMPOS, Carmen Hein de. Criminologias Feministas: três possibilidades para a configuração de um campo de estudo. Disponível em <www.publicadireito.com.br/artigos/?cod=c112115f1c81e4f4>. Acesso em 06/02/2019.

71. A distância relatada por familiares das mulheres privadas de liberdade na Penitenciária Feminina do Estado do Paraná se constitui um limitador para as visitas, particularmente se somada à questão econômica dos mesmos familiares. (Cf.: LANGNER, Ana Lúcia. A visita da família na penitenciária feminina do Estado do Paraná: relação com o contexto prisional, escolaridade e condição social. 107 p. Dissertação (Mestrado em Educação), Pontifícia Universidade Católica do Paraná, , 2016, p. 76).

72. LEAL, Maria do Carmo et al. Nascer na prisão: gestação e parto atrás das grades no Brasil. In*:* Ciênc. saúde coletiva [online], 2016, vol.21, n.7, 2065. Disponível em: <http://dx.doi.org/10.1590/1413-81232015217.02592016>. Acesso em 10/02/2019.

A lei não distingue, como não poderia deixar de fazê-lo, a mãe presa da gestante em liberdade, e reafirma a necessidade de o poder público garantir à grávida e à mulher com filho na primeira infância, que se encontrem sob custódia do Estado, um ambiente que atenda às normas sanitárias e assistenciais do Sistema Único de Saúde para acolhimento do filho (Art. 8º, § 10). Nesse caso, a punição pelo crime não se limita à esfera jurídica da mulher, mas se estende a seus filhos e família.

O relatório do Infopen Mulheres 2018 confirma que as condições de acesso aos estabelecimentos femininos interfere no número de visitas às presas, e informa que a média de visitas nos estabelecimentos femininos é menor do que nos estabelecimentos masculinos. Nos estados do Amazonas, Maranhão e Rio Grande do Norte, a média de visitas realizadas nos estabelecimentos masculinos é mais de cinco vezes maior que a média nos estabelecimentos femininos[73].

O isolamento e solidão das mulheres já havia sido observado por Julita Lemgruber, no livro *Cemitério dos Vivos*, obra resultado de uma pesquisa na Penitenciária Talavera Bruce realizada na década de 1970. Segundo a autora, várias presas eram praticamente abandonadas pela família, e a privação da liberdade, embora seja "a mais óbvia das privações por que passa o preso" [74], é particularmente dolorosa para elas, em razão do rompimento da convivência com seus filhos. Na obra, a autora deixa clara a indignação das mães para quem, com razão, a lei havia cominado pena de prisão, e não a *pena de deixar de ser mãe*, o que constituía sua maior dor.

Posteriormente, entre os anos de 1984 e 1985, Maruza Bastos de Oliveira, em observação na mesma unidade penitenciária, deixou registrado na obra *Cárcere de Mulheres* exatamente a mesma realidade no relato de um dos funcionários:

> Cadeia masculina é diferente... a mulher é mais frágil, carente. Mas se a gente pensar melhor, a cadeia de mulher é mais

73. MINISTÉRIO DA JUSTIÇA. Levantamento Nacional de Informações Penitenciárias. Infopen Mulheres, 2018. Disponível em: <http://depen.gov.br/DEPEN/depen/sisdepen/infopen-mulheres/infopenmulheres_arte_07-03-18.pdf>. Último acesso em 19/02/2019.

74. LEMGRUBER, Julita. Cemitério dos Vivos: análise sociológica de uma prisão de mulheres. 2ª ed. Rio de Janeiro: Forense, 1999, p. 96.

> prejudicada pela distância que se encontra do centro, dos centros assistenciais. Além de ser a única cadeia feminina, é muito desprestigiada (...)[75].

Um estudo específico sobre o contexto das visitas, realizado na Penitenciária Feminina do Estado do Paraná, descreveu que nesta unidade prisional existia, na época da pesquisa, em janeiro de 2016, aproximadamente 460 mulheres privadas de liberdade, e que apenas 92 delas recebiam visitas normalmente[76].

Especificamente sobre a Penitenciária Feminina do Paraná, localizada em Piraquara, na Região Metropolitana da Capital, necessário esclarecer que se trata da única unidade prisional do Estado do Paraná que recebe mulheres grávidas ou acompanhadas dos seus filhos. Neste caso, todas as gestantes e/ou mães acompanhadas dos seus filhos, mesmo que residentes no interior do Estado do Paraná, serão recolhidas a esta unidade prisional.

Procurando compreender os condicionamentos da dinâmica da visitação, a pesquisa revelou quais as principais dificuldades relatadas pelos familiares das presas. Entre os entraves, encontra-se[77] a distância entre o local da residência da família e a unidade prisional, especialmente quando observadas as condições sociais e econômicas das famílias[78].

---

75. OLIVEIRA, Maruza Bastos de. Cárcere de Mulheres. Rio de Janeiro: Diadorim Editora, ano, p. 68.

76. LANGNER, Ana Lúcia. A visita da família na penitenciária feminina do Estado do Paraná: relação com o contexto prisional, escolaridade e condição social. 107 p. Dissertação (Mestrado em Educação), Pontifícia Universidade Católica do Paraná, p. 76.

77. Entre os condicionamentos que interferem na visitação na Penitenciária Feminina do Paraná, a pesquisa relacionou ainda: a) as regras e normas próprias do contexto prisional que favorecem o distanciamento entre a realidade prisional e o mundo social, neste caso, de modo muito particular, a necessidade de os familiares se submeterem à revista íntima; e b) o impacto social da prisão para a família, estigmas, tensões e constrangimentos. (Cf.: LANGNER, Ana Lúcia. A visita da família na penitenciária feminina do Estado do Paraná: relação com o contexto prisional, escolaridade e condição social. 107 p. Dissertação (Mestrado em Educação), Pontifícia Universidade Católica do Paraná, 2016.

78. A mesma correlação entre o abandono das mulheres e a distância da família/baixa renda é apontada por Heloisa Vieira Simões e Priscila Conti Bartolomeu: "O tempo corria, entrava mulher, saía mulher e a história continuava sempre a mesma. Uma gravidez abandonada, sozinha e sem visita. (...) Algumas esquecidas pela sociedade, pelo sistema, pela família e pelo companheiro. Outras, obrigadas a serem esquecidas, já que a

A pesquisa revelou que o nível socioeconômico das famílias é compatível com o das próprias presas, ou seja, são pessoas oriundas dos extratos socialmente mais desfavoráveis, os quais ocupam empregos em categorias economicamente desvalorizadas e atividades informais. A pesquisa pontuou, ainda, que o encarceramento de uma pessoa geralmente agrava os problemas financeiros no entorno familiar, seja pela perda de uma força de trabalho, seja em razão da necessidade de contratar advogados, ou de pagar despesas de alimentação, itens de higiene pessoal e deslocamentos.

A pesquisa revelou, entre outros fatores, que a distância entre o local da prisão e a residência dos familiares, aliada à baixa renda familiar, atua para reservar às mulheres um lugar de esquecimento e solidão[79]. O afastamento entre a unidade prisional e o local de residência da presa intensifica, portanto, o isolamento que permeia toda forma de encarceramento, mas é especialmente característico do aprisionamento feminino, tendo em vista as singularidades que caracterizam a gravidez e a maternidade.

A atribuição social e cultural de papéis marcados para as mulheres, relacionados à maternidade e ao cuidado, conferem um caráter particular à *invisibilidade* que marca as mulheres e tem impactos muito profundos nas vivências de homens e mulheres, no espaço privado e no espaço público, assim como na experiência do cárcere.

6. CONCLUSÃO

O presente trabalho procurou discutir de que maneira a *invisibilidade* das particularidades que caracterizam o feminino, de modo muito particular aquelas relacionadas à gravidez e à maternidade, atuam no sistema

---

visita não era uma opção, devido à distância da cidade de origem (54% das entrevistadas eram do interior do estado) associada à baixa renda familiar (...)." (SIMÕES, Heloisa Vieira. BARTOLOMEU, Priscila Conti. O que leva (m) mulheres grávidas à prisão?. In*:* SÁ, Priscilla Placha (coord. e org.). Diário de uma Intervenção: sobre o cotidiano de mulheres no cárcere. Florianópolis: EMais, 2018, p. 82).

79. "Na visita, vimos muitas crianças e mulheres, e poucos homens." (MINISTÉRIO DA JUSTIÇA. Dar à luz na sombra: condições atuais e possibilidades futuras para o exercício da maternidade por mulheres em situação de prisão. Disponível em: <http://www.justica.gov.br/news/201clugar-de-crianca-nao-e-na-prisao-nem-longe-de-sua-mae201d-diz-pesquisa/pesquisa-dar-a-luz-na-sombra-1.pdf>, p. 44. Acesso em 19/02/2019.

penitenciário e produzem violações de direitos humanos das mulheres. Pretendeu também relacionar a vinculação entre as expectativas que recaem às mulheres, relacionadas ao seu pertencimento cultural ao espaço doméstico, à sua sexualidade e ao seu corpo, com as estruturas que determinam o controle dos corpos das mulheres, especialmente no espaço do cárcere.

A respeito, percebeu-se uma conexão sutil entre os símbolos construídos pelos mitos e as práticas estatais, os quais assustadoramente resistem ao tempo e geram impactos nas escolhas do sistema de justiça relacionadas ao encarceramento feminino, sobretudo derivadas da necessidade de vigilância e controle do corpo da mulher, o qual representa a materialidade da culpa que culturalmente carrega.

A descrição dos mitos e as pré-compreensões derivadas de suas representações servem há milênios ao propósito de constituir historicamente um *lugar* para a mulher, lugar da inferioridade e menor dignidade, o qual influenciou a construção jurídica do feminino e que insiste em atravessar os muros até o cárcere.

O apagamento ao qual foi histórica e culturalmente submetida a mulher acompanha a sua existência na prisão, o que se comprova pelas ausências e lacunas que pairam sobre os dados a respeito do encarceramento feminino, as quais são decisivas para obscurecer as singularidades que marcam sua experiência em privação da liberdade e fixa obstáculos à criação de uma política estatal adequada ao tratamento da mulher encarcerada.

Percebe-se, ainda, que a falsa neutralidade do sistema penitenciário, construído segundo a lógica patriarcal, provoca graves violações de direitos das mulheres, uma vez que o espaço prisional não está adequado para atender às particularidades que marcam o universo feminino, de modo especial, a gravidez e a maternidade, o que caracteriza discriminação institucional, baseada no sexo.

Nesse lugar, entrelaça-se o corpo feminino e o espaço prisional, no qual se produzem e se renovam ferramentas de controle, relacionadas especialmente à maternidade e gravidez, as quais remetem a antigas práticas de domínio patriarcal.

A dominação masculina se impõe, assim, seja em razão da invisibilidade da condição feminina na elaboração das pesquisas sobre número e perfil dos presos no país, ou em razão do espaço que constitui o cotidiano e configura a vivência das mulheres em confinamento. A correlação entre o poder do Estado e o corpo feminino, corpo sexuado e desde sempre submetido a diversos mecanismos de controle informal, do mesmo modo, é paradigmática da violência estatal e constitutiva da violação de direitos com perspectiva de gênero.

31

MULHERES PRESAS E EXTRADITADAS: VIOLAÇÃO DE DIREITOS HUMANOS

Clarita Costa Maia

Doutoranda em Direito Internacional pela Universidade de São Paulo, mestre em História das Relações Internacionais pela Universidade de Brasília, especialista em Direito Internacional dos Conflitos Armados pela Universidade de Bochum (Alemanha) e Universidade de Brasília, Consultora Legislativa do Senado Federal desde 2003. Membro da *Société Suisse de Droit International*, da *International Law Association*, do *Institut des Hautes Études de Défense Nationale (IHEDN) du Ministère des Affaires Étrangères et du Developpement International* de la Republique Française.

1. A FEMINIZAÇÃO DA MIGRAÇÃO INTERNACIONAL

Mulheres, adultas e jovens, compreendem metade da população mundial de refugiados, deslocados internos e apátridas[1]. Apresentam-se como subgrupo de migrantes mais particular e frequentemente vulnerável, junto

1. INTERNATIONAL ORGANIZATION FOR MIGRATION. IOM Gender Equality Policy 2015-2019. Council 106th Session. C/106/INF/8/Rev.1. 19 nov. 2015. Annex, p.3.

com o subgrupo das crianças separadas ou desacompanhadas, das pessoas com identidade de gênero não binário e das pessoas com condições físicas e mentais comprometidas.

A "feminização das migrações"[2] é produto da maior feminização da pobreza, da fuga da violência e da discriminação de gênero, com a consequente busca por sociedades mais igualitárias[3]. As mulheres, que, outrora, eram consideradas "agentes passivos dos processos migratórios"[4], meras companhias dos homens migrantes e, dessarte, invisíveis em suas peculiaridades e necessidades, tornaram-se, embora a passos mais lentos do que o desejado, sujeitos independentes em avaliações críticas de fluxos migratórios e em elaboração e execução de políticas públicas em diversos níveis.

Identificamos como sendo um marco histórico a Quarta Conferência Mundial da Mulher, reunida na capital da República Popular da China, no ano de 1995, a qual adotou a Declaração de Pequim. Ao reconhecer a necessidade de maiores avanços na promoção da igualdade de gênero, do empoderamento feminino e da plena e efetiva implementação dos direitos humanos fundamentais aplicados à mulher, a Declaração fez-se complementar por um Plano de Ação que selecionava 12 (doze) objetivos e ações estratégicas[5] e apontou necessidades de melhoramento nos arranjos institucionais e financeiros, nos níveis nacional, sub-regional e regional, e internacional. Os documentos elaborados recomendavam à Assembleia

2. INTERNATIONAL ORGANIZATION FOR MIGRATION. World Migration Report 2018. Disponível em: <https://www.iom.int/sites/default/files/country/docs/china/r5_world_migration_report_2018_en.pdf>. Acesso em: p. 185.

3. SCHWINN, Simone Andrea; COSTA, Marli Marlene Moraes da. Mulheres refugiadas e vulnerabilidade: a dimensão da violência de gênero em situações de refúgio e as estratégias do ACNUR no combate a essa violência. Revista Signos, Lajeado, ano 37, n. 2, 2016. ISSN 1983-0378. p. 224-225.

4. *Ibidem*, p. 225.

5. Mulher e pobreza; educação e treinamento femininos; mulher e saúde; violência contra a mulher; mulher e conflitos armados; mulher e economia; mulher e o processo decisório; mecanismos institucionais para a promoção da mulher; direitos humanos das mulheres; mulheres e mídia; mulheres e meio ambiente; a criança mulher. (THE FOURTH WORLD CONFERENCE ON WOMEN. Beijing declaration and plataform for action. Disponível em: <https://www.un.org/en/events/pastevents/pdfs/Beijing_Declaration_and_Platform_for_Action.pdf>.

Geral das Nações Unidas o endosso a seu conteúdo e sua incorporação ao *corpus juris* onusiano.

Dois anos após a conferência, o Conselho Econômico e Social da Organização das Nações Unidas (ONU), por meio da Resolução 1997/2 — "Conclusões Acordadas", propugnou pela integração da perspectiva de gênero a todas as políticas e programas do sistema das Nações Unidas[6].

Definiu-se incorporação, ou integração, da perspectiva de gênero como:

> [...] o processo de avaliar as implicações para mulheres e homens de qualquer ação planejada, incluindo legislação, políticas ou programas, em todas as áreas e em todos os níveis. É uma estratégia para tornar as preocupações de mulheres e homens uma dimensão integral do desenho, implementação, monitoramento e avaliação de políticas e programas em todas as esferas políticas, econômicas e sociais, para que mulheres e homens se beneficiem igualmente e a desigualdade não seja perpetuada. O objetivo final é alcançar a igualdade de gênero.

Foram definidos como princípios norteadores da integração: 1. A necessidade de diagnóstico das diferenças de gênero, excluindo-se a suposição da neutralidade; 2. A responsabilização dos níveis mais altos do sistema por essa integração e a necessidade de espraiamento da perspectiva por todo ele, cujos resultados necessitarão ser constantemente monitorados; 3. A ampliação da participação das mulheres em todos os níveis de tomada de decisão; 4. A integração da perspectiva de gênero em etapas e por meio de mecanismos e processos concretos; 5. A independência da integração da perspectiva de gênero das políticas, programas e legislações específicos e direcionados; e, finalmente, 6. O compromisso e a vontade política claros, alocação de recursos humanos e financeiros adequados e, se necessário, adicionais, para a integração de gênero de todas as fontes de financiamento disponíveis.

---

6. UNITED NATIONS ECONOMIC AND SOCIAL COUNCIL (ECOSOC). UN economic and social council resolution 1997/2: agreed conclusions. 18 July 1997, 1997/2. Disponível em: <https://www.refworld.org/docid/4652c9fc2.html>.

Quase dez anos após a conferência, o Conselho de Chefes Executivos do Sistema de Coordenação das Nações Unidas (mecanismo dedicado a fortalecer e a coordenar as agências intergovernamentais das Nações Unidas), a partir dos resultados das "Conclusões Acordadas", ultimou a Política Sistêmica de Igualdade de Gênero e Empoderamento Feminino da Organização das Nações Unidas (ONU)[7]. A Política estabelece seis elementos-chave para a promoção de seus objetivos: fortalecer a responsabilidade pela igualdade de gênero; aprimorar a gestão baseada em resultados para a igualdade de gênero; estabelecer supervisão por meio de monitoramento, avaliação e relatório; alocar recursos humanos e financeiros suficientes; desenvolver e fortalecer a capacidade e a competência do pessoal na integração da perspectiva de gênero; garantir a coerência, a coordenação e a gestão do conhecimento e da informação nos níveis global, regional e nacional.

Entrementes, e reverberando o espírito de Pequim, a Organização Internacional de Migração (OIM), criada na década de 1950, com o objetivo de endereçar os problemas relativos às migrações internas e internacionais decorrentes ou agravadas pela Segunda Guerra Mundial, criou um programa de políticas de gênero, o qual demorou 44 (quarenta e quatro) anos para ser criado e outros 20 (vinte) anos para ser revisado; revisão que ocorre, agora, por meio de um projeto quinquenal que finda ao cabo do ano de 2019[8].

O Projeto quinquenal da OIM tem por parâmetros advogar pela igualdade de direitos, sob a lei, no emprego e na mobilidade; combater práticas de migração discriminatória; compreender como o gênero afeta o tipo de migração realizada; responder a como o gênero influencia o acesso a serviços sociais, o crescimento econômico, o desenvolvimento de capacidades, os riscos e as vulnerabilidades; garantir diversidade e inclusividade nas consultas e participação em atividades; e abordar como a migração influencia os papéis e as relações de gênero.

---

7. UN WOMEN. System-Wide action plan for implementation of the Untied Nations CEB policy on gender equality and the empowerment of woman. Disponível em: <https://www.unsceb.org/CEBPublicFiles/High-Level%20Committee%20on%20Programmes/Public%20Document/SWAP.pdf>.

8. INTERNATIONAL ORGANIZATION FOR MIGRATION (IOM). IOM gender equality policy 2015-2019. Council 106th Session. C?2016?INF/Rev.1. 19 Nov. 2015.

A Plataforma de Ação, anexa à Declaração de Pequim, já identificava como objetivo estratégico a tomada de medidas integrais, pelos governos, de prevenção e eliminação de violência contra as mulheres, por meio, *inter alia,* da promoção de políticas ativas e visíveis de integração da perspectiva de gênero a todas as demais políticas e programas relacionados à violência contra mulheres; também, por meio do incentivo, apoio e implementação ativos de medidas e programas destinados a aumentar o conhecimento e a compreensão das causas, das consequências e dos mecanismos de violência contra as mulheres, por parte dos implementadores de tais medidas e programas, tais como policiais, pessoal da polícia e de órgãos judiciais, médicos, assistentes sociais, bem como daqueles que lidam com minorias, migração e questões de refugiados, desenvolvendo-se estratégias para evitar a revitimização de mulheres vítimas de violência[9].

A violência contra a mulher é compreendida, pelo texto do Plano, como qualquer violência baseada em gênero, de ordem física, sexual ou psicológica, nos âmbitos público ou privado, decorrente ou não de conflitos armados[10]. Ao conceito se agregaria a violência e a exploração econômicas, de acordo com o compêndio intitulado Trabalhando para Prevenir e Endereçar a Violência contra a Mulher Migrante Trabalhadora[11].

O Plano de Ação faz específica referência à situação da mulher migrante e sustenta a necessidade de observação das normas internacionais para garantir acesso e tratamento iguais de mulheres e homens nos procedimentos de determinação de refugiados e na concessão de asilo. Mais ainda, sugere que às motivações para a concessão do *status* de refugiado sejam adicionadas a perseguição por violência sexual ou outro tipo de perseguição de gênero, para tanto oferecendo-se acesso a oficiais especialmente treinados, incluindo oficiais do sexo feminino, com o intuito de entrevistar mulheres sobre questões sensíveis ou experiências dolorosas, como

9. THE FOURTH WORLD CONFERENCE ON WOMEN. Beijing declaration and plataform for action. Disponível em: <https://www.un.org/en/events/pastevents/pdfs/Beijing_Declaration_and_Platform_for_Action.pdf>. p. 51.

10. *Ibidem*, p. 48.

11. INTERNATIONAL ORGANIZATION ON MIGRATION. Working to prevent and address violence against women migrant workers. Disponível em: <https://publications.iom.int/system/files/pdf/gender_report.pdf>.

agressão sexual[12]. Além disso, reconhece que as trabalhadoras migrantes e as dos setores rurais e informais fazem parte do segmento laboral menos protegido pelas leis trabalhistas e de imigração[13].

Desde a concessão à OIM do *status* de observadora no colegiado[14] da Assembleia-Geral das Nações Unidas, multiplicou-se, nas décadas que se seguiram, o número de resoluções daquele colegiado sobre o tema da sua alçada.

Adversidades de toda natureza impedem a consecução de políticas públicas internas mais eficazes relativas aos problemas de gênero atinentes aos fluxos migratórios, sendo as mais evidentes a falta de estatísticas específicas que possam direcionar o curso de ação do Poder Público[15] e a falta de recursos orçamentários.

Há, todavia, uma sorte de confronto, de ordem jurídica, que se avizinha no horizonte da interface entre o direito constitucional, o direito penal material e processual, o direito administrativo e o direito internacional, especificamente a cooperação jurisdicional em matéria penal[16], e que exigirá reflexão minudente e corajosa: o uso potencial dos instrumentos de

12. *Ibidem*, p. 63-64.

13. THE FOURTH WORLD CONFERENCE ON WOMEN. Beijing declaration and plataform for action. Disponível em: <https://www.un.org/en/events/pastevents/pdfs/Beijing_Declaration_and_Platform_for_Action.pdf>. p. 67.

14. UNITED NATIONS' GENERAL ASSEMBLY. Otorgamiento de la condición de observador en la asamblea general a la organización internacional para las migraciones. Disponível em: <https://undocs.org/es/A/RES/47/4>.

15. O que poderia ser suplantado com a adoção, como protocolo, de entrevistas de admissão de refugiados mais minudentes.

16. "Malgré son appartenance prioritaire au droit pénal matériel ou au droit penal de la procédure interne des Etats, elle est aussi le lieu vers lequel confluent le droit pénal étatique, le droit administratif, le droit de la procédure pénale, le droit international, bien év*idem*ment, et, plus récemment, le droit constitutionnel. La participation du droit international public à la réglementation globale de l'institution de l'extradition n'a pas besoin de justification spéciale, vu que l'institution em question, en raison de sa nature même, est une manifestation de la coopération interétatique qui trouve normalement son expression dans un traité international. L'extradition se trouve donc au carrefour de plusieurs disciplines juridiques. C'est pourquoi, bien que nous empruntions au droit international l'orientation générale de notre exposé, les réflexions qui vont suivre s'efforceront de retenir l'aspect multidisciplinaire de cette institution". (PUENTE EGIDO, J. L'extradition en droit international : problèmes choisis (Volume 231). In: Collected courses of the Hague Academy of International Law. p. 19. Publicado pela primeira

cooperação jurisdicional internacional em matéria penal como extensão da repressão política disfarçada de regimes autoritários. Nomeadamente, acusamos a imoderação de alguns regimes em, recorrendo à doutrina, ou princípio, de direito internacional do *comity*[17], um dos corolários do reconhecimento da igualdade soberana dos países perante o Direito Internacional[18], dissimular suas reais intenções de persecução política nos pedidos de extradição. Sejam respaldados em tratados bilaterais ou promessa de reciprocidade.

Essa persecução real de caráter político, embora represente uma ameaça geral aos direitos humanos dos estrangeiros que disponham dos benefícios do asilo territorial, possui invulgar relevância quando o estrangeiro em questão é mulher.

2. A PERSPECTIVA DE GÊNERO DA PERSECUÇÃO POLÍTICA DISSIMULADA: O CASO TURCO

Os professores da Universidade de Harvard Steven Levitsky e Daniel Ziblatt, em sua prestigiada obra "How Democracies Die", postulam que a democracia se deteriora e se subverte quando duas regras políticas, não formalmente constitucionais, são reiterada e consistentemente violadas: a da mútua tolerância e a da legitimação dos rivais[19]. Outrossim, apresentam quatro indicadores de comportamento autoritário por parte de democracias constitucionais: rejeição das regras do regime democrático

vez *on*-line em 1991. Disponível em: <http://dx.doi.org/10.1163/1875-8096_pplrdc_A9789041112361_01> Acesso em: 12 fev. 2020.

17. A doutrina do *comity* poderia ser traduzida como princípio de cortesia internacional em reconhecer por válidos os atos executivos, legislativos e judiciários de outros países. (LORENZEN, Ernest G. Huber's de Conflictu Legum. Yale Law School. Lillian Goldman Law Library, in memorian of Sol Goldman. eYLS Yale Law School Legal Scholarship Repository. Disponível em: <https://digitalcommons.law.yale.edu/cgi/viewcontent.cgi?article=5566&context=fss_papers>.

18. UNITED NATIONS ORGANIZATION. "The Organization is based on the principle of the sovereign equality of all its Members." United Nations Charter, Article 2, paragraph 1. Disponível em: <https://www.un.org/en/sections/un-charter/chapter-i/index.html>.

19. LEVITSKY, Steven; ZIBLATT, Daniel. How democracies die. Broadway Books: New York, 2018. p.9.

ou compromisso fraco com elas, negação da legitimidade dos oponentes políticos, tolerância e encorajamento à violência, e prontidão em reduzir as liberdades civis dos oponentes, incluindo a liberdade da mídia[20]. Na análise dos pesquisadores, em especial, os regimes de Venezuela, Tailândia, Hungria, Polônia e Turquia estão em inquietante predisposição autoritária[21].

Trataremos, neste segmento, de explorar o panorama político, legal e institucional da República da Turquia, à guisa de desenvolvimento da tese que subjaz ao capítulo, qual seja a da especial vulnerabilidade da mulher migrante nos movimentos furtivos de persecução política por meio dos instrumentos de cooperação jurisdicional em matéria penal. Sobejam razões para a escolha.

Preliminarmente, conforme detalharemos ao longo do artigo, cumpre dizer que a República da Turquia hoje mantém regime que, com fundadas razões, é mencionado na academia, entre analistas políticos e em relatórios de organismos internacionais e agências especializadas das Nações Unidas, como violador das garantias democráticas e dos direitos humanos, regime que tem ensaiado o uso dos meios de colaboração jurídica para promover

20. *Ibidem*, p. 23.

21. De acordo com o "Democracy Index" de 2019, ou Índice de Democracia, compilado pela revista britânica The Economist, o regime turco é considerado híbrido, com aspectos de democracia e autoritarismo. Encontra-se a Turquia na antepenúltima posição dentre os países da categoria, elencados por ordem decrescente de observância às normas democráticas. À sua frente estão Macedônia do Norte, Ucrânia, Albânia, Bangladesh, Fiji, Senegal, Moldova, Montenegro, Armênia, Malawi, Libéria, Geórgia, Honduras, Butão, Nepal, Guatemala, Quênia, Tanzânia, Marrocos, Benim, Zâmbia, Uganda, Mali, República Kyrgyz, Bósnia e Herzegovina, Serra Leoa, Bolívia, Haiti, Líbano, Gâmbia, Paquistão e Nigéria. Após a Turquia, vêm Costa do Marfim, Burquina Faso e Algéria. Pertencem à categoria "regimes autoritários" Jordânia, Coveite, Mauritânia, Palestina, Iraque, Angola, Moçambique, Gabão, Myammar, Nicarágua, Camboja, Etiópia, Togo, Nigéria, Catar, Ruanda, Zimbábue, Comorros, Suetânia, Guiné Bissau, Congo (Brazavile), Rússia, Vietnã, Egito, Omã, Cazaquistão, Venezuela, Afeganistão, Camarões, Cuba, Djibouti, Emirados Árabes Unidos, Azerbaijão, Sudão, Guiné-Bissau, Bahrain, Belarus, Irã, Eritreia, China, Burundi, Laos, Líbia, Usbequistão, Iêmem, Arábia Saudita, Tajiquistão, Guiné Equatorial, Turcomenistão, Chad, Síria, República Central Africana, República Democrática do Congo e Coreia do Norte. O índice é composto por quatro fatores: processo e pluralismo eleitoral, funcionamento do governo, participação política e liberdades civis. (THE ECONOMIST INTELLIGENCE UNIT. Democracy index 2019. A year of democratic setbacks and popular protest. The Economist. p. 10-13.)

assédio a críticos e a opositores[22]. Essa disposição foi manifestada nas relações bilaterais com o Brasil[23].

Em segundo lugar, na análise do Alto Comissariado das Nações Unidas para Direitos Humanos (ADNUDH), o governo turco tem, sistematicamente, violado os direitos de mulheres, e de suas crianças, que, recolhidas ao sistema penitenciário turco de forma preventiva e sem acusação específica, senão por suas ligações pessoais com homens perseguidos pelo governo em razão de suposta ligação com grupos críticos e dissidentes, são

---

22. O exemplo mais notório é o do clérigo Fettulah Gullen. Desde 2015 – portanto, um ano antes da suposta tentativa de golpe de Estado, de que é acusado – o Governo da República da Turquia solicita ao Governo dos Estados Unidos a extradição de Gullen, em autoexílio naquele país desde 1999, tendo o pedido sido negado reiteradamente pela ausência de evidências da participação do clérigo em algum crime internacional ou ato que enseje o acionamento do instituto. Especificamente, considera improcedentes as acusações o governo dos Estados Unidos, bem como os de diversos países acionados pelo Governo Turco para a extradição de dissidentes, como os pertencentes ao Hizmet e a outros movimentos e grupos. Pedidos de extradição de simpatizantes do movimento religioso gullenista e de críticos ao regime de Erdogan foram solicitados na Europa, não tendo o governo turco obtido êxito. Tem-se notícias de que somente nos países que, antigamente, integravam o Estado (ou Império) Turco-Otomano, desintegrado após a Primeira Guerra Mundial, e que hoje orbitam financeiramente ao redor do seu sucessor político, a República da Turquia, alguns pedidos de extradição foram bem-sucedidos.

23. No ano de 2019, por meio da Extradição 1578-DF, o Governo da República da Turquia formulou pedido de extradição de natureza instrutória do nacional turco Ali Sipahi, com base nas alegações de que integrava a "organização terrorista armada" do imã mulçumano Fethullah Gullen. A Estrutura de Estado Paralelo (FETO/PDY) é acusada pelo governo turco da tentativa de golpe armado havida em 15 de julho de 2016, ao qual pertenceriam o Centro Cultural Brasil-Turquia (CCBT) e a Câmara de Comércio Turco-Brasileira (CCBT), supostos braços da "organização terrorista" no Brasil. Acusa-a também de ter mantido o valor de 1.721,31 liras turcas (na época, cerca de R$ 1.900 reais) em conta no Banco Asya, instituição turca vinculada à suposta organização FETO. A segunda turma do Supremo Tribunal Federal (STF), em julgamento havido no dia 6 de agosto de 2019, votou, de forma unânime, pelo indeferimento do pedido de extradição de Ali Sipahi. Ao longo do processo, entidades de peso apresentaram-se como *amici curiae*, em defesa do réu, como a Defensoria Pública da União e a ONG Conectas Direitos Humanos. Além disso, o Presidente da Comissão de Direitos Humanos e Legislação Participativa do Senado Federal, Senador Paulo Paim, encaminhou aos ministros julgadores memoriais sobre o caso. Tanto os *amici curiae* quanto o colegiado senatorial, em seus memoriais, defenderam a tese latente da perseguição política disfarçada. Nada obstante as razões do indeferimento da extradição não ter sido lavradas com fundamento na doutrina, percebe-se, da dinâmica das discussões havidas, o horizonte intrínseco da persecução ilegítima.

mantidas em situação precária e ao arrepio das normas vinculantes de direitos humanos e das boas práticas consagradas internacionalmente[24].

Em seu "Relatório sobre o Impacto do Estado de Emergência nos Direitos Humanos na Turquia, incluindo atualização sobre a situação no Sudeste"[25], o Alto Comissariado destacou a inquietante situação de generalizada violação de direitos humanos e de erosão do estado de direito na República da Turquia, sob o jugo do estado de exceção decretado em 2016. E, no que concerne à situação de gênero, os extratos são assaz perturbadores, alguns merecendo destaque literal:

> 12. Com base em inúmeras entrevistas e relatórios confiáveis, o ACNUDH identificou um padrão particularmente alarmante que é a detenção de mulheres pouco antes ou imediatamente depois de dar à luz. O ACNUDH estima que, aproximadamente, 600 mulheres com as crianças estavam detidas na Turquia em dezembro de 2017. Em quase todos os casos, elas foram presas como "associados" de seus maridos – considerados os principais suspeitos do governo por suposta conexão com organizações

---

24. Em seu "Relatório sobre o Impacto do Estado de Emergência nos Direitos Humanos na Turquia", o Alto Comissariado das Nações Unidas Para Direitos Humanos (ADNUDH) menciona, como regras de boa prática vinculadas à situação das mulheres na Turquia o Código de Conduta dos Funcionários da Aplicação da Lei adotado pela Assembleia Geral das Nações Unidas (AGNU) por meio da Resolução 34/169, de 17 de dezembro de 1979; os Princípios sobre o Uso da Força e Armas de Fogo por Agentes da Lei, adotado pelo Oitavo Congresso das Nações Unidas para a Prevenção do Crime e Tratamento dos Infratores, em Havana, Cuba, ocorrida entre 27 de agosto e 7 de setembro de 1990; as Regras Mínimas Padrão para o Tratamento de Reclusos (A/RES/70/75); as Regras para o Tratamento de Mulheres Presas e Medidas não Privativas de Liberdade para Mulheres (A/C.3/65/L.5); o Corpo de Princípios para a Proteção de Todas as Pessoas em Qualquer Forma de detenção ou Reclusão, adotado pela Assembleia Geral das Nações Unidas (AGNU) por meio da Resolução 43/173, de 9 de dezembro de 1988; os Princípios Básicos sobre a Independência do Judiciário, endossada pelas Resoluções AGNU 40/32 de 29 de novembro de 1985 e 40/146, de 13 de dezembro de 1985; e os Princípios Básicos sobre o Papel dos Advogados e as Diretrizes sobre o Papel dos Procuradores, ambos adotados pelo Oitavo Congresso das Nações Unidas para a Prevenção do Crime e Tratamento dos Infratores, em Havana, Cuba, ocorrida entre 27 de agosto e 7 de setembro de 1990 (Treatment of Offenders, Havana, Cuba, 27 August to 7 September 1990).
25. UNITED NATIONS HIGH COMMISSIONER FOR HUMAN RIGHTS. Report on the impact of the state of emergency on human rights in Turkey, including an update on the South-East: January – December 2017. Disponível em: <https://www.ohchr.org/Documents/Countries/TR/2018-03-19_Second_OHCHR_Turkey_Report.pdf>.

terroristas – sem evidências separadas que apoiem as acusações contra elas (tradução nossa) [26].

(...)

15. O ACNUDH também continuou recebendo denúncias específicas da região Sudeste, confirmando padrões de violações de direitos humanos destacados em seu relatório de julho de 2015 a dezembro de 2016, publicado em março de 2017. As denúncias incluem assassinatos, tortura, violência contra mulheres, uso excessivo de força, destruição de habitação e patrimônio cultural, prevenção do acesso a cuidados médicos de emergência, água potável e meios de subsistência e severas restrições ao direito à liberdade de expressão. Fontes confiáveis de ONGs indicam que, no primeiro trimestre de 2017, o número total de violações no sudeste da Turquia totalizou 7.907 e incluiu 263 incidentes de tortura em detenção. A Turquia não implementou as recomendações contidas no relatório do ACNUDH acima mencionado, especialmente o pedido de investigações sobre as mortes de civis que ocorreram no contexto do período 2015-2016 em operações de segurança lideradas pelo governo da Turquia[27].

(...)

---

26. *Ibidem*, p. 3.

27. UNITED NATIONS HIGH COMMISSIONER FOR HUMAN RIGHTS. Report on the impact of the state of emergency on human rights in Turkey, including an update on the South-East: January – December 2017. Disponível em: <https://www.ohchr.org/Documents/Countries/TR/2018-03-19_Second_OHCHR_Turkey_Report.pdf>. , p. 3.

Seguem outras fontes sobre a situação da perseguição de gênero na Turquia:

STOCKHOLM CENTER FOR FREEDOM. Jailing women in Turkey: systematic campaign of persecution and fear. Disponível em: <https://stockholmcf.org/wp-content/uploads/2017/04/Jailing-women-in-Turkey.pdf>.

ADVOCATES OF SILENCED TURKEY. Persecution of women in post-coup Turkey. Disponível em: <http://silencedturkey.org/wp-content/uploads/2018/04/AST_presentation_Persecution-of-women-in-Turkey.pdf>.

_______. Persecution of women in Turkey. Disponível em: <http://silencedturkey.org/wp-content/uploads/2018/03/AST_Flyer15_Persecution-of-Women-in-Turkey.png>.

_______. Report: Women's and children's rights are under attack in Turkey. Turkey Special Report. January 28, 2017. Disponível em: <http://silencedturkey.org/wp-content/uploads/2018/01/AST_1-28-18_REPORT4_WOMEN%E2%80%99S-AND-CHILDREN%E2%80%99S-RIGHTS-ARE-UNDER-ATTACK-IN-TURKEY.pdf>.

_______. Prison conditions for women and children in Turkey. Disponível em: <http://silencedturkey.org/wp-content/uploads/2018/02/AST_Flyer2_Prison-conditions-for-children-and-women.pdf>.

89. Mães e crianças expostas a essas práticas enfrentam sérios riscos à saúde: complicações, nanismo e até morte. A situação delas pode ser tortura, tratamento cruel, desumano ou degradante. Devido ao estresse, muitas mulheres relatam estarem **mentalmente doentes**[28] e incapazes de amamentar ou cuidar de seus filhos que estão presos com elas. O ACNUDH lembra que, de acordo com as Regras de Bangcoc, o Estado deve garantir que as crianças mantidas com suas mães detentas nunca sejam tratadas como prisioneiras e que o ambiente das crianças detidas seja o mais próximo possível das condições fora das prisões. Ademais disso, avaliação individual abrangente para cada criança deve ser feita, considerando o melhor interesse da criança, e medidas não privativas de liberdade devem ser preferidas para mulheres grávidas e crianças com filhos dependentes. (tradução e grifos nossos).[29]

AHVAL. Families shattered in Turkev's post-coup attempt crackdown-report. Disponível em: <https://ahvalnews.com/turkey-purge/families-shattered-turkeys-post-coup-attempt-crackdown-report >.

AMNESTY INTERNATIONAL. No end in sight: purged public sector workers denied a future in Turkey. Disponível em: <https://www.amnesty.org/download/Documents/EUR4462722017ENGLISH.PDF >.

GLOBAL FUND FOR WOMEN. A message of solidarity to our sisters in Turkey. Disponível em: <https://www.globalfundforwomen.org/solidarity-with-women-in-turkey/>.

HUDDLED MASSES. Murder by government: how Halime Gulsu was left to die in Prison. Disponível em: <https://www.huddledm.org/wp-content/uploads/2019/09/Halime-Gulsu-Report-Final.pdf#new_tab.>. Sept. 2019.

INTERNATIONAL OBSERVATORY HUMAN RIGHTS. 2018 in review: human rights violations in Turkey. Disponível em: <https://observatoryihr.org/2018-in-review-human-rights-violations-in-turkey/#women >.

KARAKAS, Burcu. A new report shows how the crackdown in Turkey is tearing families apart. Disponível em: <https://www.buzzfeednews.com/article/burcukarakas/turkeys-purge-is-destroying-families-says-report. BuzzFeedNews.>.

TURKISH MINUTE. 70 women detained for assisting victims of Turkey's post-coup crackdown. Disponível em: <https://www.turkishminute.com/2018/03/29/70-women-detained-for-assisting-victims-of-turkeys-post-coup-crackdown/>. 29 Mar. 2018.

28. É vasta a literatura das ciências da mente que certificam a existência do fenômeno do trauma transgeracional, na forma de mecanismos complexos de estresse pós-traumático, geralmente oriundos de situações de violência urbana intensa ou de conflitos armados. (SANGALANG, Cindy C.; VAND, Cindy. Intergenerational trauma in refugee families: a systematic review. HHS Public Access Author manuscript J. Immigr. Minor Health. Author manuscript; available in PMC 2018. June 01. Published in final edited form as: J. Immigr. Minor Health. 2017 June; 19(3): 745–754. doi:10.1007/s10903-016-0499-7.)

29. UNITED NATIONS HIGH COMMISSIONER FOR HUMAN RIGHTS. Report on the impact of the state of emergency on human rights in Turkey, including an update on the

Tratam-se as Regras de Bangcoc, ou Declaração de Bangcoc, das Regras das Nações Unidas para o Tratamento de Mulheres Presas e das Medidas não Privativas de Liberdade para as Mulheres Infratoras, adotadas em 6 de outubro de 2010[30].

Para além das mulheres recolhidas ao sistema penitenciário por ligação pessoal com dissidentes, igualmente sensível é a situação das mulheres jornalistas na Turquia[31], alvos duplos da persecução política. Relatório publicado em março de 2018 pela União das Mulheres do Jornalismo da Turquia (TGS) destacou o preconceito e a violência vivenciados. De acordo com ele, 61% das jornalistas turcas relataram sofrer intimidação: 59% de bullying, e 17% de violência física real[32].

O estado de exceção a que se refere o documento onusiano foi decretado pela República da Turquia pouco após uma suposta tentativa de golpe de Estado havida em meados de 2016. Durou dois anos. Para muitos analistas internacionais, o golpe foi um jogo de cena, orquestrado, se não permitido e controlado, pelo governo turco, para oportunizar uma série de reformas legislativas[33] e institucionais que dariam cabo da sua oposi-

---

South-East: January - December 2017. Disponível em: <https://www.ohchr.org/Documents/Countries/TR/2018-03-19_Second_OHCHR_Turkey_Report.pdf>.

30. UNITED NATIONS GENERAL ASSEMBLY. United Nations rules for the treatment of women prisoners and non-custodial measures for women offenders (the Bangok of Rules). Disponível em: <https://www.ohchr.org/Documents/ProfessionalInterest/BangkokRules.pdf >.

31. FREE TURKEY JOURNALISTS. Turkey's female journalists doubly targeted in media crackdown. 8 Feb. 2019. Disponível em: <https://freeturkeyjournalists.ipi.media/turkeys-female-journalists-doubly-targeted-in-media-crackdown/. >

32. FREE TURKEY JOURNALISTS. Turkey's female journalists doubly targeted in media crackdown. 8 Feb. 2019. Disponível em: <https://freeturkeyjournalists.ipi.media/turkeys-female-journalists-doubly-targeted-in-media-crackdown/. >

33. A Lei Antiterror turca (Ato Nº 3713, publicada no Diário Oficial em 12 de abril de 1991) foi alterada ao longo da sua existência. Percebe-se, todavia, uma intensificação da atividade de emendamento com o recrudescimento do regime Erdogan.

    O artigo 3 da Lei Antiterror turca define como atos de terrorismo aqueles tipificados no Código Penal turco (Lei n.º 5237, aprovada em 26.09.2004, publicada no Diário Oficial n.º 25611, de 12.10.2004), nos artigos 125 (difamação), 131 (investigação e condição de acusação), 146 (furto de uso), 147 (estado de necessidade), 148 (pilhagem), 149 (pilhagem qualificada), 156 (usar conta em branco), 168 (arrependimento sincero), 171 (risco à segurança pública por negligência) e 172 (espalhar energia radioativa).

ção política interna[34]. Nada obstante o estado de exceção ter acabado em 2018, as consequências institucionais são mais longevas e o estado de direito no país é considerado erodido para muitas associações e observadores internacionais.

O artigo 4 do mesmo estatuto define como ofensas cometidas para fins terroristas as infrações aos artigos 145 (furto de propriedade de menor valor), 150 (condições sujeitas a punição menor), 151 (dano à propriedade), 152 (dano qualificado à propriedade), 153 (danos a templos e cemitérios), 154 (invasão), 155 (abuso de confiança), 169 (imposição de precaução em pessoas jurídicas) e segundo parágrafo do artigo 499 do Código Penal Turco e infrações definidas no artigo 9.º, alíneas b), c) e e) da Lei 2845 sobre Fundação e Procedimento Penal nos Tribunais de Segurança do Estado.

Finalmente, o artigo 7 (alterado nos anos de 2013 e 2015, ampliando sua abrangência) define como organizações terroristas quaisquer organizações, sob qualquer nome, que organizem e liderem atividades consideradas terroristas, da forma acima.

Essa e outras passagens da Lei turca vigente são reiteradamente criticadas pelos órgãos afins das Nações Unidas e da União Europeia. A maior parte das acusações de terrorismo fundamenta-se no crime de difamação, que, na verdade, é apenas o exercício da liberdade de expressão e crítica política.

A técnica legislativa com que a Lei turca antiterror e o Código Penal turco foram cunhados para tipificar o crime de terrorismo faz com que o ordenamento jurídico turco não encontre ressonância na lei brasileira antiterror e na lei de combate ao financiamento ao terrorismo.

34. Até o momento, nenhuma comissão de inquérito internacional independente ou agência de inteligência indicou qualquer relação entre o movimento gullenista e a suposta tentativa de golpe. Mencionamos a agência de inteligência alemã, assim como o Comitê de Relações Exteriores do Parlamento Britânico, para os quais, nada obstante alguns gullenistas terem sido identificados no grupo de insurgentes, não haveria nenhum indício de ação articulada, comando ou autoria intelectual de Fettulah Güllen na tentativa de golpe. De acordo com o relatório do Comitê de Negócios Estrangeiros do Parlamento Britânico, alega-se que o Estado Turco nacionalizou, sem ressarcimento ou pagamento por danos emergentes e lucros cessantes (regras basilares do Direito Internacional dos Investimentos em casos da tomada pelo Estado de bens privados), cerca de US$ 15 (quinze) bilhões em propriedades móveis, imóveis e recursos financeiros de simpatizantes, empresários e seguidores do Hizmet. Alguns desses casos estão em julgamento perante a Corte Europeia de Direitos Humanos. Ainda de acordo com o Relatório:

86. Os Güllenistas, no entanto, discutem se a sua definição como terroristas tem validadesob a lei turca. Eles argumentam que, sob a constituição da Turquia, somente as Nações Unidas ou o Supremo Tribunal da Turquia pode fazer designações terroristas, e que nenhuma das instituições designaram os Güllenists como terroristas. Um Memorando do Conselho da Europa O Comissário para os Direitos Humanos também questionou a validade legal da definição dos Güllenistas como terroristas na Turquia, por motivos processuais. O Memorando também dispôs que "o Comissário [europeu] também deve ter em conta o facto de que a suposta prontidão dessa organização [Hizmet] para usar a violência, um componente *sine qua non* da definição de terrorismo, não se tornou aparente para a sociedade turca em geral até a tentativa de golpe ".

Conforme se lê nos memoriais amplamente distribuídos às autoridades e anexados à Extradição 1578-DF[35], intitulado "Memoriais Relativos aos Precedentes Políticos e ao Contexto Jurídico dos Pedidos de Extradição Requeridos pela República da Turquia à República Federativa do Brasil", três anos antes, em dezembro de 2013, uma abrangente investigação das autoridades policiais turcas e do Ministério Público daquele país, em relação a suspeitas de corrupção ativa e passiva, fraude, lavagem de dinheiro e tráfico de ouro, deslanchou uma grande operação que teve por alvo grandes figuras do alto escalão do governo Erdogan. Cinquenta e duas pessoas foram detidas, a maior parte pertencente ao Partido da Justiça e Desenvolvimento (AKP), cujo líder é Recep Tayyip Erdogan, atual presidente da Turquia. No epicentro do escândalo, identificou-se a burla, pelo Governo Turco, às sanções econômicas da Organização das Nações Unidas (ONU) contra a República Islâmica do Irã determinadas pelo Conselho de Segurança das Nações Unidas e cogentes para todos os membros do organismo multilateral.

Outrossim, ficamos sabendo, na peça processual, que a reação do Governo Turco à sobredita operação anticorrupção, a maior na história daquele país, foi a desconstrução das instituições jurídicas e parlamentares, além da repressão à sociedade civil organizada[36]. As comunidades jurídicas internacional[37] e brasileira[38] insurgiram-se contra a desconstrução do esta-

35. Processo ainda em formato físico.

36. Nos treze meses desde então, o cenário político mudou completamente. A indignação generalizada forçou quatro ministros a renunciar, enquanto Erdogan descartou a investigação, inquinando-a de tentativa de golpe contra seu governo. Ele então passou a demitir milhares de policiais, promotores e juízes. O governo reforçou o controle sobre a mídia e o judiciário. Autoridades acusaram Güllen e seus seguidores de traição e começaram a se referir a eles como "terroristas".

37. Na seara internacional, mencionamos a Human Rights Watch, que denuncia o mal uso das normas atinentes ao combate ao terrorismo na Turquia para erodir o devido processo legal e inculpar e encarcerar, massivamente, os advogados de direitos humanos que defendem os acusado; a International Bar Association, que apresentou moção de repúdio à erosão do estado de direito e à independência judicial na Turquia; a European Association of Judges; a Associação Internacional de Juízes (International Association of Judges), que publicou apelação, em março de 2017, assinada em Paris, demonstrando preocupação quanto à ameaça ao estado de direito na Turquia; a Associação Dia do Advogado em Perigo (Day of the Endangered Lawyer), com sede em Haia, que elegeu o ano de 2019 para focar na questão das ameaças às prerrogativas dos advogados na Turquia; a Associação de Advogados Democratas Europeus (European Democratic Lawyers), que manifesta sua solidariedade a todos os advogados presos

do democrático de direito na Turquia e contra a prisão e o afastamento de juízes, promotores e advogados.

Elucidamos, na mesma oportunidade, que após a suposta tentativa de golpe de Estado, havida em 15 de julho de 2016, a onda de prisões e demissões foi intensificada[39] e uma série de alterações à lei turca de terrorismo, de 1999, e a outras leis afins à liberdade de expressão, ampliou o escopo do tipo penal, passando-se a enquadrar até mesmo o crime de opinião como crime de terrorismo, sob protestos de toda a comunidade internacional[40],

---

na Turquia pelo governo Erdogan; a Associação Europeia dos Advogados para a Democracia e os Direitos Humanos (European of Lawyers for Democracy and Human Rights), que denuncia os julgamentos políticos contra advogados e ativistas políticos pró-direitos humanos na Turquia; a Associação de Advocacia Social da Holanda (Vereniging Sociale Advocatuur Nederland); a The Arrested Lawyers Initiative, que informa que, até o momento, 162 (cento e sessenta e dois) advogados foram julgados terroristas na Turquia apenas por defenderem clientes sob essa acusação; a Defend Lawyers, que contabiliza 1.546 (mil quinhentos e quarenta e seis) advogados sendo processados, 600 (seiscentos) detidos e 274 (duzentos e setenta e quatro) sentenciados a penas privativas de liberdade de duração média de 7 (sete) anos; a Associação Advogados para Advogados (Lawyers for Lawyers), que concedeu o prêmio de 2019 a Selçuk Kozagaçli, advogado turco de direitos humanos, preso e acusado de terrorismo, por defender acusados, sentenciado a 17 (dezessete) anos de prisão; o Instituto de Direitos Humanos da Associação Europeia de Advogados (European Bar Human Rights Institute), membro do Observatório Internacional dos Direitos de Defesa e das Violações aos Direitos dos Advogados; os Advogados sem Fronteiras (Avocats sans Frontières); e a Défense Sans Frontières-Avocats Solidaires.

38. No Brasil, a Associação dos Magistrados Brasileiros (AMB) acionou a ONU em defesa dos quase 3 (três) mil magistrados e promotores turcos detidos e afastados do cargo após a suposta tentativa de golpe de Estado; a Associação dos Juízes do Rio Grande do Sul (AJURIS) associou-se ao manifesto da AMB que exige a libertação dos magistrados presos na Turquia; a Associação dos Juízes Federais do Brasil (AJUFE) lançou nota pública em apoio aos Magistrados turcos; a Associação Nacional dos Procuradores da República (ANPR) também repudiou o afastamento e a prisão dos magistrados; o Conselho Federal da Ordem dos Advogados do Brasil (OAB) emitiu nota de repúdio à degeneração do estado de direito na República da Turquia.

39. Até o momento, os números do expurgo são os que seguem: 150.348 (cento e cinquenta mil, trezentos e quarenta e oito) pessoas demitidas de seus cargos públicos; 500.650 (quinhentos mil, seiscentas e cinquenta) pessoas investigadas; 96.885 (noventa e seis mil, oitocentas e oitenta e cinco) pessoas presas; 3.003 (três mil e três) escolas, dormitórios e universidades fechadas; 6.021 (seis mil e vinte e um) acadêmicos demitidos ou exonerados; 4.463 (quatro mil, quatrocentos e sessenta e três) juízes e promotores demitidos; 189 (cento e oitenta e nove) veículos de mídia fechados; 319 (trezentos e dezenove) jornalistas presos.

40. 48.O Parlamento Europeu, na Resolução 2015/2898 (Resolutions on topical subjects, RSP), sobre a Turquia, manifestou-se da forma que segue:

que percebeu a gradativa erosão do estado de direito na Turquia, de que é exemplo a Resolução de 14 de abril de 2016 do Parlamento Europeu sobre a Turquia[41].

---

16. Reitera a sua preocupação com a lei antiterrorista, em particular a sua definição ampla e excessivamente vaga de terrorismo, crime organizado e propaganda, tornando manifestamente impossível determinar a natureza precisa dessas infrações; insiste em que a legislação penal e antiterrorista deve estar em consonância com a jurisprudência do Tribunal Europeu de Direitos Humanos (TEDH), que deve ser plenamente respeitada e aplicada pela Turquia; insta a Turquia a criar um ambiente político e jurídico que permita ao poder judicial desempenhar as suas funções de forma independente e imparcial, também na prática, para que não se torne um instrumento de repressão da dissensão interna; insta a Turquia a aplicar todos os acórdãos dos tribunais europeus; manifesta preocupação com as inúmeras transferências e demissões de juízes e procuradores, o que compromete a independência, a imparcialidade e a eficiência do sistema judiciário, bem como o respeito pelos princípios do devido processo e da separação de poderes; apela ao restabelecimento urgente da separação de poderes e a passos significativos para garantir a plena independência do poder judicial; deplora as perversões do curso da justiça em benefício de certos políticos, que se tornaram comuns na Turquia após o escândalo de corrupção de 2013; sublinha que o papel e a influência do poder executivo no Conselho Superior de Juízes e Procuradores Públicos devem ser limitados e que são necessárias garantias suficientes contra as transferências de juízes contra a sua vontade; (grifos nossos).

(EUROPEAN PARLIAMENT. European Parliament resolution of 14 April 2016 on the 2015 report on Turkey (2015/2898(RSP). Disponível em: <http://www.europarl.europa.eu/doceo/document/TA-8-2016-0133_EN.html>.

41. "I-Situação das Relações União Europeia-Turquia

1. Manifesta a sua profunda preocupação, à luz do retrocesso do respeito pela democracia e pelo Estado de Direito na Turquia, que o ritmo geral das reformas na Turquia diminuiu consideravelmente nos últimos anos e que em certas áreas-chave, como a independência do judiciário, da liberdade de reunião, da liberdade de expressão e do respeito pelos direitos humanos e pelo Estado de Direito, houve uma regressão cada vez mais distante do cumprimento dos critérios de Copenhague, aos quais os países candidatos devem aderir;

(...)

9. Considera que, em conformidade com o compromisso da UE com o Estado de Direito e os valores fundamentais, são urgentemente necessárias reformas na área do poder judicial e dos direitos fundamentais e da justiça, liberdade e segurança na Turquia; solicita, sem prejuízo das posições dos Estados-Membros, que o Conselho da UE proponha, uma vez cumpridos os critérios de abertura oficiais, a abertura dos capítulos (judiciário e direitos fundamentais) e (justiça, liberdade e segurança) e a garantir que o processo de reforma na Turquia se baseie nos valores e normas da UE; insta a Turquia a colaborar plenamente com o Conselho da Europa e com a Comissão de Veneza nos domínios da reforma judicial;

(...)

18. Considera que o processo de reforma constitucional deve evoluir para uma sociedade secular, pluralista, inclusiva e tolerante; salienta que uma nova Constituição

A República Federativa do Brasil possui, com a República da Turquia, em vigor, Acordo sobre Auxílio Jurídico Mútuo em Matéria Penal, firmado em Ancara, em 7 de outubro de 2011, e promulgado por meio do Decreto n.º 9.065, de 31 de maio de 2017. Fontes informais indicam haver presentemente negociação de acordo bilateral de extradição. Essas duas espécies de atos internacionais têm por objetivo o combate à criminalidade; e muitos seguem estrutura-padrão.

O Brasil possui, em seu ordenamento jurídico, por proibição expressa e por construção argumentativa de juridicidade, uma série de impedimentos que circunscrevem as hipóteses de extradição de estrangeiro e de cidadão naturalizado. Muitas delas exigem reflexão sobre condições e elementos materiais que envolvem o caso concreto.

Contudo, duas inovações legislativas reclamarão esforço interpretativo criterioso por parte dos Poderes Executivo e Judiciário. Referimo-nos à Lei n.º 13.260, de 16 de março de 2016, que *regulamenta o disposto no inciso*

---

deve basear-se num amplo consenso em todo o espectro político e na sociedade em geral, com total respeito pelos direitos das minorias, independentemente da sua origem cultural ou religiosa, proporcionando assim uma base sólida para as liberdades fundamentais e o regime da lei; insta a Turquia a respeitar plenamente o Estado de direito e os direitos e liberdades fundamentais, em particular a liberdade das minorias religiosas e étnicas; enfatiza a necessidade de promulgar legislação abrangente contra a discriminação, incluindo a proibição de discriminação e discurso de ódio com base na etnia, religião, orientação sexual, gênero ou identidade de gênero, e incluir a proibição dessa discriminação em uma nova Constituição; sublinha que isso não deve impedir a Turquia de conceder direitos específicos aos cidadãos com base na origem étnica, religião ou idioma, para que possam preservar a sua identidade; observa, neste contexto, que são necessárias mais medidas para resolver os problemas enfrentados pelos membros da minoria grega, em particular no que diz respeito à educação e aos direitos de propriedade; insta as autoridades turcas a tomar medidas judiciais contra as pessoas e os órgãos responsáveis por cometer qualquer tipo de crime de ódio, incluindo antissemitismo, conforme declarado no "Pacote de Democratização" do governo em 2013; condena a atitude passiva do governo turco em relação às graves ameaças contra cristãos e seus pastores nas redes sociais; espera que o governo turco trate todos os cidadãos turcos sem prejudicar sua crença religiosa; exorta as autoridades turcas, dado que a Turquia tem a maior população mundial da minoria romanichel, a implementar medidas concretas e eficazes para alcançar de facto direitos iguais para os romanichéis na sociedade turca e melhorar a situação dos romanichéis, prestando especial atenção à situação das crianças romanichéis e a inclusão de mulheres romanichéis;"

(EUROPEAN PARLIAMENT. European Parliament resolution of 14 April 2016 on the 2015 report on Turkey (2015/2898(RSP). Disponível em: <http://www.europarl.europa.eu/doceo/document/TA-8-2016-0133_EN.html>.

XLIII do art. 5º da Constituição Federal, disciplinando o terrorismo, tratando de disposições investigatórias e processuais e reformulando o conceito de organização terrorista; e altera as Leis n.º 7.960, de 21 de dezembro de 1989, e 12.850, de 2 de agosto de 2013; e à Lei n.º 13.810, de 8 de março de 2019, que *dispõe sobre o cumprimento de sanções impostas por resoluções do Conselho de Segurança das Nações Unidas, incluída a indisponibilidade de ativos de pessoas naturais e jurídicas e de entidades, e a designação nacional de pessoas investigadas ou acusadas de terrorismo, de seu financiamento ou de atos a ele correlacionados; e revoga a Lei n.º* 13.170, de 16 de outubro de 2015.

Ambos os diplomas legislativos foram resultados de longevo e, no primeiro caso, acidentado processo legislativo, em razão do receio de grupos internos de que o tipo penal do terrorismo fosse aplicado por motivações afetas às disputas políticas internas do país.

A tipificação do crime de terrorismo e a criminalização do financiamento ao terrorismo sempre estiveram na agenda da Organização para a Cooperação e Desenvolvimento Econômico (OCDE) e do Grupo de Ações Financeiras (GAFI), entidade intergovernamental estabelecida em 1989 por iniciativa dos países-membros da OCDE e de seus associados, sobretudo após os ataques terroristas a Nova Iorque em 11 de setembro de 2001[42], quando o tema da criminalização do financiamento passou à pauta do Conselho de Segurança da Organização das Nações Unidas.

O esforço legislativo que resultou na aprovação de ambos os atos foi motivado pela necessidade, no primeiro caso, de cumprir as metas da OCDE e, no segundo, em particular, de atualizar a lei anterior que instrumentalizava internamente as decisões do CSNU, em esforço conjunto dos ministérios da Justiça e Segurança Pública e da Economia, bem como da Casa Civil e do Banco Central, no sentido de fazer valer as normas do Conselho de Segurança das Nações Unidas.

Embora instrumentos jurídicos de indisputável mérito, eles deverão ser cuidadosamente manuseados pelas autoridades encarregadas das decisões nos processos de extradição, porquanto a prática universal da proibição da

42. Desde os chamados atentados terroristas às Torres Gêmeas, mais de 140 (cento e quarenta) países promulgaram leis anti-terror. (HUMAN RIGHTS WATCH. In the name of security: counterterrorism: laws worldwide since september 11. ISBN: 1-56432-907-0.)

extradição por motivos políticos que, outrora, fazia com que os Estados que pretendessem perseguir seus opositores e que, antes, lhes imputavam supostos e falsos crimes comuns, agora tenderão a utilizar a via mais persuasiva da alegação da prática de terrorismo, porquanto, em diversos países, é considerado crime análogo a hediondo.

A colisão entre os postulados que regem o ordenamento jurídico pátrio, no tocante à proteção aos direitos humanos, e a realidade da deterioração dos padrões democráticos e dos patamares protetivos de direitos humanos de muitos países com os quais o Brasil mantém relações diplomáticas e cooperação jurisdicional, indicam cenário no qual a análise da dinâmica política do Estado requerente de ordem de extradição exigirão escrutínio ainda mais rigoroso.

3. O POTENCIAL USO DOS INSTRUMENTOS DE COOPERAÇÃO JURISDICIONAL INTERNACIONAL EM MATÉRIA PENAL COMO EXTENSÃO DA REPRESSÃO POLÍTICA DISFARÇADA POR PARTE DE REGIMES AUTORITÁRIOS

A prática de não extradição em caso de delitos políticos, introduzida pelos movimentos liberais do século XIX e tendo por marco a lei de extradição belga de 1833[43], obteve reconhecimento geral e é reiteradas vezes consignada em atos internacionais de proteção de direitos humanos[44] e nos tratados bilaterais de extradição, quando não nos textos constitucionais das repúblicas modernas.

43. PUENTE EGIDO, J. L'extradition en droit international : problèmes choisis (Volume 231). In: Collected courses of the Hague Academy of International Law. Publicado pela primeira vez on-line em 1991. Disponível em: <http://dx.doi.org/10.1163/1875-8096_pplrdc_A9789041112361_01>. Acesso em: 12 fev. 2020. P. 154.

44. Cf. Convenção relativa ao Estatuto dos Refugiados, concluída em Genebra, em 28 de julho de 1951, e promulgada no Brasil por meio do Decreto n.º 50.215 de 28 de janeiro de 1961, art. 33; Convenção Europeia de Extradição de 13 de dezembro de 1957, artigo 3, 1; Lei Modelo sobre Extradição da ONU, capítulo 1, seção 4; Convenção para a Prevenção e a Repressão do Crime de Genocídio, concluída em Paris, a 11 de dezembro de 1948, por ocasião da III Sessão da Assembleia Geral das Nações Unidas, promulgada no Brasil por meio do Decreto n.º 30.822, de 6 de maio de 1952; Convenção Europeia sobre Supressão a Terrorismo de 1977, artigo 1º.

Desafio ainda em aberto, no Direito Comparado, é a definição de crime político. Alguns instrumentos arriscam apresentar elementos objetivos do crime e outros, apenas subjetivos. No Brasil, vigora o entendimento de que a Lei n.º 7.170, de 14 de dezembro de 1983, que *define os crimes contra a segurança nacional, a ordem política e social, estabelece seu processo e julgamento e dá outras providências*, é a que provê, por vias reflexas, os elementos do crime. Neste caso, os elementos objetivos são restritos à lesão ou exposição a perigo de lesão à integridade territorial e à soberania nacional; ao regime representativo e democrático, à Federação e ao Estado de Direito; e à pessoa dos chefes dos Poderes da União. Quando o fato estiver também previsto como crime no Código Penal, no Código Penal Militar ou em leis especiais, a motivação e os objetivos do agente ou a lesão real ou potencial aos bens jurídicos anteriormente mencionados serão levados em conta para elevá-lo à categoria de crime político.

Nada obstante a dificuldade dos países em pacificar um conceito sobre crimes políticos, os Estados que visam a perseguir externamente seus opositores passaram a motivar seus pedidos de extradição com alegações de comissão de crimes comuns.

Na oportunidade da VIII Conferência Nacional da Ordem dos Advogados do Brasil, José Paulo Sepúlveda Pertence lançou a defesa da assimilação, no regime brasileiro de asilo territorial, da hipótese da extradição política disfarçada como excludente de entrega do estrangeiro, conforme avançado no Direito Comparado e respaldado em diversos diplomas regionais de Direito Internacional Público[45]. Recomendou-o, porém, com temperamentos, para que expressasse ainda maior patamar de proteção de direitos fundamentais, conforme adiante explicaremos[46].

---

45. O autor menciona, *in literis*, a Declaração Universal dos Direitos Humanos (art. XIV), a Declaração Americana dos Direitos e Deveres do Homem (art. 27), a Convenção de Genebra sobre o Estatuto dos Refugiados (art. 31), a Constituição da União das Repúblicas Socialistas Soviéticas, de 1925, as constituições vigentes na China e na Europa à época do lançamento da tese, a Lei Fundamental de 1949 (art. 16, §2º) da República Federal da Alemanha, a Constituição de 1949 da Costa Rica, a Constituição de 1952 da Guatemala, a Constituição francesa de 1946, a Constituição portuguesa de 1976 (art. 22º), e a Constituição italiana (art. 10).

46. PERTENCE, José Paulo Sepúlveda. Liberdade e direito de asilo. VIII Conferência Nacional da Ordem de Advogados do Brasil. Tese n.º 1. Manaus, maio 1980.

De acordo com Pertence, a perseguição política é uma situação de fato assim caracterizada:

> [...] quando as circunstâncias demonstrem que a persecução formalmente desencadeada por imputação de delitos comuns dissimula o propósito de perseguir inimigos políticos ou, pelo menos, evidenciem que a posição política do extraditando, na conjuntura real do Estado requerente, influirá desfavoravelmente no seu julgamento.[47]

Por consequência desse *animus*, aduziu o jurista, respaldado na autoridade da doutrina de Giuliano Vassali, não é incomum a produção de provas para a configuração de tipos penais comuns aos ordenamentos jurídicos da atualidade, como delitos contra o patrimônio e a administração pública.

O quadro normativo, no tocante aos institutos do asilo e da extradição, foi modificado com o advento da Constituição de 1988 e com as leis próprias de regência direta e indireta, quais sejam: a Lei n.º 6.815, de 19 de agosto de 1980, apelidada de Estatuto Jurídico do Estrangeiro, revogada pela Lei n.º 13.445, de 24 de maio de 2017, que institui a Lei de Migração; a Lei n.º 13.260, de 16 de março de 2016, que regulamenta o disposto no inciso XLIII do art. 5º da Constituição Federal, disciplinando o terrorismo, tratando de disposições investigatórias e processuais, e reformulando o conceito de organização terrorista; a Lei n.º 13.170, de 16 de outubro de 2015, que disciplina a ação de indisponibilidade de bens, direitos ou valores em decorrência de resolução do Conselho de Segurança das Nações Unidas — CSNU, revogada pela Lei n.º 13.810, de 8 de março de 2019, que dispõe sobre o cumprimento de sanções impostas por resoluções do Conselho de Segurança das Nações Unidas, incluída a indisponibilidade de ativos de pessoas naturais e jurídicas e de entidades, e a designação nacional de pessoas investigadas ou acusadas de terrorismo, de seu financiamento ou de atos a ele correlacionados; e o Regimento Interno do Supremo Tribunal Federal (em específico, seus artigos 207 a 214). Além desses diplomas, há de ser considerada a Lei de Segurança Nacional, que, conforme já mencionado, foi incorporada ao ordenamento constitucional vigente.

47. PERTENCE, José Paulo Sepúlveda. Liberdade e Direito de Asilo. VIII Conferência Nacional da Ordem de Advogados do Brasil. Tese Nº 1. Parágrafo 55. Manaus, maio 1980.

Nada obstante as alterações constitucionais e legais havidas até a data, a doutrina da extradição política disfarçada foi considerada de relevo para a análise da Extradição n.º 794-7— República do Paraguai, julgada em 17 de dezembro de 2001, tendo por Relator o Ministro Maurício Correia e por réu o General Lino Cesar Oviedo Silva. A extradição foi indeferida com base na Constituição Federal, art. 5.o, LII; no então vigente Estatuto Jurídico do Estrangeiro, art. 77, VII; e no Pacto de São José da Costa Rica, art. 22, 8. Esse julgamento constitui-se no único precedente do STF que fundamentou a decisão de indeferimento da extradição com base na sobredita doutrina, embora outros tantos julgados a tenham mencionado, mas por força argumentativa, como no caso do pedido de extradição do General Alfredo Stroessner ao Paraguai [48].

Tibúrcio e Barroso[49] compreendem o excludente de entrega no caso de extradição política disfarçada não como uma construção pela via do juízo de juridicidade[50], como o próprio proponente, Sepúlveda Pertence, o fez por ocasião da apresentação de sua tese, mas como regra que possuiria

48. CALIXTO, Angela Jank; ARRUDA, Rejane Alves de. Crime político e extradição: a questão da extradição política disfarçada. Revista Direito Penal, Processo Penal e Constituição. Organização Comitê Científico. Double Blind Review pelo SEER/OJS. E-ISSN: 2526-0200. Brasília, v. 3, n.º 1. Jan/jun. 2017. p. 130.

49. TIBÚRCIO, Carmen; BARROSO, Luís Roberto. Algumas questões sobre a extradição no direito brasileiro. Revista Forense, mar./abr. 2001, vol. 354, ano 97. ISSN 0102-8413. p.93.

50. Evocamos o estudo do Consultor Legislativo do Senado Luciano Henrique da Silva Oliveira, publicado pelo Núcleo de Estudos e Pesquisas da Consultoria Legislativa, "Análise de Juridicidade das Proposições Legislativas", para conceituar o termo:

Juridicidade é a conformidade ao Direito. Dizemos que uma matéria é jurídica, ou possui juridicidade, se sua forma e conteúdo estão em consonância com a Constituição, as leis, os princípios jurídicos, a jurisprudência, os costumes, enfim, com o Direito como um todo. Caso não haja tal conformidade, a matéria é dita injurídica ou antijurídica.

Segundo o autor, a juridicidade em sentido estrito exigiria a presença dos atributos da norma legal: a legalidade, a aderência aos princípios jurídicos, a técnica legislativa, entre outros aspectos de juridicidade. São atributos da norma legal a novidade, a abstratividade, a generalidade, a imperatividade e a coercibilidade. O conceito de juridicidade ampliaria, pois, o conceito tradicional de legalidade. O juízo de constitucionalidade, legalidade e juridicidade é condição para a tramitação de proposições legislativas no Congresso brasileiro. (OLIVEIRA, Luciano Henrique da Silva. Análise de Juridicidade das Proposições Legislativas. Núcleo de Estudos e Pesquisa da Consultoria Legislativa. Texto para Discussão 151. Brasília, ago. 2014. Disponível em: <https://www12.senado.leg.br/publicacoes/estudos-legislativos/tipos-de-estudos/textosAQCS-para-discussao/td-151-analise-de-juridicidade-de-proposicoes-legislativas>.

força obrigatória em virtude do que é determinado em diversos atos internacionais dos quais o Brasil é signatário. Ao seu amparo, mencionam a Convenção de Direito Internacional Privado, adotada na Sexta Conferência Internacional Americana, reunida em Havana, Cuba, e assinada em 20 de fevereiro de 1928 — conhecida por Código de Bustamante, promulgado pelo Decreto n.º 18.871, de 1929, art. 356 —, e a Convenção Americana sobre os Direitos Humanos — conhecida por Pacto de São José da Costa Rica, internalizada pelo Decreto n.º 678, de 6 de novembro de 1992, art. 22.

O artigo 356 do Código de Bustamante é literal em proibir a extradição caso a petição de entrega tenha sido formulada com a motivação fática de julgar e castigar o acusado por um delito de caráter político. Já o artigo 22, 8, do Pacto de São José, proíbe a expulsão ou entrega de estrangeiro a outro país, seja ou não de origem, onde seu direito à vida ou à liberdade pessoal esteja em risco de violação por causa da sua raça, nacionalidade, religião, condição social ou de suas opiniões políticas.

O Brasil também é parte da Convenção Contra a Tortura e Outros Tratamentos ou Penas Cruéis, Desumanos ou Degradantes, promulgada por meio do Decreto n.º 40, de 15 de fevereiro de 1991, cujo art. 3º, 1, dispõe que ***nenhum Estado Parte procederá à expulsão, devolução ou extradição de uma pessoa para outro Estado quando houver razões substanciais para crer que a mesma corre perigo de ali ser submetida a tortura***. Para fins da Convenção:

> 1. (...) o termo "tortura" designa qualquer ato pelo qual dores ou sofrimentos agudos, físicos ou mentais, são infligidos intencionalmente a uma pessoa a fim de obter, dela ou de uma terceira pessoa, informações ou confissões; de castigá-la por ato que ela ou uma terceira pessoa tenha cometido ou seja suspeita de ter cometido; de intimidar ou coagir esta pessoa ou outras pessoas; ou por qualquer motivo baseado em discriminação de qualquer natureza; quando tais dores ou sofrimentos são infligidos por um funcionário público ou outra pessoa no exercício de funções públicas, ou por sua instigação, ou com o seu consentimento ou aquiescência. Não se considerará como tortura as dores ou sofrimentos que sejam consequência unicamente de sanções legítimas, ou que sejam inerentes a tais sanções ou delas decorram.

Em coroamento, mencionamos o regime do Pacto Internacional de Direitos Civis e Políticos, em vigor no Brasil por força do Decreto n.º 592, de 6 de julho de 1992, o qual é considerado o tratado internacional de direitos humanos de aplicação geral de maior relevo à disciplina extradicional[51]. No artigo 28 do Pacto, menciona-se a criação de um Comitê de Direitos Humanos, a ser composto de dezoito membros, que exercerão suas funções a título pessoal, e que desempenharão, dentre outras, a competência de analisar os relatórios periódicos dos países sobre a implementação e promoção das diretrizes do Pacto.

O Protocolo Opcional ao Pacto concede ao Comitê a faculdade de postulação individual de casos de violação de Direitos Humanos. Em que pese o Decreto Legislativo n.º 311, de 2009, ter apresentado a anuência congressual à aderência ao Protocolo Opcional ao Pacto, a internacionalização do ato não foi completada, porquanto não houve decreto presidencial promulgador. Na prática, portanto, o Protocolo Opcional não se aplica ao Brasil, uma vez que a prerrogativa constitucional para firmar atos internacionais cabe ao Presidente da República, não bastando, assim, a concordância parlamentar.

Essa talvez seja a razão para a rarefeita menção jurisprudencial ao Pacto. O Ato somente foi declinado em 3 (três) dos 14 (quatorze) casos de extradição no qual razões de motivação política foram levantadas: 1) Ext 1362 / DF, Relator Ministro Edson Fachin, Julgamento: 09/11/2016, Extraditando: Salvador Siciliano; 2) Ext 1461 / DF, Relator Ministro Gilmar Mendes, Julgamento: 04/10/2016, Requerente: Governo do Reino Unido, Extraditando: Antonio Pedro de Oliveira Alves ou Antonio Pedro de Alves; 3) Ext 1223 / DF, Relator Ministro Celso de Mello, Julgamento: 22/11/2011, Requerente: Governo do Equador, Extraditando: Ruben Ernesto Guerrero Obando ou Guerrero Obando Ruben Ernesto ou Ruben Guerrero Obando.

A jurisprudência do Comitê, embora não-vinculante, enriquece o debate extradicional e enfatiza a proibição de entrega em caso de risco real e

51. HARRINGTON, Joanna. The absent dialogue: extradition and the international convenant on civil and political rights. 2006. 32 Queen`s L.J. p. 83.

substancial de violação futura dos direitos à vida e à liberdade do extraditando ou de qualquer outra forma grave de maus tratos[52].

Posteriormente à publicação da obra de Tibúrcio e Barroso, a República Federativa do Brasil tornou-se parte de duas outras convenções que construiriam e reforçariam a aplicabilidade da doutrina da extradição política disfarçada no ordenamento jurídico brasileiro.

A primeira delas é o Estatuto de Roma do Tribunal Penal Internacional (TPI), internalizado no ordenamento jurídico pátrio por meio do Decreto n.º 4.388, de 25 de setembro de 2002, porquanto seu artigo 7.º, e, f, h e k, dispõe serem crimes contra a humanidade (grifo nosso):

> i) a prisão ou outra forma de privação da liberdade física grave, em violação das normas fundamentais de direito internacional;
>
> ii) a tortura;
>
> iii) **a perseguição de um grupo ou coletividade que possa ser identificado, por motivos políticos, raciais, nacionais, étnicos, culturais, religiosos ou de gênero, ou em função de outros critérios universalmente reconhecidos como inaceitáveis no direito internacional, relacionados com qualquer ato referido neste parágrafo ou com qualquer crime da competência do Tribunal**; e
>
> iv) outros atos desumanos de caráter semelhante, que causem intencionalmente grande sofrimento, ou afetem gravemente a integridade física ou a saúde física ou mental.

A segunda é a Convenção Internacional para a Proteção de Todas as Pessoas contra o Desaparecimento Forçado, firmada em 6 de fevereiro de 2007, por força da promulgação do Decreto n.º 8.767, de 11 de maio de 2016, e cujo art. 13, 7, determina que:

> 7. Nada na presente Convenção será interpretado no sentido de obrigar o Estado Parte requerido a conceder a extradição, se este tiver **razões substantivas** para crer que o pedido tenha sido apresentado com o propósito de processar ou punir uma pessoa com base em razões de sexo, raça, religião, nacionalidade, origem

52. HARRINGTON, Joanna. The Absent Dialogue: Extradition and the International Convenant on Civil and Political Rights. (2006) 32 Queen`s L.J. p.84.

> étnica, opiniões políticas ou afiliação a determinado grupo social, ou que a aceitação do pedido causaria dano àquela pessoa por qualquer dessas razões. (grifo nosso).

Sobredita Convenção, por força argumentativa, sugere que o instituto da extradição elide da incidência da regra quaisquer extraditandos, ainda que, de maneira reconhecida, tenham sido autores de crimes graves, quando há justas razões para temer a falta de devido processo.

Finalmente, duas leis mais recentes, a que tipifica o crime de terrorismo e a que coíbe o financiamento de atos correlacionados, oferecem nova complexidade.

De acordo com o regime brasileiro instituído pela Lei n.º 13.260/2016:

> Art. 2º O terrorismo consiste na prática por um ou mais indivíduos dos atos previstos neste artigo, por razões de xenofobia, discriminação ou preconceito de raça, cor, etnia e religião, quando cometidos com a finalidade de provocar terror social ou generalizado, expondo a perigo pessoa, patrimônio, a paz pública ou a incolumidade pública.
>
> § 1º São atos de terrorismo:
>
> I – usar ou ameaçar usar, transportar, guardar, portar ou trazer consigo explosivos, gases tóxicos, venenos, conteúdos biológicos, químicos, nucleares ou outros meios capazes de causar danos ou promover destruição em massa;
>
> (...)
>
> IV – sabotar o funcionamento ou apoderar-se, com violência, grave ameaça a pessoa ou servindo-se de mecanismos cibernéticos, do controle total ou parcial, ainda que de modo temporário, de meio de comunicação ou de transporte, de portos, aeroportos, estações ferroviárias ou rodoviárias, hospitais, casas de saúde, escolas, estádios esportivos, instalações públicas ou locais onde funcionem serviços públicos essenciais, instalações de geração ou transmissão de energia, instalações militares, instalações de exploração, refino e processamento de petróleo e gás e instituições bancárias e sua rede de atendimento;
>
> Art. 3º Promover, constituir, integrar ou prestar auxílio, pessoalmente ou por interposta pessoa, a organização terrorista:
>
> (...)

> Art. 5º Realizar atos preparatórios de terrorismo com o propósito inequívoco de consumar tal delito:
>
> (...)
>
> § 1º Incorre nas mesmas penas o agente que, com o propósito de praticar atos de terrorismo:
>
> I – recrutar, organizar, transportar ou municiar indivíduos que viajem para país distinto daquele de sua residência ou nacionalidade; ou
>
> II – fornecer ou receber treinamento em país distinto daquele de sua residência ou nacionalidade.
>
> (...)
>
> Art. 6º Receber, prover, oferecer, obter, guardar, manter em depósito, solicitar, investir, de qualquer modo, direta ou indiretamente, recursos, ativos, bens, direitos, valores ou serviços de qualquer natureza, para o planejamento, a preparação ou a execução dos crimes previstos nesta Lei:

Das muitas ressalvas cabíveis ao diploma, está a difícil mensuração de gravidade dos atos e do perigo a que pessoas e patrimônios possam ser expostos e a igualmente complexa identificação do elemento subjetivo dos atos consignados, porquanto muitos deles podem se classificar como atos de mera sublevação social, legítimos e políticos em sua quintessência, que geram apreensão generalizada. Ora, tais atos podem ser interpretados como terrorismo.

Outra anotação pertinente refere-se ao grau de envolvimento do indivíduo que recebe, provê, oferece, obtém, guarda, mantém, solicita, investe bens, direitos, valores ou serviços de qualquer natureza ou coopera com entidades financeiras ou de outra natureza, ou com pessoas jurídicas, que venham a ser empregadas para fim de terrorismo, mas que apresentam uma faceta legítima e legal. Sabe-se que o Hezbolah, organização política e paramilitar libanesa, por exemplo, possui escolas e hospitais que desempenham função social dentro da regularidade legal. Configura-se desafio probatório determinar a responsabilidade ou a intenção de contribuintes e doadores dessas entidades no sentido de patrocinarem, por vias reflexas, o terrorismo praticado pela organização.

Conforme mencionamos ao nos referir aos memoriais de *amicus curae* apresentados à Extradição 1578-DF, em conformidade com a dicção da Lei n.º 13.810/2019, serão passíveis de sanções as pessoas físicas e jurídicas ou entidades incluídas nas listas de sanções do Conselho de Segurança das Nações Unidas ou designadas em seus comitês de sanções, bem como as pessoas físicas e jurídicas enumeradas em listas nacionais que estejam de acordo com os critérios das resoluções cabíveis do Conselho de Segurança.

Em nossa leitura, o Brasil homenageou, com a linguagem legislativa escolhida, a prática diplomática de privilegiar as listas de organizações multilaterais, em que pese, todavia, prestigiar a hipótese de aceitar listas nacionais, desde que sigam os procedimentos multilaterais.

Embora esse dispositivo de aceitar listas nacionais seja considerado como amplificativo das possibilidades de judiciosa persecução à criminalidade organizada, observamos a ampliação com profunda cautela. Ora, ele permite que, por mera troca de conveniências ou simpatias, o Estado brasileiro aceite a listagem de um determinado país que a faça com o propósito de perseguição política. Não haveria, como o há no sistema onusiano, maior imparcialidade na construção da lista, que, nacional, seria quase declaratória, pois que o Brasil não teria instrumentos ou recursos humanos suficientes para a sua revisão crítica. Decerto que, nos termos do art. 24, §2, da Lei n.º 13.810/2019, a aceitação da designação nacional deverá ser acompanhada dos elementos que a fundamentem, de acordo com o procedimento estabelecido na resolução correspondente do Conselho de Segurança das Nações Unidas. Ainda assim, a parcialidade dos agentes políticos nacionais poderá contaminar o processo da listagem e influir no mérito[53].

53. Conforme consta nos memoriais à Extradição 1578-DF, o procedimento de inclusão de organizações na lista oficial das Nações Unidas é expedito e amparado na Resolução 2048 (2012), parágrafos 6.º e 7.º. Os pedidos de listagem devem conter uma declaração de caso detalhada em apoio a eles e deve atender os critérios específicos: (i) evidências que demonstrem que os critérios de listagem foram atendidos; (ii) natureza da razão do pedido (por exemplo, serviço de inteligência, aplicação da lei, judicial, mídia, admissões por assunto, etc.); evidências fáticas ou documentos de apoio;detalhes de qualquer conexão com um indivíduo ou uma entidade atualmente listada. O pedido deve ser encaminhado ao Comitê de Diretrizes, que o avaliará em 5 (cinco) dias úteis. Caso o pedido seja deferido, a lista oficial das Nações Unidas, aditada, será publicada, com brevidade, nos seus veículos oficiais.

A manutenção da prática de aceitação da listagem onusiana seria, em nosso entendimento, a mais adequada para dar seguimento à coerção da criminalidade organizada transnacional, sem dar azo à ilegítima perseguição política de dissidentes[54].

Embora existam países que possuam listas de organizações terroristas nacionais e internacionais, tais como Estados Unidos da América e República Popular da China, para efeitos da aplicação de suas leis penais na seara interna e de enquadramento da sua política externa, o sistema de listagem ou designação mais consagrado é, sem nenhuma perplexidade, o do Conselho de Segurança das Nações Unidas (CSNU).

4. CONCLUSÃO

O fenômeno da feminização das migrações e a mudança do perfil da migração feminina – outrora vinculada à migração masculina, hoje mais autônoma e crescentemente subordinada às condições políticas, econômicas, sociais e religiosas dos países de origem – exige um olhar novo sobre os problemas dos fluxos migratórios e maior prudência nas ações de cooperação jurisdicional internacional quando envolverem suspeitas de persecução política.

É consabido que grupos sociais vulneráveis experimentam o agravamento de suas fragilidades nas situações de violência urbana, fluxo migratório, migração estabelecida e assédio por motivação política.

A condição de migrante vulnerável, submetido a circunstâncias de deslocamento inseguro, com poucas posses, transitando por ambientes inóspitos, configura-se situação de anomia social que inspira muitos cuidados, os quais serão melhor exercidos por meio de uma governança internacional migratória.

54. Conforme aludimos nos memoriais à Extradição 1578-DF, o regime de listagem ou designação de organizações terroristas das Naçôes Unidas tem por guarda-chuva a Resolução do Conselho de Segurança 1267, votada unanimamente em 15 de outubro de 1999, e, desde então, endossada e reformada por diversas resoluções posteriores: 1267 (1999), 1373 (2001), 1452 (2002), 1526 (2004), 1617 (2005), 1624 (2005), 2129 (2013), 2133 (2014), 2170 (2014), 2178 (2014), 2195 (2014), 2199 (2015), 2249 (2015), 2253 (2015), 2322 (2016), 2331 (2016), 2341 (2017), 2347 (2017), 2354 (2017), 2368 (2017), 2370 (2017), 2388 (2017), 2395 (2017), 2396 (2017) e 2462 (2019).

Na condição de migrante em trânsito ou estabilizado, a mulher vivencia inúmeros riscos à sua integridade física e psicológica.

Casos comuns de violência extrafamiliar que ocorrem durante o fluxo migratório e que atingem, muito tipicamente, as mulheres acontecem sob as formas de tráfico internacional para fins de lenocínio e tráfico de órgãos, de aliciamento, quando não coação, para servir como ponte para a criminalidade organizada e o terrorismo internacional, de estupro, de casamento forçado, de prostituição, de aliciamento por agências de trabalho que as submetem à situações análogas à escravidão, entre outras formas. A violência intrafamiliar ocorre por meio de violência doméstica, comum mesmo quando o casal migrante não esboçou padrão de violência no país de origem, seja em razão da abrupta inversão dos papéis sociais, em razão de a empregabilidade da mulher migrante ser mais rápida do que a do homem migrante, seja por consequência do estresse pós-traumático vivenciado pelo casal.

Para além dessas violências e desses riscos, as tantas brutalidades físicas e psicológicas perpetradas por Estados que perseguem dissidentes políticos prejudicam, exponencialmente, as mulheres, mercê das vulnerabilidades do gênero.

Em 15 de abril de 2019, o Conselho de Direitos Humanos das Nações Unidas lançou relatório especial sobre o impacto das migrações nas migrantes mulheres e nas crianças[55]. Nele, exorta os países a que revejam suas normas e práticas discriminatórias contra a mulher migrante e a que adiram aos seguintes atos internacionais: Convenção sobre a Eliminação de Todas as Formas de Discriminação contra a Mulher (Decreto 4.377/2002); Convenção sobre o Direito das Crianças (Decreto 99.710/1990); Convenção Internacional sobre a Proteção do Direito de Todos os Trabalhadores Migrantes e Membros Familiares (Convenção da Organização Internacional do Trabalho 97) (Decreto 58.819/66); Agenda 2020 para o Desenvolvimento Sustentável (da qual o Brasil faz parte); Declaração de Nova Iorque de Refugiados e Migrantes; Pacto Global para a Migração Segura, Regular

55. UNITED NATIONS GENERAL ASSEMBLY. The impact of migration on migrant women and girls: a gender perspective. A/HRC/41/38. 15 April 2019.

e Ordenada (cujos princípios, em boa parte, encontram-se internalizados na forma do art. 3.º da nova Lei de Migrações).

Conforme visto, o Brasil alinha-se com a quase totalidade das diretrizes legais determinadas no Relatório da ONU, para além de reconhecer uma concepção amplificada de refugiado, por inspiração regional.

Todavia, nos dias atuais, a missão de oferecer proteção ao migrante, e à mulher migrante em específico, não se exaure na sua internalização ou no seu acolhimento. Compreende, outrossim, a sua defesa contra os ardis daqueles que, sob as vias diplomáticas, pretendem dar curso a nada mais, nada menos do que uma vulgar perseguição política.

À luz do que aqui se desenvolveu, é mister que os Poderes constituídos estejam sempre muito atentos à distorção dos nobres mecanismos de cooperação jurisdicional internacional, quando tais instrumentos sejam maliciosamente usados para promover o mal disfarçado assédio político.

32

VIOLÊNCIA SEXUAL CONTRA MULHERES E CRIANÇAS EM CONFLITOS ARMADOS

Sylvia Helena Steiner

Pesquisadora *Senior* da Escola de Direito da Fundação Getúlio Vargas – São Paulo. Procuradora da República (1982-1995). Desembargadora Federal (1995-2003). Juíza do Tribunal Penal Internacional (2003-2016). Mestre em Direito Internacional pela FADUSP.

(...) Vocês, como sogros ou genros de nossos maridos, não deveriam contaminar-se com o sangue uns dos outros, nem manchar suas proles com a pecha de parricidas ou matadores de seus filhos ou netos. Se não aceitam a união entre vocês e a afinidade de nossos casamentos, tornem sua violência contra nós. Nós somos a causa desta guerra, nós somos as feridas e o sangue derramado de nossos pais e maridos. Nós preferimos morrer a ficarmos órfãs ou viúvas, sem um ou outro de vocês[1].

1. Titus Livius, *Ab Urbe Condita*, ou História de Roma, sobre o Rapto das Sabinas. Ver: en.wikipedia.org

Decidi iniciar esse breve artigo com trecho da lenda do Rapto das Sabinas[2], que remonta à fundação de Roma. Segundo Tito Livio, Rômulo necessitava de mulheres para casá-las com seus homens, a fim de povoar seus novos domínios, e para isso solicitou aos sabinos, vizinhos de Roma, que cedessem algumas de suas filhas. Com a negativa dos sabinos, Rômulo usou o artifício de organizar uma grande festa, para a qual foram convidados os sabinos. Recebidos com a devida hospitalidade, não tardou a que vissem sequestradas as suas filhas, e expulsos do território romano recém-criado. Passados anos, e depois de muitas batalhas, conseguiram os sabinos invadir Roma, para exigir a devolução das mulheres. No entanto, estas intercederam para que cessassem os ataques de ambos os lados. E ao fazê-lo ofereceram-se em sacrifício, ao argumento de serem elas a causa da guerra.

Creio ser esse episódio – lenda ou história, não importa – bastante demonstrativo do fato de que, desde tempos imemoriais, as mulheres têm sido vistas e utilizadas como ferramentas de satisfação, de domínio e de poder masculino, quer em tempos de guerra, quer em tempos de paz. Ainda mais: mesmo após serem dominadas e violentadas, carregam consigo e para sempre o peso da afronta, a culpa, a vergonha, a humilhação, a rejeição familiar e social. Para a sociedade de então, e para a nossa sociedade atual, elas são "as causas da guerra".

Não vou discorrer sobre distintos momentos da história da humanidade em que casos de violência, especialmente contra mulheres em situações de conflito armado, se verificaram, mesmo porque seria necessário discorrer sobre a história das guerras em geral. Em todas as situações de guerra, de conquista ou religiosas, de colonização ou de liberação, as mulheres sempre foram vistas como armas de guerra e como parte do butim, dos bens devidos aos vencedores, e a violência contra elas era vista, até bem pouco, como efeito colateral inevitável dos conflitos armados, tanto quanto as pilhagens e a destruição de bens. Vou discorrer, sem a menor pretensão de esgotar ou mesmo de dar uma visão excessivamente ampla do tema, sobre a violência contra mulheres e crianças nos conflitos armados atuais, e sobre o arcabouço

2. Em inglês, traduzido ora como The Rape of the Sabines, ora como The Abduction of the Sabines. Como foram sequestradas com o fim de casarem-se com os novos romanos, há autores que não aceitam a tradução como "rape", ou estupro, e preferem referir-se à abdução, ou sequestro.

legal e jurisprudencial até agora construídos com o objetivo de pôr um fim à impunidade dos crimes cometidos contra essas vítimas históricas. Para tanto, vou utilizar-me, primeiramente, dos dados e informações coletados para a elaboração do último Relatório do Secretário Geral das Nações Unidas ao Conselho de Segurança da ONU, que contém as análises, conclusões e recomendações do *Office of Special Representative on Sexual Violence in Conflict* (S/2019/280, de 29 de março de 2019). Aliás, ano passado comemorou-se a primeira década do estabelecimento do *Office,* encarregado, com o auxílio das Missões de Paz e de times de expertos – além de relatos recebidos das mais diversas fontes- de elaborar relatórios anuais sobre a situação de violência sexual em conflitos, como uma das formas de auxiliar as Nações Unidas na prevenção, no monitoramento e na tomada de decisões destinadas a acabar com esse tipo específico de violência e determinar medidas aos Estados nos quais essas formas de violência mais se manifestam. Para evitar repetições exageradas da fonte de informações reproduzidas no referido Relatório, a seguir serão estas tiradas diretamente daquele texto, quase que literalmente, e aqui traduzidas livremente (a seguir, 2019 Report, para...).

A seguir, apresentarei um resumo do panorama normativo internacional regulatório de normas de prevenção, de persecução, de sanção e de reparação relativas às situações de violência vividas especialmente por mulheres e crianças em conflitos armados. Para tanto, a primeira e principal fonte será a das normas de direito internacional humanitário, conjuntamente com as emendas, ou regras interpretativas do direito humanitário costumeiro, elaboradas e permanentemente atualizadas pela Cruz Vermelha Internacional, bem como as normas penais pertinentes dos tribunais internacionais[3] e mistos[4], e em especial no Estatuto de Roma do Tribunal Penal Internacional.[5] Por fim, valerá a referência a alguns *leading cases* dessas

3. International Criminal Court for the Former Yugoslavia (ICTY), estabelecido pela Resolução 827/93 do Conselho de Segurança da ONU, e International Criminal Court for Rwanda, (ICTR) estabelecido pela Resolução 955/94 do mesmo Conselho de Segurança.

4. Special Chambers for Sierra Leone (SCSL), estabelecidas pelas Nações Unidas e Governo de Serra Leoa conforme Resolução da Assembleia Geral da ONU A/1315(2000), e Extraordinary Chambers in the Courts of Cambodja (ECCC), estabelecidas pela Assembleia Geral da ONU e Governo do Cambodja conforme Resolução A/RES/57/228, em 2003.

5. ICC. O Estatuto de Roma do Tribunal Penal Internacional entrou em vigor em 1o. de julho de 2002. Ratificado pelo Brasil pelo Decreto n. 4388, de 25 de setembro de 2002.

Cortes, que inauguraram e continuam a reforçar uma jurisprudência firme no que tange à responsabilização penal individual daqueles responsáveis, diretos ou indiretos, por dolo ou culpa, pela prática de delitos de natureza sexual contra mulheres, homens, meninas e meninos, em situações de conflito armado, de atos de terrorismo e em períodos de transição.

Uma observação preliminar se faz necessária: sabe-se que homens e meninos também sofrem violências de natureza sexual em conflitos armados. No entanto, ao contrário da violência contra mulheres e meninas, tratam-se de casos de exceção. Por essa razão, no decorrer do texto falo especificamente de mulheres e meninas vítimas de toda a sorte de violências sexuais, sem com isso ignorar que a dor atinge, em muitos casos, homens e meninos, uma vez que o direito internacional humanitário e o direito penal internacional consagram o conceito de violência sexual como *gender neutral*, não discriminatório, e homens e mulheres estão protegidos pelas mesmas normas de proibição das condutas.

Uma outra observação: na maior parte deste texto, não procuro inovar, mas tão somente reproduzir, por vezes literalmente, o conteúdo dos documentos pesquisados. Tal metodologia me pareceu oportuna, uma vez que em nosso país poucos têm acesso à abundante literatura sobre o tema, existente quer nos arquivos dos diversos órgãos das Nações Unidas, quer nas decisões judiciais, quer nos artigos escritos por expertos que atuam na área do direito internacional humanitário e direito penal internacional. Portanto, sem a pretensão de inovar, entendo adequada a introdução ao tema da violência contra mulheres e crianças em conflitos armados através da apresentação, ainda que geral, dos principais documentos que têm sido produzidos sobre esse *subject*.

1. PRECEDENTE: O RELATÓRIO MACHEL

Em 1993, a Assembleia Geral das Nações Unidas adotou a Resolução 48/57, intitulada *Protection of Children Affected by Armed Conflicts*, na qual se determinou a nomeação de um experto independente que elaborasse um estudo abrangente sobre o impacto de conflitos armados nas crianças. Para tal tarefa, foi nomeada a moçambicana Graça Machel, que se dedicou intensivamente à elaboração do relatório, para tanto contando com a colaboração de outros órgãos das Nações Unidas, tais como o Alto Comissariado das Nações Unidas para Direitos Humanos, a UNICEF, e o Alto Comissariado das Nações Unidas para Refugiados. Contou ainda com a colaboração de informes de Estados e de organizações não-governamentais. O trabalho final foi entregue à Assembleia Geral dois anos depois (A/51/306 e add.1).

O Relatório Machel, como é conhecido[6], discorre longamente, em especial em seu capítulo 5, sobre a questão da violência e exploração sexuais a que são submetidas não somente crianças, mas mulheres e meninas, durante e após conflitos armados. Reafirma a Autora que meninas e mulheres são continuadamente ameaçadas de serem estupradas, mutiladas, submetidas à exploração e escravidão sexual, e toda sorte de abusos. O perigo as rodeia em todos os cenários de um país em conflito: em casa, nas florestas, durante fugas e deslocamentos forçados, e em campos de refugiados. Em geral, são vítimas de membros das forças armadas e de membros de grupos armados ou paramilitares, bem como de polícias locais.

A violência sexual em situações de conflitos, revela a Autora, (Machel, 2001, pp.54-55) tem sido usada para aterrorizar as populações e forçá-las a fugir. Também são, a violência sexual e o terror que ela produz, ferramentas constantemente utilizadas para promover a limpeza étnica, ou método genocida para eliminar grupos étnicos, religiosos, nacionais ou raciais, através do desfazimento de tais grupos, das mutilações, das mortes, da gravidez forçada de seus membros do sexo feminino, e da escravidão sexual ou prostituição forçada. A violência sexual tem sido ainda utilizada como arma de guerra, para humilhar o inimigo, afrontar-lhe o moral, concebida assim como parte do *lawfare*. Mulheres e meninas são sequestradas para servir de recompensa aos vencedores, como parte do butim. Por vezes, a promessa de recebimento de mulheres e meninas é a motivação para que homens e rapazes se juntem a grupos armados e, mais recentemente, a grupos terroristas.

Em conflitos armados, a fome, o medo, o desespero e a fragilidade fazem, muitas vezes, com que mulheres e meninas se submetam a todas

---

6. Publicado posteriormente sob o título The Impact of War on Children. London: Hurst & Company, 2001. A obra vem ilustrada com fotos de Sebastião Salgado.

as formas de exploração sexual, em troca de comida, abrigo ou proteção. O Relatório Machel (Machel, 2001, p.57) aponta que, muitas vezes, em campos de refugiados, famílias oferecem suas crianças para fins de prostituição, em troca de água e comida ou direito de passagem. No conflito armado dos Balcãs, mulheres e meninas foram submetidas, por gangues, ao tráfico e à prostituição forçada. Como dado assustador, revela o Relatório (Machel, 2001, p.58) que a chegada de Missões de Paz em alguns locais de conflito fez com que aumentassem os números de exploração sexual de mulheres e meninas, tendo como autores os membros dessas missões. Igualmente, mulheres e meninas em campos de refugiados são assiduamente atacadas enquanto saem em busca de lenha e de água nas imediações dos campos, quer pelos guardas que haviam de garantir-lhes segurança, quer por bandos armados de uma das partes no conflito.

Lamentavelmente, aponta-se não tem havido continuidade na investigação desses atos e na punição efetiva dos autores que, quando muito, são simplesmente reenviados a seus países de origem. Machel também reconhece que, à época, muito pouco se sabia sobre a prática reiterada desses mesmos delitos de natureza sexual em situações pós conflito. Poucos dados haviam chegado, e apenas sobre ocorrências na Guatemala, Serra Leoa, Uganda e nos países dos Balcãs.

No capítulo sobre o impacto da violência sexual em mulheres e meninas (Machel, 2001, p.56), o Relatório destaca os efeitos devastadores dessa violência no desenvolvimento físico, mental, psicológico e social das vítimas, bem como o impacto que pode ser causado em comunidades inteiras. Mulheres e meninas, em geral, sofrem em silencio o trauma, por vergonha, humilhação, medo de rejeição por parte de suas famílias – em especial maridos e pretendentes – e da própria comunidade. Lembra ainda a Autora que a Organização Mundial da Saúde já havia apontado que mulheres e meninas vítimas de violência sexual constituem grupo de alto risco de suicídio. Por uma gravidez resultante de estupro sofrem consequências de ordem econômica e social, além de danos psicológicos profundos. Em geral, tornam-se as únicas responsáveis pela criação dos filhos concebidos pela violência. São rejeitadas por seus maridos e por suas famílias. De muitas comunidades são expulsas e perdem a guarda de seus filhos anteriores e os poucos bens amealhados.

Complicações resultantes de partos sem assistência e as resultantes da pouca idade das jovens vítimas são comuns, como o desenvolvimento de infecções pélvicas e lesões musculares crônicas e irremediáveis. A contaminação por vírus HIV e outras doenças sexualmente transmissíveis atinge a maioria das mulheres e meninas submetidas a repetidos estupros e a condições de prostituição e escravidão sexual forçada.

2. RESOLUÇÕES DO CONSELHO DE SEGURANÇA DAS NAÇÕES UNIDAS SOBRE MEDIDAS DE PREVENÇÃO, DE COMBATE E DE SANÇÕES POR ATOS DE VIOLÊNCIA SEXUAL EM CONFLITOS

A repercussão do Relatório Machel, bem como os compromissos decorrentes da Declaração de Beijing e Plataforma de Ações (A/52/231), além de outras declarações especiais, resultaram na reiterada afirmação, através de Resoluções, do compromisso do Conselho de Segurança, e das responsabilidades do Secretário Geral das Nações Unidas, em estabelecer mecanismos eficientes de monitoramento e de reação em relação às situações de conflito nas quais se verificasse qualquer forma de violência de gênero ou de violência sexual em que qualquer desses órgãos, ou dos demais órgãos do sistema universal, pudessem e devessem intervir.

Por certo não há como examinar todas as Resoluções tomadas pelo Conselho de Segurança sobre o tema, razão pela qual aqui examina-se apenas aquelas que, pessoalmente, considero as mais relevantes.

A Resolução S/Res/1325(2000), a exemplo, reafirma a necessidade da implementação abrangente das normas de direito humanitário e de direitos humanos que protejam os direitos de mulheres e crianças durante e após conflitos armados. Enfatiza a importância de treino especializado de membros das Missões de Paz para efetiva proteção e respeito às necessidades especiais de mulheres e crianças em situações de conflito. Ordena a todas as partes envolvidas em tais conflitos a que respeitem integralmente a lei internacional no que concerne à proteção da população civil, em especial mulheres e crianças e em particular as obrigações estabelecidas pelas Convenções de Genebra de 1949 e seus Protocolos Adicionais de 1977, a

Convenção sobre Refugiados de 1951 e seu Protocolo Adicional de 1967, a Convenção sobre a Eliminação de Todas as Formas de Violência contra a Mulher de 1979 e seu Protocolo Adicional de 1999, e a Convenção sobre os Direitos da Criança de 1989 e seus dois Protocolos Adicionais de 2000, além das provisões relevantes do Estatuto de Roma do Tribunal Penal Internacional.

Enfatiza ainda a responsabilidade dos Estados em punir aqueles responsáveis por genocídio, crimes de guerra e crimes contra a humanidade, inclusive os crimes relativos à violência sexual e de outra natureza perpetrados contra mulheres e crianças, e reforça a posição das Nações Unidas no sentido de que tais crimes não devam ser objeto de leis de anistia.

Já a Resolução S/Res/1820(2008), além de reiterar os termos da Resolução acima mencionada e em grande parte reiterados em igual medida em resoluções subsequentes, estabelece como nova determinação a de que todas as partes envolvidas em conflitos tomem todas as medidas necessárias para a proteção dos civis, entre elas medidas de proteção de mulheres e crianças contra quaisquer atos de violência sexual, lembrando – e aqui merece destaque – a necessidade de implementar-se medidas disciplinares apropriadas e decorrentes do princípio da responsabilidade do comando pelo treinamento das tropas na categórica proibição de todas as formas de violência contra civis, na derrubada de mitos que estimulem a violência sexual, na rejeição de quaisquer justificativas de atos passados que justificassem ou tolerassem essa forma de violência, e na obrigação de evacuar, quando necessário, as populações civis, especialmente mulheres e crianças, que estejam em situação de risco.

A referência à responsabilidade de comando, pela primeira vez, significa um avanço importante no combate à violência contra civis em geral, e mulheres e crianças em particular, na medida em que se reconhece esta forma de responsabilidade individual – por tudo já consagrada no direito humanitário normatizado ou costumeiro – decorrente do dever do comandante militar em prevenir, reprimir e sancionar a má conduta de soldados sob seu efetivo comando e autoridade.

A Resolução S/Res/1888(2009), expedida após a entrega, pelo Secretário Geral, de seu Relatório S/2009/362 sobre a violência em conflitos, reitera, uma vez mais, os seus propósitos e as mesmas demandas. Inova em alguns pontos que aqui valem destaque: na reiteração da responsabilidade do comandante militar pela conduta de seus subordinados, acrescendo então a figura do comandante "civil", ou seja, comandantes de grupos armados e milícias, afirmando estarem estes também submetidos ao princípio da responsabilidade do comando.

Mais importante, no entanto, é a determinação de que o Secretário Geral crie a função de *Special Representative on Sexual Violence in Conflict* para que, na implementação do já então existente grupo de Estados e entidades que formam o denominado *United Nations Action Against Sexual Violence in Conflict*, reforce a coordenação de mecanismos existentes com Estados e as partes em conflitos e a sociedade civil, para disseminação e implementação das regras de controle e repressão de atos de violência sexual.

A Resolução S/Res/1960(2010) inova no ponto referente às sanções aplicáveis em situações de conflitos armados, ao afirmar a necessidade de aprimorar-se os mecanismos de monitoramento de condutas de violência sexual nesses conflitos, a fim de que estas sejam comunicadas "a fim de que o Conselho de Segurança as possa levar em consideração na tomada de medidas e sanções apropriadas".

Por fim, vale a menção à Resolução S/Res/2106(2013), tomada após a divulgação da Declaração sobre a Prevenção da Violência em Conflitos, adotada pelo grupo G8 em abril de 2013. Em adendo às demais medidas adotadas em resoluções anteriores, esta Resolução reestrutura a função de *Women's Protection Advisers* (WPA), mulheres a serem treinadas e capacitadas para atuar em locais onde ocorram atos de violência contra mulheres e crianças, juntamente com as Missões de Paz, ou em missões políticas de monitoramento de situações de conflito. No quesito referente às responsabilidades do comando, reitera a necessidade de incluir-se, dentre outras, a obrigação destes em dar ordens claras e diretas, através da cadeia de comando, sobre a proibição absoluta de quaisquer atos de violência sexual, e sobre a punição a ser recebida por aqueles que violem tais normas de proibição. Igualmente, impõe a obrigação de incluir-se, nos Códigos de Conduta militares, manuais ou equivalentes, as proibições de atos dessa natureza e a consequente punição por tais transgressões.

3. O 2019 REPORT OF THE SECRETARY GENERAL ON CONFLICT-RELATED VIOLENCE

O Relatório foi elaborado em cumprimento ao disposto nas Resoluções do Conselho de Segurança da ONU 1820(2008), 1888(2009) e 1960(2010), e apresentado àquele órgão em 2019. Anteriormente, através da Resolução 1325 (S/1325(2000)) o Conselho de Segurança, reconhecendo a necessidade de se garantir especial proteção a mulheres e crianças em situações de conflito armado e de pós conflito, em especial no que diz com sua proteção enquanto civis, como refugiadas ou internamente deslocadas, recomendou ao Secretário Geral, entre outras medidas, elaborar estudos sobre o impacto de conflitos armados em mulheres e crianças, e sobre o papel das mulheres no processo de restauração da paz e de resolução de conflitos.

Como resultado de tais determinações, foram elaboradas pelo *Office of Special Representative on Sexual Violence in Conflict* relatórios anuais, enviados ao Secretário Geral que, por sua vez, os submeteu ao Conselho de Segurança das Nações Unidas[7]. Aqui, será examinado brevemente o último Relatório enviado pelo Secretário Geral ao Conselho de Segurança (S/2019/280), que cobre o ano de 2018. Como primeiro dado digno de nota está o fato de, naquele ano, o *Office* ter firmado um acordo de cooperação com o Comitê sobre a Eliminação de Todas as Formas de Violência contra a Mulher. Assim, a resposta ao problema de violência em conflitos passa a fazer parte de uma mais ampla frente de enfrentamento de questões que envolvem paz, segurança e igualdade de gênero.

O Relatório reitera, nos mesmos termos dos anteriores, a definição de "*conflict related sexual violence*" como abrangente de condutas de estupro, escravidão sexual, prostituição forçada, gravidez forçada, abortamento forçado, esterilização forçada, casamento forçado, e quaisquer outras formas de violência sexual de gravidade comparável, praticados contra mulheres, homens, meninas e meninos, e de qualquer forma relacionados à situação de conflito. Essa ligação com um conflito armado pode ser inferida do perfil do perpetrador, usualmente membro de forças armadas ou grupos armados estatais ou não estatais, ou grupos terroristas. Pode ser inferida

7. Ver, a exemplo, S/2016/361; S/2017/249; S/2018/250.

do perfil da vítima, que é frequentemente vista ou percebida como membro de um partido ou comunidade política, étnica ou religiosa, ou membro de um grupo minoritário, inclusive aqueles visados por sua orientação sexual ou de gênero. Ainda, pode ser inferida do clima de impunidade associado ao colapso do poder estatal, com consequentes migrações em massa ou deslocamentos forçados de populações, ou violações de acordos de cessar--fogo. Por fim, o termo também engloba quaisquer condutas de tráfico de pessoas com o propósito de exploração sexual, se cometidas em situações de conflito (2019 Report, para. 4).

Em sua apresentação introdutória ao Relatório, o Secretário Geral lembra que continua sendo uma tarefa difícil mapear de forma abrangente a ocorrência de violência sexual em situações de conflitos armados. Um dos maiores obstáculos consiste no fato de que tal forma de violência é pouco reportada, principalmente em razão da estigmatização das vítimas e do medo de retaliações. Também a falta de acesso às entidades encarregadas do atendimento das vítimas e de encaminhamento dados pertinentes às Nações Unidas funciona como um obstáculo real à aferição precisa do número de vítimas e das localidades onde as condutas ocorrem com frequência. Assim, o time de expertos somente foi capaz de coligir dados oficiais em relação a alguns países nos quais operam missões de paz e outros escritórios das Nações Unidas[8].

Atores não estatais, em especial membros de grupos armados e milícias, e membros de grupos terroristas, foram apontados como responsáveis pela maior parte dos ataques violentos. No entanto, ainda é alarmante o número de membros de forças armadas regulares que praticaram atos de violência sexual contra a população civil. Confirma, ainda, que a violência

8. No presente relatório, República Centro-africana, Colômbia, Costa do Marfim, República Democrática do Congo, Guiné, Iraque, Libéria, Mali, Myanmar, Nigéria, Somália, Síria, Sudão, e Sudão do Sul. No Annexx 1 do Report consta uma relação de partes em conflitos armados contra as quais foram coletados indícios razoáveis da prática reiterada de violência sexual em conflito. Entre eles, o grupo Lord's Resistance Army, que opera em vários Estados africanos, em especial em Uganda, República Democrática do Congo e na República Centro-africana; grupos armados e membros das forças armadas da República Democrática do Congo, Sudão, Sudão do Sul, Síria e da Somália; grupos armados do Mali e Iraque; membros das forças armadas em Myanmar. São ainda considerados os casos dos grupos Boko Haram, da Nigéria, e ISIS, ou ISIL e Al-Qaida.

sexual continua a ser uma conduta comum e relevante nos conflitos armados, e que mulheres e meninas continuam a ser majoritariamente vitimizadas. A violência sexual, verificou-se, é conduta recorrente para forçar o deslocamento forçado de populações indesejadas, e para apropriação de terras e de outros recursos naturais de valor econômico. Tal forma de violência também é utilizada como meio de disseminar terror, de impor repressão, e de exercício de poder e de controle sobre comunidades. Persiste ainda a utilização da violência sexual como forma de humilhar os bandos inimigos e pessoas detidas (2019 Report, Introduction, paras.11- 13).

O time de expertos ressaltou ainda o crescimento da violência sexual, em especial estupros, tráfico e escravidão sexual, como condutas estratégicas de grupos extremistas ou terroristas. Têm sido usadas, essas condutas, como instrumento desses grupos para o recrutamento de novos membros, sendo que mulheres e meninas são oferecidas em casamento ou como escravas sexuais para jovens que se engajem. A violência sexual constitui, assim, importante moeda para a política econômica dos grupos terroristas, e recentemente foram constatados inclusive mercados *online* de venda de escravas sexuais para que o grupo obtenha lucros para sustentar suas operações (2019 Report, Introduction, para. 14).

Por fim, o Relatório ressalta o crescimento dos casos de violência sexual em grupos de mulheres refugiadas ou deslocadas forçadamente, sendo que a maior parte dos ataques ocorre quando estão fugindo – em *checkpoints*, ou cruzando fronteiras, em geral sem documentos e sem dinheiro. Em campos de refugiados, são presas fáceis cada vez que saem em busca de água ou lenha, e muitas vezes atacadas nessas circunstâncias por agentes estatais encarregados da segurança dos campos (2019 Report, Introduction, para. 15).

O Relatório aponta, em suas recomendações finais (2019 Report, paras. 123-142) algumas medidas necessárias e imprescindíveis para a prevenção, repressão e sanção de atos de violência sexual em conflitos armados, entre elas: que a violência sexual seja, em si e por si mesma, um critério de aferição de sanções a serem aplicadas pelo Conselho de Segurança; a integração da violência sexual ao corpo de sanções a serem previstas em atos de contraterrorismo, em especial relativos ao Estado Islâmico e Levante (ISIL, ou ISIS) e Al-Qaida, estendendo-se as sanções a todas as entidades que financiem esses grupos através de participação no tráfico, venda, compra ou utilização sexual de mulheres e crianças; que os Estados assegurem em suas legislações internas que vítimas de qualquer forma de violência sexual relacionada com conflitos armados ou com grupos terroristas sejam reconhecidas e tratadas como vítimas legítimas, e se beneficiem de programas de apoio e de reparação; que os Estados garantam em suas legislações internas leis que tornem possível a investigação, o processo e a punição daqueles acusados de perpetrar atos de violência sexual em conflitos armados ou associados a atos de terrorismo, assegurando ainda a efetiva proteção de vítimas e testemunhas e a capacitação adequada de juízes, promotores, servidores do judiciário, peritos e polícias; que os Estados garantam a não incidência de anistias ou imunidades de qualquer espécie para condutas de violência sexual relacionadas a conflitos; entre diversas outras.

Para concluir, voltamos à Introdução do Relatório tal como elaborada pelo atual Secretário Geral da Assembleia das Nações Unidas, para quem as desigualdades estruturais e a discriminação estão na base do impacto diferenciado que os conflitos armados têm sobre mulheres e crianças. Prevenir a violência sexual em geral requer o avanço substantivo de políticas de garantia da igualdade de gênero, antes, durante e depois de um conflito armado. Para uma efetiva diminuição da escalada de violência sexual contra mulheres e crianças em tempos e áreas de conflitos é necessário, pois, combater em suas raízes as causas dessa vitimização específica, incluindo-se aí o combate à discriminação e desigualdade de gênero em tempos de paz (2019 Report, paras. 2-3).

4. NORMAS INTERNACIONAIS DE PROTEÇÃO DE MULHERES E CRIANÇAS VÍTIMAS DE QUALQUER FORMA DE VIOLÊNCIA SEXUAL EM CONFLITOS ARMADOS

Como já dito anteriormente, a expressão *conflict-related sexual violence,* presente em todos os documentos e relatórios internacionais na atualidade, refere-se a estupro, escravidão sexual, prostituição forçada, gravidez forçada, abortamento forçado, esterilização forçada, casamento forçado e qualquer outra forma de violência sexual de gravidade comparável perpetrada contra mulheres, homens, meninas e meninos, condutas essas direta ou indiretamente ligadas a uma situação de conflito (2019 Report, para.3).

O elenco de condutas a que se referem os documentos atuais veio sendo aperfeiçoado e incrementado através dos anos.

A primeira referência normatizada de condenação da conduta de violação sexual como crime de guerra costuma ser atribuída ao famoso Código Lieber, de 1863, segundo o qual o estupro praticado por soldados era proibido, e poderia ser punido com a pena de morte[9]. Várias convenções e tratados de direito humanitário posteriores traziam genericamente a referência à necessidade de tratar-se prisioneiros de guerra "com humanidade", de proteger-se não combatentes contra quaisquer atos de represália ou de esbulho de propriedade não justificado por necessidade de guerra, mas nada diziam diretamente ligado à proteção de civis contra abusos de natureza sexual cometidos pelas partes beligerantes.

É a partir das Convenções de Genebra promulgadas em 1949, logo após a Segunda Guerra, que o tratamento de civis não envolvidos nas hostilidades, ou que depuseram armas, passa a merecer regulação mais detalhada do direito internacional humanitário. O famosos Artigo 3 comum às quatro Convenções de Genebra estabelece como regra geral que " (1) As pessoas que não participem diretamente das hostilidades, inclusive membros de forças armadas que tiverem deposto armas e as pessoas que tiverem ficado fora de combate por enfermidade, ferimento, detenção, ou por qualquer outra causa, serão, em qualquer circunstância, tratadas com humanidade, sem distinção alguma de caráter desfavorável baseada em raça, religião ou crença, sexo, nascimento ou fortuna, ou qualquer outro critério análogo. Para esse fim estão e ficam proibidos, em qualquer momento e lugar, com respeito às pessoas mencionadas acima: (a) os atentados à vida e à integridade corporal, notadamente o homicídio sob qualquer de suas formas, as mutilações, os tratamentos cruéis e suplícios; (b) ... (c) os atentados à dignidade das pessoas, especialmente os tratamentos humilhantes e degradantes; (...)".[10] A Convenção III, em seu

9. Instructions for the Government of Armies of the United States in the Field. Article 44: *All wanton violence committed against persons in the invaded country, all destruction of property not commanded by the authority officer, all robbery, pillaging or sacking, even after taking a place by main force, all rape, wounding, maiming or killing of such inhabitants, are prohibited under the penalty of death, or such other severe punishment as may seem adequate for the gravity of the offense.*

10. Convenções I, II, III e IV de Genebra, promulgadas no Brasil pelo Decreto 42.121, de 21 de agosto de 1957.

artigo 14, referente aos direitos dos prisioneiros de guerra, determina que estes têm direito, em todas as circunstâncias, a que suas pessoas e sua honra sejam respeitadas, e inova ao dispor que "As mulheres devem ser tratadas com todas as atenções devidas a seu sexo e devem gozar sempre de tratamento tão favorável quanto o que é dado aos homens". A Convenção IV vai além: no seu artigo 27, referindo-se às pessoas protegidas – aquelas não envolvidas nas hostilidades, prisioneiros de guerra, enfermos, feridos ou detidos, e os que depuseram armas – estabelece ainda que "As mulheres serão especialmente protegidas contra qualquer atentado à sua honra e, particularmente, contra o estupro, a prostituição forçada e qualquer ato contra seu pudor[11].

O Protocolo Adicional I[12], em seu artigo 75(2)(b) reitera a proibição de atentados contra a dignidade pessoal, em especial os tratamentos humilhantes e degradantes, a prostituição forçada e qualquer forma de atentado ao pudor. Em seu inovador Artigo 76, trata especificamente das "Medidas em Favor das Mulheres e Crianças", estabelecendo, logo no seu parágrafo (1), que "as mulheres serão objeto de um respeito especial e protegidas em particular contra a violação, a prostituição forçada ou qualquer forma de atentado ao pudor". O Protocolo Adicional II[13] reitera, em seu Artigo 2(e), a proibição de atentados contra a dignidade pessoal, em especial os tratamentos humilhantes e degradantes, a violação, a prostituição forçada e qualquer forma de atentado ao pudor.

Estavam, portanto, em definitivo, sedimentadas as normas do direito humanitário, ou direito dos conflitos armados que, posteriormente, viriam a ser reconhecidas como normas imperativas de direito internacional geral, normas de *jus cogens*, aplicáveis *erga omnes*, que não admitem derrogação, nos exatos termos da Convenção de Viena sobre Direito dos Tratados[14].

---

11. Para mais amplo conhecimento das normas de Direito Internacional Humanitário, sugere-se: Dal Maso Jardim, Tarciso. O Brasil e o Direito Internacional dos Conflitos Armados. Porto Alegre: Sergio Antonio Fabris, Editor, 2006.
12. Promulgado no Brasil pelo Decreto 849, de 1993.
13. Promulgado no Brasil pelo Decreto 849 de 1993.
14. Convenção de Viena sobre Direito dos Tratados, de 1969, promulgada no Brasil pelo Decreto 7030, de 2009. De acordo com o artigo 53 da CVDT, as normas de *jus cogens*, ou normas imperativas de direito internacional geral, são as normas aceitas pela comunidade internacional dos Estados em seu conjunto, que não admitem derrogação. Em seu artigo 60(5), ao tratar das causas de extinção ou suspensão de tratados, a CVDT

Para além do direito humanitário codificado, compõem esse ramo do direito internacional também as regras do direito costumeiro. Como sabemos, o direito costumeiro é fonte primária do direito internacional, assim estabelecido inclusive no Artigo 38 do Estatuto da Corte Internacional de Justiça, parte da Carta das Nações Unidas. As leis de guerra, até finais do século XIX, eram leis costumeiras, aplicadas desde tempos imemoriais. Foi a Cruz Vermelha Internacional encarregada, na sua 26ª Conferência Internacional, de periodicamente rever, compilar e interpretar as normas de direito costumeiro aplicáveis aos conflitos armados de qualquer natureza[15]. Nesse sentido vem consagrada a proibição traduzida na Regra 93: estupro e outras formas de violência sexual são proibidos.

Reporta Graça Machel[16], na obra já tantas vezes citada, que a Organização Internacional do Trabalho estabeleceu que a prática de o Japão, durante a guerra, ter utilizado as *comfort women,* mulheres forçadas a prostituírem-se para servir aos soldados, deveria ser caracterizado como violação da Convenção OIT 1930 sobre Trabalho Forçado. Lembra ainda que o Tribunal para o Extremo Oriente, estabelecido no pós guerra, condenou comandantes japoneses por permitirem e estimularem a prática de estupros especialmente em Nanquim, China, durante a invasão japonesa àquele país. Foram ainda os japoneses submetidos a uma recomendação expedida pela *UN Special Rapporteur on Violence against Women* a desculpar-se publicamente pela série de estupros praticados por soldados japoneses contra mulheres na Coréia durante a guerra, além de pagar reparações.

Estupro, prostituição forçada e qualquer outra forma de violência sexual são crimes previstos nos Estatutos do Tribunal Penal Internacional para a Extinta Iugoslávia[17], do Tribunal Penal Internacional para

---

estabelece que essas hipóteses não se aplicam às disposições sobre a proteção da pessoa humana em tratados de caráter humanitário. Portanto, as normas de proteção às pessoas contidas nas Convenções de Genebra e nos seus Protocolos Adicionais I e II, além de outros tratados e convenções que regulam o direito de guerra, são normas inderrogáveis, aplicáveis *erga omnes,* independentemente da ratificação de tratados.

15. Henckaerts, Jean-Marie, e Doswald Beck, Louise. Customary International Criminal law. Volume I: Rules. ICRC – Cambridge University Press, 2005.
16. Machel, Graça, cit., pp.60-61.
17. ICTY Statute, artigo 5.

Ruanda[18], das Salas Especiais para Serra Leoa[19] e para as Câmaras Especiais das Cortes do Cambodja[20]. Nos pioneiros Estatutos do ICTY e ICTR, no entanto, vinham colacionados apenas como crimes contra a humanidade.

Contrariamente aos citados Estatutos dos tribunais internacionais ou mistos, o Estatuto de Roma do Tribunal Penal Internacional, único de caráter permanente, estabeleceu com mais clareza os crimes de violência sexual a serem julgados por aquela Corte, para tanto descrevendo as figuras típicas dessas condutas como crimes contra a humanidade e como crimes de guerra. Além disso, em seu Anexo dos Elementos dos Crimes, aprovado no ano 2000 pela Assembleia dos Estados Partes[21], as circunstâncias de cada uma das condutas vêm amplamente elaboradas, tudo em nome do princípio da legalidade estrita dos delitos, de conformidade com os direitos humanos internacionalmente reconhecidos.

Assim é que, no capítulo dos crimes contra a humanidade, elencados no artigo 7 do Estatuto de Roma, estão previstas no inciso (g) as condutas de estupro, escravidão sexual, prostituição forçada, esterilização forçada, ou qualquer outra forma de violência sexual de gravidade comparável. Crimes contra a humanidade são, para os fins do Estatuto, aqueles cometidos como parte de um ataque generalizado ou sistemático contra qualquer população civil (artigo 7, *caput*). Nos Elementos dos Crimes vem a elaboração das circunstâncias de cada um deles. Aqui, vamos apenas citar as circunstâncias objetivas, ou materiais, de cada conduta, deixando de lado as demais condições subjetivas.

Sobre o crime contra a humanidade de estupro (7(1)(g)-1), entende-se qualquer conduta que implique a penetração de algum orifício do corpo da vítima, por insignificante que seja, com o órgão sexual ou qualquer outra parte do corpo ou objeto utilizado pelo agressor. Exige-se que a conduta

18. SCSL Statute, artigos 2(g) e 3(e).
19. ICTR Statute, artigo 4.
20. SCCC Statute, artigo 5.
21. Elements of Crimes, *Official Records of the Assembly of the States Parties to the Rome Statute of the International Criminal Court, First Session,* New York, 3-10 September 2002, ICC-ASP 1/3 and Corr. 1.

tenha sio praticada com o uso da força, ou mediante ameaça de força ou mediante coerção, como a causada por medo de violência, intimidação, detenção ou opressão ou abuso de poder, ou ainda valendo-se o autor de um ambiente de coação, ou realizado contra pessoa incapaz, por qualquer motivo, de dar seu livre consentimento.

Sobre o crime de escravidão sexual (7(1)(g)-2), vem este descrito como o exercício dos atributos do direito de propriedade sobre uma ou mais pessoas, tais como a compra, a venda, empréstimo ou troca, ou quando tenham estas sido submetidas a algum tipo de privação e liberdade, e se faça com que essas pessoas pratiquem algum ato de natureza sexual.

Já em relação ao crime de prostituição forçada (7(1)(g)-3), exige-se que o autor tenha feito com que uma ou mais pessoas realizem atos de natureza sexual, para isso utilizando-se da força, da ameaça da força ou mediante coação, como a causada pelo medo, a intimidação, a opressão psicológica ou o abuso do poder que exerça sobre essa pessoa, e que obtenha, ou tenha esperado obter com sua conduta, vantagens pecuniárias ou de outra natureza, ou algum tipo de troca por outros atos de natureza sexual.

O crime de gravidez forçada (7(1)(g)-4) configura-se sempre que o autor tenha confinado uma ou mais mulheres que tenham afinal engravidado em face do uso da força, e que a conduta tenha a intenção de que seja modificada a composição étnica de uma população, ou cometendo uma infração grave de direito internacional.

O crime de esterilização forçada (7(1)(g)-5) traduz-se sempre que uma ou mais pessoas sejam privadas da capacidade de reprodução natural como consequência ou justificativa de tratamento médico ou clínico a que a vítima tenha sio submetida sem seu consentimento.

Por fim, o crime contra a humanidade de violência sexual (7(1)(g)-6), que trata de quaisquer outras condutas de gravidade semelhante às anteriores, vem definida como aquela em que o autor tenha realizado um ou mais atos de natureza sexual contra uma ou mais pessoas ou que tenha feito com que essas pessoas realizassem atos de natureza sexual, sempre que mediante o uso da força, da ameaça da força, de coação, de temor à violência, de intimidação, de detenção, de opressão psicológica ou abuso de poder, contra a própria vítima ou terceiras pessoas, ou se aproveitando de um ambiente de coação ou da incapacidade de a vítima dar seu livre consentimento.

Já no capítulo dos crimes de guerra, elencados no artigo 8 do Estatuto de Roma, vêm os delitos de natureza sexual descritos como crimes de guerra em situações de conflitos armados internacionais no artigo 8(2)(b)(xxii). Também são puníveis as condutas consideradas como violações sérias (*grave breaches)* das Convenções de Genebra e das leis e costumes aplicáveis em tempos de conflitos armados. As condutas de natureza sexual em situações de conflitos armados de caráter não internacional vêm previstas no artigo 8(e)(vi). Constituem ainda crimes de guerra os atos praticados em conflitos armados de caráter não internacional que violem o Artigo 3 comum às quatro Convenções de Genebra. A definição das circunstâncias de cada um desses delitos considerados como crimes de guerra não difere, nos Elementos dos Crimes, daquelas descritas para os crimes contra a humanidade. A diferença, no caso, é que para que a conduta se configure como crime de guerra exige-se que tenha tido lugar no contexto de um conflito armado, de caráter internacional ou não internacional, e que esteja de alguma forma relacionada a esse contexto.

Como dito anteriormente, é por tal razão que se justificou a criação de um Relator especial, no seio das Nações Unidas, que se ocupasse da violência sexual em situações de conflitos, que em geral se tratam de conflitos armados e, portanto, geradores de crimes de guerra. Não se exclui, no entanto, a possibilidade de crimes de natureza sexual praticados não em situações de conflitos armados, mas de situações de ataque generalizado ou sistemático contra população civil as quais não chegam a constituir-se em conflitos armados, situações em que as condutas de violência sexual contra a população civil serão caracterizadas como crimes contra a humanidade. Por fim, algumas das condutas de violência sexual elencadas no Estatuto de Roma já foram reconhecidas, em especial pelos tribunais internacionais, também como instrumento da prática de genocídio. O exemplo mais flagrante reside na conduta de gravidez forçada, quando tenha por escopo impedir o nascimento de crianças da mesma raça ou etnia do grupo que se pretende destruir. Adiante nos referiremos ao caso *Akayesu,* no qual a violência sexual veio, pela primeira vez, associada à prática de genocídio para além das hipóteses previstas na Convenção sobre Genocídio, de 1947.

Ao lado do acima mencionado Anexo dos Elementos dos Crimes, aprovou-se na Assembleia dos Estados Partes do Estatuto de Roma, um segundo Anexo, denominado *Rules of Procedure and Evidence*[22],um equivalente, se assim podemos dizer, a um código de processo penal.

É de salientar-se que, no capítulo referente à proteção de vítimas e testemunhas, o próprio Estatuto de Roma, em seu artigo 68, já previa que o Tribunal "deve tomar todas as medidas de proteção da segurança, física e psicológica, do bem estar, da dignidade e privacidade de vítimas e testemunhas (...) em especial quando o crime envolva violência sexual ou de gênero e violência contra crianças (...)". Em seu parágrafo (2), referido artigo prevê a exceção a regras de audiências públicas em determinados casos, entre estes aqueles que envolvam violência sexual ou contra crianças. Por fim, o parágrafo (4) prevê medidas especiais de proteção a essas vítimas e às testemunhas, a serem tomadas pela Unidade de Proteção de Vítimas e Testemunhas, um dos órgãos da Secretaria do Tribunal.

Em razão dessa estabelecida necessidade de proteger-se, de maneira especial, vítimas de violência sexual, as Regras de Procedimento e de Prova trazem inovações dignas de referência. Vale lembrar que algumas delas haviam sido introduzidas em sucessivas emendas ao Estatuto do ICTY.

Em sua Regra 70, estabelecem-se normas especiais de prova em casos de violência sexual. Na verdade, a Regra fala em "princípios" aplicáveis à prova nestes casos, e que são: (a) o consentimento (da vítima) não pode ser inferido de quaisquer palavras ou condutas da vítima quando constatado existir força, ameaça de força, coerção, ou se comprove a existência de ambiente de coerção que impossibilite à vítima dar seu consentimento de forma livre e genuína; (b) o consentimento (da vítima) não pode ser inferido por razão de quaisquer palavras ou conduta desta, sempre que esta por qualquer razão não estiver em condições de dar seu consentimento de maneira livre e genuína; (c) o consentimento (da vítima) não pode ser inferido do silêncio ou da falta de resistência da vítima; (d) a credibilidade, o caráter ou a predisposição da vítima ou testemunha a atos de natureza sexual não podem ser inferidas

22. Rules of Procedure and Evidence, *Official Records of the Assembly of States Parties to the Rome Statute of the International Criminal Court, First Session, New York, 3-10 September 2002, ICC-ASP 1/3 and Corr.1, part II.*

por razão de sua vida sexual anterior ou posterior. A Regra 71 estabelece, por sua vez, que "tendo em vista a definição e natureza dos crimes sob jurisdição do Tribunal, a Câmara não admitirá provas relativas à conduta sexual anterior ou posterior de uma vítima ou testemunha". Nesse sentido, a Regra 72 estabelece procedimentos rígidos para dirimir qualquer conflito decorrente do requerimento, por parte da acusação ou da defesa, em utilizar provas comprobatórias do livre consentimento da suposta vítima de violência sexual. Em qualquer caso, frise-se, não se admite prova baseada na conduta sexual anterior ou posterior da vítima ou testemunha.

Por fim, vale lembrar-se a Regra 63, regra geral sobre a admissibilidade das provas, que em seu parágrafo (4) estabelece que a Câmara não poderá impor a exigência de corroboração a fim de provar-se a existência de um crime, em particular quando tratar-se de crimes de violência sexual[23].

5. JULGADOS DOS TRIBUNAIS INTERNACIONAIS EM CASOS DE VIOLÊNCIA SEXUAL EM CONFLITOS

Não sem razão, neste breve levantamento sobre alguns julgados dos tribunais internacionais em casos de violência sexual, não vou ater-me especificamente às situações de conflitos armados. Estas, como dito anteriormente, são os elementos contextuais de crimes de guerra, de caráter internacional ou não internacional. No entanto, os Tribunais internacionais ou mistos têm se debruçado sobre casos de prática generalizada de violência sexual em situações que, formalmente, não são reconhecidas como conflitos armados, mas como de ataques generalizados ou sistemáticos contra a população civil – elementos contextuais de crimes contra a humanidade –, de prática reiterada de atos de genocídio, e, mais recentemente, de ataques terroristas.

23. De acordo com a Regra 96 do ICTY, que regula a apresentação de provas perante o ICTY nos casos que envolvam violência sexual, não é necessária corroboração do testemunho das vítimas, e a presunção de não consentimento milita em favor da vítima. A baseada na existência de "livre consentimento da vítima" deverá ser antes analisada pela Câmara julgadora. Tal regra era inexistente no primeiro set de regras do ICTY, e foi introduzida em 1994 pelo empenho de duas juízas notáveis: Elizabeth Odio Benito, e Gabrielle McDonald. A Regra 96 também contém a proibição de apresentação de provas quanto à conduta sexual anterior ou posterior da vítima.

O Estatuto inicial do Tribunal Penal Internacional para a ex-Yugoslavia (ICTY) não previa o crime de estupro como crime de guerra, ou qualquer outra conduta de violência sexual, apesar de ter, o Relatório sobre a situação do conflito nos Balcãs elaborado pelo *Special Rapporteur* designado pelo Conselho de Segurança da ONU, detalhado existir "massiva, organizada e sistemática prática de detenções e estupros" naquele conflito[24]. A S/RES/808 (1993) expressou sua séria preocupação com o tratamento dado especialmente às mulheres muçulmanas da extinta Yugoslavia. No entanto, a S/Res.827, que criou o Tribunal em maio de 1993, não estabeleceu em sua proposta de Estatuto o crime de estupro como unidade autônoma, mas sim como figura englobada pela noção de graves violações das Convenções de Genebra e das leis e costumes de guerra, como crime de guerra de tortura, tal como definida na Convenção contra a Tortura e demais instrumentos internacionais de proibição de todas as formas de tortura ou de tratamento desumano, cruel ou degradante. Assim, os primeiros julgados daquela Corte, nos quais analisou-se a prática de violências sexuais de todas as espécies, culminaram por condenações dos autores de tais condutas por crimes de guerra de tortura de ou tratamento cruel e degradante.

Breve destaque há que ser dado a alguns dos chamados *leading cases Tadić*[25], *Delalić*[26] et all, e *Furundzija*[27].

No caso *Prosecutor vs Dusko Tadić*, este foi denunciado por participar, juntamente com outros, de repetidos assassinatos, tortura, estupros e mutilação sexual contra prisioneiros nos campos de Omarska, Keraterm e Trnopoplje na região da Bosnia-Herzegovina. O estupro, no caso, foi apresentado como o meio pelo qual se praticaram os crimes de tortura e tratamento cruel como crimes contra a humanidade, e de ultrajes à dignidade

24. S/Res.798, S/INF/48/1992. Ver: *Final report of the Commission of Experts Established Pursuant do Security Council Resolution 780 (1992), comissão presidida por Chérif Bassiouni. UN S/1992/674-Add.2 vol.I.*

25. ICTY, Prosecutor vs. Tadić., Case n. IT-94-1-T (May, 7, 1997). https://www.un.org/icty/tadic/trial2/judgment

26. ICTY, Prosecutor vs Delalić, Case n. IT-96-21-T (Nov. 1998). https://un.org/icty/celebici/trial2/judgment

27. ICTY, Prosecutor vs. Furundzija, Case n. IT-95-17-1T (Dec. 10,1998). https://un.org/furundzija/trial2/judgment

da pessoa como crime de guerra em razão de as condutas violarem as leis e costumes de guerra, em especial o constante do Protocolo Adicional II às Convenções de Genebra.

No caso *Prosecutor vc. Delalić et al*, o corréu *Zdravco Mucić* foi condenado, sob o conceito de responsabilidade de comando, pelas condutas de tratamento cruel ou degradante e de causar propositalmente grandes sofrimentos ou lesões graves pela prática, por seus subordinados e com seu conhecimento, de crimes de estupro e outras violências sexuais como crimes de guerra. Outro corréu, *Hazim Delić*, foi condenado por múltiplos estupros, como meios da prática de tortura bem como de assassinatos e tratamentos cruéis. Deixou-se claro, e firmou-se como precedente, que estupro e outras formas de violência sexual são condutas proibidas pela lei humanitária internacional.

Foi, no entanto, no caso *The Prosecutor vs. Anto Furundzija* que, pela primeira vez, o ICTY reconheceu o estupro não só como crime de guerra de tortura ou de maus tratos, por violar as leis e costumes de guerra, mas como conduta independente, e assim definindo o crime de estupro tomando por base, em grande parte, a definição dada pelo ICTR no caso *Akayesu*. Tradicionalmente, entende-se por estupro a penetração forçada de qualquer orifício da vítima pelo órgão sexual do autor, em circunstâncias de uso de força, coação, ou qualquer outro meio que torne impossível aferir-se o legítimo consentimento da vítima. A decisão no caso *Akayesu*, no entanto, entendeu que essa definição tradicional, quase mecânica, de estupro não traduzia todas as formas de violação sexual apuradas nos casos em andamento. Entendeu, assim, ser o estupro a invasão de natureza sexual de qualquer gênero, cometida contra uma pessoa sob circunstâncias coercitivas. Assim, a invasão do corpo por objetos, o uso de orifícios corporais não intrinsecamente considerados sexuais, e mesmo situações onde não há necessariamente contato físico, como a de nudez forçada, devem ser consideradas como estupro[28].

Além de manter o precedente segundo o qual estupro e violência sexual são, indubitavelmente, condutas proibidas pelo direito humanitário,

28. *Prosecutor vs Jean-Paul Akayesu*, ICTR-96-4-T (2 Sept.1998), paras. 437;596;598.

vai mais além o precedente neste caso para afirmar também que tais condutas ferem o direito costumeiro. Por fim, decide que estupro e outras formas de violência sexual são modos especialmente graves de se praticar tortura.

Em relação ao precedente histórico do ICTR no caso *The Prosecutor vs Jean-Paul Akayesu*[29], em face dos elementos contextuais existentes no período de três meses em que ocorreu o genocídio da população tutsi no território de Ruanda. Eram condutas recorrentes o estupro de mulheres da etnia tutsi a fim de fazê-las engravidar de seus agressores hutus – crime hoje definido no Estatuto de Roma como crime de gravidez forçada. Na cultura local, os filhos seguem a etnia e nacionalidade paternas. Também as violências perpetradas para evitar nascimentos no grupo tutsi foram reiteradamente praticadas, com o assassinato de mulheres grávidas ou sua abdução para servirem de escravas sexuais a membros da etnia hutu. O Tribunal então estendeu sua interpretação das hipóteses legais de "atos de genocídio" para nelas incluir a prática de estupros e outras formas de violência sexual como meios para ocasionar a destruição parcial de um grupo em razão de sua composição étnica. Assim, tais crimes passam a ser considerados também como de genocídio, desde que as condutas sejam praticadas com a intenção de causar a destruição desse grupo – o necessário *dolus especialis.*

Da mesma forma com que, no conflito dos Balcãs, mulheres muçulmanas foram os principais alvos de violências sexuais como forma de destruir um grupo em razão de suas peculiaridades religiosas, naquela região e em Ruanda o constante medo do estupro tinha ainda, como finalidade, o deslocamento forçado de populações para retirá-las das áreas tradicionalmente por elas ocupadas, o que configuraria, em tese, a chamada "limpeza étnica". Por fim, constatou-se também a prática de mutilações sexuais como método de impedir novos nascimentos no grupo e, assim, proceder-se à chamada "limpeza étnica[30].

---

29. *Prosecutor vs Jean-Paul Akayesu*, ICTR-96-4-T (2 Sept. 1998), https://un.org/ictr/akayesu/trial/judgment.

30. Ver também: *Prosecutor vs. Alfred Musema,* ICTR-96-12-T (27 jan.2000); *Prosecutor vs. Tihomir Blaskić,* ICTY IT-95-14-A (29 July 2004); *Prosecutor vs. Dario Kordić and Mario Cerkez,* ICTY IT-95-17 Dec. 2004; *Prosecutor vs Dragoljub Kunarać, Radomir Kovac and Zoran Vucović,* ICTY IT-96-23 and IT-96-23/1 (22 Feb. 2001); entre outros.

Já no Tribunal Penal Internacional, cujo Estatuto, conforme mencionado anteriormente, previu exaustivamente as condutas de estupro e outras formas de violência sexual como crimes de guerra e como crimes contra a humanidade, os precedentes jurisprudenciais ainda são escassos. O primeiro caso levado a julgamento por aquela Corte é o caso *Prosecutor vs Thomas Lubanga Dyilo* que, originalmente, versava sobre o recrutamento, aliciamento e utilização de crianças como soldados no conflito que então se desenrolava na República Democrática do Congo. Tanto o pedido de expedição de ordem de prisão contra o acusado, quanto a decisão de confirmação das acusações[31], não tratavam de delitos de violência sexual. Já na fase de julgamento, e por decisão da maioria da Câmara de Julgamento, determinou-se ao Procurador que emendasse as acusações para que delas constasse a existência de diversos crimes de estupro e escravidão sexual sofridas em especial por meninas-soldados, que haviam sido recrutadas à força pelo grupo armado e que, além de lutarem nas frentes de combate, serviam de escravas sexuais para os comandantes dos distintos batalhões. Tal decisão, no entanto, foi revista pela Câmara de Apelações, ao fundamento principal da impossibilidade de se alterarem as acusações após o início do julgamento[32].

Já em relação ao corréu Bosco Ntaganda, apenas posteriormente detido e contra quem iniciou-se a ação penal que havia sido desmembrada, foram incluídas, pela Procuradoria, as acusações de estupro e escravidão sexual em relação às meninas-soldados, tendo sido as acusações confirmadas pela Pre Trial Chamber[33].

Tal decisão gerou apelação que questionava a competência material da Corte para julgamento de tais crimes, e trazia à discussão um importante argumento. O crime de recrutamento de menores de 15 anos para que participem ativamente das hostilidades é crime de guerra. Os crimes de guerra são, de acordo com a doutrina e a normativa internacionais, aqueles cometidos por soldados contra vítimas membros das forças armadas do Estado ou do grupo armado inimigo, ou pessoas protegidas em territórios ocupados. Vimos anteriormente, ao analisar as Convenções de Genebra,

31. ICC-01/04-01/06-803 (29/01/2007).

32. ICC-01/04-01/06-2205-OA15- OA-16 (08/12/2009).

33. ICC-011/04-02/06-309 (09/06/2014).

que as normas de proteção do direito humanitário têm por destinatários os feridos, os enfermos, aqueles fora de combate, os que depuseram armas, e a população civil – esta entendida como a que não toma parte ativa nas hostilidades. Esses são os chamados "grupos protegidos".

Ora, as crianças-soldados, ainda que recrutadas à força, tomam parte ativa nas hostilidades. Não depuseram armas. Não são prisioneiras do exército ou grupo armado inimigo, nem podem ser vistas como membros da população civil que não toma parte ativa nas hostilidades.

Interessante e de difícil análise a pertinência legal de apontar-se como vítimas as crianças-soldados em face do direito posto.

A decisão da Câmara de Apelações, sujeita a críticas de um lado, e a aplausos de outro, reconheceu, no entanto, que tendo-se em vista o quadro delineador da lei humanitária internacional, membros de forças ou grupos armados não estão categoricamente excluídos da proteção contra crimes de guerra de estupro e escravidão sexual cometidos por membros das mesmas forças ou grupos armados, desde que tais condutas sejam cometidas num contexto de conflito armado e relacionadas com o conflito[34].

Atenho-me a esses poucos exemplos por entender que são significativos de evolução e consolidação da definição e aplicação das normas relativas à violência sexual em conflitos armados no campo do direito penal internacional. Desde esses primeiros casos, muito tem evoluído a jurisprudência, sempre no sentido de ampliar, cada vez mais, a interpretação e aplicação das chamadas normas de garantia do direito internacional, seja humanitário, seja penal, seja o direito dos refugiados, seja o direito internacional dos direitos humanos.

6. CONCLUSÃO

Voltando ao histórico com que iniciei esta breve exposição, lembro que a S/Res.780 do Conselho de Segurança das Nações Unidas determinou a criação de uma comissão de expertos que elaborasse um relatório sobre a situação da violência sexual no conflito que se desenrolava na região dos

34. ICC-01/04-02/06-1962 (15/06/2017), paras. 1-2 ; paras. 46-51.

Balcãs. A direção da Comissão foi entregue ao professor Chérif Bassiouni, o qual, em razão de seu empenho pessoal em angariar fundos que permitissem a condução apropriada dos trabalhos, acabou por apresentar um Relatório que até hoje é considerado, quase vinte anos depois, *the most authoritative and comprehensive investigation on sexualized violence during the war in the former Yugoslavia*[35]. Não me intimido por ir mais longe: poucas vezes vimos um relatório tão bem fundamentado, e com conclusões factual e juridicamente tão robustas quanto este apresentado pelo renomado Professor que, de resto, foi um dos maiores incentivadores e atuantes expertos na elaboração tanto do Estatuto de Roma do Tribunal Penal Internacional quanto de seus dois anexos.

Tira-se do Relatório o didática e preciso resumo dos cinco *patterns* mais comuns encontrados em casos de violência sexual em conflitos: (1) indivíduos ou pequenos grupos cometem violências sexuais conjuntamente com roubos e pilhagens de bens da população civil ou do grupo étnico atacado. Em geral, entram à força nas casas, intimidam os residentes e vizinhos, espancam os moradores e roubam seus pertences, enquanto estupram mulheres e meninas. (2) indivíduos ou pequenos grupos praticam atos de violência sexual em conjunto com episódios de lutas. Em geral, levam mulheres às praças e locais públicos, enquanto as hostilidades têm lugar, e as violentam à frente de todos para humilhar o inimigo. (3) indivíduos violentam mulheres em campos de detenção. Não há controle sobre quem entra nesses campos, e mulheres são vítimas dos soldados, guardas, de grupos armados, e até de civis. São também atacadas quando deixam os centros de detenção em busca de água, lenha ou alimentos. Muitas vezes são *gang raped*. (4) indivíduos ou grupos cometem toda sorte de violências sexuais como meio de aterrorizar a população, humilhar, e muitas vezes com a intenção de forçar o deslocamento de grupos de pessoas com o propósito de apropriar-se de suas terras e de favorecer a *ethnic cleansing* de uma área ou região. Muitas vezes as mulheres são também submetidas à violência sexual a fim de engravidar e assim modificar a configuração étnica de seu grupo. (5) indivíduos ou grupos confinam mulheres em locais

35. Sharrat, Sarah. Gender, Shame and Sexual Violence – The Voices of Witnesses and Court Members at War Crimes Tribunals. Surrey: Ashgate, 2011, p. 8.

apropriados para que estas sejam submetidas à prostituição e para entreter soldados ou membros dos grupos armados. Muitas vezes são, após algum tempo, assassinadas ou vendidas para outros indivíduos ou grupos.[36]

Tal sumário serviu de base, com certeza, para a elaboração das normas e regras aplicáveis aos tribunais *ad hoc, e ao* Tribunal Penal Internacional, sua jurisprudência, e a de outros eventuais tribunais internacionais ou mistos que venham a ser criados. Forma-se assim um corpo sólido de normas acerca do problema da violência sexual em conflitos que, desde a Segunda Guerra, vem ocupando e preocupando a mente dos internacionalistas e penalistas que atuam nas diversas áreas do direito internacional.

De outro lado, levantamento efetuado pelo setor de Comunicação do Tribunal Penal Internacional, por ocasião da publicação da obra Justice Matters/Une Affaire de Justice, informa que as Nações Unidas avaliam estimativamente que entre 100.000 e 250.000 mulheres e meninas foram estupradas em Ruanda durante os três meses do genocídio que lá teve lugar, em 1994. Mais de 60.000 mulheres e meninas foram vítimas de estupro e outras violências sexuais durante a guerra civil em Serra Leoa, entre 1991 e 2002. Mais de 40.000 mulheres e meninas foram vítimas de violência sexual na Libéria durante o conflito de 1989 a 2003, e mais de 60.000 nos territórios da extinta Yugoslavia durante o conflito ocorrido de 1992 a 1995. Somente na República Democrática do Congo, que vive em guerra civil há décadas, mais de 200.000 mulheres e meninas já foram vitimadas[37].

Vê-se, assim, que não basta o constante aperfeiçoamento das normas de proteção de direito penal internacional e do direito humanitário, ou a reiteração e aperfeiçoamento da jurisprudência dos tribunais internacionais. O empenho dos Estados na implementação interna das normas internacionais de proteção e de sanção, a constante vigilância dos órgãos internacionais de monitoramento, o adequado treinamento de tropas e polícias nacionais, a expressa previsão de condutas sancionáveis e respectivas

36. Sharrat, Sarah, cit., pp.9-10.

37. Justice Matters/Une Affaire de Justice. International Criminal Court – Cour pénale internacionale, 2016. Para melhor examinar os dados e a atuação dos mais diversos órgãos das Nações Unidas, e do Conselho e Parlamento Europeus no sentido de condenar e adotar medidas sobre violência sexual em conflitos ver: Henckaerts, Jean-Marie, e Doswald-Beck, Louise, cit., p.325 e notas 150 a 155.

sanções nas *Rules of Engagement* dos membros de Missões de Paz, e a adequada aplicação penal da responsabilidade de comando em casos de crimes cometidos por soldados sob seu efetivo e controle e autoridade[38] são alguns dos mecanismos de constante e inafastável aplicação a fim de que casos de violência sexual em conflitos sejam adequadamente endereçados.

Por outro lado, sempre é bom reiterar o entendimento manifestado no próprio Relatório S/Res/2019/280 que, em seu parágrafo inicial, afirma que a estrutural desigualdade de gênero e a discriminação estão no coração do impacto diferenciado que os conflitos têm nas mulheres e crianças. Segundo o Relatório, *(...) preventing sexual violence in conflict requires the advancement of substantive gender equality before, during and after conflict (...)*. A implementação, pelos Estados, da Convenção sobre a Eliminação de Todas as Formas de Violência contra Mulheres é uma das ferramentas para o aperfeiçoamento dos mecanismos de controle dessa virulenta forma de violência.

38. Neste tópico da responsabilidade de comando, tal como previsto expressamente no artigo 28(i) do Estatuto de Roma, sugiro a leitura da decisão proferida pelo TPI no caso *The Prosecutor vs Jean Pierre Bemba Gombo,* ICC 01/05-01/08-3343 (21 March 2016), em especial paras.170-174 e 176-209. A decisão foi posteriormente reformada pela Câmara de Apelações, mas os *findings* relativos à responsabilidade de comando não foram modificados em sua essência.

EDITORA JusPODIVM
www.editorajuspodivm.com.br

RENOVA GRAF
www.renovagraf.com.br